Schriftenreihe für
Landschaftspflege und Naturschutz

Herausgeber:
Bundesforschungsanstalt für Naturschutz und Landschaftsökologie

Schriftenreihe für Landschaftspflege und Naturschutz, Heft 24

Grundlagen des Biotopschutzes für Tiere

4. neubearbeitete und erweiterte Auflage

von

Josef Blab

mit Beiträgen von

Ulf Hauke, Brigitte Lechner-Ssymank, Uwe Riecken, Eckhard Schröder,
Axel Ssymank und Wolfgang Völkl

Bonn-Bad Godesberg 1993

1. Auflage – 1984 (Erstbearbeitung)
2. Auflage – 1986 (Erweiterte Neubearbeitung)
3. Auflage – 1989 (Unveränderter Fortdruck)
4. Auflage – 1993 (Erweiterte Neubearbeitung)

Anschrift des Autors

Dir. u. Prof. Dr. Josef Blab

Bundesforschungsanstalt für Naturschutz
und Landschaftsökologie
Arbeitsgebiet Biotopschutz

Konstantinstraße 110
D-5300 Bonn 2

Herausgegeben von der Bundesforschungsanstalt für Naturschutz und Landschaftsökologie
D-5300 Bonn 2, Konstantinstraße 110

Nachdruck nur mit Genehmigung der Bundesforschungsanstalt gestattet.

ISBN 3-88949-115-4

4

Inhalt

Vorwort

Vor acht Jahren erschien die erste Fassung der „Grundlagen des Biotopschutzes für Tiere". Dieser folgten zwischenzeitlich zwei erweiterte Neubearbeitungen und auch diese vierte Auflage stellt wiederum eine neubearbeitete und stark erweiterte Ausgabe dar. Konzept und grundsätzlicher Aufbau des Buches blieben seit der ersten Fassung unverändert. Ziel ist es nach wie vor, eine möglichst umfassende, integrierte, tierökologisch aber auch landschafts-ökologisch ausgerichtete Handlungsanleitung für den Biotopschutz, die Landschaftspla-nung und Landschaftspflege in Mitteleuropa zu liefern.

Im allgemeinen Teil des Buches werden dabei die Ziele sowie der fachliche Umfang der Ab-handlung diskutiert und die besonderen Schwierigkeiten der Erarbeitung allgemeingültiger Hinweise für die Praxis dargestellt. Die Kapitel ‚Biotopschutzplanung im räumlichen Ver-bund', ‚Ersatz- und Gestaltbarkeit von Biotopen', ‚Grundsätzliche Anforderungen an Bio-topgestaltung, -entwicklung und -pflege' sollen dazu beitragen, das Verständnis für die Aussa-gen des speziellen Teiles und seine Anwendung im Zusammenhang mit Fragen etwa der Planung von Biotopverbundsystemen, der Biotopneuschaffung und -gestaltung zusätzlich zu fördern.

Der spezielle Teil behandelt in 40 Oberkapiteln, welche ihrerseits i. d. R. in mehrere Unterka-pitel weitergegliedert sind, die für den zoologischen Arten- und Gesellschaftsschutz in der Bundesrepublik Deutschland wichtigen Biotoptypen, von Einzelobjekten wie Felshöhlen und Trockenmauern über verschiedene Gewässertypen, Trockenstandorte und Formen der Waldbewirtschaftung bis hin zu komplexen Landschaftsausschnitten wie Küsten-Ökosyste-me, Siedlungs- und Abgrabungsgebiete. Für jeden Biotoptyp werden sodann charakteristi-sche und typische Arten unterschiedlicher Tiertaxa ermittelt und deren ökologische Ansprü-che dargestellt. Einen weiteren Schwerpunkt bildet eine eingehende Analyse und Bewer-tung der die Lebensräume und ihre Arten gefährdenden Faktoren. Dadurch wird konkreti-siert und bilanziert, was aus tierökologischer Sicht unter Eingriffen in die Faunenbestände und in den Naturhaushalt zu verstehen ist und auf welche Weise und mit welchem Gewicht die Schadfaktoren wirksam werden. Außerdem werden für alle Biotoptypen die allgemeinen und speziellen Entwicklungsziele sowie die notwendigen Sicherungs-, Pflege- und Gestal-tungsmaßnahmen dargestellt und in eine Rangordnung gebracht.

Neu gegenüber den bisherigen Fassungen ist neben den oft erheblichen Erweiterungen der bestehenden Kapitel des speziellen Teils insbesondere die Einbeziehung der marinen und alpinen Bereiche sowie der Gebiete der ehemaligen DDR, so daß nunmehr alle mitteleuro-päischen Lebensräume in diesem Buch behandelt werden.

Diese umfangreiche Neubearbeitung wäre nicht möglich gewesen ohne die tatkräftige Un-terstützung zahlreicher Kollegen und Kolleginnen vor allem aus dem „Arbeitsgebiet Biotop-schutz" der Bundesforschungsanstalt für Naturschutz und Landschaftsökologie in Bonn, denen ich an dieser Stelle sehr herzlich danke: Frau Dipl.-Biol. B. Lechner-Ssymank half durch Literaturrecherchen und Auswertungen entscheidend mit, die Ausführungen zu den bisherigen Kapiteln des speziellen Teils zu aktualisieren, zu ergänzen und abzurunden. Dr. U. Hauke, Dipl.-Biol. U. Riecken und Dr. A. Ssymank verfaßten die neu eingeführten Kapitel über die marinen Biotope, Dr. E. Schröder und Dr. W. Völkl jene über den alpinen Bereich. Die genannten Kollegen und dazu Dr. P. Finck, Dipl.-Geogr. R. Forst, Dr. M. Klein sowie H. J. Weidemann (Untersiemau) unterzogen sich außerdem der Mühe, das gesamte Manuskript kritisch durchzusehen. Frau U. Ries übernahm die Erstellung des Artenregisters und des Li-

8

teraturverzeichnisses sowie das Lesen der Korrekturen, Frau A. Fahnster, Frau M. Frauen-preiß, Frau B. Schütt und Frau R. Sutorius die Schreibarbeiten. Für die Ausführung der Zeichenarbeiten gilt der Dank K. P. Zsivanovits, H. Uhlisch, Frau U. Euler und Frau E. Schodl (alle BFANL, Bonn), für das Überlassen von Fotos den bei den einzelnen Abbildungen jeweils genannten Kollegen bzw. Einrichtungen.

Bonn-Bad Godesberg 1992

Josef Blab

ALLGEMEINER TEIL

I. Ausgangslage und Problemstellung

I. 1 Problemstellung

Gegenstand räumlicher Nutzungsabwägungen sind in der Regel Biotope, Landschaftsqualitäten und Raumstrukturen. Die Tierwelt ihrerseits benötigt für ihre Existenz ebenfalls bestimmte Lebensräume, Biotopqualitäten und Raumstrukturen. Zentrales Anliegen einer schutz- und planungsorientierten Ermittlung und Aufbereitung tierökologischer Fakten und Daten muß es daher sein, den Bedarf der Fauna über die Qualität, über die Beschaffenheit und über die räumliche Anordnung von Biotopen, Raumstrukturen und -qualitäten zu konkretisieren, anzumelden und in die planerischen Abwägungsprozesse einzubringen. Im Mittelpunkt stehen dabei die Fragen

– was an natürlicher Substanz
– wo und wie zu sichern bzw. zu entwickeln ist
– und durch welche Maßnahmen bzw. Unterlassungen diese Ziele erreichbar sind.

Für die planerischen Entscheidungen sind damit vor allem Erfassungs- und Kartierungsprogramme sowie eingehende anwendungsorientierte ökologische Studien erforderlich. Schutzziel für die einzelnen Biotopausbildungen ist vor allem, die typischen Eigenarten, die speziellen ökologischen Qualitäten, die Vollständigkeit des Grundinventars und der elementaren Teilsysteme (= innere Struktur) sowie der Lebensgemeinschaften, kurz die biotoptypischen Bausteine, Strukturen, Prozesse und Funktionsabläufe in ihrer Gesamtheit zu sichern bzw. zu entwickeln.

Zu jedem Biotoptyp interessieren sodann insbesondere:

1. Die kritische Biotopqualität, d. h., die notwendige qualitative Mindestausstattung unter besonderer Berücksichtigung der für das Überleben der Arten/Artengruppen kritischen Faktoren und Komponenten, der Überlebensengpässe.

2. Die kritische Flächengröße, d. h. die Mindestflächengröße die gewährleistet, daß eine stabile Population[*] auch solcher Arten existieren kann, die unter den biotopspezifischen Tierarten die größten Flächenansprüche stellen.

3. Die notwendige räumliche Vernetzung der Teillebensräume bei Arten mit differenzierter Biotopbindung, bei denen also beispielsweise Fortpflanzungs-, Nahrungs-, Überwinterungshabitat usw. räumlich getrennt sind.

4. Die maximal zulässige Distanz zu gleichartigen Biotoptypen (räumliche Vernetzung).

5. Die korrespondierenden und kollidierenden Nutzungen und Handlungen (Ursachen-Wirkungs-Zusammenhänge).

6. Die Reaktion der Biozönosen auf Schutz- und Pflegeaktivitäten (Effizienzkontrolle durchgeführter Sicherungsmaßnahmen).

---

[*] Handlungseinheit im Artenschutz ist die Population, nicht die Art und auch nicht das Individuum.

10

I. 2 Ziel dieses Vorhabens

Ziel dieses Buches ist es, aus tierökologischer Sicht eine möglichst weitgehende und praxisorientierte Antwort auf die vorstehend genannten sechs Fragenkomplexe zu geben. Dazu werden für die aus Artenschutzsicht bedeutsamsten sowie für allgemein verbreitete Biotoptypen am Bedarf der Tierwelt orientierte Schutz- und Entwicklungsziele ermittelt, und zwar auf landschafts- sowie tierökologischer Grundlage. Des weiteren sollen – soweit dies nach heutigem Kenntnisstand möglich ist – die Bedeutung dieser Biotoptypen für repräsentative Artengruppen[*] aufgezeigt und die Gefährdungsursachen sowie die Schutzmöglichkeiten dokumentiert werden. Die Ziele sind dabei objektorientiert zu den einzelnen Biotopen dargestellt und müssen für die fallweisen planerischen Entscheidungen vor Ort dann auf die jeweiligen Flächen bezogen werden.

Eine solche synoptische, schutz- und handlungsorientierte Ermittlung und Bearbeitung des aktuellen Wissensstandes zum ökologischen Bedarfssoll der heimischen Tierwelt oder wenigstens wesentlicher Teile davon, die gerade auch dem in dieser Fachdisziplin weniger Geschulten den Blick für ökologische Zusammenhänge und die Folgewirkungen landschaftsverändernder Maßnahmen auf die Fauna schärft, fehlte bisher. Ihr kommt aber zentrale Bedeutung in der Schutz- und Planungspraxis zu.

Der Biotopbegriff, hier im Sinne von Lebensraum oder wichtigem Teillebensraum einer Tiergemeinschaft verwendet, wird dabei im folgenden – ähnlich wie bei den Biotopkartierungsvorhaben – etwas weiter gefaßt als nach der gängigen Terminologie (Lebensraum einer Biozönose von bestimmter Mindestgröße und einheitlicher, gegenüber seiner Umgebung abgrenzbarer Beschaffenheit) und umspannt Geländeausschnitte sehr unterschiedlicher Größe und Komplexität, von Waldökosystemen bis hin zu kleinflächigen Bereichen wie z.B. Trockenmauern oder Fledermaus-Wochenstubenquartieren. Damit liegt diesem Werk folgende Begriffsdefinition zu Grunde (vgl. auch Ssymank et al. 1992): Biotop: Lebensraum einer Lebensgemeinschaft (Biozönose, i. S. einer regelmäßig wiederkehrenden Artengemeinschaft) von bestimmter Mindestgröße und einheitlicher (quasihomogener) gegen die Umgebung abgrenzbarer Beschaffenheit. Er ist also ein im Gelände meist vegetationstypologisch oder landschaftsökologisch gegenüber der Umgebung abgrenzbarer und wiedererkennbarer Raumausschnitt (Landschaftsteil). Ein Biotoptyp ist ein abstrahierter Typus aus der Gesamtheit gleichartiger Biotope. Diese Definition betont den pragmatischen Aspekt eines im Gelände ansprechbaren, typisierbaren Raumausschnitts. Es muß betont werden, daß der Begriff Biotop nicht mit „schutzwürdiger Fläche" gleichzusetzen ist. Der Begriff „Biotop" schließt dabei wesentliche Teile der Biozönose selbst mit ein, da z.B. ein „Buchenwald" aus tierökologischer Sicht Lebensraum ist und die Vegetation als Phytozönose, als lebensraumprägendes Element gesehen werden muß.

Für die Biotopgliederung werden sodann zwar überwiegend standörtliche Gesichtspunkte herangezogen, in Einzelfällen aber auch standortsübergreifende (Bewirtschaftungs-)Aspekte, wie Brachfallen, Waldbetriebsformen und -altersstufen, die in allen entsprechenden Standortbereichen eine Rolle spielen (können), separat als eigene Biotoptypen behandelt. Ein solches Vorgehen scheint in einem Buch zulässig, das nicht in erster Linien an den theoretischen Ansprüchen des Faches, sondern vor allem auf die Erfordernisse der Praxis ausge-

---

[*] Hinsichtlich der Nomenklatur (Bezeichnung) der im einzelnen genannten Arten folgt dieses Werk durchweg den Vorstellungen der jeweils zitierten Autoren, ohne daß dadurch die Berechtigung etwaiger neuerer taxonomischer und nomenklatorischer Erkenntnisse in Frage gestellt werden soll.

richtet ist. Seine Begründung findet es insbesondere dadurch, daß bestimmte ökologische Gilden der Fauna (z.b. Holzmulm-Zersetzer), die in verschiedenen Biotopen oder Pflanzengesellschaften durchaus durch unterschiedliche Tierarten repräsentiert sein können, durch die menschliche Nutzung in allen entsprechenden Standortbereichen gleichsinnig gefährdet werden, so daß nicht von dieser Nutzungsart beeinträchtigte Bereiche entsprechend in allen Standortbereichen besonders schutzwürdig sind.

Insgesamt gesehen sind von einem solchen Ordnungssystem entscheidende Orientierungshilfen zu erwarten für eine bessere Berücksichtigung der Belange der Tierwelt im Zusammenhang mit Flächennutzungen, mit Eingriffs- und Ausgleichsmaßnahmen, bei Landschaftsplanungs- und Flächenschutzvorhaben, bei Biotopkartierungen sowie sonstigen raumrelevanten Planungen und Maßnahmen. Schließlich könnte ihm auch große methodische Bedeutung zukommen für die nach den regionalen Erfordernissen für alle Planungsebenen (von der Gemeinde bis zum Bundesgebiet) flächenscharf zu konkretisierenden Ar- wie zur Bestimmung von Methoden der Lebensraumsicherung für größere zusammenhängende Räume (über Biotopkartierung und Reservatplanung hinaus), also den Naturhaushalt und die natürliche Identität ganzer Landschaften, eine besonders vordringliche Aufgabe der Landschaftsökologie und Naturschutzforschung.

Da das Buch vor allem für die Praxis gedacht ist, ist es in seinem speziellen Teil in Form eines

Nachschlagewerkes aufgebaut. Querverweise zu anderen Kapiteln und Abschnitten wurden – wo immer notwendig – zusätzlich eingebracht. Wegen seines Übersichtscharakters will und kann es ein vertiefendes Literaturstudium bei speziellen Problemen nicht ersparen. Durch eine umfassende, wenngleich angesichts des Volumens einschlägiger Publikationen immer noch lückenhafte Literaturdokumentation wird der Versuch angestellt, den Zugang zur speziellen ökologischen, biologischen und sonstigen Literatur zu erleichtern.

Für die Praxis sind dabei zusätzlich noch die beiden folgenden allgemeinen Empfehlungen zu berücksichtigen:

- Durch technische Hilfen sollen nur die Grundbedingungen für eine wünschenswerte Entwicklung geschaffen werden, ansonsten sollte man möglichst auf die natürlichen Entwicklungsprozesse bauen;
- Biotopgestaltung und Pflegemaßnahmen sind zwar dringend an ökologisch fundierten Entwicklungszielen auszurichten, sie sollen aber möglichst nicht zu schematisch durchgeführt werden.

I. 3 Fachliche Rahmenbedingungen

a) Es ist eines der Oberziele des Naturschutzes, den Fortbestand aller Tier- und Pflanzenarten zu garantieren (§ 20 (1) BNatSchG). Dies bedeutet, daß auch bei diesem Vorhaben wenigstens vom Grundsatz her an einem alle einheimischen Tierarten umspannenden Lösungsansatz festgehalten wird. (Allerdings ist der Kenntnisstand in zahlreichen Fällen lückenhaft.)

b) Die Zahl von rund 40.000 bisher beschriebenen Arten allein an vielzelligen (höheren) Tieren in Deutschland läßt andererseits einen umfassenden induktiven Lösungsansatz, also eine individuelle Erfassung der Ansprüche aller Arten und eine individuelle Formulierung der Schutzerfordernisse von vorneherein unbrauchbar und prinzipiell nicht machbar erscheinen. Dazu kämen unlösbare Probleme für die Praxis.

c) Wenngleich alle Arten und Lebensgemeinschaften grundsätzlich schutzwürdig sind, besteht nicht für alle Arten und alle Lebensgemeinschaften ein gleich hohes Schutzbedürfnis, da sie durch die zivilisationsbedingte Landschaftsentwicklung in häufig sehr unterschiedlichem Maße betroffen sind.

d) In einer Landschaft sind weniger die abstrakten „Umwelten" der Tiere unmittelbar schütz-, plan- und manipulierbar als vielmehr Raumausschnitte, Vegetationsbestände und eine Reihe weiterer Komponenten. Diese sind zudem auch Gegenstand räumlicher Nutzungsauseinandersetzungen.

e) Aus praktischen Erwägungen ist es unverzichtbar, die tierökologischen Anforderungen in Form und Erklärungszusammenhang so darzustellen, daß

- sie bei aller Vereinfachung die ökologischen Ansprüche der Schutzobjekte richtig wiedergeben und dem aktuellen Kenntnisstand möglichst gut entsprechen;
- sie möglichst auf die Bedürfnisse, Instrumentarien und die Arbeitsmethodik der Landschaftsbehörden und -planer abgestimmt sind;
- auch der Nichtspezialist die Phänomene im Gelände auffinden und vielfach auch beurteilen kann (Erarbeitung einleuchtender Beziehungen)[*];
- sie kein zu hohes Spezialwissen voraussetzen, aber dennoch für den jeweiligen Sachverhalt/das jeweilige Schutzziel aussagekräftig sind[*];
- Funktionsabläufe im Raum (wie z. B. kleinräumige Wanderungen) so gefaßt werden, daß sie kartographisch ausgewiesen werden können (letztlich also statische Darstellung dynamischer Sachverhalte).

II. Klassifizierung und Bewertung der Tierlebensstätten

II. 1 Fachliche Grundsätze für die Gliederung und Bewertung von Biotopen

Obwohl vermutlich kein natürliches Ökosystem wegen seiner außerordentlichen Komplexität jemals in allen seinen Wechselbeziehungen vollständig erfaßt und dargestellt werden kann, ist für die Naturschutzpraxis eine ordnende Gruppierung der Vielfalt der Natur nach möglichst natürlichen Gegebenheiten (d. h. ein ökosystemarer Forschungsansatz) unverzichtbar. Hierbei kommt es entscheidend darauf an, die hohe Anzahl an ökologischen und sonstigen für den Naturschutz wichtigen Daten auf eine handhabbare Größenordnung relevanter und erfaßbarer Einheiten zu reduzieren, also hochaggregierte Entscheidungshilfen zu erarbeiten.

---

[*] Dieser Versuch, einfach zu handhabende Merkmale aus der Sicht der Tierökologie für die Raumauseinandersetzungen anzubieten, kann allerdings nicht als Alibi dafür gelten, die bei jeder raumerheblichen Planung dringend erforderliche faunistisch-tierökologische Bestandsaufnahme und -bewertung (durch tierökologisch ausgebildete Fachleute!) im Vorfeld der Planungen zu unterlassen.

Besonders wichtig sind Hilfskonstruktionen, mit denen die Bedeutung der einzelnen Raumkomponenten und ihre Rolle für die daran gebundenen Tiergemeinschaften generell und – da kaum eine Ausprägung eines Typs alle denk- und wünschbaren Zielsetzungen auf sich vereinigen kann – in Abhängigkeit von ihren unterschiedlichen Ausprägungsformen verdeutlicht wird.

Es genügt nicht, die natürliche Vielfalt an Biotopen und Lebensgemeinschaften lediglich zu klassifizieren. Für die Schutzpraxis sind darüber hinaus vielmehr noch Wertvorstellungen darüber zu entwickeln,

- welches die für den Schutzauftrag besonders wesentlichen und welches die für diese Aufgabe weniger bedeutsamen Biotope sind, außerdem, welche Biotope und Biotopteile im Zusammenhang mit der zivilisationsbedingten Landschaftsentwicklung zu Überlebensengpässen für die Arten und Tiergemeinschaften werden;

- welche von den unterschiedlichen Ausprägungen eines Biotoptyps schutzwürdiger ist als eine andere;

- welche Merkmale in welcher Ausprägung welchen Beitrag zum Schutz leisten, durch welche Faktoren sie wiederum bedingt sind und in welcher Beziehung sie zueinander stehen;

- welche Maßnahmen oder Unterlassungen in welchem Maße für das Schutzziel förderlich oder abträglich sind.

Die der Bewertung zugrundeliegende Zielvorstellung ist dabei die Optimierung von Biotopen, orientiert am Bedarf der für den jeweiligen Typ spezifischen Arten, insbesondere der gefährdeten Arten und Artengruppen.

Alleine schon aus praktischen Gründen empfiehlt es sich dabei, einen solchen Biotopschlüssel für Tierarten – soweit fachlich vertretbar – an der üblichen, vorwiegend vegetationstypologischen Einteilung der Landschaften (also Hecke, Wiese, Wald usw.) auszurichten.

Wenn es nämlich bei allen grundsätzlichen und methodischen Schwierigkeiten (vgl. dazu Abschn. II. 3) gelingt, für jeden oder wenigstens die wichtigsten Typen von Tierlebensgemeinschaften bzw. Tierlebensstätten das Grundinventar und die elementaren Biotopteilsysteme zu kennzeichnen, dazu die für die Schutzpraxis wichtigen Ein- und Ausgangsgrößen in handfeste Richtwerte zu fassen, so sind hiervon wesentliche Erleichterungen für die praktische Naturschutzarbeit zu erwarten:

Neben einem allgemeinen Überblick bietet sich hiermit die Möglichkeit, ein spezielles Schutzproblem im Gelände gezielt einzuordnen und eine erste Information über das Mindestsoll des jeweiligen Lebensstättentyps aus der Sicht des Tierartenschutzes zu erhalten. Gleichzeitig wird dadurch ein Maßstab in die Hand gegeben, der im Vergleich mit der tatsächlich vorliegenden Ausstattung eine gewisse Vorabklärung möglicher Schadensursachen und notwendiger Verbesserung erlaubt (Prognose der Veränderung von Biotoptypen nach Veränderung der Standortbedingungen).

Solche Angaben können naturgemäß nur von hinreichend fundierten Analysen der ökologisch-funktionalen Zusammenhänge hergeleitet werden. Zudem lassen sich überörtlich nur grundsätzliche Aussagen und Richtwerte formulieren[*]. Details werden wegen der hohen

---

[*] Es gibt aber eine Reihe von biologischen Problemen, die nicht an bestimmte Lokalitäten gebunden sind und daher modellhaft bearbeitet werden können. Beispiele dafür sind: Frage nach Raumanspruch, Mindestpopulationsgröße, ökologischen Ansprüchen, Ursachen-Wirkungs-Übersichten usw.

Zahl an Variablen selbst bei ein und demselben Biotoptyp nur bei Kenntnis der konkreten Situation vor Ort planbar sein. Es muß jedoch besonders betont werden, daß es hierbei weniger um rein ökologische Aussagen als vielmehr darum geht, durch Hervorheben der Eigenschaften, über die sich Ansprüche und Zielkonflikte bestimmen lassen, Argumente für die Problemlösung zu liefern.

Beispiel: Es geht also nicht darum, den Einfluß eines bestimmten Biotops (z. B. Hecken) auf die Fauna generell zu erfassen, sondern Hecken verschiedener Struktur, unterschiedlicher Exposition und floristischer Zusammensetzung zu beschreiben und die Vorzüge der Grundtypen für die einzelnen Tierarten/-gemeinschaften zu charakterisieren (vgl. z. B. Lassere in Zimmerli 1979).

Mithin ist es notwendig, die Natur zu klassifizieren und in abgrenzbare und definierbare Gebilde zu fassen, selbst wenn in Wirklichkeit keine scharfen Grenzen existieren und zwei Ausprägungen eines Biotoptyps einander niemals völlig gleichen werden. Hervorgehoben werden dabei die für den verfolgten Zweck wesentlichen Zusammenhänge in der für die Zielerfüllung und Planungspraxis ausreichenden Aussageschärfe.

Im wesentlichen sind dies Angaben

– zur notwendigen qualitativen Ausstattung der Biotope und Ökosysteme mit dem Ziel einer Sicherung möglichst vieler biotopspezifischer Arten, insbesondere bedrohter Arten;

– zu den Flächenansprüchen einer überlebensfähigen Population der in Beziehung zum Kriterium Flächengröße anspruchsvollsten Tierart/Artengruppe je Biotoptyp;

– zur räumlichen Vernetzung von Teillebensstätten bei differenzierter Biotopbindung, allerdings nur, soweit es sich bei diesen Teillebensstätten um Mangelfaktoren im Hinblick auf die zivilisationsbedingte Landschaftsentwicklung handelt;

– zu den biotopspezifischen Gefährdungsfaktoren und Erhaltungsmöglichkeiten.

Solche Informationen lassen sich vor allem über eine wechselseitige Durchdringung von Biotop- und Art (besser: Populations-)Kriterien gewinnen. Zudem ist es unabdingbar, sehr zielorientiert und pragmatisch vorzugehen; also die Wirklichkeit zu vereinfachen.

Bei einem Vorhaben dieser Art gibt es mehrere denkbare, jedoch keinen ausschließlich alleine richtigen Lösungsweg. Ziel muß aber ein Lösungsansatz sein, der für die Praxis des Biotop- und Artenschutzes möglichst zweckmäßig ist. Unbedingt zu berücksichtigen ist außerdem noch, daß bei der Zerlegung einer Ganzheit in ihre Bestandteile wesentliche Informationen über ihre integrale Organisation verloren gehen können. Dies gilt v. a. für Systemeigenschaften, die aus der Kenntnis der Einzelbausteine nicht ableitbar sind.

Hinsichtlich der Schutz-, Pflege- und Entwicklungsvorschläge ist augenfällig, daß in erster Linie empfohlen wird, bestimmte Handlungen (mit den Zielen des Tierartenschutzes konkurrierende Nutzungen) zu unterlassen und erst in zweiter Linie, bestimmte Schritte aktiv einzuleiten. Ein solches Vorgehen läßt sich dadurch erklären, daß fast alle Maßnahmen für den Schutz von Tieren (und Pflanzen) Ausgleichs- oder Ersatzhandlungen für zerstörte und beeinträchtigte Lebensbedingungen darstellen. Ein weiterer Grund liegt in der ständig fortschreitenden Artenverarmung und der zunehmend schwierigeren Neubesiedlung neu gestalteter oder veränderter Lebensstätten (auch historische Kontinuität). Die mit den Zielen des Tierartenschutzes zu vereinbarenden (korrespondierenden) Nutzungsformen und -intensitäten je Biotoptyp können wiederum aus den jeweiligen biotopspezifischen Entwicklungszielen abgeleitet werden. Bei vielen halbnatürlichen Biotoptypen, die – wie etwa Feuchtwiesen oder viele Ausprägungen der Trockenrasen – ihre Existenz überhaupt erst bestimmten extensiven oder unregelmäßigen Nutzungen verdanken, sind diese tradierten Nutzungsformen (oder stellenadäquate Pflegemaßnahmen) für deren Erhaltung nicht nur vereinbar, sondern unerläßlich. Hierbei bedarf es dann zunächst oft sehr eingehender Analysen, um die richtige Maßnahme am rechten Ort zur rechten Zeit zu veranlassen. Beispiel: Im beweideten Mesobromion fliegt vielfach der Rote Scheckenfalter *(Melitaea didyma)*, weil Störstellen durch Schaftritt entstehen, in welchen seine Futterpflanzen Spitzwegerich *(Plantago lanceolata)*, Leinkraut *(Linaria)*, Königskerze *(Verbascum)* wachsen[*]. Umgekehrt wird bei intensiver Schafbeweidung die Esparsette *(Onobrychis)* sehr stark zurückgedrängt mit der Folge, daß beispielsweise der Grünblaue Bläuling *(Agrodiaetus damon)* verschwindet. Bedeutsam in diesem Zusammenhang ist sodann auch noch der Zeitpunkt der Beweidung (Frühjahr, Sommer, Herbst), da dadurch die Raupenstadien von Schmetterlingen in unterschiedlichem Maße beeinträchtigt werden können.

II. 2 Methodisches Vorgehen bei der Klassifizierung und Bewertung von Biotopen

Lebensgemeinschaften sind keine organismenähnlichen Einheiten auf höherer Ebene. Vielmehr bestehen nur ökologische Bindungen zwischen ihren Komponenten, die unter verschiedenen Umweltbedingungen zu verschiedenen Artenkombinationen führen (Tischler 1979).

In der Schutz- und Planungspraxis sind dabei im wesentlichen drei Kategorien von Tierlebensstätten zu beachten:

– die flächigen, mehr oder weniger homogenen Großökosysteme (z.B. Wiesen, Wälder, Äkker, große Gewässer),

– die zumeist eher kleinflächigen (z.B. Schilfbestände, Tümpel, Erdaufschlüsse) oder punktuellen Lebensstätten (z.B. Fledermauswochenstuben), die entweder besonders eng an bestimmte Typen der Großökosysteme gebunden sind (etwa Schilf an Gewässer) oder aber verschiedene Großökosysteme inselartig durchdringen können (z.B. Tümpel),

– die linienartigen Elemente (z.B. Waldsäume, Hecken, Bäche).

Alle drei Kategorien von Lebensstättentypen haben ihre charakteristische Fauna. Generell und ganz besonders bei den Großökosystemen ist darüber hinaus aber zusätzlich noch zu beachten, daß die Tierarten im Regelfall weniger das System als Ganzes als vielmehr nur bestimmte Teile davon besiedeln (z.B. Baumstümpfe im Wald, Blüten auf der Wiese, eine bestimmte Schicht der Krautvegetation). Wesentliche Teile des Gesamtartenbestandes eines Biotops resultieren daher im Sinne eines Bausatzsystemes aus der Ausstattung (d.h. Art, Qualitäten und Menge) sowie der räumlichen Anordnung dieser „Kleinstrukturen".

Unbedingt hinzuzufügen ist, daß

– ein großer Teil dieser Subsysteme zwingend an bestimmte Ökosystemtypen gebunden ist (z.B. Schichtung des Laubdaches an Baumgruppen/Wald);

---

[*] „Natürlicherweise" fressen die Raupen dieser Art gerne und vor allem am Aufrechten Ziest *(Stachys recta)* um die Felsköpfe der Halbtrockenrasen (Störstellen durch kleinflächige Frostaufbrüche).

– Arten mit differenzierter Biotopbindung mehrere Biotoptypen benötigen und diese eventuell auch noch in enger räumlicher Nachbarschaft zueinander;

– durch ein Aneinanderstoßen verschiedenartiger Lebensstättentypen oder Kleinstrukturen neuartige Lebensraumqualitäten entstehen können, die wiederum von einer ganz spezifischen Fauna besiedelt werden können (z. B. Waldrand-, Flußuferfauna).

Ein Gliederungs- und Bewertungsansatz der natürlichen Vielfalt für die Zielsetzung des Faunenschutzes (also für vornehmlich praktische Zwecke) muß daher nicht nur an den Großökosystemen, sondern daneben vor allem auch an den Kleinstrukturen als den kleinsten in der Praxis noch handhabbaren und für die Faunenbesiedlung nicht selten elementaren Raumbestandteilen und -einheiten ansetzen. Dabei gilt es, abgeleitet von der Ökologie der Arten und den zivilisationsbedingten Abwandlungen der Typen, Schutz- und Entwicklungsziele zu formulieren. Wegen der Vielzahl der zu berücksichtigenden Variablen wird es in der Regel nur möglich sein, grundsätzliche Wertvorstellungen und Entwicklungsziele zu erarbeiten. Für die Schutzpraxis ist dies jedoch zumeist hinreichend.

Methodisch wird die Problemlösung auf dem Wege der Modellbildung (also durch Vereinfachung der Wirklichkeit) angestrebt:

a) Berücksichtigt werden im wesentlichen nur solche Arten, Lebensgemeinschaften und Raumqualitäten, die unter den gegebenen zivilisationsbedingten Entwicklungstrends in der Landschaft selten zu werden drohen, mithin besonderer Schutzfürsorge bedürfen. Hierbei darf aber keinesfalls übersehen werden, daß durch dieses Hervorheben der besonders schutzwürdigen Biotoptypen und -qualitäten die umgebende Landschaft jeweils gleichsam gleich Null gesetzt wird. Generell und ganz speziell bei den für Naturschutzzwecke zumeist nur erreichbaren kleinflächigen Lösungen hat aber die Umgebung sehr wohl Einfluß auf Artenzusammensetzung und Identität solcher Biotope. Damit wirken sich Änderungen in der Umgebung natürlich auch auf diese Typen aus. (Eine Analyse dieses Problemfeldes ist jedoch derartig aufwendig, daß sie vieler umfangreicher Spezialuntersuchungen bedarf.)

b) Die einzelnen Biotoptypen werden zunächst als black-box-System betrachtet, da die Mehrzahl der Funktionsabläufe und Wechselbeziehungen in einem Biotop für die Schutz- und Planungspraxis ohne Belang ist. Hervorgehoben werden aber die für die Sicherung und Entwicklung wichtigen Ein- und Ausgangsgrößen, die aus der Ökologie der biotopspezifischen Fauna, beziehungsweise – worauf es in der Praxis meist hinausläuft – einiger für die jeweilige Fragestellung besonders wichtiger oder geeigneter Zeigerarten charakterisiert werden.

Dabei können relativ gute Ergebnisse erwartet werden bei der Typisierung, inhaltlichen Kennzeichnung und Abgrenzung solcher Lebensstätten, die vergleichsweise einfach strukturiert, überschaubar und/oder ihrem Wesen nach meist nur kleinflächig oder punktuell ausgeprägt sind (z. B. Schilffelder, Felshöhlen, vertikale Erdaufschlüsse, Tümpel, Quellen).

Bei den Großökosystemen jedoch, insbesondere soweit sie nicht durch einseitige, d. h. „extreme" standörtliche Verhältnisse (wie etwa Hochmoore, oligotrophe Seen) ausgezeichnet sind, liegen die Sachverhalte erheblich komplizierter. Hier wird eine Problemlösung als erste Näherung in der Form angestrebt, daß anhand der Ökologie der systemtypischen Tierarten und insbesondere auch der wirtschaftsbedingten Abwandlungen der Systeme[*] die generellen und speziellen Entwicklungsziele für das Gesamtsystem oder wesentliche Teile davon formuliert und dazu die Mangelhabitate charakterisiert sowie inhaltlich gekennzeichnet werden. Bestimmte Mangelhabitate können (mit einem gewissen Grundstock ihrer typischen Fauna) nicht selten in mehreren Großökosystemen mit vergleichbarer Bedeutung auftreten (z. B. dickstämmiges Faulholz in Wäldern, Obstgärten und Hecken mit Überhältern; Rutschhang mit Steilwand an Fließ- und Standgewässern und anderes mehr).

Inhaltliche Kennzeichnung kann dabei aber nur bei einem Teil der Biotope (z. B. Steilwand, Kiesinsel) bedeuten, daß Qualitäten benannt werden, die unmittelbar plan-, gestalt- und schützbar sind. Eine Vielzahl von Subsystemen bezieht ihren besonderen Wert für die Fauna dagegen aus ihrem dynamischen Wesen und ist damit eher indirekt plan- und schützbar (z. B. bestimmte Schichtung der Baum- und Strauchschicht, Biochorien wie Pilze, Aas oder Tiernester). Gerade die räumlich und zeitlich wechselnde Strukturierung der Subsysteme, die entscheidend für Artenzahlen und Faunenzusammensetzung sind, ist das spezifisch Biologische dieser Biotope. Sie läßt sich nicht durch vereinfachte Modellvorstellungen erfassen, weil sich die ökologische Situation ständig ändert (Tischler 1979). In diesen Fällen können mithin nur die grundsätzlichen Rahmenbedingungen aufgezeigt werden, welche die spezielle Gestalt und Dynamik dieser Teilsysteme garantieren.

II. 3 Probleme der Aufgabe

Eine Fülle grundsätzlicher und methodischer Fragen erschweren eine Lösung der hier gestellten Aufgabe erheblich. Stichpunktartig sei – ohne auf Vollständigkeit abzuzielen – eine Auswahl der wichtigsten Hemmnisse zusammengestellt.

In der Landschaftsökologie und im Naturschutz stehen hochkomplexe Systeme zur Untersuchung an, die nie als Systemganzes, sondern höchstens hinsichtlich bestimmter Aspekte analysierbar sind (darin steckt unter anderem auch die Gefahr, daß leicht faßbare Komponenten überbewertet werden).

Zudem dürften wohl kaum zwei Ausbildungen ein und desselben Biotoptyps völlig identisch sein, was wiederum vergleichende Untersuchungen über den Stellenwert bestimmter Komponenten infolge der unterschiedlichen Rahmenbedingungen zumindest erschwert.

Prinzip der Relativen Biotopbindung (Kühnelt 1943), Relativen Standortkonstanz (Walter & Walter 1953) bzw. ökologischen Kompensation: Danach können die verbreitungsbestimmenden Faktoren in Einzelfällen bereits innerhalb der Bundesrepublik Deutschland regional unterschiedlich sein.

Grundeinheit des Artenschutzhandelns ist die Population; bei keiner Art kennt man jedoch die notwendige Mindestpopulationsgröße und damit die notwendige untere Flächengröße.

Für ein zentral zu erstellendes, aber dezentral umzusetzendes Konzept können nur Grundprinzipien von Modellcharakter herausgearbeitet werden (zudem noch eingeschränkt auf

---

[*] So werden infolge bestimmter Bewirtschaftungsziele und -praktiken verschiedene ökologische Gilden der Fauna teilweise empfindlich beeinträchtigt; etwa die Spezialisten für dickstämmiges Totholz in praktisch allen Wirtschaftswäldern, Altgrasspezialisten in Grünlandbiotopen und anderes mehr.

den heutigen Kenntnisstand), welche notgedrungen überdies aus lokalen Erhebungen in verallgemeinernder Form abgeleitet werden müssen. Dies führt zu einem gewissen Schematismus und setzt voraus, daß man sich – obwohl jeder Einzelfall wegen unterschiedlicher Standort- und Umfeldbedingungen mit hoher Wahrscheinlichkeit etwas anders gelagert ist – auf das (vermutlich) überörtlich Gültige und auf Prinzipien beschränkt. Lokalen Besonderheiten ist dann bei der Umsetzung vor Ort gebührend Rechnung zu tragen.

Infolge der hochgradigen Spezialisierung in der zoologischen Fachwissenschaft fehlt es deutlich an gruppenübergreifenden Denk- und Lösungsansätzen. Außerdem sind die verschiedenen Artengruppen unterschiedlich intensiv erforscht. Erschwerend kommt noch hinzu, daß ein Bearbeiter aufgrund seiner eingeschränkten Vorkenntnisse und Interessen nicht alle Gruppen vergleichbar wird behandeln können.

Tierökologische Sachverhalte werden – quantitativ gesehen – nur in Ausnahmefällen so aufbereitet, daß sie raumrelevante Aussagen gestatten und Planungsrelevanz erkennen lassen. Außerdem erschweren insbesondere auch die hohe Artenzahl der Fauna, die Vagilität (Dynamik im Raum) und die differenzierte Biotopbindung die Aufgabe erheblich.

Weiterhin ist die Wirkungsweise und vor allem auch das Gewicht verschiedener Schadfaktoren und Verursacher für die Erhaltungssituation der Tierwelt in vielen Fällen noch nicht ausreichend erforscht. Wie Untersuchungen zeigen, haben mit Sicherheit noch weitere Schadfaktoren (wie z. B. die „Chemisierung" der Landschaft, „Saurer Regen", Emissionsbelastung durch den Verkehr, Erholungsnutzung und andere mehr), die in dieser Studie eher unterrepräsentiert sind, teilweise entscheidenden Einfluß auf die Bestandsrückgänge von Tierarten (vgl. hierzu auch Abb. 1).

Nicht selten reichen auch die bisherigen Erfahrungen bezüglich des Wertes verschiedener Biotoppflegemaßnahmen für eine abschließende Beurteilung der damit zusammenhängenden Fragestellungen nicht aus.

Schließlich darf dieser Versuch einer Klassifizierung der Ökosysteme und Biotope nicht folgende grundsätzliche Probleme vergessen machen:

- Es werden nur Teilflächen herausgestellt. Dabei hängt die natürliche Eigenart und das Arteninventar dieser Teilflächen vielfach auch entscheidend von der Gesamtstruktur der Landschaft ab oder wird davon wenigstens mitgeprägt, da die einzelnen Biotope immer in ein Gefüge der Gesamtlandschaft eingebettet sind und damit vielfältige haushaltliche Wechselbeziehungen zueinander bestehen.

- Es gibt Biotopqualitäten, die sich nur sehr schwer für die Biotopschutzpraxis „normieren" lassen.

  Beispielsweise bevorzugen viele Tagfalter für die Eiablage ausgesprochen kümmernde Einzelbüsche, zerstreut stehende Kleinbestände oder aber ein bestimmtes Mikroklima, das mit solchen Strukturen verbunden ist. Sie meiden geschlossene, vitale Heckenstreifen ebenso wie flächige Bestände ihrer krautigen Futterpflanzen. Dies führt dazu, daß solche Standortqualitäten vielfach verkannt und falsch bewertet werden.

- Es wird bei diesem Ansatz der hohe landschaftsökologische Stellenwert der Grenzen und Übergänge bzw. die Mosaikstruktur zwischen unterschiedlichen Raumqualitäten (z. B. feucht/trocken, basisch/sauer, Besonnung/Beschattung, Abfluß der Kaltluft/Kaltluftstau usw.) nicht immer ausreichend deutlich.

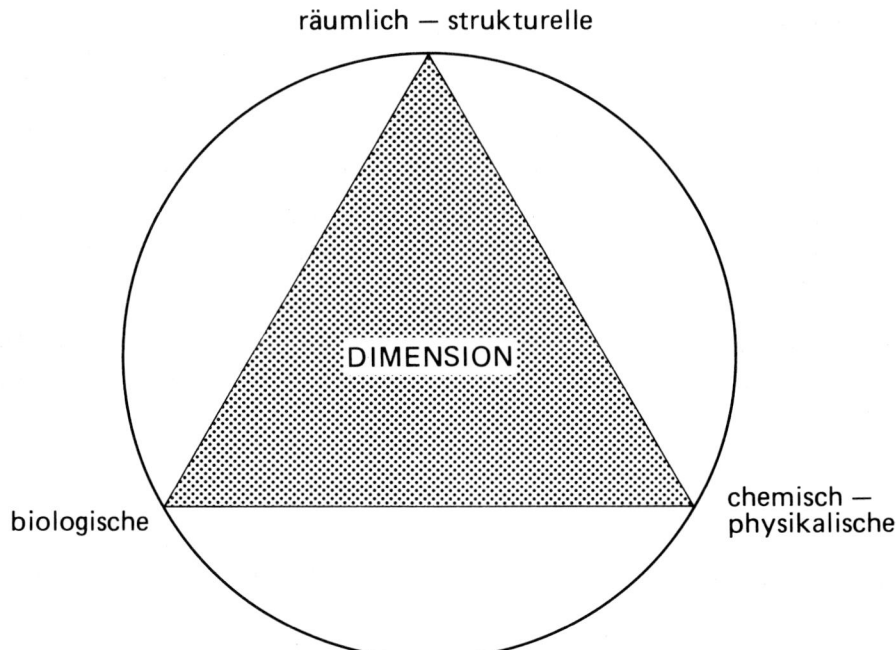

Abb. 1: Eckwerte für Lebensprozesse/Grundpfeiler des Ökosystem- und Biotopschutzes
Die Lebensprozesse aller Organismen, und somit auch jeder einzelnen Tierart, werden ermöglicht und geprägt durch die Beschaffenheit ihrer Lebensräume und dabei speziell durch die
– räumlich strukturelle Dimension (Raumgröße und -struktur),
– physikalisch-chemische Dimension (Umwelt-Medien, Stoffkreisläufe),
– biologische Dimension (Sym- und Antibiosen mit Artgenossen und anderen Arten).
Entsprechend haben auch Schutz- und Entwicklungsmaßnahmen an diesen existentiellen Grundpfeilern anzusetzen. Die Überlebenssicherung des heimischen Artenpotentials ist damit nur mittels umfassendem Lebensraumschutz, mittels Medienschutz und Biozönosenschutz erfolgversprechend.

So verdankte die traditionelle Kulturlandschaft ihren Artenreichtum in besonderem Maße auch der Vielfalt solcher allmählichen Übergänge. Dort stellen sich nämlich neben einer Mischung der Organismengruppen aus beiden angrenzenden Biotoptypen in der Regel auch solche Arten ein, die an die spezifischen Übergangsbedingungen angepaßt sind und nur in solchen Grenzzonen vorkommen (AG Artenschutzprogramm Berlin 1984). Die Monotonie der modernen Kulturlandschaft ist nicht zuletzt auch dadurch bedingt, daß allmähliche Übergänge durch scharfe Grenzen ersetzt wurden. Unter den Ursachen des Rückgangs der Farn- und Blütenpflanzen in der Bundesrepublik Deutschland steht die Beseitigung solcher Ökotone und der ökologisch verwandten Sonderstandorte (z. B. Feldraine) an erster (Sukopp et al. 1978), bei Tagfaltern und Widderchen an zweiter Stelle (Blab & Kudrna 1982).

– Schließlich sind am Artenschwund nicht nur Veränderungen in den Lebensstätten, sondern auch Flächenschrumpfungen und -zerschneidungen maßgeblich beteiligt (vgl. dazu nächstes Kapitel).

III. Biotopschutzplanung im räumlichen Verbund

III. 1 Biotop-Verinselung

Landeskulturelle Maßnahmen, Flächenumwidmungen und Flächenzusammenlegungen[*] haben dazu geführt, daß zahlreiche Biotoptypen Mitteleuropas und ebenso geschlossene Siedlungsgebiete von Tier- und Pflanzenarten in mehr oder weniger stark isolierte Teilbereiche aufgespalten wurden (vgl. dazu u. a. Abb. 10). Diese Restflächen und Restvorkommen sind heute häufig umgeben von Lebensstätten mit völlig andersartiger ökologischer (lebensfeindlicher) Beschaffenheit und nehmen damit zunehmend den Charakter von Inseln (Inselbiotope, -vorkommen) im „Meer der intensiv genutzten und damit besiedlungsfeindlichen Zivilisationslandschaft" ein. Dabei besteht zwischen den einzelnen Populationen heutzutage vielfach wohl auch bereits eine mehr oder weniger durchgehende genetische Isolierung mit allen damit zusammenhängenden Problemen (gestörte Dominanzstrukturen, evtl. Inzucht usw.).

Vor diesem Hintergrund gewinnen die Ergebnisse der Biogeographie von Meeresinseln (Mac Arthur & Wilson 1967) auch Bedeutung für die Biotopplanung an Land. Freilich dürfen diese Erkenntnisse nur mit großer Vorsicht übertragen werden (vgl. z. B. Margules et al. 1982, Mac Coy 1983), da sehr bedeutsame Unterschiede in der Lebensfeindlichkeit der Umgebung von Meeresinseln und „Naturinseln im Kulturland" bestehen. Während nämlich das Umfeld von Meeresinseln für terrestrische Arten extrem lebensfeindlich ist, bestehen an Land fallweise durchaus deutlich bessere Chancen für eine befristete Existenz außerhalb der benötigten Biotoptypen und für eine räumliche Überbrückung von Isolationsbarrieren. Zudem fehlt bei Habitatinseln im Gegensatz zu Meeresinseln die – zwar entfernungsabhängige – Möglichkeit der Neu- bzw. Wiederbesiedlung von einem (Festlands-)Reservoir, das den Gesamtartenpool beherbergt.

Dennoch sind die Grundthesen der Inseltheorie auch an Land anwendbar. Die **Arten-Areal Beziehung** der Inseltheorie besagt, daß die Artenzahl einer (marinen) Insel das Ergebnis eines Gleichgewichts von aussterbenden und einwandernden Arten (Artenturnover) ist, nur abhängig von der Größe der Insel und ihrer Entfernung von der (Festland-)Einwanderungsquelle (vgl. Abb. 2). Damit sind auf einer großen Insel im Durchschnitt mehr Arten zu erwarten als auf einer kleinen. Zum Schicksal einer bestimmten Art auf einer Insel ist dabei aber keine Aussage und Prognose möglich. Dem versucht das Konzept der **MVP** (Minimum Viable Population = kleinste überlebensfähige Population) gerecht zu werden. Hierbei wird für eine isolierte Population der betrachteten Art im konkreten Habitat vorhergesagt, wie groß die Individuenzahl mindestens sein muß, um mit einer vorgebbaren Überlebenswahrscheinlichkeit (z. B. 95 % über einen festzulegenden Zeitraum, etwa 100 Jahre) das Überleben dieser Population zu sichern. In einer Gefährdungsanalyse (**PVA** = Population Vulnerability Analysis) müssen eine Vielzahl von biotischen und abiotischen Faktoren berücksichtigt werden (Hovestadt et al. 1991), um dann (für die vorgegebenen Randbedingungen) über den Wert des ermittelten MVP eine entsprechende Angabe des Flächenbedarfs der MVP leisten zu

---

[*] Weitere Faktoren, welche den Verinselungsprozeß unterstützen bzw. forcieren sind vor allem intensive Produktionsformen auf den Nutzflächen, Nivellierung der Standortunterschiede im Kleinen, Vernichtung der „weichen" Übergänge zwischen verschiedenen Biotop- und Nutzungstypen, Einsatz von Agrochemikalien und mechanisierte Bewirtschaftungsmethoden, Einsatz von Mitteln zur biologischen Prozeßsteuerung (MBP), Anwendung gleichartiger und gleichzeitiger Eingriffe auf großer Fläche in kurzen Zeitabständen. Alles dies bedingt Standort-Monotonie auf großer Fläche.

können[*]. Während das MVP-Konzept bei isolierten Populationen in größeren zusammenhängenden Lebensräumen auch in der Praxis seine Anwendung findet, stellt die zunehmende Fragmentierung, die Unterteilung von Lebensräumen auf einzelne Flecken („patches") in der Landschaft andere konzeptionelle Anforderungen. Hierbei sind insbesondere dynamische Prozesse des lokalen Aussterbens und der Neubesiedlung von Arten in solchen Flecken zu berücksichtigen. Dem trägt das theoretische Konzept der **Metapopulation** verstärkt Rechnung, das – bereits früh formuliert (Levins 1970) – zunehmend Bedeutung in der Naturschutzforschung und -praxis erhält (Hanski & Gilpin 1991). Unter Metapopulation wird ein Netz lokaler Populationen verstanden, die (in einem Gleichgewicht von Aussterben und Wiederbesiedlung) untereinander durch migrierende Kolonisten lose verbunden sind. Wird eine einzelne Lokalpopulation durch irgendein Ereignis dezimiert, so können Einwanderer aus anderen Populationen diese Population vor dem Aussterben bewahren („rescue-effect"; Brown & Kodric-Brown 1977) oder nach dem Erlöschen eine Population neu begründen. Darüber hinaus kann in einer solchen Metapopulation – im Vergleich zu einer zusammenhängenden Population gleicher Individualstärke – ein größerer Anteil der genetischen Variabilität erhalten bleiben, was dem langfristigen Evolutionspotential der Art zugute kommt (Shaffer 1985; Gilpin & Soule 1986).

Für den Naturschutz wird in vielen Fällen die Erhaltung einer Metapopulation (besser mehrerer) die einzige Möglichkeit sein, um den langfristigen Schutz einer Art zu gewährleisten. Dem Konzept der Metapopulation entsprechend ist aber auch das vereinzelte Aussterben einer Lokalpopulation als natürlicher Vorgang zu akzeptieren, welcher dann allerdings den gleichwertigen Schutz (derzeit von dieser Art) nicht besiedelter Biotope für zukünftige Neubesiedlung bedingt. Erste Fallbeispiele für untersuchte Metapopulationen in Mitteleuropa existieren unter anderem für den Kleiber (Verboom et al. 1991) und den Dachs (Lankester 1991) aus den Niederlanden.

Auf einzelne Gesichtspunkte dieser kurz erläuterten theoretischen Konzepte für den praktischen Gebietsschutz wird unten und v. a. im speziellen Teil eingegangen. Es soll aber unterstrichen werden, daß diese Konzepte sich gegenseitig nicht ausschließen, sondern die jeweils passende Anwendung u. a. vom räumlichen und zeitlichen Maßstab der Betrachtung abhängt und dazu auch stark von den biologischen Eigenschaften der untersuchten Arten (Migrations- und Dispersionsverhalten) (vgl. Tab. 1). So können aus den theoretischen Überlegungen zwar Regeln und Vorschläge als fruchtbare Impulse für ein Schutzmanagement abgeleitet werden, aber keine Verallgemeinerungen und Gesetzmäßigkeiten, die fall- und gebietsbezogene Untersuchungen ersetzen könnten. Doch bewirkten gerade auch die genannten Konzepte eine allgemeine Abkehr von der reinen Registrierung des Vorkommens von Arten hin zur funktionalen Betrachtung von Populationen in ihrer Umwelt. Die Artenzahl (der Artenreichtum) ist nämlich nur einer und sicherlich nicht immer der wichtigste Grund für die Schutzwürdigkeit eines Gebietes. Natur und Naturschutz sind vielschichtiger, naturhaushaltliche Abläufe entsprechend ungleich komplexer.

---

[*] Bereits an dieser Stelle soll aber betont werden, daß die MVP einen Minimalwert darstellt, der nicht Ziel von Naturschutzplanungen sein kann, sondern Anhaltspunkt, um sich möglichst weit davon im sicheren Bereich zu bewegen.

Lokale Ebene: MVP-Konzept

Auf dieser Ebene der lokalen Population bewegen sich die meisten Individuen in ihrem gesamten Lebenszyklus und interagieren untereinander im Verlauf von Nahrungssuche und Fortpflanzung.

Metapopulationsebene: Netzwerk von Lokalpopulationen

Auf dieser Ebene bewegen sich einige Individuen (Kolonisten) gelegentlich von einem Platz (Lokalpopulation) zu einem anderen; im typischen Fall überqueren sie dabei Habitattypen, die zur Nahrungsaufnahme bzw. Fortpflanzung ungeeignet sind, mit dem hohen Risiko, keinen geeigneten Lebensraum zu finden.

Geographische Ebene: Inselökologie i. e. S.

Das gesamte Verbreitungsgebiet einer Art, wobei für ein einzelnes Individuum so gut wie keine Möglichkeit besteht, den Großteil dieses Gebiets zu erreichen.

Tab. 1: Drei räumliche Betrachtungsebenen (nach Hanski & Gilpin 1991) mit Angabe des relevanten theoretischen Konzeptes

Bei aller Komplexität der hier diskutierten Fragen läßt sich jedoch als eine wesentliche Erkenntnis festhalten: Aus Artenschutzsicht besonders günstig zu beurteilen sind großflächige Siedlungsinseln, da dadurch die Populationsgröße und Habitatvielfalt ansteigt und Populationsschwankungen sowie räumliche und zeitliche Schwankungen im Ressourcenangebot besser ausgeglichen werden können (vgl. Diamond 1975). Günstig ist außerdem eine möglichst geringe Entfernung zu gleichartigen Biotoptypen, da dadurch die Zuwanderungsrate der Arten steigt. Negativer zu werten sind andererseits kleinflächige, von gleichartigen Biotoptypen weit entfernte (isolierte) Siedlungsflächen.

Diese Grundsätze gelten dabei vor allem für Biotoptypen, die von Natur aus großflächig ausgeprägt sind (z. B. Wälder, Steppen). Bei natürlicherweise kleinflächigen Biotoptypen gelten sie nur stark modifiziert. So ist beispielsweise vielen aquatischen Wirbellosen oder Amphibien mit zahlreichen kleineren Gewässern in geringer räumlichen Distanz (1-3 km) mehr gedient als mit ausgedehnten Seen in großer Distanz (vgl. hierzu z. B. Abschn. XII. 5.10).

Neben Flächengröße und Isolationsgrad ist beim Problemkreis der Biotop-Verinselung außerdem auch noch die Flächenform der einzelnen Gebietsinseln von Bedeutung.

Sieht man einmal von den ihrem Wesen nach linienartigen Biotoptypen wie z. B. Bächen oder Hecken ab, so ist eine möglichst kompakte, den lokalen Gegebenheiten angepaßte Flächenform einer langgestreckten vorzuziehen, unter anderem weil dabei das Verhältnis Kernzone zu Randzone erheblich günstiger ausfällt[*], und schließlich schlägt auch noch Art und Intensität der Schadeinflüsse aus der Umgebung der Inseln zu Buche. Die Verinselung der Landschaft ist dabei nicht nur ein quantitatives Problem, das die Artenzahl betrifft, sondern ebenso auch ein qualitatives, da eine Verschiebung des Gesamtartenspektrums und der Dominanzstrukturen zugunsten euryöker (ökologisch plastischerer), ausbreitungstüchtiger Ar-

---

[*] Die vom Rand her in den Biotop eindringenden Störungen (z. B. chemisch-physikalischer Art) verringern nämlich den effektiven Lebensraum der Biozönose mehr als es der unmittelbar veränderten Fläche entspricht (vgl. Mader 1980).

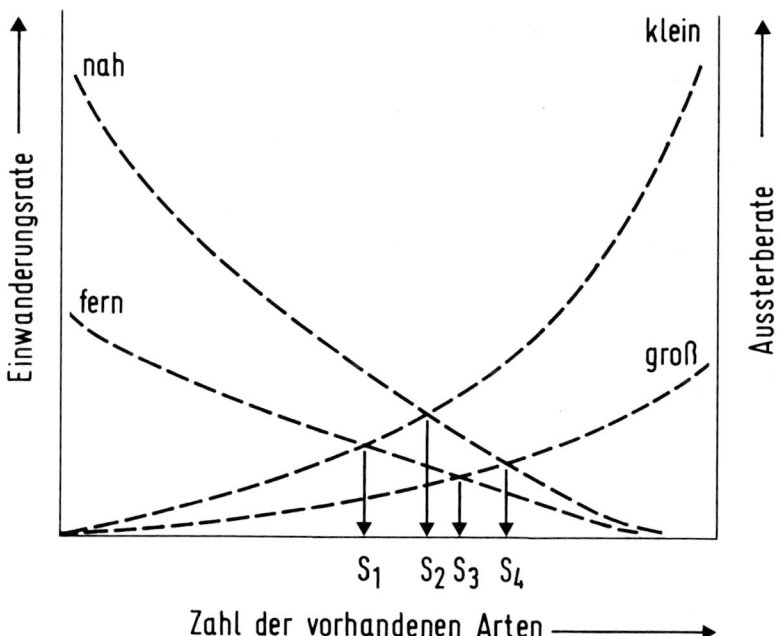

Abb. 2: Gleichgewichtsmodelle (S = dynamisches Artengleichgewicht) für Inselarten in Abhängigkeit von der Entfernung der Inseln vom hauptsächlichen Ursprungsgebiet und von der Flächengröße der Inseln (verändert nach Mac Arthur & Wilson 1963)
S_1 Artengleichgewicht für kleine, weit entfernte Inseln (Artenzahl niedrig)
S_2 Artengleichgewicht für nahe, kleine Inseln
S_3 Artengleichgewicht für weit entfernte, größere Inseln
S_4 Artengleichgewicht für nahe, große Inseln (Artenzahl hoch)

ten erfolgt, die im allgemeinen nicht zu den seltenen und gefährdeten[*] zählen (z. B. Schneider & Sukopp 1978, Mader 1980, 1981, Mühlenberg & Werres 1983 u. v. a.)

III. 2 Flächengröße

Für die Schutz- und Planungspraxis wäre es von großem Vorteil, Mindestgrößen – bzw. zumindest Richtwerte für Mindestgrößen – der einzelnen Biotoptypen zu kennen. Die Schwierigkeit der Ermittlung derartiger Werte liegt jedoch insbesondere in den unterschiedlichen Raumansprüchen der verschiedenen Arten einer Zoozönose, darüber hinaus aber auch in den jeweils unterschiedlichen qualitativen Ausprägungen der Lebensraumtypen und unterschiedlichen Intensitäten/Einwirkungen der Umgebungsnutzungen.

Vor allem für die von Natur aus großflächig ausgeprägten Biotoptypen – und darunter ganz besonders den selten gewordenen bzw. werdenden – kommt der Kenntnis der zur Erhaltung notwendigen Mindestfläche aber eine erhebliche praktische Bedeutung zu.

---

[*] Ausnahme: Alle Arten, die auf sehr dynamische, gefährdete Habitate angewiesen sind: diese Arten müssen entsprechend ausbreitungstüchtig sein und sind zum Teil besonders stark bedroht (vgl. dazu Kap. IV).

24

Zur Bestimmung dieser Parameter sind in der Praxis die nachfolgend genannten Näherungsverfahren gebräuchlich:

1. Da das Minimalareal eines Biotops sehr wesentlich von der Habitat- und Struktur-Diversität pro Flächeneinheit abhängt, wird es durch den kleinsten Raum repräsentiert, in dem die charakteristische Habitatausstattung noch vorkommen kann (Heydemann 1981).

2. Ein oft gewähltes Mittel für Näherungen an den Parameter Mindestflächengröße sind auch Arten-Areal-Kurven (vgl. Abb. 3, aber auch Abb. 2), wobei zur Aufstellung solcher Kurven sinnvollerweise Artengruppen herangezogen werden, die hinsichtlich der notwendigen Flächenanteile zu den anspruchsvollsten Gruppen der jeweiligen Biozönose zählen (z. B. Vögel, Säugetiere)[*].

3. Bei Artengruppen, deren Raumeinbindung unter anderem auch wesentlich durch das Mikroklima bedingt wird (z. B. Laufkäfer), werden gelegentlich hilfsweise auch Mikroklimamessungen zur Klärung dieses Flächenparameters herangezogen (vgl. z. B. Abschn. Flächengröße der Wälder).

4. Ein anderer Lösungsansatz besteht darin, die ermittelten Aktionsstrecken, z. B. Flugstrecken für weitfliegende Insekten, Laufstrecken für besonders laufaktive Käfer, die teilweise mehrere Kilometer Minimalstrecke in einem Biotopbestand umfassen (Heydemann 1981), zur Bemessung der notwendigen Biotopmindestfläche heranzuziehen (vgl. dazu z. B. Abschn. XIX 5.2).

5. Ein gebräuchliches Indikationsprinzip gerade aus der speziellen Sicht des Tierartenschutzes ist weiterhin, für die einzelnen Biotoptypen den Flächenanspruch einer lebensfähigen Population der Art zu ermitteln, die gegenüber diesem Kriterium am anspruchsvollsten ist, und diesen dann als Richtwert für den Biozönosentyp einzusetzen. Dann sind nämlich – vereinfacht gesprochen – die Flächenansprüche der übrigen, mit dieser Art vergesellschafteten Zönoseglieder bereits mit abgedeckt (vgl. dazu u. a. die Beispiele und Berechnungsverfahren für Wiesenvögel, Abschn. XVIII. 5.2, und für Tierarten der Trocken- und Halbtrockenrasen, Abschn. XIX. 5.2). Gerade das letztgenannte Beispiel zeigt überdies, daß für eine wissenschaftliche Absicherung der notwendigen Mindestflächengröße auch Studien zur Populationsdynamik, z. B. hinsichtlich der Klimaabhängigkeit der Abundanzen, dringend notwendig sind, da auch ohne Änderung in Qualität und Größe eines Biotops die Individuenzahl einer Tierart darin über die Zeit um ein Vielfaches verschieden sein kann.

In diesem Zusammenhang kann aber nicht deutlich genug unterstrichen werden, daß Richtwerte des Naturschutzes zu Mindestflächengrößen nur ein Zugeständnis an praktische Sachzwänge sind, daß bei flächenhaften Mangelbiotopen Schutz- und Entwicklungsziel des Naturschutzes jeweils ein Mehrfaches der Mindestfläche sein muß (müßte), da die Zahl der Arten, die langfristig in einem Inselbiotop leben kann, eine Funktion der Inselgröße ist (vgl. Abschn. III. 1). Außerdem sind Randeinflüsse generell mitzuberücksichtigen und auch verhaltenskundliche Aspekte, z. B. Fluchtdistanzen bei Wasservögeln (Abschn. XII. 5.9), sowie Konkurrenzfaktoren, z. B. bei Moorbiozönosen usw. (Abschn. XVI. 5.2) zu beachten.

---

[*] Denn natürlich muß die kleinste geographische Raumeinheit, die für eine überlebensfähige Population eines Großvogels hinreichend ist, ungleich größer sein als jene für eine lebensfähige Population der meisten Insektenarten oder gar von Mikroorganismen.

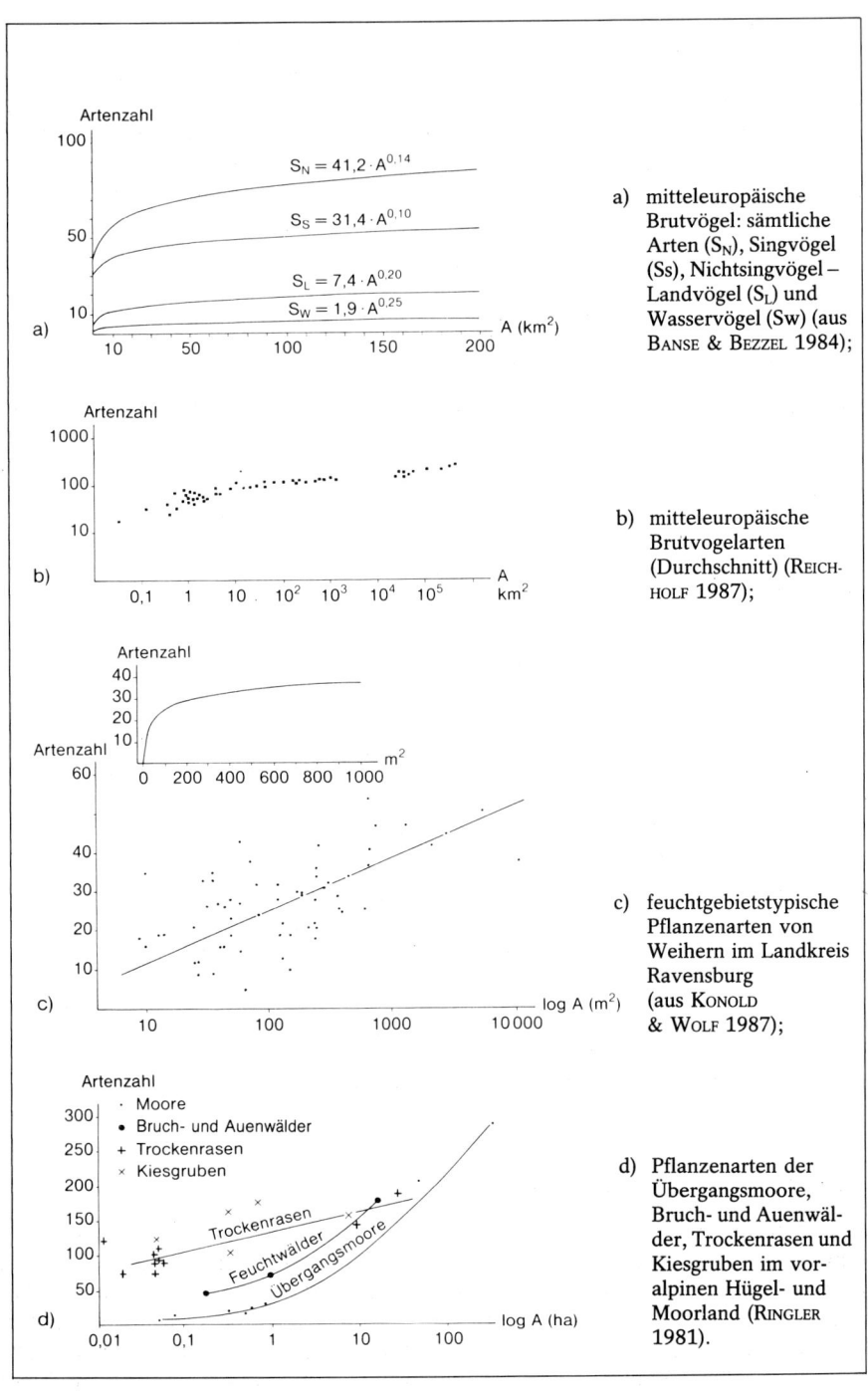

Abb. 3: Beispiele von Arten-Areal-Kurven zu ausgewählten Tier- und Pflanzenarten (nach verschiedenen Autoren aus Jedicke 1990)

III. 3 Teilsiedler-Problematik

Die Teilsiedler-Problematik, also die differenzierte Biotopbindung, ist ein weiterer Komplex, der Biotopschutzmaßnahmen gerade für Tiere erheblich kompliziert. Da zur Klärung der damit zusammenhängenden ökologisch-funktionalen Fragen teilweise auch methodisch sehr aufwendige Untersuchungen notwendig sind, soll diese Thematik hier etwas ausführlicher erörtert werden, und zwar exemplarisch an vier ökologisch sehr verschiedenen Artengruppen, nämlich Amphibien, Fledermäusen, Tagfaltern und Gänsen.

III. 3.1 Teilsiedler-Problematik bei Amphibien

III. 3.1.1 Jahresablauf in Amphibienpopulationen

Das Jahresgeschehen in Amphibienpopulationen gliedert sich (vereinfacht) – soweit man die adulten Tiere betrachtet und die wenigen, mehr oder weniger ganzjährig am und im Gewässer lebenden Arten (z. B. „Wasserfrosch") ausklammert – in die Abschnitte Frühjahrswanderung zum Laichplatz, Fortpflanzungsphase, Rückwanderung in die Sommerquartiere, Herbstzug und Winterstarre (vgl. Abb. 4).

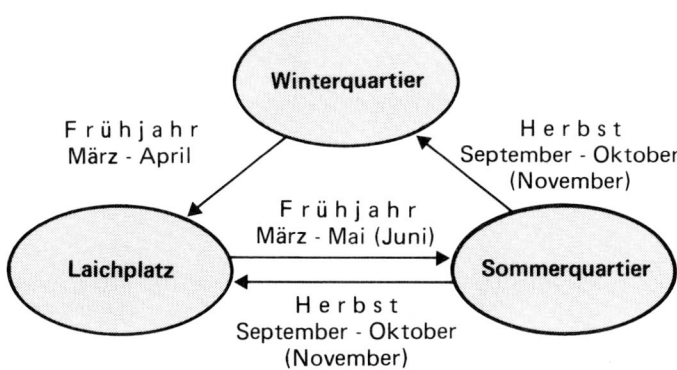

Wanderphasen und Wanderzeiten bei Amphibien

Abb. 4: Modell des Jahresgeschehens in Amphibienpopulationen (vereinfacht)

III. 3.1.2 Flächenscharfe Zuordnung von Amphibienbiotopen

Wegen der obligatorischen, brutbiologisch begründeten Gewässerbindung bietet sich für die räumliche Zuordnung von Amphibienbiotopen in erster Linie der Laichplatz an. Zum einen, da er den zentralen Punkt im Leben einer Population darstellt, zum anderen, da er für deren Fortbestand unabdingbar ist und außerdem zumeist aus den bei einer Planung benutzten kartographischen Unterlagen ersichtlich ist. Vielfach existieren außerdem bereits Laichplatzdateien. Überdies sind über die Hälfte der einheimischen Lurcharten aufgrund weitgehend autonomer Verhaltensweisen mehr oder weniger eng auf ein bestimmtes Gewässer fixiert (vgl. Abb. 5).

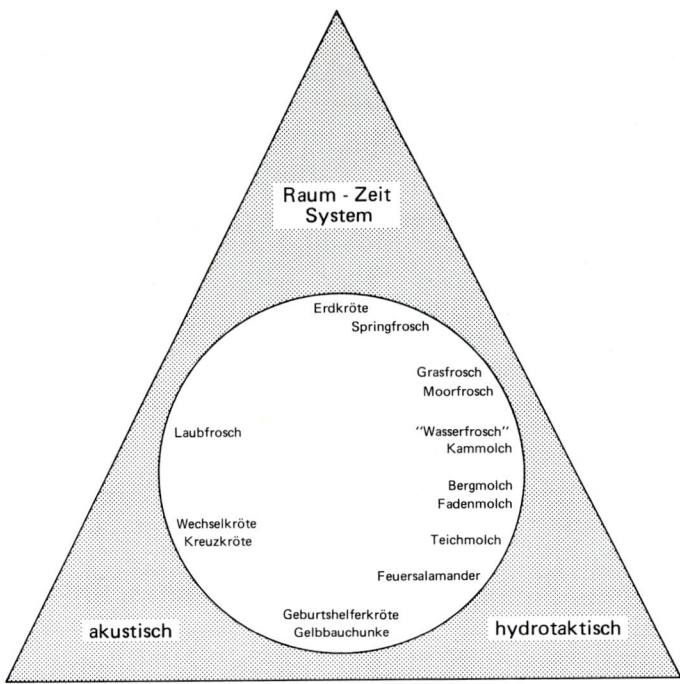

Organisation des Zusammenfindens der Lurche am Laichplatz

Abb. 5: Verhaltensbedingte Beziehung der Lurche zum und Organisation des Geschlechterfindens am Laichplatz

Im wesentlichen existieren drei Mechanismen für das Laichplatz- und Geschlechterfinden der heimischen Amphibienarten, wobei die Übergänge zwischen den einzelnen Verhaltenstypen fließend sind (vgl. dazu Blab 1978 a). Das Auffinden des Laichplatzes und das Zusammenfinden der Geschlechter an diesem Ort wird entweder durch hydrotaktische Orientierung (Feuersalamander), Rufe (Wechsel-, Kreuz-, Geburtshelferkröte und Gelbbauchunke) oder durch ein Raum-Zeit-System (sonstige Arten in Abb. 5) gesteuert. Das letztgenannte Phänomen ist Garant dafür, daß bei diesen Arten alle laichwilligen Tiere einer Population – wie programmiert – zur selben Zeit (meist innerhalb weniger Tage) am selben Ort (i. d. R. ihrem Geburtsgewässer) zusammenkommen, so daß die Paarung trotz der fehlenden Lockmittel für den Geschlechtspartner sichergestellt ist.

Dieses Raum-Zeit-System zeigt viele artspezifische Ausprägungen, wie überhaupt die Übergänge zwischen den verschiedenen Verhaltenstypen fließend sind.

III. 3.1.3 Abgrenzung von Amphibienbiotopen

Mit dem Laichplatz ist der zentrale Punkt im Leben einer Amphibienpopulation und mit den Ergebnissen des vorstehenden Abschnitts auch die verhaltensbedingte Beziehung der Tiere dazu bekannt. Planerisch besonders wichtig ist damit insbesondere noch die Frage, wieweit sich die Tiere im Sommer von den Laichgewässern entfernen. Vor allem interessieren hier die Jahreslebensräume der einzelnen Amphibienarten, d. h. die Fläche, in der sich die räumliche Dynamik der Gesamtheit der Individuen einer Population unter Einfluß der regulären saisonalen Wanderung vollzieht.

Methodisch wird eine Klärung dieser Frage dadurch etwas erleichtert, daß sämtliche Lurcharten keineswegs ständig umhervagabundieren, sondern vielmehr außerhalb der Wanderphasen (im Frühjahr und Herbst) zu weitgehend seßhafter Lebensweise übergehen. Den Sommer über besiedeln sie kleine, im Rahmen der Nahrungssuche etc. regelmäßig belaufene Aktionsräume, welche sich zumeist um ein oder mehrere Verstecke erstrecken und i. d. R. einen Radius von unter 30 m (Ausnahmen v. a. bei der Erdkröte mit r ~ 50 m) aufweisen.

Diese stationäre Lebensweise bietet die Möglichkeit, die Sommerquartiere der einzelnen Individuen kartographisch festzuhalten und die Individuen laichplatztreuer Arten populationsweise bestimmten Brutplätzen zuzuordnen.

Da die größte Entfernung zum Laichplatz i. d. R. im Sommerquartier erreicht wird, läßt sich der Jahreslebensraum einer Population durch Aufnahme (im Sinne einer Momentaufnahme) der Sommerquartiere aller Individuen einer Population bestimmen und flächenhaft wiedergeben. Damit gilt also: Amphibienbiotope sind komplexer Natur. Bei allen nicht ständig wasserbewohnenden Arten liegt eine Differenzierung der Biotopbindung in Brutbiotop und Sommerbiotop vor (vgl. Abb. 6).

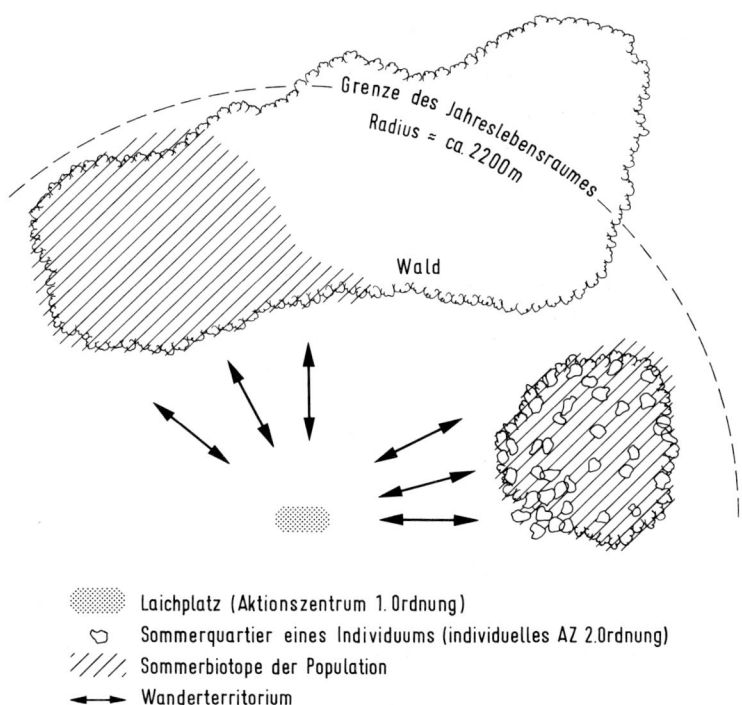

Abb. 6: Modell eines Amphibienbiotops am Beispiel des Jahreslebensraumes einer Erdkrötenkolonie (nach Blab 1979 a)

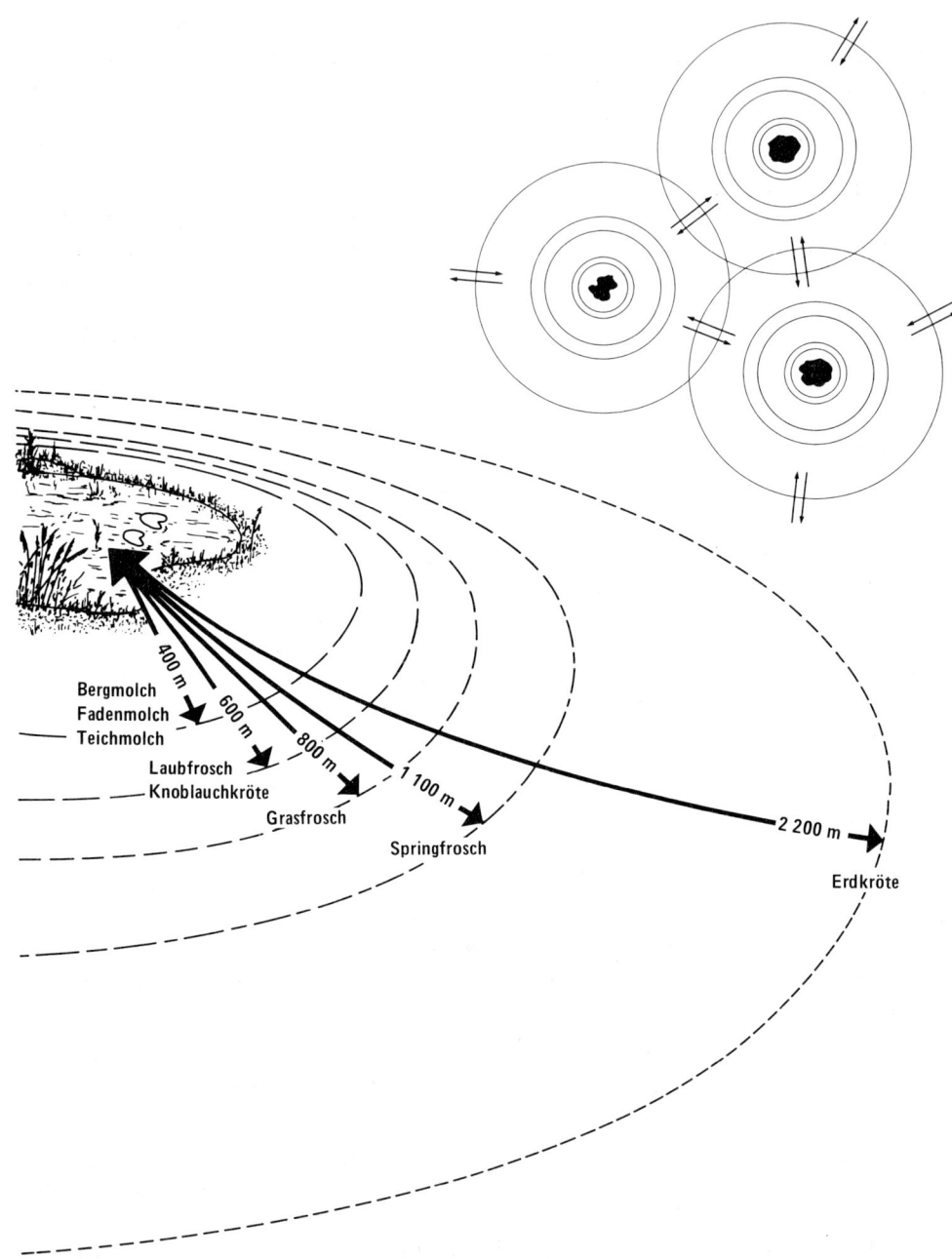

Abb. 7: Größe der Jahreslebensräume und Modell eines Laichplatzverbundsystems bei Amphibienpopulationen. Diese Werte beziehen sich auf Migrationsleistungen, wie sie bei am Laichgeschäft beteiligten adulten Tieren im Kottenforst bei Bonn ermittelt wurden (vgl. Blab 1978 a). Insbesondere Jungtiere, nicht selten aber wohl auch semiadulte und adulte Tiere legen außerhalb der regulären Laichwanderungen sicherlich noch ungleich größere Distanzen zurück (vgl. hierzu u. a. Blab et al. 1991).

Mittelpunkt des Jahreslebensraumes und damit Aktionszentrum erster Ordnung für alle Individuen einer Population ist der Laichplatz. Individuelle Aktionszentren zweiter Ordnung der einzelnen Glieder einer Population stellen die Verstecke in den Sommerquartieren dar. Das zwischen beiden Aktionszentren liegende Feld wird im Rahmen der saisonalen Migrationen regelmäßig durchwandert.

Anhand dieser Daten zur Größe der Jahreslebensräume ist es nunmehr möglich, Vorhersagen zu treffen über den Raumanspruch der Amphibienpopulationen und damit auch über die bei Planungen als tatsächlichen Amphibienbiotop anzusetzenden Raumeinheiten. Aber natürlich könnte eine Amphibienpopulation langfristig nicht bestehen, wenn nicht ein ständiger Genaustausch mit Nachbarpopulationen durch intrapopulare Wanderungen stattfände (mit sehr hoher Wahrscheinlichkeit geschieht dies vor allem durch Jungtiere bzw. Semiadulte).

III. 3.1.4 Verbundsystem von Jahreslebensräumen

Für ein Schutzkonzept bedeutet dies: Es muß ein Verbundsystem von Jahreslebensräumen, respektive Laichgewässern als den Zentren derselben erhalten bzw. neugeschaffen werden (vgl. Abb. 7). Ein intaktes Verbundsystem von Jahreslebensräumen wäre demnach ein Areal, in welchem ein Austausch von Tieren stattfinden kann (Glandt 1979). Die Mindestdichte der Laichgewässer hat sich dabei nach dem jeweiligen Wanderleistungsvermögen bzw. anderen ausbreitungsökologischen Mechanismen der Amphibien zu orientieren. Empirische Befunde (Blab 1978 a) zeigen hierzu, daß einige Amphibienarten Distanzen von 2-3 km relativ rasch überwinden können. Diese Zahlenangaben können daher als grobe Richtwerte für die maximale Maschenweite in einem solchen Laichplatzverbundsystem dienen (vgl. Abb. 7).

III. 3.2 Teilsiedler-Problematik bei Fledermäusen

Sämtliche 22 bundesdeutsche Fledermausarten weisen eine differenzierte Biotopbindung an unterschiedliche und zumeist auch räumlich voneinander getrennte Sommer- und Winterquartiere, in Einzelfällen zusätzlich noch an Zwischenquartiere, sowie an mit diesen wiederum nicht identische Jagdbiotope auf. Als Quartiere und Verstecke dienen höhlen- und spaltenartige Örtlichkeiten wie Felshöhlen, Mauerspalten, Baumhöhlen und Dachräume (vgl. Abb. 135).

Die zentralen Punkte im Leben der Fledermauspopulationen stellen dabei in jedem Fall die Sommer- (insbesondere Wochenstuben-) und Winterquartiere dar. Zwischen diesen Teilbiotopen erfolgen die großen, jahreszeitlich gebundenen Überflüge (Abb. 8).

Aufschluß über die planerisch wichtige Frage, wieweit Winter- und Sommerquartiere maximal voneinander entfernt sein dürfen, geben die Wanderneigung und Wanderfähigkeit der einzelnen Arten (vgl. Abb. 8). Dabei kann bei mittel- und fernwandernden Arten eines der beiden Quartiere sich auch leicht außerhalb des einer Planung zu Grunde liegenden Gebietes befinden.

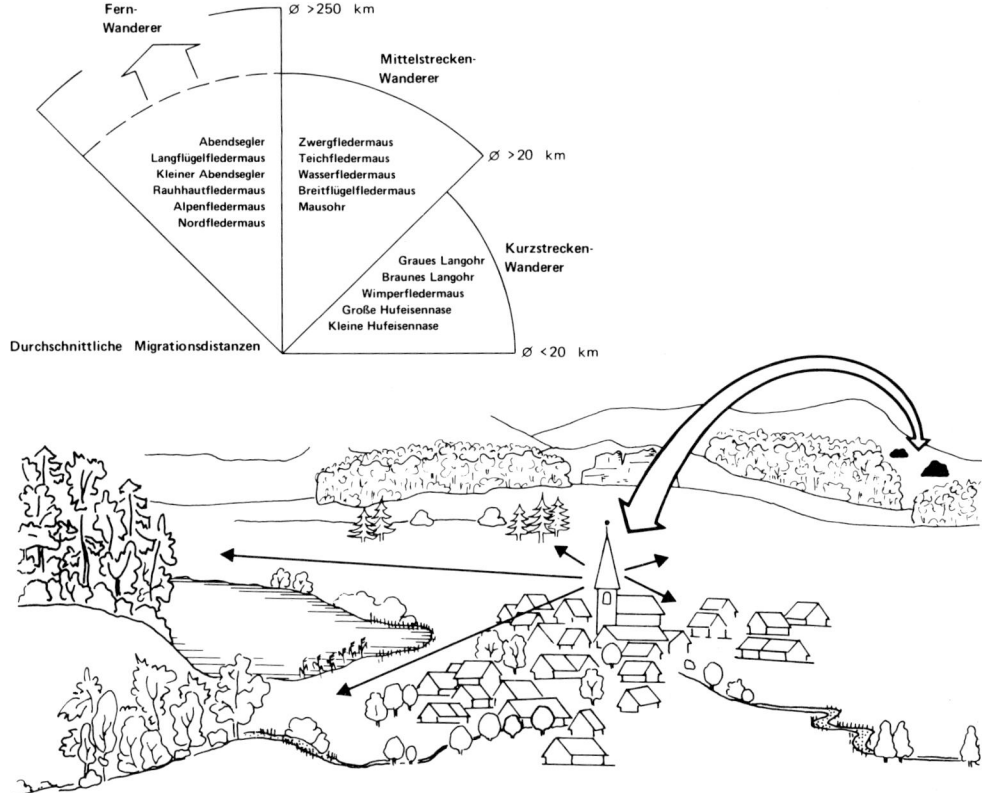

Fern-
Wanderer

∅ >250 km

Mittelstrecken-
Wanderer

Abendsegler   Zwergfledermaus
Langflügelfledermaus   Teichfledermaus
Kleiner Abendsegler   Wasserfledermaus
Rauhhautfledermaus   Breitflügelfledermaus
Alpenfledermaus   Mausohr
Nordfledermaus

∅ >20 km

Kurzstrecken-
Wanderer

Graues Langohr
Braunes Langohr
Wimperfledermaus
Große Hufeisennase
Kleine Hufeisennase

Durchschnittliche Migrationsdistanzen

∅ <20 km

Abb. 8: Modell eines Fledermausbiotops am Beispiel des Jahreslebensraumes einer Kolonie der Kleinen Hufeisennase und Gliederung der einheimischen Fledermausarten in Gruppen unterschiedlicher Wanderneigung (nach Blab 1980 a)
Das Winterquartier der Art (Teilbiotop 1) befindet sich in Felshöhlen, die Wochenstube (Teilbiotop 2) im Turm der Dorfkirche. Zwischen beiden Teillebensräumen erfolgen die großen, jahreszeitlich gebundenen Überflüge (Wanderungen) im Frühjahr und Herbst. Der Jagdbiotop (Teilbiotop 3) des Wochenstubenverbandes umfaßt die an das Dorf anrainenden Waldränder und Flurstücke.

III. 3.3 Teilsiedler-Problematik bei Tagfaltern

Aus dem Bereich der Wirbellosen gibt Tabelle 2 Beispiele für differenzierte Biotopbindung am Beispiel einiger Tagfalterarten. Auch hier können die Teillebensräume bis zu einigen Kilometern voneinander entfernt liegen. Ähnliches gilt sodann für andere flugstarke Insektengruppen (z. B. Libellen, verschiedene Nachtfaltertaxa, Schwebfliegen).

32

Art	Biotop der Raupe	Saugplatz des Falters	Weitere Teilbiotope und ihre Funktionen	Entfernungen zwischen den Teilbiotopen
Kleiner Fuchs (Ubiquist)	Brennessel-Bestände (insbesondere Urtica dioica), vorzugsweise an trockenen, sonnenexponierten Störstellen in verschiedenen Biotoptypen	Stellen mit hohem Nektarangebot in den unterschiedlichsten Biotoptypen	Pflanzenfreie Stellen (Sandwege, Steinplatten etc.) als Sonnplätze, bevorzugt in der Nähe der Saugmedien; Überwinterungsquartiere	Größere Distanzen (bis zu mehreren km) zwischen Larval- und Imaginalbiotop möglich[*]
Schwalbenschwanz (Art frischer bis thermophiler Offenbereiche)	Wilde Möhre, Gartenmöhre, Gewöhnliche Wiesensilge, Kleine Bibernelle u.a.m. in lückigem Extensiv-Grünland sowie an Gräben usw.	Blütenreiche Stellen in verschiedenen Biotoptypen des Offenlandes	Dominierende Hügel- und Bergkuppen als Paarungsplatz (hilltopping), insbesondere bei geringer Populationsdichte	Größere Distanzen möglich (weit über 1 km)[*]
Großer Eisvogel (Art mesophiler Wälder)	Zitter- und Schwarzpappel an äußeren und inneren Waldrändern	♂: Aas und Exkremente z. B. auf ungeteerten Waldwegen, nasser Erde ♀: Honigtau, Beeren	Dominierende Baumwipfel/-kulissen an Waldrändern als Paarungsplatz (tree-topping)	Häufig mittlere bis größere Distanzen
Segelfalter (Xerothermophile Art)	Nördlich der Alpen v.a. Krüppelschlehen in Trocken- und Halbtrockenrasen auf Kalk, im Westen unter submedit. Standortbedingungen Felsenkirsche	Schlehe, Klee, Flieder, Distel, Natternkopf usw., auch außerhalb der Raupenbiotope	Dominierende Hügel- und Bergkuppen als Paarungsplatz (hill-topping)	Größere Distanzen möglich[*]
Moorgelbling (Tyrphophile Art)	Rauschbeerbestände in oligotrophen Mooren und im Mantel von Moorwäldern sowie subalpinen Gebüschen	Blütenreiche Stellen in Nachbarschaft zu den i. d. R. blütenarmen Hochmooren, v.a. auf Disteln	–	Kleinere bis mittlere Distanzen, selten über 1 km

Tab. 2: Tagfalterarten (ausgewählte Vertreter aus verschiedenen Faltergesellschaften) mit differenzierter Biotopbindung

---

*) Bei Teilen der Populationen von Kleinem Fuchs, Schwalbenschwanz und Segelfalter wird auch Zerstreuungswanderung (Dismigration) festgestellt. Die Tiere fliegen dabei aus dem Lebensraum der Population heraus und siedeln bleibend in mehr oder weniger weit entfernte Bereiche der Umgebung über.

III. 3.5 Teilsiedler-Problematik bei Gänsen

Wie schon bei den Fledermäusen erkennbar, kann für den Biotopschutz von besonders flugfähigen Tierarten selbst die Planung im regionalen Verbund ungenügend sein. Daß fallweise
sogar eine länderübergreifende Zusammenarbeit notwendig werden kann, verdeutlicht Abbildung 9 für Zugvögel am Beispiel der Saatgans.

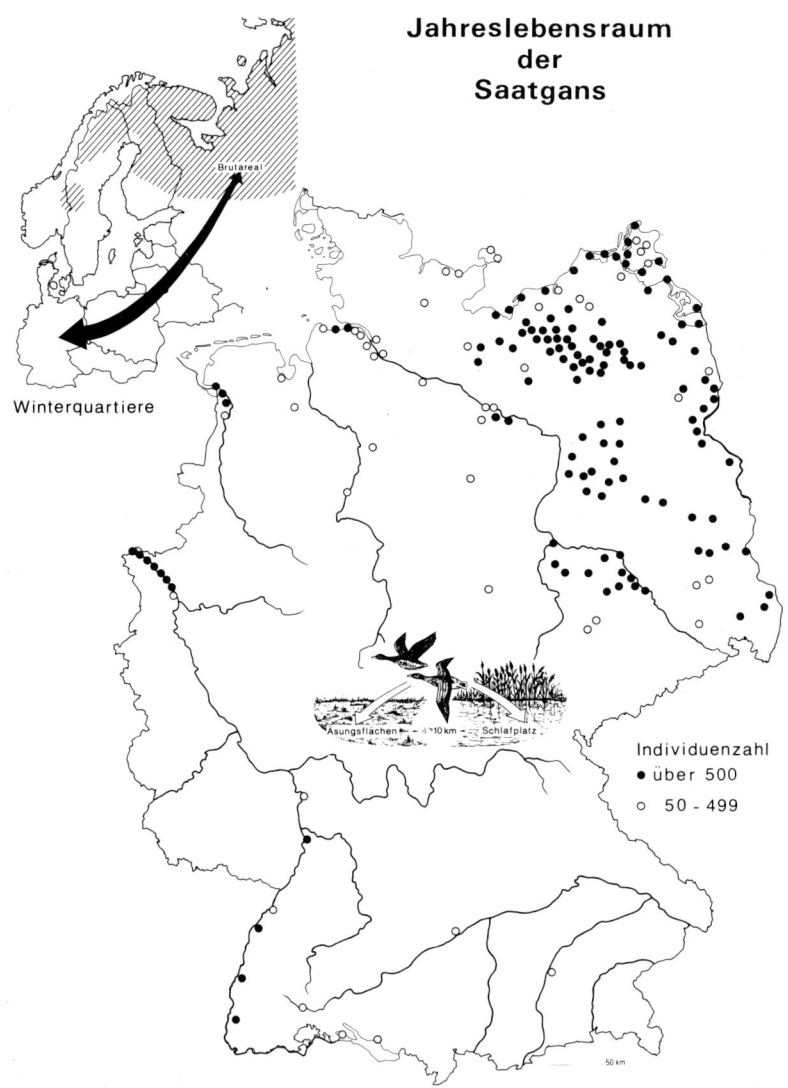

Abb. 9: Jahreslebensraum der Saatgans und ihre wichtigsten deutschen Winter-/Herbstrastplätze
(nach Hummel 1983 sowie Rutschke 1990), einschließlich der Biotopteilsysteme an den Rast-
plätzen

III. 4 Praktische Konsequenzen aus der „Inseltheorie" und der Teilsiedler-Problematik für die Biotopschutzplanung

Da nach vorstehenden Ausführungen neben der Biotopqualität auch die Flächengröße sowie der Isolationsgrad eines „Inselbiotops" von Biotopen des gleichen Typs und schließlich außerdem auch noch die Lebensfeindlichkeit der Umgebung (u. a. Raumwiderstand bei Wanderungen) den Ausschlag über die Artenzusammensetzung und das Artengleichgewicht geben, sind für die Biotopschutzplanung die unten genannten Grundsätze zu beachten.

Unbedingt festzuhalten ist in diesem Zusammenhang jedoch, daß Biotopverbundsysteme[*] – selbst bei fachlich optimalem Aufbau sowie bei (heute noch lange nicht erreichten) Anteilen an der Gesamtfläche von 10-15 Prozent – nur einen (zweifelsfrei sehr wichtigen) Beitrag zum Artenschutz leisten können. Im Prinzip entsprechen aber auch Biotopverbundsysteme dem Konzept des Reservatsdenkens, hier freilich erweitert um den sehr wichtigen funktionellen Gedanken auf dem Wege einer Vernetzung der Lebensräume. Dieses sogenannte „Segregationsprinzip" mag angesichts der politischen Zwänge die heute politisch einzig durchsetzbare Form von Flächenschutz sein. Die Sicherungsmöglichkeiten für das Artenpotential in der Gesamtlandschaft und z. T. selbst in den „Reservaten" hängen darüber hinaus jedoch noch von einer Vielzahl von Prozessen und Belastungen ab, sei es die Erschwerung von Zuwanderungs- und Austauschprozessen der Populationen durch strukturelle oder chemische Veränderung der dazwischen liegenden Räume (vgl. Tab. 3), durch einschneidende Veränderung der Qualität wichtiger Umweltmedien wie etwa Luft, Wasser, Boden, Klima, welche nicht vor „Biotopgrenzen" halt machen u. a. m. (vgl. hierzu auch Abb. 1).

Noch ein zweiter sehr wesentlicher Punkt, der der typischen Landschaftsform, ist an dieser Stelle einzubringen: Eine Sicherung der Arten ist nur dort möglich, wo die landschaftlichen Bedingungen mit ihrem ökologischen Anspruchsprofil korrespondieren. Da die heimischen Lebensgemeinschaften aus jeweils recht typischen Natur- und Kulturlebensräumen stammen, muß als Grundlage für deren Überleben sichergestellt sein, daß in jeder Landschaftseinheit die typischen Faktoren in der räumlich-strukturellen, der chemisch-physikalischen und der biologisch-ökologischen Dimension erhalten werden (vgl. auch Abb. 1). (Freilich ist diese Aussage keine Konsequenz aus der Inseltheorie).

---

[*] Die dem Konzept des Biotopverbundes zugrundeliegende Idee, über eine Vernetzung verschiedener lokaler Populationen wildlebender Arten deren Lebensgrundlagen zu sichern, kann nur dann erfolgreich sein, wenn dafür eine ausreichend große und im Raum effektiv verteilte Flächenbasis zur Verfügung gestellt wird. Um es funktional zu beschreiben: Dieses System muß geschützte Bereiche umfassen, die als Lebensraum für spezialisierte, auf natürliche bzw. naturnahe Lebensräume angewiesene Arten taugen, die gleichzeitig als Rückzugs- und Regenerationsgebiete für die unter hohem Druck stehenden Arten der Kulturlandschaft dienen und die über geeignete Strukturen den intensiv genutzten Bereich der Landschaft einbinden. Es ist in keiner Weise vorstellbar, daß die bisher mit Vorrang für Naturschutz ausgewiesenen Flächen durch Deklaration eines Verbundsystems und das Anpflanzen einiger Hecken diese Aufgaben erfüllen und den Artenschwund stoppen oder auch nur verlangsamen könnten. Sie sind so bemessen, daß sie in der Regel nicht einmal die eigene Stabilität erhalten, geschweige denn diese Funktion auch noch exportieren könnten. Dies aber muß die grundlegende Aufgabe eines Biotopverbundes sein, nicht, wie in einigen konzeptionellen Ansätzen zwar nicht ausdrücklich, aber doch unterschwellig beabsichtigt wird, die bestehenden, geringfügigen Naturschutzflächen in einen Verbund zu stellen, damit die Natur als saniert zu betrachten und die restlichen 98 % der Fläche endgültig zur freien Verfügung zu stellen. Ziel solcher Konzepte ist ein Notverband, kein Biotopverbund (Hammer 1991).

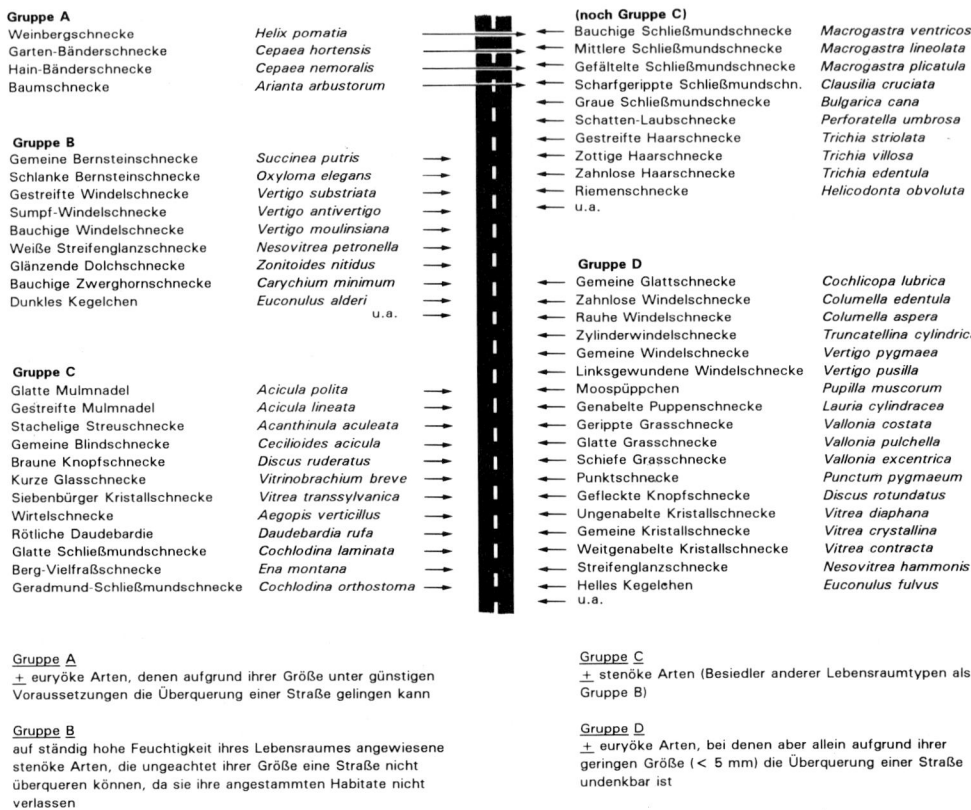

Gruppe A

Weinbergschnecke	*Helix pomatia*
Garten-Bänderschnecke	*Cepaea hortensis*
Hain-Bänderschnecke	*Cepaea nemoralis*
Baumschnecke	*Arianta arbustorum*

Gruppe B

Gemeine Bernsteinschnecke	*Succinea putris*
Schlanke Bernsteinschnecke	*Oxyloma elegans*
Gestreifte Windelschnecke	*Vertigo substriata*
Sumpf-Windelschnecke	*Vertigo antivertigo*
Bauchige Windelschnecke	*Vertigo moulinsiana*
Weiße Streifenglanzschnecke	*Nesovitrea petronella*
Glänzende Dolchschnecke	*Zonitoides nitidus*
Bauchige Zwerghornschnecke	*Carychium minimum*
Dunkles Kegelchen	*Euconulus alderi*
	u.a.

Gruppe C

Glatte Mulmnadel	*Acicula polita*
Gestreifte Mulmnadel	*Acicula lineata*
Stachelige Streuschnecke	*Acanthinula aculeata*
Gemeine Blindschnecke	*Cecilioides acicula*
Braune Knopfschnecke	*Discus ruderatus*
Kurze Glasschnecke	*Vitrinobrachium breve*
Siebenbürger Kristallschnecke	*Vitrea transsylvanica*
Wirtelschnecke	*Aegopis verticillus*
Rötliche Daudebardie	*Daudebardia rufa*
Glatte Schließmundschnecke	*Cochlodina laminata*
Berg-Vielfraßschnecke	*Ena montana*
Geradmund-Schließmundschnecke	*Cochlodina orthostoma*

(noch Gruppe C)

Bauchige Schließmundschnecke	*Macrogastra ventricosa*
Mittlere Schließmundschnecke	*Macrogastra lineolata*
Gefältelte Schließmundschnecke	*Macrogastra plicatula*
Scharfgerippte Schließmundschn.	*Clausilia cruciata*
Graue Schließmundschnecke	*Bulgarica cana*
Schatten-Laubschnecke	*Perforatella umbrosa*
Gestreifte Haarschnecke	*Trichia striolata*
Zottige Haarschnecke	*Trichia villosa*
Zahnlose Haarschnecke	*Trichia edentula*
Riemenschnecke	*Helicodonta obvoluta*
u.a.	

Gruppe D

Gemeine Glattschnecke	*Cochlicopa lubrica*
Zahnlose Windelschnecke	*Columella edentula*
Rauhe Windelschnecke	*Columella aspera*
Zylinderwindelschnecke	*Truncatellina cylindrica*
Gemeine Windelschnecke	*Vertigo pygmaea*
Linksgewundene Windelschnecke	*Vertigo pusilla*
Moospüppchen	*Pupilla muscorum*
Genabelte Puppenschnecke	*Lauria cylindracea*
Gerippte Grasschnecke	*Vallonia costata*
Glatte Grasschnecke	*Vallonia pulchella*
Schiefe Grasschnecke	*Vallonia excentrica*
Punktschnecke	*Punctum pygmaeum*
Gefleckte Knopfschnecke	*Discus rotundatus*
Ungenabelte Kristallschnecke	*Vitrea diaphana*
Gemeine Kristallschnecke	*Vitrea crystallina*
Weitgenabelte Kristallschnecke	*Vitrea contracta*
Streifenglanzschnecke	*Nesovitrea hammonis*
Helles Kegelchen	*Euconulus fulvus*
u.a.	

Gruppe A
± euryöke Arten, denen aufgrund ihrer Größe unter günstigen Voraussetzungen die Überquerung einer Straße gelingen kann

Gruppe B
auf ständig hohe Feuchtigkeit ihres Lebensraumes angewiesene stenöke Arten, die ungeachtet ihrer Größe eine Straße nicht überqueren können, da sie ihre angestammten Habitate nicht verlassen

Gruppe C
± stenöke Arten (Besiedler anderer Lebensraumtypen als Gruppe B)

Gruppe D
± euryöke Arten, bei denen aber allein aufgrund ihrer geringen Größe (< 5 mm) die Überquerung einer Straße undenkbar ist

Tab. 3: Passierbarkeit (Pfeil durch Straßenband) bzw. mangelnde Passierbarkeit (auch verkehrsarmer) zweispuriger Straßen mit fester Oberfläche durch Schneckenarten. Die genannten Vertreter der Gruppen B bis D stellen dabei nur Beispiele dar (nach Martin & Roweck 1988).

III. 5   Grundsätze für die Biotopschutzplanung

III. 5.1 Untere Flächengrößen

Naturnahe Landschaften ebenso wie die zu schützenden Biotope sind in einer Flächengröße zu erhalten bzw. zu schaffen, daß das Aussterberisiko der in ihnen siedelnden Tier- und Pflanzenarten möglichst weit reduziert wird. Diese kritische Flächengröße ist freilich von Biotoptyp zu Biotoptyp verschieden (vgl. dazu u. a. den speziellen Teil dieses Buches). Wichtig ist insbesondere, daß möglichst auch diejenige Art, die von allen biotopeigenen Spezies die höchsten Ansprüche an die Lebensraumflächen aufweist, eine überlebensfähige Populationsgröße aufbauen kann. Entscheidend ist sodann weiterhin die Sicherung individuenstarker Populationen an den Verbreitungsschwerpunkten der Arten, um dadurch einen Populationsüberschuß und somit Siedlungsdruck für eine Neukolonisation zu ermöglichen. Die Erfahrung zeigt, daß eine Verzehnfachung der Biotopfläche in etwa eine Verdoppelung der Artenzahl bewirkt (vgl. dazu auch Abb. 3), weil hier die folgenden Gegebenheiten zum Tragen kommen:

– Je größer die Inselfläche, desto eher wird die Insel von den Arten „entdeckt" und dauerhaft auch von sensitiven Arten besiedelt, weil sich eine von Außeneinflüssen abgeschirmte Kernzone entwickeln kann.

– Je größer – und damit vielfältiger im Habitat- und Strukturangebot – eine Biotopinsel ist, desto eher finden zufällig ankommende Arten die ihnen zusagenden Lebensbedingungen.

– Je größer die Inselfläche ist, desto weniger wahrscheinlich ist es, daß eine Art ausstirbt.

III. 5.2 Inselzahl und -verteilung

Biotope müssen in genügend großer Zahl und in genügend engem räumlichen Verbund vorliegen, so daß Genfluß bei biotoptypischen Arten – zumindest gelegentlich – problemlos möglich ist. Bestandsgefährdete Populationen müssen durch Zuwanderer gestützt werden können[*]. Gehäufte Anordnung von Biotopinseln ist dabei oft günstiger als reihenförmige (im Ø kürzere Überbrückungsdistanzen). Diese Einhaltung der kritischen Distanz[**] ist besonders wichtig für Arten mit geringer Ausbreitungsdynamik und Vermehrungsrate, sog. K-Strategen, weniger für sog. r-Strategen[***] (vgl. auch Abschn. IV. 2). Über die in diesem Zusammenhang außerhalb der generellen Vorgaben im einzelnen anzusetzenden Entfernungen lassen sich derzeit freilich noch kaum präzise Angaben machen, da dieser Parameter artspezifisch von einer Vielzahl oft sehr unterschiedlicher Faktoren abhängt (Nutzungsintensität, Überformung der Zwischenräume, Populationsdynamik, Klimafaktoren u. v. a. m.).

III. 5.3 Korridore und Trittsteinbiotope

Dort wo ein hinreichender räumlicher Biotopverbund nicht mehr erreichbar oder durchsetzbar ist, sollten alle Möglichkeiten ausgeschöpft werden, die Isolationswirkung trennender Raumbarrieren durch nachträgliches Einbringen flächen- oder linienhafter „Trittsteinbiotope" in möglichst hoher Zahl zu reduzieren bzw. weitgehend aufzuheben (vgl. Abb. 10). Planerisch setzt dies die Neuanlage bzw. Erweiterung von geeigneten Vernetzungsstrukturen voraus. Freilich sollte man dabei nicht immer nur an Hecken oder Feldgehölze denken.

---

[*] Dem Konzept der Metapopulation (Netzwerk von Lokalpopulationen) entsprechend ist aber auch das vereinzelte Aussterben einer Lokalpopulation als natürlicher Vorgang zu akzeptieren, welcher dann allerdings den gleichwertigen Schutz (derzeit von dieser Art) nicht besiedelter Biotope für zukünftige Neubesiedlung bedingt.

[**] Als Indikator für die maximal zulässigen Abstände dient zweckmäßigerweise die Ausbreitungsfähigkeit der diesbezüglich problematischsten Arten, soweit diese überhaupt bekannt ist. Da die Aussterberate isolierter Lebensgemeinschaften – wie in Abschnitt III.1 dargelegt – eine Funktion des Grades ihrer räumlichen Isolation ist, sollten die Raumabstände zwischen gleichen oder verwandten Lebensgemeinschaften generell möglichst gering gehalten werden.

[***] K-Strategen leben in sehr stabilen Habitaten, entsprechend können sie sich in Richtung auf geringe Populationsschwankungen, angepaßt an die Kapazität ihrer mehr oder weniger konstanten Umwelt (hohe Konstanz und Vorhersagbarkeit der Umweltbedingungen) entwickeln.

r-Strategen bewohnen kurzlebige, instabile Habitate; sie sind unabhängig von ihrer Populationsdichte einer ständigen Selektion unterworfen. Ihre Strategie ist grundsätzlich opportunistisch. Sie weisen hohe Vermehrungsraten auf und neigen zu Massenvermehrungen. Migration ist ein wichtiger Bestandteil ihrer Populationsentwicklung. (Definition vereinfacht nach May 1980).

Solche Korridore und Trittsteinbiotope sind Flächen, die aufgrund ihrer Dimension für ein längeres Überleben eigener Populationen oft nicht ausreichend sind, vielen Arten aber Austauschprozesse zwischen den „Kernbereichen" ermöglichen. Welche Arten konkret diese Ausbreitungshilfen annehmen, ist bisher aber wenig untersucht. Generell ist jedoch auch hier der Erhalt gewachsener Strukturen wichtiger als Neuanlagen (vgl. dazu u. a. Kap. IV).

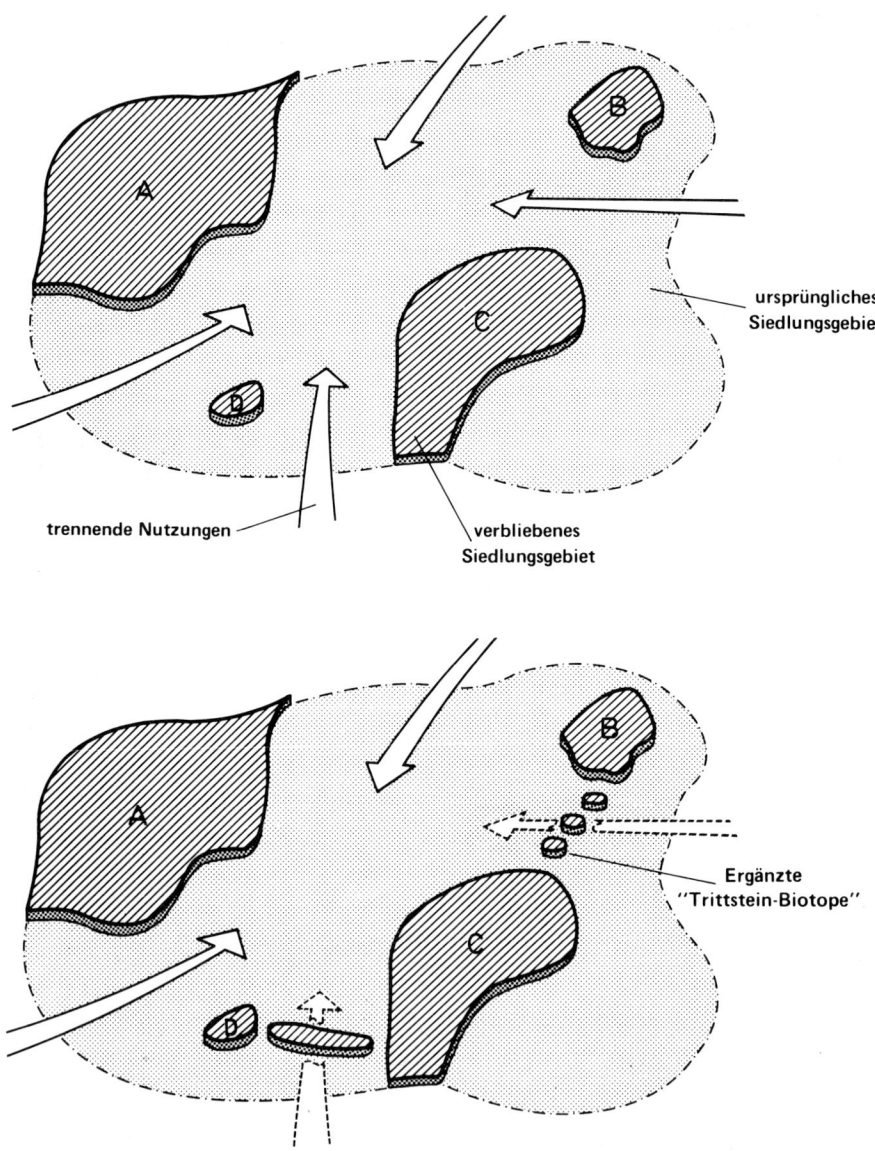

Abb. 10: Aufspaltung geschlossener Siedlungsgebiete in isolierte Verbreitungsinseln und deren nachträgliche „Vernetzung" durch „Trittsteinbiotope" (nach Blab 1985 b)

Funktional vergleichbar dem Aufbau von Korridoren und Trittsteinbiotopen kann fallweise auch der Abbau von Ausbreitungshindernissen, z. B. Sohlschwellen, Wehren, Verrohrungen in Fließgewässern usw. sein.

Oft freilich ist es sinnvoller, anstelle der Anlage von Korridor- oder Trittsteinstrukturen die Forderung nach spürbarer Extensivierung der angrenzenden Nutzung, z. B. im landwirtschaftlichen Bereich zu stellen, deren Durchsetzung durch staatliche Ausgleichszahlungen auch erfolgversprechend ist.

III. 5.4 Pufferzonen; Oekotone

Schadeinflüsse aus der Biotop-Umgebung (Dünger- und Pestizideintrag, Tritt etc.) sind so gering wie möglich zu halten. Dazu sind genügend breite Pufferzonen auszuweisen (biotopspezifisch). Generell ist wegen des damit verbundenen "edge effectes" ein „weicher" Grenzsaumverlauf bzw. eine „weiche"-ausgestaltung anzustreben (Übergangsbiotope; Oekotone).

Umfang und Dimension notwendiger Pufferzonen hängen von zahlreichen Parametern ab, u. a. von Topographie, Grundwasserströmen, aber natürlich auch vom Biotoptyp sowie von der Art der negativen Einflüsse, deren Auswirkungen abgepuffert werden sollen. So benötigt beispielsweise ein oligotropher See eine wesentlich breitere Pufferzone gegenüber Stickstoffeinträgen als ein eutropher Auwald, so wird eine Pufferzone gegenüber dem Einfluß von Erholungssuchenden auf ein bestimmtes Gebiet anders auszusehen haben und dimensioniert sein müssen, als eine gegen stoffliche Einträge (z. B. Gülle) von benachbarten landwirtschaftlichen Flächen.

III.5.5 Flächenform

Hinsichtlich der Flächenform sollten möglichst kompakte, sich an natürlichen Gegebenheiten orientierende Gebilde angestrebt werden, da diese das günstigste Verhältnis von Kernzone zu Randzone aufweisen (Ausnahmen bei ihrem Charakter nach linearen Biotopen wie Bächen, Hecken, Säumen u. a. m.). Der hier genannte Grundsatz gilt freilich v.a. für die Biotop-/Reservatsplanung „im Großen" (vgl. Abschn. III.1). In stark ausgeräumten Landschaften kann es dagegen sinnvoll sein, auch gelappte oder stark unregelmäßige Formen neu anzulegen (Stichwort: „Bereicherung der Landschaft").

III. 5.6 Differenzierte Biotopbindung

Bei den Arten mit differenzierter Biotopbindung ist auch eine ausreichende räumliche Vernetzung der essentiellen Teillebensräume (innere Zuordnung) zu gewährleisten (vgl. hierzu v. a. die ausführliche Darstellung in Abschn. III.3 sowie die Hinweise in den einzelnen Kapiteln des speziellen Teils).

III. 5.7 „Instabile" Lebensräume

Zum Schutz von „Pionierarten" bedarf es häufig auch instabiler, d. h. zunächst offener vegetationsfreier Lebensräume. „Kahle" Flächen sollen deshalb nicht unnötig bepflanzt werden, die natürlichen Prozesse, die zu ihrer Entstehung führen (können), (wieder-)zugelassen werden. Notfalls sind Pionierstandorte periodisch bis auf den rohen Erdboden freizulegen (Imbeck & Hufschmid 1990).

Überhaupt stellt die Unterbindung bzw. die massive Behinderung spontaner und dynamischer Prozesse in der Zivilisationslandschaft ein zentrales Problem für den Artenerhalt dar. Dies gilt häufig sogar für Arten, die im Grunde sehr besiedlungsstark sind. Denn auch solche Arten sind auf die stetige Präsenz „ihres" Biotop- bzw. Habitattyps angewiesen, zwar nicht zwingend auf derselben Fläche, aber doch in einem bestimmten engeren landwirtschaftlichen Gesamtzusammenhang (vgl. Mosaik-Zyklus-Theorie).

III. 5.8 Landschaftscharakter

Planung und Anlage neuer Biotopelemente und -strukturen sind dem örtlichen Landschaftscharakter und den Eigenschaften der Umgebung anzupassen: Landschafts- respektive naturraumfremde Elemente sind zu vermeiden (z. B. Laichgewässer im trockenwarmen Flaumeichenwald etc.). Auch ist das Umland für die Besiedlung eines konkreten Biotops durch bestimmte Tierarten vielfach bereits allein schon aus allgemein landschaftsökologischen Gründen sehr bedeutsam, weil

Abb. 11: Mainfränkischer Magerrasenkomplex aus (oben) Ackerbrachen, Kiefern-Trockenwäldern mit Blutstorchschnabel und Diptam-Säumen (im Trauf der Kiefern z. B. der Steppengrashüfer *(Chorthippus vagans)*; im Hang (von oben) Erdseggenrasen, rutschende Gamander-Blaugrashalden, verbuschende Partien am Hangfuß. Habitat u. a. von beiden *Oedipoda*-Arten, Segelfalter *(Iphiclides podalirius)*, Randfleck-Widderchen *(Zygaena fausta)*, an den Steilhängen mit guter Thermik der Langfühler-Schmetterlingshaft *(Ascalaphus longicornis)*.
(Foto und Bildtext: H. J. Weidemann)

– verschiedene Arten Landschaften eines bestimmten Charakters weitgehend meiden (z. B. Zwergdommel und Rohrsänger einen allseits von Wald umschlossenen Weiher);
– es besiedlungsbestimmende Faktoren teilweise entscheidend modifiziert. Beispielsweise unterdrückt Beschattung durch Hochwald den Schilfwuchs und beeinflußt darüber hinaus das Wärmeklima im Gewässer und damit auch die Faunenzusammensetzung (vgl. dazu u. a. den Stellenwert des Faktors Besonnung im Laichplatzschema vieler Amphibienarten, Abb. 29); beispielsweise erhöhen menschliche Bauten oder Baumreihen am Ufer die Fluchtdistanz bei verschiedenen Wasservogelarten (vgl. hierzu Abschn. XII. 5.9.).

III. 5.9 Prinzipien zur Festlegung von Schutz- und Pflegezielen

Pflegemaßnahmen sind langfristig zu planen, wobei nachhaltige Eingriffe möglichst zu vermeiden sind. Zur Pflege sekundärer (anthropogener) Biotope werden drei Prinzipien vorgeschlagen:

a) Stabilisieren bestimmter Sukzessionsstadien.
Die natürliche Sukzession wird in vom Menschen geschaffenen Mangelbiotopen durch gezielte Eingriffe in gewünschten Phasen stabilisiert oder in solche zurückversetzt. Generell wichtig bei Pflegemaßnahmen ist es dabei, den Einsatz von Energie und die Anzahl der Eingriffe zu minimieren. Mithin ist es also günstiger, einen Biotop in ein relativ frühes Stadium seiner Sukzession zu bringen und ihn sich dann in die gewünschte Phase entwickkeln zu lassen, als durch fortwährende Managementmaßnahmen auf einem bestimmten Stadium zu fixieren. Dies erfordert jedoch einen hohen Flächenbedarf für den Naturschutz.

Noch günstiger ist es, der Natur an möglichst vielen großflächigen Bereichen ausreichend Raum auch für ungelenkte Entwicklungen zu bieten, wobei – soweit überhaupt notwendig – lediglich die entsprechenden Rahmenbedingungen (u. a. durch geeignete Steuerung der Beeinträchtigungen, von Wasserhaushalt, Nährstoffhaushalt, Wilddichte) hergestellt/garantiert werden, so daß diese Prozesse natürlich bzw. naturnah ablaufen können. Ein solches „gesteuertes, zeitweises Laufenlassen von Sukzessionsprozessen" (Scherzinger 1991), das als hochwillkommenen Nebeneffekt darüber hinaus nicht selten eine Fülle von Sonderhabitaten (z. B. Windwurf, Erdrutsche) erbringt, welche über Pflegemaßnahmen nicht oder kaum hergestellt werden können, darf allerdings nicht mit kleinen und isolierten Einzelflächen operieren. Denn dann wären die schützenswerten Arten nur zu rasch verschwunden, die weitere Besiedlungssukzession durch die umliegende Nutz- und Industrielandschaft dagegen blockiert. Um diesen Ansatz zu verwirklichen, bedarf es vielmehr sehr großer Gebiete sowie ausreichender Einzelflächen im Verbund, um – innerhalb eines Gesamtmosaiks – jeweils den kompletten Zyklus repräsentiert zu haben (Scherzinger 1991). Gerade unter den aktuellen agrarpolitischen Zwängen erscheint seine Realisierung nicht weltfremd. Freilich fehlen die fachlichen Kenntnisse über den notwendigen Aufbau und das Funktionieren solcher Konzepte noch weitestgehend.

b) Zeitliche Staffelung der Pflegeeingriffe im gleichen Biotoptyp.
Anthropogene Biotope sind in Anlehnung an die traditionelle Bewirtschaftung kleinflächig und über Jahre hinweg alternierend zu pflegen. Dadurch ergibt sich ein Mosaik von verschieden lange brach liegenden Parzellen. Die Pflegeeingriffe sollen auch innerhalb einer Vegetationsperiode auf verschiedenen Flächen zeitlich gestaffelt werden. Dadurch läßt sich eine optimale gebietstypische Artenvielfalt erreichen.

Generell darf bei der Konzipierung etwaiger Pflegeprogramme jedoch nicht vergessen werden, daß einzelne Biotope oder kleinere Landschaftsausschnitte stets nur Teil eines komplexen Ganzen, des Landschaftshaushaltes sind. So ist beispielsweise besonders bei kleinen Flächen im Vergleich zu internen Nährstoffumsätzen teilweise mit erheblichen Stoffeinträgen zu rechnen (etwa in Magerrasen, Streuwiesen, Zwergstrauchheiden), mit oft sehr nachhaltigen Auswirkungen auf die Erreichbarkeit der Pflegeziele (Problem der Schutzfähigkeit bestimmter Biotoptypen bei einem veränderten Landschaftshaushalt durch Imitation ehemaliger Nutzungsformen) (Dierssen 1990). Auch sind „gesamtlandschaftliche Zusammenhänge" (vgl. dazu u. a. Blab et al. 1989 b, 1991), denen häufig für Vorkommen oder Fehlen bzw. für die Abundanzen der Arten eine entscheidende Rolle zukommt, ungleich stärker in die Entscheidungen mit einzubeziehen.

c) Anpassen der Pflege und Gestaltung an das Nebeneinander von verschiedenen Habitaten im gleichen Biotop.
In anthropogenen Ökosystemkomplexen, die mosaikartig aus verschiedenen Pflanzengesellschaften und Habitattypen zusammengesetzt sind, muß die Pflege räumlich differenziert (standort-spezifisch) erfolgen. Dabei gilt es, die verschiedenen floristischen und faunistischen Interessen sorgfältig gegeneinander abzuwägen und möglichst „synökologisch verträgliche" Lösungen zu finden.

Die drei Pflegeprinzipien sind häufig gleichzeitig anzuwenden, die Maßnahmen aber an jeden konkreten Fall speziell anzupassen. Dabei ist Formalismus und Perfektionismus nicht nur unnötig, sondern den Naturschutzzielen eher abträglich.

IV. Ersetz- und Gestaltbarkeit von Biotopen

IV. 1 Hintergründe

Die hohen Verlustbilanzen bei vielen Biotoptypen in Mitteleuropa (vgl. dazu jeweils Abschn. 4 zu den einzelnen Kapiteln des speziellen Teils sowie die umfassenden Darstellungen der ANL (1986) und von Ringler (1987)) belegen die dringende Notwendigkeit, Biotope als Ersatz für Verlorenes zu schaffen.

Aus ökologischer Sicht stellt sich damit die Frage, ob diese vielfach ausgesprochen aufwendigen Aktionen tatsächlich dazu beitragen können, die kritische Situation der heimischen Tier- und Pflanzenwelt zu verbessern oder negative Entwicklungstrends wenigstens zu stoppen.

Diese Frage läßt sich nicht pauschal, sondern nur nach eingehender Prüfung der einzelnen Fälle klären. Bereits eine erste Würdigung verschiedener Vorhaben dieser Art zeigt jedoch, daß derzeit in der Praxis der Planung und Gestaltung von Biotopen vielfach wenig kritisch verfahren wird und darüber hinaus nicht selten ein kaum begründbarer Optimismus bezüglich der Machbarkeit von „Natur aus zweiter Hand" herrscht.

Daher soll hier der Versuch unternommen werden, die für solche Vorhaben besonders wesentlichen Gesichtspunkte und Hintergründe in grundsätzlicher Form zu problematisieren und zu diskutieren. (Die Ausführungen folgen dabei im wesentlichen Blab 1985 a).

42

IV. 2 Fachliche und praktische Fragen der Biotopanlage und -gestaltung

IV. 2.1 Möglichkeiten, Grenzen und Probleme der Biotopanlage, -gestaltung und -entwicklung

Es besteht kein Zweifel, daß viele Typen von Kulturbiotopen in etwa, d. h. mit dem Grundstock ihrer typischen Flora und Fauna, wiederherstellbar sind. Das Hauptproblem der Reproduzierbarkeit unter den aktuellen Bedingungen dürfte aber sein, daß die Mehrzahl der Biotoptypen lange Entwicklungszeiträume benötigt, während gleichzeitig die potentiellen Zuwanderquellen massiv vernichtet wurden bzw. sich z. T. nach wie vor in rapidem Rückgang befinden, und außerdem die Schadeinflüsse aus der Umgebung (Streß) auf die neugeschaffenen Biotope zunehmen. Ein weiteres Problem ist darüber hinaus, daß manche Standorte mit historisch gewachsenen, entwickelten Bodenprofilen und an solche Bedingungen gebundenen Pflanzengesellschaften durch menschliche Aktivitäten irreversibel verändert wurden.

Hinsichtlich der Machbarkeit und Regenerationsfähigkeit verschiedener Biotoptypen geben empirische Befunde die folgenden Anhaltspunkte:

Regenerationsfähigkeit von „Biotoptypen":

– Einjährigengesellschaften (z. B. Ackerwildkrautgesellschaften, hygrophile Therophytengesellschaften) und ihre Fauna 1-4 Jahre. Dabei sind die Artenzahlen und der Bestandsaufbau aber sehr entscheidend vom Samenvorrat im Boden, von der Abbaugeschwindigkeit etwaiger dort in den Vorjahren ausgebrachter Herbizide und von Ausbreitungszentren in der Nachbarschaft abhängig (letzteres gilt immer für alle Biotoptypen, s. Kap. V).

– Vegetation eutropher Stillgewässer 8-15 Jahre. An Tierarten gelingt in solchen „kurzen Zeiträumen" allerdings i. d. R. nur migrationsfreudigen Vertretern die Umsiedlung von primären in sekundäre Gewässer.

– Hecken gepflanzt, nach 10-15 Jahren noch kaum Einwanderung weiterer spezialisierter Insektenarten; bei einigen Kilometern bis zu „Ausbreitungszentren" noch nach Jahrzehnten kaum Besiedlung mit neuen Arten (u. a. Zwölfer et al. 1981).

– Magerrasen, z. B. Pfeifengraswiesen und Halbtrockenrasen, die durch intensive Düngung und Mahd in Fettwiesen umgewandelt wurden, auf vielen Standorten erst in Jahrzehnten und auch dann oft nur sehr unvollständig wiederherstellbar (vgl. u. a. Schiefer 1983 und dort zit. Literatur). An Berliner Beispielen (AG Artenschutzprogramm Berlin 1984) zeigt sich hierbei außerdem, daß neu angelegte Trocken- und Halbtrockenrasen auch aus floristischer Sicht nur sehr bedingt Ersatz für alte Trockenrasen sind: So enthalten z. B. die nach dem Kriege neu angelegten Schafschwingelrasen im Tiergarten etwa 20 Pflanzenarten pro Aufnahme, die 140 Jahre alten mit entsprechenden Gesellschaften der Pfaueninsel dagegen die doppelte Anzahl. Um artenreiche Bestände zu erhalten, ist offenbar sehr lange, gleichbleibende und wenig intensive bis extensive Bewirtschaftung nötig, wie sie auf der Pfaueninsel gegeben war und ist.

– Vegetation oligotropher Gewässer, auch nach Zeitspannen von 20-30 Jahren noch recht spärlich, selbst wenn Ausbreitungszentren in enger Nachbarschaft liegen.

– Felshöhlen: 100-200 Jahre reichen für eine Besiedlung mit echten Höhlentieren (Troglobionten) i. d. R. nicht aus (Dobat 1979).

– Neuaufforstungen: Waldökosysteme unterliegen sehr langfristigen Reifungsprozessen. In der ersten Baumgeneration, soweit z. B. die Insekten betroffen sind, finden sich daher meist noch wenig spezifische Arten. Auch die Bodenfauna spiegelt dabei das jeweilige „Durchlaufstadium" der langfristigen Bodenbildung wider. Erst nach Jahrzehnten verschieben sich die Artenspektren zugunsten der Waldartengesellschaften. Ablesen läßt sich der Reifegrad u. a. auch am Verhältnis höhlenbrütender Vogelarten zum Anteil sonstiger Vogelarten (s. dazu Tab. 4).

– „Urwaldreste": Bezüglich der spezifischen Fauna in Jahrhunderten nicht wiederherstellbar.

– Hochmoore: Torfmächtigkeit von 1 Meter rund 1000 Jahre[*].

Waldbestände	Höhlen- brüter	Frei- brüter	Dichte Paare/ha
über 200jähriger Alteichenbestand in unmittelbarer Dorfnähe	62%	38%	23,9
200jähriger Alteichenbestand mit Unterholz (Altholz)	52%	48%	11,4
Eichenmittelwald (Stammdurchmesser 50-65 cm, Unterholz 2-4 m hoch)	35%	65	9,3
Eichenmittelwald (Stammdurchmesser 30-40 cm, Unterholz bis 2 m hoch)	33%	67%	3,2
Angehendes Stangenholz (Kultur), stärkste Stämme 20 cm Durchmesser	0%	100%	2,0
Schonung (Bäume bis 2,5 m hoch)	0%	100%	7,8

(Links neben der Tabelle, vertikal: „Reifegrad" ↑)

Tab. 4: Anteil der Höhlenbrüter an der Vogelartenzahl sowie Besiedlungsdichten von Vögeln in unterschiedlich „reifen" Eichen-Hainbuchenwäldern bei Hannover (nach Niebuhr 1948)

Die Beispiele zeigen: Vielfach gut regenerier- und ersetzbar sind eigentlich nur Lebensstättentypen mit hoher natürlicher Dynamik („Pionierbiotope") und auf diese Bedingungen in der Ausbreitungsökologie angepaßte Tier- und Pflanzenarten wie etwa Einjährigengesellschaften (hierzu zählen auch die Wildkrautflora und -fauna der Äcker, Schlagflurgesellschaften und ihre Fauna), bedingt gilt dies auch noch für die Vegetation und Fauna eutropher Stillgewässer, also bei Biotopen, die auch von Natur aus isoliert auftreten.

Auf der anderen Seite gibt es Ökosysteme, z. B. ausgereifte Hochmoore, ursprüngliche Wälder[**], die in ihrer natürlichen Identität in überschaubaren Zeiträumen nicht neugeschaffen werden können. Wald z. B. läßt sich zwar sehr schnell neu anpflanzen; bis daraus aber eine vollständige Gesellschaft mit allen Altholzspezialisten wird, vergehen Jahrhunderte[***].

---

[*] Zahlreiche Tierarten, die üblicherweise in Hochmooren siedeln, treten dabei aber durchaus auch bei deutlich dünneren Torflagen auf, wie sie z. B. sekundäre bei Moorregenerierungen wieder aufgetragen werden (Beispiele: Kleine Moosjungfer, Hochmoor-Mosaikjungfer, Goldregenpfeifer). Andere wiederum (Beispiel: Uralameise) sind z. B. in Norddeutschland so eng an primäre Hochmoorflächen gebunden, daß sie sekundäre Hochmoorflächen offensichtlich nicht besiedeln können.

[**] So sind z. B. nach Peterken (1981) hinsichtlich der Pflanzenartenzusammensetzung der Krautschicht selbst noch nach 800 Jahren deutliche Unterschiede zwischen einem niemals gerodeten Wald und einem einst gerodeten Wald festzustellen.

[***] Als Ersatz für Biotopverluste aus Artenschutzsich wäre es daher erstrebenswert, statt Neuaufforstungen an anderer Stelle vorzunehmen, hiebreife Waldteile in alten Wäldern unbewirtschaftet altern zu lassen, auch geeignete Teile ehedem auf feuchten Standorten stockender Wälder wieder zu vernässen usw.

Zwischen den reproduzierbaren und den kaum reproduzierbaren Lebensstätten liegen Biotoptypen, die – wie etwa Hecken – in überschaubaren Zeiträumen zwar in aus der Sicht der Pflanzensoziologie wieder standortgerechter Zusammensetzung angepflanzt werden können, ohne daß – und dies bestätigen zahlreiche tierökologische Untersuchungen – die standortgerechte tierische Besiedlung damit jedoch sichergestellt ist. Man sollte also die Kolonisierungsfähigkeit der Fauna und gerade gefährdeter Tierarten nicht überschätzen [*], auch wenn einzelne und dabei noch augenfällige Tiergruppen (z. B. Vögel, Großlibellen) auch zahlreiche sehr vagile Arten aufweisen und damit eine hohe Besiedlungspotenz der Tierwelt insgesamt vortäuschen können (vgl. aber die Einschränkung im übernächsten Abschnitt).

Beispiel zur eingeschränkten Besiedlungspotenz: Eine bezüglich der Ausbreitungsfähigkeit gut untersuchte Tiergruppe stellen u. a. die Laufkäfer dar, die je nach Konstanz ihres Lebensraumes einen unterschiedlich hohen Anteil flugfähiger Individuen in den verschiedenen Taxozönosen aufweisen. Wie eine Auswertung einschlägiger Forschungsergebnisse bei Mühlenberg (1982) belegt, werden isolierte und kleinräumige Habitatinseln hauptsächlich von flugfähigen, kulturbegünstigten und ökologisch als Generalisten einzustufenden, d. h. also von Allerweltsarten, besiedelt. Entfernungen von nur wenigen hundert Metern werden offensichtlich in 10-20 Jahren nicht von Waldarten überwunden, obwohl sie durchaus gute Läufer sein können (z. B. der Kleine Kettenlaufkäfer, *Carabus problematicus,* und die Goldleiste, *C. violaceus*). Hinzu kommt außerdem, daß der Mensch heute vielfach noch zusätzliche Wanderbarrieren (z. B. Straßen) errichtet. Ähnliches gilt sodann auch für Spinnen, wo der Anteil aeronautischer Arten sich entsprechend verhalten kann.

Einschränkung: Diese Forschungsergebnisse zur Ausbreitungspotenz von Waldcarabiden, die wohl im Grundsatz auch für andere Artengruppen von Wirbellosen gelten dürften, soweit sie von Natur aus großflächige Biotope (Wälder, Steppen usw.) in mehr oder weniger gleichmäßiger Siedlungsdichte bewohnen, können ihrerseits aber keinesfalls unbesehen verallgemeinert werden. Für Arten, die auf von Natur aus temporäre, kleinflächige und natürlich isolierte „Biotope" angewiesen sind (z. B. Tümpelorganismen, Lößwandbewohner, Pflanzenfresser mit strenger Bindung an isoliert und zerstreut wachsende Pflanzen) gilt dies nur in wesentlich geringerem Maße. Solche hinsichtlich der Biotopansprüche oft hochspezialisierten Arten haben sich vermutlich evolutiv in ihrer Ausbreitungsökologie an das zerstreute Auftreten ihrer Biotope angepaßt [**]. Dies gilt auch nicht für Arten mit besonders wirksamen Ausbreitungsmechanismen, wie aeronautisch (mit dem Wind) in großen Höhen driftende Spinnen und Insekten oder besonders flug- und lauffähige Tiere wie viele Vogelarten, Wanderfalter, viele Großlibellen, einzelne Großsäuger u. a. m.

Nach diesen Befunden zeichnen sich – trotz gegenwärtig noch erheblicher Kenntnisdefizite – folgende Gesetzmäßigkeiten ab: Biozönosen benötigen, bei graduellen Abstufungen zwischen den Biozönosen der von Natur aus flächenhaften Biotope zu den Biozönosen der natürlicherweise kleinflächig und isoliert auftretenden Lebensräume, zumindest mehrere Jahrzehnte, i. d. R. sogar Jahrhunderte, um auszureifen, bis sich auch die ausbreitungsschwä-

---

[*] Gelegentlich wandern (vor allem in noch relativ reich strukturierten Regionen) in neugeschaffene Biotope auch heute noch stenotope, wenig migrationsfreudige Arten innerhalb weniger Jahre zu, was der eben formulierten These widerspricht! Eine Erklärung dieser Beobachtungen ist aufgrund des geringen Kenntnisstandes zu den Mechanismen der Artenausbreitung z. Z. noch spekulativ. Da ein Großteil der Biotope aber erst in den letzten Jahren und Jahrzehnten vernichtet wurde, ist nicht auszuschließen, daß hier ein „dünner" Bestand einiger dieser Arten in der Nachbarschaft noch vorhanden, wenn auch nicht nachweisbar war.

[**] So ist beispielsweise die Ausbreitungspotenz von Laufkäfern, die temporäre Habitate besiedeln, nach Den Boer (1977) und Southwood (1962) ungleich höher als bei Bewohnern permanenter Biotope.

cheren, aber meist gerade systemtypischen Arten eingefunden haben, wenn das überhaupt noch möglich ist. Denn oft beruht das Vorkommen von Arten, und gerade der „besonderen" Arten, auf langen traditionellen Prozessen, so daß nach dem Aussterben einer konkreten Population, die einen bestimmten Biotop gewählt hat, eine Wiederbesiedlung heute nicht mehr erfolgt. Solche Ökosysteme lassen sich also mit zunehmendem Alter immer weniger verlagern oder gar ersetzen (Prinzip der historischen Kontinuität)[*]. Damit wird selbst bei einer machbaren, optisch wie vielleicht auch aus vegetationskundlicher Sicht gelungenen Biotopneugestaltung auf sehr lange Sicht ein deutlicher Überhang an standortfremden bzw. Allerweltsarten auf Kosten der spezialisierten biotopeigenen Arten zu erwarten sein. Weniger gelten diese Gesetzmäßigkeiten aber für Biotope mehr temporärer Natur wie beispielsweise Tümpel oder Lößwände (vgl. vorstehenden Text).

Zu erwähnen ist an dieser Stelle außerdem noch, daß die Regenierbarkeit ganz entscheidend auch von den regionalen und lokalen Gegebenheiten abhängt, und daß für eine Reihe von Biotoptypen heute nurmehr in Bruchteilen ihres historischen Verbreitungsgebietes überhaupt noch die notwendigen physiographischen Voraussetzungen für ihre Existenz gegeben ist (z. B. Auwälder an bestimmten Flußabschnitten, Hochmoore in bestimmten Regionen Norddeutschlands).

Aber auch dort, wo es sich um reproduzierbare Biotope handelt, gibt es in der Praxis zahlreiche Schwierigkeiten und – aus gesamtökologischer Sicht – sehr problematische Zustände (vgl. dazu nachstehenden Abschnitt).

IV. 2.2 Probleme der Biotopanlage, -gestaltung und -pflege

Mit jeder Maßnahme der Biotopanlage, -gestaltung und -pflege werden bestimmte Arten gefördert, andere benachteiligt. Dies beginnt bereits bei der Standortfrage: Wird beispielsweise ein Kleingewässer in einem Flachmoorrest angelegt, so werden damit u. a. die Amphibien und verschiedene Wasserinsekten gefördert, die spezifische Fauna und Flora des Flachmoores aber wird geschädigt. Dies setzt sich fort bei der Gestaltungsfrage: Entkusselt man etwa ein im Wasserhaushalt geschädigtes Hochmoor, so werden natürlich auch die an und von diesen Bäumen lebenden Tierarten (z. B. Mönchsgrasmücke) verdrängt, während umgekehrt auf große Freiflächen und weiten Sichtkreis angewiesene Arten (z. B. Brachvogel) gefördert werden. Ebensolches gilt auch für die Pflege: Feuer in Halbtrockenrasen kann eventuell die typische Vegetationszusammensetzung in etwa garantieren, für die in der Streuauflage und in trockenen Stengeln überwinternden Insekten- und Spinnenarten dagegen katastrophal sein (vgl. auch Woike 1984).

Es ist also festzuhalten: Jede der genannten Maßnahmen, ob Neuanlage, Gestaltung oder Pflege, will wohl durchdacht sein. Dabei sollten grundsätzlich zunächst eine ökologische Analyse, eine fundierte Güterabwägung, sorgfältige Zielformulierung und entsprechende Planungsarbeit vorausgehen, die alle in diesem Zusammenhang wichtigen Aspekte miteinbeziehen.

Rezepte dafür lassen sich allerdings schwerlich geben. Ein Rezeptmuster widerspräche auch dem Wesen und der Komplexität ökologischer Fragestellungen sowie der Tatsache, daß sich

---

[*] Diese historische Kontinuität, ebenso die Rolle des Faktors Zeit, der kaum manipulierbar ist, und nicht selten auch die erhebliche Bedeutung gesamtlandschaftlicher Zusammenhänge in einer sich stark wandelnden (!) Umwelt, werden dabei in der einschlägigen Diskussion sehr oft unterschätzt.

die Situation von Ort zu Ort jeweils etwas anders darstellt. Dies bedeutet andererseits aber nicht, daß man nicht Prinzipien für und grundsätzliche Anforderungen an solche Vorhaben formulieren kann, welche dann möglichst regionalspezifisch zu konkretisieren sind.

V. Grundsätzliche Anforderungen an Biotopgestaltung, -entwicklung und -pflege

Die Schaffung von Biotopen aus zweiter Hand braucht folgendes:

- Flächen, die vorrangig Tieren und Pflanzen zur Verfügung gestellt werden;
- ähnliche Lebensräume in der „Nachbarschaft", von denen aus die biotopeigenen Tiere und Pflanzen in die neugeschaffenen Lebensräume einwandern können;
- planvolles Vorgehen bei der Gestaltung, die sich i. d. R. an bestimmten Zielen ausrichtet. Planvolles Vorgehen ist darüber hinaus auch noch bei der Pflege und Entwicklung von Biotopen vonnöten;
- Sicherung einer biotopspezifischen Pflege, soweit es sich um halbnatürliche Biotoptypen handelt.

V. 1 Standortfrage

Bei der Anlage und Gestaltung von Biotopen werden in die Landschaft vielfach Lebensraumelemente und -strukturen eingeführt, die dort bisher nicht oder nur in geringem Umfang vorhanden waren. Andererseits gehen an den Stellen der neuen Lebensräume die bisherigen verloren. Es ist daher zunächst zu prüfen, ob die zu erwartenden neuen Elemente aus allgemein landschaftsökologischen Gründen überhaupt sinnvoll sind und dazu ökologisch eine Bereicherung darstellen oder nicht.

Die Schaffung von Lebensräumen aus zweiter Hand ist auf jeden Fall dort erwünscht, wo die Landschaft bereits mehr oder weniger denaturiert ist, womit solche Aktionen landschaftsökologisch i. d. R. eine Verbesserung des betreffenden Gebietes darstellen. Dies trifft beispielsweise für großflächige Abgrabungsgebiete, für das Gros der intensiv genutzten Agrarlandschaft, für viele Stadtlandschaften, aber auch für großflächige, strukturarme Altersklassenforste zu. In vielen „ausgeräumten" Regionen unseres Landes stehen wir dabei heute vor der Situation, daß wir alle, auch bescheidene, Gelegenheiten wahrnehmen sollten, um derartige Biotope zu sanieren und um früher landschaftstypische Biotope wieder neu zu schaffen.

Festzuhalten ist außerdem, daß zu großer Optimismus hinsichtlich der Machbarkeit ursprünglicher Natur fehl am Platze ist. Daher muß wegen der erheblichen Probleme mit der Regenerier- und Ersetzbarkeit gerade der meisten seltenen und gefährdeten Biotoptypen vielmehr alles daran gesetzt werden, von diesen Lebensstätten wenigstens den jetzigen Bestand zu erhalten. Dies erfordert bei halbnatürlichen Biotopen wie z. B. Zwergstrauchheiden oder Feuchtwiesen auch eine kontinuierliche Pflege.

Daß bei der Neuanlage die naturraumtypische Eigenart der Landschaft gewahrt bleiben soll, man also nicht etwa versucht, ganzheitliche Beziehungen in der Landschaft außer Acht zu lassen, und etwa Naßwiesen auf dem wasserdurchlässigen Plateau der Frankenalb (evtl. auf eine zusätzlich aufgetragene Lehmschicht) oder oligotrophe Gewässer in Lößböden zu schaffen, ist dringend zu beachten. Es sollen daher keine Standortbedingungen angeboten werden, die landschaftsökologisch nicht in die betreffende Region passen.

Umgekehrt sind an Biotopgestaltungen und -neuanlagen umso strengere Maßstäbe anzulegen, je seltener, empfindlicher und naturnäher die von der Veränderung betroffenen Regionen und Lebensräume sind. So sollte man also z. B. nicht durch die Anlage einer Hecke, die an vielen Stellen möglich ist, großräumige offene Feuchtwiesenflächen zerschneiden oder Halbtrockenrasenbiotope vernichten. Außerdem sind dauerhafte Störungen vorhandener landschaftstypischer und schutzwürdiger Biozönosen bei Neuanlagen und Gestaltungsmaßnahmen auszuschließen.

V. 2 Nachbarschaftsaspekte

Sehr wichtig für den Erfolg von Biotopanlagen ist auch – wie bereits in den Abschnitten II. 1 und IV.2 gezeigt wurde – das Vorhandensein geeigneter Biotoptypen in der Nachbarschaft, die als Ausbreitungszentren für eine Neubesiedlung gerade durch die Biotopspezialisten dienen können. Hierbei besteht heute gegenüber Verhältnissen, wie sie noch vor einigen Jahrzehnten für viele Biotoptypen in Mitteleuropa galten, eine deutlich gewandelte Situation: Während früher neugeschaffene oder neu entstandene Lebensstätten von benachbarten, „wertvollen" Biozönosen (mit oft hohem Siedlungsdruck) als Zuwanderquellen profitierten und demzufolge nicht selten auch solche Arten rasch einwanderten, die heute hochgradig gefährdet oder selten sind, ist nunmehr das nächste Vorkommen des „wertvollen" Besiedlungspotentials (der Spezialisten) oft Dutzende oder Hunderte von Kilometern entfernt.

Dieser historische Faktor und die fortgeschrittene Verinselung der Populationen, und dies gerade bei ökologisch spezialisierten Arten, wird oft verkannt (obwohl dies das zentrale Problem ist), wenn es um die Frage der Ersetzbarkeit von Ökosystemen und Biozönosen geht! Umgekehrt folgt daraus, daß die Chancen einer Besiedlung neugeschaffener Biotope durch anspruchsvolle Arten umso größer sind, je näher diese an potentiellen Ausbreitungszentren liegen. Empfehlenswert ist daher die Neuanlage von Biotopen insbesondere auf intensiv land- und forstwirtschaftlich genutzten Flächen in enger Nachbarschaft zu naturnahen Bereichen.

V. 3 Planvolles Vorgehen

Zunächst ist der status quo zu erheben, um nicht evtl. vorhandene besonders schutzbedürftige Organismen (-gemeinschaften) ungewollt zu beeinträchtigen. Soll ein Lebensraum gestaltet, entwickelt oder auch gepflegt werden, so hat man sich sodann über die konkreten Ziele aus Naturschutzsicht klarzuwerden und detaillierte Pläne zu erarbeiten.

Generell sollten die Bau-, Pflege- und Entwicklungsmaßnahmen möglichst am Bedarf aller (in praxi heißt dies: möglichst vieler) für den entsprechenden Biotoptyp charakteristischer Arten ausgerichtet werden. Nicht eine einzelne Organismengruppe (z. B. Vögel) oder gar nur eine Art (z. B. Weißstorch, Fasan) sollte zum Leitbild erhoben werden; vielmehr sollte man versuchen, für den Gesamtbiotop Rahmenbedingungen herzustellen, die ein möglichst gutes und ausgewogenes Nebeneinander der biotoptypischen Fauna und Flora ermöglichen. Dabei ist besonders zu betonen, daß eine einzelne Ausprägung eines Typs alleine nicht alle Ziele erfüllen kann. (Zu den für die verschiedenen Biotoptypen hierbei im einzelnen bedeutsamen Fragen und Problemen vgl. die Ausführungen im speziellen Teil).

SPEZIELLER TEIL

MEERESGEBIETE UND KÜSTEN

Die Meere sind die entwicklungsgeschichtlich ältesten Ökosysteme der Erde. In ihnen hat sich vor Jahrmillionen das Leben auf diesem Planeten entwickelt. Sie beherbergen äußerst vielgestaltige Lebensgemeinschaften, in denen nahezu alle Stämme des Tierreiches vertreten sind. Einige davon sind ausschließlich auf marine Ökosysteme beschränkt geblieben. Mit einem Anteil von rund 75 % an der Erdoberfläche ist das Meer zudem der größte Lebensraum überhaupt.

Nord- und Ostsee stellen im Weltmaßstab nur relativ kleinräumige, flache Randmeere dar, die besonders durch die Vielgestaltigkeit und teilweise Einmaligkeit ihrer Küstenlebensräume (z. B. Wattenmeer) geprägt werden. Geringes Wasservolumen und beschränkter Austausch (Ostsee) mit den großen Ozeanen sind für Abweichungen von den sonst in den Weltmeeren anzutreffenden relativ konstanten abiotischen Rahmenbedingungen (Salzgehalt, Temperaturamplitude, Strömungen, Nährstoffgehalt) verantwortlich. So treten beispielsweise starke Schwankungen der Temperatur und des Salzgehaltes in weiten Bereichen dieser Meere auf. Teilbereiche der bzw. die gesamte Ostsee sind durch einen dauerhaft reduzierten Salzgehalt geprägt. Die Ostsee stellt dadurch einen der größten Brackwasserlebensräume der Erde dar.

Die marinen Lebensräume von Nord- und Ostsee lassen sich grob in drei Zonen gliedern:

- offene Meeresgebiete
- Flachwasserbereiche (Wattenmeer und Bodden [Sub-und Eulitoral])
- übrige Küstenlebensräume (ab dem Supralitoral)

Trotz vielfältiger ökologischer Beziehungen und Austauschprozesse zwischen diesen Zonen werden die Lebensräume durch jeweils sehr eigenständige ökologische Grundbedingungen und Lebensgemeinschaften geprägt, so daß eine getrennte Darstellung erfolgt.

VI. Offene Meeresgebiete

VI.I Offene Meeresgebiete der Nordsee

1. Charakterisierung

Die Nordsee ist ein Randmeer des nördlichen Atlantiks, mit dem durch Strömungen (u. a. Golfstrom) und tidebedingte Wasserbewegungen vielfältige Austauschprozesse bestehen. Die südliche Nordsee weist mit durchschnittlich 30 - 40 m eine insgesamt geringe Tiefe auf. Einen Sonderbereich stellt dabei allerdings die Tiefe Rinne vor Helgoland dar, welche mit maximal 60 m die tiefste Stelle der Deutschen Bucht bildet. Die dort herrschenden konstanteren Bedingungen haben zur Konsequenz, daß diese Zone durch mehr nördlich verbreitete, atlantische Tierarten besiedelt wird (Heiber & Rachor 1989). Die Geomorphologie der Nordsee ist Folge erheblicher nacheiszeitlicher Hebungen und Senkungen, die auch heute noch nicht abgeschlossen sind. Prägende Ökofaktoren sind vor allem dynamische Prozesse wie Gezeitenwechsel und jahreszeitliche Klimaschwankungen sowie starke räumliche und zeitliche Variation des Salzgehalts. Die Gezeiten werden durch ein Mitschwingen mit dem Wasserkörper des Atlantiks verursacht. Sie weisen einen Zyklus von 12 Stunden und 25 Minuten auf. Die durch sie verursachten Wasserbewegungen führen zu hoher Turbulenz in Küstennähe, stark wechselnden Strömungsverhältnissen, intensiver Durchmischung und intensiven Umlagerungsprozessen im Bereich der Sedimente.

Klimatische Einflüsse führen zu unterschiedlich stark ausgeprägten Temperaturschwankungen im Oberflächenwasser, die im Bereich der Deutschen Bucht und des Wattenmeeres eine Jahresamplitude von bis zu 24°C aufweisen können, während die Schwankungsbreite im Bodenwasser der zentralen Nordsee im Bereich von 2°C liegt (Becker 1990). Auch der Salzgehalt der Nordsee unterliegt starken Schwankungen: Verdunstungen im Flachwasserbereich erhöhen zeitweilig die Salzkonzentration, umgekehrt führen neben den Niederschlägen besonders die Zuflüsse aus den großen Flußsystemen und der Ostsee zu einer Aussüßung. So weist die Deutsche Bucht außerhalb des Schelfsockels einen mittleren Salzgehalt von 29 ‰ auf, während am Nordausgang der Nordsee konstant etwa 35 ‰ gemessen werden (Schott 1966). Klimaschwankungen und Gezeiteneinfluß führen zu einer erheblichen räumlichen und zeitlichen Dynamik dieses Parameters.

Der Meeresboden wird überwiegend durch sandige und schlickige Substrate geprägt, die häufig auch durchmischt vorkommen. Lokal treten Muschelschalen (Schill) und Felssubstrate hinzu. Letztere sind im Bereich der Deutschen Bucht auf den Helgoländer Felssockel und einige weitere kleinflächige Bereiche beschränkt.

2. Typen

Das Ökosystem der offenen Nordsee läßt sich grob in die zwei Lebensraumtypen Pelagial und Benthal gliedern. Im Gegensatz zu den meisten Landlebensräumen, welche horizontal aneinandergrenzen, sind diese beiden Typen übereinander gelagert. Unter Pelagial ist der Lebensraum des freien Wassers, unter Benthal der des Meeresbodens (Oberfläche und oberste Sedimentschicht) zu verstehen. Diese Lebensräume sind durch jeweils typische Lebensgemeinschaften voneinander abgegrenzt. Dessen ungeachtet bestehen vielfältige trophische und funktionale Beziehungen zwischen ihnen. Als Sonderstandorte bzw. eigenständige Teillebensräume sind zudem die Tiefe Rinne bei Helgoland (vgl. oben) und andere Bereiche mit felsigem Grund sowie die überwiegend brackigen Ästuarbereiche der großen Flüsse mit einer spezifischen Fauna zu unterscheiden.

3. Fauna

Die Schwankungen der abiotischen Rahmenbedingungen stellen hohe Anforderungen an die Anpassung der hier siedelnden Organismen. Dies betrifft besonders sessile und hemisessile Arten, welche im Gegensatz zu mobilen Formen (z. B. Fischen) ungünstigen Bedingungen nicht ausweichen können. Entsprechend haben sie eine Fülle von Anpassungsmechanismen entwickelt. Zwischen der Fauna der Deutschen Bucht und anderen, auch küstenfernen Gebieten bestehen ständige Austauschprozesse entweder durch aktive Migrationen (Fische, Meeressäuger) oder aber über das Verdriften (Strömungen, Gezeitenwechsel) der vorwiegend pelagischen Larven (Mehrzahl der wirbellosen Tierarten). Weitere Beziehungen bestehen zu den Lebensräumen der Flüsse über wandernde (ana- und katadrome) Fischarten.

Meeressäuger

Bislang wurden im Bereich der deutschen Nordsee insgesamt etwa 20 Walarten beobachtet, 12 davon jedoch sehr selten. Häufiger treten nur der Große Tümmler, der Weißschnauzendelphin und der Schweinswal, als die einzige ständig in diesem Bereich siedelnde Art auf. Für letztgenannte Spezies dienen küstennahe Bereiche der Nordsee auch zur Reproduktion (Kremer 1990, 1991). Darüber hinaus werden die offenen Meeresgebiete als Jagd- und Wanderhabitat durch den Seehund genutzt (vgl. Abschn. VII.I).

Vögel

Für eine Reihe von Seevögeln stellt die offene Nordsee ein wichtiges Nahrungshabitat dar. Typische Repräsentanten sind die an der Felsküste Helgolands brütenden Arten Trottellumme, Tordalk, Eissturmvogel und Dreizehenmöwe, desweiteren verschiedene Möwenarten sowie eine Reihe von Rastvögeln wie Eiderente, Seetaucher, Lappentaucher und Baßtölpel (Hartwig et al. 1990).

Fische

Bis heute konnten im Bereich der Nordsee 224 Fischarten nachgewiesen werden. Bei einem Teil der Arten handelt es sich jedoch um atlantische Formen, welche dort nur sporadisch oder zufällig auftreten. Der wissenschaftliche Kenntnisstand hinsichtlich ihrer Biologie, ihrer Lebensraumansprüche und der Bestandszahlen ist sehr heterogen. Am intensivsten untersucht sind die elf Hauptnutzfischarten (Hering, Stintdorsch, Sandaal, Makrele, Sprotte, Kabeljau, Schellfisch, Seelachs, Scholle, Seezunge, Wittling), wobei die Hauptmotivation der Forschung die Optimierung ihrer wirtschaftlichen Nutzung durch die Fischerei bildet.

Wirbellose Tiergruppen

Die hohe Nährstoffkonzentration der Nordsee ist die Grundlage für eine Primärproduktion an Biomasse durch Planktonalgen. Das nächste Glied in der Nahrungskette bilden planktische Primärkonsumenten wie Kleinkrebse, Fischlarven usw. Etwa zwei Drittel der Gesamtmasse des tierischen Planktons wird dabei von Ruderfußkrebsen (Copepoda) gebildet. Diese wiederum stellen ihrerseits die trophische Basis für eine Reihe weiterer Organismen des freien Wassers wie etwa Heringe, andere Krebse usw. dar. Durch Wasserbewegung bzw. nach dem Absterben gelangt ein nicht unerheblicher Teil des Zoo- und Phytoplanktons auf den Meeresgrund und wird zur Nahrungsgrundlage für vielgestaltige Benthos-Lebensgemeinschaften.

Speziell der Meeresboden weist sowohl hinsichtlich der Artenzahl als auch der Individuendichte eine sehr reichhaltige Wirbellosen-Fauna auf. Ein Quadratmeter Meeresboden der Deutschen Bucht wird von mehreren Milliarden Mikroorganismen, einigen Millionen Kleintieren und tausenden größeren Meerestieren, wie Würmern, Muscheln und Krebsen (Rachor 1990a) besiedelt. Diese Bestände bilden wiederum die Nahrungsgrundlage für die großen Fischbestände der Nordsee.

Durch eine für die Deutsche Bucht einmalige Fauna ist die Tiefe Rinne bei Helgoland ausgezeichnet. So kommt etwa die Hälfte der 57 für die Deutsche Bucht und die westliche Ostsee nachgewiesenen Krebsarten ausschließlich auf Felssubstraten dieses Gebiets vor. Bekanntester Vertreter ist der Hummer *(Homarus gammarus)*. Auch finden sich hier eine Reihe von Arten der nördlichen Nordsee. Als typische Formen sind der Maulwurfskrebs *(Upogebia deltaura)*, der Sonnenstern *(Solaster papposus)*, die Seegurkenarten *Cucumaria elongata* und *Thyone fusus*, die Muschelarten *Venus ovatus, Cardium fasciatum* sowie die Borstenwurmarten *Glycera alba* und *Lumbrineris tetraura* zu nennen (Heiber & Rachor 1989).

4. Gefährdungsfaktoren

4.1 Verschmutzung

Das Ökosystem Nordsee wird durch erhebliche Schadstoffeinträge belastet. Eine bedeutende Rolle spielen dabei Schwermetalle (Cadmium, Quecksilber, Blei usw.), halogenierte Kohlenwasserstoffe (z. B. PCBs) und Mineralöle. So gelangen über die großen Flußsysteme (Elbe, Rhein, Themse usw.), über direkte Verunreinigungen durch verschiedene Nutzungen (z. B. Off-shore Ölförderung) und nicht zuletzt auch durch gezielte Abfallentsorgung ("Verklappung" von Industrieabfällen, Klärschlämmen, Baggergut, Müllverbrennung auf See usw.) jährlich mehrere 10.000 Tonnen Schadstoffe in die Nordsee. Eine Übersicht über wichtige Schadstoffeinträge in die Nordsee und die Eintragsquellen gibt Tabelle 5.

Weiterhin besteht eine permanente potentielle Gefährdung der Nordsee durch mögliche Tankerunfälle, da im Bereich der Deutschen Bucht wichtige Umschlagshäfen für Öl (Wilhelmshafen, Bremerhaven) sowie für Chemikalien (z. B. Brunsbüttel) angesiedelt sind. Ein einziges Tankerunglück könnte innerhalb kürzester Zeit zu einer Belastung von einem Mehrfachen des jährlichen kontinuierlichen Eintrages beispielsweise von Öl führen. So wurden allein durch eine Tonne Öl, die 1987 in einem Gebiet mit hoher Vogeldichte abgelassen wurde, rund 10.000 Vögel getötet (Kuiper 1990).

Direkte Auswirkungen einzelner Schadstoffe auf die Fauna lassen sich aufgrund der Fülle verschiedener Stoffe, der nicht abzuschätzenden vielfältigen Synergismen und der hohen natürlichen Populationsdynamik vieler Organismen nur schwer nachweisen. Dennoch sind Schädigungen in einer Reihe von Fällen belegt:

- Besonders augenfällig ist die hohe Zahl verölter bzw. an Verölung gestorbener Seevögel. Eine Hochrechnung aus der Zahl der tatsächlich gefundenen Opfer legt den Schluß nahe, daß jährlich mindestens 17.000 Seevögel allein im deutschen Bereich der Nordsee durch Öleinwirkung umkommen (Hartwig et al. 1990, Hope-Jones 1970, 1978).

- Untersuchungen von Kuiper (1986) zeigen, daß das Benthos im Bereich von Ölförderplattformen stark geschädigt sein kann und sich regelrechte "Verödungszonen" mit einem Radius von 1 - 5 km ausbilden können.

- Auch wenn für das Seehundsterben entlang der Wattenmeerküste, dem in den Jahren 1988/89 etwa 70 % der Population an der deutschen Nordseeküste zum Opfer gefallen sind, verschiedene Viren verantwortlich gemacht werden, deuten doch eine Reihe von Indizien darauf hin, daß der hohe Verschmutzungsgrad der Nordsee mittelbar zu dieser Entwicklung beigetragen hat. Heidemann & Schwarz (1990) gehen davon aus, daß die hohen Schadstoffkonzentrationen, die in den Tieren nachgewiesen wurden, über eine Schädigung der Immunabwehr dieses Sterben mitverursacht haben.
- Auch die in den letzten Jahren bei verschiedenen Fischarten beobachteten gehäuften Mißbildungen von Embryonen werden auf den Einfluß von Schadstoffen zurückgeführt. So besteht eine Korrelation zwischen erhöhten Mißbildungsraten und erhöhten Schadstoffkonzentrationen, wie sie vor allem im Mündungsbereich der großen Flüsse und in den ehemaligen Dünnsäure-Verklappungsgebieten auftreten (Cameron et al. 1990)
- Wanderfische wie Meerforelle, Maifisch, Finte, Meerneunauge und Flußneunauge sind dazu auch durch Schadstoffeinleitungen in die Laichhabitate in den Flüssen ge-

Eintragsquellen (Metalle)	Cadmium	Queck-silber	Blei	Arsen	Kupfer	Zink	Chrom
Flüsse	52,0	21,0	1.000	360	1.330	7.400	630
Direkte Einleitungen	20,0	5,0	170	220	315	1.200	500
Verklappung	24,0	18,0	2.300	250	1.260	8.700	2.900
davon im Baggergut	20,0	17,0	2.000	200	1.000	8.000	2.500
davon im Klärschlamm	3,0	0,6	100	?	?	220	40
Atmosphäre	240,0	30,0	7.400	1.600	1.600	11.000	900
See-Verbrennungen	0,1	0,1	2	3	3	12	2
Insgesamt (gerundet)	**340,0**	**75,0**	**11.000**	**4.500**	**4.500**	**28.400**	**5.000**

Eintragsquellen (Org. Schadstoffe)	PCBs	andere CKWs[*]	Öl[**]
Flüsse	3	10.000	50.000
Direkte Einleitungen	0	?	35.000
Verklappung	?	?	12.000
Atmosphäre	?	>5	15.000
Andere[***]			60.000
Insgesamt (gerundet)	**5**	**>10.000**	**170.000**

(*)   andere organische Chlorverbindungen
(**)   Erdölkohlenwasserstoffe
(***) Öl- und Gasgewinnung ca. 30.000, von Schiffen ca. 30.000

Tab. 5: Schadstoffeinträge in die Nordsee [in t/Jahr] (aus Rachor & Rühl 1990)

fährdet, einzelne Arten wie Stör und Lachs für den Bereich der südlichen Nordsee bereits ausgestorben.

Eine weitere erhebliche Belastung stellt die Verschmutzung durch Schiffsmüll dar. Man schätzt, daß jährlich zwischen 13.000 und 62.000 t Schiffsmüll in die Nordsee eingebracht werden. Etwa 70 % davon sinkt zum Meeresboden, ca. 15 % wird an den Küsten angetrieben, während der Rest im Wasserkörper verbleibt (Landesamt für den Nationalpark Schleswig-Holsteinisches Wattenmeer 1988). Neben möglichen toxischen Auswirkungen stellt der Müll, und hier besonders die Kunststoffteile, ein erhebliches Gefährdungspotential für Vögel und Meeressäuger dar.

4.2 Eutrophierung

In den letzten Jahren ist eine zunehmende Eutrophierung der Nordsee zu beobachten. Hauptquellen der dafür verantwortlichen Nährstoffeinträge (v. a. Stickstoff- und Phosphorverbindungen) bilden die Flüsse, direkte Einleitung und Verklappung sowie Depositionen aus der Atmosphäre. Insgesamt haben sich die Konzentrationen von Phosphor und Stickstoff im Meerwasser seit den 60er Jahren etwa verdoppelt (vgl. Tab. 6).

Eintragsquellen (Düngestoffe)	Stickstoff	Phosphor
Flüsse	1.000.000	75.000
Direkte Einleitungen	100.000	25.000
Verklappung	20.000	3.000
Atmosphäre	500.000	7.000
Insgesamt (gerundet)	**1.600.000**	**100.000**

Tab. 6: Nährstoffeinträge in die Nordsee [in t/Jahr] (aus Rachor & Rühl 1990)

Wenngleich die eingetragenen Pflanzennährstoffe keine direkte toxische Wirkung haben und somit nicht unmittelbar den Schadstoffen zugerechnet werden müssen, so wird doch die ständig zunehmende Überdüngung der Nordsee für eine Reihe sehr negativer ökologischer Veränderungen verantwortlich gemacht (vgl. z. B. Radach et al. 1990).

- Erhöhte Nährstoffkonzentrationen führen zu einem vermehrten Algenwachstum mit teilweise dramatischen Algenblüten (z. B. im Sommer 1988). Nach dem Absterben dieser Mikroorganismen kommt es im Zuge von Abbauprozessen zu einem erhöhten Sauerstoffbedarf. Zu bestimmten Zeiten treten bereits lokal oder sogar großflächig starke Sauerstoffzehrungen im Tiefenwasser der Nordsee auf (Radach et al. 1990).

- Sauerstoffdefizite im Bereich des Meeresbodens führen zu erheblichen negativen Beeinträchtigungen der Biozönose (vgl. Abb. 12) (Heiber & Rachor 1989, Rachor 1990b). Neben direkter Abtötung kann es auch zur Schädigung bestimmter Stadien (Eier und Larven bodenlaichender Arten wie z. B. dem Hering) oder zu Defekten beim Aufbau von Muschelschalen usw. kommen (Niermann & Bauerfeind 1990).

- Bei diesem Prozeß erhöht sich außerdem nicht nur die Biomasse und Produktion des Phytoplanktons, sondern es kommt auch zu Verschiebungen im Artenspektrum der

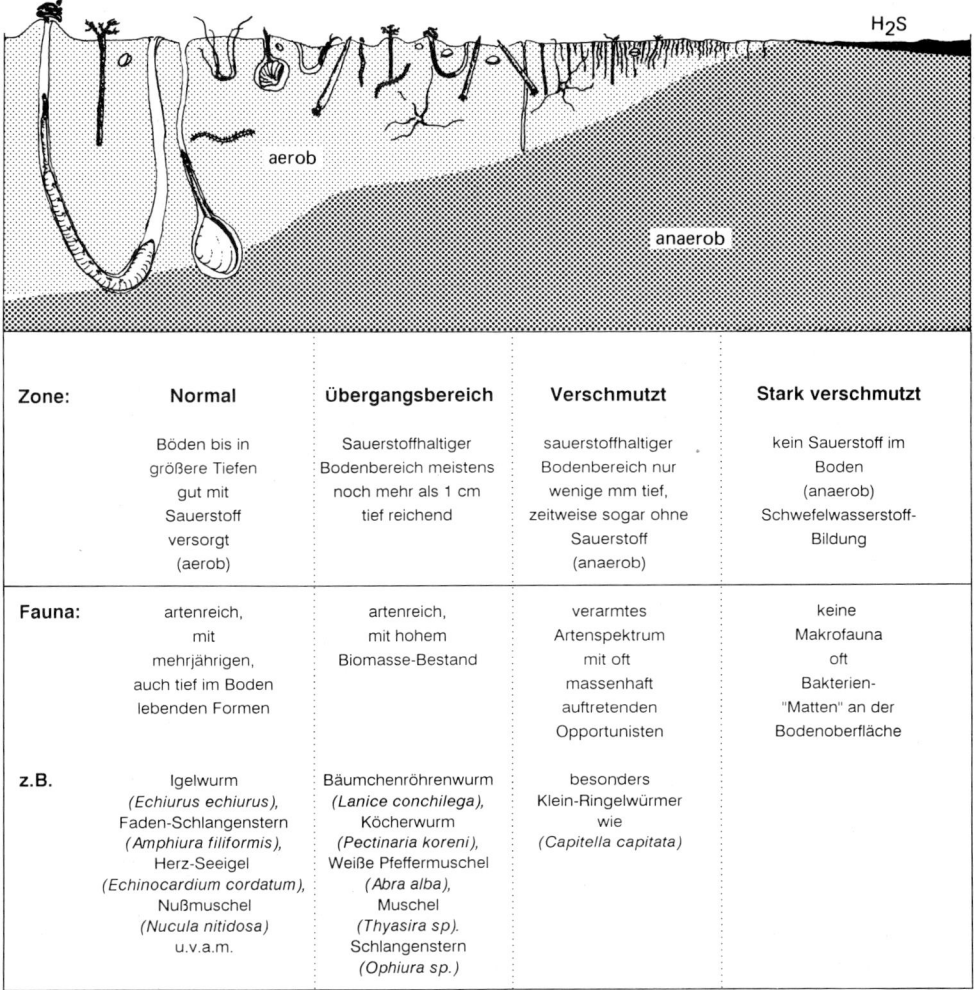

Zone:	Normal	Übergangsbereich	Verschmutzt	Stark verschmutzt
	Böden bis in größere Tiefen gut mit Sauerstoff versorgt (aerob)	Sauerstoffhaltiger Bodenbereich meistens noch mehr als 1 cm tief reichend	sauerstoffhaltiger Bodenbereich nur wenige mm tief, zeitweise sogar ohne Sauerstoff (anaerob)	kein Sauerstoff im Boden (anaerob) Schwefelwasserstoff-Bildung
Fauna:	artenreich, mit mehrjährigen, auch tief im Boden lebenden Formen	artenreich, mit hohem Biomasse-Bestand	verarmtes Artenspektrum mit oft massenhaft auftretenden Opportunisten	keine Makrofauna oft Bakterien-"Matten" an der Bodenoberfläche
z.B.	Igelwurm *(Echiurus echiurus)*, Faden-Schlangenstern *(Amphiura filiformis)*, Herz-Seeigel *(Echinocardium cordatum)*, Nußmuschel *(Nucula nitidosa)* u.v.a.m.	Bäumchenröhrenwurm *(Lanice conchilega)*, Köcherwurm *(Pectinaria koreni)*, Weiße Pfeffermuschel *(Abra alba)*, Muschel *(Thyasira sp.)*, Schlangenstern *(Ophiura sp.)*	besonders Klein-Ringelwürmer wie *(Capitella capitata)*	

Abb. 12: Schema der Veränderung einer typischen Bodentier-Lebensgemeinschaft der Deutschen Bucht entlang eines Gradienten von normaler zu starker organischer Belastung (in Anlehnung an Pearson & Rosenberg 1978, aus Rachor 1990b)

Planktonalgen. Besonders stark entwickeln sich bestimmte Flagellaten, während die Diatomeen (Kieselalgen) die hohen Nährstoffressourcen nicht nutzen können, da das für den Aufbau ihrer Schalen notwendige gelöste Silikat bereits im Zuge der ersten Frühjahrsalgenblüte aufgebraucht wird. Ein Teil der im Rahmen solcher sommerlichen Algenblüten massenhaft auftretenden Arten ist zudem giftig. So wird beispielsweise die Algenart *Chrysochromulina polylepis* für Massensterben von Lachsen in Fischfarmen Norwegens im Mai 1988 verantwortlich gemacht (Hagmeier & Bauerfeind 1990). Bedroht sind dadurch aber nicht nur Fische, sondern auch andere Organismen. Besonders durch den Verzehr von Muscheln, welche die toxischen Stoffe anreichern können, werden Seevögel (aber auch der Mensch) gefährdet.

– Hohe Frachten organischer Substanzen haben zu einer überhöhten Sedimentation in den Flußmündungsbereichen geführt, welche teilweise von den abbauenden Organismen nicht mehr verkraftet werden können. Die Folgen sind Faulschlammbildung und Sauerstoffzehrung, die gemeinsam mit hohen Schadstofffrachten bewirkt haben, daß in Teilbereichen (z. B. Elbemündung) die typische Endofauna solcher Schlickbiotope stark verarmt oder völlig verschwunden ist (Heiber & Rachor 1989).

4.3 Nutzungen

Neben der "Nutzung" der Nordsee als Müllkippe für Schadstoffe aller Art und den sonstigen stofflichen Einträgen stellt insbesondere die Fischerei eine erhebliche Gefährdung für das Gesamtökosystem dar. Im Bereich der Nordsee werden jährlich etwa 2 Mio t Fische und 185.000 t Wirbellose gefangen (Lozan 1990a). Diese intensive Nutzung ist nicht nur mit erheblichen Einflüssen auf die Nutzfischbestände verbunden, sondern schädigt im erheblichen Umfange auch andere Tiergruppen und wichtige Lebensraumstrukturen:

– So sind bereits in den 20er und 30er Jahren dieses Jahrhunderts Stör, Schnäpel, Lachs, Meerforelle und Mondfisch in der südlichen Nordsee vollständig oder weitgehend ausgestorben. Neben der Überfischung werden hierfür besonders auch Verschmutzungen und wasserbauliche Veränderungen (Staustufen, Begradigungen usw.) der Flußoberläufe, in denen diese Arten laichen, verantwortlich gemacht.

– Ein Teil der Nutzfischarten ist trotz Fangquotierung unmittelbar durch die fischereiliche Übernutzung gefährdet. Neben Arten, die auch anderen Einflüssen – hier besonders der Zerstörung der Laichhabitate in den Flüssen – unterlagen (wie Stör und Lachs), zeigen die Fänge der Flunder seit Mitte der 70er Jahre eine deutliche Abnahme (vgl. Lozan 1990 b).

– Starke Rückgänge der Fangzahlen weisen ebenfalls die Hummerbestände *(Homarus gammarus)* im Bereich des Helgoländer Felssockels auf. Neben der Befischung ist für diese Entwicklung vermutlich auch die erhöhte Schadstoffbelastung mitverantwortlich (Goemann 1990).

– Insbesondere der Fang von Plattfischen (Seezunge, Scholle usw.) führt zu empfindlichen Eingriffen in das Ökosystem. Zum Fang dieser dem Benthos zuzurechnenden Arten werden sogenannte Baumkurren eingesetzt, die, gezogen von mit bis zu 5000 PS motorisierten Fangfahrzeugen, das Bodensediment teilweise mehrfach pro Jahr bis zu 50 cm tief durchpflügen. Konsequenz davon ist eine erhebliche Beeinträchtigung und Vernichtung von Organismen in den oberen Meeresbodenschichten (z. B. Rachor 1990b, Weber et al. 1990). Heiber & Rachor (1989) vermuten, daß dieser Eingriff empfindliche langlebige Arten schädigt, während kurzlebige Opportunisten begünstigt werden. Langfristig ist hierdurch eine Veränderung der Artenzusammensetzung bis hin zu einer Dominanz bestimmter opportunistischer Borstenwurmarten (Polychaeta) zu erwarten (Riesen & Reise 1982).

– Besonders negativ wirkt sich auch das teilweise noch (durch dänische und britische Fischkutter) betriebene sogenannte "Gammelfischen" aus. Mit fußballfeldgroßen feinmaschigen Netzen, gezogen von zwei kräftigen Fischkuttern, werden alle Organismen (z. B. Fische aller Größen und Altersstadien) quantitativ aus den durchfischten

Bereichen entnommen. Zweck dieser Nutzung ist die Gewinnung tierischer Öle (z. B. für die Kosmetikindustrie) und vor allem von Tierfutter ("Fischmehl").

– In den Netzen werden regelmäßig auch Schweinswale gefangen. Da diese Meeressäuger Luftatmer sind, ertrinken sie durchweg. Clausen & Andersen (1988) nehmen an, daß jährlich mehrere 1000 Tiere allein durch die Stellnetzfischerei im Bereich von Schiffswracks an der dänischen Nordseeküste getötet werden.

Gerade die von fischereilichen Aktivitäten ausgehenden massiven Eingriffe in das marine Ökosystem sind bislang in der Naturschutzdiskussion kaum berücksichtigt worden. Man stelle sich eine vergleichbare Praxis an Land (z. B. in Vogelbrutkolonien) vor.

4.4 Einschleppen fremder Arten

Weltweiter Schiffsverkehr und gezieltes Einbringen von wirtschaftlich möglicherweise interessanten Arten können zur Ansiedlung nicht heimischer Tierarten führen. In einzelnen Fällen wurde bereits das weitgehende Verdrängen heimischer Arten durch diese eingeschleppten beobachtet. So ersetzte beispielsweise die neuseeländische Art *Elminius modestus* in weiten Bereichen die heimischen Seepockenarten *Balanus balanoides* und *B. improvisus* (Heiber & Rachor 1989). Andere Beispiele eingeschleppter Arten mit bereits weiter Verbreitung sind die Amerikanische Schwertmuschel *(Ensis directus)* und die Chinesische Wollhandkrabbe *(Eriocheir sinensis)*.

5. Entwicklungsziele

5.1 Ausweisung von international garantierten Hochseeschutzgebieten

In terrestrischen, limnischen und Küstenökosystemen ist die Ausweisung von Schutzgebieten (Nationalparks, Naturschutzgebiete) ein zentrales Instrument zur Erhaltung von Lebensstätten und Lebensgemeinschaften. Bei wesentlichen Teilen der Nordsee handelt es sich jedoch um ein internationales Gewässer, in dem nationales Naturschutzrecht nicht anwendbar ist. Entsprechend lassen sich Schutzstandards und Schutzgebiete nur durch internationale Vereinbarungen realisieren.

5.2 Umfassende Reduktion der Schad- und Nährstoffeinträge (zu den Quellen und deren quantitativer Bedeutung vgl. Abschn. VI.I.4. 1)

Schutzmaßnahmen im Bereich der Nordsee können nur erfolgversprechend sein, wenn die derzeitigen negativen Entwicklungen gestoppt oder zumindest deutlich abgeschwächt und somit die ökologischen Rahmenbedingungen für diesen Lebensraum umfassend verbessert werden. Ein zentrales und unverzichtbares Ziel bildet dabei die nachhaltige Reduktion der direkten und indirekten Schadstoffeinträge sowie eine (internationale) Kontrolle entsprechender Bestrebungen und Vereinbarungen. Voraussetzung dafür ist auch ein grundlegender Wandel der Einstellung des Menschen zum Ökosystem Nordsee. Diese wird gegenwärtig sehr einseitig durch verschiedene, teilweise sich auch gegenseitig negativ beeinflussende (z. B. Fischerei und Schadstoffentsorgung) anthropogene Nutzungsansprüche geprägt, während Maßnahmen zum Bewahren dieses einzigartigen Lebensraums nur sehr schleppend anlaufen und dann oft wiederum rein ökonomisch motiviert sind (z. B. Optimierung der Fangerträge).

5.3 Nachhaltige Ressourcensicherung durch eine unter ökologischen Gesichtspunkten gesteuerte mengenmäßige und räumliche Begrenzung der Fischerei

Ziel künftiger Fischereipolitik muß es sein, Art und Umfang fischereilicher Nutzung auf ein ökologisch vertretbares Maß zu reduzieren. Zu diesem Zweck sind die ökologischen Ansprüche und der Schutzbedarf der Gesamtlebensgemeinschaft zu ermitteln, kontinuierlich zu beobachten und bei der Festlegung von Art und Umfang der Nutzung hinreichend zu berücksichtigen.

6. Schutz, Pflege und Entwicklung

6.1 Maßnahmen zur Reduktion der Schad- und Nährstoffeinträge

Von zentraler Bedeutung für die dauerhafte Sicherung des schutzwürdigen Charakters der Nordsee ist eine drastische Reduzierung der Schadstoffeinträge. Besonders notwendig sind umfassende Programme zur Verminderung der stofflichen Belastungen der Flüsse. Dringend ist auch die "Entsorgung" von Schadstoffen in die Nordsee (Verklappung, Müllverbrennung, Abwassereinleitung usw.) einzustellen. Darüber hinaus sollten

- die Meeresgebiete ständig überwacht werden, um illegale Einleitungen von Öl, Bilgenwasser und Reinigungsmitteln (z. B. aus der Tankreinigung) einzuschränken;
- in den Häfen geeignete Entsorgungseinrichtungen für die Schiffe geschaffen werden, deren Nutzung verbindlich vorzuschreiben wäre;
- die Sicherheitsstandards bei der Off-Shore-Ölförderung so verbessert werden, daß die von ihnen ausgehende Gefährdung minimiert wird;
- das Einbringen von Schiffsmüll untersagt werden.

Durch geeignete Maßnahmen ist eine nachhaltige Reduzierung des Eintrags eutrophierender Stoffe sicherzustellen:

- Weiterer forcierter Ausbau von Kläranlagen;
- Die Ausweisung umfangreicher Uferschutzstreifen an den Fließgewässern, in denen jede Düngung untersagt wird. Letztendlich bedarf es in diesem Zusammenhang auch einer ökonomischen Umorientierung der landwirtschaftlichen Produktion insgesamt, so daß beispielsweise die Aufwandsmenge an Dünger vermindert wird. Besonders wichtig wäre auch eine veränderte Tierproduktion mit dem Ziel einer Reduktion der anfallenden Güllemengen und der dafür mitverantwortlichen Futtermittelimporte.

6.2 Steuerung der Fischerei nach stärker ökologischen Gesichtspunkten

Notwendig ist weiterhin eine erhebliche Verminderung der Aktivitäten der Fischerei sowohl hinsichtlich der Fangmengen als auch der befischten Gebiete:

- Ausweisung von großflächigen, repräsentativen, international garantierten Schutzgebieten, in denen die Fischerei vollständig eingestellt wird. Diese sollten sowohl alle typischen Bereiche der Nordsee im hinreichenden Maße umfassen als auch bestimmte besondere Standortsbereiche wie die Felszonen und die Tiefe Rinne vor Helgoland.
- Vollständiges Verbot der sogenannten Gammelfischerei.
- Entwicklung und Einsatz von geringer schädigenden Fangnetzenkonstruktionen.

6.3 Internationale Vereinbarungen

Ein Teil dieser Schutzmaßnahmen kann bereits durch nationale Aktivitäten umgesetzt werden (z. B. Verringerung von Eutrophierung und Verunreinigung der Flüsse sowie des deutschen Hoheitsgebietes der Nordsee). Wesentliche Regelungen bedürfen jedoch internationaler Vereinbarungen. Die für Teilaspekte bereits existierenden Ansätze wurden entweder noch nicht auf die Nordsee angewandt (z. B. Ausweisung als Sondergebiet nach der MARPOL-Übereinkunft) oder gehen nicht weit genug bzw. sind nicht hinreichend effizient (London- und Oslo-Konvention, vgl. Lenz 1990). Hier muß auf alle Anrainerstaaten eingewirkt werden u. a. hinsichtlich

- der Verbesserung der anzuwendenden Umweltschutzstandards
- der Reduzierung der Nordseeverschmutzung
- der Optimierung der Überwachung (Luftüberwachung, Hafenkontrollen)
- der Reduzierung der Fischfangquoten und der Kontrolle ihrer Einhaltung

VI.II Offene Meeresgebiete der Ostsee

1. Charakterisierung

Die Ostsee stellt eines der größten Brackwassergebiete der Erde dar. Geologisch ist sie ein sehr junges Gewässer, das postglazial aus einem Binnensee am Südrand der abtauenden Vergletscherung Nordeuropas entstanden ist. Ihre jetzige Gestalt erhielt sie vor ca. 5000 Jahren. Gleichzeitig ist sie eines der weltweit am stärksten genutzten und belasteten marinen Gewässer. Durch die intensive landwirtschaftliche und industrielle Produktion in ihrem Einzugsgebiet gelangen jährlich große Mengen von eutrophierenden und toxischen Schadstoffen in dieses Meer (siehe Abschn. VI.II. 4).

Die Ostsee steht nur über drei enge Meeresstraßen mit der Nordsee und damit dem Atlantik in Verbindung. Als Folge davon ist der Wasseraustausch deutlich eingeschränkt. Sie ist ein Flachwassergebiet dem ausgesprochene Tiefseebereiche fehlen. Die größte Tiefe liegt nördlich Gotlands im Landorttief bei 459 m.

Geomorphologisch stellt der Untergrund eine Abfolge von Becken und Schwellen dar. Diese behindern den horizontalen Wasseraustausch. Der Salzgehalt nimmt von Westen (25 ‰) nach Osten (3 ‰) hin stetig ab. Der mittlere Einstrom von stärker salzhaltigem Tiefenwasser aus der Nordsee erreicht auf Grund der Schwellenstruktur nur die westlichen Bereiche der Ostsee (Malle 1992). Nur größere Salzwassereinbrüche, durch Stürme hervorgerufen, beeinflussen auch die östlichen Tiefwasserbereiche. Dieses Einströmen von großen Mengen Nordseewassers bewirkt in den Tiefen ein Austausch des sauerstoffarmen durch salz- und sauerstoffreicheres Wasser. Seit dem letzten größeren Einbruch 1976 nehmen Salzgehalt, Temperatur und Sauerstoffgehalt in den Tiefwasserbereichen stetig ab. Die Schwefelwasserstoff-Konzentrationen haben die höchsten Werte erreicht, die jemals gemessen wurden (Nehring et al. 1991). Diese Stagnationsperiode ist obendrein die längste in diesem Jahrhundert und beeinflußt die Hydrologie sehr stark. Die mittlere Verweildauer des Wassers in der Ostsee beträgt nach Malle (1992) rund 35 Jahre, während in der Nordsee bereits nach 6 - 36 Monaten der Wasserkörper vollständig ausgetauscht ist.

Der vertikale Wasseraustausch in der Ostsee funktioniert nicht wie in einem normalen stehenden Gewässer: Die Dichte des Wassers hängt hier weniger von der Temperatur als vom unterschiedlichen Salzgehalt ab. Es gibt eine haline Sprungschicht in einer Tiefe von 20 m (westliche Ostsee) bis 70 m (Gotlandsee), die ein vertikales Durchmischen des Wasserkörpers behindert. Diese schirmt das kalte und schwere Tiefenwasser weitgehend vom Gasaustausch mit den oberen Schichten ab, wodurch das starke Sauerstoff-Konzentrationsgefälle verursacht wird.

Auch in der hohen Ostsee sind für die Gewässergüte vor allem hydrogeologische Faktoren bestimmend. Die Oligotrophie (Nährstoffarmut) der offenen Meeresteile ist typisch für alle Meere, die keine Vollzirkulation zum Meeresboden haben. In den tieferen Regionen nehmen die sauerstoffarmen bzw. -freien Regionen gegenwärtig ein Viertel der Fläche der Ostsee ein (Malle 1992).

2. Typen

Pelagial

Als Hauptproduzenten der Biomasse fungieren Kieselalgen und Dinoflagellaten. In der Ostsee kommt es regelmäßig zu Algenblüten. Diese sind jedoch meist auf die küstennahen Bereiche beschränkt. Flächen der freien See sind dagegen trotz der Eutrophierung der Flachwasserbereiche verhältnismäßig nährstoffarm. Die Produktion von Biomasse in der Ostsee liegt bei rund 172 Mio Tonnen jährlich (Malle 1992). Dagegen ist der Feststoffeintrag durch die Flüsse mit 7,5 Mio Tonnen pro Jahr (Malle 1992) vergleichsweise gering; ihre Auswirkungen bleiben weitestgehend auf die Flachwasserbereiche beschränkt. (vgl. Abschn. VII.II. 4)

Benthal

In den Flachwasserbereichen treten teilweise ausgedehnte Wiesen des Gewöhnlichen Seegrases *(Zostera marina)* auf. Neben Großalgenbeständen sind dies die wichtigsten Lebens- und Reproduktionsräume für eine Vielzahl von Meerestieren. Ab einer Tiefe von ca. 5 m schließen sich in geschützten Küstenabschnitten Muschelbänke an. Dominierende Art ist dabei die Miesmuschel *(Mytilus edulis)*. Unterhalb einer Wassertiefe von 15 m befindet sich die Weichbodenregion, welche flächenmäßig den größten Anteil in der Ostsee einnimmt. Die meisten Lebewesen siedeln im Boden. Entsprechend wirkt er bei einer oberflächlichen Betrachtung sehr eintönig und artenarm. In den Seebecken in noch größeren Tiefen treten auf Grund des Vorkommens von höheren Schwefel-Wasserstoff-Konzentrationen und fehlendem Sauerstoff keine höheren Lebewesen mehr auf.

3. Bedeutung für die Fauna

Die Freiwasserbereiche spielen für die Produktivität und Artenvielfalt der Ostsee eine untergeordnete Rolle. In erster Linie dienen sie als Transportraum. Sie werden deshalb hier nicht eingehender betrachtet.

Nur sehr wenige Säugetierarten sind in der Ostsee autochthon. Die Robben werden im Abschnitt VII.II. 3 (Bodden) behandelt, da sie aufgrund ihrer Lebensweise eng an das Festland gebunden sind. Außer dem Schweinswal sind keine anderen Wale ständig in der Ostsee heimisch (Schulze 1973). Bis in die dreißiger Jahre unseres Jahrhunderts kam die Art in der südlichen Ostsee noch häufiger vor. Als sporadische Irrgäste wurden Großer Tümmler, Weißschnauzendelphin, Schwertwal, Sowerby-Zweizahnwal, Dögling, Finnwal und Zwergwal beobachtet (Schulze 1973). Diese Arten stammen aus der Nordsee bzw. dem Atlantik.

Durch den Brackwassercharakter ist die marine Fischfauna relativ artenarm (Rechlin 1991). Es bestehen Ähnlichkeiten zur offenen Nordsee (Abschn. VI.I. 3). Die speziellen Verhältnisse der Ostsee wie auch der Boddengewässer haben die Herausbildung von verschiedenen Rassen bzw. ökologisch differenzierten Teilpopulationen z. B. beim Hering und Dorsch bewirkt.

Die Miesmuschelbänke sind in der Ostsee auf die ruhigeren Abschnitte beschränkt. Dieser Lebensraum beherbergt ungefähr 70 höhere Tierarten, von denen die meisten im Untergrund oder zwischen den Muscheln leben. Die einzige Seesternart der Ostsee *(Asterias rubens)* lebt und laicht ebenfalls hier. Wenn sich der Planktongehalt des Wassers erhöht, stellen sich weitere Arten, wie Schwämme, Seenelken und Fadenwürmer ein. Diese deuten dann bereits eine negative Entwicklung des „Ökosystems Muschelbank" an. Ein gehäuftes Auftreten von Seesternen, welche aus tieferen Regionen zuwandern, weist auf eine zunehmende Sauerstoffarmut in diesen Regionen hin.

Im Weichboden leben bis über einhundert verschiedene Tierarten. Die Produktivität ist auf Grund der geringen Größe dieser Organismen im Vergleich zu den Muschelbänken gering. Die ökologischen Verhältnisse sind ähnlich denen in der Nordsee (vgl. Abschn. VI.I. 3).

4. Gefährdungsfaktoren

Die Schwefelwasserstoffanreicherungen in den Tiefen der Ostsee beruhen auf den speziellen hydrogeologischen Besonderheiten dieses Meeres und stellen einen natürlichen Prozeß dar (vgl. oben). Demgegenüber steht die Eutrophierung und die dadurch verursachte Ausbildung von sauerstofffreien Zonen durch den Menschen in den Buchten und Flachwasserbereichen. Die Hauptgefährdungsursache für die Ostsee liegt in der intensiven Nutzung der Küstenbereiche und der Einzugsgebiete der Zuflüsse durch Landwirtschaft und Industrie. Entscheidende Faktoren sind die Fremdstoffzufuhr in organischer und anorganischer Form. Die Flüsse führen nach Malle (1992) jährlich rund 6 Mio Tonnen anorganisches und 1,5 Mio Tonnen organisches Material in die Ostsee.

Die Nährstoffeinträge durch Flüsse und Abwässer liegen nach Unterlagen der Helsinki-Kommission (1990) bei jährlich 49.000 t Phosphor und 530.000 t Stickstoff, dazu kommen noch 6.000 t Phosphor und 413.000 t Stickstoff aus der Luft. Seit Mitte der 80er Jahre ist die Tendenz gleichbleibend.

Dies führte in den letzten 20 Jahren zu einer Verdoppelung der Biomasse des Phytoplanktons mit der Folge sich häufender Algenblüten. Beim Zooplankton konnte ein derartiger Anstieg nicht verzeichnet werden, da hier offensichtlich noch andere Faktoren wirken. Eine Zunahme konnte jedoch auch beim Zoobenthos nachgewiesen werden, soweit die Sauerstoffverhältnisse nicht den begrenzenden Faktor darstellen (Nehring et al. 1991).

Die freiwasser-bewohnenden Fische (z. B. Ostseehering) profitieren jedoch vom steigenden Nährstoffgehalt, da die freie See natürlicherweise relativ nährstoffarm ist. Eutrophierungsbedingte Zerstörungen der Laichplätze (vgl. VII.II. 4) kehren diesen Effekt jedoch zunehmend wieder um.

Es deutet sich an, daß die Eutrophierung der Ostsee weiter anhält und damit auch die Belastung des Sauerstoffregimes weiter wächst. Die Nährstoffeinträge durch die Flüsse und direkt in die Ostsee (z. B. über die Luft) stellen somit die Hauptgefährdungen dar und verursachen den Sauerstoffmangel in den Buchten und Fjorden. Die natürlicherweise vorhandenen sauerstoffarmen Tiefenwasserregionen werden durch die Zufuhr von sauerstoffzehrenden Substanzen vergrößert, weite Gebiete veröden. Im Gotlandtief herrscht am Meeresboden seit 1980 Schwefelwasserstoff vor, da der letzte große Salzwassereinbruch mit Sauerstoffzufuhr schon 1976 erfolgte. Durch das Absinken von abgestorbenen Plankton aus oberflächennahen Schichten wurde der Sauerstoff bereits innerhalb von fünf Jahren verbraucht.

Die Belastung der Ostsee durch Schwermetalle ist noch nicht ausreichend untersucht (es können aber vergleichbare Werte zur Situation in der Nordsee angenommen werden). Allerdings ist auch hier eine Anreicherung in den Sedimenten, besonders in den Mündungsbereichen der Flüsse feststellbar. Vereinzelt wurden schon bis zu zehnfach höhere Gehalte an Quecksilber, Blei oder Cadmium gegenüber dem in vergangenen Jahrhunderten abgelagerten Material festgestellt (Nehring et al. 1991). Die Quecksilberkonzentrationen im Muskelfleisch der Fische sind vergleichbar jenen der Fische im Nordatlantik. Die Schwermetallproblematik ist in der offenen Ostsee aber weit weniger bedeutsam als das Problem der Überdüngung und Eutrophierung (Helsinki-Kommission 1990).

Die Ölbelastung der Ostsee beträgt gegenwärtig noch immer das zwei- bis vierfache gegenüber der Nordsee. Jährlich gelangen schätzungsweise 50.000 t Erdölbestandteile in dieses Meer. Hauptquellen sind zuströmende Flüsse, atmosphärische Einträge und der Schiffsverkehr (Helsinki-Kommission 1990). Eine besondere Bedeutung hat zudem die Belastung durch akkumulierbare Kohlenwasserstoffe, auf die hier aber nicht näher eingegangen werden soll (weiterführend dazu: Nehring et al. 1991).

Negative Einflüsse haben weiterhin Fischerei, Tourismus und globale Veränderungen des Klimas. Da die Auswirkungen vergleichbar mit denen in der Nordsee und den Boddengewässern sind, werden sie hier nicht gesondert dargestellt. Weitere Gefährdungen stellen militärische Altlasten wie Munition, Minen und Gifte, Baggergut und die Müllentsorgung per Schiff dar.

5. Entwicklungsziele

5. 1 Reduktion des Nährstoffeintrages (vgl. Abschn. VI.I. 4.1; VI.I. 5.2)

Eine spürbare Reduktion der Eutrophierung der Ostsee und ihrer Randgewässer ist gegenwärtig das zentrale Schutzziel. Hierzu bedarf es einer erheblichen Verminderung des Eintrages eutrophierender Substanzen:

- Verringerung des Einsatzes von Düngemitteln und deren besser dosierte Anwendung in der Landwirtschaft

- Extensivierung von besonders ertragsträchtigen Flächen in Gewässernähe (Gewässerschutzstreifen)

- Klärung kommunaler und industrieller Abwässer auf dem Gebiet der Anrainerstaaten (Bau von Kläranlagen)

- Erhaltung und Wiederherstellung der Selbstreinigungspotentiale der Gewässer

Zur Umsetzung bedarf es sowohl nationaler Aktivitäten als auch internationaler Übereinkünfte. Neben der Entwicklung von Zielvorgaben und Grenzwerten sollten in diesem Rahmen auch effektive Maßnahmen zur Überwachung der Vereinbarungen festgelegt werden.

5.2 Verbot bzw. Reduzierung der Schadstoffeinträge

Hierbei muß vor allem auf die Industrie eingewirkt werden, die Schadstoffeinträge durch geeignete Verfahren zu reduzieren oder aber die Produktion insgesamt auf umweltverträglichere Produkte umzustellen. Auch hier setzen Erfolge sowohl nationales als auch internationales Vorgehen voraus. Besonders vordringlich ist die Begrenzung der Zufuhr folgender Stoffe:

- PCB, DDT und PCT
- Schwermetalle
- Schiffsabwässer
- Öl- und Chemikalienabfälle

5.3 Fischfang

Der Begrenzung des Fischfangs auf internationaler Ebene kommt eine große Bedeutung zu, da hier in besonderem Umfang Wanderfischarten betroffen sind. Regelungsbedarf besteht u. a. hinsichtlich einer an Naturschutzzielen orientierten Festlegung von Fangmengen, Einsatzgebieten, Fangmethoden und -zeiten. In diesem Rahmen ist auch die Ausweisung von repräsentativen, international garantierten Hochseeschutzgebieten anzustreben, in denen jede Nutzung unterbleibt.

5.4 Touristische Aktivitäten

In der Ostsee und den angrenzenden Bodden spielt der Tourismus bislang nur lokal eine größere bzw. gefährdende Rolle. Gegenwärtig (1992) kann die weitere Entwicklung nicht genau vorhergesagt werden. Noch besteht jedoch die Chance z. B. an der Mecklenburgischen Küste durch übergreifende Konzepte einen "ökosystemverträglicheren" und "landschaftsgerechteren" Tourismus herauszubilden.

6. Schutz, Pflege und Entwicklung

In verschiedenen internationalen Abkommen über die Reinhaltung und den Schutz der Meeresumwelt der Ostsee sind vielfältige Maßnahmen und Wege aufgezeigt worden, die es zügig umzusetzen gilt. Dazu zählen unter anderen:

○ Maßnahmen zur Reduzierung von Schadstoffeinleitungen im gesamten Einzugsgebiet z. B. durch

- Einführung der flächendeckenden biologischen Behandlung kommunaler Abwässer mit zusätzlicher Phosphateliminierung (chemische Reinigungsstufe),

- Regelungen zur Reduzierung von Nährstoff- und Pestizideinträgen aus der Landwirtschaft durch die Verringerung des Einsatzes von Mitteln zur biologischen Prozeßsteuerung, Änderung der Produktionsweisen, Ausweisung hinreichend breiter Schutzstreifen an den Gewässern usw.,

– Festlegung von Grenzwerten für Emmissionen aus Öl- und Gasförderplattformen,

– Festlegung und Überwachung von Grenzwerten für die Abwassereinleitung durch die Zellstoff- und die eisen- und stahlverarbeitende Industrie,

– Regelungen zur Verminderung des Einbringens von Öl und Chemikalienabfällen aus dem Schiffsbetrieb. Neben Verboten und Maßnahmen zur Kontrolle ihrer Einhaltung sollten an Land entsprechende Entsorgungseinrichtungen geschaffen werden, deren Nutzung verbindlich sein muß,

– Verbot des Eintrages von Schiffsmüll und Organisation einer obligatorischen Müllentsorgung während der Hafenliegezeiten.

○ Aktivitäten zur Reduzierung diffuser Immissionen (z. B. Verminderung der Abgase aus Industrie, Verkehr, Landwirtschaft, Heizung usw.),

○ Intensivierung und Koordinierung des Informationsaustausches auf allen Ebenen einschließlich des Auf- und Ausbaues eines abgestimmten Schadstoff-Meßsystems,

○ Erarbeitung eines umfassenden nationalen Ostee-Aktionsprogrames,

○ Unterstützung internationaler Aktivitäten zum Schutz der Ostsee.

Ein weiteres wichtiges Instrument stellt die Ausweisung von nationalen oder internationalen Schutzgebieten dar. Einen ersten Schritt in diese Richtung stellt die Ausweisung des Nationalparks Mecklenburgische-Vorpommersche Boddenküste dar. Dabei wurden erstmals auch großflächig Flachwasserbereiche der Ostsee unter Schutz gestellt.

VII. Marine Flachwasserbereiche

VII.I Wattenmeer

1. Charakterisierung

Das Wattenmeer erstreckt sich als bandartiges Ökosystem zwischen den Ostfriesischen Inseln der Niederlande im Südwesten und der Dänischen Halbinsel Skallingen im Norden. Es stellt hinsichtlich seiner Größe und Ausstattung ein auch im Weltmaßstab einmaliges Ökosystem dar. Seewärts wird es durch einen Saum von Inseln zur offenen Nordsee (Kap. VI.I) begrenzt. Landwärts folgen dem eigentlichen Watt die Salzwiesenökosysteme (Supralitoral) oberhalb 0-1,5 m über MTHW[*), vgl. Kap. VIII.I).

Noch stärker als die Lebensräume der offenen Nordsee ist dieser Küstenbereich durch dynamische Prozesse geprägt. Am augenfälligsten wird dies durch den Wechsel von Ebbe und Flut. Dadurch verwandelt sich das Wattenmeer etwa zweimal täglich (bei Niedrigwasser) in ein Mosaik von Inseln und Halligen, trockenfallenden Schlickbereichen und Sandbänken, flachen Gezeitentümpeln und tiefen Prielen. Der Tidenhub ist hierbei nicht konstant, sondern variiert in Abhängigkeit von Mondzyklus, Windrichtung und -intensität zwischen 1,5 und 4 m. Die dadurch verursachten Wasserbewegungen führen zu zeitlich und räumlich stark

---

*) MTHW = Mittel-Tide-Hochwasserlinie

unterschiedlichen Strömungsverhältnissen, welche mit erheblichen Durchmischungs- und Austauschprozessen, Sedimentumlagerungen (Erosion und Sedimentation), Wassertrübungen usw. verknüpft sind (z. B. Becker 1990). Gezeitenwechsel und jahreszeitliche oder witterungsbedingte Klimaänderungen bewirken zudem starke Schwankungen von Temperatur, Belichtung und Salzgehalt. So führt die dunkle Oberfläche des Sediments bei Niedrigwasser im Sommer zu erheblichen oberflächlichen Erwärmungen, während im Winter die oberen Schichten gefrieren können. Die Gezeiten, Verdunstungsprozesse, Regenfälle und das Süßwasser aus den Flüssen bedingen erhebliche räumliche und zeitliche Schwankungen des Salzgehaltes. Besonders im Mündungsbereich der Flüsse entstehen vertikale Gradienten des Salzgehaltes von annähernd der Hochseekonzentration bis hin zu reinem Süßwasser. Während des Gezeitenwechsels kommt es zu räumlichen Verlagerungen dieses Gradienten in der Größenordnung von bis zu 10 km (Wolff 1981).

Das Wattenmeer ist weiterhin durch umfangreiche Zufuhr von Nährstoffen und partikulären organischen Substanzen sowohl aus den Flüssen als auch von der offenen Nordsee gekennzeichnet, welche die trophische Basis für die hohe Primär- und Sekundärproduktion an Biomasse bilden (Becker 1990, Heydemann 1981, Wolff 1981).

Abb. 13: Wattenmeer vor der Nordfriesischen Küste   (Foto: Institut für Haustierkunde, Kiel)

2. Typen

2.1 Zonierung

Der Bereich des Wattenmeers läßt sich grob in drei Höhenzonen untergliedern:

Sublitoral:	Bei Niedrigwasser nicht regelmäßig trockenfallende Bereiche an den Prielen und der seeseitigen Kante des Eulitorals
Eulitoral:	Bei Niedrigwasser regelmäßig trockenfallende Bereiche
Supralitoral:	Nur noch bei Sturm- und Springfluten episodisch überflutete Bereiche (etwa zwischen MTHW und ca. 1,5 m über MTHW)

Diese Bereiche sind nicht flächig ausgebildet, sondern werden von einem vielgestaltigen Netz aus tieferen Bereichen, Wattströmen und Prielen durchzogen. In diesem Kapitel soll ausschließlich der Bereich bis hinauf zum Eulitoral abgehandelt werden. Das Sublitoral wird ebenso wie die Zone des "Queller-Wattes", die eigentlich noch dem Eulitoral zuzurechnen ist bzw. den Übergang zum Supralitoral darstellt, unter Kapitel VIII.I behandelt.

Im Bereich des Eulitorals lassen sich verschiedene Sedimenttypen unterscheiden: Es dominieren Schlick- und Sandsubstrate, die vielfach auch durchmischt vorkommen (Schlickwatt, Sandwatt, Mischwatt). Die Art des Sediments ist dabei von der Überflutungsdauer abhängig: Im Bereich der MTHW-Linie sedimentieren überwiegend die feinen Schlicksedimente, während sich in der Nähe der MTNW-Linie die gröberen Substrate ablagern.

Eine Besonderheit stellt das Felswatt dar, welches an der deutschen Nordseeküste ausschließlich im Bereich der Insel Helgoland anzutreffen ist. Aufgrund der dort vorherrschenden speziellen ökologischen Rahmenbedingungen wird dieser Lebensraum durch sehr spezifische Lebensgemeinschaften besiedelt, so daß hier eine jeweils getrennte Darstellung erfolgt.

2.2 Vegetation

Sub- und Eulitoral des Wattenmeeres sind nur zu geringen Flächenanteilen von Vegetation bewachsen. Neben den Bereichen des Quellerwattes (vgl. Kap. VIII. I) sind hier besonders die Seegraswiesen bedeutsam. Im Eulitoral werden diese durch das Zwergseegras *(Zostera noltii)* geprägt, während in den Bereichen des Sublitorals das Gewöhnliche Seegras *(Zostera marina)* vorherrscht. Bis in die 30er Jahre dieses Jahrhunderts bildeten die genannten Arten umfangreiche Bestände. Durch eine Krankheit wurden dann die Vorkommen im Sublitoral *(Zostera marina)* weitgehend vernichtet. Für *Zostera noltii* kann derzeit zumindest an der Niedersächsischen Küste ebenfalls ein Rückgang festgestellt werden, dessen Ursache bislang jedoch unklar ist (Lüning & Asmus 1990).

Darüber hinaus finden sich Großalgenbestände im Felswatt vor Helgoland, die eine charakteristische Zonierung aufweisen (Janke 1990, Lüning 1970):

Eulitoral

oberes Eulitoral:	*Enteromorpha* spp. (Grünalgen)
mittleres Eulitoral:	*Fucus*[*] *spiralis* (Spiraltang)
	F. vesiculosus (Blasentang)
	F. serratus (Sägetang)

---

*) Gattung *Fucus:* niederwüchsige Braunalgenarten

unteres Eulitoral: *F. serratus* (Sägetang)

Sublitoral

oberes Sublitoral: *Laminaria*[*] spp. (Tange)

3. Bedeutung für die Fauna

Die für das Watt charakteristischen dynamischen Prozesse und die damit verknüpften erheblichen tages- und jahreszeitlichen Schwankungen der Milieubedingungen verlangen von den hier lebenden Tier- und Pflanzenarten ein hohes Maß an Anpassung.

Insgesamt stellt das Wattenmeer ein relativ junges Ökosystem dar (Entstehung nach der letzten Eiszeit), in dem die Besiedlungsphase noch nicht abgeschlossen ist. Entsprechend finden sich dort auch keine endemischen Arten (Berghahn 1990). Das Gesamtökosystem jedoch kann als mehr oder weniger "endemisch" angesehen werden.

3.1 Fauna des Schlick- und Sandwatts (Auswahl repräsentativer Tiergruppen)

Meeressäuger

Die häufigste Meeressäugerart im Wattenmeer ist der Seehund. Die bei Niedrigwasser trockenfallenden Sandbänke bilden wichtige Reproduktionsstätten für die Nordseepopulation dieser Art. Nur hier können die Jungen geboren und anschließend gesäugt werden. Ursprünglich genutzte Strandbereiche sind aufgrund touristischer Aktivitäten (früher auch Seehundjagd) und den davon ausgehenden Störungen verloren gegangen (Heidemann 1989). Von der in vorgeschichtlicher Zeit im Wattenmeer sehr häufigen Kegelrobbe lebt nurmehr eine kleine Gruppe (rd. 30 Individuen) dauerhaft im Bereich der deutschen Nordseeküste (Knobsände in der Nähe der Insel Amrum) (Reijnders et al. 1990, Thiel 1990). Im Gegensatz zum Seehund ist diese Art auf hochwasserfreie Sandbänke angewiesen, da die Jungtiere erst in der fünften Lebenswoche soweit entwickelt sind (Fellentwicklung), daß sie dem Elterntier ins Wasser folgen können (Thiel 1990).

Vögel

Besonders aufgrund der hohen Produktivität und der daraus resultierenden hohen Dichte an Würmern, Schnecken, Muscheln, Krebsen usw. stellt das Watt das zentrale Nahrungshabitat für eine Fülle von Vogelarten dar. Es erfüllt dabei zentrale Funktionen sowohl als Jahres- und Brutlebensraum[**], als auch hinsichtlich des Überwinterungs- und Rastgeschehens (Abb. 14).

Das Wattenmeer bildet eine zentrale Drehscheibe des Vogelzugs zwischen nordischen Brutgebieten (Skandinavien, Nordwest-Rußland) und den Überwinterungsgebieten im westlichen und südlichen Afrika. Von einigen Arten halten sich hier zu bestimmten Jahreszeiten fast die gesamte Population oder zumindest bedeutende Populationsteile auf:

– Rastvogelzählungen im Schleswig-Holsteinischen Wattenmeer 1987/88 (Kempf et al. 1989) ergaben alleine für diesen Bereich Maximalwerte von 49 % - 50 % für Brandgans,

---

[*] Gattung *Laminaria:* typische große Tange (Braunalgen). Bedeutsam sind hier *L. digitata, L. saccharina* und *L. hyperborea.* Die Bestände weisen meist einen Unterwuchs aus Rot- und Braunalgen auf.

[**] Das eigentliche Brutgeschehen findet in Bereichen oberhalb der Hochwasserlinie in den Salzwiesen, Dünen oder angrenzenden Binnenlandschaften statt. Das Watt erfüllt hier insbesondere die Funktion als Nahrungshabitat.

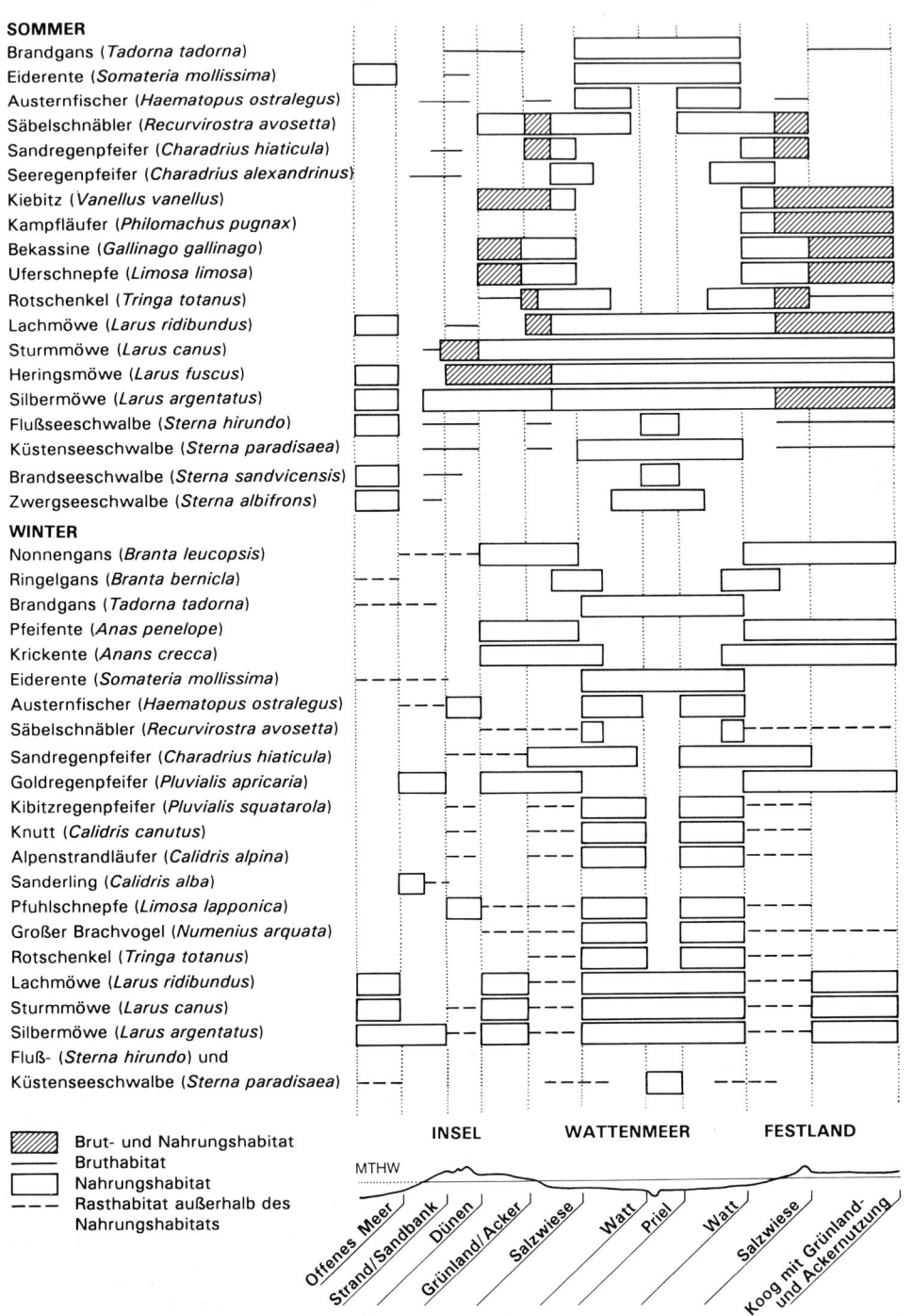

Abb. 14: Räumlich-funktionale Einpassung der wichtigsten Rast-und Brutvögel der Nordseeküste (nach Angaben von Kempf et al. 1989, Smit & Wolff 1980)

68

Ringelgans, Nonnengans und Knutt; Werte zwischen 20 % und 25,1 % für Spießente, Kiebitzregenpfeifer, Alpenstrandläufer und Dunklen Wasserläufer, jeweils bezogen auf die den ostatlantischen Zugweg nutzenden Teilpopulationen.

- Prokosch (1988) schätzt, daß mindestens 2,5 Millionen arktische Küstenvögel in jedem Frühjahr auf dem Flug in ihre Brutgebiete das Wattenmeer aufsuchen. Neben Entenvögeln (Ringelgans, Nonnengans) sind dies vor allem die Watvogelarten Alpenstrandläufer, Kiebitzregenpfeifer, Knutt, Pfuhlschnepfe, Sanderling, Sandregenpfeifer und Steinwälzer.

- Das Wattenmeer bildet ein zentrales Mausergebiet für Brandgänse und Eiderenten. Alleine im Nationalpark Schleswig-Holsteinisches Wattenmeer halten sich während der Mauser 50.000 Eiderenten auf. Ein großer Teil der nordwesteuropäischen Population der Brandgans mausert im Bereich der Insel Trischen (Maximalwerte bis 125.000 Individuen im Schleswig-Holsteinischen Nationalpark, Kempf et al. 1989).

Leichte Erreichbarkeit der Nahrung bei Niedrigwasser und teils spezielle Anpassungen (z. B. Schnabelform und -länge bei den Watvögeln) erlauben den Vogelarten eine effektive Ressourcennutzung. Einzelne Bereiche (z. B. Miesmuschelbänke) können dabei während der Hauptanwesenheitszeit der Rastvögel fast quantitativ "abgeerntet" werden (Janke & Kremer 1988).

Aber nicht nur die benthischen Organismen, die bei Ebbe erreichbar sind, werden intensiv genutzt. Viele Vogelarten ernähren sich von den großen Fischbeständen tieferer und

Abb. 15: Miesmuschelbank im Nordfriesischen Wattenmeer (Foto: Institut für Haustierkunde, Kiel)

dauerhaft wasserbedeckter Bereiche (Möwen, Seeschwalben, Baßtölpel, Alke, Kormoran).

Fische

Für eine Reihe von Fischarten ist das Wattenmeer von zentraler Bedeutung als Nahrungs- und Reproduktionshabitat (z. B. Scholle, Seezunge, Flunder). Eine Übersicht über alle bisher für den deutschen Wattenmeerbereich nachgewiesenen Fischarten und deren Bindung an diesen Lebensraum findet sich bei Witte & Zijlstra (1978) bzw. Zijlstra (1978).

Tab. 7: Zoobenthos und Nekton des Wattenmeers
(ohne Wirbeltiere; nach Wolff & Dankers 1981)

Tiergruppe		Artenzahl
Foraminifera		17
Porifera (Schwämme)		3
Coelenterata (Hohltiere)		37
Hydrozoa	28	
Anthozoa	9	
Bryozoa (Moostierchen)		11
Scolecida (Niedere Würmer)		472
Platheiminthes (Plattwürmer)	8	
Turbellaria	300	
Entoprocta	2	
Nemertini	3	
Nematoda	159	
Mollusca (Weichtiere)		63
Amphineura	1	
Gastropoda (Schnecken)	32	
Bivalvia (Muscheln)	27	
Cephalopoda (Kopffüßer)	3	
Annelida (Ringelwürmer)		120
Echlurida	1	
Tartigrada	2	
Polychaeta (Vielborster)	93	
Archiannnelida	6	
Oligochaeta (Wenigborster)	18	
Chelicerata (Spinnentiere)		4
Pantopoda (Asselspinnen)	4	
Crustacea (Krebse)		247
Echinodermata (Stachelhäuter)		7
Tunicata (Manteltiere)		1
Summe		**982**

Wirbellose Tiergruppen

Prägend für das Wattenmeerökosystem und Grundlage seiner Bedeutung für die Vogelwelt ist die Artenfülle und hohe Besiedlungsdichte des Makrozoobenthos. Insgesamt konnten im Wattenmeer bisher rund 980 Arten mehrzelliger wirbelloser Tiere nachgewiesen werden. Eine Übersicht über die Artenzahlen wichtiger Tiergruppen gibt Tabelle 7.

Den Hauptanteil der Biomasse stellen vor allem Muscheln, Schnecken, Würmer, Krebse und Seesterne. Neben der Substratoberfläche ist besonders der oberste Bereich des Meeresbodens (bis ca. 25 cm Tiefe, Abb. 16) intensiv besiedelt. Es ist eine regelrechte Schichtung zu beobachten. Auf der Oberfläche sind Miesmuschel *(Mytilus edulis)* und verschiedene Krebse wie die Nordseegarnele *(Crangon crangon)* anzutreffen. In den obersten 10 cm siedeln beispielsweise Wattschnecke *(Hydrobia ulvae)*, Schlickkrebs *(Corophium volutator)*, Herzmuschel *(Cerastoderma edule)*, Tellmuschel *(Macoma baltica)* und verschiedene Borstenwürmer *(Polychaeta)*, wie der Seeringelwurm *(Nereis diversicolor)*. Noch tiefer in das Sediment eingegraben finden sich Große Pfeffermuschel *(Scrobicularia plana)*, Sandklaffmuschel *(Mya arenaria)*, Bäumchenröhrenwurm *(Lanice conchilega)* und Wattwurm *(Arenicola marina)*.

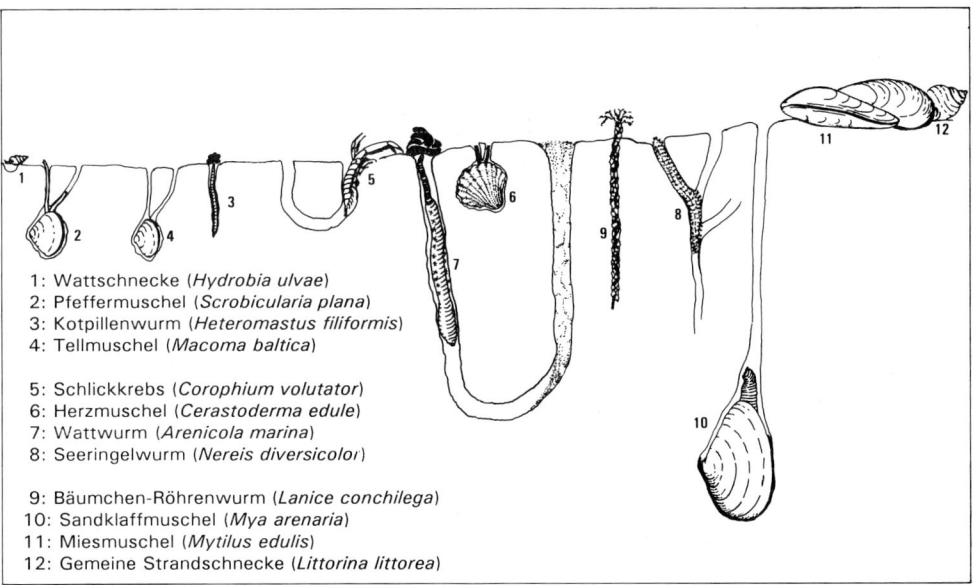

1: Wattschnecke *(Hydrobia ulvae)*
2: Pfeffermuschel *(Scrobicularia plana)*
3: Kotpillenwurm *(Heteromastus filiformis)*
4: Tellmuschel *(Macoma baltica)*

5: Schlickkrebs *(Corophium volutator)*
6: Herzmuschel *(Cerastoderma edule)*
7: Wattwurm *(Arenicola marina)*
8: Seeringelwurm *(Nereis diversicolor)*

9: Bäumchen-Röhrenwurm *(Lanice conchilega)*
10: Sandklaffmuschel *(Mya arenaria)*
11: Miesmuschel *(Mytilus edulis)*
12: Gemeine Strandschnecke *(Littorina littorea)*

Abb. 16: Besiedlung des Wattsediments durch wirbellose Tierarten (verändert nach Nationalparkverwaltung "Niedersächsisches Wattenmeer" 1990)

Diese endogäische Lebensweise bietet für die Fauna eine Reihe von Vorteilen: Neben konstanteren Millieubedingungen besonders hinsichtlich Salzgehalt, Temperaturamplitude und Dynamik wird auch die Erreichbarkeit für Freßfeinde vermindert. Allerdings stellt dieser extreme Lebensraum hohe Anforderungen an die Arten (Wolff 1981):

- So weisen viele Vertreter spezielle physiologische Anpassungen an reduzierte Sauer-
stoffkonzentrationen auf, wie sie in den tieferen Sedimentschichten auftreten. Die oxi-
dierte Schicht des Meeresbodens umfaßt Bereiche zwischen 6 cm (Sandwatt) und 0,1
cm (reine Schlickbereiche) (Willmann 1989). Im Zuge zunehmender Eutrophierung
und damit verbundener Sauerstoffzehrung kann dieser Bereich völlig fehlen.

- Morphologische Anpassungen stellen u.a. dicke Schalen, Byssusfäden zum Anheften
(z. B. Miesmuschel, *Mytilus edulis*) und unterschiedlich lange Siphonen (Sandklaffmuschel, *Mya arenaria*, Große Pfeffermuschel, *Scrobicularia plana*) dar, die eine Besiedelung des Sediments in mehreren Etagen zulassen (vgl. auch Abb. 16).

- Wesentliche Anpassungen sind beispielsweise das Eingrabeverhalten und der tiden-
abhängige Ortswechsel, wie das Aufsuchen und Verlassen von Gezeitentümpeln, Prielen und Rinnen (z. B. Nordseekrabbe, *Crangon crangon*) sowie jahreszeitliche Wander-
bewegungen.

- Als weitere Strategie ist die bei vielen Arten zu beobachtende opportunistische Ressourcennutzung zu nennen: So besiedeln etliche Krebsarten das Wattenmeer während des Frühlings und wandern im Herbst in tiefere Bereiche (Priele, offenes Meer)
zurück (Wolff 1981), um den pessimalen winterlichen Bedingungen auszuweichen.

- Andere Arten wie die Borstenwürmer *Capitella capitata* und *Polydora ligni* sowie Wattschnecke *(Hydrobia ulvae)*, Mies-*(Mytilus edulis)* und Herzmuschel *(Cerastoderma edule)* besiedeln während günstiger Perioden geeignete Bereiche rasch (meist durch pelagische Larven) und bauen oft riesige Populationen auf, welche bei ungünstiger Entwik-
klung innerhalb kürzester Zeit wieder zusammenbrechen können (Wolff et al. 1977).

Viele Arten erreichen hohe Besiedelungsdichten. So ergaben Zählungen der für Vögel
als Nahrung relevanten Tierarten in der Nordstrander Bucht die in Tabelle 8 dargestellten Werte.

Art	Besiedelungsdichte	
Tellmuschel *(Macoma balthica)*	85 - 361	Ind/m^2
juvenile Herzmuscheln *(Cerastoderma edule)*	19 - 22.320	- ” -
juvenile Sandklaffmuscheln *(Mya arenaria)*	26 - 20.330	- ” -
Wattschnecke *(Hydrobia ulvae)*	0 - 1.300	- ” -
Kotpillenwurm *(Heteromastus filiformis)*	17 - 860	- ” -
Wattwurm *(Arenicola marina)*	5 - 18	- ” -
Seeringelwurm *(Nereis diversicolor)*	10 - 118	- ” -

Tab. 8: Besiedlungsdichten ausgewählter Arten des Makrozoobenthos in Wattflächen der Nord-
stander Bucht (Prokosch 1988)

Einzelne Arten, wie der Schlickkrebs *(Coolophium volutator)* erreichen mit bis zu
40.000 Ind/m^2 noch höhere Siedlungsdichten (Thies 1990). Die tierische Biomasse im
Sediment kann dabei nach Janke & Kremer (1988) bis zu 300 g/m^2 bzw. 3.000 kg/ha Watt-
fläche betragen.

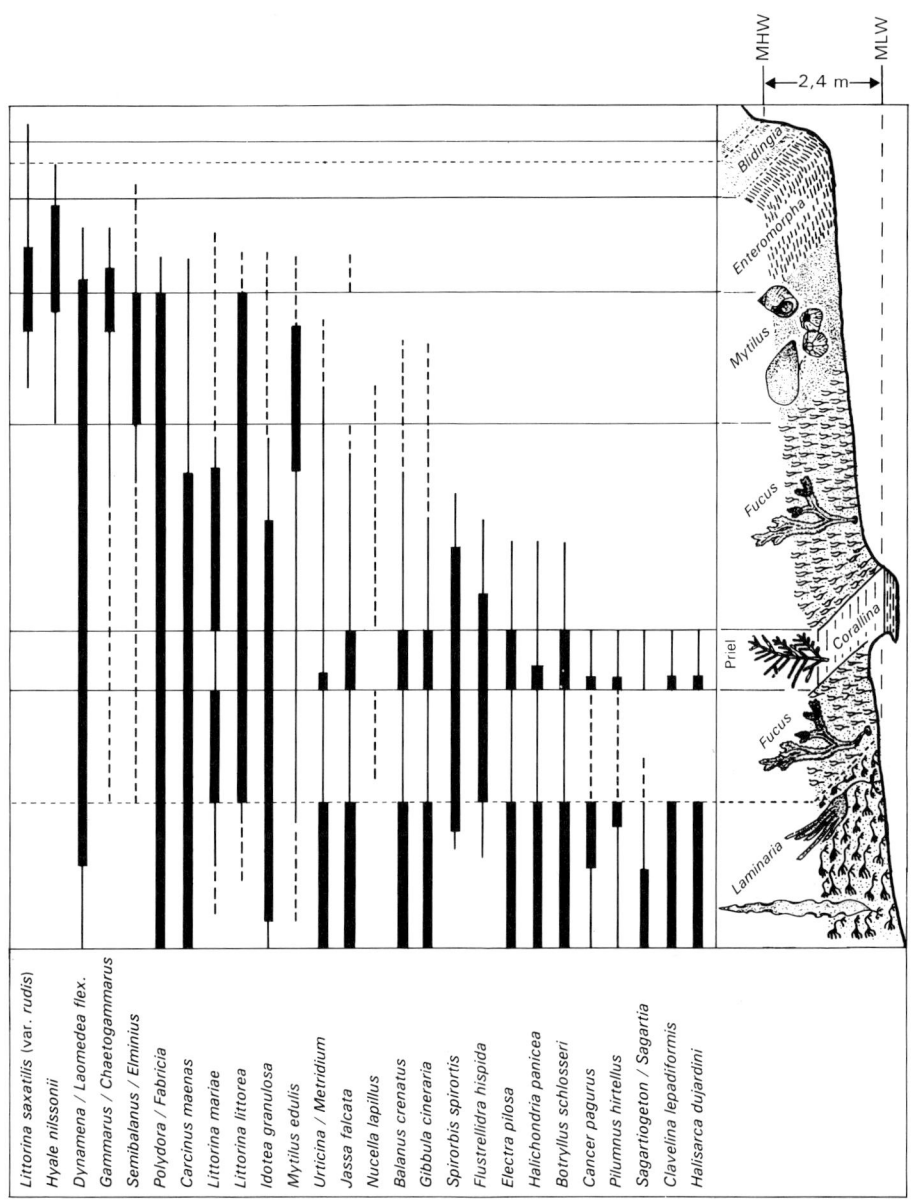

Abb. 7: Besiedlungsmuster und Vertikalverteilung charakteristischer Makro-Organismen in Abhängigkeit von Litoralniveau und Algenbewuchs in der Gezeitenzone der Insel Helgoland (Nordostwatt) (aus Janke 1986)

3.2 Fauna des Felswatts (Auswahl repräsentativer Tiergruppen)

Das Felswatt vor Helgoland stellt einen für die Deutsche Bucht einmaligen Lebensraum dar. Ähnliche Ökosysteme finden sich an der britischen, norwegischen und französischen Küste. Da die Mehrzahl der benthischen Organismen pelagische Ausbreitungsstadien (Diasporen, Larven) hat, bestehen ständige Austauschprozesse zwischen diesen Küstenbereichen. Dadurch kommt es zu stetigem Zuwandern und Verschwinden von Arten (Kornmann 1986, Kornmann & Sahling 1977), so daß bis heute keine vollständige Übersicht über die Fauna und Flora dieses Lebensraumes vorliegt (Janke 1990).

Die Lebensgemeinschaften von Hartböden unterscheiden sich grundsätzlich von denen weicherer Sedimentböden:

– Die Mehrzahl der benthischen Organismen siedeln auf dem Substrat und nicht in ihm (Ausnahmen z.B. die Bohrmuschelart *Pholas dactylus).*

– Viele Arten haben spezielle Organe und Verhaltensanpassungen entwickelt, um entweder dauerhaft am Substrat anzuwachsen (sessile Lebensweise) oder verfügen, bei frei beweglicher Lebensweise, über spezielle Klammer- und Haftorgane.

– Die dichten Großalgenbestände bilden reichstrukturierte Lebensräume mit einer vielgestaltigen Zoozönose.

– Ähnlich wie bei den Großalgen wird auch eine Vertikalzonierung der tierischen Besiedelung erkennbar (Abb. 17). Steuernder Faktor ist hier die unterschiedliche Fähigkeit der Arten, Zeiten des Trockenfallens zu überdauern (Janke 1990).

4. Gefährdungsfaktoren

4.1 Anstieg des Meeresspiegels

Weltweite Klimaveränderungen lassen ein weiteres Ansteigen des Meeresspiegels befürchten. Bereits heute ist eine Erhöhung von rd. 15 cm/100 Jahre festzustellen. Stärker gestiegen ist der Gezeitenhub. Vor 100 Jahren betrug dessen Erhöhung rd. 22 cm in 100 Jahren, für den Zeitraum von 1959-1986 wurde bereits ein Wert von 76 cm in 100 Jahren festgestellt. Dieser erhöhte Tidenhub ist jedoch nicht alleine auf Anhebungen des Meeresspiegels zurückzuführen, sondern wird vermutlich auch durch wasserbauliche Maßnahmen (Deiche, Sperrwerke usw.) mitverursacht. Bisher wurde der Anstieg durch Sedimentation ausgeglichen (alle Angaben nach Becker 1990). Ob dies auch künftig, besonders bei einer beschleunigten Entwicklung der Fall sein wird, ist fraglich. Somit stellt der Anstieg der Meeresspiegel eine potentielle Gefahr für das Wattenmeerökosystem insgesamt dar.

4.2 Verschmutzungen

Die Wasserverschmutzung bildet für das Wattenmeer eine mindestens ebenso bedeutsame Gefährdung wie für die offene Nordsee. In Teilbereichen, etwa in den Ästuaren der großen schadstoffbelasteten Flüsse (Elbe, Weser) sind erhebliche negative Beeinträchtigungen der Lebensgemeinschaften sichtbar. Teilweise, wie im Mündungsbereich der Elbe, ist die typische Tierwelt bereits vernichtet worden (Rachor 1977, 1982). Auch die bei vergleichenden Untersuchungen des Beifanges der Garnelenfischerei festgestellten teils drastischen Bestandsrückgänge einer Reihe typischer Wattenmeerarten wie Strandkrabbe, Scheibenbauch, Butterfisch und Grundel werden mit den zunehmenden Schadstoffbelastungen in Zusammenhang gebracht (Tiews 1983).

Das Wattenmeer ist zudem von stark frequentierten Schiffahrtswegen durchzogen, so daß dieses Ökosystem durch mögliche Unglücke (z.B. Tankerunfälle) permanent gefährdet ist. Dies betrifft besonders das Helgoländer Felswatt, welches aufgrund seiner Kleinflächigkeit bereits durch ein einziges Tankschiffunglück als Ganzes bedroht wäre.

4.3 Eutrophierung

Die Zunahme der Nährstoffe und die damit einhergehende Erhöhung der Primärproduktion hat zu einem Anstieg der tierischen Biomasse im Benthal geführt. Im Bereich von Schlicksedimenten etwa um den Faktor 1,5 bis 1,8, in Sandböden bis zum Faktor 4. Dabei kommt es vor allem zu Massenentwicklungen kleiner Würmer, während bestimmte empfindliche Arten, wie z.B. der Fadenförmige Schlangenstern *(Amphiura filiformis)*, zurückgehen (Rachor 1989).

4.4 Nutzungen

Trotz Einrichtung der drei Wattenmeer-Nationalparke entlang der deutschen Küste (Niedersachsen, Hamburg, Schleswig-Holstein) unterliegen weite Bereiche dieses einmaligen Ökosystems weiterhin teilweise sehr intensiven Nutzungen. Bestimmte traditionelle Nutzungsformen wurden nicht im wünschenswerten Maße zurückgeführt, größere Bereiche aus den eigentlichen Schutzgebieten ganz ausgeklammert (Halligen und Inseln, Schiffahrtswege).

Ölförderung

Innerhalb des Nationalparkes Schleswig-Holsteinisches Wattenmeer wird im Bereich der Mittelplate (bei Trischen) Erdöl gefördert. Auch wenn hier durch höchste technische Sicherheitsstandards darauf geachtet wird, daß keine betriebsbedingten Ölverschmutzungen entstehen und bislang wohl auch noch nicht entstanden sind (Quelle: Landesamt Nationalpark Schleswig-Holsteinisches Wattenmeer, mündl. Auskunft), ist die Ölförderung doch eine den Zielen des Nationalparks Wattenmeer zuwiderlaufende Nutzung, die trotz aller moderner Technologie eine potentielle Gefährdung darstellt (Andresen 1990).

Militärische Übungen

Neben Tiefflügen, die ganzjährig zu erheblichen Beeinträchtigungen der Vögel führen können, stellen besonders die Schießübungen im Wattenmeer eine beträchtliche Störung und auch direkte Gefährdung dar. An der deutschen Küste befinden sich zwei dieser Übungsgebiete. Neben dem Luft-Bodenschießplatz der Luftwaffe im Bereich des Lister Königshafens führt eine Privatfirma vor der Meldorfer Bucht im Auftrag der Bundeswehr Erprobungen ballistischer Geschosse vom Deich aus durch. Die davon betroffene rd. 100 Quadratkilometer große Sicherheitszone umfaßt sogar 700 ha der Kernzone (Zone I) des Nationalparks (National Forest and Nature Agency et al. 1991). Das Gebiet liegt nahe der geschützten Vogelinsel Trischen. Unmittelbar betroffen sind praktisch alle Arten, ganz besonders aber Eiderente und Brandgans, die ab August in diesem Bereich des Wattenmeeres mausern und während dieser Zeit flugunfähig sind. Neben den eigentlichen Schießübungen stellt auch die Geschoßbergung (früher durch Hubschrauber, heute durch panzerähnliche Fahrzege) eine erhebliche Störquelle dar.

Fischerei

Im Bereich des Wattenmeers werden neben Plattfischen (besonders Scholle) vor allem Nordseegarnelen *(Crangon crangon),* Miesmuscheln *(Mytilus mytilus)* und in geringerem Umfang Herzmuscheln *(Cerastoderma edule)* und Taschenkrebse *(Cancer pagurus)* fischereilich genutzt. Diese Nutzung hatte und hat erhebliche Einflüsse auf die Fauna des Wattenmeers weit über die befischten Arten hinaus. Häufig läßt sie sich jedoch nicht als alleinige Ursache für Veränderungen identifizieren, da vor allem auch die Wasserverschmutzung und die Eutrophierung parallel dazu negativ einwirken.

– Die in früheren Jahren bedeutsamen Austernbestände *(Ostrea edulis)* sind vollständig erloschen. Ihre Ausrottung ist sowohl auf die intensive Befischung und die damit verbundene Vernichtung der Austernbänke (keine Neubesiedlung infolge der Zerstörung des geeigneten Substrats) als auch auf eine vermutlich eutrophierungsbedingte Massenentwicklung der Miesmuschel *(Mytilus edulis)* zurückzuführen, welche die verbliebenen geeigneten Substrate besiedelt hat (Neudecker 1990). Negativ hat sich wahrscheinlich auch die Verwendung von "Rollengeschirren" beim Krabbenfang und die zunehmende Wasserverschmutzung ausgewirkt (Reise 1981).

– Auch die früher weit verbreiteten "Sandkorallen"bestände[*] sind im Zuge dieser Entwicklung vernichtet worden (vgl. Abb. 18).

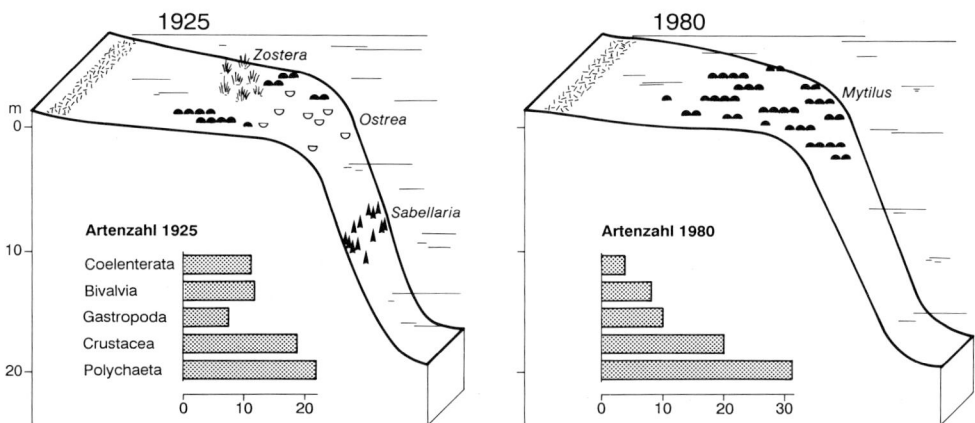

Abb. 18: Schematische Übersicht über die Veränderung der Lebensgemeinschaft in der Lister Ley bei Sylt zwischen 1925 und 1980 (verändert nach Reise 1981)

– Während die Herzmuschelfischerei in Schleswig-Holstein bereits aufgegeben wurde und dort auch die Miesmuschelfischerei nurmehr durch neun Fahrzeuge betrieben wird, hat die Garnelenfischerei eine erhebliche wirtschaftliche Bedeutung (in Schleswig-Holstein 135 zugelassene Fangfahrzeuge). Im Jahre 1985 betrug der Gesamtfang

---

[*] Hierbei handelt es sich nicht um echte Korallen, sondern um röhrenbauende und kolonienbildende Borstenwürmer *(Sabellaria* spp.).

bei dieser Art im niederländischen und deutschen Wattenmeer rd. 27.000 t (Dahm 1990). Die Garnelen werden bei Ebbe an den Prilrändern gefangen, an die sich die erwachsenen Tiere (aus den trockenfallenden Bereichen) mit dem ablaufenden Wasser zurückziehen und dann entsprechend konzentrieren. Die Fangaktivitäten beschränken sich zwar auf begrenzte Areale des Wattenmeers, sind dort aber umso intensiver. In ertragreichen Gebieten muß damit gerechnet werden, daß der Meeresboden bis zu 100 mal pro Jahr abgefischt wird. Die verwendeten Fanggeräte beeinträchtigen dabei zwar das Sediment nur geringfügig, durch die für diese Fischerei notwendigen kleinmaschigen Netze wird jedoch die übrige Tierwelt (z. B. Seesterne, Muscheln, Schnekken, Fische usw.) beinahe quantitativ mit entnommen. Diese "Beifänge" liegen durchschnittlich etwa bei 20 % des Krabbenfangs (vgl. z. B. Dahm 1990, Tiews 1983). Obwohl meist eine zügige Sortierung mit anschließendem Rückführen der unerwünschten Arten erfolgt, ist die Beeinträchtigung sicherlich erheblich. Große Anteile dieser Tiere werden entweder durch Fang und Sortieren beschädigt oder getötet, bzw. unmittelbar nach der Rückführung von den die Fischereifahrzeuge ständig in großer Zahl begleitenden Möwen erbeutet.

– Da die Mehrzahl der Krabbenkutter auch für den Fang von Plattfischen ausgerüstet ist, kommt dieser Nutzungsform ebenfalls eine wichtige Bedeutung zu. (Zu den möglichen ökologischen Auswirkungen und Gefährdungen sei auf Abschnitt VI.I. 4 verwiesen.)

Jagd

Bedeutsam ist hier besonders die Vorland- bzw. Vordeichsjagd auf Wasservögel. Während im Bereich des Nationalparks Schleswig-Holsteinisches Wattenmeer die Jagd im Vordeichsbereich weitgehend eingestellt worden ist (der letzte Pachtvertrag läuft im Jahre 2000 aus, Landesamt Nationalpark Schleswig-Holsteinisches Wattenmeer 1989a), ist im Bereich des Nationalparks Niedersächsisches Wattenmeer die winterliche Vorlandjagd weiterhin zugelassen. Selbst in der streng geschützten Kernzone des Schutzgebietes ist jeder Revierinhaber berechtigt, an zehn Tagen im Jahr die Jagd auszuüben (Helbing 1987, 1986). Bejagt werden Stockenten, Pfeifenten, Krickenten, Spießenten und Graugänse.

Mit dieser Form der Jagd sind erhebliche direkte und indirekte Gefährdungen für die im Wattenmeer überwinternden Vögel verknüpft. Nach Conrady (1988) und Landesamt Nationalpark Schleswig-Holsteinisches Wattenmeer (1989a) vor allem:

– Direkte Eingriffe in die betroffenen Populationen. Dabei werden, neben den erlegten, in großer Zahl Tiere verletzt, die entweder mittelbar an diesen Verletzungen sterben oder aber zumindest in ihrer physiologischen Leistungsfähigkeit beeinträchtigt werden.

– Störung und Gefährdung auch der nicht zur Jagd freigegebenen Arten durch die Anwesenheit der Jäger und die Schußgeräusche bzw. Verwechslung der Arten. Dem für die Fluchtreaktionen aufzuwendenden höheren Energieaufwand stehen geringere Zeiten und Flächen für die Nahrungsaufnahme gegenüber. So werden durch die Aktivitäten im Vorland bestimmte Ressourcen für die Vögel blockiert (z. B. Gerdes 1991).

– Vergiftung des Wattenmeers durch Bleischrot. Vor der Reduzierung der Jagd in Schleswig-Holstein gelangten dort jährlich rd. 1,65 t Blei auf diesem Wege in das Wat-

tenmeer (Landesamt Nationalpark Schleswig-Holsteinisches Wattenmeer 1989a).
Untersuchungen im dänischen Wattenmeerbereich ergaben Konzentrationen von bis
zu 20.000 Schrotkugeln pro qm Sediment (Thomas 1982, zit. nach Conrady 1988). Neben einer Anreicherung dieses giftigen Schwermetalls im Boden führen passiv über
die Nahrung aufgenommen Schrotkörner zu unmittelbaren Vergiftungen. Nach verschiedenen Quellen führt bereits eine aufgenommene Bleikugel in bis zu 80 % (Thomas 1982, zit. nach Conrady 1988), bei 5 - 6 Kugeln in 100 % der Fälle zum Tod des Vo-
gels (Del Bono & Bracca 1973, zit. nach Conrady 1988).

Tourismus

Der Tourismus an der deutschen Nordseeküste weist in den letzten Jahren eine steigende Tendenz auf. Neben negativen Auswirkungen an der Küste (Strände, Dünen, vgl.
Abschn. VIII.I. 4) führt besonders das Befahren sensibler Bereiche des Wattenmeers
durch Sportboote und Ausflugsschiffe zu Störungen und Gefährdungen. So werden allein im schleswig-holsteinischen Wattenmeer jährlich 6500 - 7000 Ausflugsfahrten mit
bis zu 700.000 Passagieren zu den Seehundbänken unternommen (Landesamt für den
Nationalpark Schleswig-Holsteinisches Wattenmeer, mündl. Mitteilung). Diese Fahrten stören die auf den Sandbänken lagernden Tiere. Die Folge davon sind Fluchtreaktionen; häufig werden die Sandbänke verlassen. Die Rückkehr erfolgt meist erst im Laufe der nächsten Niedrigwasserphase. Neben einer erhöhten Verletzungsgefahr sind besonders Jungtiere hierdurch gefährdet, da sie ausschließlich auf diesen Sandbänken geboren und auch nur dort gesäugt werden können (Heidemann 1989). Häufige Störungen können zur Unterernährung der Jungtiere führen und dadurch ihre Überlebenschance für den ersten Winter senken (Drescher 1979). Besonders intensiv ist dabei die
Störwirkung kleiner, schneller Motorboote. Aber auch die Wirkung langsamer Fahrzeuge ist erheblich, selbst wenn größere Abstände zu den Seehundbänken eingehalten
werden. In Einzelfällen beträgt die Fluchtdistanz bis zu 500 m (Dietrich & Koepff 1986).

Landgewinnung/Eindeichung

Landgewinnung und Eindeichungen dienen sowohl dem Küstenschutz als auch der Gewinnung ertragreichen Marschlandes. Darüber hinaus sind häufig wasserwirtschaftliche
Ziele mit der Schaffung von Kögen verbunden. So wird durch die Anlage großflächiger
Speicherbecken im Bereich von Flußmündungen die Effektivität der Entwässerung bin-
nenländischer Köge und Niederungen sprunghaft verbessert. Beispielsweise wiesen früher weite Bereiche der Mielenniederung (Kr. Dithmarschen) regelmäßig winterliche
Überschwemmungen auf, nach Fertigstellung des Meldorfer Speicherkooges werden
nur noch selten und dann lokal begrenzte Überflutungen registriert. Während der Vegetationsperiode wird eine Entwässerung des Niedermoorgrünlandes bis zu 150 cm unter
Flur mühelos erreicht (zu den ökologischen Auswirkungen vgl. Abschn. VIII.II. 4).

Die erste Phase der Landgewinnung stellt der Lahnungsbau dar. Durch die in das Wattenmeer hinein errichteten Lahnungen wird eine Teil der Sedimentfracht beim Rück-
zug des Wassers am Beginn der Ebbe zurückgehalten. Regelmäßiges Aufhäufen des zu-
rückgebliebenen Sediments erhöht das Neuland und führt zu Vorlandgrünländereien.

Abb. 19: Seehund auf Sandbank   (Foto: Institut für Haustierkunde, Kiel)

Mit abnehmender Überflutungshäufigkeit verbessert sich die Nutzbarkeit dieser Flächen weiter. Erhebt sich das Grünland weit genug über den Meeresspiegel, folgt meist
die Eindeichung. Die so geschaffenen Köge werden in der Regel zunächst als Grünland,
später häufig als Ackerland genutzt, die ursprünglichen marinen Ökosysteme dabei vollständig vernichtet (vgl. z. B. Heydemann 1960, 1962).

Bereits der Bau von Dämmen zu den Inseln (z. B. Hindenburgdamm) bewirkt vielfach
eine Verminderung der Austauschprozesse bestimmter Teilflächen mit dem offenen
Meer. Betroffen davon sind u.a. viele benthische Organismen, deren Besiedlungspro-
zesse mittels Verdriften pelagischer Larven erfolgen (Berghahn 1990).

5. Entwicklungsziele

Hauptziel ist der umfassende Schutz des Wattenmeeres als weltweit einzigartigem Groß-
ökosystem. Zentrale Voraussetzung hierfür bildet die Abwehr der bestehenden Gefährdungsursachen des Wattenmeeres (vgl. Abschn. VII.I. 4) und der Nordsee allgemein (vgl.
Abschn. VI.I. 4). Neben diesem Oberziel sind folgende Teilziele zu nennen:

5.1 Umfassende Reduktion der Schadstoff- und Nährstoffeinträge

Eine nachhaltige Sicherung des Wattenmeeres ist nur dann zu erreichen, wenn die Rahmenbedingungen dies zulassen. Um entsprechende Voraussetzungen zu schaffen be-

darf es vor allem einer drastische Reduktion der Einträge von Schadstoffen und eutrophierenden Substanzen.

5.2 Nachhaltige Ressourcensicherung (Fische, Krabben, Muscheln)

Die Regelung der fischereilichen Nutzung des Wattenmeers muß sich künftig primär an gesamtökologischen Erfordernissen und den Zielen der Schutzgebiete orientieren. Mengenmäßige Regulierungen müssen von den Gesamtlebensgemeinschaften und nicht von den wenigen fischereilich relevanten Arten ausgehen.

5.3 Weitgehende Reduktion anthropogener Eingriffe, Nutzungen und Störungen

Generell ist anzustreben, alle Nutzungen und Eingriffe im Sinne der Zielsetzungen der vorhandenen großflächigen Schutzgebiete zu begrenzen. Hohe Ansprüche hinsichtlich des Schutzes und weltweite Einmaligkeit bedingen eine klare Priorität für die Erhaltung und Entwicklung dieses Ökosystems.

5.4 Verzicht auf weitere Aktivitäten zur kommerziell motivierten Landgewinnung und auf weitere Eindeichungen

Angesichts der negativen ökologischen Auswirkungen von Eindeichungen, der landwirtschaftlichen Überproduktion und der enormen Kosten ist Landgewinnung zum Zwecke der Schaffung neuer Nutzflächen nicht mehr vertretbar. Alle entsprechenden Aktivitäten und Planungen sollten beendet werden.

5.5 Einstellung militärischer Übungen im Wattenmeer

Die militärischen Übungen und Erprobungen bilden erhebliche Gefährdungspotentiale und widersprechen in eklatanter Weise dem Nationalparkgedanken, so daß sie aus Naturschutzsicht umgehend beendet werden müssen. Die betroffenen Sicherheitszonen sollen dort, wo dies naturschutzfachlich sinnvoll ist, in entsprechende Schutzgebiete integriert werden.

5.6 Vollständige Aufgabe der Jagd

Da mit der Jagdausübung erhebliche Gefährdungen und Belastungen verknüpft sind, ist eine vollständige Einstellung der jagdlichen Aktivitäten im gesamten Bereich des Wattenmeeres anzustreben.

6. Schutz, Pflege und Entwicklung

6.1 Maßnahmen zur Verminderung der Schadstoffeinträge

Das Wattenmeer ist in erheblichem Umfang von den direkten und indirekten Verschmutzungen der Nordsee betroffen. Durch die Nähe zu den Flußmündungen ist die Gefährdung hier noch größer als für die offene Nordsee. Durch geeignete Maßnahmen (vgl. Abschn. VI.I. 6, Nordsee), muß eine erhebliche Reduktion dieser Belastung erreicht werden.

Auch sollte die Ölförderung im Nationalpark eingestellt werden, um die mit ihr verbundenen Risiken auszuschalten. Weitere Aktivitäten (Erschließung weiterer Ölfelder, Bau einer Gaspipeline im Bereich des Niedersächsischen Wattenmeeres) sind von vornherein abzuwehren.

80

Darüber hinaus bedarf es nationaler und internationaler Regelungen zur Reduzierung der Luftverschmutzung, um einer Gefährdung des Wattenmeerökosystems durch den "Treibhauseffekt" und den dadurch verursachten Anstieg des Meeresspiegels entgegenzuwirken.

6.2 Fischerei

Im Bereich des Wattenmeeres stellt vor allem der Krabbenfang eine erhebliche Beeinträchtigung dar. Hier ist eine Reduktion der fischereilichen Aktivitäten notwendig. Dies gilt sowohl hinsichtlich Fangmenge als auch hinsichtlich einer Einschränkung der möglichen Fanggründe. Um die ungestörte Entwicklung der Benthosfauna auch in den intensiv befischten Prielkantenbereichen zu gewährleisten, erscheint die Ausweisung großflächiger Schutzzonen zweckdienlich, in denen jegliche Nutzung untersagt ist. Die Schwere des Eingriffes kann zudem durch geeignete Fangnetzkonstruktionen gemindert werden.

6.3 Landgewinnung

Der Lahnungsbau soll auf solche Bereiche begrenzt werden, in denen Vorländer derzeit fehlen, zum Küstenschutz jedoch unverzichtbar sind, oder wo durch aktuelle Vordeichungen (z. B. Nordstrander Bucht) Vorländer gegenwärtig gänzlich fehlen. Insgesamt sollte die Vorlandentwicklung nur initiiert werden, da dieser Prozeß auch natürlicherweise abläuft. Maßnahmen des Küstenschutzes sind – wo erforderlich – auf die Verstärkung bestehender Deiche zu beschränken (vgl. auch Abschn. VIII.I. 6).

6.4 Besucherlenkung

Dem Freizeitdruck mit seinen Begleiterscheinungen ist durch geeignete Maßnahmen zur zeitlichen und räumlichen Besucherlenkung entgegenzuwirken. In besonders sensiblen Bereichen werden erhebliche Einschränkungen erforderlich. Beispielsweise sollten Fahrten zu den Seehundbänken möglichst unterlassen bzw. zahlenmäßig deutlich vermindert und die Einhaltung bestimmter Mindestabstände kontrolliert werden. Für diese Mindestabstände lassen sich keine generellen Grenzwerte festlegen, da die Störempfindlichkeit regional und auch zu bestimmten Jahreszeiten unterschiedlich sein kann. Auf keinen Fall sollten diese Abstände jedoch 200 m unterschreiten (Dietrich & Koepff 1986). Auch ist zu prüfen, ob solche Fahrten ausschließlich auf solche Sandbänke beschränkt werden können, auf denen sich keine oder nur wenige Muttertiere aufhalten ("Junggesellenbänke"). Ähnliches gilt für den Schutz von Vogelbrutkolonien.

VII.II Boddengewässer

1. Charakterisierung

Als Bodden werden die flachen Randgewässer der südlichen Ostseeküste bezeichnet. Sie prägen in entscheidendem Maße die Küste Mecklenburg-Vorpommerns und Schleswig-Holsteins. Auf Grund ihrer geomorphologischen, hydrologischen und biologischen Eigenschaften stellen sie einen eigenen Küstentyp dar. Neben der geringen Wassertiefe sind diese Bereiche durch eine gewisse Abgeschlossenheit gegenüber der offenen See ausgezeichnet. Sie entstanden postglazial durch Küstenausgleichs- und Verlandungsprozesse. In flachen Stillwasserzonen bildeten sich ausgedehnte Verlandungszonen. Durch Materialan- und - umlagerungen entstanden sehr flache Bereiche, welche durch Windeinflüsse zeitweise trockenfallen können (Windwatt). Zu den Bodden zählen folgende Gewässer: Schlei, Pötenitzer Wiek an der Travemündung, Salzhaff, Unterwarnow, Darß-Zingster Boddenkette, Rügener Bodden, Strelasund, Greifswalder Bodden, Peenestrom mit Achterwasser und Oderhaff.

Die stofflichen und energetischen Prozesse werden in viel stärkerem Maße als in anderen Flachwassergebieten (z. B. dem Watt der Nordsee) durch die Tätigkeit des Menschen geprägt. Dies hat besonders starke Auswirkungen auf die Stoffbilanz des Brackwassers und seiner angrenzenden Röhrichte. Der Wasserkörper zeichnet sich gegenüber der offenen Ostsee durch niedrigeren Salz- und höheren Nährstoffgehalt aus. Durch die geringeren Wassertiefen und die damit verbundene stärkere Erwärmung in den Sommermonaten verlaufen die biologischen Prozesse intensiver.

2. Typen

2.1. Pelagial

Hier bestehen keine wesentlichen Unterschiede zur Ostsee (vgl. Abschn. VI.II). In Abhängigkeit von den Austauschprozessen treten im Vergleich zur freien See aber geringere Salzkonzentrationen auf.

2.2. Benthal

In den letzten Jahrzehnten haben sich in der Vegetationszonierung infolge von Eutrophierungsprozessen bedeutende Veränderungen ergeben. Heute können folgende Lebensräume auf der Grundlage des Pflanzenbewuchses unterschieden werden:

Die Grünalgenzone *(Enteromorpha-* (Darmalgen-) und *Cladophora-*(Astalgen-) Gesellschaften) siedeln bis in in eine Tiefe von 1,5 m. Die tieferen Bereiche werden dabei vorzugsweise von *Cladophora*-Arten eingenommen, während *Enteromorpha* sogar kurzzeitig trockenfallende Abschnitte besiedelt. Voraussetzung sind Substrate, an denen sie sich festheften können, da ihnen Wurzeln fehlen. Sie bilden einen wesentlichen Lebensraum an der Grenze zwischen Wasser und Land.

Im tieferen Wasser siedeln Grundrasen von Kamm-Laichkraut *(Potamogeton pectinatus)* und als Begleiter Sumpf-Teichfaden *(Zannichellia palustris)*, Tausendblatt *(Myriophyllum spicatum)*, Strand-Salde *(Ruppia zirrhosa)* und Brackwasser-Hahnenfuß *(Ranunculus baudotii)*. Der Übergang zu den Seegraswiesen ist fließend. Hier tritt meist bestandsbildend das Seegras *(Zostera)* auf. In noch tieferen Bereichen (ab 3 m) sind auf steinigem Untergrund Rotalgenbestände anzutreffen, wobei Gabeltangarten *(Furcellaria fastigiata, Polysiphonia nigrescens)* und die Rotalge *Ceramium diaphanum* vorherrschen. Der Blasentang *(Fucus vesiculosus)* ist die am weitesten verbreitete Großalgenart in der südlichen Ostsee und in den Boddengewässern.

3. Fauna

Auf Grund des geringen Salzgehaltes bieten die Bodden vielen marinen Arten keine Lebensmöglichkeiten mehr, während für die Mehrzahl der Süßwasserarten die Salzkonzentration noch zu hoch ist (vgl. Abb. 20).

82

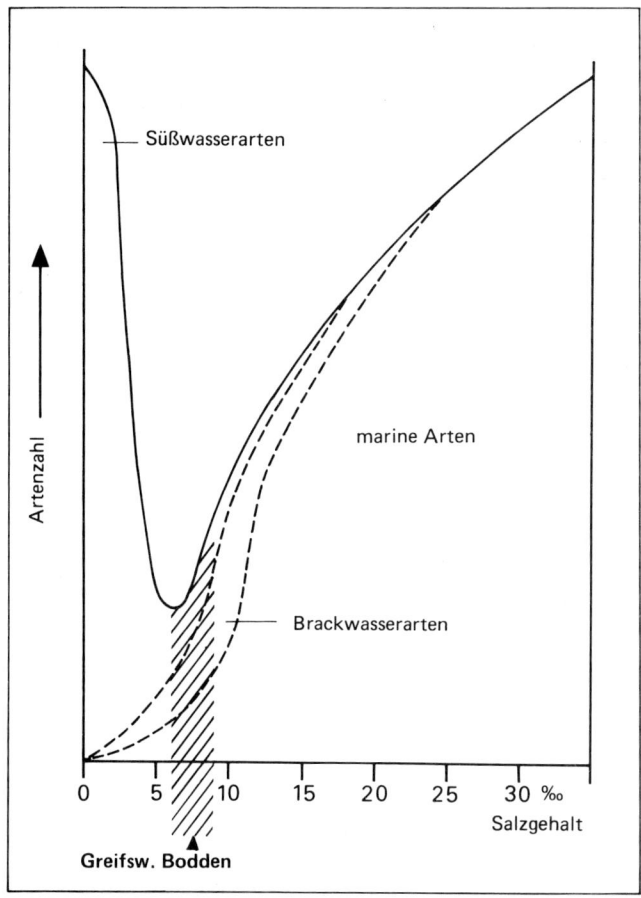

Abb. 20: Tierarten in Abhängigkeit vom Salzgehalt (nach Keil 1989)

Mit der relativ geringen Artenzahl ist jedoch eine hohe Abundanz verbunden, welche in diesen Randgewässern wesentlich höher als im offenem Meer sein kann. Die Gebiete sind also insgesamt wesentlich produktiver. Protozoen können hier die größten Individuendichten erreichen. Auf die Gesamtbiomasse bezogen besitzen sie jedoch nur Anteile bis ca. 10 %. Unter günstigen Bedingungen können sie sich ähnlich wie das Phytoplankton stark vermehren. Im Greifswalder Bodden erreichen sie während der Frühjahrsalgenblüte Werte von bis über 4 Millionen Individuen/m³ (Brenning 1989). Die Rädertierchen (Rotatorien) besitzen neben den Ruderfußkrebsen (Copepoden) die größte Bedeutung beim Zooplankton. In Abhängigkeit von den Temperaturansprüchen und dem Temperaturanstieg im Frühjahr erreichen die *Synchaeta*-Arten ihre Maxima (bis 2 Millionen Individuen/m³) vor den *Keratella*-Arten. Die wichtigste Gruppe des Zooplanktons stellen aber die Ruderfußkrebse (Copepoden) dar und hiervon als bedeutendste Gattungen *Acartia* und *Eurytemora*. Die höchsten Individuendichten mit bis über 700.000 Individuen/m³ werden parallel zur und kurz nach der Frühjahrsentwicklung der Planktonalgen im Mai bis Juni erreicht. Die Dominanz der Arten schwankt von

Jahr zu Jahr, wobei die Ursachen noch nicht geklärt sind. Es deuten sich aber Beziehungen zu den Algenblüten an. Daneben treten im Greifswalder Bodden noch weitere Zooplanktonorganismen wie Blattfußkrebse und Larven verschiedener Muscheln und Schnecken auf. Die Reproduktionsphase beginnt Ende März/Anfang April. Die Biomasse kann im Mai und Juni bis auf das 30-fache ansteigen. Die Biomasseproduktion beträgt dann ca. 10,75 g Feuchtmasse/m^3. Umgerechnet auf den Greifswalder Bodden beläuft sich die Gesamtproduktion von Zooplankton für diesen Zeitraum auf eine Größenordnung von 30.000 Tonnen Frischgewicht (Brenning 1989).

Die pflanzenbestandenen Flächen *(Phytal)* sind die produktivsten Lebensräume der Boddengewässer. Zu den festsitzenden Tierarten zählen Miesmuscheln *(Mytilus edulis)*, Seepokken *(Balanus improvisus)* sowie Moostierchen und Polypen. In stärker belasteten Gebieten können Polypen *(Laomedea flexuosa)* ausgedehnte Überzüge auf den Blättern bilden, da sie von der starken Vermehrung des Planktons profitieren.

In Wohnröhren auf Pflanzen leben verschiedene Flohkrebse (z. B. *Leptocheirus pilosus* und *Corophium lacustre)* und der Borstenwurm *Fabricia sabella.* Charakteristisch für diese unterseeischen Wiesen sind die Ostseegarnele *(Palaemon squilla)*, Planarien und Kugelasseln. Eine Besonderheit stellt der Schmetterling *Acentropus niveus* dar. Diese Zünsler-Art lebt submers im Süß- und Brackwasser. Eine weitere im Brackwasser nachgewiesene Insektenart ist der Blattkäfer *Macroplea mutica,* der ebenfalls seine gesamte Entwicklung unter Wasser an Pflanzen meist in einer Tiefe von 2,5 bis 3 m durchläuft. Für die Besiedlung und den Artenreichtum der Fauna ist insgesamt weniger die Pflanzenartenzusammensetzung als die Bestandsstruktur entscheidend.

Die weitgehend vegetationsfreien Boddenteile mit sandigem Untergrund sind wesentlich artenärmer. Es bestehen Ähnlichkeiten mit der Nordsee (vgl. Abschn. VII.I). In den Boddengewässern treten zudem verstärkt Faunenelemente des Süß- und des Brackwassers auf. Die Arten mariner Ökosysteme erreichen dagegen hier ihre Verbreitungsgrenze. Die Produktivität liegt insgesamt niedriger als im Wattenmeer der Nordsee. Im Greifswalder Bodden z. B. beträgt sie durchschnittlich ca. 86 g Biomasse/m^2 (Geisel & Meßner 1989). In den stärker belasteten Bereichen der Bodden, v. a. in Stadtnähe, wurden bis fast 400 g Biomasse/m^2 ermittelt. Daraus kann beispielsweise für den Greifswalder Bodden auf eine Benthosbiomasse von 45.000 t geschlossen werden (Geisel & Meßner 1989), über 90% davon nehmen die Muscheln ein.

Die Fischfauna wird ebenfalls stark durch den Süßwassereinfluß geprägt. Neben Salz- kommen auch Süßwasserarten vor. Eine wirtschaftlich entscheidende Rolle spielen die nur zeitweise auftretenden Arten, wie Hering oder Hornhecht. Der Hering, als für die Region wichtigste Wirtschaftsfischart, hat in den Boddengewässern seine Hauptlaichplätze im südlichen Ostseeraum (Biester 1989). Für die Fischfauna nehmen die Seegraswiesen eine Schlüsselstellung ein: Seenadeln, Stichlinge und Hechte haben hier ihre wichtigsten Lebensräume innerhalb der Brackwasserbereiche.

Die flachen Boddengewässer üben für viele Wasservögel eine herausragende Funktion als Nahrungs- und Ruheplatz im Ostseeraum aus. Sie liegen in ihrer Bedeutung aber unter denen des Wattenmeeres der Nordsee (Abschn. VIII.I. 3). Im Frühjahr und besonders im Herbst dienen sie als Rastplatz für durchziehende nordische Arten, womit ihnen eine wichtige Brücken- bzw. Trittsteinfunktion für diese wandernden Arten zukommt. Für die auf den

"Vogelinseln" brütenden Populationen stellen die Flachwasserbereiche die wichtigsten Nahrungshabitate dar.

Der Kranichrastplatz südwestlich von Hiddensee ist eine einmalige Erscheinung in ganz Mitteleuropa und stellt die Verbindung zwischen den nordischen Brutgebieten und den spanischen Überwinterungsplätzen dar.

Wale zählen nicht zur aktuellen Fauna der Boddengewässer. Die verschiedenen Arten treten nur als Gäste auf (vgl. Abschn. VII.II) (Schulze 1973). Der Seehund kommt heute im deutschen Teil nur noch in der westlichen Ostsee mit einer Populationsstärke von ca. 250 Tieren vor (Andresen 1988). Anfang dieses Jahrhunderts wurde er an den Küsten Mecklenburg-Vorpommerns ausgerottet. Er nutzte bis dahin die flachen Küstenstreifen und Sandbänke als Wurf- und Ruheplätze. Heute ist er nur seltener Irrgast (Harder & Schulze 1989).

4. Gefährdungsfaktoren

4.1 Eutrophierung

Die anthropogene Beeinflussung der Hydrodynamik ist sehr unterschiedlich zu bewerten, wobei die negativen Auswirkungen durch die Eutrophierung dominieren. Im Greifswalder Bodden haben, auf Grund der relativ breiten Öffnung zur Ostsee, die ortsspezifischen anthropogenen Einflüsse nur eine untergeordnete Bedeutung und können nach Stigge (1989) vernachlässigt werden. Theoretisch wird das Boddenwasser im Jahr achtmal ausgetauscht. Bestimmend für den Wasseraustausch und die Wasserstandsdynamik sind die großräumigen meteorologischen Verhältnisse zwischen Nordwest- und Osteuropa (Stigge 1989).

Für die Darßer Boddenkette wiederum liegen die Verhältnisse anders: Hier wirkt sich der Nährstoffeintrag sehr stark auf die Fischfauna und die Flora aus. Die submerse Vegetation ist in großen Bereichen bereits abgestorben. Die polytrophen Wasserverhältnisse führen zu regelmäßigen und langanhaltenden Algenblüten, welche sich im Sommer zu einer bedrohlichen Situation (Sauerstoffzehrung) für das Ökosystem entwickeln können. Die durch Eutrophierung verursachte Sedimentation übersteigt in einigen Bereichen der Bodden die Aktivitäten geologischer Prozesse. Durch Überlagerung kommt es zu Verlandungen, durch Sauerstoffzehrung zum Veröden ganzer Abschnitte auch innerhalb der Flachwasserbereiche, mit der Konsequenz, daß sie als Lebensraum ausfallen. Durch die dann herrschenden anaeroben Verhältnisse wird zudem der fixierte Phosphor wieder freigesetzt und es kommt zu einer Verstärkung der Eutrophierung.

Die Förderung des Planktons bewirkte zwar bei einigen Fischarten wie Hecht und Zander Bestandszunahmen, da sich deren Nahrungsgrundlage verbessert hat. Demgegenüber steht jedoch der Rückgang einer weitaus größeren Anzahl von Fischen, so daß es durch die Eutrophierung und andere anthropogene Beeinflussungen in der Fischfauna zu wesentlichen Veränderungen in der Artenstruktur kam. Stark zurückgegangen sind vor allem stenöke Formen wie Klippenbarsch, Butterfisch und Kliesche sowie bodenbewohnende Arten (Bremer 1986) (vgl. Tab. 9).

Die Auswirkungen für eine einzelne Art können, wie der Hering zeigt, jedoch auch gegenläufig sein. Wirkte sich der zunehmende Planktonreichtum zunächst positiv auf das Nahrungsangebot des Herings aus, so führte dies trotzdem zum Zusammenbruch der herbstlaichenden Bestände. Grund dafür war der fortschreitende Verlust von Hartböden als obligate Laichplätze durch die eutrophierungsbedingte Ablagerung von Feinmaterialien. Waren die herbstlaichenden Populationen früher noch die dominierende Heringsform, so spielen sie gegenwärtig wirtschaftlich fast keine Rolle mehr.

Für weitere Fischarten verringern sich die Reproduktionsstätten durch den Rückgang des Phytals in den stärker abgeschlossenen Bereichen. Die ehemals artenreichen Seegraswiesen sterben ab und es bilden sich zunehmend lebensfeindliche Sedimente mit hohem Schwefelwasserstoffgehalt (vgl. auch Abschn. VI.II).

Fischarten	um 1860	um 1950	um 1980
Meerneunauge (*Petromyzon marinus*)	⬤	—	—
Flußneunauge (*Petromyzon fluviatilis*)	⬤	•	•
Stör (*Acipenser sturio*)	⬤	—	—
Maifisch (*Alosa alosa*)	⬤	•	—
Finte (*Alosa fallax*)	⬤	—	—
Lachs (*Salmo salar*)	⬤	•	•
Ostseeschnäpel (*Coregonus lavaretus*)	⬤	•	•
Barbe (*Barbus barbus*)	•	—	—
Döbel (*Leuciscus cephalus*)	•	—	—
Zährte (*Vimba vimba*)	•	•	•
Ziege (*Pelecus cultratus*)	•	—	•
Heller Seelachs (*Pollachius pollachius*)	•	—	•
Quappe (*Lota lota*)	⬤	—	•
Makrele (*Scomber scombrus*)	⬤	•	•
Butterfisch (*Pholis gunellus*)	⬤	•	•
Steinpicker (*Agonus cataphractus*)	⬤	—	•
Seehase (*Cyclopterus lumpus*)	⬤	•	•

⬤ häufig   • selten   — fehlt

Tab. 9: Veränderungen in der Fischfauna des Greifswalder Boddens von 1853 - 1980 (aus Subklew 1982)

4.2. Eindeichung und Melioration

Eindeichungen führen zum Verlust von traditionellen Laichplätzen und episodisch überfluteten Flachwasserbereichen. Die Verringerung der Windwattflächen hat ähnliche Auswirkungen wie Eindeichungen an der Nordsee (vgl. Abschn. VII.I. 4). Es kommt zu Zerschneidungen und Isolationseffekten, die sich nachteilig auf die Fauna auswirken. Durch die Melioration angrenzender Flächen erhöht sich der Nährstoffeintrag weiter (Vorflut, bzw. intensivere Nutzung möglich).

Der Rückgang der Meerneunaugen, Lachse und Meerforellen liegt in erster Linie in der Verschmutzung der Flüsse und im Gewässerverbau, also in der Vernichtung der Laichplätze begründet. Die Zunahme der Nachweise beim Meerneunauge in den letzten Jahren ist überwiegend mit darauf zurückzuführen, daß Badegäste im steigenden Maße von

Meerneunaugen angefallen wurden (Leipe & Königstedt 1988), wobei die Ursachen für diese Verhaltensänderung ungeklärt sind.

4.3 Fischerei

Die Auswirkungen der selektiven Entnahme von Fischen wird durch die Gewässerverschmutzung überlagert, so daß Aussagen hierzu nur schwierig zu treffen sind. Beim Hering kam es auf Grund der Übernutzung in den 70er Jahren zu einem Rückgang der Bestände (Biester 1989). Durch das weitgehende Ausfallen des Nordseeherings konzentrierten sich die Fangaktivitäten auf die Ostseepopulationen. Nach der Festlegung von Quoten haben sich die Bestände wieder erholt und das Heringsaufkommen stieg an, wobei es aber zu Verschiebungen innerhalb der Teilpopulationen kam (Biester 1989, vgl. Abschn. 4. 1). Durch Besatzmaßnahmen wurden Arten, wie Regenbogenforelle und Karpfen in die Boddengewässer eingebracht.

4.4 Auswirkungen des Kernkraftwerkes Lubmin

Das gegenwärtig abgeschaltete Kernkraftwerk bei Greifswald stellte vor der Abschaltung, wie andere Reaktoren auch, in seiner Gesamtheit ein Gefahrenpotential für die Umwelt dar. Durch die Verwendung von Boddenwasser für das Kühlsystem war es aber aufs engste mit diesem Ökosystem verbunden. Der Kühlwasserdurchsatz lag bei ca. 320.000 m^3/h (Sellin 1989). Das Wasser wurde um durchschnittlich 10°C erwärmt zurückgeleitet. Dies führte zu einer Erwärmung von Teilen des Boddens. Das Kühlwasser konnte auch in strengen Wintern bis über 1.000 ha durchgehend eisfrei halten (Sellin 1985). Es erfolgte dadurch eine direkte Schädigung verschiedener Organismen. Die Stoffwechselaktivität wurde erhöht. Die Vermehrungsraten verschoben sich und es kam zu Veränderungen in den Nahrungsketten. Durch den erhöhten Stoffumsatz wurde die Sauerstoffbilanz weiter verschlechtert. Dadurch wurden schon im Sediment gebundene Stoffe wieder aktiviert (Phosphor). Die Eutrophierung nahm zu.

Besonders gravierend war die Verwendung des relativ stark eutrophierten Wassers aus dem Peenestrom. Die Entnahme lag bei 80 m^3/s, wobei der mittlere Abfluß des Peenestroms nur bei 60 m^3/s liegt. Es erfolgte damit de facto die Verlegung der Mündung des Peenestroms in den Greifswalder Bodden. Die Nährstoffsituation des Boddens verschlechterte sich weiter. Die Winterbestände der Wasservögel profitierten jedoch von der Herausbildung eines geeigneten Überwinterungsplatzes. Es sei hier auf die Arbeiten von Sellin (1979, 1985, 1989) und Subklew (1991) verwiesen. Eine Wiederinbetriebnahme würde somit erhebliche negative Auswirkungen auf die betroffenen Ökosysteme haben. Durch die Sicherheitszone um das Kernkraftwerk wurden Bereiche landseitig vor Störungen weitgehend abgeschirmt, so daß auch der Seeadler wieder einen alten Horststandort bezog (Klafs 1989).

Weitere Gefährdungsfaktoren sind mit denen der Nordsee und des Wattenmeeres vergleichbar (vgl. Abschn. VI.I u. VII.I)

5. Entwicklungsziele

Die Entwicklungsziele sind mit denen der Ostsee eng verbunden und teilweise identisch. Ähnlichkeiten bestehen weiterhin zur Nordsee. Es wird deshalb auf die Abschnitte VI.II. 5 und VII.I. 5 verwiesen.

6. Schutz, Pflege und Entwicklung

Eine Trennung von der Ostsee erscheint nicht sinnvoll, so daß die Ausführungen in Abschnitt VI.II. 6 (Ostsee) hier gleichermaßen Gültigkeit besitzen.

VIII. Küsten

Küsten als permanente Kampfzonen zwischen Land und Meer sind Ökosysteme, die durch hohe Dynamik und zahlreiche Extreme gekennzeichnet sind. Der Wechsel der Gezeiten mit seinen Folgen, v.a. zeitweilige Überschwemmungen und wechselnde Salinität, meist starke Winde und andererseits wiederum die Abpufferung der Temperaturextreme durch das Meer bedingen eine küstenspezifische Flora und Fauna. Je nach anstehendem Material und der Stärke der erodierenden Kraft des Wassers bilden sich sehr unterschiedliche Küstenformen mit ihren Eigenheiten. Während in Europa am Atlantik im allgemeinen Felsküsten dominieren, sind an den deutschen Küsten weite Bereiche (infolge der glazialen Überformung) Lockergesteins- bzw. Flachküsten. Felsküsten fehlen an der Nordseeküste mit Ausnahme von Helgoland, während an der Ostsee Kreide- und Moränensteilküsten vorkommen.

Die Entstehung junger Inseln durch Anlandung oder Abtrennung vom Festland als Folge von Sturmfluten hat vor der deutschen Nordseeküste zu Inselketten geführt mit ganz eigenen Inselfloren und -faunen. Eine Übersicht über die Vegetation der Inseln geben Dijkema & Wolff (1983) sowie Westhoff & Osten (1991).

Aufgrund ihres oft recht geringen Alters sind bei der faunistischen Besiedlung der ostfriesischen Inseln sehr anschaulich die Gesetzmäßigkeiten der „Biogeographie von Inseln" (vgl. Kap. III.1), speziell hinsichtlich des Faktors Isolation zu dokumentieren: So nehmen Artenzahlen z.B. der Stechimmen und der Anteil der Bodennister bei den Hymenopteren mit zunehmendem Alter der Inseln zu und sind bei Geestkerninseln besonders hoch (Tab. 10).

	Mellum	Borkum	Amrum	Festland
Entstehung:	A	A	F	
vor ca. Jahren	100	400	400	
Abstand vom Festland bzw. anderen Inseln	8 km	9 km	2 km	
Anteil Bodennister (von den solitären Stechimmen)	60%	69,7%	77,2%	66,4%
Artenzahl Stechimmen	44	186	210	425

Entstehung: A Anschwemmung, F Festlandsrest, durch Abtrennung bei Sturmfluten entstanden (Geestkerninseln)

Tab. 10: Artenzahlen und Anteil bodennistender Stechimmen auf verschiedenen Inseln (zusammengestellt nach Haeseler 1976, 1981, 1982)

Bei gleichalten Inseln ist der Abstand zu Besiedlungszentren für den Artenreichtum und die Anteile wandernder bzw. sehr mobiler Insektenarten entscheidend (Tab. 11).

	Memmert	Mellum
Alter in Jahren ca.	100	100
Abstand Festland/ältere Inseln	1 km	7,9 km
Hautflügler, Artenzahl	354	22
% der Festlandsarten	24,6%	6,6%
Zweiflügler	24,9%	42,2%
Schmetterlinge	4,9%	13,6%

Tab. 11: Artenzahl Hautflügler und Anteile mobiler Insektengruppen in Abhängigkeit vom Abstand zum nächstgelegenen Besiedlungszentrum (Alfken 1924 zit. nach Haeseler 1987)

Auf diesen beiden aus inselbiogeographischen Gesichtspunkten besonders interessanten Inseln ist inzwischen der Kolonisationserfolg für zahlreiche Tiergruppen gut untersucht (vgl. Schwerpunktheft: Drosera 1988).

VIII.I Dünenküsten (Dünen und Strände)

1. Charakterisierung

Dünenküsten nehmen in Europa den größten Teil aller Küstenlinien ein (Géhu 1985) und kommen an der deutschen Nord- und Ostseeküste vor, während Schotter- und Geröllstrände mit entsprechenden Steilküsten in Deutschland auf die Insel Helgoland und die Ostseeküste beschränkt bleiben. Aufgrund der geologischen Prozesse der Küstensenkung und des Anstiegs des Nordseewasserspiegels sind die heutigen Dünensysteme als einmalig zu betrachten; sie werden zum überwiegenden Teil erodiert, nur an Ansandungsstellen im Lee der Meeresströmungen (z. B. an den Ostseiten der ostfriesischen Inseln) bilden sich neue Dünen. Die Dünensysteme des nordatlantischen Bereichs unterscheiden sich in ihrer Zonation und Vegetation von denen des baltischen Raumes. Für die Ostsee sind eigene Spülsaumgesellschaften (Cakiletum balticae), eigene Primärdünenvegetation (Honkenyo-Elymetum mit Filziger Pestwurz, *Petasites spurius*) und andere Sandtrockenrasen in den Dünen (Helichrysetum arenariae) bekannt. Desgleichen sind manche Unterarten bei den höheren Pflanzen entweder auf die Ostsee oder die Nordsee beschränkt (Korneck & Sukopp 1988):

	Nordsee	Ostsee
Cakile maritima ssp.	*maritima*	*baltica*
Polygonum oxyspermum ssp.	*raii*	*oxyspermum*

Die wichtigsten Faktoren der Genese von Dünen bilden die Anlandung bzw. Anschwemmung von Sand, landeinwärts gerichtete Winde, die den Sand transportieren, dazu Pflanzen als Stabilisatoren zum Festlegen des Sandes. Damit entstehen neue Dünensysteme insbesondere dort am Festland, wo vorgelagerte Inselketten fehlen oder aber auf den zur offenen See gekehrten Seiten der Inseln (Außenstrand). Die einzelnen Inselgruppen der Nordsee unterscheiden sich in ihrer Genese und ihren abiotischen Bedingungen erheblich. Während die Nordfriesischen Inseln wenigstens Festlandsreste des Holozän und Pleistozän enthalten, sind die Ostfriesischen neuzeitlich zwischen 250-800 n.Chr. durch junge Ansandungen (Kramer 1983) entstanden. Sowohl im Kalkgehalt als auch in der Korngrößenverteilung des für die Dünenbildung zur Verfügung stehenden Sandes bestehen große Unterschiede (nach Heykena 1965): Auf den Ostfriesischen Inseln überwiegen gröbere Sande mit höheren Kalkgehalten und daher auch einer anders verlaufenden Boden- und Vegetationsentwicklung in den Dünensystemen.

Die ostfriesischen Inseln weisen ein recht einheitliches Grundmosaik der Verteilung ihrer Lebensräume auf, welches am Beispiel einer schematisierten Karte von Noderney kurz erläutert werden soll (Abb. 21).

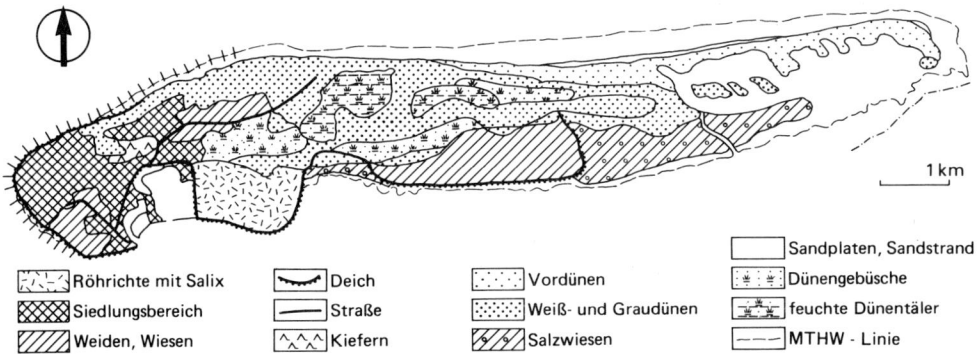

Röhrichte mit Salix	Deich	Vordünen	Sandplaten, Sandstrand
Siedlungsbereich	Straße	Weiß- und Graudünen	Dünengebüsche
Weiden, Wiesen	Kiefern	Salzwiesen	feuchte Dünentäler
			MTHW - Linie

Abb. 21: Landschaftliches Gliederungsschema einer ostfriesischen Insel (Norderney): Die Westspitze ist befestigt durch Siedlungsbereiche, am Ostende befinden sich Sandplaten. Auf der Seeseite bilden sich Dünenkomplexe mit Vor- und Strandhafer-Weißdünen, auf der Landseite Salzgrünland. Im Zentrum der Insel liegen Sekundär- und Tertiärdünen mit Kleingrasrasen, Dünengebüschen und feuchten Dünentälern (nach Dijkema & Wolff 1983, vereinfacht).

In wachsenden Dünensystemen findet sich ein typischer Zonationskomplex, eine Abfolge vom Sandstrand über junge Primärdünen bis zu älteren Tertiärdünen. Die natürlichen biotopprägenden Faktoren, welche die Abfolge der Vegetation und die Verteilung der hier siedelnden Tiere bestimmen, sind:

- Starker Windeinfluß
- Sandzufuhr (mechanische Belastung durch auftreffende Sandkörner, Überwehen und Nährstoffzufuhr)
- Salzgehalt (im Boden, im Bodenwasser und Salzeintrag durch die Luft)
- Kalkgehalt
- Nährstoffgehalt (v.a. Phosphat- und Nitratmangel)
- Grundwassernähe (Verfügbarkeit von Süß- bzw. Brackwasser)
- Gehalt an organischer Substanz, bzw. Grad der Bodenentwicklung

Das Ausgangsmaterial für die Bodenbildung stellen nährstoffarme Quarzsande mit Muschelschill (Kalkgehalt) dar. Seeseitige Dünenhänge sind oft durch organisches Material etwas angereichert (Algen usw.).

Die klimatischen Einflüsse des Meeres (insbesondere Stärke des Windes und Salzeintrag) nehmen in breiten Dünensystemen von der Küste landeinwärts schnell ab, gleichzeitig steigt mit Abklingen der extremen abiotischen Bedingungen und der zunehmenden Bodenentwicklung die Vielfalt der Lebensgemeinschaften und expositionsbedingte Unterschiede auf den Dünenhängen nehmen zu. So werden z. B. die Primärdünen und die Weißdünen i. d. R. nur von ein bis zwei Pflanzengesellschaften besiedelt, während in den Graudünen und Braundünen bereits mindestens fünf Gesellschaften (je nach kleinstandörtlichen Voraussetzungen) nebeneinander vorkommen.

2. Typen

– Sandstrand und Spülsäume
– Vor- oder Primärdünen
– Strandhafer-Weißdünen
– Graudünen mit Kleingrasrasen
– Dünengebüsche
– Dünenheide
– Feuchte und nasse Dünentäler
– Sandplaten
– Wanderdünen

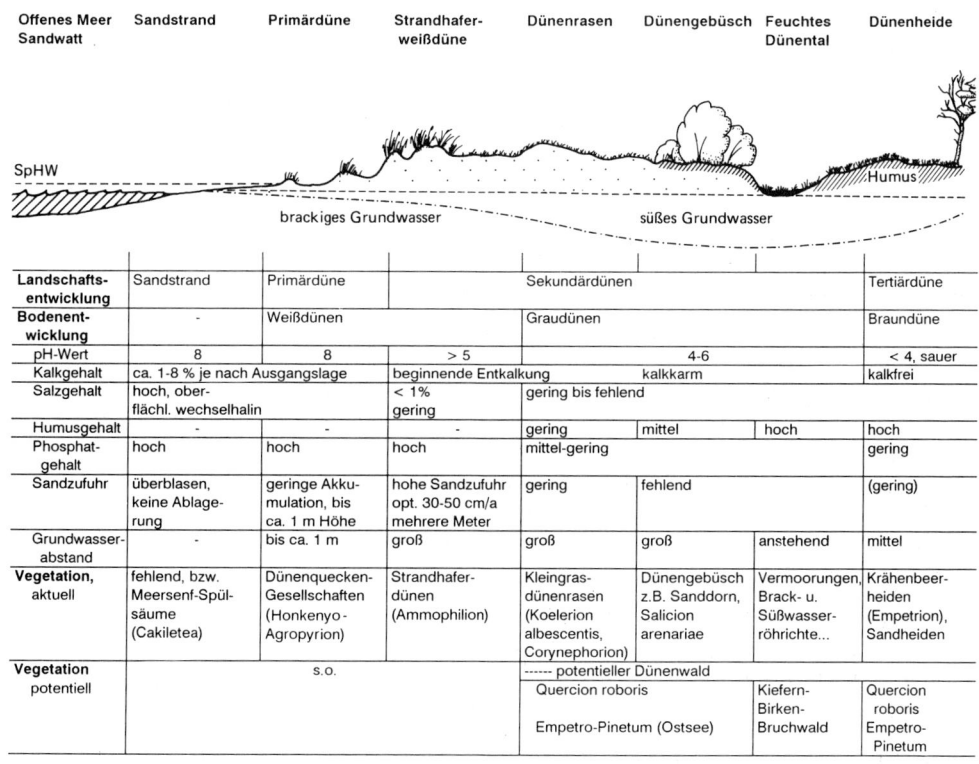

Abb. 22: Übersicht über die Lebensraumabfolge (Zonation) an mitteleuropäischen Dünenküsten

Die einzelnen Biotoptypen werden im folgenden kurz charakterisiert:

2.1 Sandstrand und Spülsäume

An Dünenküsten ist der Sandstrand nahezu vegetationsfrei und setzt sich optisch bei Ebbe nicht vom Sandwatt, als dem regelmäßig überfluteten Sandbereich, ab. Durch die Bewegung der Sandkörner, die Nährstoffarmut des Substrates und den hohen Salzgehalt ist dieser Lebensraum pflanzenfeindlich. Am Strand wird jedoch bei jeder Flut organisches Material angeschwemmt: diese Spülsäume sind ein nährstoffreiches aber ephemeres Substrat, welches v. a. Tieren zur Nahrungssuche dient. Höhergelegene Spülsäume der Hoch- und Springfluten werden bei schwacher Übersandung vom Strandroggen *(Elymus arenarius)* besiedelt und können initiale Stadien der Primärdünenentwicklung sein. Bei stärkerer Übersandung entstehen Meersenf-Spülsäume (Cakiletea maritimae).

2.2 Primärdünen

Die ersten Pioniergräser, die eine Dünenentwicklung einleiten können, müssen den Salzgehalt ertragen, mit der Übersandung schritthalten können und eine Toleranz gegen Sandschliff haben. Im Nordseebereich ist dies hauptsächlich die Dünenquecke *(Agropyrum junceum)*. Vordünen oder Primärdünen erreichen eine Höhe bis ca. 1 m.

Abb. 23: Strandhafer-
Weißdüne
(Foto: J. Blab)

2.3 Strandhafer-Weißdünen

Mit zunehmender Höhe der Primärdünen ist eine Aussüßung möglich und gleichzeitig geht der für die Strandquecke notwendige Grundwasseranschluß verloren. Bei einem Salzgehalt im Boden von unter 1 % kann sich der Strandhafer oder Blaue Helm *(Ammophila arenaria)* ansiedeln (Abb. 23). Er bildet wesentlich dichtere Horste, ist grundwasserunabhängig, verträgt jährliche Aufsandungen von über 50 cm und beschleunigt das Dünenwachstum erheblich (Lux 1964). Der Strandhafer, lokal auch der Gattungsbastard *Ammocalamagrostis baltica*, bildet einen dichten Bewuchs auf den bis über 10 m emporwachsenden Dünenwällen. Während die ersten seeseitigen Hänge artenarm sind, kommen auf der Leeseite weitere charakteristische Pflanzen wie Stranddistel *(Eryngium maritimum)* und Kleinblütige Nachtkerze *(Oenothera ammophila)* hinzu.

2.4 Graudünen mit Kleingrasrasen

Nimmt die Sandzufuhr ab, so kümmert der Strandhafer häufig und wird zunehmend durch andere Gräser, meist Rotschwingel *(Festuca rubra* ssp. *arenaria)* verdrängt. Vegetation und Fauna sind hier wesentlich artenreicher als in den Strandhafer-Dünen. Die Sandtrockenrasen der Dünen können von annuellen Gräsern (Zwerggras, *Aira praecox)* oder ausdauernden Sandpionieren wie der Sandsegge *(Carex arenaria)* geprägt sein oder es entwickeln sich je nach vorhandenem Restkalkgehalt Silbergrasfluren oder Blauschillergrasrasen. Die Silbergrasfluren auf sauren Sandböden der Küste unterscheiden sich von denjenigen der Binnendünen durch küstenspezifische Arten (z. B. Dünen-Veilchen, *Viola canina* var. *dunensis)* und größeren Artenreichtum.

2.5 Dünengebüsche

Aufgrund der Nährstoffarmut, insbesondere der Stickstoffarmut der Sandböden spielen stickstofffixierende Sträucher, wie Sanddorn *(Hippophae rhamnoides)* besonders auf den Ostfriesischen Inseln, und in den atlantischen Dünensystemen Stechginster *(Ulex europaeus)* eine besondere Rolle. Auf den Nordfriesischen Inseln fehlt der Sanddorn in den Graudünen aufgrund des viel geringeren Kalkgehalts im Ausgangsmaterial für die Dünenbildung. Auf südexponierten Dünenhängen, auf noch nicht völlig entkalktem Sand bilden sich vielfach Dünengebüsche mit der Dünenrose *(Rosa pimpinellifolia)* aus, während Kriechweidengebüsche *(Salix arenaria)* eher nordexponierte Dünenhänge besiedeln. Weitere häufige Sträucher in Dünengebüschen sind Schwarzer Holunder *(Sambucus nigra)* als Eutrophierungszeiger vor allem in Siedlungsnähe und die mittlerweile weit verbreitete, aus Nordostasien eingeschleppte und teilweise gezielt angepflanzte Kartoffelrose *(Rosa rugosa)*.

2.6 Dünenheide

Die Krähenbeerheide ist eine primäre Heide der Braundünen an den deutschen Sandküsten. Durch Etagenwuchs mit Rosettenbildung auf der neuen Sandoberfläche erträgt die Krähenbeere *(Empetrum nigrum)* eine gewisse Sandzufuhr (Heykena 1965), während die Besenheide *(Calluna vulgaris)* nur an wind- und damit vor Übersandung weitgehend geschützten Stellen wachsen kann. Wind und Sandzufuhr sind die entscheidenden Faktoren, die eine Entwicklung zum Wald verhindern oder doch stark verlangsamen.

2.7 Feuchte und nasse Dünentäler

Feuchte Dünentäler entstehen durch Sandauswehungen bis auf den kapilaren Grundwassersaum. Hier können sich Vermoorungen oder großflächig Binsen- und je nach Salzgehalt Brack- bis Süßwasserröhrichte ausbilden. Schilf *(Phragmites australis)* ist bedingt salztolerant. Für Brackwasser typisch ist jedoch als Pionier die Graue Seebinse *(Schoenoplectus tabernaemontanus)* und das Meersimsenröhricht (mit *Bolboschoenus maritimus* ssp. *compactus)*. Brackwasserröhrichte sind nicht nur für salzwasserbeeinflußte Dünentäler der Nordseeküste charakteristisch, sondern finden sich großflächig vor allem an der Ostseeküste (vgl. Kap. VII.II).

2.8 Sandplaten

An den Ostseiten der Düneninseln (vgl. Abb. 20) gibt es einen zwischen seeseitigen Dünensystemen und landseitiger Salzrasenzonation vermittelnden Lebenraum, die Flugsandplaten. Nur bei Hochfluten überspült liegen hier große flache Sandplaten, die eine sehr spärliche Vegetation des Flugsandquellers *(Salicornia x decumbens)* tragen, der als einzige Pflanze der ständigen Sandeinwirkung widersteht.

2.9 Wanderdünen

In Sekundär- und Tertiärdünen entstehen natürlicherweise immer wieder Windanrisse, an denen der Sand erneut in Bewegung gesetzt wird, welche aber je nach Größe und Exposition meist schnell von Pflanzen zurückerobert werden. Typisch ist hier z. B. die Sandsegge *(Carex arenaria)* mit ihren meterlangen Ausläufern, die in regelmäßigen Abständen neu bewurzeln. Erst wenn anthropozoogene Zerstörung des Dünengürtels größere Flächen für den Wind anfälliger machen, kann es zu echten Wanderdünen kommen, welche dann wesentlich größere Höhen erreichen, vegetationsfrei sind und sich langsam in Windrichtung weiterbewegen.

3. Fauna

Säugetiere

Bei den Säugetieren hat das Kaninchen seit seiner Einbürgerung auf einem Teil der ostfriesischen Inseln eine lebensraumprägende Wirkung für bestimmte Graudünenbereiche und stellt dort einen Gefährdungsfaktor dar (ausführlich behandelt in folgendem Abschnitt).

Vögel

Brutvögel in Dünen sind u. a. Eiderente, Brandgans und Küstenseeschwalbe. Besonders Zwergseeschwalbe und Seeregenpfeifer brauchen ungestörte Sand- oder Muschelschillflächen zur Brut. Die größte Kolonie des Seeregenpfeifers für Nordwesteuropa (ca. 20 % der Population) besteht in den Vordünen bei St. Peter Böhl im schleswig-holsteinischen Wattenmeer-Nationalpark (Stock & Schulz 1991).

Wirbellose Tiere

Phytophage Insekten sind in Ihrer Verteilung im wesentlichen durch die Vegetation, das Mikroklima und den Salzeinfluß bestimmt. Am Beispiel der Zikaden und Wanzen auf den ostfriesischen Inseln sollen hier einige allgemeine Tendenzen aufgezeigt werden. Die Zahl der Arten und die Artendiversität nimmt von der Primärdüne über die Weißdünen zu den Graudünen zu. Insgesamt sind ca. 120 Wanzen- und fast ebensoviele Zikadenarten von den Inseln bekannt (Norderney 112 Wanzen, 104 Zikadenarten; Niedringhaus & Bröring 1986). Rund

40 % der bodenständigen Wanzen- bzw. Zikadenarten sind mit Repräsentanzen von >90 % als stenotope Arten eines Dünen- bzw. Salzrasentyps einzustufen. Tabelle 12 gibt einige Beispiele für die Lebensraumbindung der stenotopen Wanzen und Zikaden für die Ostfriesischen Inseln. Besonders in den Kriechweidengebüschen leben zahlreiche spezialisierte Vertreter dieser Taxa.

Lebensraum	Wanzen	Zikaden
Strandhafer-Weißdüne	*Trigonotylis elymi*	*Psammotetrix maritimus*
		Psammotetrix sabulicola
Graudünen (Silbergrasfluren)	*Sciocoris cursitans*	*Anoscopus histrionicus*
Kriechweiden-gebüsche	*Monosynamma maritima*	*Sagatus punctifrons*
	Orthotylus marginalis	*Macropsis impura*
	Psallus alni	*Aphrophora costalis*
	Plesiocoris minor	*Cicadula quinquenotata*
	Calocoris fulvomaculatus	*Megamelus notula*
		Kelisia vittipennis
Dünenheide	*Rhopalus parumpunctatus*	
	Orthotylus ericetorum	
Dünental, trocken (Graudüne)	*Lopus decolor*	*Kelisia sabulicola*
	Cymus glandicolor	*Jassargus distinguendus*
	Cymus melanocephalus	*Xanthodelpax stramineus*
		Dikraneura variata
		Acrocephalus punctum
		Muellerianella extrusa
		Athysanus argentarius...
Dünental, feucht salzbeeinflußt	*Teratocoris saundersi*	*Paramesus obtusifrons*
	Agramma laetum	*Kosswigianella exigua*
Salzwiesen	*Orthotylus moncreaffi*	*Eupteryx artemisiae*
	Chiloxanthus pilosus	*Anoscopus limicola*
	Saldula palustris	

Tab. 12: Habitatbindung von Wanzen und Zikaden auf den Ostfriesischen Inseln (zusammengestellt nach Niedringhaus & Bröring 1986, Bröring & Niedringhaus 1989)

Den offenen oder lückig bewachsenen sandigen Böden der Graudünen kommt eine hohe Bedeutung als Nistautotop für bodennistende Hymenopteren zu (vgl. Abschn. VIII.II. 3 Salzwiesen). Auch zahlreiche weitere xerophile Insektenarten sind in Norddeutschland für Dünenheiden und Dünenrasen bezeichnend: z. B. Küsten-Stiftschwebfliege *(Sphaerophoria philanthus)* und Schwarze Heideschwebfliege *(Paragus tibialis)* in den Heiden der Nordfriesischen Inseln (Sylt, Amrum) und die Dreibindige Breithornschwebfliege *(Pelecocera tricincta;* Torp 1984, Röder 1990).

4. Gefährdungsfaktoren

4.1 Faktoren von überwiegend historischer Bedeutung (Beweidung, Holzentnahme, Plaggen)

Beweidung, Holzentname und Plaggen waren durch Übernutzung in früheren Zeiten für die Dünenvegetation sicher die gewichtigsten Gefährdungsfaktoren. Nach Warming (1907) erreichte die Devastierung der Dünen durch Beweidung und Mahd des Strandhafers im 16./17. Jhd. ihren Höhepunkt, z. B. gibt Arends (1824) allein für Borkum 200-300 Schafe an. Mit der Fremdenverkehrsorientierung im 19. und 20. Jhd. ist sowohl die Schaf- und Kleintierhaltung als auch die landwirtschaftliche Nutzung insgesamt auf den Ostfriesischen Inseln zum Erliegen gekommen.

Aktuell wichtige Gefährdungsfaktoren

4.2 Küstenschutzbauten

Die natürliche Dynamik der Anlandung bzw. Abtragung und damit der Wanderung der Küsteninseln ist mit dem Buhnenschutz und den Dünenschutzwerken an den Westspitzen der Ostfriesischen Inseln stark verändert worden: Norderney erhielt schon 1857-1861 eine Befestigung der Westspitze, Baltrum 1873 und Spiekeroog 1879. Bis 1975 waren 15472 m Deckwerke und 89 Buhnen (Leck 1975) allein auf den Ostfriesischen Inseln verbaut. Dies hatte eine Veränderung der Inselform mit großen neuen Dünen und Sandflächen im Osten zur Folge, Dijkema & Wolff (1983) sprechen von einem "modernen Inseltyp".

4.3 Hafenanlagen, Siedlung, Industrie etc.

4.4 Verschmutzung (Öl, Abfälle, atmosphärischer Eintrag, vgl. Abschn. VII.I.4 Wattenmeer).

Hier soll nur auf einen Teilaspekt näher eingegangen werden: rund 15 % des jährlich anfallenden Schiffsmülls von insgesamt 20 000 t wird an den Stränden angespült und bildet stellenweise "Spülsäume" aus Plastik, leeren Flaschen und Tauwerk. Den größten Gewichtsanteil von ca. 75% des angeschwemmten Strandgutes nehmen unverrottbare Plastikabfälle ein (Erhebungen auf Helgoland: Landesamt für den Nationalpark Schleswig-Holsteinisches Wattenmeer 1988).

4.5 Tourismus (Tritt, Störungen)

– Zerstörung der Dünenvegetation durch Tritt

– Verminderung der Besiedlungsdichte von Krebsen, Käfern und Zweiflüglern in Spülsäumen und im Strandanwurf infolge Trittbelastung (Sioli 1992)

– Bodenverdichtungen durch Strandwanderungen

– Eine sehr wesentliche Gefährdung für zahlreiche Brutvögel bilden die Störungen durch Fremdenverkehr: allein 2 Mio Urlauber und 1,5 Mio Tagesgäste bevölkern im Sommer die Küsten von Schleswig-Holstein mit einem Jahresumsatz von ca. 1 Milliarde DM (Landesamt für den Nationalpark Schleswig-Holsteinisches Wattenmeer 1988). Damit verbunden sind entsprechende Übernachtungskapazitäten und Freizeitzentren und -anlagen (Golfplätze ...).

Exemplarisch sei hier der Seeregenpfeifer als einer der am stärksten bedrohten Brutvö-

gel des Wattenmeeres genannt. Sein Bruterfolg ist in hohem Maß von der Störungsfreiheit abhängig (Abb. 24).

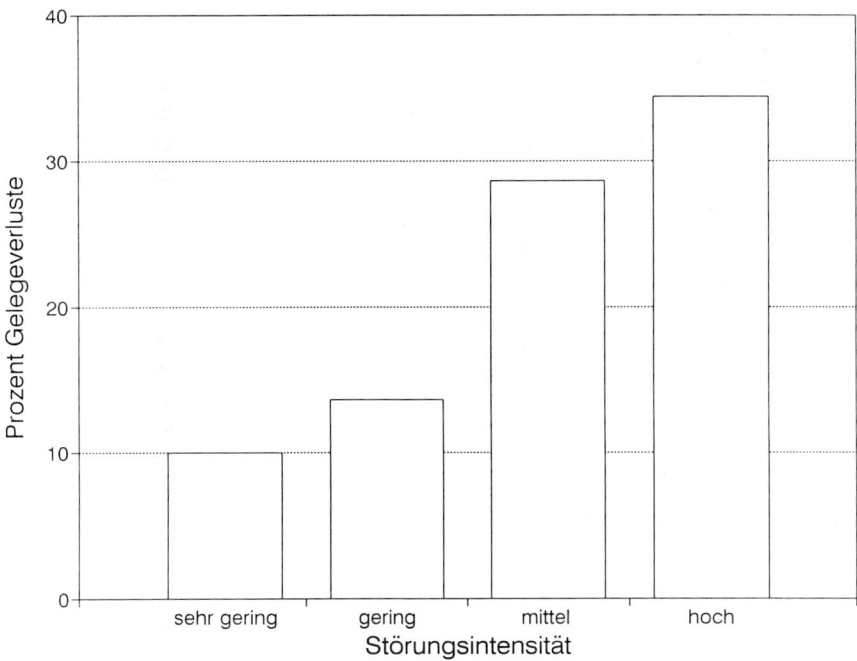

Abb. 24: Bruterfolg des Seeregenpfeifers in Abhängigkeit von Störungen (nach Schulz & Stock 1991)

4.6 Jagd

4.7 Einbringen von gebietsfremden Arten (z. B. Dünengebüsche aus *Rosa rugosa,* als Folge von Dünenaufforstungen ...)

4.8 Einschleppung von Kaninchen

Kaninchenbeweidung stellt gerade auf den Nordseeinseln seit der Einbürgerung dieser
Tiere im 16. und 17. Jhd. einen biotopprägenden Faktor dar. Das Fehlen von Freßfeinden
und die leichten Sandböden bieten ideale Entwicklungsbedingungen für Kaninchen, die
nur durch die Myxomatose bis zum Auftreten von Resistenzen zeitweise gebremst waren. Auf den ostfriesischen Inseln Borkum, Juist, Noderney und Baltrum gibt es Kaninchen, während die übrigen ostfriesischen Inseln heute kaninchenfrei sind. Beim Vergleich der Dünenvegetation dieser Inseln (Kiffe 1989) zeigte sich, daß durch Kaninchenbeweidung und -grabaktivität die typische blumenbunte Ausbildung des Straußgras-
Dünenrasens (Agrostio-Poetum), eines natürlichen Kleingrasrasens, völlig zurückgedrängt wird (Abb. 25). Durch die Kaninchen verschwinden insbesondere Kräuter wie
Berg-Sandrapunzel *(Jasione montana)* und Hornklee *(Lotus corniculatus).* Dafür nehmen konkurrenzschwache Kryptogamen und niedrigwüchsige Kräuter, stickstoffliebe-
de Arten, Eutophierungszeiger wie Gewöhnliches Greiskraut *(Senecio vulgaris),* Brenn-
nessel *(Urtica dioica)* und Kratzbeere *(Rubus caesius)* zu. Auch die Silbergrasrasen wer-

97

den unter dem Einfluß von Kaninchenfraß blumenärmer und die flechtenreichen Altersstadien (Cladina) fehlen.

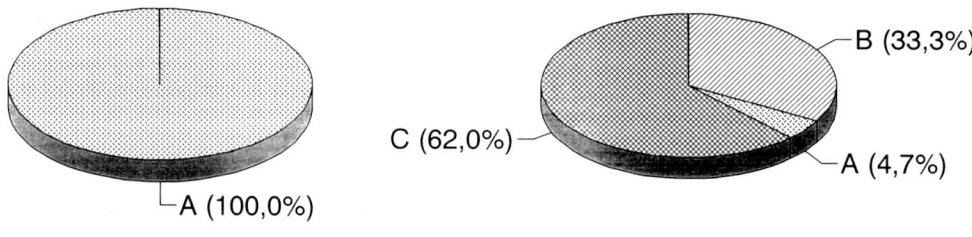

Abb. 25: Einfluß der Kaninchenbeweidung auf den Straußgras-Dünenrasen der Ostfriesischen Inseln; A: typische blumenreiche Ausbildung (natürliche Straußgras-Dünenrasen), B: intermediäre Ausbildung mit geringem Kanincheneinfluß, C: blumenarme Ausbildung, durch Kaninchenfraß entstanden (nach Kiffe 1989, veränd.)

4.8 Trinkwasser- bzw. Wasserentnahme (Trockenfallen feuchter Dünentäler)

4.9 Zerstörung durch Aufforstung

5. Entwicklungsziele

5.1 Erhalt und Förderung von Dünen als natürlichem Küstenschutz

5.2 Vermeidung von technischen Küstenschutzbauten

5.3 Reduzierung von Nährstoffeinträgen

5.3 Reduzierung von Schadstoffeinträgen (atmogen und durch das Meerwasser, d. h. Erhalt und Förderung der natürlichen Reinigungswirkung der Salzwiesen für das Meerwasser)

5.4 Besucherlenkungskonzepte sind dringend erforderlich, bzw. müssen im Rahmen der Nationalparkverwaltung konsequent verfolgt werden.

6. Schutz, Pflege und Entwicklung

6.1 Lebendbau in Dünensystemen

Der Schutz der natürlichen Dünensysteme muß ein zentrales Anliegen des Küstenschutzes überhaupt sein. Dem Dünenschutz ist eine eigene Zeitschrift "Eurodunes" gewidmet, seine Bedeutung für den Küstenschutz und insbesondere die Rolle des Lebendbaus in der Ingenieurbiologie sind schon früh erkannt worden und z. B. in den grundlegenden Untersuchungen von Lux (1964) niedergelegt. Dünenbefestigung sollte nur durch autochthones Pflanzenmaterial erfolgen, auf die Einführung von Exoten ist zu verzichten. Vorraussetzungen für Dünenbefestigung mit Strandhafer *(Ammophila arenaria)* sind ein Salzgehalt der Bodenlösung < 1 %, Sandzufuhr und pH-Werte über ca. 5,5. Für aerodynamisch günstige Lage, d.h. ausreichende Sandzufuhr, muß gesorgt werden,

z. B. durch Lee-Luv-Pflanzverfahren, d. h. der Leefuß der Düne wird in Reihen dicht bepflanzt, der Leehang in lockeren Reihen in Windrichtung. Eine initiale Stickstoffdüngung ist förderlich aber nicht unbedingt notwendig. Bei größeren Windanrissen in Tertiärdünen oder Binnendünen, z. B. infolge massiver Trittschäden, eignet sich bei geringer Sandzufuhr (< 10 cm/Jahr) und niedrigen pH-Werten das Silbergras für den Lebendbau. Zur Primärpflanzung vor der Aussaat empfiehlt sich *Ammocalamagrostis baltica* (Lux 1964).

6.2 Neuaufforstungen in Dünensystemen sollten unterbleiben.

6.3 Neue Hotelbauten und touristische Anlagen (z. B. Golfplätze) dürfen nicht mehr in Dünen errichtet werden und der Rückbau bestehender Anlagen ist anzustreben.

6.4 Es müssen große störungsfreie Zonen ohne Fremdenverkehrsbetrieb erhalten bzw. geschaffen werden mit der Einrichtung von mindestens zeitweilig (Brutsaison: April-Juli) für Touristen gesperrten Dünen- und Strandbereichen, welche störungsempfindlichen Brutvögeln wie Zwergseeschwalbe, Brandgans und Seeregenpfeifer eine Überlebenschance geben (Schulz & Stock 1991).

6.5 In Schutzgebieten müssen verkehrsberuhigte Küstenabschnitte ohne Flug- oder Schiffsverkehr eingerichtet werden.

6.6 Militärische Übungen sollten künftig nicht mehr in Dünensystemen oder direkt an der Küste durchgeführt werden.

VIII.II Schlamm- und Schlickküsten

1. Charakterisierung

Bei den Schlamm- und Schlickküsten (Marschküsten) wird das Salzgrünland einschließlich der Wattflächen mit Vegetation höherer Pflanzen behandelt. Auch hier läßt sich eine sehr charakteristische Abfolge der einzelnen Lebensräume erkennen (Abb 26).

Das Quellerwatt bildet den Beginn der verstärkten Anlandung, selbst wenn einzelne Quellerpflanzen noch auskolkende Wirkung haben können. Die Pioniervegetation des Salzgrünlandes, die Quellerbestände, werden schon kurz oberhalb der Mittelhochwasserlinie durch den Andelrasen ersetzt. Mit zunehmend selteneren Überflutungen und beginnender Aussüßung des Bodens wachsen dann Binsen-Rotschwingelwiesen (Juncetum gerardii), ab ca. 30-40 cm über MTHW auch Strandwermut- (Artemisietum maritimae) und Rotschwingel-reiches Salzgrünland, bis schließlich Hochflutspülsäume (heute meist am Dammfuß) die von der Dynamik des Meeres unmittelbar geprägte Zonation des Außendeichslandes begrenzen. In kleinen Schluten und ehemaligen Wattrinnen gedeihen Brackwasserröhrichte, flache Erhebungen sind durch Algenspülsäume sowie eine besondere Vegetation wechselhaliner Mastkrautgesellschaften gekennzeichnet.

	Watt	Andelzone	Untere Rotschwingelzone	Obere Rotschwingelzone	Hochflutspülsäume/ Brackwasserröhrichte	Deich (Geest)	Polder Koog
Vegetation	Quellerwatt: Salicornietum strictae/ramosissimae Blaualgen Kieselalgen Schlickgrasbestände	Andelrasen Puccinellion und Spülsäume	Rotschwingelrasen Asteretea tripolii Salzbinsenrasen	z.B. Strandwermutgestrüpp Juncetum maritimae	Saginetum maritimae *Agroyrum pygnantum* Bolboschoenetea maritimae	Weidelgras-Ansaat	ausgesüßte Weidelgrasweide
Höhe ü.NN	-40 bis 0 cm MTHW	ca. 0 bis +30 cm	ab ca. + 30 cm				
Überflutungen	regelmäßig	nur bei Hochfluten	selten überflutet		Grenze der winterlichen Sturmfluten		keine Überflutungen
Boden	Schlick anaerob, H$_2$S	anaerob im Unterboden		besser durchlüftet			
Salzgehalt	2-3.5 %	geringe Aussüßung wechselhalin		beginnende Aussüßung			weitgehend ausgesüßt

Abb. 26: Schematische Übersicht über Marschküsten der Nordsee

2. Typen

- Quellerwatt
- Schlickgrasbestände
- Andelrasen
- Höher gelegene Salzrasen (Bottenbinsen-Rotschwingelrasen ...)
- Brack- und Salzwasserröhrichte sowie -sümpfe
- Salzgrünland der Ostsee
- Brackwasserröhrichte der Ostsee

2.1 Quellerwatt

Das Quellerwatt liegt noch im Bereich regelmäßiger Überflutungen im Eulitoral zwischen -40-0 cm unter MTHW. Der Queller *(Salicornia europaea* agg.) ist die dominante Art, eine der wenigen halophilen Arten der Salzwiesen, d. h. er ist nicht nur tolerant gegenüber einem weiten Bereich von Salzkonzentrationen in der Bodenlösung (0,2-14%; König, zit. n. Wilmanns 1989), sondern seine Keimung und Wurzelbildung wird durch Salzlösungen gefördert. Der Queller ist der erste wichtige Schlickfänger, dazwischen wachsen Blau- und Kieselalgen.

2.2 Schlickgrasbestände

Das Schlickgras *(Spartina towsendii* agg.) ein Bastard mit der um 1800 aus Nordamerika eingeschleppten Art *Spartina alterniflora,* wurde an deutschen Küsten früher in der Hoffnung auf eine schnellere Anlandung angepflanzt. Es besiedelt das Eulitoral und verdrängt dort den Queller, reicht aber auch in das Supralitoral hinein und verdrängt hier den Andel (Wilmanns 1989). Schlickgrasbestände haben keine geschlossene Grasnarbe (ungeeignet für Deichbau) und die langen Ausläufer der Pflanzen führen zum Verfilzen der Grüppen (Entwässerungsgräben).

2.3 Andelrasen

Die Andelrasen schließen an der Nordsee mit scharfer Grenze an das Quellerwatt an. Das Andelgras bildet ein artenarmes geschlossenes Salzgrasland oberhalb der MTHW-Linie bis etwas über die Springtidenhochwasserlinie. Weitere typische Salzrasenpflanzen dieser Zone sind Salz-Dreizack *(Triglochin maritimum),* Sode *(Suada maritima)* und Strand-Salzmelde *(Halimione portulacoides).* Für die klare Zonierung der Salzrasen sind die Überflutungshäufigkeit und die daraus resultierenden starken Schwankungen im Salz- und Wassergehalt des Bodens verantwortlich. Die Böden der Andelrasen sind vergleyt und oft schon in wenigen Zentimetern Tiefe durch Reduktion schwarz gefärbt. Die meisten Salzrasen der Nordsee sind beweidet, d. h. in ihrer heutigen Ausbildung anthropo-zoogenen Ursprungs. Natürliche Andelrasen sind aufgrund der hohen zeitlichen und räumlichen Dynamik keine "ortsfesten" Lebensräume, sondern wandern mit zunehmender Sedimentation meerwärts, auf der Landseite tritt Sukzession zu den Binsen-Rotschwingelrasen auf.

2.4 Höher gelegene Salzrasen (Binsen-Rotschwingelrasen u. a.)

Ab ca. 25-30 cm Erhöhung über MTHW kann die Bottenbinse *(Juncus geradii)* dichte dunkelgrüne Bänder zusammen mit der Grasnelke *(Armeria maritima)* bilden. Der Boden ist hier schon besser durchlüftet und eine beginnende Aussüßung feststellbar. In den höher gelegenen Bereichen kommen Rotschwingel *(Festuca rubra* ssp. *littoralis)* und die ersten salzmeidenden Pflanzenarten hinzu. An stärker sandigen Stellen bilden Strandwermut *(Artemisia maritima)* und Strandflieder *(Limonium vulgare)* ausgedehnte Bestände.

Hochflutspülsäume, Brack- sowie Salzwasserröhrichte und -sümpfe werden hier nicht dargestellt (vgl. dazu Abschn. VIII.I.2.7). Schilf wächst in den Inselsalzwiesen der Nordsee unterhalb von +40 cm MTHW nur noch kümmerlich (Grell 1992), während es an der Ostsee bis in 20 cm Wassertiefe vordringen kann.

2.5 Salzgrünland der Ostsee

Das Salzgrünland, im nachfolgenden als Salzweiden bezeichnet, tritt großflächiger nur im Überflutungsbereich an den Küsten der Bodden auf. Natürliche Salzrasen kommen dort nur kleinflächig im Bereich junger Flachküstenabschnitte als kurzlebige Pionierstadien vor. Nur vor stabilisierten Kliffküsten mit ausreichend breitem Strand, z. B. vor Jasmund, tritt Salzgrasland natürlicherweise auf (Jeschke 1989). Es wird in der Regel nicht wirtschaftlich genutzt (Abb. 27).

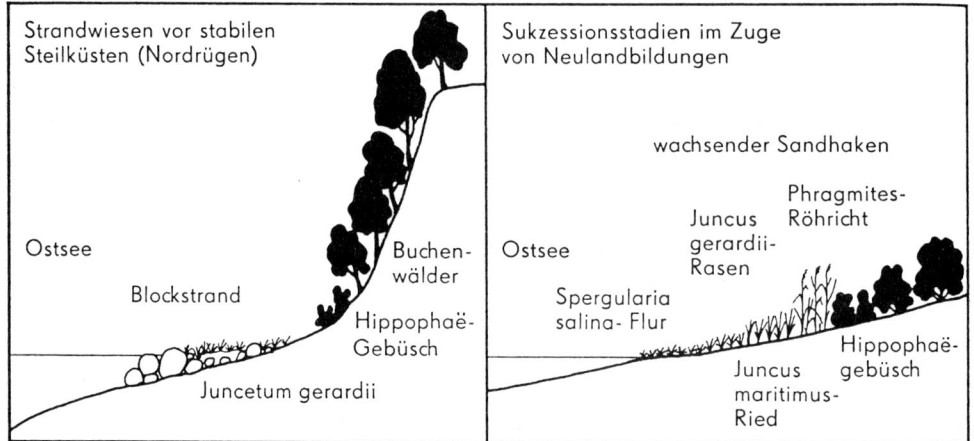

Abb. 27: Natürliche Salzrasen an der deutschen Ostseeküste (aus Wegener 1991)

Die Voraussetzung für das Entstehen von anthropo-zoogenen Salzweiden ist neben der Überflutung mit Brackwasser die Beweidung durch Rinder oder Schafe. Sie sind nicht, wie vielfach angenommen wird, eine natürliche Biozönose. Durch die jahrhundertelange Beweidung und episodische Überflutungen kam es zur Bildung von Salztorfen. Diese Torflager werden nach Succow (1988) als Küstenüberflutungsmoore bezeichnet. Für die Stabilität der Standorte ist das ungehinderte Ablaufen der anfallenden Wässer von entscheidender Bedeutung. Es entstand ein System von Prielen. Röten (flache Senken aus denen das Wasser nicht ablaufen kann) entstehen, wenn das System der Priele den Wasserabfluß nicht mehr richtig gewährleisten kann. Durch längeren Wassereinfluß in diesen Senken werden hier die Torflager aufgelöst und es entstehen flache Tümpel, die Kolke genannt werden. Diese reichen in der Regel bis zum mineralischen Untergrund. Durch den Tritt der Rinder entstehen Mikrokliffs an den Rändern dieser Kolke (Abb. 28).

Die Genese und Struktur ist ausführlich bei Jeschke (1989) und Succow (1988) dargestellt.

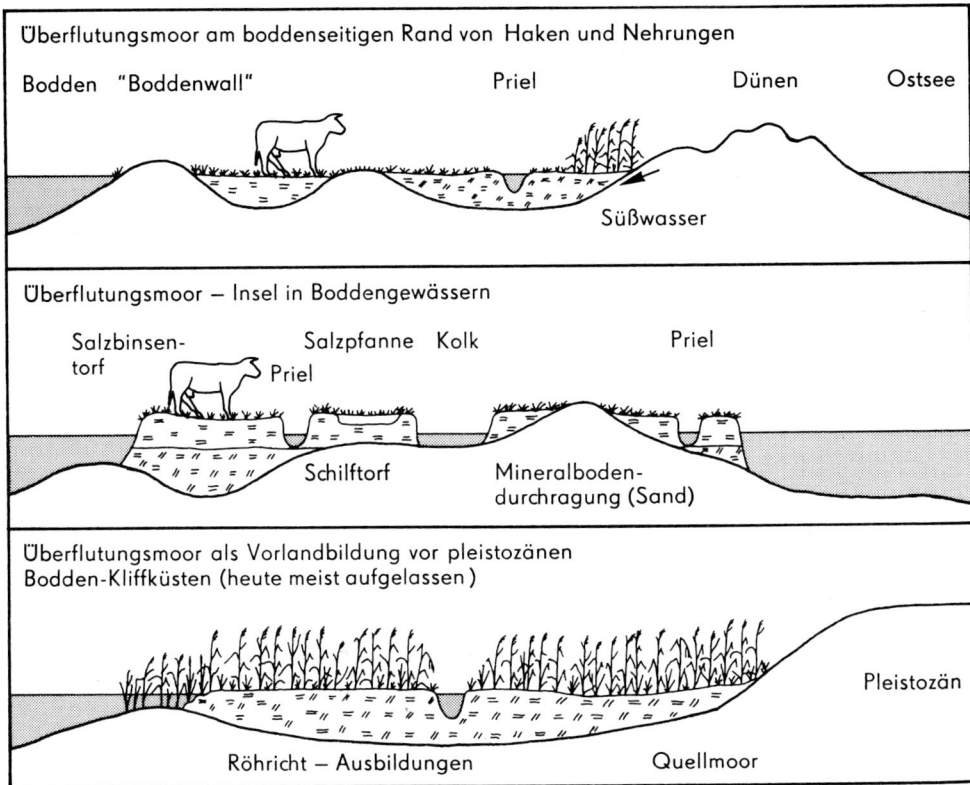

Abb. 28: Anthropozoogene Salzweiden der Ostseeküste (nach Jeschke in Wegener 1991)

2.6 Brackwasserröhrichte der Ostsee

An den südlichen Küstenabschnitten der Ostsee, besonders in den Bodden, kommen
natürlicherweise Brackwasserröhrichte vor. Diese Röhrichte unterscheiden sich wesentlich von Süßwasserröhrichten. Bestandsbildende Arten sind Schilf *(Phragmites australis)*, Meerbinse *(Bolboschoenus maritimus)* und Graue Seebinse *(Schoenoplectus taber-
naemontani)*. Die Röhrichtgürtel an ruhigen Küstenabschnitten können bis zu 100 m
Breite erreichen. Für die seeseitige Begrenzung scheint weniger der Salzgehalt als vielmehr die hydrodynamische Belastung (Wellengang) ausschlaggebend zu sein (Krisch
1989). Normalerweise wachsen Röhrichte im Verlandungsbereich von Gewässern. An
den Boddenküsten tritt keine Verlandung in den Röhrichten in Erscheinung. Das Vorkommen von Schilfröhrichten ist in den meisten Fällen an das Auftreten von alten Torf-
bänken gebunden. Den Schilfbeständen können seeseitig, schon im freien Wasser, noch
Simsenröhrichte vorgelagert sein und diese stehen in der Regel auf mineralischem Untergrund. Simsenhalme sind im Vergleich zum Schilf elastischer und widerstehen besser

dem Wellenschlag. Die Biomasseproduktion hängt beim Schilfröhricht vom Halmgewicht und beim Simsenröhricht von der Bestandsdichte ab (Krisch 1989).

Im Bereich der Simsenröhrichte findet durch die Wasserberuhigung eine Sedimentation von Schwebstoffen statt. Hier gelangen auch eine Vielzahl von organischen Materialien zur Ablagerung. Durch die Wurzeln der lebenden Pflanzen begünstigt, ist die Mineralisierung von organischer Substanz besonders hoch. Für die Selbstreinigung der Gewässer sind die Röhrichte von großer Bedeutung. Die freigesetzten Nährstoffe werden über das Röhricht gebunden und somit dem Wasserkörper entzogen. Starken Einfluß auf die Röhrichte haben Brandung und Eisgang, so daß es jahrweise zu starken Veränderungen in der Biomasseproduktion kommen kann.

3. Fauna

Trotz der vergleichweise geringen Flächenausdehnung von nur ca. 20 000 ha Salzwiesen im nordwesteuropäischen Wattenmeer kommen in den Salzwiesen i. w. S. rund 1650 Tierarten über 1 mm Körpergröße (Makrofauna) vor, davon 1500 Wirbellose. Von diesen Wirbellosen leben ca. 500-600 Arten in der Queller- und Andelzone. Rund 800 Tierarten der Salzwiesen sind stenotop auf diesen Lebensraum beschränkt (Heydemann 1983, Irmler & Heydemann 1986). Die Verteilung auf die einzelnen trophischen Gruppen zeigt Abbildung 29.

von insgesamt 1650 Arten sind:

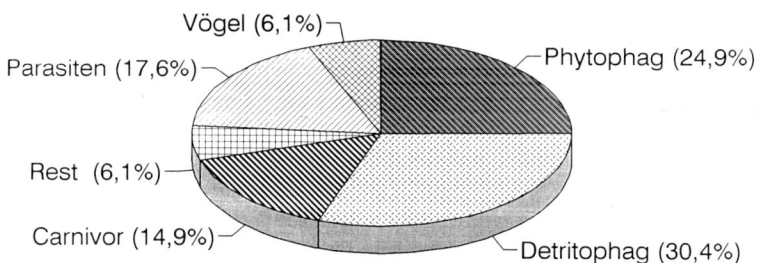

Abb. 29: Trophische Gruppen der Salzwiesen-Makrofauna (nach Irmler & Heydemann 1986)

Interessant sind die hohen Individuendichten der Makro-Fauna in den Salzwiesen mit 20.000-60.000 Ind./m^2 auf der Bodenoberfläche und weiteren 2000-5000 Ind./m^2 in der Vegetationsschicht. Das Inventar der Salzwiesenfauna unterscheidet sich erheblich im Vergleich zum übrigen Grünland durch das Fehlen vieler Gruppen (keine Regenwürmer, Weberknechte, Hundert- und Tausendfüßler u. a. m.) und ist durch eigene, nur im Salzgrünland vorkommende Gruppen, z. B. Borstenwürmer (Polychaeta), amphibische Vorder- u. Hinterkiemenschnecken *(Assiminea grayana, Alderia modesta)* und Flohkrebse der Familie Talitridae gekennzeichnet (Heydemann 1983).

Das Leben von Wirbellosen im Salzgrünland setzt spezifische Anpassungen an die Faktoren hoher Salzgehalt (durch aktive Salzausscheidung, Ernährung von salzarmen Pflanzenteilen oder Trinken von Tau-/Regenwasser), starke Winde (Flügelreduktion, Blütenbesuch durch Krabbeln von Blüte zu Blüte u. a. m.) und Überflutung (endophag in Pflanzen oder endogäisch im Boden, jahreszeitliche Wanderungen u. a.) voraus.

Schließlich zeigen zahlreiche wärmeliebende Insektenarten in Norddeutschland aufgrund der Klimagunst eine mehr oder weniger enge Bindung an die Küste, während sie in Süddeutschland geeignete Lebensräume fernab der Küste bewohnen und allgemein verbreitet sein können. Insbesondere gilt dies einerseits für Insekten von Trockenbiotopen (Dünenheiden, -rasen), z. B. für die Schwarze Heideschwebfliege *(Paragus tibialis)* und die Rote Zwiebelmondschwebfliege *(Eumerus sabulonum)*, andererseits für halotolerante Arten des Feuchtgrünlandes oder semiterrestrischer Biotope, z. B. die Schwarze Augenpunktschwebfliege *(Eristalinus aeneus)*.

Auch manche an der Küste auf Salzwiesen beschränkte phytophage Blatt- und Rüsselkäferarten kommen z. T. im Binnenland in Feuchtbiotopen *(Chrysomela staphylea, Cassida vittata)* oder Trockenbiotopen *(Phyllobius virideaeris, Polydrusus atomarius;* Tischler, T. 1985) vor.

Endemiten

Unter den höheren Pflanzen gibt es in der Bundesrepublik drei bezeichnende Endemiten im Küstenraum: Wibels Schmiele *(Deschampsia wibeliana:* Elbe, Eider und Weserästuare) und Schierlings-Wasserfenchel *(Oenanthe conioides:* Elbmündung), beide auf die von Gezeiten beeinflußten Bereich der Unterläufe bzw. Ästuare der großen Flüsse beschränkt (Korneck & Sukopp 1988) sowie *Rhinanthus halophilus* an der mecklenburgischen Küste (Rauschert et al. 1978). Bei fluginaktiven/flügellosen Käfern ist eine Tendenz zum Endemismus erkennbar, z. B. für den Hallig-Fliederrüßler *(Otiorhynchus ligneus* ssp. *frisius)* und den Rüsselkäfer *Mecinus collaris* (Tischler, T. 1985).

Wirbeltiere

Die relativ artenarmen Röhrichte der Ostsee stellen einen spezifischen Lebensraum an der Kampfzone zwischen Land und Wasser dar. Sie sind ein wichtiger Laichplatz für Fische und Lebensraum für viele Wasservögel und röhrichtbewohnende Singvögel. Es bestehen große Ähnlichkeiten zu den Röhrichten an Binnengewässern, deshalb sei hier auf die entsprechenden Ausführungen in Kapitel XIV verwiesen.

Die Salzwiesen der Nord- und Ostsee haben folgende wesentliche Funktionen für Vögel:

- Hochwasserrastplatz

- Mauser und Brutplatz: Brutvogelarten der Salzwiesen sind z. B. Kampfläufer, Säbelschnäbler, Rotschenkel und Alpen-Strandläufer

- Nahrungshabitat: Eine besondere Bedeutung kommt ihnen ganz speziell für zwei Vogelarten zu, die Nonnengans und die Ringelgans, welche die Vegetation der Salzwiesen abweiden. Nach Heydemann (1983) braucht eine Gans im März/April mindestens 10-15 m^2 Salzgrünland pro Tag zum Abweiden, das sind rund 300-450 m^2 für eine Gans im Monat.

Wirbellose

Blütenbesucher
Obwohl unbeweidetes oder extensiv beweidetes Salzgrünland sehr blütenreich ist, ist die Zahl der Blütenbesucher relativ gering. Dies hat folgende Gründe: die periodischen oder unregelmäßigen Überschwemmungen machen die Nahrungsressourcen nur zeitweilig verfügbar. Ständiger, mehr oder weniger starker Wind bedeutet für fliegende Insekten eine hohe Verdriftungsgefahr aufs offene Meer, und schließlich fehlen für Bodennister geeignete sichere Nistmöglichkeiten in unmittelbarer Nähe des Blütenangebots (tonige Böden, Überflu-

Abb. 30: Die Rüsselkäferart *Otiorhynchus frisius* ist indigen in den Salzwiesen der Nordseeküste und lebt dort monophag am Strandwegerich *(Plantago maritima)* bzw. Schlitzblättrigen Wegerich *(Plantago coronopus).*
(Foto: T. Tischler)

tung). Salzrasen zählen daher zu den Grünlandgesellschaften mit dem höchsten Anteil anemophiler Pflanzenarten (ca. 60 %, Schwabe & Kratochwil 1984). Unter den genannten Bedingungen treten als Blütenbesucher v.a. Hummeln *(Bombus),* welche bis zu Windstärken von ca. 6 Beaufort (Teräs 1976) fliegen können, wandernde Schmetterlinge, z. B. Gammaeule *(Autrographa gamma),* Distelfalter *(Vanessa cardui),* Admiral *(Vanessa atalanta)* und Schwebfliegen, z. B. Große Bienenschwebfliege *(Eristalis tenax)* und Gemeine Parkschwebfliege *(Episyrphus balteatus)* an dem zeitweilig hohen Blütenangebot der entomophilen Arten Strandflieder *(Limonium vulgare),* Strandaster *(Aster tripolium)* und Zahntrost *(Odontites litoralis)* auf.

Unter den Bienen finden sich viele allgemein verbreitete Arten wie z.B. die Erdhummel *(Bombus terrestris),* es gibt aber auch Arten, die weitgehend auf die Küste beschränkt sind (Mooshummel *Bombus muscorum:* Alfken 1912, Pekkarinen et al. 1981). Unter den spezialisierten Blütenbesuchern ist die Seidenbiene *(Colletes halophilus)* an Strandaster *(Aster tripolium)* zu nennen, welche in Deutschland nur an der Küste vorkommt. Die Nester der Art werden in Dünen angelegt, die auch im Winter gelegentlich überflutet sein dürfen, der Blütenbesuch findet in den Salzmarschen statt (Haeseler 1978). Diese Trennung von Nahrungserwerb und Nistplatz ist auch für andere Arten kennzeichnend und beschränkt die Zahl der möglichen Blütenbesucher auf Arten mit ausreichendem Flugradius (vom Nest aus), bzw. auf Arten, die durch teilweise Überflutungsresistenz der verschlossenen Nester bei den winterlichen Sturmfluten bis nahe an die Salzwiesen vorrücken können. Beispielsweise baut die Furchenbienenart *Lasioglossum leucozonium* ihre Nester auf Borkum bevorzugt an lückigen

106

Stellen im Sagino-Cochlearietum (Schwabe & Kratochwil 1984), einer "Hochflutmarkenge-sellschaft", d. h. den ersten erhöhten Stellen, die gerade nicht mehr regelmäßig überflutet werden, während der Blütenbesuch an Strandflieder am Rande von Grüppenbeeten und in Salzrasen erfolgt.

Algenfresser

Im Supralitoral, d. h. dem von Hochfluten überspültem Bereich der Salzwiesen, siedeln Mollusken, welche die Algen- und Diatomeenrasen des Bodens abweiden. Vertreter sind das Mäuseöhrchen *(Ovatella myosotis)* oder *Assiminea grayana*, die auch auf den schlammigen Ufern der brackwasserbeeinflußten Ästuare von Weser und Elbe vorkommt (Frömming 1956, Kerney et al. 1983). Offene vegetationsarme feuchte Dünentäler bilden den Lebensraum der im wesentlichen auf die Küstendünen beschränkten Salz-Bernsteinschnecke *(Catinella arenaria)* (Kerney et al. 1983).

Das Quellerwatt und die Schlickgrasbestände sind arm an Insekten, wenngleich z. B. bei den Staphyliniden *Bledius spectabilis* als endogäischer Algenweider in hohen Individuendichten (bis zu 300 Tiere / m^2) vorkommen kann (Stock 1985). Dieser Käfer lebt in selbstgegrabenen Röhren im Sediment, die bei Überflutung geschlossen werden, und weicht zur Zeit der winterlichen Sturmfluten in höhere Bereiche der Salzwiesen aus.

Abfall- und Detritusfresser

Von den 90 in Salzwiesen i. w. S. bodenständigen Käferarten leben 65 als Abfallfresser von angespültem organischem Material der Spülsäume (Stock 1985).

Phytophage

Phytophage Wirbellose weisen ihren Siedlungsschwerpunkt in den höher gelegenen Salzwiesen mit Rotschwingel *(Festuca rubra* ssp. *littoralis),* Strandaster *(Aster tripolium)* und Strandflieder *(Limonium vulgare)* auf. Besonders artenarm sind die Schlickgrasbestände mit nur drei phytophagen Vertretern. Unter den Käfern gibt es 26 in bzw. an höheren Pflanzen der Salzwiesen lebende Arten (Abb. 31) v. a. aus den Familien der Rüssel- und Blattkäfer, davon sind neun bodenständig, sie verbringen also ihre gesamte Entwicklung in der Salzwiese.

Das wohl bekannteste Beispiel unter den sieben monophagen Arten bildet der Halligflieder-rüßler *(Apion limoni).* Seine Verbreitung stimmt nicht mit derjenigen seiner Wirtspflanze (Strandflieder) überein, da der Käfer zur Eiablage freiliegende Wurzelstöcke benötigt. Solche Bedingungen finden sich natürlicherweise an Prielrändern, ferner auf beweideten Salzwiesen sowie an Grüppenrändern, fehlen aber auf extensiv bzw. nicht beweideten sandigeren Salzwiesen, auf denen der Strandflieder zur Dominanz kommen kann.

Die großflächigen Brackwasserröhrichte der Ostsee bilden den Lebensraum für einige spezialisierte Insektenarten, z. B. die schilfstengelbewohnenden Falter (vgl. dazu Abschn. XIV. 3).

Räuberische Insekten

Allein aus der Familie der Laufkäfer leben 30 Arten im Salzgrünland (insbesondere *Bembidion-, Dyschirius*-Arten, *Pogonus chalceus, Dicheirotrichus pubescens).* Charakteristisch sind v. a. die stenöken Salzwiesenarten *Dyschirius salinus* und *D. obscurus,* deren Hauptnahrung Collembolen und zeitweise die Larven von *Bledius* (Staphylinidae) sind (Heydemann 1962). Die ebenfalls in Salzrasen häufige Art *Dyschirius globosus* ist dagegen euryök und nur halotolerant.

Charakteristische Spinnen der Salzwiesen sind die Zwergspinnenarten *Erigone longipalpis,*

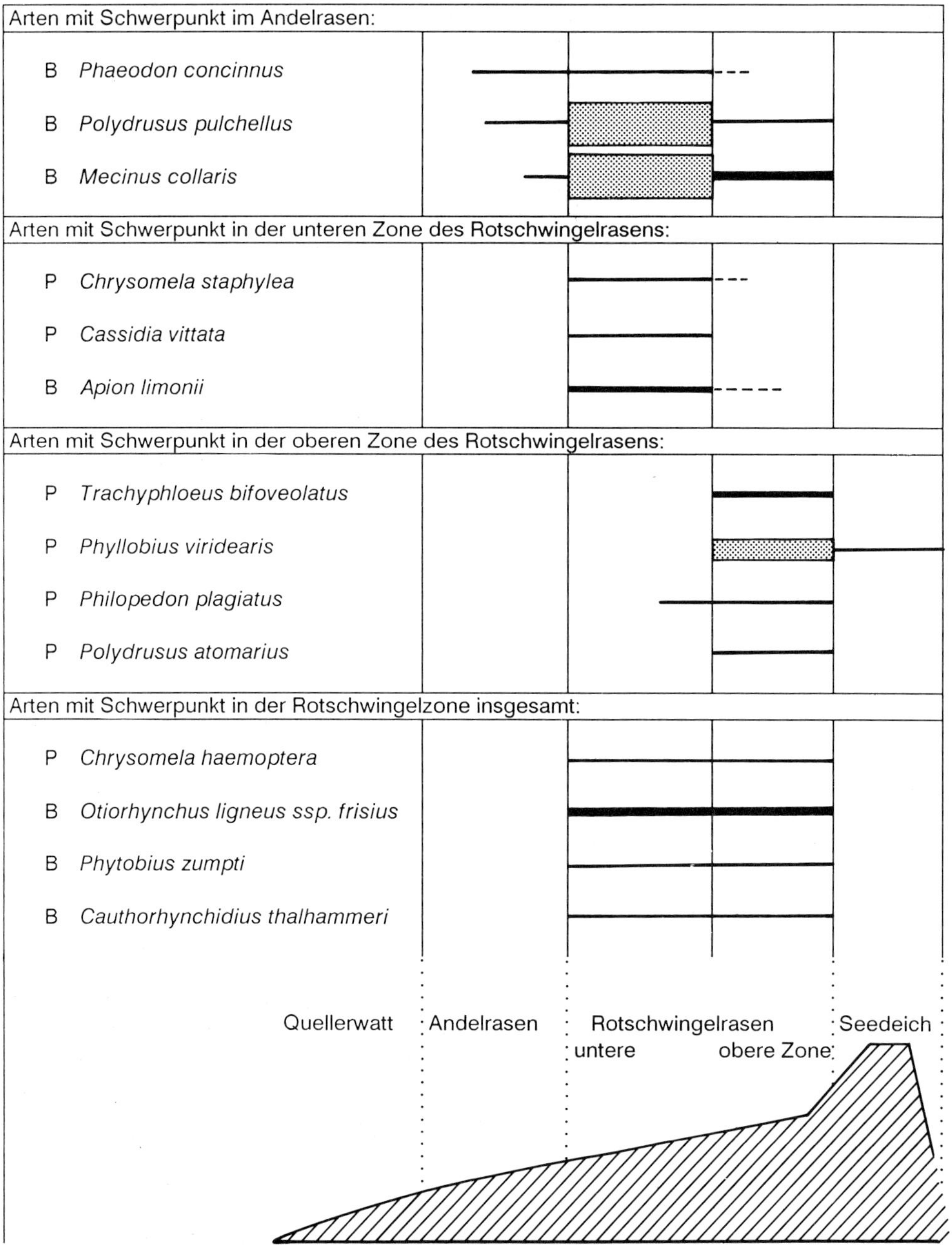

Arten mit Schwerpunkt im Andelrasen:

B *Phaeodon concinnus*

B *Polydrusus pulchellus*

B *Mecinus collaris*

Arten mit Schwerpunkt in der unteren Zone des Rotschwingelrasens:

P *Chrysomela staphylea*

P *Cassidia vittata*

B *Apion limonii*

Arten mit Schwerpunkt in der oberen Zone des Rotschwingelrasens:

P *Trachyphloeus bifoveolatus*

P *Phyllobius viridearis*

P *Philopedon plagiatus*

P *Polydrusus atomarius*

Arten mit Schwerpunkt in der Rotschwingelzone insgesamt:

P *Chrysomela haemoptera*

B *Otiorhynchus ligneus ssp. frisius*

B *Phytobius zumpti*

B *Cauthorhynchidius thalhammeri*

Quellerwatt   Andelrasen   Rotschwingelrasen   Seedeich
untere   obere Zone

Abb. 31: Abundanzen bodenständiger phytophager Käfer in den verschiedenen Salzwiesenzonen (nach Tischler, T. 1985, veränd.)
B = halotopobionte Arten, d. h. auf Salzwiesen beschränkte Arten
P = halotopophile Arten, d. h. Arten mit Präferenz für Salzwiesen an Küsten, im Binnenland aber auch in anderen Biotopen und an anderen Wirtspflanzen

Silometopus curtus und die Wolfspinnenart *Pardosa purbeckensis* (Drachenfels et al. 1984, Heydemann 1960).

4. Gefährdungsfaktoren

Die Salzwiesen der Nordsee sind in ihrer Ausprägung weltweit einmalig und stellen ein endemisches Ökosystem dar. Sie zeichnen sich durch einen insgesamt hohen Anteil gefährdeter und hoch spezialisierter Arten (70 % der Fauna) aus (Heydemann 1987).

Die hohe Gefährdung geht v. a. auf folgende Belastungen und Flächenverluste zurück:

- Tourismus (Badebetrieb, Camping, Wanderwege, hohe Anwesenheitsdichte des Menschen usw.)

  Dieser Faktor wird hier nicht weiter ausgeführt (vgl. Abschn. VIII. I. 4). Seine Bedeutung generell und insbesondere auch für störungsempfindliche Brutvögel (z. B. Säbelschnäbler) ist offenkundig (vgl. dazu auch Abschn. VIII.II. 3).

- Verschmutzung durch
  1. atmosphärische Einträge
  2. Meerwasserverschmutzung (vgl. Abschn. VII.II)
  3. direkte Abfallablagerung (Siedlungsnähe, Tourismus)

- Entwässerung (Grüppen)
- Beweidung, Überweidung
- Flächenverluste durch
  1. Eindeichung
  2. Industrie- und Hafenanlagen

Neben der Verschmutzung, die in zunehmendem Maße die funktionale Bedeutung der Salzwiesen als Reinigungssystem des Meerwassers gefährdet und die beim Wattenmeer ausführlich dargestellt ist (Abschn. VII.II. 4), sollen im folgenden die Hauptgefährdungsfaktoren Eindeichung, Beweidung und Entwässerung näher erläutert werden.

4.1 Beweidung:

Andelrasen
Die Ausdehnung der Andelrasen ist durch Beweidung sicherlich stark gefördert worden, wenngleich natürliche Andelrasen sich kleinflächig neu entwickeln können (z. B. auf Trischen, Schwabe 1975). Aus Dauerquadrat-Untersuchungen von der Insel Wangerooge (Runge 1975/76) ist bekannt, daß schon innerhalb von vier Jahren auf nicht mehr beweideten Andelrasen die Zahl der Blütenpflanzen v. a. vom Strandflieder steigt (+ 10%), während der Anteil vom Andelgras zurückgeht (von 95 auf 70%). Allerdings gilt dies nicht generell für den Strandflieder, da dieser eine Bindung an sandigere Substrate zeigt (Schwabe & Kratochwil 1984) und somit seinen Schwerpunkt auf den Westfriesischen und westlichen Ostfriesischen Inseln aufweist, während er auf den Nordfriesischen Inseln seltener ist.

Die Beweidung hat einen erheblichen Einfluß auf die gesamte Salzwiesenfauna (Tab. 13). So ist, um nur ein Beispiel herauszugreifen, das Fehlen des an Strand-Wegerich *(Plantago maritima)* lebenden Rüsselkäfers *Mecinus collaris* auf fast allen Festlandsalzwiesen der Nordseeküste eine Folge der Beweidung, da hier der Wegerich eine andere

Wuchsform hat, und unbeweidete Teile das Minimalareal für eine überlebensfähige Population des Käfers von mindestens 1000 m^2 kaum erreichen (Tischler, T. 1985).

Boden

    Bodenverdichtung durch Tritt, Verlangsamung der Bodenentwicklung
    Teilweise Vernässung

Vegetation

Struktur:

    Monotonisierung, Erniedrigung der Vegetationshöhe
    Wegfall des Windschutzes für Tiere
    Wegfall der Deckung für bestimmte Brutvögel
    Ausfall des Blühhorizontes
    Verschiebung der Dominanzverhältnisse zugunsten der Gräser und Binsen

Artenzusammensetzung:

    Ausfall typischer Salzrasenarten
    Einwanderung von annuellen Arten der Quellerzone in die Andelzone (*Salicornia stricta, Suaeda maritima*)
    Vermehrung der Bodenalgen

Fauna

    Neueinwanderung untypischer koprophager Arten (Faunenverfälschung)
    anomale Massenvermehrung weitverbreiteter Arten (bes. Bewohner junger Sproßspitzen)
    Verschwinden zahlreicher empfindlicher Arten

endogäische Bodenfauna:

Collembolen, Acari	bei 2 Rindern/ha bereits fast
Dipterenlarven	völliges Verschwinden der Collembolenfauna

epigäische Bodenfauna:

Collembola	Starker Rückgang (Tritt und mikroklimat. Effekt)

Detritusfresser:

Amphipoda	Ersetzen funktionell die Regenwürmer;
	Reduktion der Population von *Orchestia gammarellus* auf 1/10 bei 2 Rindern/ha

Algenweider

z.B. Wasserkäfer	Populationsvergrößerung durch Zunahme der Bodenalgen
(*Ochtebius auriculatus*)	

Räuber

Spinnen	Rückgang schon bei schwacher Beweidung infolge Abnahme der Beutetierdichte (z.B. *Oedothorax retusus*)
Räuber	

Fauna der Vegetationsschicht:
Blütenbesucher/fliegende Insekten

    deutl. Abnahme mit zunehmender Beweidungsintensität

Phytophage an Salzwiesenpflanzen

    z.B. zeigen die Schmetterlinge *Bucculatrix maritima, Phalonidia affinitana* an Strandaster oder *Amphipoea fucosa* an Rotschwingel eine deutl. Abnahme mit zunehmender Beweidungsintensität

Pflanzensaftsauger

Zikaden, Blattläuse	Instabilität der Populationsentwicklung
	Zunahme der Sauger an jungen Sproßspitzen

Fazit:

    Allgemein ist eine Ausdehnung der Biozönosen der unteren Salzwiesenzonen deichwärts zu beobachten.
    Die Bodenfauna eines stark beweideten Andelrasens ist nahezu völlig erloschen. Die negativen Auswirkungen
    v.a. bei mittlerer bis hoher Beweidungsintensität überwiegen.

Tab 13: Übersicht über die Auswirkungen der Beweidung auf Fauna und Vegetation der Salzwiesen (zusammengestellt nach Irmler & Heydemann 1986)

110

Insgesamt sind nur 28 % aller Salzwiesen der Nordsee ungenutzt, weitere 27 % werden extensiv beweidet (bis 1 Rind/ha bzw. 3 Schafe/ha), knapp die Hälfte (45 %, Stand 1986/87, Kempf et al. 1987) sind intensiv bis sehr intensiv beweidet. In Schleswig-Holstein waren 1987 sogar 93 % aller Salzwiesen meist mit Schafen beweidet, 70 % sehr intensiv mit 9-10 Schafen/ha (Kempf et al. 1987). In Niedersachsen und Hamburg überwiegt die Rinderbeweidung.

Bei den anthropo-zoogenen Salzweiden der Ostsee ist die Beweidung einer der wesentlichen Faktoren zur Steuerung und Erhaltung des Salzgraslandes. In der Abbildung 28 sind die Wirkungen der Beweidung auf das Ökosystem Salzweide dargestellt. Für die mecklenburgischen Boddenküsten haben sich 300 Rinderbeweidungstage/ha und Weideperiode bei einem Rindergewicht von 200 bis 250 kg als günstig erwiesen (Wegener 1991). Dabei sollte die Besatzstärke unter 1 GVE/ha liegen und der Beweidungszeitraum möglichst groß sein (Jeschke 1989). Es sei aber deutlich darauf hingewiesen, daß für jede einzelne Fläche, dem Schutzziel entsprechend, die Beweidungsintensität und -dauer festgelegt werden muß, und daß genormte Vorgaben in natürlichen dynamischen Systemen nicht immer als hilfreich anzusehen sind. Durch die Intensität der Beweidung lassen sich die Qualität der Habitatstrukturen und die Vegetationsstrukturen steuern. Eine zu intensive Beweidung und der Einsatz von Düngestoffen bzw. anderen Mitteln zur biologischen Prozeßsteuerung verändern die Struktur des Graslandes und die typischen Salzpflanzen fallen aus. Es entstehen queckendominierte Ersatzgesellschaften. Der Torfkörper wird allmählich mineralisiert und dadurch zerstört.

4.2 Eindeichung

Allein in Schleswig-Holstein sind durch Eindeichungen in den letzten 30 Jahren rund 65 % der Salzwiesenfläche verlorengegangen (Landesamt für den Nationalpark Schleswig-Holsteinisches Wattenmeer 1988). Während Eindeichungen bis Ende der 50er Jahre v. a. der Landgewinnung dienten, steht heute der Küstenschutz im Vordergrund.

Durch Eindeichung geht die natürliche Überflutungsdynamik vollständig verloren. Damit verknüpft verändert sich der Salzgehalt (i. d. R. Aussüßung) und die Anschwemmung bzw. Sedimentation, mithin also der gesamte Wasserhaushalt der eingedeichten Flächen. Folge hiervon wiederum ist die Zerstörung v. a. der empfindlichen Teile der Lebensgemeinschaft Salzwiese bis hin zur völligen Veränderung des Lebensraumes:

Im Koog oder Polder (eingedeichte Fläche) stirbt die Mehrzahl der Salzwiesenpflanzen in kurzer Zeit (1-2 Jahre) ab, salzmeidende "Glykophyten" wandern ein. Damit fallen alle auf bestimmte Salzpflanzen angepaßten phytophagen Tierarten (ca. 200) aus. Darüber hinaus sind eine große Zahl spezialisierter räuberischer Formen (Heydemann 1960, 1962) von der Aussüßung betroffen. An bestimmte Lebensräume angepaßte Spezialisten verschwinden mit ihren Habitaten, die durch Eindeichung verlorengehen. Solche Habitate sind insbesondere mit natürlichen Prielen verknüpfte Kleinstrukturen (periodisch freifallende Prielbasis, Abbruchkanten, überhängende Prielrandvegetation, Abb. 32), aber auch temporäre Salzwassertümpel. Ferner sind bestimmte Detritusfresser und viele endogäisch lebende Arten von der Veränderungen stark betroffen. Der Lebensraum des freien Salzwassers verändert sich unter den Bedingungen nach Eindeichung ohne die Überflutungsdynamik vollständig und 90-100% Faunenaustausch im Pelagial tritt ein (Heydemann 1983).

Auch die Vordeichswiesen verändern sich in der Folge verstärkter Anlandung in ihren

Abb. 32: Strukturreichtum natürlicher Priele in Salzwiesen: Abbruchkanten mit freiliegenden Wurzeln, flache Gleithänge u.a.m. (Foto: A. Ssymank)

Lebensgemeinschaften grundlegend, was am Beispiel der Molluskenbesiedlung am Jadebusen belegt werden soll. Dort sind die charakteristischen Salzwiesenarten *Limapontia capitata* und *Alderia modesta* nach Eindeichung in den Vordeichswiesen verschwunden und bei *Ovatella myosotis* (Mäuseöhrchen) ist die Populationsdichte von 1000-2000 Ind./m² auf 40-50 Ind./m² zurückgegangen (Meyer 1976).

Insgesamt kommt es zu einem Isolationseffekt durch Zerschneidung des früher durchschnittlich 100-200 m breiten Salzwiesenstreifens an der Küste.

An der Ostsee sind die Salzweidenverluste durch Eindeichung ebenfalls sehr hoch. Neben der Intensivierung der Nutzung stellt dies die Hauptgefahr dar. Die natürliche Hydrodynamik ist eine Voraussetzung für die langfristige Erhaltung dieser Biozönosen (vgl. Abschn. VIII.II. 5).

4.3 Entwässerung, Grüppen

Große Teile des heutigen Deich-Vorlandes werden von einem künstlichen Entwässerungssystem, den senkrecht zum Deich in kurzen Abständen von oft nur 10 m verlaufenden "Grüppen" durchzogen. Die Grüppen werden alle 7-10 Jahre ausgehoben (gegrüppt, von Hand oder bereits maschinell ausgebaggert), der Aushub auf die dazwischenliegenden "Grüppenbeete" geworfen.

Dies hat für die Fauna folgende negativen Konsequenzen:

- Wegfall der Habitattypen natürlicher Prielsysteme
- Einschränkung des Nahrungsangebots (z. B. durch Überschütten beim Grüppen, andere Wuchsform der Pflanzen)
- Erhöhung der Strömungsgeschwindigkeit (Abschwemmung ins Meer)
- Entwässerungswirkung:
  Verschwinden von Salzwassertümpeln, Ausbildung von Salzkrusten auf zu schnell abtrocknendem Schlickboden
- Isolationswirkung

4.4 Besondere Gefährdungsfaktoren der Brackwasserröhrichte

Die Abgrenzung zwischen den Auswirkungen von anthropogenen Belastungen und der natürlichen Dynamik in den Röhrichten ist teilweise außerordentlich schwierig. Die Eutrophierung der Gewässer hat jedoch mit die nachhaltigsten Auswirkungen auf die Schilfbestände (zu den Konsequenzen vgl. Abschn. XIV. 4.3). Neben der Eutrophierung führt zunehmender Bootsverkehr und die Vermüllung zum weiteren Rückgang der Schilffelder (vgl. hierzu Abschn. XIV. 4.4).

Durch intensiven Tourismus können Schilfflächen soweit durch Lärm und Störungen beeinträchtigt werden, daß sie als Lebensraum für etliche spezialisierte Vogelarten ausfallen, ohne daß sie sich optisch von anderen Beständen unterscheiden (müssen).

Die Verwendung von Schilf als Rohstoffpflanze für die Papierindustrie und zur Eindekkung von Dächern führte auch an den Boddenküsten zu einer relativ intensiven Nutzung der Bestände. Positiv wirkt sich sicherlich der Biomasseentzug auf die Nährstoffbilanz aus. Er kann in gewissen Umfang die Eutrophierungsauswirkungen kompensieren. Dadurch entstehen aber auch bestimmte Gefahren. Durch eine Mahd zum falschen Zeitpunkt (zu spät) kann das schon austreibende Schilf geschädigt werden (Krisch 1989). Eine solche sollte deshalb nur bei gefrorenem Boden oder bei einer Eisdecke erfolgen.

4.5 Auflassung

Bei Auflassung durchlaufen die Salzgraslandstandorte eine Sukzession, die in Abhängigkeit von den natürlichen Gegebenheiten sich ähnlich der Entwicklung von anderen aufgelassenen Grünländereien manifestiert. Da diese Salzweiden durch eine bestimmte, aus heutiger Sicht extensive Nutzung entstanden sind, ist eine ökologisch verträgliche Nutzung nicht ökonomisch. Eine Auflassung dieser "Problemstandorte" war deshalb die Konsequenz. Dieser Trend hält gegenwärtig noch an. Durch die Ausbildung von Röhrichten und Hochstaudengesellschaften erhöht sich zwar der Grad der Natürlichkeit, es verschlechtern sich aber die Lebensbedingungen der gegenwärtig dort lebenden Biozönosen. Eine Auflassung der Salzweiden im großen Stil kann deshalb nicht im Sinne des gegenwärtigen "Naturschutz"-verständnisses liegen. Ihr ist durch entsprechende Pflegekonzepte und (staatlich geförderte) -programme entgegenzuwirken.

5. Entwicklungsziele

5.1 Die Salzwiesen als "endemische Ökosysteme" mit sehr langsamer Entwicklung bedürfen des absoluten Schutzes, ihre Sicherung hat unbedingte Priorität gegenüber anderen Nutzungen. Bei 1 cm jährlicher Sedimentationsrate (entsprechend rund 10 m Breite) brauchen mehrere hundert Meter breite, gut ausgebildete Salzwiesen lange Entwicklungszeiten und können ad hoc nicht neu geschaffen werden (Heydemann 1987).

5.2 Wiederherstellung des räumlichen Verbundes eines weitgehend geschlossenen Salzwiesengürtels an den Schlick- und Schlammküsten insgesamt

5.3 Keine weiteren Eindeichungen

5.4 Kein Küstenverbau: Salzwiesen stellen einen natürlichen Wellenbrecher dar, insbesondere der Bau von Seedeichen vor den Salzwiesen bzw. die Hinausverlagerung von Deichen ins Meer zerstört den Lebensraum Salzwiese vollständig und erhöht gleichzeitig die Wellenbelastung des Deiches um ein Vielfaches.

Sollte aus Sicherheitsgründen eine zweite Deichlinie erforderlich werden, so ist diese grundsätzlich binnendeichs zu führen. Ein Rückbau bestehender Seedeiche ist speziell in den Nationalparken (die ja nach internationalen Kriterien die vom Menschen unbeeinflußte Natur schützen sollen!) anzustreben.

5.5 Keine Hafenanlagen (Spiekeroog, Juist) oder Flugplätze (Juist, Baltrum) im Salzwiesenbereich

5.6 Erhaltung aller regionalen Ausbildungen wie z. B. der nordfriesischen Hallig-Salzwiesen oder der sandigen Salzwiesen

5.7 Erhaltung der natürlichen Überflutungsdynamik mit ihren charakteristischen Lebensgemeinschaften

5.8 Erhaltung vitaler großflächiger und geschlossener Schilfröhrichte an der Ostseeküste

6. Schutz, Pflege und Entwicklung

Für die qualitative Erhaltung bzw. die Verbesserung von Schutz und Pflege der Salzrasen ist weiterhin erforderlich:

6.1 Entstehende Vorteile für den Küstenschutz bei einer Beweidung der Salzrasen sind als sehr gering einzustufen. Die jährliche Bodenerhöhung ist in den unbeweideten Salzwiesen im Verhältnis zu den beweideten jedenfalls ca. 3 mm höher (Heydemann 1983).

Grundsätzlich sollte eine Extensivierung der Beweidung auf mindestens einem Viertel aller Salzwiesen erfolgen und ein völliges Einstellen der Beweidung auf großen Flächen (30-50 %). Schon eine geringe Beweidungsintensität von 0,5 Rindern/ha bzw. ca. 1,5 Schafe/ha verändert die Salzwiesenfauna so stark, daß zu Intensivweiden nur noch geringe Unterschiede bestehen (Heydemann 1983).

6.2 Aus Gründen des Küstenschutzes muß der Deich selbst beweidet werden und trägt dadurch eine geschlossene, aber artenarme Narbe v. a. aus Weidelgras. Liegt der Deich nicht zu weit seewärts und ist die Außenböschung flach, so sollte der Deichfuß entsprechend den Salzwiesenzonen besodet werden (von unten nach oben Andelsoden, Rotschwingelsoden, Weidelgrassoden). Vorgelagerte Salzwiesen bremsen die Wellenenergie erheblich ab und schützen die Deiche (zur Bedeutung des Lebendbaus in der Ingenieurbiologie des Deichbaus vgl. Buchwald & Engelhardt, 1969).

6.3 Reduktion des Grüppens
   Künstliche Grüppensysteme sollten nicht unterhalten werden, sofern sie nicht unmittelbar am Deichfuß aus Küstenschutzgründen notwendig sind (max. bis 100 m Entfernung vom Deich; Heydemann 1987). Bestehende Grüppensysteme verlanden ohne Pflege recht schnell und natürliche Prielsysteme können sich wieder ausbilden.

6.4 Vor den Salzwiesen sollte kein Lahnungsbau erfolgen, sondern vielmehr die natürlichen Prielsysteme mit ihrer charakteristischen Struktur und Dynamik erhalten werden.

6.5 Ganz besonderer Schutz muß den am meisten belasteten und bedrohten verbliebenen Ästuarsalzwiesen gelten.

6.6 Für die Brackwasserröhrichte der Ostseeküste läßt sich nur durch eine Verbesserung der Wasserqualität der Bodden die zunehmende Eutrophierung stoppen und damit wesentlich zu deren Schutz beitragen.

6.7 Die Mahd von Schilfbeständen kann lediglich eine gewisse vorübergehende Entlastung bedeuten. Aus tierökologischer Sicht kann eine andauernde Nutzung durch Mahd nicht akzeptiert werden. Der Lebensraum Röhricht ist in den meisten Fällen nicht anthropogenen Ursprungs, so daß er sich bei Nichtnutzung auch über längere Zeiträume erhalten kann.

6.8 Gebietsübergreifende Lenkungskonzepte für den Tourismus müssen dringend erarbeitet werden, v. a. sollte kein Badebetrieb im Salzwiesenbereich stattfinden.

6.9 Vogeljagd oder -störungen sind zu unterbinden bzw. zu minimieren. Salzwiesen stellen einen wichtigen Brutplatz für 20 spezialisierte Vogelarten und neben den Sandbänken den Hauptrastplatz für die Vögel des Wattenmeeres dar. Dringend erforderlich ist die Einrichtung von Schutz- und Ruhezonen ohne touristischen Zugang für störungsempfindliche Arten. So haben beispielsweise Gänse Fluchtdistanzen von bis zu 500 m.

6.10 Besonders auf den Inseln ist darauf zu achten, daß keine weiteren Haustiere, Wildkaninchen oder biotopfremde Pflanzen ausgesetzt oder in die Natur eingebracht werden.

6.11 Jeglicher militärischer Übungsbetrieb in Küstennähe oder gar unmittelbar in Salzwiesen sollte in diesen empfindlichen Ökosystemen künftig unterbleiben.

VIII.III Fels- und Steilküsten

1. Charakterisierung

Fels- und Steilküsten entstehen als Folge geologischer Prozesse und natürlicher Erosionsvorgänge durch die Einwirkung des Meeres. Der Wellenschlag unterspült die Felsen bzw. Endmoränen an der Küstenlinie und verursacht ein Abbrechen mehr oder weniger großer Teile. An abbruchgefährdeten Bereichen der Ostsee ist mit einem Verlust von durchschnittlich 30 cm/Jahr zu rechnen (Heydemann & Müller-Karch 1980). Durch diese dynamischen

Prozesse entstehen vegetationsarme, häufig fast senkrechte Pionierbiotope mit teils extremen mikroklimatischen Bedingungen. Vor allem süd- und südwestexponierte Abschnitte zeichnen sich durch hohe Temperaturamplituden, teils extreme Trockenheit sowie durch schnelles Abtrocknen nach Niederschlägen aus. Darüber hinaus treten kleinflächig überrieselte Felspartien auf.

2. Typen

Es lassen sich grob die folgenden drei Typen unterscheiden:

– Sandsteinfelsküste (Helgoland)

– Kreideküste (Rügen)

– Moränensteilküste (weite Bereiche der Ostseeküste)

Nur an zwei eng begrenzten Bereichen der deutschen Küsten treten Felsküsten auf. Dies sind die Kreidefelsen der Ostseeinsel Rügen und die Sandstein-Felsküste der etwa 50 km vom Festland entfernt liegenden Nordseeinsel Helgoland.

Abb. 33: Vogelfelsen an der Küste Helgolands
(Foto: A. Ssymank)

Auf Rügen treten Kreideschollen durch die pleistozänen Ablagerungen auf der Halbinsel Jasmund an die Oberfläche. Zur Ostsee hin fallen diese bis aus über 100 m Höhe senkrecht ab. An den Kreidefelsen kommt es zu Grundwasseraustritten in Form von Quellkuppen und kleinen Hangquellmooren. Diese sind bis auf die Randbereiche nahezu vegetationsfrei und bestehen aus fast reinem Kreideschlamm und -schutt. In der Umgebung treten feuchtigkeitsliebende Arten, wie der Riesen-Schachtelhalm *(Equisetum telmateja)* und die Hängesegge *(Carex pendula)* auf. Durch hydrologische Prozesse befinden sich die Kreidemassen in fließender Bewegung. Kleinere Wasseraustritte führen zu Überrieselungen, in denen sich Algen und Moose ansiedeln können. Die höheren Bereiche der Felsen sind trocken. Auf weniger geneigten Standorten stocken Buchenwälder.

Darüber hinaus sind weite Bereiche der Ostseeküste Schleswig-Holsteins und Mecklenburg-Vorpommerns durch Moränen-Steilküsten geprägt. Sie stellen Anschnitte der Endmoränen der letzten Eiszeit dar. An ihnen greifen erodierende Kräfte an, die zu kontinuierlichen Landverlusten führen. Nur ein Teil der Steilküsten befindet sich jedoch in Bewegung, ist offen und weitgehend vegetationslos. Im Gegensatz zu den Felsküsten, die nur sehr lokal vorkommen, weisen die Moränensteilküsten eine erhebliche Länge auf. Nach Heydemann & Müller-Karch (1980) umfaßt z. B. die Ostseeküste Schleswig-Holsteins bei einer Gesamtlänge von ca. 570 km 148 km Steilküste (= 29 %).

3. Fauna

Der Sandsteinfelsküste Helgolands kommt in der östlichen Nordsee eine besondere Bedeutung als einzigem (deutschen) Brutplatz für zahlreiche auf Küstenfelsen brütenden Vogelarten zu (Tab. 14).

Art	Brutpaare (1984)
Trottellumme	2403
Tordalk	4
Eissturmvogel	22
Dreizehenmöwe	2466

Tab. 14: Auf Küstenfelsen Helgolands brütende Vogelarten (Angaben zu den Brutpaaren aus Vauk 1985)

Das Brutgeschäft konzentriert sich auf wenige geeignete Felsbereiche. Die Trottellummen können dabei nur überhängende Felsen nutzen, da die Jungtiere noch vor Erreichen der Flugfähigkeit den Elterntieren durch einen Sprung vom Brutfelsen ins Meer folgen.

Typisch für die Moränensteilküsten der Ostsee und die Kreidefelsküste bei Rügen ist die Besiedlung mit Uferschwalben. Diese graben bis zu 1 m tiefe Röhren in die Steilkanten. Eine Besonderheit der Kreidefelsen stellen Populationen der Mehlschwalbe dar.

Die Moränensteilküsten weisen auch eine teilweise umfangreiche Besiedelung durch bodengrabende Hautflügler wie Faltenwespen (Vespoidea), Wegwespen (Pompiloidea) und Wildbienen (Apoidea) auf. Die Dichte ist dabei von Exposition (süd- und südwestexponierte Bereiche werden bevorzugt) und der Zusammensetzung des Substrats abhängig (vgl. hierzu

Abschn. XXIV. 3). Wichtig ist eine gewisse Bindigkeit des Bodens, damit die Röhren nicht vom Einsturz bedroht sind. Rein sandige Kanten werden kaum besiedelt. Ein zu hoher Ton-anteil bewirkt auf der anderen Seite, daß der Boden bereits bei leichter Austrocknung zu hart zum Graben wird. Nach Heydemann & Müller-Karch (1980) weisen Böden mit einem Schluffanteil von 20-35%, einem Feinstsandanteil von 50-60% und einem Feinsandanteil von 15-30% eine besonders intensive Besiedelung auf.

4. Gefährdungsfaktoren

Die beiden deutschen Felsküstenbereiche unterliegen allein durch ihre Einzigartigkeit und geringe flächenmäßige Ausdehnung einer permanenten potentiellen Gefährdung (z. B. durch ein einziges Tankschiffunglück). Weitere Gefährdungsfaktoren sind:

4.1 Tourismus

Betroffen sind sowohl die einmaligen Felsküstenabschnitte wie auch die Abschnitte der Moränenküste, deren meist schmale vorgelagerten Strände häufig als Badestrand ge-nutzt werden oder aber als Spazierweg dienen.

4.2 Die fortschreitende Erosion der Insel Helgoland

Besonders gefährdet von dieser Entwicklung ist der Lummenfelsen, welcher bereits ei-nen tiefen Riß aufweist (Vauk 1985). Sollte er abbrechen, ist auf deutschem Gebiet kein Ersatzlebensraum verfügbar, da alle übrigen Bereiche bereits heute durch Küstensiche-rungsbauwerke befestigt sind und somit eine natürliche Neubildung von Felsbändern und überhängenden Felsabschnitten nicht zu erwarten ist (Vauk-Henzelt et al. 1986). Für die Lummen wäre dieser Lebensraum verloren, da kein alternativer Bereich verfüg-bar ist, der den Jungtieren den direkten Sprung ins Meer erlauben würde[*).

4.3 Küstenschutzmaßnahmen

Für die Moränensteil- und Kreideküsten stellen Küstenschutzmaßnahmen eine Gefähr-dung dar, weil durch sie die Erosions- und dadurch bedingten Abbruchprozesse unter-bunden werden. Da bereits ein bis drei Jahre nach einem Abbruch eine Besiedelung des Moränenmergels durch bestimmte Pionierarten (z. B. Huflattich, Ackerschachtelhalm, Ackerdistel) einsetzen kann (Heydemann & Müller-Karch 1980), geht mittelfristig der offene, vegetationslose Charakter dieses Lebensraumes verloren. Die typischen Tierar-ten wie Uferschwalben und Hymenopteren sind jedoch auf weitgehend vegetationslose Abbruchkanten für die Anlage ihrer Niströhren angewiesen. Ähnliches gilt für die Krei-defelsen.

5. Entwicklungsziele

Hauptziel ist die Erhaltung dieser für die deutsche Küste teils einmaligen Lebensräume und die Minderung des touristischen Druckes. Bedeutsam ist darüber hinaus die Erhaltung bzw. Zulassung natürlicher dynamischer Prozesse (z. B. Erosion an den Moränen-Steilküsten).

---

*) vgl. aber die Ausführungen bei Abschnitt 5 dieses Kapitels.

6. Schutz, Pflege und Entwicklung

6.1 Sandsteinfelsküste

Für den dauerhaften Erhalt dieses einmaligen Lebensraumes bedarf es einer Reihe von Maßnahmen, vor allem

- Schutz der durch Erosion gefährdeten Felsabschnitte. Ein Zulassen der natürlichen Erosion ist angesichts der Kleinflächigkeit der Insel insgesamt nicht möglich.

- Überwachung und Lenkung der Besucherströme, um die Gefährdungen durch menschliche Störungen auszuschließen.

- Umfangreicher Schutz der Nordsee insgesamt (hier besonders Schadstoffreduzierung), da die Küstenvögel ihre Nahrung in der offenen Nordsee erbeuten und somit unmittelbar durch Verschmutzungen (z.B. Öl) gefährdet sind (vgl. Abschn. VI. I.6 und VII. I.6).

6.2 Moränensteil- und Kreideküste

Die Kreideküsten sind Bestandteil des Nationalparks "Jasmund" und gehören zur Kernzone. Ein formalrechtlicher Schutz ist damit gegeben. Darüber hinaus bedarf es

- der Unterlassung von Küstenschutzmaßnahmen an Steilküstenabschnitten, die sich in Bewegung befinden, um den dynamischen Charakter und die dadurch entstehenden Pionierbiotope zu gewährleisten. Baumaßnahmen zur Küstensicherung zerstören nicht nur diesen dynamischen Lebensraum, sondern erhöhen in der Umgebung die Erosionskraft erheblich, so daß sie auch aus der Sicht des Küstenschutzes fragwürdig sind.

- einer umfassenden Besucherlenkung.

BINNENGEWÄSSER

A Allgemeines

Der ökologische Charakter der Gewässer wird durch eine Vielzahl variabler Faktoren geprägt. Die wichtigsten sind dabei die Grundfaktoren: Geographische Lage, Höhenlage, Relief, Morphologie des Gewässerbettes/-beckens, Wassertiefe, Abflußgeschehen, Chemismus, Produktionsintensität (Trophiegrad) und anderes mehr. Dazu kommen die Einwirkungen des Menschen wie Ausbau- und Staumaßnahmen, Verschmutzung, Nutzung usw.

B Gliederungsgesichtspunkte

Folgende Einteilung bietet sich an:

Unterirdische Binnengewässer   – Grundwasser und Höhlengewässer

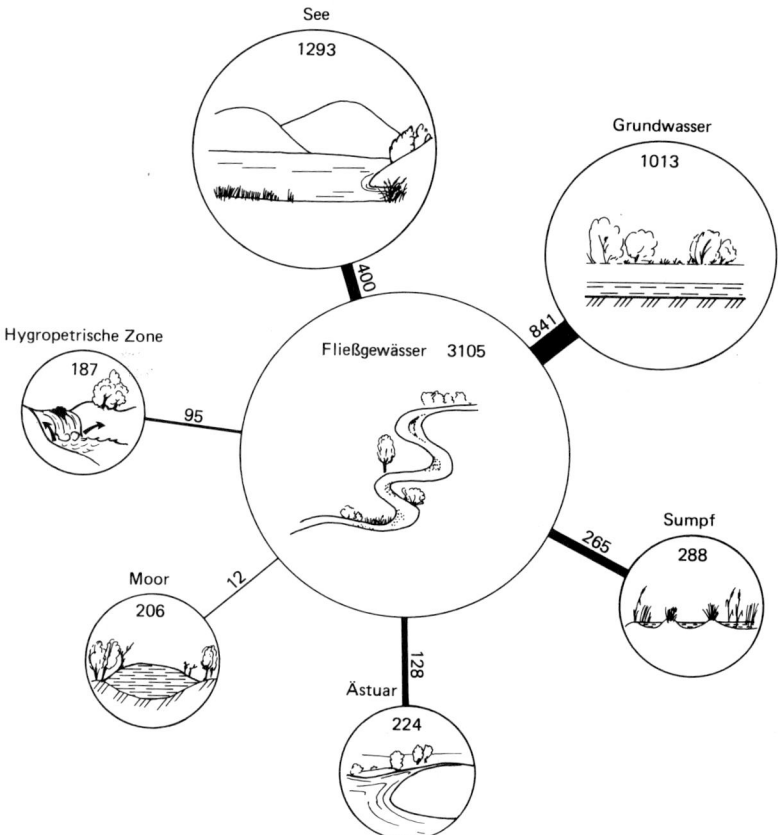

Abb. 34: Anzahl spezialisierter Tierarten verschiedener limnischer Lebensräume (aus Brehm & Meijering 1982, verändert)

Den höchsten Anteil an Spezialisten weisen die Fließgewässer auf, gefolgt von Seen, Grundwasser, Ästuaren, Sümpfen, Mooren und der hygropetrischen Zone (etwas verkürzt: „Spritz- und Wasserfilmzone" der Ufer fließender und stehender Gewässer). Die Zahlen auf den Verbindungsstrichen zeigen die Anzahl der auf Fließgewässer und zugleich einen Nachbarbiotop spezialisierten Arten.

Oberirdische Binnengewässer – Fließgewässer (Bäche, Flüsse)
– Stillgewässer (Seen, Weiher, Tümpel)

Zwischen beiden Großgruppen vermitteln die *Quellen* als natürliche Austritte des unterirdischen Wassers.

Künstliche Gewässerformen wie z. B. Teiche, Kanäle, Gräben, Baggerseen usw. entsprechen ökologisch i. d. R. wenigstens in den Grundzügen einem der oben genannten Typen und werden daher hier nicht gesondert behandelt.

Enge ökologische Beziehungen bestehen auch zu Naßwiesen, Seggensümpfen, Röhrichten, Naßwäldern und Mooren (vgl. u.a. Abb. 34).

C Fauna

Die Anzahl und Verteilung der limnischen Tierarten Europas nach dem Kenntnisstand, wie er in der „Limnofauna Europaea" zusammengefaßt ist (Illies 1978), zeigt Abbildung 34.

IX. Grundwasser und Höhlengewässer

1. Charakterisierung

Unter dem Begriff Grundwasser wird alles in der äußeren Erdkruste zirkulierende, unter der Erdoberfläche befindliche Wasser zusammengefaßt. Dieses füllt vor allem die Hohlräume von Sanden, Kiesen und Lockersteinen aus. Als Hauptcharakteristika für diesen Lebensbezirk können nach Thienemann (1925) gelten:

a) Dunkelheit, mit der Folge, daß grüne Pflanzen fehlen und der Bezirk hinsichtlich der Ernährung im wesentlichen abhängig vom Oberflächenbereich ist;

b) durchgehend niedrige Temperaturen bei nur geringen Schwankungen. Daher finden sich im Grundwasser vor allem stenotherme Kaltwassertiere, also Organismen, die nur innerhalb eines engen, relativ kühlen Temperaturbereichs leben können;

c) Nahrungsarmut: Die Art der zur Verfügung stehenden Nahrung hat zur Folge, daß im Grundwasser nur Detritus- (Zerfallsprodukt organischer Stoffe) und Pilzfresser sowie von diesen sich ernährende Fleischfresser leben. Wegen der geringen Nahrungsmenge ist die Besiedlung außerdem nur dünn.

2. Typen

Eine Untergliederung in Typen ist wenig sinnvoll, da es sich um einen weitgehend einheitlichen Lebensbezirk handelt. Allerdings kann die Fließgeschwindigkeit und der mit ihr verbundene Abbau von Diffusionsbarrieren eine Rolle spielen. So sind nach Schubert (1984) Biozönosen im gleichen Körpergrößenbereich bei höheren Strömungsgeschwindigkeiten im allgemeinen reicher entwickelt.

3. Bedeutung für die Fauna

Für Europa sind bisher mindestens 1.013 reine Grundwassertierarten beschrieben worden (vgl. Abb. 34). Es handelt sich dabei überwiegend um sehr kleine Tiere, die in die engen Lücken unterirdischer Wasserkörper eindringen können, vor allem Protozoen (Einzeller), Turbellarien (Strudelwürmer), Nematoden (Fadenwürmer), Rotatorien (Rädertierchen), Copepoden (Ruderfußkrebse), Acarinen (Wassermilben) und Gastropoden (Schnecken). Stellvertretend für die große Zahl der reinen Grundwasserbewohner (Stygobionten) seien hier genannt: die Fadenwürmer *Criconema murrayi* und *Rotylenchus fallorobustus,* die Schnecken *Bythiospeum aciculum* und *B. quenstedti* sowie die Krebse *Bogidiella spp., Hadziaminuta spp.* und *Niphargus spp.* (eine artenreiche Amphipodengattung mit vielen reinen Grundwasserbewohnern).

4. Gefährdungsfaktoren

4.1 Absenken durch übermäßige Entnahme, Flußkanalisierungen, Entwässerungs- und Bewässerungsmaßnahmen;

4.2 Belastung mit Düngemitteln (Phosphate, Nitrate, Ammonium, Gülle usw.), Biozid-Wirkstoffen oder Abwässern industrieller bzw. häuslicher Herkunft;

4.3 stellenweise auch Gift (z.B. bestimmte Mülldeponien) und Ölbelastung;

4.4 Grundwasseraufschluß durch Abgrabungsmaßnahmen.

5. Entwicklungsziele

5.1 Das natürliche Regenerationsvermögen darf nicht überfordert (übermäßige Entnahme) oder nachhaltig beeinträchtigt werden (z.B. durch Grundwasserabsenkung = Drainage, Erhöhung der Vorflut in Fließgewässern);

5.2 Eine möglichst hohe Wasserqualität und Nährstoffarmut ist zu wahren bzw. anzustreben. Es handelt sich hier um Biozönosen, die gegenüber Umweltveränderungen ganz besonders empfindlich reagieren. Eine Veränderung hin zum Negativen, selbst wenn sie sich noch innerhalb der für die Trinkwasserqualität festgesetzten Normen bewegt, kann dabei die typischen Lebensgemeinschaften bereits grundlegend verändern.

6. Schutz, Pflege und Entwicklung

6.1 Abwehr der Gefährdungsfaktoren;

6.2 verbesserte Abstimmung der verschiedenen Nutzungsansprüche untereinander und auf die Belastbarkeit der Ressource Grundwasser;

6.3 Korrektur eingetretener Fehlentwicklungen, z.B. durch Erhöhung des Grundwasserstandes, Ausmagerung von Böden usw.

X. Quellen

1. Charakterisierung

Habitate an denen das Wasser punktartig oder flächig aus dem Erdboden austritt (gelegentlich auch in Reihe liegend, sog. Quellhorizonte). Damit ist eine enge Verbindung zum Grundwasser und – auf der anderen Seite über die Quellabflüsse – ebenso zu den Bächen gegeben. Außerdem besteht an Quellen eine innige Berührung von Wasser und Land. Die einzelnen Quellen unterscheiden sich nicht selten deutlich voneinander in Abhängigkeit von Quelltyp, geologischem Einzugsgebiet (insbesondere kalkhaltiges oder kalkarmes Wasser), sonstigen chemischen Bedingungen und anderem mehr. In den einzelnen Quellen selbst sind die Milieubedingungen dagegen recht konstant: relativ konstante, ganzjährig niedrige Temperaturen, konstanter Gewässerchemismus, zumeist konstante Wasserführung (z.B. Brehm & Meijering 1982).

2. Typen

Nach der Art des Grundwasseraustritts werden in der Limnologie (Wissenschaft von den Binnengewässern und ihren Organismen) im allgemeinen drei Quelltypen unterschieden, zwischen denen fließende Übergänge bestehen können:

2.1 Tümpelquellen (Limnokrene): becken- oder weiherartige Quelltöpfe, die von unten her mit Wasser gefüllt werden. Meist weisen sie schlammigen oder sandigen Grund auf, bisweilen sind sie (vor allem bei starker Belichtung) pflanzenreich.

2.2 Fließ- oder Sturzquellen (Rheokrene): sturzartiger Wasseraustritt, daher grobsandig oder steinig, meist pflanzenarm. Häufig findet sich im engeren Umfeld von Sturzquellen eine sog. hygropetrische Zone (vgl. hierzu Unterschrift zu Abb. 34) mit einer relativ eigenständigen Lebensgemeinschaft wie den Larven hochspezialisierter Gnitzen- und Eintagsfliegenarten sowie der Mückengattung *Dixa*.

2.3 Sicker- oder Sumpfquellen (Helokrene): Quellsümpfe, ein Typus, der im Mittelgebirge und vor allem in der Ebene vorherrscht und meist völlig mit Vegetation (Moosen, Kleinseggen, Binsen oder Schilf, Bäumen) bewachsen ist. Je nach der vorherrschenden Vegetation werden dabei krautige bzw. Moosquellflurgesellschaften unterschieden.

Nach der Art der Wasserschüttung werden auch Dauer- sowie episodische oder Hungerquellen unterschieden.

3. Bedeutung für die Fauna

Nach dem in der „Limnofauna Europaea" gegebenen Kenntnisstand wurden in europäischen Quellen bisher rund 1500 Tierarten festgestellt, wovon 465 Arten reine Quellbewohner zu sein scheinen (vgl. Abb. 34 und Tab. 17).

Im Gegensatz zu den Pflanzen gibt es damit unter den Tieren eine große Zahl von Quellenspezialisten. Wegen der über weite geographische Regionen oft grundsätzlich verwandten Umweltbedingungen finden sich in Quellen Organismen aus unterschiedlichen europäischen Klimabereichen bei auffälliger Häufung von Arten nordischen Ursprungs, sowie auch sehr unterschiedlicher ökologischer Herkunft zusammen. Die Reihe führt von Arten des Grundwassers, z. B. Höhlenkrebs *(Niphargus puteanus)*, Höhlenflohkrebs *(Aquilex schellenbergi)*, Höhlenassel *(Asellus cavaticus)* und Schnecken der Gattung *Bythiospeum* über Tiere der stehenden und fließenden Gewässer, z. B. Amphibien, Köcherfliegen, Planarien usw. zu feuchtigkeitsliebenden Landtieren, z. B. der Wanze *(Pachycoleus rufescens)* oder zahlreichen Collembolenarten (Thienemann 1925, Tischler 1979).

Quelltiere sind im allgemeinen klein. Es dominieren die Detritusfresser (von Zerfallsprodukten pflanzlichen und tierischen Ursprungs lebende Arten), die ihrerseits von kleinen Fleischfressern gejagt werden. Nach Brehm & Meijering (1982) kommt unter den Detritusfressern insbesondere Schnecken, Turbellarien, Muschelkrebsen, Asseln, aber auch vielen Insektenlarven, insbesondere aus den Dipterenfamilien der Gnitzen, Ptychopteriden und Zuckmücken eine bedeutende Rolle zu. Unter den Algenweidern sind wiederum vor allem verschiedene Schnecken- und einige Insektenarten zu nennen und als Vertreter der Räuber die Planarienarten *Crenobia alpina* (in kalkreichen) und *Polycelis felina* (in kalkarmen Quellen), 42 auf Quellen spezialisierte Wassermilbenarten, verschiedene Libellen- (z. B. Gestreifte Quelljungfer, *Cordulegaster bidentatus)* und Köcherfliegen- sowie Eintagsfliegenlarven (z.B. *Ecdyonurus forcipula, Nemurella picteti* und *N. cambrica)* sowie – als Repräsentant der Wirbeltiere – die Larve des Feuersalamanders.

Abb. 35: Dunkers Quellschnecke *(Bythinella dunkeri)*, eine typische Art der Quellen
(Foto: G. Laukötter)

Quellen mit extremen chemischen (Humusquellen, Schwefelquellen) oder physikalischen (Thermalquellen) Bedingungen haben eine hochspezialisierte Fauna und Flora. So überwiegen in Humus- und Schwefelquellen Organismen, die mit den geringen Sauerstoffmengen auskommen, in den Thermalquellen wiederum Organismen, die die hohen Wassertemperaturen tolerieren.

Selbst etliche terrestrische Tierarten zeigen eine sehr enge Beziehung zu Quellaustritten, z.B. wegen den spezifischen kleinklimatischen Bedingungen. So treten beispielsweise von den Tagfaltern die Glazialrelikte Blauschillernder Feuerfalter *(Lycaena helle)* und Randring-Perlmutterfalter *(Proclossiana eunomia)* in Quellfluren mit ihrem permanent kühleren Mikroklima auf. Auch für wärmeliebende atlantisch-mediterran verbreitete Arten stellen Quellen Reliktposten dar. So tritt die Landschnecke *Lauria cylindracea* in Schleswig-Holstein an der Grenze ihres Areals im Winter nur an Waldquellen auf (Ant 1963).

124

4. Gefährdungsfaktoren

4.1 Totale Beseitigung

- durch Absenken des Grundwasserspiegels, z. B. bei Grundwasserabsenkung für Siedlungs-, Industrie- und Abgrabungsgebiete, bei großflächigen Trockenlegungsmaßnahmen für landwirtschaftliche Zwecke oder im Zusammenhang mit der Ausbeutung von Trinkwasserreserven

- durch Fassung, z. B. für Zwecke der Trinkwassergewinnung

- durch Anlage von Fischteichen oder kleinflächige Drainage (betrifft vor allem Quellsümpfe)

- durch Zukippen mit Müll oder Bauschutt (betrifft vor allem Quellsümpfe und Quellmulden)

4.2 Großflächige Bodenversiegelung und damit Verringerung der Wasserrückhaltung im Boden

4.3 Bodenverdichtung, Reduzierung des Kapillaraufstieges

4.4 Verschlechterung der Wasserqualität durch Grundwasserverschmutzung und Einschwemmung (Abwässer, Düngemittel, Gülle, Gifte), auch durch Anlage von Nadelholzbeständen im engeren Einzugsgebiet (Versauerungseffekt zusätzlich zu den Luftschadstoffen)

4.5 Zerstörung durch Viehtritt (betrifft insbesondere Quellsümpfe)

5. Entwicklungsziele

5.1 Möglichst weitgehende Erhaltung aller noch bestehenden Quellen; ganz besonders große Engpässe bestehen dabei in den tieferen Lagen

5.2 Regionale Anhebung abgesenkter Grundwasserstände

5.3 Erhaltung und Verbesserung der Wasserqualität (siehe hierzu die Ausführungen in Abschn. XI. 6.2)

6. Schutz, Pflege und Entwicklung

6.1 Abwehr der Schadfaktoren

6.2 wenigstens stellenweise Korrektur eingetretener Fehlentwicklungen (z. B. durch Grundwasseranhebung, durch Beseitigung von Quellfassungen usw.)

XI. Fließgewässer

1. Charakterisierung

Langgestreckte Gewässerformen mit unterschiedlicher, weitgehend turbulenter bis laminarer Strömung (daher im Regelfall keine thermische Schichtung des Wassers), vielgestaltigen Uferzonen und einer intensiven Land-Wasser-Beziehung. Die natürliche Vegetationsabfolge umfaßt zumindest die Wasservegetation und die krautige wie holzige Ufervegetation der Weichholzaue, im Idealfall die gesamte Aue: An Flüssen z. B. Schwimmblatt- und Zweizahn-Gesellschaften, Flußröhrichte, Uferweidengebüsche und -wälder. Längs der Fließrichtung erfährt der Lebensraum eine allmähliche Abwandlung, vor allem hinsichtlich Wasservolumen, Abflußregime, Strömung, Erosion und Ablagerung von Substraten, Temperatur und anderem mehr. Trotz der talwärts gerichteten Strömung sind die Fließgeschwindigkeiten infolge von Hindernissen im Bachbett wie z. B. Felsen oder Pflanzenbeständen vielfach bereits auf kleinstem Raum stark unterschiedlich, in Kolken oder hinter größeren Steinen können sogar Totwasserzonen ausgebildet sein. Allgemein nimmt die Fließgeschwindigkeit des Wassers von der Mitte des Wasserkörpers zu der Gewässersohle und den Ufern hin ab (höherer Strömungswiderstand).

2. Typen und besiedlungsbestimmende Faktoren und Habitate

2.1   Typen

In der limnologischen Literatur unterscheidet man bei Fließgewässern in einer sehr groben Unterteilung zumeist die folgenden zwei Hauptlebensräume (s. auch Tab. 15):

–   Rhitral oder Bachregion der Flüsse, das im wesentlichen der Forellen- und Äschenregion (vgl. dazu Abschn. 3 d. Kap.) entspricht;

–   Potamal oder Mittel- und Unterlauf der Flüsse, das im wesentlichen der Barben- und Bleiregion bis hin in die Brackwasserregion entspricht (vgl. dazu Abschn. 3 d. Kap.).

Vielfach wird auch die etwas differenziertere Grobeinteilung in fünf oder sechs Regionen gewählt (vgl. Abb. 36).

2.2   Besiedlungsbestimmende Faktoren und Habitate

2.2.1 Milieu- (Umwelt-)Faktoren

a) Strömung
Ihrer Kraft unterliegen alle „Habitate" im Gewässer, aber auch die engeren Uferbereiche. (Das Gewässerbett und die gewässerbeeinflußten Uferbereiche sind dabei einem steten Wandel unterworfen.) Sie wirkt zudem auch noch direkt auf die Zusammensetzung der Fließgewässerfauna ein.

Stark vergröbert lassen sich

- lenitische oder Stillwassertiere (vor allem in ruhigen Buchten und Totwasserzonen) und
- lotische oder Strömungstiere (an Steinen, im freien Wasser) unterscheiden.

	Potamal – Fluß	Rhithral – Bach
Temperatur	warm schwankend	kalt konstant
Fließgeschwindigkeit	gering	hoch
Strömung	weniger turbulent	sehr turbulent
O_2-Gehalt	geringer und schwankend	hoch und konstant
Substrat	feinkörnig	grobkörnig
Trübstoffgehalt	hoch	gering
Morphologie	Terrassental breite Fluß-Aue	Kerbtal schmale Bach-Aue
Dynamik	Erosion **und** Sedimentation	Erosion überwiegt
Wasserführung	gleichmäßig autonome periodische Schwankungen	ungleichmäßig kurzfristig oszillierend
Primärproduktion	allochthon **und** autochthon (Detritus; Periphyton, Flußplankton Seitengewässer)	fast ausschließlich allochthon (Detritus)
Nahrungsketten	komplex	kurz
Biozönose	heterogen (→ Gewässer-Individuen)	homogen

Tab. 15: Vergleichende Charakteristik Fluß – Bach (nach Kinzelbach 1983)

Die lenitischen Formen sind zumeist eurytop (kommen in verschiedenartigen Lebensräumen vor) und treten auch in Stillgewässern auf. Allgemein folgt daraus: Je stärker die Strömungsgeschwindigkeit ist, desto charakteristischer ist die Tierwelt des betreffenden Gewässerabschnitts, je geringer, desto mehr Stillwasserformen können sich ansiedeln (Thienemann 1925).

b) Wasserqualität

Die Saprobität (Belastungsgrad des Wassers mit abbaufähigen organischen Substanzen) übt vor allem über den durch den Abbau der Verunreinigungen verursachten Sauerstoffmangel eine wesentliche besiedlungsbestimmende Funktion aus.

Die Mehrzahl der echten Bachtiere ist auf hohen Sauerstoffgehalt des Wasser angewiesen und kann daher nur in sauberem Wasser überleben. Auf wenig belastete, also sog. oligosaprobe Verhältnisse angepaßt sind z. B. die Steinfliegenart *Perla marginata* oder die Planarienart *Dugesia gonocephala*. Etliche Tierarten des Potamals können dagegen durchaus auch mit geringerem Sauerstoffgehalt auskommen. Infolge der erheblichen Gewässerverschmutzung liegt die Sauerstoffsättigung im Potamal heute jedoch nicht selten unter 50% (α-mesosaprober Bereich) oder gar unter 20% (polysaprober Bereich) (z. B. Sladezek 1973). Das sind Werte, die der größte Teil selbst der Potamalfauna nicht mehr tolerieren kann (vgl. z. B. Tab. 16).

	1938	1979
Ephemeroptera (Eintagsfliegen)	10	3
Plecoptera (Steinfliegen)	26	–
Odonata (Libellen)	7	–
Trichoptera (Köcherfliegen)	34	2

Tab. 16: Anzahl der Arten verschiedener limischer Insektengruppen im Rhein bei Bonn in den Jahren 1938 und 1979 (nach Caspers 1980)

c) Gewässerchemismus

Für zahlreiche Fließwassertiere spielt insbesondere der Gehalt an gelöstem Kalzium eine existenzentscheidende Rolle. Kalk- (und Eisen-)armut benötigt z. B. die Flußperlmuschel *(Margaritifera margaritifera),* stark kalkhaltiges Wasser umgekehrt beispielsweise die Planarienart *Crenobia alpina.*

2.2.2 Gewässermorphologie

Artenzusammensetzung und Individuendichten (Abundanzen) der Fließgewässerfauna hängen auch sehr entscheidend von diesem Faktor ab. Allgemein gilt, insbesondere für das Rhitral: Je mehr innere Oberfläche ein Gewässerbett durch Widerstände usw. aufweist, desto reicher ist seine Fauna (Näheres s. Abschn. 3 und 5 d. Kap.). Beim Potamal ist auch der bewegte Wasserkörper ein sehr wichtiger Siedlungsraum.

2.2.3 Wichtige strömungsbeeinflußte Biotope über der Mittelwasserlinie

    a) Vegetationsfreie oder -arme Uferzonen (Kiesinseln, Sandausschwemmungen usw.)

    b) Vertikale Erdaufschlüsse (v. a. am Prallufer)

    c) Auwälder

    d) Auewiesen mit Tümpeln und Überschwemmungsmulden

    e) Röhrichte und Riede

2.2.4 Altwässer

2.2.5 Sonstige, oft besiedlungsbestimmende Faktoren (Auswahl)

    a) Höhenlage

    b) Sonneneinstrahlung

    c) Windexposition

3. Fauna der Fließgewässer

Nach heutigem Kenntnisstand leben in europäischen Fließgewässern mehrere tausend und davon mindestens 3.105 eng auf diesen Ökosystemtyp spezialisierte Tierarten. Die Aufteilung der Arten auf die einzelnen Taxa zeigt Tabelle 17.

	Quellen	Bäche	Flüsse
Hydropolypen (Hydrozoa)	0	3	1
Strudelwürmer (Turbellaria)	141	117	24
Rädertierchen (Rotatoria)	20	11	79
Nematoden (Nematoda)	22	4	22
Schnecken (Gastropoda)	248	87	62
Muscheln (Lamellibranchiata)	1	16	25
Wenigborstige Würmer (Oligochaeta)	3	6	1
Bärtierchen (Tardigrada)	0	14	0
Milben (Acari)	119	421	9
Krebse (Crustacea)	210	131	193
Eintagsfliegen (Ephemeroptera)	3	163	117
Steinfliegen (Plecoptera)	8	345	52
Libellen (Odonata)	4	62	38
Wanzen (Heteroptera)	2	34	5
Käfer (Coleoptera)	63	288	72
Schlammfliegen (Megaloptera)	0	7	9
Köcherfliegen (Trichoptera)	173	558	130
Zweiflügler (Diptera)	467	986	251
Fische (Pisces)	0	143	260
Lurche/Kriechtiere (Amphibia/Reptilia)	9	16	1
Vögel (Aves)	0	5	132
Säugetiere (Mammalia)	0	28	33

Tab. 17: Anzahl der Tierarten aus verschiedenen systematischen Gruppen, die in Europa in Quellen, Bächen und Flüssen vorkommen. Zusammengestellt von Brehm & Meijering (1982) nach der „Limnofauna Europaea". Diese Auflistung ist aber noch keineswegs vollständig. Es sind noch viele Neufunde zu erwarten. Bereits jetzt sind nach Angaben o. g. Autoren insbesondere bei den Zweiflüglern, Strudelwürmern und Wenigborstern eine Reihe von Arten nachzutragen, die in der „Limnofauna Europaea" noch keine Berücksichtigung gefunden haben.

Die Fauna läßt sich nach sehr verschiedenen Gesichtspunkten einteilen: Bewährt hat sich einmal die Einteilung der Fließgewässer in eine Quellregion und fünf weitere Gewässerregionen, die jeweils nach einer Leitfischart benannt werden (vgl. dazu Abb. 36). Auch die Artenzusammensetzung der Insekten wechselt nach Illies (1961) sprunghaft und parallel zum Auftreten dieser Leitfischarten.

Nach einem anderen Einteilungsprinzip wird die Fauna grob unterteilt in die Lebensgemeinschaften

– des Gewässergrundes
– des freien Wassers (Schweber und Schwimmer)
– der Wasseroberfläche.

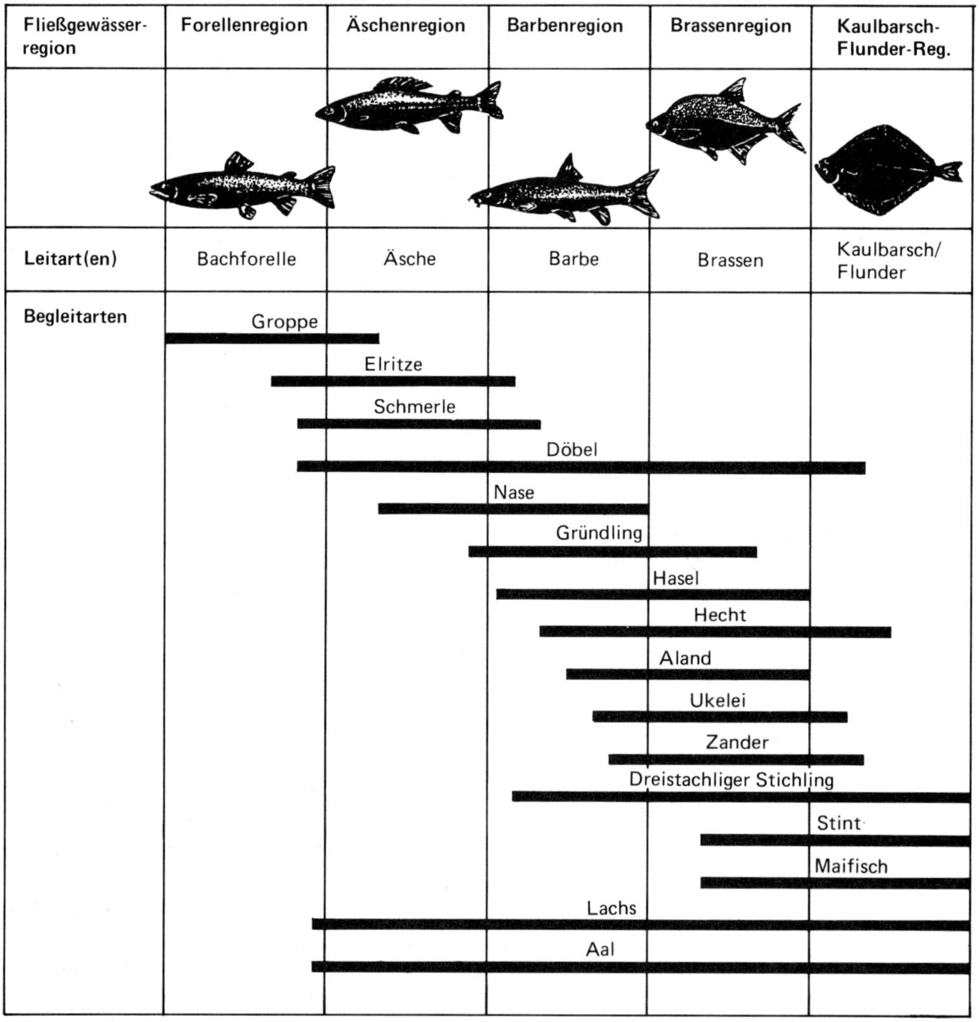

Abb. 36: Die fischereibiologischen Fließgewässerregionen und ihre kennzeichnenden Fischarten (verändert nach Klee 1985, aus Riecken & Blab 1989)

Die Artengruppe des Gewässergrundes gliedert sich nach Sernow (1958) wiederum nach der Vorliebe für bestimmte Substrate in folgende fünf Untergruppen:

– Lithorheozoozönose: Arten der harten Böden, Felsen und Steine, z. B. *Dugesia gonocephala, Heptagenia lateralis, Drusus* spp., *Ancylus* spp., *Theodoxus* spp.

– Phytorheozoozönose: Pflanzenbewohnende Arten, z. B. *Acroloxus lacustris* (Teich-Napfschnecke)

– Agrillorheozoozönose: Arten der lehmigen Flußböden, z. B. viele Vertreter der Eintagsfliegengattung *Ephemera*

– Psammorheozoozönose: Sandbewohnende Arten, z. B. *Pisidium amnicum, P. supinum* (beides Erbsenmuscheln), *Unio crassus* (Flußmuschel)

– Pelorheozoozönose: Arten in Böden mit verschiedenem Schlamm, vor allem organischer Herkunft, z. B. *Unio tumidus* (Dicke Flußmuschel), *Viviparus viviparus* (Flußdeckelschnecke)

Vielfach ist es außerdem zwingend notwendig, daß entweder zwei der oben genannten Substrate nebeneinander oder daß die Bestandteile eines Substrates zwar nach Größenklassen sortiert, aber eng miteinander verzahnt im Bachbett vorliegen. Ersteres ist beispielsweise unverzichtbar für die im Moos lebenden Jugendformen vieler im erwachsenen Zustand der Steinfauna zugehöriger Tiere (Thienemann 1925), letzteres etwa für die verschiedenen Altersstadien der Groppe, eines typischen Bachfisches (vgl. hierzu Abb. 37 und 41).

Repräsentative Vertreter der einzelnen Faunengruppen

Säugetiere, Vögel, Kriechtiere, Lurche

Streng auf Fließgewässer spezialisiert ist von den einheimischen Arten dieser vier Wirbeltierklassen lediglich die Wasseramsel. Einige weitere Vertreter, wie z. B. Gebirgsstelze, Feuersalamander und Würfelnatter (die letztere im wesentlichen aber nur im Potamal) weisen einen Siedlungsschwerpunkt an Fließgewässern auf, ohne stehende Gewässer zu meiden. Die sonstigen wassergebundenen Arten (vgl. dazu Abschn. XII.3) siedeln schwerpunktmäßig in Stillgewässern oder an ruhigen Buchten, Stillwasserzonen und trägströmenden Abschnitten in Fließgewässern, bzw. können ausnahmsweise – wie etwa die Wasserspitzmaus – auch in rasch strömende Abschnitte vordringen.

Fische

Eine Übersicht über die wichtigsten Fischarten der Fließgewässer und ihre Verteilung auf die einzelnen Abschnitte gibt Abbildung 36. Die Charakterarten der Forellen- und Äschenregion laichen dabei über kiesigem bzw. sandigem Substrat ab, die Arten der Brassenregion vorwiegend an Wasserpflanzen. Die Arten der Barbenregion sind teilweise Kieslaicher (z. B. Barbe, Nase) oder können mehrheitlich über Steinen, Sand und an Pflanzen ablaichen (vgl. z. B. Lelek 1979).

Wirbellose

Eine Übersicht über die vertretenen Taxa und ihre Artenzahlen gibt Tabelle 17. Abbildung 38 zeigt die Verteilung ausgewählter Libellenarten längs der Fließrichtung.

Abb. 37: Die Groppe, ein typischer Bachfisch, dringt bis in die Quellregion der Gewässer vor.

(Foto: K. P. Zsivanovits)

4. Gefährdungsfaktoren

4.1 Gewässerbauliche Veränderungen

Von 6.567 km Flußlänge sind im Bundesgebiet (nach Gebietsstand bis zum 3. Oktober 1990) 4.169 km (63 %) für die Schiffahrt ausgebaut (Statistisches Bundesamt 1981). Nach Kraus (1971) wurden im Bundesgebiet zwischen 1960 und 1970 25.000 km (kleinere) Wasserläufe ausgebaut. Da die natürliche Gliederung der Fauna mit ihrer Artenvielfalt neben der Wasserqualität (bzw. dem davon abhängigen Sauerstoffgehalt) vor allem von den Gefälle- und Sedimentationsverhältnissen bestimmt wird, führen wasserbauliche Maßnahmen, die im Regelfall das natürliche Habitat- und Strömungsmosaik erheblich nivellieren, zu einer deutlichen Verarmung und Monotonisierung der Tierbestände. So ermittelte z. B. Dittmar (1955) für einen ursprünglich natürlichen Sauerlandbach, daß nach der Regulierung die Zahl wirbelloser Tierarten um 50 %, die Individuendichte sogar um 85 % zurückging.

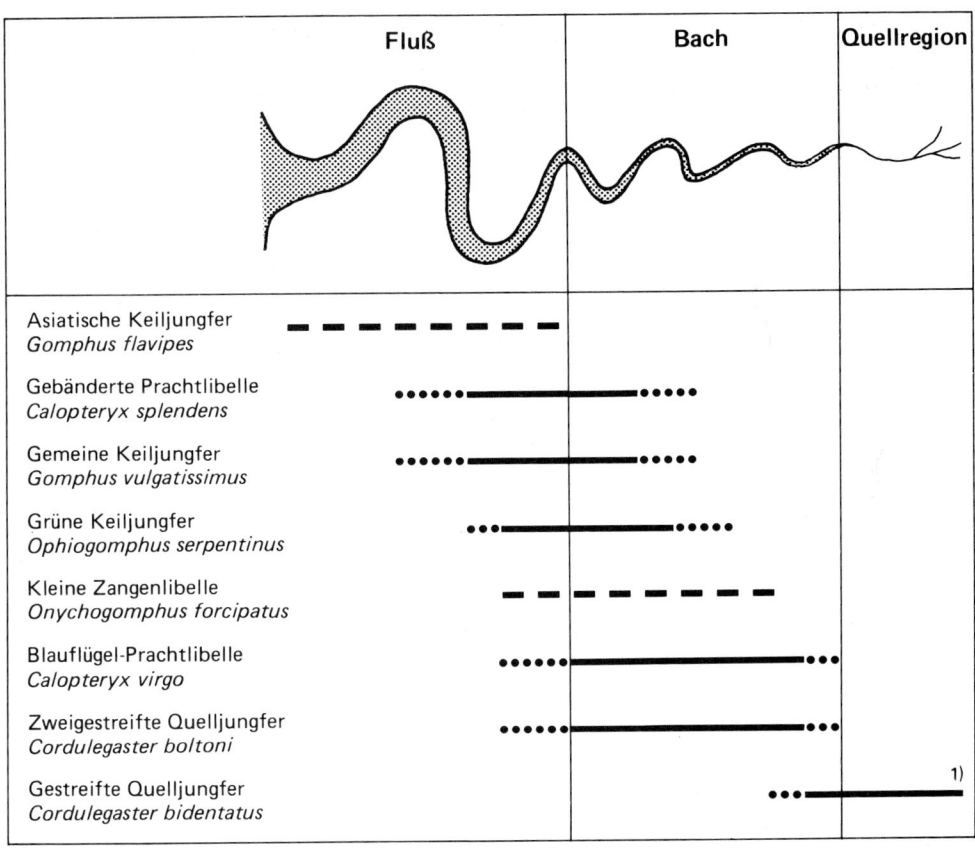

	Fluß	Bach	Quellregion

Asiatische Keiljungfer
Gomphus flavipes

Gebänderte Prachtlibelle
Calopteryx splendens

Gemeine Keiljungfer
Gomphus vulgatissimus

Grüne Keiljungfer
Ophiogomphus serpentinus

Kleine Zangenlibelle
Onychogomphus forcipatus

Blauflügel-Prachtlibelle
Calopteryx virgo

Zweigestreifte Quelljungfer
Cordulegaster boltoni

Gestreifte Quelljungfer
Cordulegaster bidentatus

▬▬▬ Schwerpunkt der Besiedlung
●●●●● Vereinzelte Vorkommen möglich
▬ ▬ Wahrscheinlicher Bereich (Art in Niedersachsen ausgestorben bzw. verschollen)

1) nur im Bergland

Abb. 38: Schematische Darstellung der Besiedlung eines naturnahen, intakten Fließgewässers in Niedersachsen durch Libellen (nach Altmüller et al. 1989)

Folgende Maßnahmen sind dabei von entscheidender Bedeutung für die Bestandsrückgänge der Fauna:

a) Laufverkürzung (durch Abschneiden von Mäandern und relativ gerade oder nur leicht geschwungene Linienführung)

Konsequenzen:

- Verlust der biologisch produktiven Überschwemmungszonen und Abtrennung von Altwässern. Verkürzung der biologisch besonders produktiven und wichtigen Saumbereiche im Gewässer mit der Folge, daß die für eine Besiedlung durch Pflanzen und Tiere besonders geeignete Fläche erheblich verkleinert wird.

- Erhöhung der Strömungsgeschwindigkeit mit den Folgen, daß der Grundwasserstand abgesenkt sowie die Tiefenerosion gefördert wird (und damit auch die ufernahen Landbereiche stärker entwässert werden), daß teilweise auch Altarme und Altwässer vom Fließgewässer abgeschnitten werden, dazu die feineren Substrate relativ stärker abgeschwemmt (Vergröberung des Schotters) und schließlich die Gerölle stärker in Bewegung gehalten werden.

Für die Tierwelt bedeutet dies:

– An höheren Grundwasserstand gebundene terrestrische (landlebende) Arten können wegen der durch die verstärkte Vorflut hervorgerufenen Entwässerung geschädigt werden.

– Der Verlust an Überschwemmungszonen und das Abschneiden von Altarmen als den besonders wichtigen produktionsbiologischen Zonen hat einschneidende Konsequenzen für Zusammensetzung und Abundanzen der Gewässerfauna (vgl. hierzu Abschn. XI. 5.5.2). Zudem kommt es in den abgeschnittenen Altwässern nicht selten infolge zunehmender Verschlammung zu Sauerstoffzehrung und Schwefelwasserstoffbildung, wodurch die ursprüngliche Fauna verdrängt wird (Beispiele für Mollusken in Donaualtwässern z.B. bei Hässlein 1966). Infolge der Laufverkürzung werden die Hochwasserwellen verstärkt (stärkere Umlagerung der Sedimente mit erheblichen nachteiligen Konsequenzen für die Artengemeinschaften des Gewässergrundes) bzw. können flachere Bereiche bei Niedrigwasser zeitweise trockenfallen, was sich ebenfalls sehr nachteilig auf die betroffenen Tierpopulationen auswirkt (Bless 1980).

– Die stärkere Strömung führt nicht nur zu einer Benachteiligung der Feinsediment- und Pflanzenbewohner, vielmehr sind häufig bewegte Gerölle auch für steinbewohnende Benthosorganismen als Siedlungsraum ungünstig (Überlagerung, mechanische Zerstörung, verstärkte Abdrift und anderes mehr).

b) Bachbettglättung, Sohlen- und Uferbefestigung, Anlage von Regelprofilen und Anwendung monotoner Bauweisen wie Sohlschalen.

Konsequenzen:

– Abschneiden oder teilweises Abschneiden der Verbindung zum sog. hyporheischen Interstitial, d.h. dem Untergrund unter der Gewässersohle, der weder vom Hochwasser noch vom Geschiebe beeinflußt wird. Nach Dahl (1976) ziehen sich die Bodenorganismen in diesen Bereich bei Hochwasser zurück, aus diesem Bereich wird die Flußsohle nach einem starken Hochwasser wieder neu besiedelt. Das hyporheische Interstitial bietet außerdem vielen Fließgewässertieren nicht nur Schutz vor Strömung, sondern ist gleichzeitig Temperaturrefugium, da sich in 20-30 cm Tiefe unter der Flußsohle Porenwasser selbst bei extremen Temperaturen nicht unter 3-4° C abkühlt.

Außerdem wird durch schwere Befestigungen der Austausch des Oberflächenwassers mit dem Grundwasser erschwert oder behindert, werden extreme Wasserstände also weniger gedämpft.

Verringerung der natürlichen, meist sehr hohen Strukturvielfalt im Gewässer auf wenige, überall gleiche Strukturen (Beseitigung von Laich-, Ruhe-, Deckungsmöglichkeiten und Verpuppungsorten, Benachteiligung der Feinsediment- und der Pflanzenbewohner sowie der von diesen Arten abhängigen Tiere, Verminderung des Aufkommens an Nährtieren und anderes mehr). Ein Beispiel für die Abhängigkeit der Artenvielfalt und Besiedlungsdichte der Wassertiere vom Substrat gibt Abbildung 39.

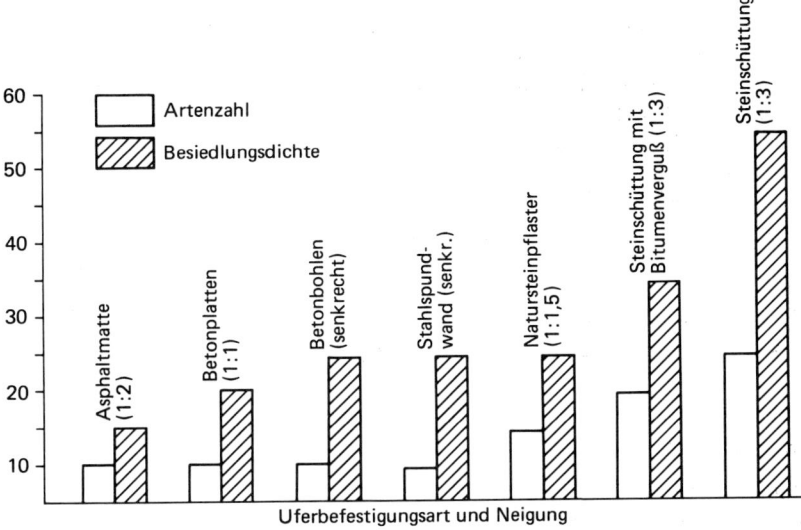

Abb. 39: Makrozoenbesiedlung verschiedenartig ausgebauter Uferstrecken des Dortmund-Ems-Kanals (nach Knopp & Kothé 1965)

c) Verrohrung

Dies bedeutet die völlige Vernichtung des entsprechenden Fließgewässerabschnittes als Lebensraum für Bachtiere. Nach v. Freier (1979) sind die kleinen Fließgewässer in Schleswig-Holstein im Landesdurchschnitt um 25 %, regional um bis zu 75 % durch Verrohrung zurückgegangen, in Flurbereinigungs- bzw. Gutsbezirken stellenweise sogar bis zu 100 %. Der Verlust natürlicher Gewässerläufe zwischen 1955 und 1971 belief sich z. B. im Flurbereinigungsverfahrensgebiet „Hohes Elbufer I" (Krs. Hzgt. Lauenburg) auf 5,1 km von 7,8 km oder ca. 65 % (Hahn-Herse & Bäurle 1979).

d) Stauhaltung

Durch Staumauern werden Fließgewässer in mehr oder weniger stehende Gewässer oder Gewässerabschnitte ohne regelmäßige natürliche Wasserstandsschwankungen zerlegt. Das stehende Wasser erwärmt sich vergleichsweise stärker, es kommt infolge einschneidender Abnahme der Strömungsgeschwindigkeit einerseits zu verstärkter Sedimentablagerung, andererseits zu beschleunigter Biomasseproduktion von Wasserpflanzen.

Die Konsequenzen daraus sind: Benachteiligung der strömungsliebenden und kaltstenothermeren Tierarten (also der eigentlichen Fließgewässerarten) zugunsten der insgesamt ohnehin weniger gefährdeten Stillwasserformen, Vernichtung von Kiesbänken im Stauraumbereich durch Schlammablagerung, mithin Benachteiligung der hierauf spezialisierten Arten[*], Behinderung der Tierwanderungen und -ausbreitung (z. B. von Flußfischen, aber auch von verschiedenen Wirbellosen wie etwa der Teichmuschel, deren Larven durch Fische verbreitet werden)[**]. In stärker verschmutzten Gewässern kann es im Stauraum zudem zu Faulschlammablagerung und Sauerstoffzehrung kommen. Zu den Auswirkungen auf die Fauna vgl. Abschnitt XI. 4.2.

Ein weiteres Problem des vielfach treppenartig, in weit voneinander entfernten und somit hohen Staustufen erfolgten Ausbaus der Ströme ist, daß der Wasserspiegel der Ströme (z. B. des Rheins) örtlich angehoben oder abgesenkt wird. Während erfahrungsgemäß das Bett der Stauhaltungen überall dort, wo der Wasserspiegel des Rheins ständig über dem des Grundwassers liegt, durch feinste Teile (Flußtrübe) recht schnell abgedichtet wird, so daß kein Wasser mehr oder nur unbedeutende Mengen in das Altrheingebiet bzw. in das Grundwasser gelangen, wirken die Unterwasserstrecken der Wehre und Schwellen dränend auf das Umland (Hügin 1981).

e) Eindeichung und Überbauung der Flußwattflächen

Am Unterlauf der Elbe wurden etwa 76 % der Flußwattfläche durch Eindeichung und Überbauung vernichtet (Podloucky 1976).

4.2 Gewässerverschmutzung und -vergiftung

Das Potamal wird durch diese Faktoren im Regelfall erheblich stärker als das Rhitral gefährdet, da sich Siedlungen und Industrie an den Flüssen konzentrieren und hier außerdem auch die noch nicht abgebauten Abwässer und Gifte aus den Bächen zusammenfließen (Kinzelbach 1980).

Organische Verunreinigungen werden vor allem durch die stark erhöhte Sauerstoffzehrung als Folge der Fäulnisprozesse schädlich. Bei geringeren Belastungen scheiden zunächst nur die besonders sauerstoffbedürftigen Arten aus, bei sehr starker Belastung auch Arten mit mittleren bis relativ geringen Sauerstoffansprüchen. Zudem lagern sich in sehr stark belasteten Gewässern die nicht abgebauten Stoffe als Schlammschicht ab (insbesondere in Ruhigwasserzonen). Dadurch werden die Hohlräume zwischen den feinen Sedimenten verstopft und die dort siedelnde Bodenfauna stark beeinträchtigt oder vernichtet. Auch Kiesbänke verschlammen und fallen damit als Bruthabitat für kieslaichende Fische wie z. B. Forellen, Äschen, Barben, Nasen, Rapfen und viele andere mehr aus.

Giftige Abwässer (wie z. B. Ammoniak, Säuren, Detergentien, Biozide und Schwermetalle) können je nach Konzentration und dem wechselseitigen Zusammenwirken der Stoffe unterschiedliches Gewicht für die gesamte Wasserfauna (und -vegetation) oder die empfindlicheren Teile davon besitzen. Ähnliches gilt für hohe Salzbelastungen (z. B. Rhein, Werra, Weser). Viele Tierarten verschwinden aus Gewässern schon bei relativ geringen Salzkonzentrationen. Ein großes Problem selbst für die etwas salztoleranteren Arten sind zudem die nicht selten großen Schwankungen in der Salzbelastung, die viele

---

[*] Bei natürlichem Wechselwasserstand würden Gewässerbetten ausgeräumt. Der Wechselwasserstand würde außerdem vor allem nur biomassearme Pionierkrautbestände aufkommen lassen.

[**] Eine Zusammenstellung von Beispielen, daß Fischpopulationen (z. B. der Lachs) durch den Bau von Staumauern ausgerottet wurden, findet sich bei Bless (1978).

Wirbellose physiologisch (Ausgleich des osmotischen Drucks) völlig überfordern (z. B. Buhse & Wach 1975, Jaeckel 1962, Kinzelbach 1972, zit. bei Bless 1980). Eine weitere Folge der Verschlechterung der Umweltverhältnisse für die Fische liegt in einer Vitalitätsminderung und der damit verbundenen erhöhten Anfälligkeit für Krankheiten oder Parasiten, z. B. Geschwüre bei der Barbe, Blumenkohlkrankheit bei Aalen usw. (s. Beispiele bei Bless 1978).

4.3 Abwärmebelastung

Die Temperatur ist eine der wichtigsten Milieubedingungen in Gewässerökosystemen. Damit hat die Erwärmung des Wassers zwangsläufig weitreichende Folgen für die Zusammensetzung der limnischen Lebensgemeinschaften. Allerdings steht der Faktor Temperatur nicht für sich allein im Gewässer: er ist mit Sauerstoff, pH-Wert und vielen weiteren Parametern vielfältig vernetzt und kann zusätzlich über die Beeinflussung physikalischer, chemischer und biotischer Faktoren Änderungen in den Biozönosen hervorrufen. Hinsichtlich der Einflüsse der Temperatur auf limnische Lebensgemeinschaften sind hauptsächlich zwei Kategorien zu unterscheiden:

- Mittelbarer Einfluß auf die Lebensgemeinschaften über eine Verschlechterung der Sauerstoffbilanz der Gewässer (in verschmutzten Gewässern das zentrale Problem);

- unmittelbare Einwirkung auf die Lebensgemeinschaften.

Im erstgenannten Fall hat die Wassererwärmung unter anderem folgende Konsequenzen:

- der Gehalt an gelöstem Sauerstoff sinkt (physikalische Gesetzmäßigkeit);

- vermehrte Sauerstoffzehrung (in organisch belasteten Gewässern) infolge des gesteigerten bakteriellen Abbaus der organischen Stoffe;

- Steigerung des Sauerstoffverbrauchs der Fauna infolge erhöhten Stoffwechsels.

Ökologische Auswirkungen auf die Tierwelt

Die Existenzmöglichkeiten von Organismen bzw. Organismengruppen mit hohen Sauerstoffansprüchen sind durch beschränkte Sauerstoffverfügbarkeit reduziert oder ausgeschlossen. Verstärkt wird dieser Effekt insbesondere auch noch dadurch, daß viele rheophile Arten über keine oder lediglich eine wenig ausgeprägte aktive Ventilation ihrer Atmungsorgane verfügen. Mit sinkender Sauerstoff-Konzentration fallen diese Arten aus. All dies hat auch Konsequenzen für die auf diesen Organismen aufbauenden Nahrungsketten und die mit auf diesen Arten basierende Selbstreinigungskraft der Gewässer. Es kann also zu einer Verschiebung der Artenspektren kommen bzw. zu einer Ablösung der eng auf kühl-gemäßigte und sauerstoffreiche Zonen der Ober- und Mittelläufe der Flüsse angepaßten Lebensgemeinschaften durch weitverbreitete Allerweltsarten, die solche Bedingungen ertragen können. Von den zahlreichen Belegen zu dieser Aussage soll hier nur auf die Ausfallreihe von Schnecken und Muscheln bei Abnahme des Sauerstoffgehalts bei Mauch (1963), Schermer (1934) und Kinzelbach (1972) verwiesen werden.

Im zweiten Fall bedeutet dies, daß Arten, die nicht oder nur wenig wärmetolerant sind, zunächst in ihren Abundanzen absinken und schließlich aus erwärmten Fließwasserabschnitten verschwinden (Beispiel: *Diaphanosoma brachyurum*). Es kann zu einem Wechsel der ökologischen Dominanten und zu einer Veränderung der Artenzusammensetzung kommen. Bei wirbellosen Tieren wird eine Reihe physiologischer Prozesse teilweise entscheidend durch die Temperatur beeinflußt (z. B. Wachstum, Schlupfreife, Geschlechtsreife und anderes mehr).

Bei einer Reihe von Köcher-, Eintags- und Steinfliegenarten liegen Belege vor, daß die Larven vorzeitig, z. B. noch im Winter, schlüpfen, womit die Imagines (ausgewachsene Tiere) infolge der unwirtlichen Bedingungen außerhalb der Gewässer umkommen. (Allmähliche Eliminierung einzelner Arten durch Langzeiteffekte.) In anderen Fällen existieren Hinweise, daß das Fortpflanzungsgeschehen infolge abwärmebeeinflußter Unregelmäßigkeiten im Schlupfverhalten der Imagines gestört ist. Allerdings gibt es hierzu auch widersprüchliche Ergebnisse (vgl. dazu z. B. die Diskussion bei Langford 1975).

Etliche Wasserorganismen brauchen darüber hinaus eine winterliche Ruhepause, wobei die im Frühjahr ansteigenden Temperaturen (evtl. im Verbund mit der Photoperiode) eine steigende Vitalität bewirken. Eine Reihe von Arten kann sich darüber hinaus nur bei kühleren Wassertemperaturen (z. B. unter 10° C) fortpflanzen, selbst wenn die Tiere als Individuen dauerhaft höhere Wassertemperaturen ertragen.

Temperaturbedingte Verschiebungen der Flora und Fauna sind auch unerwünscht, weil einige der resistenteren Organismen in stärkerem Maße als die unter normalen Verhältnissen auftretenden schädigend wirken. Hierzu gehören insbesondere wärmeliebende Blaualgen, die Wasserblüten hervorrufen können und durch Giftabsonderung und Ausscheidung von Geruchs- und Geschmacksstoffen Wasserorganismen schädigen und die Trinkwasseraufbereitung erschweren. Insgesamt gesehen ist auch in diesem Fall eine Veränderung der ursprünglichen Lebensgemeinschaften in Richtung der vorne geschilderten Konsequenzen nicht auszuschließen. Allerdings sind hierbei gegenwärtig noch viele Fragen offen.

4.4 Sonstige Eingriffe

a) *Übermäßige Entnahme von Sand und Kies*
In Einzelfällen liegen auch Belege dafür vor, daß Fließgewässerorganismen durch die übermäßige Entnahme von Sanden und Kiesen gefährdet wurden. Beispielsweise war nach Reichenbach-Klinke (1962) für den Rückgang der Barben und Nasen in der Donau auch die Kiesentnahme aus dem Fluß (Zerstörung der Laichhabitate) mitverantwortlich.

b) *Instandsetzung, Gewässerunterhaltung und Reinigungsarbeiten*
Solche Arbeiten stellen vielfach, z. B. durch umfangreiche Entlandungsmaßnahmen und Zerstörung von Habitaten im Gewässer, massive Eingriffe für die Limnofauna dar (z. B. Clausnitzer 1980).

c) *Besatzmaßnahmen mit Fischen*
Auch intra- und interspezifische Konkurrenzfaktoren, die auf einen massiven Besatz mit Fischen (z. B. Karpfen, Schleie, Aal, Hecht) zurückgehen, können zu teilweise erheblichen Verschiebungen im Bestandsgefüge der Gewässerfauna führen. Die Konsequenzen solcher Maßnahmen werden aber erst in groben Zügen sichtbar, z. B. für

die Fischfauna der betreffenden Gewässer (vgl. Pleyer 1980) und sind dabei tendenzmäßig nahezu durchgehend negativ.

5. Entwicklungsziele

5.1 Erhaltung des Fließgewässercharakters, d. h. kein Anstau. Etwaige bestehende, für Wasserorganismen unüberwindliche Hindernisse müssen überwindbar gemacht werden (z. B. durch Fischtreppen, vgl. Abschn. 6.10 dieses Kap.).

5.2 Erhaltung der natürlichen Fließgewässerdynamik mäandrierender und geschiebeführender Gewässerabschnitte. Trotz erheblicher Zielkonflikte mit anderen Nutzungsansprüchen an den Raum sollten alle – auch kleinflächige – Möglichkeiten genutzt werden.

Kaum mehr vorhanden und daher hochgradig schutzbedürftig sind die noch bestehenden Wildflußstrecken, d. h. unverbaute, natürliche Flußstrecken größeren Umfangs, wo die Gewässer ihr Bett noch selbst bestimmen und fortlaufend modellieren können (vgl. Abb. 40).

5.3 Rückführung verrohrter bzw. begradigter Wasserläufe in einen naturnahen Zustand. Gewährleistung auch eines durchgängigen Luftraumes über dem Fließgewässer (z. B. bei Verrohrung unter Straßen), da viele Wasserinsekten als Imagines bachaufwärts gerichtete Schwärmflüge durchführen und dabei durch zu enge Verrohrung evtl. empfindlich gestört werden. (Untersuchungen dazu sind dringend erwünscht.)

Abb. 40: Unverbaute Wildflußstrecke, hier Obere Isar, im Naturschutzgebiet Karwendel
(Foto: P. Pretscher)

5.4 Erhaltung guter, Verbesserung schlechter Wasserqualitäten, Sauerstoffreichtum. Im Rhitral sollten möglichst oligosaprobe (geringe Nährstoffanreicherung) bis höchstens β-mesosaprobe (das anfallende organische Material wird von den Gewässerorganismen fast vollständig abgebaut) Verhältnisse angestrebt werden.

Trotz stellenweise erheblicher Fortschritte in den letzten Jahren zählt eine deutliche Besserung der Wasserqualitäten insbesondere im Potamal angesichts der noch immer hohen Belastung nach wie vor zu den vordringlichsten Aufgaben des Fließgewässerschutzes. (Besonders problematisch ist dabei zudem, daß sich die Wasserwirtschaft i. d. R. außerstande sieht, bei der für zahlreiche gefährdete Arten bereits kritischen Verschlechterung der Gewässergüte von I auf II Gegenmaßnahmen einzuleiten). Zudem scheint es geboten, an dieser Stelle einige kritische Bemerkungen zur Anwendung des Saprobiensystems anzubringen, da die sog. Gewässergütekarten weit verbreitet sind, eine umfassende Zustandsbeurteilung des Gewässersystems suggerieren, jedoch nur auf einem einzigen Parameter fußen. Die so definierten Güteklassen erlauben ausschließlich eine Zustandsbewertung hinsichtlich des Faktors organische Verunreinigung. Strukturveränderungen, Änderungen der Licht-, Temperatur- und Strömungsverhältnisse usw. gehen dagegen in dieses Beurteilungssystem nicht ein (Weitergehendes u. a. bei Böttger 1985).

5.5 Erhaltung bzw. Wiederherstellung einer möglichst vielgestaltigen Gewässermorphologie: Wechselnde Wassertiefen, unterschiedliche Fließgeschwindigkeiten, unterschiedliche Korngrößen des Sohlensubstrates, von der Strömung geprägtes Längs- und Querprofil, gewundener, also mäandrierender Lauf, Prall- und Gleitufer, Kolke, ab dem Potamal auch Altwässer, jeweils mitsamt ihrer natürlichen Ufervegetation. Entsprechend dem hierarchischen Aufbau der Fließgewässer sind die zentralen Bedingungen im Ökosystem (vor allem Wasserführung, Fließgeschwindigkeiten, Substratkörnung, Tiefenunterschiede und anderes mehr) abschnittsweise durchaus verschieden und werden insgesamt (im Gegensatz zur Temperaturamplitude und zum Sauerstoffgehalt) vom Quellrinnsal zur Bleiregion zunehmend konstanter. Damit sind die folgenden generellen Zielaussagen zu den limnischen Habitaten in Abhängigkeit von der jeweiligen Gewässerregion zu spezifieren und Linienführung sowie Profilgestaltung an vergleichbaren naturnahen Gewässerstrecken auszurichten.

5.5.1 Allgemeine Entwicklungsziele für Habitate im Fließgewässer

Ein Fließgewässer bietet umso mehr Lebensraum für Pflanzen und Tiere, je mehr innere Oberflächen es durch natürliche oder künstliche Rauhigkeit der Gewässersohle und der Ufer besitzt (z. B. durch größere Steine, Gerölle, Abstürze und Kolke). Damit sind folgende Gestaltungsziele anzustreben:

a) Möglichst große Uferlänge, natürliches von der Strömung bestimmtes Querprofil, großer benetzter Querschnitt, intensive Wasser-Land-Beziehung, auch ausgedehnte Sprühzonen im Randbereich, unterschiedliche Breiten- und Tiefenverhältnisse auf engem Raum.

b) Differenzierung der Fließgeschwindigkeiten, also höhere und geringere auf engem Raum (Grundlage dafür sind viele Strömungshindernisse); in Teilbereichen typische Umlagerungsstrecken mit verzweigtem Lauf, Sand- und Kiesbänken sowie unterschiedlicher Uferausbildung.

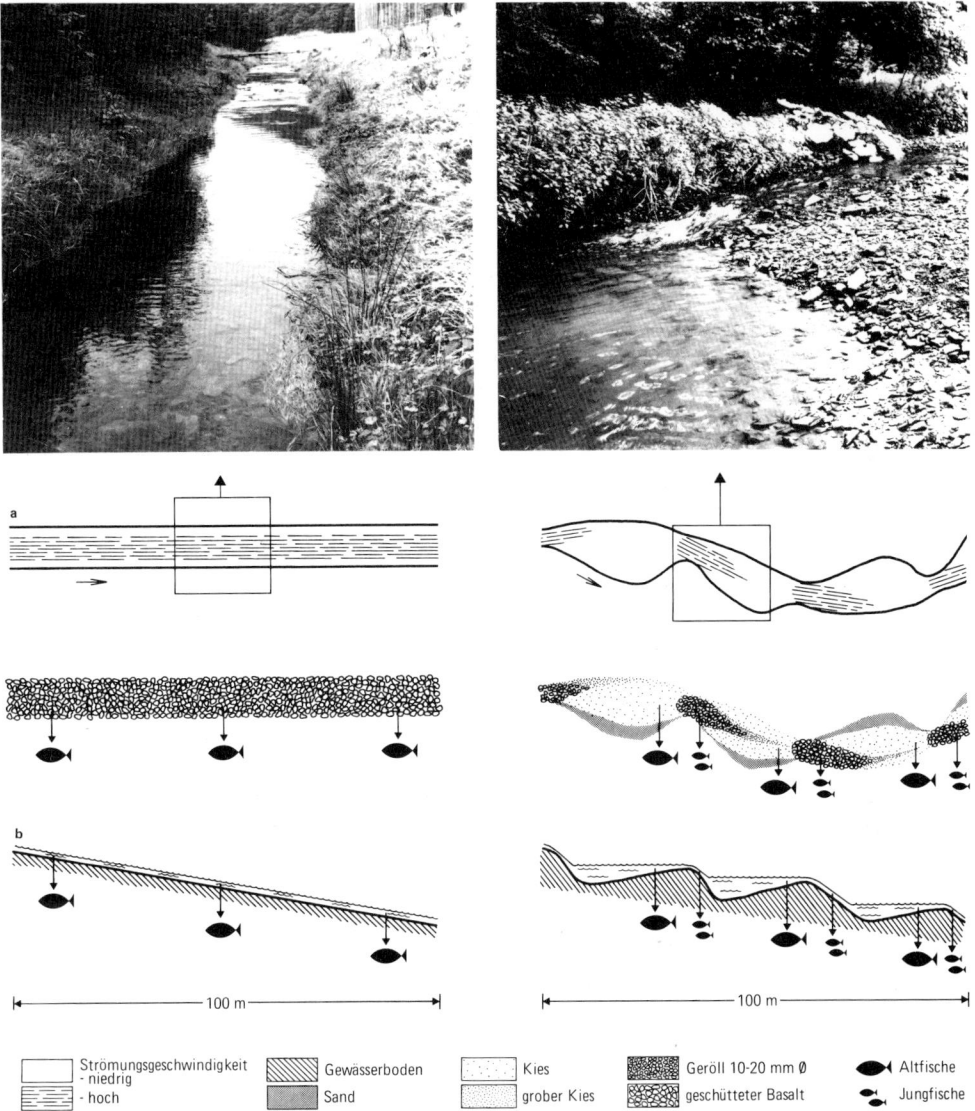

Strömungsgeschwindigkeit - niedrig		Gewässerboden	Kies		Geröll 10-20 mm Ø	Altfische
- hoch		Sand	grober Kies		geschütteter Basalt	Jungfische

Abb. 41: Schematisierte Aufsicht (a) und schematisierter Längsschnitt (b) eines begradigten und eines natürlichen Bachabschnittes (nach Bless 1981)
Nach demselben Autor gilt: Auf grobem Sediment in Schnellen werden ausgewachsene Groppen angetroffen; in feinerem Sediment bei langsamerer Strömung halten sich Jungtiere auf; in monotonem Schotter bei gleichbleibend starker Strömung sind keine Fische nachzuweisen.

c) Hohe Sohlrauhigkeit, Sedimentierung des Substrats in unterschiedliche Fraktionen und Korngrößen (Kiesbänke, Sand- und Lehmbänke, organischer Schlamm) und mosaikartige Verzahnung solcherart sortierter Habitate über natürlichem Grund. Beginnend ab der

141

Äschenregion flußabwärts auch größere Wasserpflanzenbestände (vgl. hierzu auch Kap. XIII und XIV).

d) Stellenweise Uferabbrüche, unterspülte Ufer und Baumwurzeln am Prallufer sowie Anlandungen am Gleitufer.

Bestimmender Faktor ist dabei die gestaltende Kraft des fließenden Wassers. Da Wasserregime, Wasserrinne, Gewässersohle, Ufer und ihre Beschaffenheit schon kleinräumig ein ausgesprochen komplexes, in seiner Wechselbeziehung eng miteinander verzahntes System darstellen, läßt sich dieses Entwicklungsziel nur erreichen, wenn die natürliche Fließgewässerdynamik nicht zu stark gebändigt wird oder frühere Fehlentwicklungen korrigiert werden.

Der größte Bedarf für Verbesserungen besteht dabei in den der Äschen- und Barbenregion zuzurechnenden Flußabschnitten sowie bei vielen kleinen Fließgewässern (Wiesenbächen, Quellbächen) vor allem der tieferen Lagen, die in der Vergangenheit am nachhaltigsten umgewandelt und beeinträchtigt wurden.

Hinsichtlich der für Fischpopulationen notwendigen Streckenlänge in dieser Region gibt eine Untersuchung von Lelek (1980) folgende Anhaltspunkte: Eine lebensfähige Barbenpopulation benötigt einen ca. 10-15 km langen Flußabschnitt, um lokale Bewegungen zu ermöglichen. Außerdem sollte die Einmündung eines Nebenflusses mit einer 3-5 km langen, möglichst naturnahen Strecke zur Verfügung stehen.

Notwendige Habitatelemente sind dazu:

- Futterplätze: steiniges oder schottriges Flußbett
- Laichplätze: Stellen wo sich schottrige und kiesige Bereiche abwechseln
- Winterruheplätze: tiefere Kolke

5.5.2 Altwässer (besonders im Bereich der dem Potamal zuzurechnenden Abschnitte)

Im wesentlichen gelten hier die Entwicklungsziele für stehende Gewässer, vor allem für die Weiher und ihre Habitate (vgl. Abschn. XII.5). Darüber hinaus ist jedoch zumindest bei Fließgewässern mit zufriedenstellender oder guter Wasserqualität anzustreben, die Verbindung zum Fluß nicht abzutrennen bzw. – wenn dies bereits geschehen ist – fallweise, allerdings erst nach eingehender Einzelfallprüfung, nachträglich wieder herzustellen.

Diese unmittelbare Verbindung zum Fluß ist unter anderem deswegen wichtig, weil (bei kanalisierten Flüssen) in den Altwässern aufgrund der Wasserpflanzenvorkommen und günstigeren Strukturverhältnisse das Flußplankton erzeugt wird, weil Altwässer Refugialbiotope und dann Zentren für die Wiederbesiedlung von Flußabschnitten mit Gewässerorganismen (z. B. Mollusken, Fischen) nach Abwasserkatastrophen sein können, weil hier viele krautlaichende Fische, wie z. B. der Karpfen, ihre Brut absetzen[*]. Eine ähnlich wichtige Funktion als Refugien kann ebenso Mühlgräben und vom Fließgewässer abgeleiteten Be- und Entwässerungsgräben zukommen.

---

[*] Nach Balon (1964) hängt die Abundanz der pflanzenlaichenden Fischarten der Donau von der Fläche der durch periodische Überschwemmungen beeinflußten grasigen und strauchigen Fläche ab, wo sie allein gute Bedingungen zum Laichen und zur Entwicklung vorfinden.

5.5.3 Wasserabhängige terrestrische und semiterrestrische Biotope

a) Kies-, Sand- und Schlammbänke (Entwicklungsziele vgl. Abschn. XV. 5)

b) Vertikale Erdaufschlüsse (Entwicklungsziele vgl. Abschn. XXXIV. 5)

c) Schwimmblatt- und Laichkrautzone (Entwicklungsziele vgl. Abschn. XIII. 5)

d) Röhrichte und Uferstauden (Entwicklungsziele vgl. Abschn. XIV. 5)

e) Auwälder und gewässerbegleitende Gehölzsäume (Entwicklungsziele vgl. Abschn. XXV. 5)

f) Auewiesen mit Tümpeln und Überschwemmungsmulden (Entwicklungsziele vgl. Abschn. XVIII. 5)

g) Flußwatt im Gezeitenbereich der in die Nordsee mündenden Ströme (vor allem der Elbe). Bestände größerer Breite (z. B. ab 100 m an einer Seite des Stroms) sollten wegen ihres hohen Stellenwertes für den Tierartenschutz dringend erhalten bleiben.

5.5.4 Entwicklungsziele für Arten mit großem Raumanspruch: Otter- und Biberlebensräume

Der Otter ist auf ungestörte, wenig verbaute und unbesiedelte Abschnitte deckungsreicher (Schilf-, Baumvegetation), nicht zu stark verschmutzter Still- und Fließgewässer angewiesen. Ein guter Otterbiotop sollte nach einer Auswertung der vorliegenden Erkenntnisse bei Müller et al. (1976) möglichst wenigstens 15-20 km Uferlänge umfassen, reich an Hinter- und Stillwassern, Zu- und Abflüssen sein und dazu möglichst mit anderen größeren Gewässern in Verbindung stehen. Minimum eines Otter-Kernreviers sind dabei ca. 2-3 km Seeufer oder 5 km Flußufer (Reuther 1980), größere Flächen sind aber dringend erwünscht.

Der Biber besiedelt Fließ- und Stillgewässer mit (in Mitteleuropa) größeren ufernahen Weichholzbeständen. Hauptnahrung sind die Weichhölzer. Entsprechend hängt die Reviergröße vor allem vom Angebot an dieser Ernährungsgrundlage ab und variiert von etwa 0,3 bis 3 km Uferlänge (verschiedene Autoren bei Niethammer & Krapp 1978). Unter bundesdeutschen Bedingungen sind Größen von 1 km Uferlänge je Revier realistisch (Reichholf-Riehm 1981). Eine überlebensfähige Biberpopulation benötigt entsprechend mehrere Kilometer einigermaßen naturnahe, wenigstens streckenweise weichholzbestandene Gewässerufer. Beispielsweise folgert Reichholf (1976) aus seiner Kenntnis der Biberpopulation der Innstauseen, daß 10-20 Biberpaare etwa 20 ha gut bestockte Weidenaue mit 2-5 km effektiver Uferlänge benötigen. 20 Biberpaare dürften jedoch für eine auf lange Sicht überlebensfähige Population zu wenig sein.

6. Schutz, Pflege und Entwicklung

6.1 Hauptaufgabe ist es, die in Abschnitt 4 genannten Gefährungsfaktoren abzustellen bzw. zu vermindern sowie Fehlentwicklungen zu korrigieren.

6.2 Eine der wichtigsten Aufgaben – trotz gewisser Fortschritte – ist nach wie vor die Verbesserung der Wasserqualität, insbesondere im Potamal.

Entsprechend ist der Ausbau von Kläranlagen für industrielle und kommunale Abwässer weiter voranzutreiben. Dabei ist es unverzichtbar, daß die Kapazität der Kläranlagen der Abwasserlast angepaßt ist (was heute vielfach nicht der Fall ist), und daß die Anlagen mechanisch, biologisch und auch chemisch (vor allem Phosphat-, Nitrat- und Schwermetallabscheider) wirksam sind.

Auch in landwirtschaftlich geprägten Gemeinden ist die Schaffung von Kläranlagen, Oxydationsteichen, Auffangbecken und Ölabscheidern bei Straßenabwässern beschleunigt voranzutreiben. Doch selbst bei relativ gut funktionierenden Kläranlagen verbleiben vielfach aber dennoch nennenswerte Nährstoffanteile im Wasser bzw. kommen aus diffusen Einleitungen (v. a. landwirtschaftliche Düngung) hinzu. Als Maßnahmen zur Beseitigung/Reduzierung dieser Nährstofffracht kommen neben dem Prinzip der Vermeidung (!) bzw. dem generellen Ausweisen von nicht gedüngten, möglichst breiten Schutzstreifen (wenigstens 10-15 m) zwischen Landwirtschaftsfläche und Gewässer, biologische Reinigungsmethoden in Betracht.

Vorbeugend wichtig ist es, eine andere Beseitigung der Abraumsalze zu wählen, eine Überdüngung der Felder (Ausschwemmung der Nährstoffe) zu vermeiden und schließlich muß auch die Entwicklung, den Phosphatgehalt in Wasch- und Reinigungsmitteln möglichst weiter zu verkleinern bzw. zu ersetzen, beschleunigt vorangetrieben werden.

6.3 Unbedingt unangetastet bleiben sollten die wenigen Reste von Wildflußstrecken (d. h. unverbaute Strecken, wo die Flüsse ihr Bett noch weitgehend selbst bestimmen können) in den Bereichen der Barben- und Äschenregion sowie die Mündungen von Flüssen und Bächen in Seen (äußerst seltene und biologisch reichhaltige Kombination zwischen Seesträden und Flußauen).

6.4 Besonders hohe Schutzdringlichkeit besteht auch für alle noch einigermaßen reich gegliederten und naturnah verbliebenen Reste des Mittellaufes der Flüsse (vgl. Abb. 42). In diesen, heute nur noch selten vorhandenen Flußstrecken besteht ein hoher Artenreichtum. Beispielsweise ist hier, bedingt durch vielseitige Biotopgliederung, hohe Habitatvielfalt, reich gegliederte Ufer, starke Strömungsunterschiede auf kleinem Raum usw. die Fischartenvielfalt am größten (Lelek 1979).

6.5 Insbesondere an den Mittel- und Unterläufen der Flüsse sind die verbliebenen größeren naturnahen Bereiche dringend von weiterer Siedlungs-, Industrie- oder Straßenbebauung freizuhalten.
Wo immer möglich (z. B. nach finanziellem Ausgleich für die Eigentümer), sollte ein möglichst breiter Uferstreifen an Fließgewässern von intensiver Nutzung freigehalten werden. Vor allem am Mittel- und Unterlauf sollte die Fläche periodisch überschwemmbarer Bereiche (Auewälder, Auewiesen) wegen ihrer großen Bedeutung nicht nur für terrestrische (vgl. Abschn. XVIII. 3 und XXV. 3), sondern auch für limnische Tiere (vgl. z. B. Abschn. XI. 3) nicht nur erhalten, sondern nach Durchführung geeigneter Sicherungsmaßnahmen für die umliegenden Siedlungen und intensiv genutzten Bereiche (Hochwasserschutzdeiche fernab der Ufer) der natürlichen Flußdynamik in vollem Umfang überlassen werden. Ufersicherungsbauten sollten in diesen Abschnitten auf Dauer unterbleiben, die Deichabstände großzügig bemessen werden.

6.6 Ein generelles Umbruchsverbot von Grünland sowie die Rückführung von Ackernutzung in Grünlandnutzung in den Auen bzw. im unmittelbaren Uferkontakt ist zum Schutz der Fließgewässer dringend erforderlich.

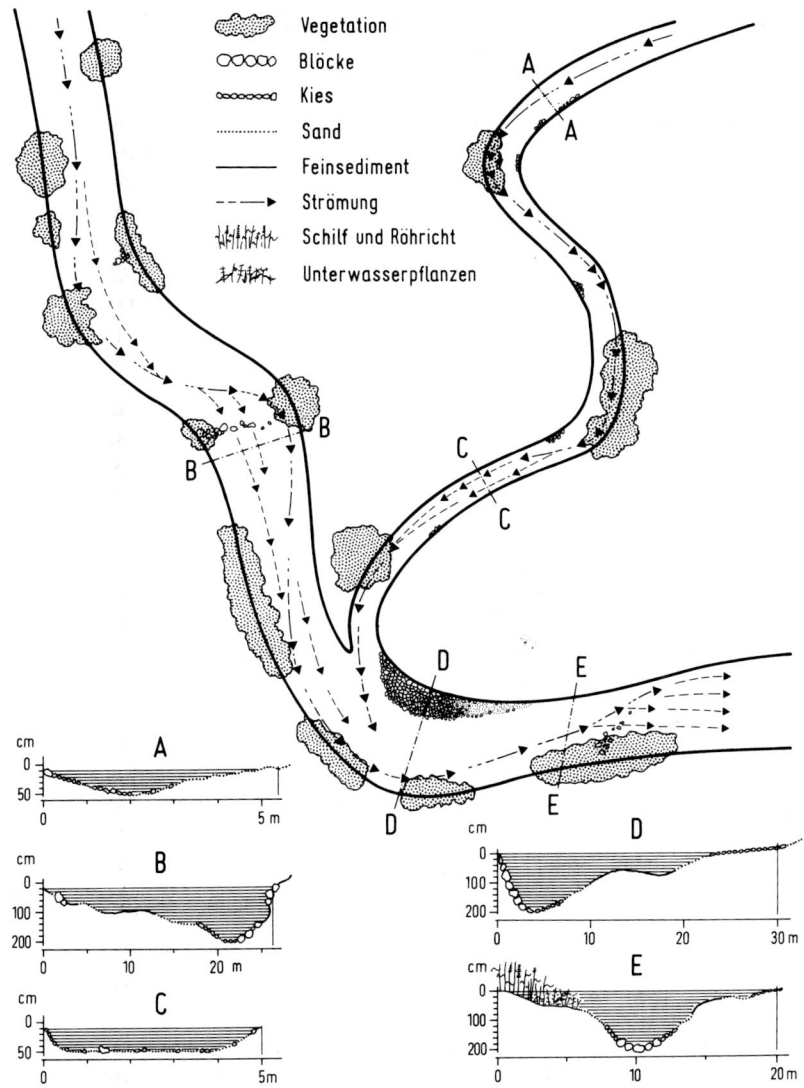

Abb. 42: Schematische Darstellung einer reich gegliederten oberen Barbenregion mit einem Zufluß (nach Lelek 1979)

6.7 Künstlich vom Strom abgetrennte Altwässer sollten dann wieder mit dem Fluß verbunden werden, wenn sichergestellt ist, daß keine Schäden für die limnische Tierwelt und Vegetation (infolge der Gewässerverschmutzung, insbesondere bei Niedrigwasser) entstehen (vgl. auch Abschn. XI. 5.5.2).

Bei stärker belasteten Gewässern ist die periodische Verbindung zum Strom (bei Hochwasser) günstiger, da dabei die Abwasserbelastung insgesamt geringer und kürzer ist

(BFANL 1983). Werden größere Flächen der natürlichen Flußdynamik überlassen, so schafft sich der Strom selbst Altwässer (meist in alten Betten).

6.8 An kleinen Bächen sollten Flächen in engen Mäandern in jedem Fall aus der Nutzung genommen werden und – wo immer möglich – zusätzlich auch ein etwa 10-15 m breiter Uferstreifen (z. B. teilweise Überführung in Gemeinschaftseigentum), so daß hier bei Prallhängen keine Gefahr für Wege und landwirtschaftliche Nutzflächen besteht. Damit wäre die Forderung nach Verbauungsmaßnahmen auch bei Gewässern III. Ordnung weniger akut (Ranftl 1979).

6.9 Bauliche Veränderungen in der Gewässersohle

Nicht naturnah ausgebaute Gewässer sind in einem angemessenen Zeitraum naturnäher zu gestalten, das Material mit dem die Verbauung durchgeführt wurde, ist zu beseitigen. Dabei genügt es, technisch die Grundbedingungen zu schaffen, die Feingestaltung wird vom fließenden Wasser selbst übernommen. Den Besonderheiten und dem individuellen Charakter jedes einzelnen Gewässers ist aber Rechnung zu tragen.

– Da alle begradigten Fließgewässer zur Eintiefung der Sohle neigen, soll der Niedrigwasserspiegel durch Sohlrampen oder Sohlgleiten auf die ursprüngliche Höhe angehoben werden.

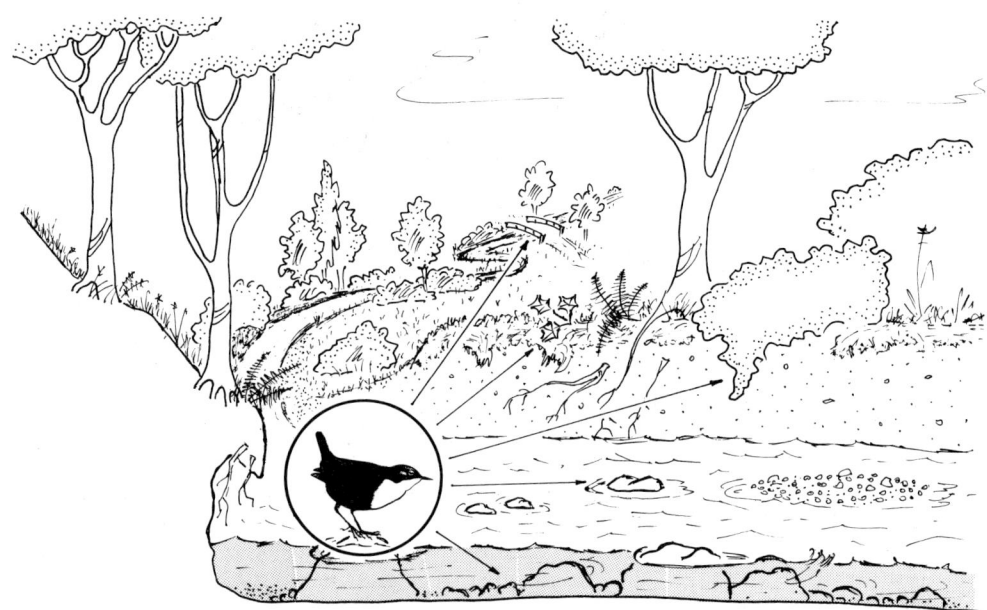

Abb. 43: Besiedlungsbestimmende Biotopmerkmale bei Wasseramsel und Gebirgsstelze (aus Blab et al. 1989 b)
- Rasch strömendes Wasser (bei Wasseramsel ab ca. 1,5 m Breite)
- Naturnaher Bachverlauf, abwechslungsreiche Uferzone
- Skelettreiche Gewässersohle, zahlreiche Strömungshindernisse
- Ufersaumgehölze (v. a. buschartig) über größere Strecken
- Nist- u. Schlafmöglichkeiten in Uferhöhlen, unter Brücken usw.

Die Einengung des Gewässerlaufes durch eine kleine Sohlschwelle aus Steinen verbessert vielfach die biologische Wirksamkeit. So wird z. B. eine Mindestwassertiefe bei geringer Wasserführung gesichert und das Wasser zusätzlich belüftet. Die Steine dienen (ebenso wie Kolksteine) überdies als Unterstand für Fische und als Sitzplatz für Vögel (z. B. Wasseramsel).

- Massiv ausgeführte Ausbauten sind dort durch modernere, naturverträglichere Verfahren (z. B. Lebendbaumaßnahmen mit Röhrichten und Gehölzpflanzen[*], Steinschüttungen) abzulösen, wo das Ziel des Hochwasserschutzes (von Siedlungen) nicht gefährdet ist.

- Flache Uferpartien über natürlichem Bodengrund als die produktivsten Bereiche sind zu erhalten bzw. wiederherzustellen. Entscheidend ist hierbei der Neigungswinkel unterhalb der Mittelwasserlinie.

- Bei unumgänglichen Maßnahmen oder Unterhaltungsmaßnahmen in der Gewässersohle könnte ein einigermaßen naturnaher Zustand nach Bless (1981) wieder erreicht werden, wenn zu Beginn des Eingriffs die natürlichen Sedimente entnommen und abgelagert und nach Abschluß der Maßnahmen wieder in geeigneter Weise eingebracht werden. Geeignet heißt, daß grobes Sediment in schnell- (Gruppen von großen Steinen als Querschnellen), feines in langsamfließende Bereiche geschüttet wird, so daß wieder der kaskadenförmige Längsschnitt gebildet wird und Erosionserscheinungen mit übermäßigem Feinsedimenttransport, der die Substrathohlräume zusetzt, nicht auftreten.

Eine ähnliche Hilfe bietet auch das von Dahl (1976) vorgeschlagene Verfahren, im Bereich des höheren Gefälles Dreiecksflügelbuhnen nach White einzubauen. Diese an den gegenüberliegenden Ufern versetzt angeordneten Buhnen bündeln den Stromstrich und lassen ihn von einem Ufer an das andere pendeln. Im Lee der Buhnen entstehen Ruhezonen. Die Buhnen selbst bestehen aus Drahtschotter und bieten dem Aufwuchs geeignete Siedlungsflächen. Bei kanalisierten Bächen ist stellenweise eine Sohlenverbreiterung vorzunehmen.

- Sohlabstürze in Fließgewässern (bereits ab 20-30 cm Höhe) sind durch Anschütten großer Steine im Winkel von etwa 1 : 10 für die Wassertiere wieder passierbar zu machen oder – noch besser – generell nur aus großen Lockersteinen zu konstruieren.

Die aus Naturschutzsicht jeweils beste Lösung ist jedoch, das engere Gewässerbett nicht zu manipulieren, Hochwasserschutzeinrichtungen also in größerem Abstand zum Ufer anzulegen. Dadurch werden die in Abschnitt 5.5.1 dieses Kapitels skizzierten Entwicklungsziele am besten erreicht.

6.10 Beim Einbau von Fischpässen (-treppen) in Stauhaltungen, selbst schon bei Sohlabstürzen, muß auf deren gute Funktionstüchtigkeit geachtet werden. Da die Fische nach Fries & Tesch (1965) hauptsächlich längs der Hauptströmung wandern, muß der Einstieg in die Fischtreppe im Bereich der Hauptströmung, d. h. an der Turbinenseite des Wehres liegen (vgl. dazu z. B. Modellskizzen bei Jens 1971).

---

[*] Dort wo die Ufer über längere Strecken mit Erlen gesichert werden, ist dafür zu sorgen, daß auch größere Abschnitte von einer Bepflanzung freigehalten werden, da größere sonnige Wiesenabschnitte am Bach für etliche Tierarten, z. B. für verschiedene Bachlibellen (Clausnitzer 1980), Voraussetzung sind, Erlenbeschattung demzufolge abträglich ist.

Abb. 44: Fischtreppe, Stepenitz (Brandenburg). Diese zur Umgehung eines Stausees im Flußsystem angelegte Vorrichtung wird von den Fischen angenommen.

(Foto: J. Blab)

6.11 Bei Unterhaltungsmaßnahmen, etwa der Räumung schmaler Fließgewässer, ist anzustreben, daß möglichst nur eine Uferseite entlandet wird, als Mindestforderung, daß in nicht zu großen Abständen und möglichst auch gegeneinander versetzt, Wasserpflanzenbestände als Refugien, Verstecke und Wiederbesiedlungskerne für die Limnofauna erhalten bleiben.

6.12 Repräsentative und ausreichend große Abschnitte von Fließgewässern aller Typen sollten von Fisch- und Krebsbesatz freigehalten werden. Insbesondere ist auf das Ausbringen fremdländischer (z. B. Graskarpfen, Signalkrebs, Lachsrassen) bzw. standortfremder (z. B. Aal in der Donau) Arten und Rassen zu verzichten.

Die Aussetzungsproblematik betrifft generell aber nicht nur gebietsfremde und genetisch hinsichtlich ihrer Herkunft kaum identifizierbare Arten. Fallweise kann selbst die Aussetzung gebietstypischer Arten erhebliche negative Konsequenzen hervorrufen. Dazu ein Beispiel: Im Rheinisch-Bergischen und Oberbergischen Kreis existieren noch immer größere Bestände des Edelkrebses *(Astacus astacus).* Da fast überall in Deutschland der Edelkrebs durch die Krebspest ausgestorben ist, ist zu vermuten, daß diese Seuche im genannten Gebiet bisher nicht angekommen ist. Der Grund dafür könnte sein, daß der Zinkgehalt der Sülz (Verursacher sind verschiedene größere Blei-Zink-Bergwerke), eines Zuflusses der Agger, der weite Bereiche beider Kreise entwässert, im Unterlauf so hoch ist, daß höhere Krebse hier im Hauptstrom nicht mehr überleben können. Dadurch könnten Krebspopulationen im Oberlauf sowie in Seitenbächen schon seit etwa 100 Jahren isoliert und von Zuwanderung von unten geschützt gewesen sein. Ein Besatz mit Edelkrebsen, der in Anglerkreisen nicht selten als eine Naturschutztat verstanden wird, könnte (neben der Erbgut-Problematik) die bisher unbekannte Krebspest in das Gebiet einschleppen und hier ebenfalls die Krebsbestände auslöschen (Stumpf in lit. 1989).

6.13 Hinsichtlich der Entwicklungsziele für fließgewässerbegleitende Biotope vergleiche

    a) Röhrichte und Großseggen-Riede (Abschn. XIV. 5)
    b) engere Uferbereiche (Abschn. XV. 5)
    c) Abbruchkanten/vertikale Erdaufschlüsse (Abschn. XXXIV. 5)
    d) Gehölzvegetation (Abschn. XXV. 5 und XXX. 5)
    e) Hochstaudenbestände (Abschn. XVIII. 5)

Totbaustoffe als Uferbefestigung und Einheitsrasen sind dabei abzulehnen. Anzustreben ist, einen Randstreifen von wenigstens 10-15 m Breite (besser deutlich mehr) nutzungs- und möglichst auch pflegefrei zu belassen (als Lebensraum für Pflanzen und Tiere, als Erosionsschutz, als Pufferzone z. B. gegenüber landwirtschaftlichen Flächen und Verkehrsflächen). Röhricht- und Hochstaudensäume sollten keineswegs von Jahr zu Jahr abgemäht werden. Gewässerbegleitende Busch- und Baumvegetation im Freiland ist fallweise, aber nicht in jedem Einzelfall, ähnlich wie Hecken (abschnittsweise mittel- oder niederwaldartige Behandlung, regelmäßiger Schnitt von Kopfweiden) zu pflegen. Fließgewässerbegleitende Nadelbäume im Wald sind durch biotopgerechte Laubbaumarten (z. B. Erlen, Weiden) abzulösen. Der Erle (nur *Alnus glutinosa*, Rot- oder Schwarzerle) kommt generell eine besondere Funktion am Gewässerufer zu, insbesondere hinsichtlich Beschattung, Ufersicherung und als Basis des trophischen Gefüges in Bachoberläufen (vgl. dazu u. a. Böttger 1986, Krause 1985 sowie Abb. 45).

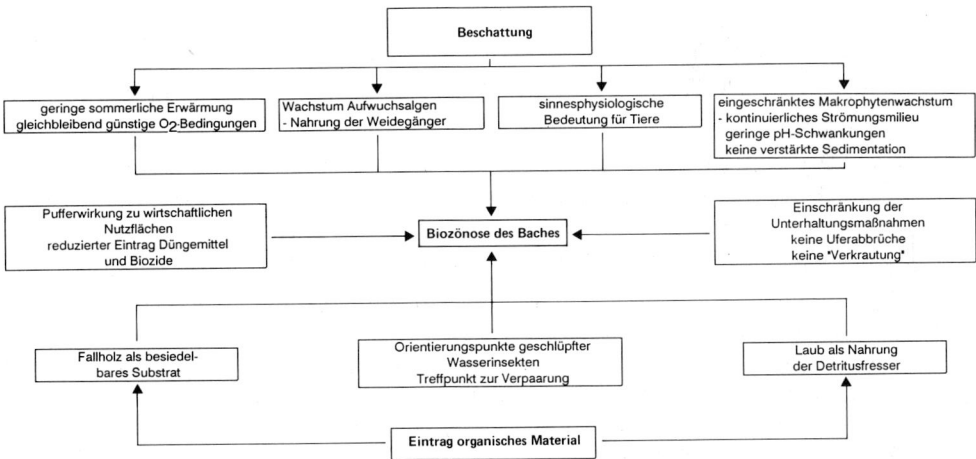

Abb. 45: Funktionen von Ufergehölzen für die Biozönose des Baches (Böttger 1990)

XII. Stehende Gewässer

1. Charakterisierung

Mehr oder weniger stillstehende Oberflächengewässer der durch kontinuierliche Übergänge verbundenen Reihe See – Weiher – Tümpel. Ihre tatsächliche Ausprägung variiert erheblich, insbesondere in Abhängigkeit von Größe, Tiefe, Gewässermorphologie, Alter, Entstehungsgeschichte, Gewässerchemismus, Produktionsintensität (Trophiegrad), menschlicher Beeinflussung und anderem mehr. Stauseen, Baggerseen und Teiche sind dabei die künstlichen Gegenstücke zu See und Weiher und unterscheiden sich bei gleichartiger Ausstattung (und höherem Alter) in ihrer Faunenbesiedlung zumeist nicht sehr wesentlich von diesen.

2. Typen sowie besiedlungsbestimmende Faktoren und Habitate

2.1 Typen

Stillgewässer können aufgrund der Variabilität wichtiger Merkmale nach sehr unterschiedlichen Gesichtspunkten, z. B. nach Größe, Tiefe, Entstehung, Nährstoffgehalt und anderem mehr, Kleingewässer insbesondere auch nach dem Charakter der Wasserführung klassifiziert werden. Im folgenden wird die sehr grobe, klassische limnologische Dreiteilung der Stillgewässer in Seen, Weiher[*] und Tümpel[**] aufrechterhalten (zu den Definitionen vgl. z. B. Thienemann 1925). Diese Kennzeichnung ist aber für die Faunenbesiedlung nicht selten wenig aussagekräftig. Für die Tierwelt meist viel entscheidender sind die im folgenden Abschnitt genannten Milieufaktoren, Qualitäten und Habitate.

Einen Sonderfall aufgrund ihres extremen Chemismus stellen die Salzgewässer des Binnenlandes dar. Diese sind natürliche oder künstliche Solquellen über Steinsalzlagern, die heute oft zu Salinenanlagen ausgebaut sind.

2.2 Besiedlungsbestimmende Faktoren und Habitate

2.2.1 Milieufaktoren

Die limnische Fauna (v. a. Wirbellose und Fische) ist in besonderem Maße von den Eigenschaften des Lebensmediums Wasser abhängig (vgl. Abb. 46).

a) Hydrologie

Die hydrologischen Faktoren Zuflüsse, Verdunstung, Niederschläge, Abflüsse, Mischungsverhältnisse, Wasserverweilzeit, Charakter der Wasserführung bestimmen ganz entscheidend den Faunenbestand. So treten beispielsweise in temporären Gewässern zwar auch viele Tierarten der perennierenden Wasserstellen auf, die

---

[*] Teichkomplexe entsprechen in ihrer Funktion flachen Großgewässern mit reicher Innenstrukturierung (den z. B. schilfbestandenen Dämmen).

[**] Bei den Tümpeln lassen sich ganzjährig wasserführende (perennierende) und periodisch wasserführende (temporäre) Formen unterscheiden. Letztere sind Gewässer, die nach Regenfällen (Regenwassertümpel), Schneeschmelze (Schmelzwassertümpel, vor allem im Wald gelegen) und hoher Wasserführung der Fließgewässer (Überschwemmungs- und Druckwassertümpel der Auen) erscheinen, um dann für längere Zeit, mitunter sogar für Jahre, wieder zu verschwinden.

schnell zuwandern, vor allem aber sind temporäre Gewässer durch eine spezielle Fauna charakterisiert, durch Tiere, die über Dauerstadien (z. B. Cysten) verfügen, mit deren Hilfe sie Wärme, Kälte oder Austrocknung überstehen können, nicht selten sogar periodisches Austrocknen für ihre Existenz zu benötigen scheinen. Ähnliches könnte auch für einige weitere Arten gelten, die ein Austrocknen der Gewässer nicht mittels Dauerstadien, sondern z. B. als im Schlamm eingewühlte Larve (wie beispielsweise einige Libellenarten) überleben und dadurch möglicherweise erst konkurrenzfähig gegenüber anderen Arten sind.

Je nach Lage und Einzugsgebiet unterscheidet sich aber auch die Fauna der temporären Gewässer. So finden sich in den Überschwemmungstümpeln der Auen andere Arten ein als etwa in den Schmelzwassertümpeln der Wälder.

b) Physiko – chemische Verhältnisse

Phosphor, Stickstoff, Eisen, Spurenelemente, Kohlenstoff, Kationen, Anionen, pH, Licht, Temperatur:
Alle diese Faktoren wirken sich i. d. R. entscheidend auf die Faunenzusammensetzung aus. Gewässer mit extremen (natürlichen) chemischen Bedingungen, wie z. B. Salzgewässer des Binnenlandes, haben eine hochspezialisierte Fauna, deren typische Vertreter, die echten Salzwassertiere oder Halobionten, insbesondere ab mittleren Salzkonzentrationen (von etwa 10‰) eindeutig vorherrschen. Typische Vertreter sind nach Thienemann (1925) unter anderem: Salinenkrebs *(Artemia salina)*, der Krebs *Nitorca simplex*, die Salzfliegen *Ephydra riparia, E. micans, E. scholtzi*, die Käfer *Philydrus bicolor, Ochthebius marinus, Paracymus aeneus*. Es ist dabei aber nicht auszuschließen, daß insbesondere einige der genannten Insektenarten Salzgewässer (als selbst salztolerante Arten) nur wegen der Konkurrenzarmut dieses extremen Lebensraumes besiedeln.

c) Produktionsintensität (Trophiegrad)

Dies ist ein sehr wichtiger besiedlungsbestimmender Faktor. Nach sehr grober Einteilung lassen sich dabei die folgenden, durch fließende Übergänge miteinander verbundenen Kategorien unterscheiden:

- oligotroph (nahrungsarm, d. h. im wesentlichen arm an gelösten Nitraten und Phosphaten)

- dystroph (nahrungsarm, vgl. oligotroph, aber reich an gelösten Humussäuren)

- eutroph (nahrungsreich, d. h. mittleres bis hohes Angebot an Nitraten und Phosphaten)

Sehr entscheidend ist sodann vielfach auch die Sauerstoffsituation. Diese wird im wesentlichen durch den Trophiegrad und die Wassertemperatur bestimmt. Der Trophiegrad wiederum ist abhängig vom Eintrag organischer Stoffe (bewirkt eine primäre Sauerstoffzehrung) sowie anorganischer Nährstoffe. Die Sauerstoffzehrung ist dann häufig ein sekundärer Prozeß, hervorgerufen durch die Fäulnis abgestorbener Algen, deren Wachstum über Stickstoff und Phosphor, also die oben genannten Pflanzennährstoffe, gesteuert wird. Sauerstoffzehrung ist somit nicht immer direkt auf den Eintrag fäulnisfähiger Stoffe zurückführbar, sondern ist häufiger ein Ergebnis der Eutrophierung.

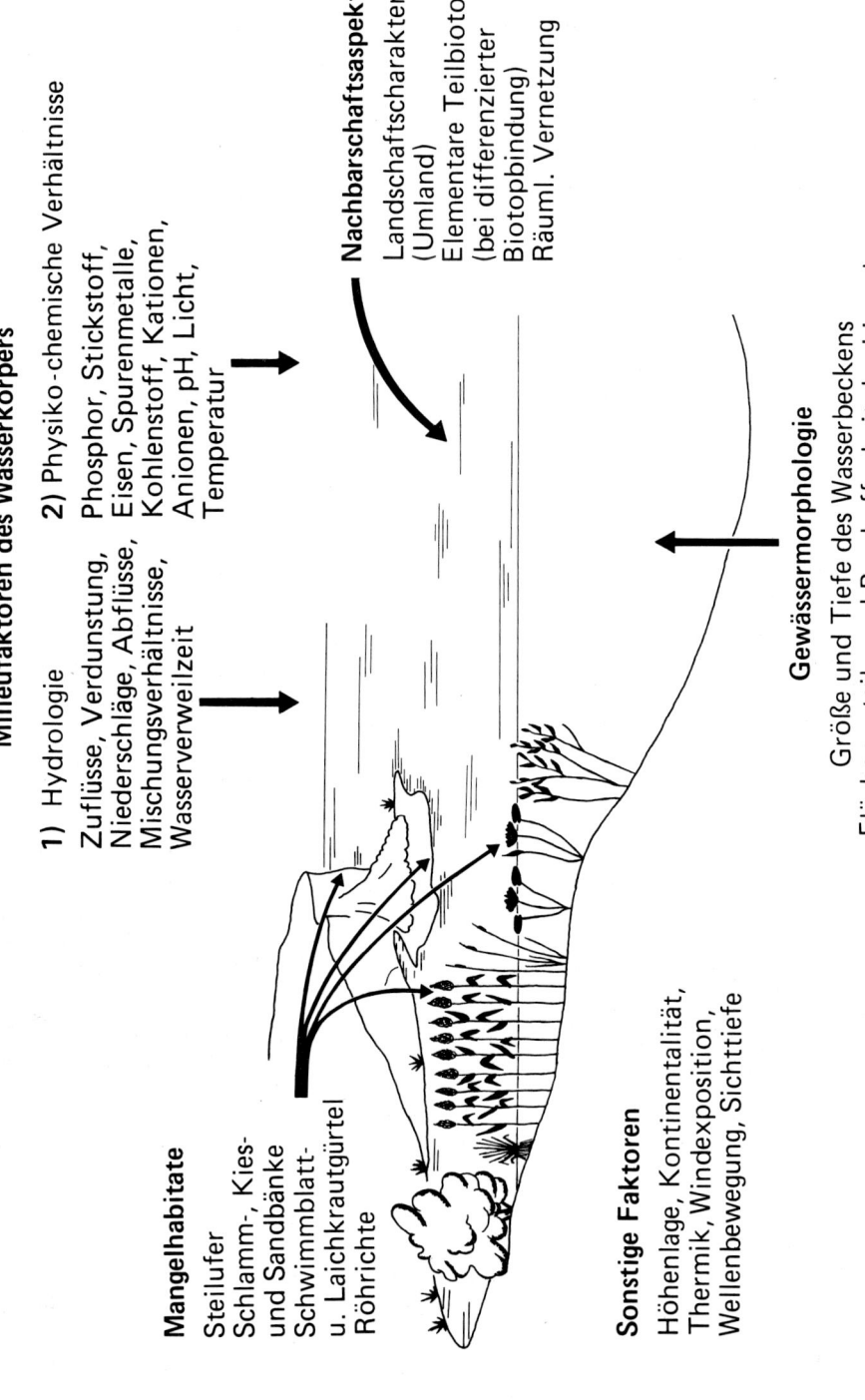

Milieufaktoren des Wasserkörpers

1) Hydrologie
Zuflüsse, Verdunstung, Niederschläge, Abflüsse, Mischungsverhältnisse, Wasserverweilzeit

2) Physiko-chemische Verhältnisse
Phosphor, Stickstoff, Eisen, Spurenmetalle, Kohlenstoff, Kationen, Anionen, pH, Licht, Temperatur

Nachbarschaftsaspekte
Landschaftscharakter (Umland)
Elementare Teilbiotope (bei differenzierter Biotopbindung)
Räuml. Vernetzung

Gewässermorphologie
Größe und Tiefe des Wasserbeckens
Flächenanteile und Beschaffenheit des Litorals

Mangelhabitate
Steilufer
Schlamm-, Kies- und Sandbänke
Schwimmblatt- u. Laichkrautgürtel
Röhrichte

Sonstige Faktoren
Höhenlage, Kontinentalität, Thermik, Windexposition, Wellenbewegung, Sichttiefe

Abb. 46: Besiedlungsbestimmende Faktoren und Habitate für die Tierwelt der Stillgewässer (Näheres im Text)

2.2.2 Gewässermorphologie

a) Größe und Tiefe des Wasserbeckens

Das Gros der limnischen Tierarten zeigt nur ausnahmsweise einen direkten, dagegen sehr deutlich einen indirekten Bezug zu diesen Parametern: z. B. treten in steilscharigen, tiefen Seen die Flachwasserbereiche und entsprechend auch die an diese Zonen gebundenen Tierarten stark zurück. Allerdings gibt es durchaus auch echte Seeformen der Tiefe und des freien Wassers, wie etwa die in Abschnitt 3 dieses Kapitels genannten Repräsentanten der Fische und Wirbellosen, die vorwiegend oder ausschließlich nur in großen und tiefen Gewässern auftreten. Auch einige größere Säugetier- (z. B. Biber, Otter) und Vogelarten, etwa größere Ansammlungen wandernder Wasservögel (vgl. hierzu Abschn. XII. 5.9) stellen sich für längere Zeit i. d. R. nur in größeren Gewässern ein.

Abb. 47: Üppige Wasser- und Verlandungsvegetation in sauberen Stillgewässern bildet die Existenzgrundlage für eine große Zahl von Tierarten.   (Foto: J. Blab)

b) Uferbeschaffenheit

Als vorwiegender Lebensraum für die Mehrzahl der limnischen Arten hat die Uferzone und ihre Beschaffenheit, einschließlich der Qualität und Struktur des Pflanzenaufwuchses, besondere Bedeutung für die Faunenbesiedlung. Allgemein kommt den besonders produktiven Flachwasserbereichen bis etwa 4 m Tiefe die entscheidende Bedeutung als Tierlebensraum zu.

2.2.3 Für den Faunenschutz bedeutsame Habitate an Gewässerufern und -inseln

a) Schwimmblatt- und Laichkrautgürtel

b) Röhrichte (und Großseggenriede)

c) wenig bewachsene Schlammbänke, unbewachsene Kies- und Sandbänke (auch Brandungsufer)

d) Steilufer.

2.2.4 Nachbarschaftsaspekte

Das Umland ist für die Tierbesiedlung im Gewässer nicht selten sehr bedeutsam, da

– es zum Teil besiedlungsbestimmende Faktoren entscheidend prägt: z. B. beeinflußt Beschattung durch Bäume das Wärmeklima im Gewässer und damit auch die Faunenzusammensetzung (vgl. Abb. 46), z. B. erhöhen menschliche Bauten oder Baumreihen am Ufer die Fluchtdistanzen, etwa bei bestimmten wandernden Wasservogelarten (vgl. hierzu Abschn. XII. 5.9);

– von dort aus erhebliche Schadeinwirkungen mit nicht selten entscheidenden Konsequenzen für die Besiedelbarkeit usw. ausgehen können, etwa

○ Direkte Verschmutzung mit Fäkalien im Bereich von Viehtränken
○ Gülle-/Jaucheeinleitungen
○ Ausschwemmungen von Nährstoffen (gelöst oder durch Erosion)

– verschiedene Tierarten Landschaften eines bestimmten Charakters weitgehend meiden: Beispielsweise meiden Zwergdommel, Rohrsänger und die meisten Limikolen (außer Flußufer- und Waldwasserläufer) einen allseits von Wald umschlossenen Weiher völlig (Fuchs 1981). Auch bevorzugt der Graureiher zum Nahrungserwerb Teiche in überschaubarem Gelände mit freien Abflugmöglichkeiten.

– insbesondere bei Teilsiedlern, bei denen die Gewässer also nur einen Teil der Gesamtlebensstätte darstellen, kommt auch der Beschaffenheit terrestrischer Habitate in erreichbarer Entfernung zur Wasserstelle entscheidende Bedeutung für das Vorkommen dieser Arten zu.

Beispiele hierfür sind:

– Grünländereien als Nahrungsbiotope für Gänse, die im Gewässer rasten und schlafen bzw., wie die Graugans, in Mitteleuropa auch brüten (vgl. Abschn. XVIII. 5.2c)

– Bäume als Bruthabitate z. B. für Graureiher, Kormoran, Schellente, Gänsesäger (vgl. Tab. 33)

– Anhäufungen von vermoderndem Pflanzenmaterial als Bruthabitate von Ringel- und Würfelnatter

– Wälder/Gebüsche als Sommerbiotop für Erdkröten (vgl. Abb. 6)

2.2.5 Sonstige (oft) besiedlungsbestimmende Faktoren

Höhenlage, Thermik des Gewässers, Windexposition, Wellenbewegung, Sichttiefe, Sonneneinstrahlung und anderes mehr (Kalbe 1978)

3. Fauna der Stillgewässer (Auswahl)

Stillgewässer sind Lebensräume einer stattlichen Zahl von Tierarten (Zahlen vgl. Abb. 34). Je nachdem ob alle Entwicklungsstadien im Wasser leben bzw. alle Lebensphasen im Wasser abfolgen oder nur einzelne obligatorisch limnisch sind, während die anderen landgebunden ablaufen, lassen sich die Gruppen der Ganz- und der Teilsiedler unterscheiden. Beiden Gruppen kann noch eine dritte Kategorie, die der regelmäßigen Gäste, angegliedert werden, die bevorzugt am oder über Wasser jagen (z. B. Teichfledermaus, Baumfalke), die jedoch auch abseits von Gewässern gedeihen können. Außerdem sind etliche Landtiere (z. B. Reh) auf offenes Wasser als Tränke angewiesen.

Repräsentative Vertreter der einzelnen Faunengruppen

Säugetiere

Nur wenige Arten sind streng an Binnengewässer und nach Körperbau und Lebensweise an einen häufigen Wasseraufenthalt angepaßt. Dies sind insbesondere: Wasserspitzmaus, Sumpfspitzmaus, Nerz, Otter, Biber, Bisam[*], Nutria[*].

Einige Arten (z. B. Iltis, Marderhund[*]) bevorzugen Wassernähe bzw. schwimmen und tauchen auch gerne (z. B. Schermaus), gedeihen jedoch gebietsweise auch weitab von Gewässern. Einige Fledermausarten jagen praktisch ausschließlich (Wasser- und Teichfledermaus) oder gerne (einige weitere Arten) über Wasserflächen.

Abb. 48: Otter   (Foto: C. Reuther)

---

[*] Vom Menschen eingebürgerte Arten.

Auftreten und „Einnischung" charakteristischer Wasservogelarten in verschiedenen Gewässertypen zeigt Abbildung 49.

– In den großen, tiefen, oligotrophen Seen finden sich demnach neben der „Allerweltsart" Stockente als Charakterarten Baumbrüter (Gänsesäger, Schellente) sowie der Haubentaucher, welcher zur Nestanlage bereits mit kleinsten Röhrichtbeständen auskommt.

– Die größte Vogelartenvielfalt besteht an großen, flachen, eutrophen Gewässern. Hier fehlen lediglich die streng auf tiefere Gewässer spezialisierten stenöken Arten (z. B. Prachttaucher, Gänsesäger, Schellente). Optimale Bedingungen finden dagegen im allgemeinen Lappentaucher, Gründelenten, Graugans, Höckerschwan, Rallen, Möwen, Trauerseeschwalben. Bei Vorhandensein bestimmter Bedingungen (z. B. größere Tiefe der Unterwasserpflanzenbestände) sind auch Tafel- und Reiherente als Brutvögel zu erwarten (Kalbe 1978).

– Wegen ihrer zumeist höheren Raumansprüche treten Vögel an Kleingewässern als ständige Besiedler zurück. Lediglich Zwergtaucher, Krick- und Knäkente, Teichhuhn, Teichrohrsänger, Rohrammer und einige weitere Arten finden auch an sehr kleinen isolierten Wasserstellen ein Auskommen, vor allem wenn diese Röhricht aufweisen.

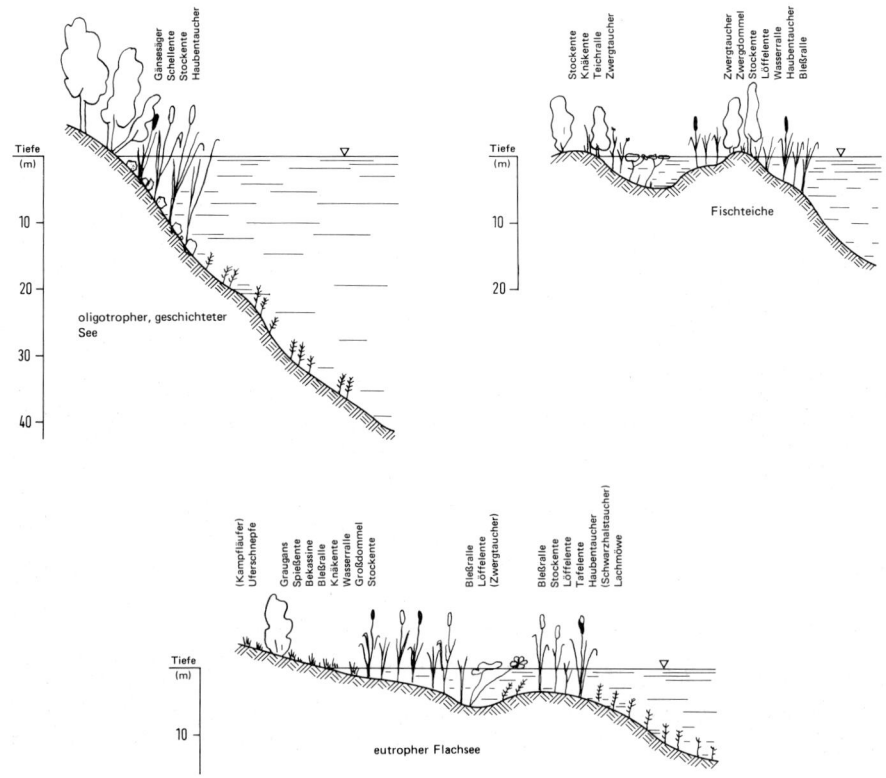

Abb. 49: Auftreten und „Einnischung" verschiedener Wasservogelarten in unterschiedlichen Gewässertypen (nach Kalbe 1978)

Reptilien

Drei der 12 einheimischen Arten sind wasserabhängig:
    Ringelnatter
    Würfelnatter
    Sumpfschildkröte

Amphibien

Alle einheimischen Arten mit Ausnahme des lebendgebärenden Alpensalamanders (d. h. 18 von 19) sind wasserabhängig. Dabei zieht die Mehrzahl der Arten Kleingewässer sehr großen Wasserstellen vor (vgl. z. B. Abb. 53).

Fische

Neben einigen eingebürgerten Arten leben in den bundesdeutschen Binnengewässern 70 Fischarten. Viele von ihnen zeigen hohe Biotopspezialisierung. Als Charakterarten verschiedener Stillgewässertypen können gelten:

- Arten großer, tiefer, oligotropher Seen
  Seeforelle, Saibling, Quappe, Perlfisch, alle heimischen Renkenarten (Coregoniden)

- Arten großer, flacher, eutropher Gewässer
  Brassen, Blicke, Hecht, Zander, Schlei, Aland, Döbel, Wels

- Arten kleiner, flacher, eutropher Gewässer
  Schlammpeitzger, Karausche, Moderlieschen, Zwergstichling

Abb. 50: Die Sumpfschildkröte ist ein heimlicher und seltener Bewohner der Ufer von Still- und Fließgewässern.   (Foto: K. P. Zsivanovits)

In europäischen Stillgewässern sind die Wirbellosen (ohne Einzeller) mit über 1.300 Tierarten vertreten (vgl. Tab. 17).

Als Charakterarten (hier stark begrenzte Auswahl) für die verschiedenen Typen können dabei (nach Thienemann 1925, Illies 1978, Bless 1980 und anderen) gelten:

- Arten großer, tiefer, oligotropher Seen
  Krebse: *Niphargus puteanus* (Brunnenkrebs), *Asellus cavaticus* (Höhlenassel), *Mysis* sp., *Pontoporeia* sp., *Pallasea* sp., im Plankton z. B. *Bythotrepes longimanus, Leptodora kindtii, Polyphemus pediculus;* Turbellarien: *Otomesostoma auditivium;* Wassermilben: *Huitfeldtia rectipes, Piona paucipora;* Mücken: *Tanytarsus* sp., *Monodiamesa bathyphila, Sergentia profundorum, Didiamesa miriforceps;* Muscheln: *Pisidium conventus, P. lilljeborgi, P. ponderosum* (alles Erbsenmuscheln)

- Arten großer, flacher, eutropher Gewässer
  Muscheln: *Anodonta cygnea* (Teichmuschel), *Sphaerium corneum* (Hornfarbene Kugelmuschel); Schnecken: *Planorbarius corneus* (Posthornschnecke), *Lymnaea stagnalis* (Große Schlammschnecke), *Viviparus contectus* (Sumpfdeckelschnecke)

- Arten kleiner, flacher, eutropher Gewässer
  Schnecken: *Galba glabra* (Schlammschnecke), *Gyraulus riparius* (Kleine Tellerschnecke), *Marstoniopsis steini* (Kammkiemen-Schnecke), *Radix auricularia* (Ohrförmige Schlammschnecke), *Stagnicola palustris* (Sumpf-Schlammschnecke), *Valvata cristata* (Scheibenförmige Federkiemenschnecke)

- Arten ephemerer Gewässer
  für kalte Schmelzwassertümpel: *Siphonophanes grubei* und *Lepidurus productus,* verschiedene *Candona*-(Muschelkrebs-)Arten und andere mehr

- für stark erwärmbare Regen- und Überschwemmungstümpel: *Lepidurus apus,* einige Cyclopiden *(Cyclops strenuus, C. diaphanus, Diaptomus serricornis),* verschiedene Turbellarien der Gattung *Derostoma* und andere mehr

Eine Wirbeltierart, die Rotbauchunke, nimmt gewissermaßen eine Zwischenstellung zwischen den Arten der perennierenden Gewässer und der warmen Überschwemmungstümpel ein: Bezüglich seiner Fortpflanzungsaktivität ist dieser Lurch (nach Wilkens 1979) vom Vorhandensein temporärer, im Mai/Juni ca. 30 cm hoch überstauten Flächen abhängig. Neben diesen befristet überstauten Flächen benötigt die Unke aber auch noch Gewässerkerne, in denen sie außerhalb der Überschwemmungszeit leben kann. Fehlen diese, so fehlt auch die Rotbauchunke.

4. Gefährdungsfaktoren

4.1 Totale oder weitgehende Vernichtung

Hiervon ganz besonders betroffen sind periodisch wasserführende Hohlformen (Tümpel) und perennierende Kleingewässer in den offenen Landschaften, teilweise auch in den Wäldern.

a) Die Dränge- und Überschwemmungstümpel der Auenbereiche wurden großenteils im Zuge der Gewässerregulierungsmaßnahmen vernichtet. Da nach wie vor die Tendenz besteht, Oberflächenstauwasser möglichst rasch abzuführen, sind die nach den Flußkorrekturen noch verbliebenen Reste auch weiterhin gefährdet (durch Auffüllen, Einebnen, Drainage oder Zupflügen im Laufe der Zeit).

b) Salzgewässer wurden bevorzugt zur Salzgewinnung oder vor allem für medizinische Zwecke (Heilbäder) gefaßt.

c) Perennierende Kleingewässer werden durch Verschütten mit Müll, Erdaushub, Überbauen, Meliorations- und Maßnahmen der Grundwasserabsenkung zerstört. Das Ausmaß solcher Eingriffe zumindest in bestimmten Regionen belegen die folgenden Zahlenangaben:
Aufgrund vergleichender kartographischer Aufnahmen weist Feldmann (1976) einen Schwund von Kleingewässern in bestimmten westfälischen Landschaften von 50 Prozent in nur 10 Jahren nach. Die Verlustbilanz an Toteis- und Flurtümpeln im Nahbereich von Wasserburg am Inn beträgt seit der Mitte des vorigen Jahrhunderts mindestens 54% (Ringler 1976). Für die Gemeinde Heikendorf bei Kiel belegte Raabe (1979), daß von ehemals (Vergleichsjahr 1880) 291 Kleingewässern zwischenzeitlich 119 völlig verschwunden, 94 teilweise aufgefüllt und von den verbleibenden 78 infolge

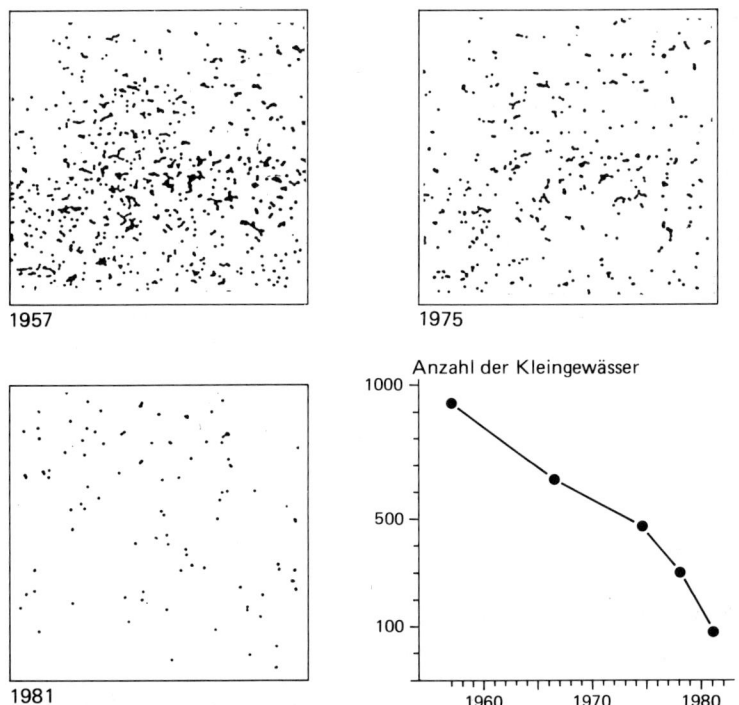

Abb. 51: Rückgang der Kleingewässer im Meßtischblatt Wadersloh 1957–1981 (nach Knüwer aus Woike 1983)

fortgeschrittener Wasserverschmutzung lediglich 13 als biologisch einigermaßen gesund gelten können (vgl. hierzu auch Abb. 51).

d) bei Salzgewässern kann neben den im vorstehenden Abschnitt skizzierten Maßnahmen auch ein zu starkes Aussüßen (z. B. durch Einleiten großer Regenwassermengen) erhebliche negative Konsequenzen für die stenöken echten Salzwasserarten haben.

4.2 Gewässerverschmutzung und Eutrophierung (Überdüngung)

Insbesondere größere Stillgewässer sind vielfach erheblichen Belastungen durch industrielle und kommunale Abwassereinleitungen, aber auch durch Einschwemmen von Düngemitteln sowie durch Ölverschmutzung ausgesetzt.

Besonders kritisch ist dabei die Situation für an oligotrophe, dystrophe und mesotrophe Gewässer gebundene Tierarten, da diese Biotoptypen der starken Eutrophierungstendenz in der Gesamtlandschaft (Einschwemmen von Phosphaten, Ammonium und Nitraten, Einwehen von Düngemitteln, Kalken, Feinerde, Eintrag von Nitraten über die verschmutzte Luft usw.) in besonders starkem Umfang verlorengingen.

Abb. 52: Gerade in Gebieten, die – wie z. B. große Teile der deutschen Mittelgebirgslandschaften – arm an Stillgewässern sind, kommt wassergefüllten Wagenspuren (auch auf unbefestigten Wegen) Bedeutung für das Vorkommen aquatischer und amphibischer Tierarten, etwa der Gelbbauchunke, zu.
(Foto: H. J. Weidemann)

Darüber hinaus gelten die bereits bei den Fließgewässern geschilderten Gesetzmäßigkeiten (vgl. Abschn. XI. 4.2), also insbesondere Sauerstoffzehrung, Vergiftungserscheinungen, Faulschlammbildung und Vernichtung der Wasservegetation mit allen ihren Konsequenzen zunächst für die sauerstoffbedürftigeren, bei starker Belastung dann für das Gros aller Faunenvertreter in prinzipiell gleicher Weise. Mangels einer turbulenten Wasserströmung sind die Folgen in Stillgewässern bei vergleichbarer Belastung zumeist jedoch noch gravierender (nicht selten bis hin zum „Umkippen" des Gewässers).

Bedingt durch die Schichtung der Stillgewässer kommt es bei größerer Schmutzfracht insbesondere in den nicht durchlichteten (also von photosynthetisch aktiven Pflanzen freien) tieferen Zonen zur Sauerstoffzehrung mit der Folge, daß die sauerstoffbedürftigeren Tierarten abnehmen oder absterben. Bei der nächsten Vollzirkulation (in Seen mit vollständiger Umwälzung des Wasserkörpers) gelangen vermehrt Pflanzennährstoffe (zusätzlich zu den Einleitungen) ins Epilimnion (Oberflächenschicht der Wassermasse der Seen) und eine Massenentwicklung des Planktons, eine sog. Wasserblüte, ist zu beobachten. Damit sinkt die Sichttiefe des Gewässers noch weiter und die Lebensbedingungen für grüne Pflanzen und die daran gebundenen Tierarten werden auch in den oberen Zonen verschlechtert.

4.3 Verkürzung der Wasser-Land-Kontaktbiotope

Durch Uferbebauung, -befestigung, Siedlungen, Straßen- und Eisenbahnanlagen, Camping, Viehvertritt, Bade- und Bootsbetrieb wurden große Teile der Uferzone vor allem von Seen und dazu Mangelhabitate wie Röhrichte, Prall- und Gleitufer usw. zerstört, mit allen negativen Konsequenzen für die hieran gebundene Tierwelt.

Die Flachwasserbereiche sind deswegen so wichtig, weil insbesondere hier die organische Substanz und damit die Nahrung für die Wassertiere erzeugt wird. Je größer daher der Anteil der Flachwasserbereiche am Gesamtvolumen eines Gewässers ist, desto größer ist die organische Produktion der Wasserfläche pro Zeiteinheit und damit das Nahrungsangebot für die limnischen Tiere.

4.4 Folgen intensiver fischereilicher Bewirtschaftung

Hohe Besatzdichten, selbst mit sog. Friedfischen (wie z. B. Karpfen) und noch mehr mit Raubfischen (wie z. B. Regenbogenforellen), wirken sich teilweise sehr negativ auf die anderen Gewässermitbewohner aus (z. B. Clausnitzer 1980, Pleyer 1980).

Gravierend ist in diesem Zusammenhang außerdem auch das Beseitigen der Verlandungszonen (um die Fläche für die Fischproduktion zu erhöhen), das Zufüttern von Nahrung (Eutrophierung), das periodische Trockenlegen von Teichen, das Kalken (viele gefährdete Arten benötigen kalkarmes Wasser), der Störeinfluß von Anglern (vgl. nachstehenden Abschnitt) sowie die menschliche Verfolgung von Nahrungskonkurrenten wie etwa Graureiher, Kormoran und Eisvogel (z. B. Ranftl et al. 1976).

Auf der anderen Seite ist es aber unstrittig, daß manchenorts erst die Gewässeranlagen für fischereiliche Aktivitäten die Existenzbedingungen für limnische Tierarten schufen, bzw. daß die Ausweitung der Siedlungsgebiete vieler Arten maßgeblich durch die Teichwirtschaft gefördert wurde. Auch heute noch sind zahlreiche Teichgebiete Konzentrationspunkte z. B. des Vogellebens, die wesentlichen Anteil an einer relativ günstigen Bilanz einiger Wasservogelgruppen trotz umfassender Entwässerung, Gewässerverschmutzung und Freizeitbelastung der Gewässer haben (Bezzel 1982). Andererseits ist die vielenorts bereits vollzogene und manchenorts angestrengte Nutzungsintensivierung in Teichgebieten aus der Sicht des Artenschutzes äußerst problematisch.

4.5 Störungen durch Sport- und Erholungsaktivitäten

Auch der Freizeitdruck wirkt sich teilweise sehr negativ auf empfindliche Tierarten an Gewässern aus. Insbesondere bei Vögeln existieren hierzu bilanzierte Belege. So wies Reichholf (1975) am Beispiel der Hagenauer Bucht am Unteren Inn nach, daß Verteilungsbild und Anzahl der Wasservogelnester deutlich von Besucherdichte und Verteilung der Angler[*] abhängen. Dieser Autor berechnete, daß die Belastung des Gebietes durch Angler den potentiellen Brutbestand an Wasservögeln auf weniger als 20 % drückt. Noch alarmierender fallen die Ergebnisse von Bühlmann et al. (1976) in Wildermuth (1978) für die Bruterfolge des Haubentauchers am stark von Booten frequentierten Greifensee im Vergleich zum Mettmenhaslisee, der für Boote gesperrt ist, aus: Der Bruterfolg von rund 40 Haubentaucherpaaren am Greifensee ist in den Jahren von 1974 – 1976 mit insgesamt nur (statistischen) 3,3 aufgezogenen Jungtieren pro Untersuchungsjahr (wegen der ständigen Störungen durch Boote) kaum größer als der von einem einzigen, nicht gestörten Paar am Mettmenhaslisee mit durchschnittlich 3 aufgezogenen Jungtieren je Untersuchungsjahr.

Von einer anderen Eingriffsform in Ökosysteme durch die Jagd berichtet Reichholf (1973): Durch regelmäßige Bejagung überwinternder Entenscharen entstand auf Teilen der Innstauseen ein Vertreibungseffekt mit der Folge, daß in diesen Zonen die Enten nur noch 15 % statt normalerweise etwa 90 % der verfügbaren Biomasse (vor allem Zuckmückenlarven und Schlammröhrenwürmer) ernteten. Die Konsequenz für das Ökosystem ist, daß der Anteil der fäulnisfähigen Biomasse erheblich ansteigt mit allen negativen Folgen für die Sauerstoffbilanz usw. (vgl. hierzu Abschn. XI. 4.2).

5. Entwicklungsziele

5.1 Erhaltung guter, Verbesserung schlechter Wasserqualitäten, Sauerstoffreichtum.

5.2 Möglichst weitgehende Erhaltung bestehender, zusätzlich Anlage neuer Gewässer als Ausgleich für die hohen Verlustraten der letzten Jahrzehnte (vgl. hierzu Abschn. XII. 4.1).

Der größte Bedarf besteht dabei an:

a) nährstoffarmen (-ärmeren) Verhältnissen (oligotrophen Gewässern);

b) periodisch wasserführenden Tümpeln generell und insbesondere in den Wiesen- und Feldfluren der Auen großer Ströme wie Elbe, Weser, Rhein, Donau, wo dieser Habitattyp einst weit verbreitet war[**]. Zusätzlich ist hier zu gewährleisten, daß – wenigstens über größere ufernahe Strecken – der Zufluß von Überschwemmungs- oder Drängewasser noch nach relativ natürlichen Gesetzmäßigkeiten erfolgen kann. Prio-

---

[*]	Die Angler verweilen über längere Zeit an einem bestimmten Ort, die Vögel wagen nicht auf ihre Nester in der Nachbarschaft zurückzukehren, die Eier erkalten. Ebenso fallen derartig genutzte Gewässer dann weitgehend als Jagdrevier für Fisch- und Seeadler aus.

[**]	Derartige periodische sollten nicht durch Vertiefen in ganzjährig wasserführende Gewässer umgewandelt werden (vgl. Abschn. XII.3.).

ritätsabstufungen ergeben sich aus der Seltenheit der Charakterarten. So besteht z. B. für das einzige bekannte bundesdeutsche Vorkommen der urtümlichen Krebsart *Tanymastix stagnalis* (in Baden-Württemberg) eine noch höhere Schutzdringlichkeit als etwa für die Vorkommen der gefährdeten Krebsart *Triops cancriformis*, die z. B. in der Oberrheinebene an rund 50 Stellen auftritt (Rieder 1979);

  c) Kleingewässer allgemein und vor allem in den Agrarlandschaften.

5.3 Erhaltung bzw. Wiederherstellung einer möglichst langen und vielgestaltigen Uferrandlinie (Nahtlinie Wasser-Land) und umfangreicher Flachwasserbereiche[*].

5.4 Unverbaute Ufer sind dringend von weiteren Wohn- oder Straßenbauten sowie Ufersicherungsanlagen freizuhalten. Sehr hoher Schutzwert kommt kontinuierlichen, unzerschnittenen Übergängen von Röhrichten zu Feuchtwäldern oder (Feucht-)Wiesenkomplexen zu (vgl. auch Abschn. XVIII. 5.3c).

5.5 Ab einer bestimmten Größe des Gewässers (etwa ab 5 ha) empfiehlt es sich auch, flache, kleine Inseln mit niedriger oder ohne Vegetation anzulegen. Wegen des Schutzes vor Störungen und Feinden bieten sich hier bessere Brutbedingungen, z. B. für Vögel, als am Ufer.

5.6 Erhalten bzw. nachträgliches Einbringen von Mangelhabitaten. Zu den speziellen Entwicklungszielen vergleiche dabei:

  a) Schwimmblatt- und Laichkrautgürtel (Abschn. XIII. 5)

  b) Röhrichte und Riede (Abschn. XIV. 5)

  c) Kiesinseln, Schlammbänke, unverbaute Brandungsufer usw. (Abschn. XV. 5)

  d) vertikale Erdaufschlüsse (Abschn. XXXIV. 5)

5.7 Möglichst keine bzw. nur sehr schonende Nutzung durch Fischerei, Erholung usw.

5.8 Bei den Salzwasserstellen des Binnenlandes sind Salzkonzentrationen von ± 10 ‰ als der für die echten Salzwasserarten besonders günstige Bereich (vgl. Thienemann 1925) anzusehen.

5.9 Flächengröße

Dieses Kriterium ist zumeist durch die natürlichen Bedingungen bzw. – bei künstlichen Gewässern – durch die Abbauform (bei Baggerseen), technische Konzeption (bei Stauseen), Bewirtschaftungsform (bei Fischteichen) usw. vorgegeben. Entscheidend kann dieses Merkmal aber im Zusammenhang mit der Frage sein, wieweit aus der Sicht des Artenschutzes, und hier vor allem des Wasservogelschutzes, Mehrfachnutzungen vertretbar sind.

Nach Reichholf (1975) weisen praktisch alle Wasservogelarten (außer Stockente, Bläßhuhn, Höckerschwan) gegenüber Menschen, aber auch gegenüber uferbegleitenden Baumkulissen große Fluchtdistanzen auf. Entsprechend wird der von Vögeln nutzbare Flächenanteil (Nettofläche) stets geringer als die tatsächliche Wasserfläche sein und – bei

---

[*] Bei Baggerseen steht diese Forderung allerdings im Widerspruch einmal zu der Vorschrift, Lagerstätten möglichst vollständig zu nutzen, zum anderen zur Wirtschaftlichkeit. Zur Gestaltung der Uferzonen und zur Anlage von Inseln können aber die jeweils unverkäuflichen Korngruppen sowie der Waschschlamm herangezogen werden (Dingethal et al. 1981).

einer empirisch belegten Annahme von rund 100 m Fluchtdistanz – etwa folgende Größenordnungen aufweisen:

Gewässergröße	Nettofläche für die Vögel
20 ha	6 ha (30 %)
100 ha	64 ha (64 %)
200 ha	147 ha (74 %)

Nach oben sind dagegen keine Grenzen gesetzt[*].

Aus diesen Zahlen folgt, daß Mehrfachnutzungen zwischen Vogelschutz und Erholungsnutzung erst bei Flächengrößen ab ca. 100 ha Wasserfläche vertretbar sind. Doch sind selbst bei solchen Flächengrößen noch Kompromisse räumlicher (Wegeerschließung nur auf einer Seite) oder zeitlicher Natur (Wassersport und Angeln nur außerhalb der Brutzeit vom 1.3. – 30.6. sowie der Zug- und Überwinterungszeit vom 16.9. – 30.4.) dringend erwünscht (Böhr 1981).

Zu den Flächengrößen für Otter- und Biberlebensräume vergleiche Abschnitt XI.5.5.4.

5.10 Räumliche Vernetzung

Gerade bei solch isolierten Lebensstätten wie Stillgewässern ist es wichtig, daß die Netzdichte nach ökologisch-funktionalen Gesichtspunkten, also nach der Ausbreitungsökologie der Arten, bestimmt wird. Zu diesem Komplex liegen gegenwärtig erst sehr wenige Angaben vor. Empirische Befunde zeigen, daß verschiedene Wasserinsektenarten, z. B. bestimmte Libellenarten, neue Wasserstellen auch über größere Distanzen spontan aufsuchen[**], während andererseits beispielsweise Amphibien diesbezüglich eher eine der empfindlicheren Gruppen sind. Zur Förderung von Amphibien ist die gestreute Anlage einer Mehrzahl von Klein- und Kleinstgewässern einer einzelnen großen Wasserfläche vorzuziehen. Vorteilhaft sind Häufungen von 4-6 (oder mehr) eng benachbarten, jedoch nicht wabenartig ineinandergefügten Gewässern, welche ihrerseits vom nächsten Komplex nicht mehr (möglichst weniger) als 2-3 km entfernt sein sollten (Blab 1978a). „Laichplatzvagabunden" unter den Lurchen, wie z. B. die Kreuz- und Wechselkröte, können dabei aber durchaus – ausgehend von individuenstarken Populationen mit hohem Reproduktionserfolg, z. B. in Gruben – auch Neukolonisierungen über 8-15 km Entfernung durchführen.

5.11 Beschaffenheit des Umlandes

Diese ist insbesondere bei Teilsiedlern häufig existenzentscheidend (vgl. hierzu die Ausführungen in Abschn. 2.2.4 dieses Kap. und insbesondere in Abschn. III. 3).

---

[*] Die Zahlenangaben zum Problemfeld Fluchtdistanz von Wasservögeln und Erholungsnutzung am Gewässer sollen aber keinesfalls dahingehend interpretiert werden, daß die größten Gewässer immer die besten für den Vogelschutz sind oder gar, daß die Anlage großer Baggerseen ein Ziel des Naturschutzes ist. Landschaftsökologisch hat die typische, gewachsene Landschaft mit den ihr eigenen Lebensgemeinschaften absoluten Vorrang vor Baggerseen. Zudem schneiden die großen Baggerseen bei einer Bewertung selbst nach rein ornithologischen Wertkriterien im Vergleich zu kleineren Gewässern vielfach (z. B. am Oberrhein, Henrichfreise mdl.) sehr schlecht ab.

[**] Selbst die Längsausdehnung von rd. 200 km kann von den Aeshniden leicht überbrückt werden, wie aus dem regelmäßigen Anflug z. B. der Herbst-Mosaikjungfer (Aeshna mixta) oder Einwanderungen von Königs-(Anax sp.) und Schabrackenlibellen (Hemianax ephippiger) auf Helgoland zu schließen ist (Schmidt 1975).

6. Schutz, Pflege und Entwicklung

6.1 Hauptaufgabe ist es, die im Abschnitt 4 genannten Schadeinflüsse möglichst zu unterbinden, wenigstens zu verkleinern sowie Ausgleichsmaßnahmen für Fehlentwicklungen (z. B. Neuanlagen) in die Wege zu leiten.

6.2 Hinsichtlich der Möglichkeiten einer Besserung der Wasserqualität der Seen vergleiche die Ausführungen zu den Fließgewässern (Abschn. XI. 6.2).

6.3 Für Schutz und Pflege oligotropher Gewässer ist außerdem noch auf folgendes zu achten:

– Durch den hohen Stickstoffeintrag aus der Luft, über vom Wind verfrachtete Düngemittel und Bodenpartikel sowie teilweise wohl auch über das Grundwasser erfolgt zwangsläufig eine allmähliche Eutrophierung aller ehemals oligotrophen Gewässer. Diesem Prozeß kann aber durch Nährstoffentzug (Detrophierung) entgegengewirkt werden. Hierzu sind nach Wittig (1980) v. a. zwei Maßnahmen geeignet:

a) Abernten aller für oligotrophe Gewässer untypischen und auch der nicht gefährdeten typischen Pflanzenbestände (Phragmites-, Typha-, Schoenoplectus lacustris-, Glyceria fluitans-, Juncus effusus-, Juncus acutiflorus-, Sphagnum cuspidatum- und Potamogeton natans-Gesellschaft, Scirpo-Phragmitetum, bei sehr dichtem Bewuchs auch Teile des Nymphaeetum albae);

b) vorsichtige Entschlammung des Gewässerbodens mit Saugbaggern. Der abgesaugte nährstoffreiche Schlamm darf auf keinen Fall im Gebiet abgelagert werden.

– Die Verlandung der Gewässer muß gestoppt bzw. rückgängig gemacht werden. Hierzu können die eben genannten Detrophierungsmaßnahmen eingesetzt werden.

6.4 Über die Prioritäten bei der Neuanlage[*] von Stillgewässern gibt Abschnitt XII. 5.2 Auskunft.

Häufig günstige Bedingungen für die Neuanlage nährstoffarmer Gewässer bieten Abgrabungen von Sanden und Kiesen. Die möglichst langfristige Erhaltung oligotropher Verhältnisse erfordert nach Dingethal et al. (1981), daß

– die Ufer im Grundwasserschwankungsbereich grundsätzlich aus anstehendem Material gestaltet werden,

– Oberboden keinesfalls in den Wasserkörper gelangt,

– keine Entwässerungsgräben oder sonstige Fließgewässer in Naßbaggerungen eingeleitet werden.

Bei günstigen Umfeldbedingungen ist es auch möglich, z. B. durch Entlandungsmaßnahmen, eine Eutrophierung in gewissen Grenzen rückgängig zu machen.

6.5 Bei allen in intensiv landwirtschaftlich genutzten Flächen gelegenen Gewässern ist darüber hinaus ein geschlossener, wenig intensiv bewirtschafteter Schutzstreifen am Ufer gegenüber dem Umland wichtig. Besonders geeignet dafür ist ungedüngtes Gras-

---

[*] Bestehende Gewässer haben gegenüber Neuanlagen den Vorteil, daß sie bereits entwickelte Lebensgemeinschaften besitzen (vgl. dazu insbesondere Kap. IV).

land mit Büschen. Bei Weiden ist dem Weidevieh der Gewässerzutritt wegen der Gefahr der Verjauchung zu verwehren. Dies gilt selbst für sehr große, nicht oligotrophe Stillgewässer, da zu berücksichtigen ist, daß allein die „Schadstoffracht" einer Kuh (1 GVE = Großvieheinheit) ca. 20 Einwohnergleichwerten (20 EGW) entspricht. Eine Alternative können hier allenfalls Weidepumpen bilden.

6.6 Müll, Schutt usw. ist zu beseitigen. Bei hohem Fallaubeintrag bzw. weitgehend verlandeten Kleingewässern oder Ufern größerer Gewässer empfiehlt sich ein wenigstens teilweises Entladen durch Ausbaggern, wobei aber auch nach diesen Tätigkeiten noch umfangreiche Flachwasserzonen erhalten sein müssen. Nach Möglichkeit sollte dabei ein Teil der Vegetation, verteilt auf mehrere kleine, gestreut liegende Komplexe, belassen werden (Refugien, Wiederausbreitungszentren für die Tierwelt), alternativ jeweils der Bewuchs einer Seite des Gewässers geschont werden. Die günstigste Zeitspanne für solche Maßnahmen stellen die Wochen zwischen Ende September und Anfang November dar. Hochwertige Pflanzenbestände sind dabei aber bei solchen Entlandungsmaßnahmen möglichst auszunehmen.

6.7 Um einer zu intensiven Beschattung vorzubeugen, ist – bei Bedarf – die Gehölzvegetation der (vor allem Süd-) Ufer zu lichten (vgl. z. B. Abb. 53).

6.8 Der Erholungsverkehr sollte an allen Gewässern gesteuert werden. Von uferbegleitender Wegeführung über längere Strecken ist sowohl wegen der Empfindlichkeit der Uferzone als auch wegen der Vertreibungseffekte (bei empfindlichen Tierarten, z. B. Otter, Biber, brütende, nahrungssuchende und rastende Wasservögel, Sumpfschildkröte usw.) abzusehen.

An einzelnen größeren Gewässern können für Besucher Beobachtungstürme gebaut und damit die Störungen auf einige wenige Punkte konzentriert werden.

6.9 Der Fischbestand sollte in ökologisch verträglichem Verhältnis zur Gewässergröße stehen und möglichst nicht durch übermäßige Besatzmaßnahmen erhöht werden. Durch Besatzmaßnahmen stark angehobener Fischbestand in Naturgewässern kann z. T. mittels Elektrofischerei vermindert werden. Die günstigste Zeitspanne dafür stellt der Spätherbst dar.

6.10 Hinweise für Gewässerneuanlagen

6.10.1 Größere Gewässer

Gestalterische Möglichkeiten ergeben sich vor allem im Zusammenhang mit Erdabbau- oder Staumaßnahmen. Größe und Form der Gewässer sind dabei zumeist durch die äußeren Umstände vorgegeben. Planerisch beeinflussen läßt sich jedoch die Uferzone (Litoral). Diese ist zugleich der wichtigste Lebensraumbereich für die Mehrzahl der Bewohner von Stillgewässern (vgl. Abschn. 3 d. Kap.). Dabei sollte die Uferlinie möglichst lang sein und vielfältig gebuchtet geführt werden (Erhöhung der Randlinie) und wesentliche Teile des Litorals in einer Breite von etwa 1 m über bis (je nach den örtlichen Möglichkeiten) 1-2 m unter der Mittelwasserlinie in einem Böschungswinkel von 1:5 bis 1:10 ausgeführt sein und dann steiler abfallen. Ein sehr welliges und unregelmäßiges Bodenrelief ist auch hier anzustreben. (Näheres siehe z. B. bei Bauer & Galonske 1975, Dingethal et al. 1981 und anderen mehr.)

Zu schaffen sind ausreichende Flächenanteile der folgenden „Mangelhabitate”:

- Schwimmblatt- und Laichkrautgürtel (vgl. Kap. XIII)

- Röhrichte, Riede und Sumpfzonen (vgl. Kap. XIV)

- Sand- und Schlickufer (vgl. Kap. XV)

- Punktuell auch Steilufer (vgl. Kap. XXXIV)

6.10.2 Hinweise zur Anlage von Kleingewässern

Wichtig ist die Standortfrage. Besonders geeignet für Neuanlagen sind Flächen, wo die Wasserversorgung gesichert ist (Grundwassernähe, Nachbarschaft eines Fließgewässers), wo das Umfeld relativ intakt ist (Extensivgrünland, „Ödflächen”, Heckenlandschaften und reich gegliederte Wälder), wo ein langfristiger Bestand möglich ist (auch Zustimmung des Eigentümers) und anderes mehr. Wichtig ist es aber auch, daß keine wertvollen Habitate zerstört werden. Beispielsweise werden als Standorte für Neuanlagen von Kleingewässern gerne zur Vernässung neigende Kuhlen usw. ausgewählt. Dies sind aber Habitate von ökologisch nicht selten mindestens ebenso hohem Wert wie kleine Standgewässer (vgl. hierzu auch Abschn. V. 1).

a) Temporäre Kleingewässer

Vor allem in den Wiesen- und Feldauen größerer Fließgewässer besteht ein großer Bedarf an periodisch wasserführenden Tümpeln. Daher sollten insbesondere an solchen Stellen der offenen Landschaft, wo keine unüberwindbaren Konflikte mit der Landbewirtschaftung zu erwarten sind, ein längerfristiger Fortbestand also gesichert erscheint, zur Vernässung neigende Bodensenken in jeweils größerer Zahl auf engem Raum geschaffen werden. Stellenweise kann auch im Ackerland nicht auf solche Stellen verzichtet werden, da etliche der offenes Gelände bevorzugenden urtümlichen Krebsarten dieser Tümpel (vgl. Abschn. XII. 3) ihre besten Vorkommen im Ackerland haben (Rieder 1984).

Ein wesentliches Ziel muß dazu die systematische Kartierung der Fauna solcher potentiell geeigneten Stellen sein, weil diese Habitate und ihre Tierwelt bisher sowohl von der ökologischen als auch von der Naturforschung vernachlässigt wurden.

Auch in Abgrabungskomplexen empfiehlt es sich, zum Austrocknen neigende Sicker- und Regenwassertümpel in sonnenexponierter Lage anzulegen. Eine Reihe von Tierarten, z. B. Gelbbauchunke, Kreuzkröte, Plattbauch *(Libellula depressa)*, Großer Blaupfeil *(Orthetrum cancellatum)*, Kleine Pechlibelle *(Ischnura pumilio)* usw. ziehen solche Naßstellen perennierenden Kleingewässern eindeutig vor.

b) Perennierende Gewässer

- Lage: Möglichst auf wasserhaltigem oder wasserundurchlässigem Boden (statt künstlicher Bodenabdichtung). Unbedingt ist aber vorab eine Bewertung des geplanten Standortes und auch der Flächen durchzuführen, wo der Erdaushub deponiert werden soll, um keine ökologisch wertvollen Flächen zu schädigen (vgl. hierzu Abschn. V. 1).

- Größe: Große Variationsbreite in Abhängigkeit von der örtlichen Situation möglich. Allgemein sind mehrere Weiher/Tümpel von ca. 10 - 30 m Durchmesser in engem räumlichem Verbund einem einzigen Großgewässer vorzuziehen (vgl. Abschn. 5.10 d. Kap.)

- Tiefe: Die Gewässer sollten nach Möglichkeit einen stockwerkartigen Aufbau besitzen (also in ausreichendem Maße flachere und tiefere Stellen nebeneinander aufweisen), in den tiefsten Bereichen (Sicherheitszone) ganzjährig Wasser führen und im Winter wegen der Wasserüberwinterer (z. B. von den Amphibien zum Teil Gras-, See- und Wasserfrosch, Moorfrosch und Kammolchmännchen, sehr vereinzelt auch Teich- und Bergmolch sowie die Larven von Geburtshelferkröte, gelegentlich auch von Wasserfrosch, Knoblauchkröte, Kamm- und Bergmolch) nicht völlig durchfrieren. Im allgemeinen ist dies bei einer Tiefe ab 1 m gewährleistet.

- Ufergestaltung: Eine möglichst langgezogene und vielgestaltige Uferlinie ist wegen der damit verbundenen hohen Randlinienwirkung und Mehrung verschiedenartiger Habitate förderlich. Dies läßt sich durch eine Gliederung in zahlreiche Buchten und Halbinseln und durch einen Wechsel von Flach- und Steilufern erreichen. Ausnahme: Für die oligotrophen Stillgewässer hat sich aus Schutzgründen eine kreisrunde Uferlinie als optimal herausgestellt, da dann weniger Randeinflüsse festzustellen sind (Vahle 1990).

- Wasserversorgung: Diese ist nach Möglichkeit durch Grundwasser oder zufließendes Hangwasser zu gewährleisten. Grundsätzlich gilt aber: In Kleingewässern ist ein ganzjährig konstanter Wasserstand keineswegs natürlich und daher auch kein Entwicklungsziel. Vielmehr zeichnen sich solche Systeme durch z. T. erhebliche Wasserstandsschwankungen aus, wobei dann gerade auch die Zonen mit Wechselwasserstand biologisch interessante Bereiche darstellen können.

Unbedingt zu berücksichtigen ist außerdem, daß Fließgewässer – wegen der gravierenden Schäden für die Bachbiozönosen (vgl. Abschn. XI. 4.1. d) – keinesfalls angestaut werden dürfen, um Stillgewässer zu schaffen!

- Besonnung: Für die Entwicklung der Wasserpflanzen aber auch für etliche Tierarten z. B. verschiedene Libellen- und Amphibienarten (vgl. u. a. Abb. 53) ist Besonnung zumindest für einen Teil des Tages sehr wichtig. Abhilfe bei sehr stark beschatteten Gewässern läßt sich hier finden, wenn insbesondere am Südufer zu dichter Baumbestand ausgelichtet wird.

- Vegetation: Standortgemäße Wasser- und Verlandungsvegetation (Hinweise gibt die Vegetation natürlicher Gewässer der Nachbarschaft) ist für die Mehrzahl der Tümpelbewohner förderlich, für einige Pionierarten (z. B. Kreuzkröte, Plattbauch) aber durchaus auch weniger günstig. Für viele Tierarten, z. B. phytophage (von Pflanzen sich ernährende) Allesfresser, Räuber sowie Arten für die die Vegetation im wesentlichen nur das Lebens-

168

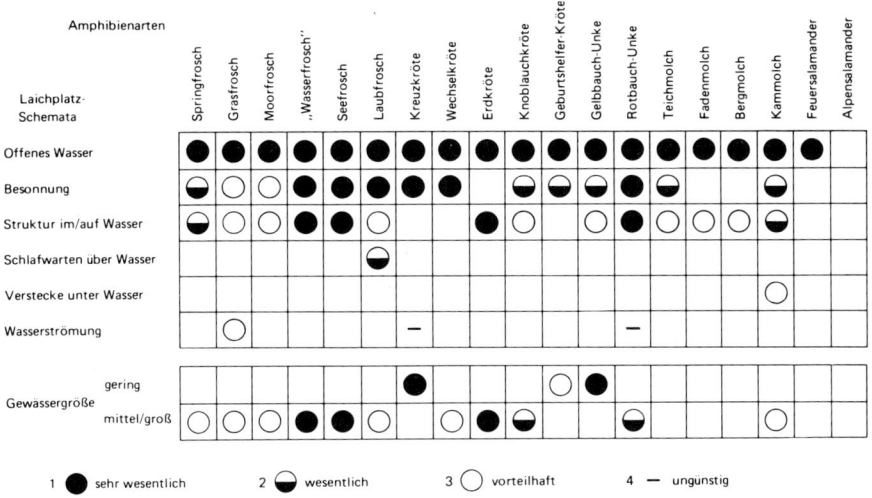

Abb. 53: Laichplatz-Schema der einheimischen Amphibienarten (nach Blab 1978 a)

raumstrukturgerüst darstellt (vgl. Abb. 53) usw., ist die floristische Zusammensetzung der Vegetation weitgehend belanglos. Andere Tierarten zeigen dagegen hinsichtlich Ernährungs- bzw. Eiablageverhalten eine engere Bindung an bestimmte Sumpf- und Wasserpflanzen. Grundsätzlich empfiehlt es sich aber, nur die bautechnischen Grundbedingungen für die spätere Vegetation zu schaffen und die natürliche Vegetationsbesiedlung (Sukzession) abzuwarten.

- Jedes künstliche Einbringen von Fischen, vor allem aber die intensive Nutzung von Naturgewässern für die Fischzucht ist zu verhindern, da intensive Fischereiwirtschaft mit den Zielen des Artenschutzes schwerlich vereinbar ist.

- Nach Möglichkeit sollten die Gewässer von einem einige Meter breiten Streifen begleitender Ufervegetation umgeben sein.

- Sonstige Voraussetzungen und Maßnahmen zur Sicherung der Kleingewässer:

-- vollständige Kartierung

-- Rechtsschutz

-- Werbemaßnahmen bei Eigentümern, den Verbänden der Landnutzer (z.B. Bauern-, Waldbauernverbände), dazu bei Behörden, die Eingriffe in die Natur durchführen (Flurbereinigungsämter, Straßenbauämter usw.).

169

XIII. Schwimmblatt- und Laichkraut-Zonen

1. Charakterisierung

Pflanzengesellschaften in denen untergetaucht lebende Arten, wie etwa Hornblatt *(Ceratophyllum* spec.) und Nixkraut *(Najas* spec.), verschiedene Laichkrautarten, und Arten zusammengefaßt werden, die Schwimmblätter und teilweise auch Blüten auf oder über den Wasserspiegel entsenden (wie etwa See- und Teichrosen, verschiedene Laichkrautarten). Sie treten in stehendem bis langsam strömendem Wasser nicht zu großer Tiefe auf (i. d. R. bis etwa 4 m).

In eutrophen Stillgewässern sind diese Gesellschaften dem Röhricht – soweit vorhanden – vorgelagert.

2. Typen

Nach einer groben Gliederung lassen sich der Schwimmblattpflanzengürtel (Seerosendecken) und der Laichkrautgürtel (-wiesen) unterscheiden. Im Regelfall ist dabei innerhalb der Verlandungsgesellschaften dem Röhricht wasserseitig der Schwimmblattpflanzengürtel und diesem wiederum der Laichkrautgürtel vorgelagert (vgl. Abb. 54).

3. Bedeutung für die Fauna

3.1 Wichtige, eher mittelbare Funktionen

a) Traggerüst des für die biologische Selbstreinigung wichtigen Aufwuchses;

b) Verringerung der Sedimentbewegung;

c) lokale Sauerstoffproduktion durch die Photosynthese (günstig z. B. für die Entwicklung des Fischlaiches).

3.2 Elementare Lebensstätte oder Teillebensstätte für große Teile der Wasserfauna

a) Diese Pflanzengürtel bieten Lebensraum oder das Lebensraum-Strukturgerüst für Teile der Gewässerfauna (z. B. viele Libellenlarven) und Nahrungsbasis für zahlreiche Wirbellose. Die Basis der Nahrungskette bilden dabei – gesamthaft gesehen – aber weniger die Pflanzen der Schwimmblatt- und Laichkraut-Gürtel selbst, als vielmehr deren Algen- und Kleintieraufwuchs, wie z. B. für Zuckmücken- und Köcherfliegenlarven und andere mehr (vgl. hierzu auch Abschn. XIV.3). So leben z. B. die Larven der Schwammhafte *Sisyra terminalis* und *S. fuscata* parasitisch auf Süßwasserschwämmen.

Als Vertreter der Minderheit an Arten, die sich von den höheren Pflanzen (Makrophyten) dieser Pflanzengesellschaft ernähren, seien erwähnt: *Cataclystra lemnata* (Teichlinsenzünsler), *Nymphula nymphaeata* (Seerosenzünsler), *Paraponyx stratiotata* (Krebsscherenzünsler), die Blattkäferarten *Donacia crassipes* und *Macroplea appendiculata* und die Rüsselkäferarten *Eubrychius velutus* und *Rhinoncus albicinctus*.

Von den Schnecken haben folgende Arten hier ihren Siedlungsschwerpunkt (nach Bless 1980): *Bithynia limosa* (Kleine Spitzdeckelschnecke), *Galba glabra* (Sumpf-Schlammschnecke), *Gyraulus riparius* (Kleine Tellerschnecke), *Marstoniopsis steini* (Kammkiemenschnecke), *Radix auricularia* (Ohren-Schlammschnecke), *Stagnicola palustris* (Sumpfschlammschnecke), *Valvata cristata* (Federkiemenschnecke), *Viviparus contectus* (Sumpfdeckelschnecke).

b) Zentrale Bedeutung kommt diesen Zonen auch als Laichsubstrat für die Krautlaicher unter den Fischen (z. B. Karpfen, Karausche, Hecht, Rotfeder, Schleie) sowie als Fluchtversteck zu.

c) Die über die Wasseroberfläche ragenden Teile werden gerne als Rast- oder Ruheplatz bzw. als Ansitzwarte z. B. von Libellen und Grünfröschen benutzt.

4. Gefährdungsfaktoren

4.1 Direkte Vernichtung in Zusammenhang mit Änderungen/Eingriffen in die Gewässerufer.

4.2 Gewässereutrophierung (gilt ganz besonders für an oligotrophe Verhältnisse angepaßte Arten dieser Pflanzengesellschaften).

Natürlich ist die Eu- bzw. Hypertrophierung auch bei natürlicherweise eutrophen Gewässern ein ernstes Problem, da durch entsprechende Algenblüten die euphotische Zone auf wenige Dezimeter absinken kann, submerse Makrophyten (z. B. Laichkräuter) vollständig von Fadenalgen überwachsen werden können und dann aufgrund dieser Faktoren flächendeckend ausfallen. Beispiele für diese Situation finden sich u.a. in den Seenberichten der Landesanstalt für Wasserhaushalt und Küsten Schleswig-Holstein (LAWAKÜ 1982).

5. Entwicklungsziele

Insbesondere gut ausgebildete und zonierte Bestände sind schutzwürdig, bei See- *(Nymphaea alba)* und Teichrosen *(Nuphar lutea)* auch bereits Fragmente.

6. Schutz, Pflege und Entwicklung

Abwehr der Gefährdungsfaktoren. Vor allem in flachen Gewässern können aber auch umfangreiche Entlandungsaktionen, mit Entfernung großer Teile der Bestände dieser Gesellschaften von Zeit zu Zeit aus Naturschutzgründen notwendig werden.

Entwicklung ist insbesondere über die Gestaltung der Uferzone und über die Verbesserung der Wasserqualität möglich (vgl. hierzu Ausführungen in Abschn. XIV. 5).

XIV. Röhrichte und Großseggenriede

1. Charakterisierung

Röhrichte sind wie Riede dem Grasmoor-Typus der Flachmoore zuzurechnen. Bei diesen Pflanzengesellschaften handelt es sich um hochwüchsige, zumeist von wenigen Arten aufgebaute Bestände im Verlandungsbereich stehender oder träge fließender Gewässer. Im Unterschied zu den Wasserpflanzen erheben sich die Röhrichtpflanzen in ihrer Hauptmasse deutlich über den Wasserspiegel.

2.1 Röhrichttypen

In einer groben Aufteilung lassen sich folgende Typen von Röhrichten unterscheiden:

2.1.1 See- und Teichröhricht

Vorherrschend sind hochwüchsige Pflanzen mit senkrechter Struktur wie Schilf *(Phragmites australis)* Teichbinsen *(Schoenoplectus lacustris)* und Rohrkolben *(Typha* spec.). See- und Teichröhrichte (Phragmiteten) finden sich insbesondere von der Grundwasserlinie, da während der frühen Vegetationsperiode ständig freie Wasserzufuhr gewährleistet sein muß, bis maximal 2 m unter der Wasserlinie, da die Pflanzen auf Luftsauerstoff angewiesen sind, und damit vor allem im Stillwasserbereich von Stand- und Fließgewässern und der landeinwärts angrenzenden Bereiche.

Phragmiteten vertragen keine starke Beschattung, auch nicht dauernd starken Wind- oder Wellenschlag. Eine etwaige Wasserströmung darf höchstens bis zu 1 km/h betragen (Grüning 1980).

2.1.2 Bach- und Flußröhricht

An Ufern seichter Bäche unter anderem mit Schwadenarten *(Glyceria fluitans, G. aquatica, G. declinata)* und Igelkolben *(Sparganium* sp.), an Bächen und Flüssen mit etwas stärkerer Fließgeschwindigkeit vor allem von Rohrglanzgras *(Phalaris arundinaceae)* gebildet, sog. Rohrglanzgras-Wiesen.

2.1.3 Klein„röhrichte" aus Pfeilkraut *(Sagittaria sagittifolia)*, Sumpfsimsen *(Eleocharis* spec.), und / oder Tannenwedel *(Hippuris vulgaris)*.

Vertreter aller drei Typen sind grundsätzlich schutzwürdig, besonders gilt dies für große und gut ausgebildete Bestände.

Am bedeutungsvollsten für die Zielsetzungen des Tierartenschutzes scheinen dabei insgesamt die See- und Teichröhrichte zu sein. Zu diesem Röhrichttyp liegen auch die meisten Erkenntnisse vor. Daher beziehen sich die Ausführungen der folgenden Abschnitte dieses Kapitels vor allem auf die See- und Teichröhrichte.

2.2 Großseggenriede

Großseggen bilden dichte, hohe und oft bultige Bestände. Sie schließen landeinwärts an die Röhrichte an bzw. treten in nassen Senken auf.

Man unterscheidet verschiedene Gesellschaften, z. B. das Steifseggen-Ried (ufernahe Bulten, die bei hohem Wasserstand umspült werden), das Rispenseggen-Ried, das Schnabelseggen-Ried, das Blasenseggen-Ried u. a. m.

3. Bedeutung der Fauna

Es besteht keine scharfe Abgrenzung der Fauna, weder zum Wasser noch zum Land hin (vgl. hierzu Abb. 54).

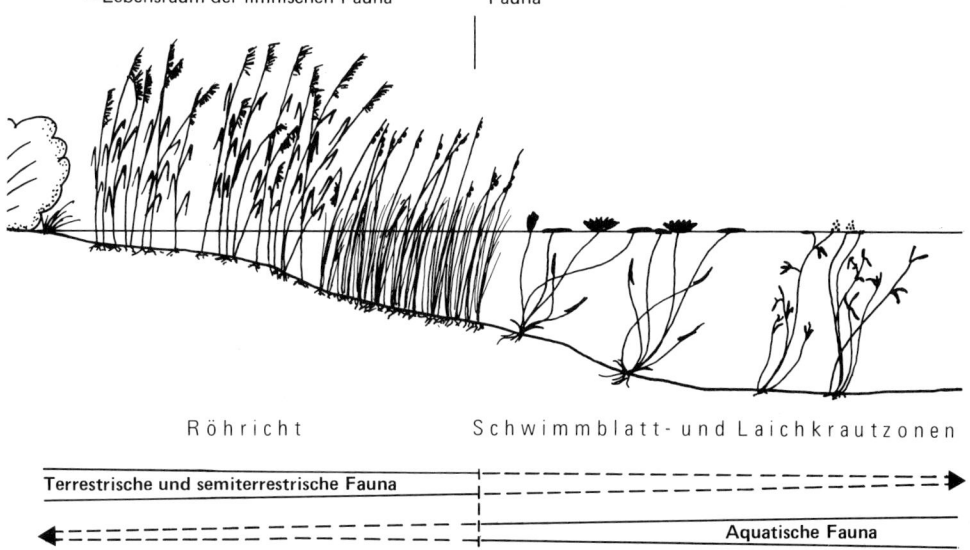

(Mehr) mittelbare ökologische Funktionen

—Traggerüst des Aufwuchses
—Verringerung der Sedimentbewegung
—Lokale Sauerstoffproduktion

Elementare Lebens- oder Teillebensstätte

—Winterquartier für terrestrische Wirbellose
—Brutplatz für terrestrische und semi-
  terrestrische Wirbellose
—Lebensraum semiterrestrischer Wirbeltiere
—Lebensraum der limnischen Fauna

—Lebensraumstrukturgerüst und Nahrungs-
  stätte für limnische Wirbellose
—Laichplatz, Einstand und Versteck limnischer Wirbeltiere
—Rast-, Ruhe- und Nahrungsplatz der semiterrestrischen
  Fauna

Röhricht   Schwimmblatt- und Laichkrautzonen

Terrestrische und semiterrestrische Fauna

Aquatische Fauna

Abb. 54: Funktionen von Röhrichten sowie Schwimmblatt- und Laichkrautzonen für die Tierwelt
(Näheres im Text)

3.1 Winterquartier für Wirbellose

Unterwasser-Überwinterung in hohlen (daher genügend Sauerstoff enthaltenden) Schilfstielen ist gerade für kälteempfindliche Arten von Asseln, Diplopoden, Spinnen, Milben, Springschwänzen, Ameisen, Laufkäfern, Kurzflüglern und anderen mehr wichtig (Tischler 1955).

3.2 Brutplatz für Wirbellose (Brut überwintert oft auch dort)

In offenen vorjährigen Schilfhalmen brüten zahlreiche Stechimmen, nach Preuss (1980) z. B. die Fliegen-Grabwespenart *Ectemnius confinis,* die Schwarze Keulengrabwespe *Rhopalum nigrinum,* die Blattlaus-Grabwespenarten *Passaloecus eremita* und *Passaloecus clypealis* usw.

In den leeren vorjährigen Zigarrengallen der Schilfgallenfliege *Lipara* (meist *L. lucens)* ziehen ihre Brut auf (nach Preuss 1980): die Stechimmen *Pemphredron lethifer, Pemphredron schuckardi, Passalooecus singularis, Prosopis pectoralis, Prosopis gracilicornis* und andere mehr.

3.3 Nahrungs- und Lebensraum für terrestrische Wirbellose

Als Repräsentanten dieser Gruppierung sollen hier genannt werden: Einmal die endophag im Stengel der Röhrichtpflanzen lebenden Larven verschiedener Schmetterlingsarten, vor allem Schilfeulen *(Mythimna-*Gruppe), Rohreulen *(Nonagria* und *Archanara)*, Rohrbohrer *(Phragmataecia castaneae)* und Schilfwickler *(Orthothelia sparganella)* (vgl. auch Abb. 55), zum anderen die Schilfhalmfliegen der Gattung *Lipara*, die Schilfgallmilbe *Stenotarsonemus phragmitidis*, die Schildlaus *Chaetococcus phragmitidis* und nicht zuletzt die auf Schilf spezialisierten Blattläuse (z. B. *Hyalopterus pruni*) und Vertreter der darauf wiederum basierenden Nahrungsketten. Diese Blattläuse erleben zur Zeit der Schilfblüte eine Bevölkerungsexplosion und sind dann Lebensgrundlage für zahlreiche Räuber: verschiedene Wanzen-, Schwebfliegen-, Florfliegen-, Marienkäfer- (z. B. *Anisosticta 19-punctata*) und Laufkäferarten (Droste et al. 1980).

Auf Röhrichte spezialisierte Zoophage sind u. a. viele Spinnenarten aus der Familie der Tetragnathiden und Clubioniden, Wolfsspinnen der Gattung *Pirata* sowie die bodenle-

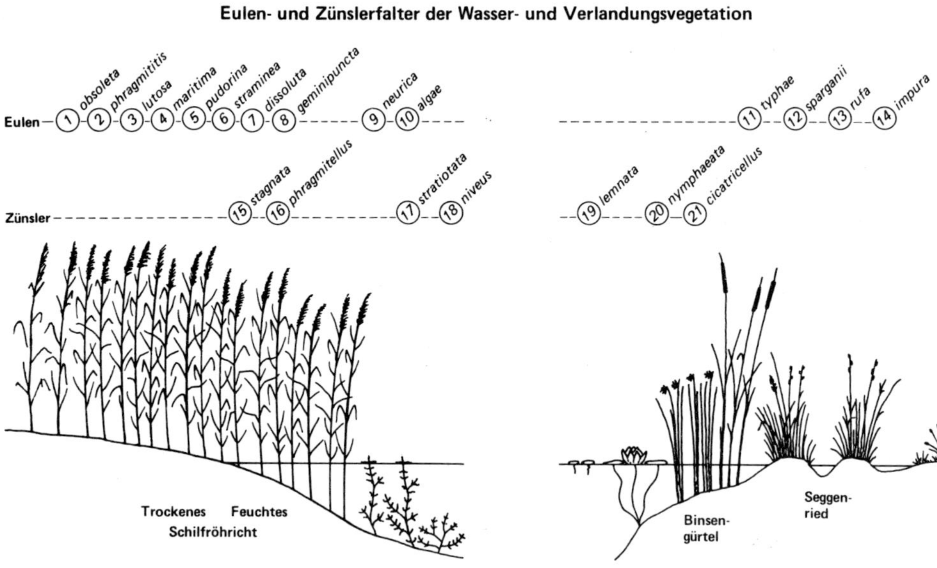

Eulen- und Zünslerfalter der Wasser- und Verlandungsvegetation

Eulen

1	*Mythimna obsoleta* Röhricht-Weißadereule	8	*Archanara geminipuncta* Zwillingspunkteule
2	*Arenostola phragmitis* Schilfdickichteule	9	*Archanara neurica* Rohrglanzgraseule
3	*Rhizedra lutosa* Schilfrohr-Wurzeleule	10	*Archanara algae* Teichröhrichteule
4	*Chilodes maritima* Schmalflügelige Schilfrohreule	11	*Nonagria typhae* Rohrkolbeneule
5	*Mythimna pudorina* Moorwiesen-Weißadereule	12	*Archanara sparganii* Igelkolben-Röhrichteule
6	*Mythimna straminea* Schilf-Weißadereule	13	*Coenobia rufa* Rötliche Binsenstengeleule
7	*Archanara dissoluta* Gelbbraune Schilfeule	14	*Mathimna impura* Ufergrasflur-Weißadereule

Zünsler

15	*Nymphula stagnata* Uferzünsler
16	*Chilo phragmitellus* Rohrzünsler
17	*Paraponyx stratiotata* Krebsscherenzünsler
18	*Acentropus niveus*
19	*Cataclysta lemnata* Teichlinsenzünsler
20	*Nymphula nymphaeata* Seerosenzünsler
21	*Chilo cicatricellus* Binsenzünsler

Abb. 55: Eulen- und Zünslerfalter der Wasser- und Verlandungsvegetation (Auswahl)

Abb. 56: Die Raupe der Schilf-
rohr-Wurzeleule *(Rhize-
dra lutosa)* lebt endo-
phag im Stengel des
Schilfes.

(Foto:
H. J. Weidemann)

bende Laufkäferart *Agonum thoreyi,* welche in ihrem Vorkommen beinahe gänzlich auf
Schilfröhrichte beschränkt ist.

3.4 Lebensraum für Wirbeltiere

Obwohl auch einige Säugetiere, wie z. B. Otter und Bisam, oder auch Reptilien, wie die
Ringelnatter, und Amphibien, wie der Laubfrosch, im Röhricht siedeln, ist hier vor allem
die Bedeutung des Röhrichts für die Vogelwelt herauszustellen. Je nachdem ob das Röhricht dabei als Schlafplatz, als Brutversteck, als Brutplatz und Nahrungsraum, als Unterschlupf oder Deckung zum Mausern oder für alle Funktionskreise dient, sind die Ansprüche an die Röhrichtzone teilweise sehr unterschiedlich (vgl. hierzu insbesondere
Abschn. 5 dieses Kap.).

3.5 Lebensraum für die Wasserfauna

Hierzu liegen bisher nur wenige Untersuchungsergebnisse vor. Beobachtungen zeigen,
daß Röhrichte als Laichsubstrat für die Krautlaicher unter den Fischen im Vergleich etwa
zum vorgelagerten Laichkraut- und Seerosengürtel nur eine untergeordnete Rolle spielen. Ähnliches gilt für die Funktion als Fluchtversteck der Fische.

Einige Bedeutung kommt den untergetauchten Teilen der Röhrichte aber als Lebens-raum/Strukturgerüst für Wirbellose zu. Besonders gilt dies für den Algen- und Kleintieraufwuchs, für davon lebende Arten sowie deren Räuber.

Da Röhrichtpflanzen (insbesondere Schilf) mit Kieselsäure inkrustiert sind, spielen sie als Nahrungsgrundlage (etwa für Wassermollusken oder Insekten) nur eine untergeordnete Rolle, nur wenige Spezialisten leben hiervon. Insgesamt gesehen stellt vielmehr der Algen- und Kleintieraufwuchs dieser Pflanzen die entscheidende Nahrungsgrundlage für die Zoozönose dar, z. B. für Weidetiere wie die Sumpfschlammschnecke *(Galba glabra)* und die Kleine Tellerschnecke *(Gyraulus riparius)* bis hin zu Parasiten, wie die auf Süßwasserschwämmen schmarotzenden Larven der Schwammhafte *(Sisyra terminalis* und *S. fuscata).*

3.6 Mittelbare ökologische Funktionen

Hierzu sind vor allem zu nennen: Traggerüst des für die biologische Selbstreinigung wichtigen Aufwuchses von Algen- und Kleintieren, Verringerung der Sedimentbewegung und lokale Sauerstoffproduktion, welche in verschmutzten Gewässern günstig für die Entwicklung des Fischlaichs sein kann.

Insgesamt gilt aber, daß die Röhrichte hinsichtlich dieser mehr mittelbaren Funktionen wie auch bezüglich der Stellung als Lebensraum der limnischen Fauna gegenüber den Schwimmblatt- und Laichkrautzonen deutlich zurücktreten (vgl. Abb. 54).

4. Gefährdungsfaktoren

4.1 Entwässerungsmaßnahmen, Meliorationen auch der Kleinbestände und insbesondere der landwachsenden Schilfbestände (einschließlich der Vernichtung von Kleingewässern). Bei Schilfbeständen an Land dringen nach Absenkung des Grundwasserspiegels oft rasch (z. T. auch erst nach relativ langer Zeit) Büsche ein und entwerten den Biotop mittelfristig.

4.2 Gewässerverbauung, Uferaufschüttungen, -befestigungen, Fluß- und Seespiegelregulierungen (vgl. Abschnitte XI. 4. 1 und XII. 4. 1).

4.3 Gewässerverschmutzung: Auf Düngung und Einleitung organischer Abwässer folgt rascheres Wachstum des Schilfes mit der Folge, daß die Halme sehr dünn (Sklerenchymentwicklung wird geschwächt) und damit gegen die mechanische Beanspruchung (Wellengang, Treibgut) und das Gewicht der anhängenden Algen sehr anfällig werden und knicken können (Klötzli 1978). Durch die abgebrochenen Halme kann Wasser in das Wurzelsystem eindringen und die Horste sterben ab. Wenn sich große Mengen organischer Abfälle im Röhricht sammeln, führt dies zu Sauerstoffmangel und das Schilf stirbt ebenfalls ab. Durch konzentrierte Salzeinleitungen (z. B. in die Werra) wird jede Wasservegetation einschließlich der Röhrichte vernichtet.

4.4 Motorbootsverkehr (Wellenschlag); ungeordneter Badebetrieb und Angelsport; Camping; Anlage von Wegen.

Wie sehr auch diese mechanischen Belastungen in Verbindung mit der Verschlechterung der physikalischen und chemischen Wasserqualität Schadwirkungen zeitigen, belegen z. B. die Untersuchungen von Sukopp et al. (1975) an der Havel in Berlin: Dort ist schwerpunktmäßig durch diese Faktoren, die sich in ihrem Zusammenwirken im Schadeinfluß noch potenzieren, in einer Zeitspanne von lediglich 10 Jahren rund die Hälfte des gesamten Röhrichts vernichtet worden. Ehemals geschlossene Röhrichtgürtel lösten sich dabei in einzeln stehende, mehr oder weniger kleine Horste auf.

4.5 Uferpflege und Herbizideinsatz;

4.6 mit Einschränkung auch unkontrolliertes Flämmen, vor allem zur Unzeit.

5. Entwicklungsziele

5.1 Grundsätzliche wertbestimmende Gesichtspunkte

a) Röhrichte wurden in großem Stil zurückgedrängt, daher sind alle Ausprägungen, z. B. auch kleine Schilfinseln sowie Übergangs- und Vermischungsgesellschaften mit Großseggen- und Hochstaudenbeständen, schutzwürdig. Besonders hoch bedroht sind die faunistisch ausgesprochen wertvollen Lockerschilfbestände an Land in feuchten Wiesenniederungen (vgl. hierzu auch Abschn. XVIII. 5.2a).

b) Die Ausdehnung des Röhricht-Bestandes ist wertbestimmend, da für die Brutreviere verschiedener Vogelarten Mindestansprüche in bezug zur Größe der Röhrichtbestände bestehen (Näheres im nachfolgenden Abschnitt). Anzustreben sind daher möglichst große zusammenhängende Flächen.

c) Die Nahtlinien des Röhrichts, sowohl zum Wasser wie zum Land, sollten reich gegliedert sein (z. B. sternförmig ins Wasser verlaufende Landzungen). Eine solche Kammerung hat einen deutlich positiven Einfluß z. B. auf die Brutpaardichten von Wasservögeln. So verteidigen etwa Erpel von Schwimmenten ein Brutterritorium, welches dem Uferraum entspricht, den der Erpel überblicken kann (Hochbaum in Harison 1976).

d) Ein kleinflächiger Wechsel verschiedenartiger Röhrichtstrukturen von unterschiedlichem Alter (von mehrjährigem Altschilf bis zu frisch gemähten Teilflächen), verschiedenem Durchwachsungsgrad und unterschiedlicher Wuchsdichte (Anzahl der Halme je Flächeneinheit, aber auch Dicke der Halme usw.) ist anzustreben. Fallbeispiele wie sehr und warum (aufgrund der Biologie ausgewählter Arten, z. B. der Schilfeule *Archanara geminipuncta*) das Verteilungsmuster der Tiere innerhalb eines größeren Schilfbestandes von der Struktur desselben abhängt, gibt u. a. Vogel (1981).

e) Wertbestimmend sind auch kontinuierliche, weder durch intensiv genutzte Wirtschaftsflächen noch durch Wege zerschnittene Übergänge zum Extensivgrünland (vgl. hierzu auch Abschn. XVIII. 5.3c).

Dort wo sich – bedingt durch hohen Grundwasserstand – Schilfröhricht sekundär über brachgefallene Feuchtwiesen ausgedehnt hat, ist der Verbuschung solcher Flächen, die insbesondere bei wechselhaftem Wasserstand voranschreitet und auch der „Verfilzung" durch Seggen und Hochstauden entgegenzuwirken. Das besondere Schutzziel lichter und lockerer Schilfbestände läßt sich durch Hebung (ganzjährig) des Wasserstandes und durch abschnittsweise, rotierende herbstliche Mahd unter Beseitigung des Mähgutes erreichen.

5.2 Strukturelle Merkmale und ihre Bedeutung für die Fauna[*]

5.2.1 Vertikal-Ausprägung (auch Alter)

a) Stark dreidimensional strukturiertes Altröhricht, also „wirres" Röhricht und niedergedrückte Altschilf- und Rohrkolben-Bestände

Hier finden sich z. B. bevorzugt:

Kleines Sumpfhuhn, das wohl auch mehr als andere Rallen klettert (Glutz et al. 1973); Rohrweihe, die zur Horstanlage die dichtesten und höchsten Teile des Altröhrichts wählt (Glutz et al. 1971).

b) Gleichmäßig gewachsenes, wenig geknicktes Schilf

Hier treten beispielsweise bevorzugt auf:

Zwergdommel, die vor- und mehrjährige, nicht allzu dichte Partien besiedelt; Große Rohrdommel, deren Ansprüche ähnlich sind wie die der Zwergdommel. Vieljährige, lange Zeit nicht geschnittene und daher fast undurchdringliche Bestände werden von dieser Art gemieden (Bauer & Glutz 1966). Ausnahmsweise, z. B. am Steinhuder Meer, tritt die Große Rohrdommel aber auch in viele Jahre nicht geschnittenen Schilfbeständen auf (Goethe et al. 1978); Drosselrohrsänger, der Schilfbestände bevorzugt, die möglichst nicht geknickt und auch nicht von anderen Pflanzen durchwachsen sind (Beier 1981).

c) Offene (in den Internodien) vorjährige Schilfhalme

Überwinterungs- und Bruthabitat für zahlreiche Insektenarten (vgl. vorstehenden Abschnitt).

d) Schüttere, wenig hohe Schilfbestände an Land in feuchten Wiesenniederungen

Vorzugsbiotop unter anderem von Wiesenweihe, Sumpfohreule (vgl. auch Abschn. XVIII. 3). In solchen Beständen leben auch die wohl seltensten Schilfbewohner unter den Hymenopteren, *Ectemnius confinis* und *Passaloecus clypaealis* (Preuss 1980).

5.2.2 Horizontale Ausprägung (Breite)

a) Wenig anspruchsvoll (Breite ab einer bestimmten unteren Grenze über weite Bereiche unbedeutend)

Hierzu zählt die überwiegende Mehrzahl der Wirbellosen, die bereits in relativ kleinflächigen Beständen ein Auskommen findet.

Ebenfalls wenig anspruchsvoll sind die Röhrichtbrüter unter den Vögeln, soweit sie die Nahrung vorwiegend auf bzw. unter der Wasseroberfläche suchen (Kalbe 1978). Beispiele: Haubentaucher, Tafel- und Reiherente, Möwen, Seeschwalben. Gleiches gilt für die i. d. R. außerhalb des Gewässersystems und damit auch außerhalb der

---

[*] Floristische Merkmale können für eine Reihe von auf bestimmte Pflanzenarten spezialisierten Wirbellosen eine Rolle spielen. Für die Wirbeltiere ist dagegen in erster Linie die Struktur (Dichte und Länge der Halme, Verfilzung der Pflanzen, Bultenbildung usw.) entscheidend. Trotzdem sind bei Ansiedlung bestimmter Pflanzenarten die Besiedlungsmöglichkeiten etwa für Wasservögel besser oder schlechter realisiert, z. B. sind Schilfbestände geeigneter als solche der Teichbinse, weil die Nester in ersteren besser eingebunden und versteckt werden können (Kalbe 1978).

Vertikale Ausprägung und Struktur	**Horizontale Ausprägung (Breite)**

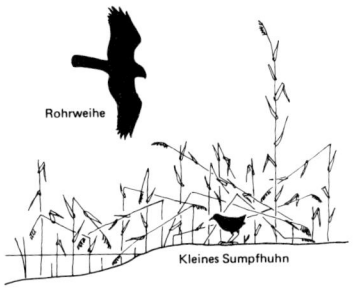

Stark dreidimensional strukturiertes Altröhricht

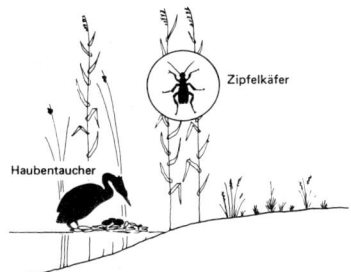

Breite von untergeordneter Bedeutung

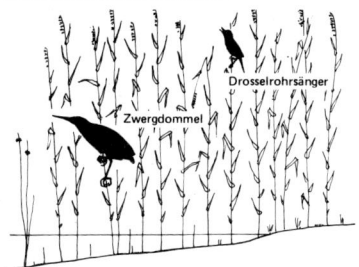

Gleichmäßig gewachsenes, wenig geknicktes Schilf

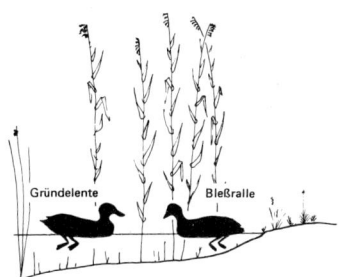

Relativ geringe Breite ausreichend

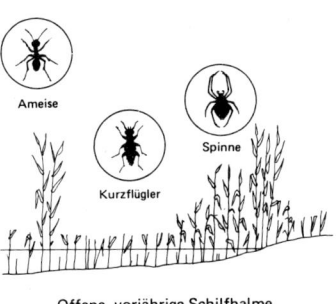

Offene, vorjährige Schilfhalme

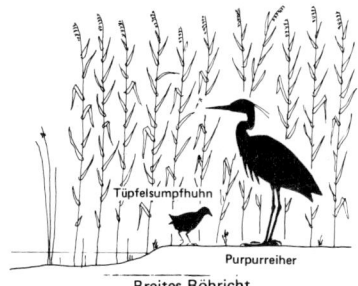

Breites Röhricht
(mit Kontakt zu offenem Wasser)

Schüttere, kleinwüchsige Schilfbestände an Land

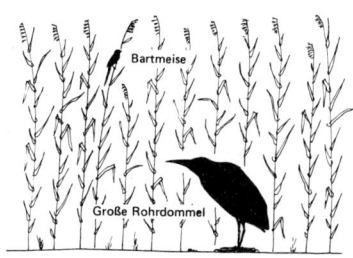

Breites Röhricht
(Kontakt zu offenem Wasser fakultativ)

Abb. 57: Besiedlungsbestimmende Strukturmerkmale des Röhrichts einschließlich einiger charakteristischer Tierarten

179

Röhrichtzone brütenden Arten Eisvogel, Graureiher, Gänsesäger, Kormoran, Schellente; bei diesen Arten kann Röhricht ganz fehlen.

b) Etwas anspruchsvoller

Röhrichtbrüter unter den Vögeln, die ihre Nahrung sowohl am Röhrichtrand als auch im vorgelagerten Flachwasserbereich suchen, zählen zu den etwas anspruchsvolleren Arten. Beispiele: Gründelenten, Höckerschwan, Bleßralle (Kalbe 1978), auch Rothalstaucher.

c) Anspruchsvoll

ca) Breite Röhrichte in Kontakt zu offenem Wasser

Beispiele: Wasserralle, die wenigstens 4-6 m breite Schilfstreifen oder Sumpf- und Wasserpflanzenbestände von mindestens 200-300 m^2 benötigt (Glutz et al. 1973);

Tüpfelsumpfhuhn, das trotz kleiner Territorien zumeist nur in großen Beständen von Röhrichten und dort im landseitigen Teil auftritt und seinen Aktionsraum mit dem aktuellen Wasserspiegelstand verlagert (Glutz et al. 1973);

Graugans;

Purpurreiher, der während Brut und Zug vor allem in ausgedehnten Schilf- und Röhrichtdickichten auftritt (und dazu gerne in Kolonien brütet: in Südeuropa Kolonien von bis zu 100 Paaren, in Deutschland jedoch zumeist nur Kolonien von wenigen Paaren);

Rohrweihe, die allerdings auch kleinere Schilfvorkommen besiedelt, wenn sich günstige Jagdgebiete anschließen und dabei selbst in Beständen von nur 0,1 ha Fläche gefunden werden kann[*];

Drosselrohrsänger, der breite Schilfstreifen von mehr als 1 m, meist jedoch 2-5 m Breite besiedelt und dort den wasserseitigen Teil bewohnt, große Schilffelder aber meidet (Beier 1981).

Teichrohrsänger (mit starken Einschränkungen): Einzelreviere dieser Art umfassen i. d. R. weniger als 100 m^2 vor allem an reinem Schilfröhricht, wo der Teichrohrsänger insbesondere im landseitigen Teil auftritt. Wegen des gerne kolonieartigen Brütens sollten die Schilfbestände jedoch möglichst mehrere hundert Quadratmeter umfassen (Jeckel & Eichenrodt 1979).

Binsenbürstenbinder (Laelia coenosa): dieser Schmetterling wurde – trotz eigentlich kleinräumiger Habitatansprüche – bisher nur in großflächigen Röhrichtbeständen Norddeutschlands aufgefunden.

Generell sollten Schilfzonen an bewaldeten Uferzonen größer sein, um je nach Geländeform den freien An- und Abflug der Wasservögel zu gewährleisten (Bauer & Galonske 1975).

---

[*] Bevorzugtes Jagdgebiet der Rohrweihe ist eine reich gegliederte offene Landschaft mit eingestreuten Röhrichten, Gebüschen, einzelnen Bäumen, Wiesen und Feldern sowie Gewässern. Nach Literaturangaben schwankt die Jagdgebietsgröße der Rohrweihe zwischen 3 und 9 km^2 (vgl. Glutz et al. 1971, Bock 1979). Dabei können sich die Jagdgebiete bei hohem Nahrungsangebot dicht beieinander brütender Paare zum Teil beträchtlich überlappen.

Abb. 58: Fischotter-Schutzstreifen an den Ufern der Alten Sorge (Foto: J. Blab)

cb) Breite Röhrichte ohne zwingend notwendigen Kontakt zu offenem Wasser, d. h. alle Lebensfunktionen können im Röhricht abgewickelt werden:

Bartmeise, Große Rohrdommel, die in nicht zu dichten Röhrichten von wenigstens 2 ha Größe brütet (Bauer & Glutz 1966);

Bei erheblich geringeren Flächenansprüchen treten hier auch Zwergdommel, Wiesenralle und Bekassine auf (Kalbe 1978).

5.2.3 Wichtige Zusatzstrukturen/-qualitäten

In größeren Röhrichtbeständen sollten in jedem Fall auch die folgenden Kleinstrukturen eingeschlossen sein:

a) Kleine, offene Wasserflächen. Diese sind beispielsweise von Bedeutung für:
Zwergtaucher (gerne 0,3-1 m tief)
Krickente (brütet gerne in deckungsreichen Kleingewässern)
Knäkente (brütet auch in Kleingewässern inmitten ausgedehnter Schilffelder)
Wasserralle (wenige Zentimeter tief)

b) Offene Schlickflächen. Diese sind beispielsweise von Bedeutung für das Kleine Sumpfhuhn, aber auch für eine Reihe von auf diese Habitate spezialisierten Insektenarten, z. B. Käfer (vgl. Abschn. XV. 3).

c) Büsche und Bäume an trockeneren Stellen im landseitigen Teil (fakultativ). Hier siedeln unter anderem gerne:

– in Büschen: Rohrammer, Zwergdommel, Schilfrohrsänger (im dichten Röhricht)

– in Bäumen: Nachtreiher, Enten (Brutplatz mit Schutz vor Bodenräubern in Kopfweiden)

Zur sonstigen Fauna der Kopfweiden vergleiche Abschnitt XXX. 3.

6. Schutz, Pflege und Entwicklung

6.1 Hauptaufgabe ist die Unterlassung bzw. Abwehr der in Abschnitt 4 genannten Gefährdungsursachen.

6.2 In ausgeräumten Landschaften ist ein Netz kleiner Schilfbestände wieder einzubringen und ebenso sind in feuchten Flußniederungen größere Flächen mit Lockerschilfbeständen anzulegen, als geschützte Landschaftsteile auszuweisen und regelmäßig zu pflegen.

Pflanzenmaterial	Röhrichtarten	Ingenieurbiologische Bauweisen
Vollständige Pflanzen:		
Pflanzen mit und ohne Ballen	*Carex* spp., *Glyceria maxima, Iris pseudacorus, Phalaris arundinacea, Phragmites communis, Schoenoplectus lacustris, Typha* spp.	Ballenbesatz Röhrichtwalze
Bewurzelungsfähige Pflanzenteile:		
Halme	*Glyceria maxima, Phalaris arundinacea, Phragmites communis*	± senkrechter Halmstecklingsbesatz ± waagerechter Halmstecklingsbesatz
Sprößlinge	*Phragmites communis Schoenoplectus lacustris*	Sprößlingsbesatz
Rhizomschnittlinge	*Acorus calamus, Carex* spp., *Glyceria maxima, Phalaris arundinacea, Phragmites communis, Schoenoplectus lacustris*	Rhizombesatz
Samen:		
Rispen mit keimfähigen (!) Samen (= Spelzfrüchten)	*Phalaris arundinacea Phragmites communis*	Rispensaat Schüttelsaat
Saatgut	*Phalaris arundinacea*	Trockensaatverfahren

Tab. 18: Übersicht über das biotechnisch geeignete Pflanzenmaterial und die ingenieurbiologischen Bauweisen für die Röhrichtzone (nach Hiller 1978)

6.3 Bei Neuanlagen und Gestaltungsmaßnahmen an größeren Gewässern sollte über wesentliche Teile der Uferstrecke auf einer Höhe von 1 m jeweils über und unter mittlerem Wasserstand eine Uferneigung von etwa 1:10 angestrebt werden, um einem möglichst breiten Röhrichtgürtel gute Ansiedlungsmöglichkeiten zu bieten.

Zur Frage der biotechnisch und standörtlich geeigneten Röhrichtarten sowie der ingenieurbiologischen Bauweisen zur Ansiedlung von Röhrichtbeständen einschließlich der Möglichkeiten des Schutzes und der Pflege von Röhricht-Neuanpflanzungen vgl. u. a. Bittmann 1965, Hiller 1978, Stöckli 1972 und die dort zitierte Literatur.

6.4 Bedeutsam ist auch eine Verbesserung der Wasserqualität, insbesondere eine Verminderung des Phosphatanteils durch Kläranlagen, um die in Abschnitt 4.3 dieses Kapitels genannten Gefahren abzuwenden.

6.5 Maßnahmen zum Schutz vor Betreten, zur Lenkung und z. T. auch Beschränkung des Zugangs sind einzuleiten. Mögliche Vorrichtungen dazu sind landseitig: Wassergräben, evtl. auch Dornsträucher; wasserseitig: stabile Schwimmbalken. Absolute Ruhezonen auch ohne Angelsport sind von großer Bedeutung.

6.6 Ggf. Baggern bzw. Sprengen von Wasserlöchern in Röhrichten.

XV. Vegetationsfreie oder -arme Uferzonen

1. Charakterisierung

Hierbei handelt es sich um Flächen mit rohen, sich periodisch erneuernden Böden, um angelandete Gerölle, Kiese, Erden, Schlämme an mäßig geneigten Ufern im Überschwemmungsbereich von Fließ- und Stillgewässern, daher i. d. R. durch die periodischen Pegelschwankungen oder die Brandung geprägt.

2. Typen

Eine Untergliederung erfolgt nach dem Ausgangsmaterial, z. B. Geröll, Kies, Sand, Schlamm usw., bzw. – soweit solche vorhanden sind – nach den kurzlebigen Pflanzengesellschaften (hygrophile Therophytenrasen, Zwergbinsengesellschaften).

3. Bedeutung für die Fauna

Vegetationsfreie oder -arme Uferzonen sind für zahlreiche Tierarten existenzbestimmende Teil- oder Gesamtlebensräume. Da einige biotoptypische Tierarten jedoch nicht selten entscheidende Lebensfunktionen (z. B. Nahrungserwerb) außerhalb der vegetationsarmen Bereiche abwickeln, stellen die betreffenden Uferzonen zum Teil lediglich einen unvollständigen Habitatausschnitt dar. Aus diesem Grunde wird die Faunenzusammensetzung nicht selten auch wesentlich durch die Ausprägung der angrenzenden Biotope bestimmt oder beeinflußt. (Als Anpassung an die Dynamik des Lebensraumes zeichnen sich die meisten biotoptypischen Tierarten durch Flug- bzw. Schwimmfähigkeit aus.) Die ökologischen Funktionen im einzelnen sind dabei (s. auch Abb. 59):

3.1 Saugplatz
An feuchten, pflanzenfreien Stellen nehmen viele Insekten, wie z. B. Bläulinge, Schillerfalter, Bienenartige Wasser auf.

3.2 Grabstelle für Baumaterial
Lehm- und Sandmaurer z. B. unter den Insekten (unter anderem Mörtelbienen) und Vögeln (Rauch- und Mehlschwalbe) gewinnen an diesen Stellen das Material für den Nestbau.

3.3 Sonnplatz und Aufheizstelle
Wegen der hohen Durchwärmung und, als Folge davon, der im Vergleich zur Umgebung höheren Temperatur werden solche Stellen von wärmeliebenden Tieren (z. B. Sumpfschildkröte, Würfel- und Ringelnatter) gerne für Sonnenbänder aufgesucht.

Die Funktionen 1 bis 3 verlangen jedoch keine spezifische Ausprägung der Uferzonen.

3.4 Verpuppungsort für verschiedene Wasserinsekten
Eine stattliche Zahl holometaboler Insektenarten, die als Larve im Wasser leben, benötigt als Puppe atmosphärischen Sauerstoff und verpuppt sich im engeren Uferbereich unmittelbar oberhalb der Wasserlinie.

Eine sicherlich verallgemeinerungsfähige Untersuchung an schlammbewohnenden Langtaster-Wasserkäfern (Hydraenidae) und Wasserkäfern (Hydrophilidae) in Kalifornien zeigt, daß diese Arten deutlich bestimmte Uferzonen und Uferkleinhabitate bevorzugen, deren Begrenzungsfaktoren eine Kombination aus Überschwemmungsrate, Neigungswinkel des Ufers, Größe der Interstitialräume und Konvexität der Käferkörper darstellen (Perkins 1976 zit. nach Paulus 1980).

3.5 Rast- und Nahrungsplatz für wandernde Limikolen (vor allem im Herbst)

3.6 Gesamtlebensstätte/wichtige Teillebensstätte
Beispiele: Im Sandlückensystem (Interstitial) der teilweise bis zu drei Meter breiten Brandungszone an Seeufern findet sich eine Mikrofauna aus Einzellern (Protozoen), Strudelwürmern (Turbellarien), Fadenwürmern (Nematoden), Rädertierchen (Rotatorien), Bauchwimperlingen (Gastrotrichen), Bärtierchen (Tardigraden) und Ruderfußkrebsen (Harpacticiden), deren Ernährung, soweit es sich nicht um Räuber handelt, durch den Detritus der den Strand überspülenden Wellen gesichert ist (Tischler 1989). In der hygropetrischen Zone (vereinfacht: der durch den Wellengang und Spritzwasser benetzte terrestrische Uferbereich) finden sich die Larven zahlreicher Insektenarten, die einerseits Feuchtigkeit oder Nässe in ihrer Umgebung benötigen, andererseits aber nur Luftsauerstoff atmen können, wie z. B. verschiedene Arten von Schmetterlingsmücken (Wagner 1984), Gnitzen (Havelka 1984) und Käfern (Geiser 1980).

Auf den Schotterbänken und Sandflächen lebt eine Reihe hierauf spezialisierter Insekten- und Spinnenarten, etwa die Netzflüglerart *Chrysopa abbreviata,* die Laufkäfer *Bembidion litorale, Bembidion punctulatum* (beides Ahlenläufer) und *Omophron limbatum,* Kurzflügelkäfer der Gattungen *Stenus* und *Thinobius,* die Heuschreckenarten *Bryodema tuberculata* (Gefleckte Schnarrschrecke) und *Chorthippus pullus* (Kiesbank-Grashüpfer), die Wolfsspinnenarten *Arctosa cinerea* und *Pardosa wagleri* und andere mehr. Auch eini-

Kies-, Sand- und Schlammbänke

Steilufer

Ökologische Funktionen für die Tierwelt

Saugplatz
Grabstelle für Baumaterial
Sonn- und Aufheizstelle
Rast- und Nahrungsplatz

Ruheplatz
Jagdrevier
Heizraum
Brutplatz

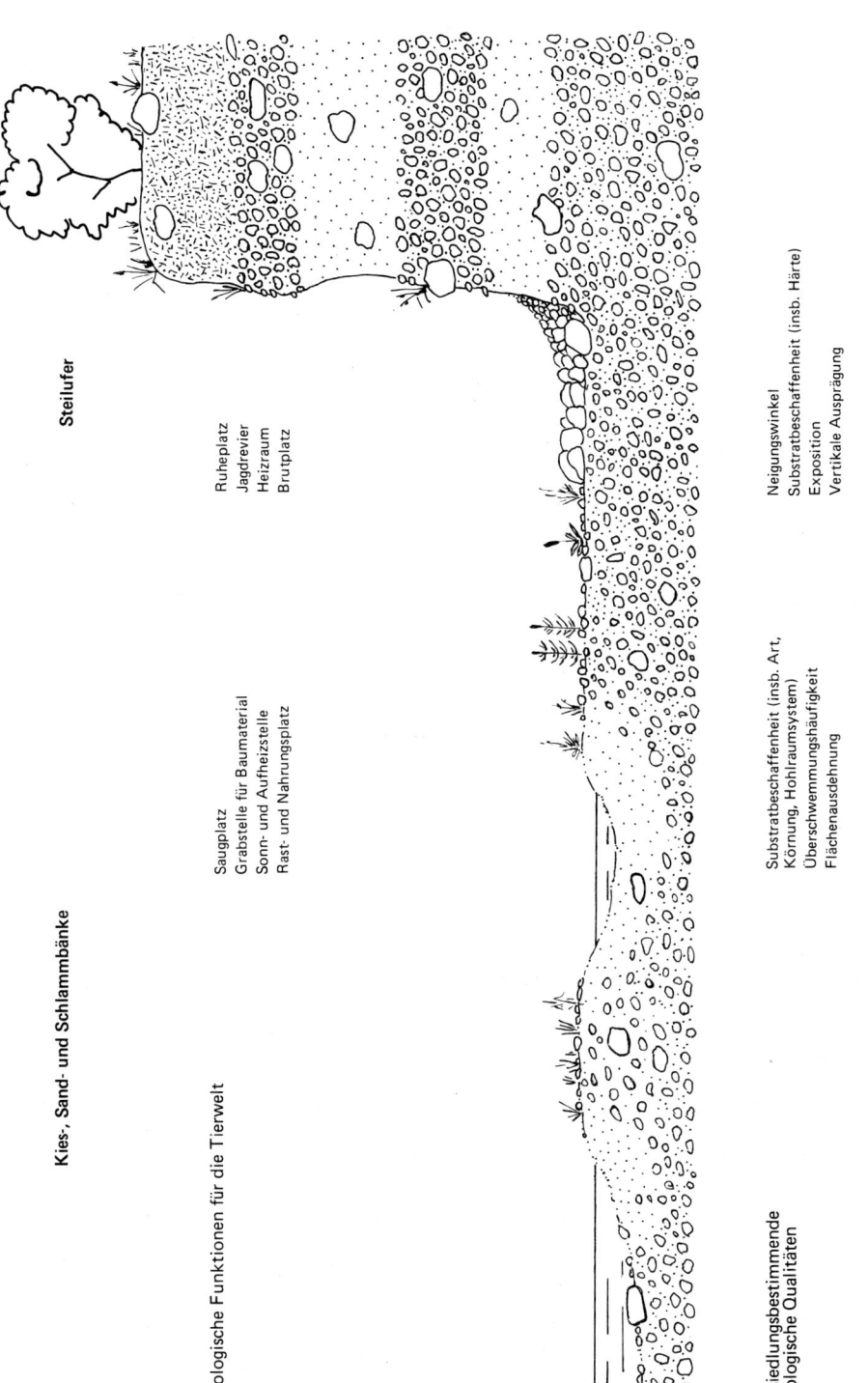

Besiedlungsbestimmende
ökologische Qualitäten

Substratbeschaffenheit (insb. Art,
Körnung, Hohlraumsystem)
Überschwemmungshäufigkeit
Flächenausdehnung

Neigungswinkel
Substratbeschaffenheit (insb. Härte)
Exposition
Vertikale Ausprägung

Abb. 59: Besiedlungsbestimmende Qualitäten sowie ökologische Funktionen der Kies-, Sand- sowie Schlammbänke und der Steilufer für die Fauna (Näheres im Text)

185

ge Vogelarten (z. B. Flußregenpfeifer, Flußuferläufer, Flußseeschwalbe) ziehen hier ihren Nachwuchs auf.

4. Gefährdungsfaktoren

4.1 Die natürlicherweise periodisch durch Hochwässer erfolgende Neuschaffung vegetationsfreier Habitate im Saumbereich der Gewässer wird durch Maßnahmen des Gewässerausbaus (schwere Uferbefestigung) und durch Stauwehre in Fließgewässern weitgehend unterbunden (vgl. hierzu Abschn. XI. 4 und XII.4).

4.2 Durch Staustufen laufen die Hochwässer kürzer ab und bleiben wirkungslos, so kommt es nicht mehr zur Bildung freier Kies- und Sandflächen, vorhandene wachsen zu.

4.3 Die streng an oligotrophe (nährstoffarme) Standorte gebundenen Pflanzengesellschaften (beispielsweise Strandlingsrasen) sind durch alle Formen des Nährstoffeintrags in die Gewässer (Düngung, Abwassereinleitung, Badebetrieb usw.) stark gefährdet.

4.4 Auch bei weniger empfindlichen Arten ist nicht auszuschließen, daß sie durch die mit dem Hochwasser (bei stark belasteten Gewässern) eingetragenen Schadstoffe erheblich in Mitleidenschaft gezogen werden.

4.5 Erholungsnutzungen wie Lagern, Baden, Feuermachen, evtl. auch bereits häufigeres Betreten der Flächen, verhindern die Ansiedlung typischer Vogelarten (z. B. Flußseeschwalbe) oder führen zur Aufgabe bereits begonnener Bruten.

5. Entwicklungsziele

Die relativ unspezifischen Funktionen Saugplatz und Lieferstelle von Nestbaumaterial können durch eine breite Palette von Ufersäumen übernommen werden. Höhere Qualitätsansprüche bestehen dagegen im Falle einer Funktion als Gesamtlebensstätte sowie als Verpuppungs- oder Bruthabitat. Für diese Aufgaben lassen sich folgende grundsätzliche Entwicklungsziele formulieren:

5.1 An Steh- und Fließgewässern ist unmittelbar an der Wasserkante ein hohes und vielgestaltiges Angebot pflanzenfreier/-armer Stellen unterschiedlicher Substratkörnung, Neigungswinkel und Überschwemmungshäufigkeit für die Verpuppung der Larven wasserlebender Insekten (vgl. Abschn. 3.4 d. Kap.) anzustreben, da diese Faktoren neben den lokalen Feuchtigkeitsverhältnissen von besonderer Bedeutung für die Besiedlung v. a. durch Wirbellose sind.

5.2 Für Limikolen empfiehlt sich die Gestaltung großer, flacher, vegetationsarmer, schlick- und sandreicher Ufer (Böschungswinkel etwa 1 : 10).

5.3 In Wildflußgebieten werden besonders hohe Dichten biotopspezifischer Wirbelloser meist in mehrlagigem, relativ feuchtem, mittelgrobem Kies ohne oder mit geringen Schluff- bzw. Schlammanteilen erreicht (Plachter 1986), entsprechend sind solche Verhältnisse zu sichern bzw. zu fördern.

5.4 Schotter- und Kiesflächen oder zumindest grobkörniges Substrat werden von einigen Brutvögeln benötigt:

– hohe Ansprüche an die Flächenausdehnung stellt dabei der (in der Bundesrepublik Deutschland bereits ausgestorbene) Triel;

– möglichst 400 m² (besser mehr) bei annähernd quadratischer oder runder Form benötigt der Flußregenpfeifer (Furrington & Hölzinger 1975). Bei dieser Art kann das Bruthabitat auch bis etwa 2 km von der nächsten Wasserstelle (z. B. in Kiesgruben) entfernt sein (Hölzinger 1975);

– mindestens 4 m² große Kiesflächen an sauberem, fischreichem Wasser beansprucht die Flußseeschwalbe (Thielcke 1975);

– bei Flußuferläufer und der Gefleckten Schnarrheuschrecke *(Bryodema tuberculata),* Bewohnern der Kiessäume von Gebirgsflüssen, ist die Breite dagegen von eher untergeordneter Bedeutung.

5.5 Ganz besonders schutzwürdig sind auch die hygrophilen Therophytengesellschaften auf Sand-, Schlamm- und Kiesböden. Wenngleich eine eingehende Bewertung des Fauneninventars noch weitgehend aussteht, zeigen Teilauswertungen, z. B. eine biotopbezogene Analyse der Roten Liste der Laufkäfer (Carabiden) Westberlins (Barndt 1982), daß diese Formation mit zu den gefährdetsten überhaupt zählt (in Westberlin bei Carabiden zweiter Platz in der Formationsgefährdung nach den Magerrasen).

Abb. 60: Schotterbänke eines alpinen Wildflusses (hier Obere Isar), Habitat zahlreicher angepaßter Tierarten, z. B. der Gefleckten Schnarrschrecke *(Bryodema tuberculata)* (Foto: P. Pretscher)

In Einzelfällen kommen in diesem Biotopbereich auch ausgesprochene Seltenheiten vor. So finden sich 10 der 12 einheimischen Arten der Käfergattung *Thinobius* ausschließlich in den Uferbänken der Isar bei München (Geiser 1980).

6. Schutz, Pflege und Entwicklung

6.1 Unterlassung/Abwehr der Gefährungsfaktoren, insbesondere durch Aufrechterhaltung des Grobsedimenttransports durch das Fließgewässer und Sicherung der angrenzenden Kontaktbiotope für den Naturschutz.

6.2 Da es sich bei den vegetationsfreien oder -armen Uferabschnitten i. d. R. um sehr dynamische Habitate handelt, müssen die Schutzmaßnahmen weniger am Objekt selbst, als vielmehr an den Faktoren ansetzen, welche die Garanten für die periodische Neuschaffung sind (also vor allem Belassen der natürlichen Gewässerdynamik, vgl. Kap. XI und XII). Ein natürliches Flußregime bietet Gewähr, daß die Flächen von unerwünschter Vegetation freigehalten werden, daß das Sand- und Kieslückensystem offen gehalten wird, daß die biotoptypische Artenzusammensetzung durch periodische Eliminierung der untypischen Zuwanderer erhalten bleibt.

6.3 Darüber hinaus ist es dringend erwünscht, eingetretene Fehlentwicklungen zu korrigieren, etwa in verbauten Fließgewässern nachträglich deutliche Sohlen - und Querschnittsverbreiterungen gegenüber den Regelprofilen einzubringen, so daß es auch in ausgebauten Strecken zu natürlichen Substratakkumulationen und -erosionen im Saumbereich der Gewässer kommen kann (vgl. hierzu Abschn. XI.5).

6.4 Fernziel bleibt die Wiederherstellung naturnaher Abfluß- und Uferverhältnisse in möglichst großem Umfang.

6.5 Betretungsverbot für Erholungssuchende, Unterbinden des Zutritts von Weidetieren etc. an besonders empfindlichen Stellen und damit Reduzierung/Abstellen von Eutrophierung, Trittschäden, Störungen u. ä.

Moore

Moore werden zumeist nach geologisch-bodenkundlichen, nicht selten auch nach geobotanischen Gesichtspunkten definiert. Im ersten Fall spricht man von Mooren, wenn die entstandenen Torfe eine Mächtigkeit von über 30 cm erreicht haben und sich in der Trockenmasse mindestens 30% organische Substanz nachweisen läßt, im zweiten Fall, wenn die moortypische Pflanzenwelt vorliegt (z. B. Eigner & Schmatzler 1980). Nach anderer Auffassung ergibt sich die folgende Abgrenzung: Organische Substanz (Glühverlust bei 550°C) 75-100% = Moor, 15-75% = Anmoor, 0-15% = Mineralboden (Kaule & Göttlich 1976).

Bei einer ersten Grobeinteilung werden folgende zwei Grundtypen von Mooren unterschieden: 1. Hochmoor (Vernässung durch nährstoffarmes Regenwasser), 2. Nieder- oder Flachmoor (Vernässung topographisch durch nährstoffreiches Grund- oder Stauwasser bedingt, also „Versumpfungsmoor").

Übergänge zwischen beiden Typen heißen Zwischenmoore. Diese kommen i. d. R. auf sehr nassen Torfböden oder auch als Schwingrasen in schwach dystrophen Gewässern vor. Entscheidend ist dabei, daß sich die Mooroberfläche etwas über den Grundwasserspiegel erhebt. Die Pflanzendecke hat Bestandteile beider Moortypen und zeigt diese mittleren Verhältnisse an.

Niedermoore können z. B. von Röhrichten, Seggenrieden, Erlen- und Birkenbrüchen oder Weidengebüschen bestanden und sekundär auch in Feuchtwiesen (und weiter in Intensivkulturen) umgewandelt worden sein. In dem folgenden Kapitel werden nur die Hoch- und Zwischenmoore behandelt. (Hinsichtlich der Niedermoore vgl. die Ausführungen zu den einzelnen Vegetationstypen in Kap. XIV und XVIII).

XVI. Hoch- und Zwischenmoore

1. Charakterisierung

Hochmoore entstehen nur dort, wo die Niederschlagsmenge größer ist als die Verdunstungs- und Abflußrate des Wassers und sich die Niederschläge relativ gleichmäßig über das ganze Jahr verteilen (nordwestdeutsches Flachland, dazu regenreiche Gebiete von Harz, Eifel, Rhön, Solling, Erzgebirge, Thüringer Wald, Schwarzwald, Böhmerwald, Voralpen- und Alpenraum, vgl. Tab. 19). Sie sind durch anstehenden Torf in meist größerer Mächtigkeit (s. o.) und Nährstoffarmut (Mineralienmangel) ausgezeichnet, Bleichmoose treten besonders hervor. Charakteristisch für mehr oder weniger intakte Hochmoore ist die uhrglasförmige Aufwölbung.

Hoch- und Zwischenmoore sind Extremstandorte. Der hoch anstehende Wasserspiegel hat zur Folge, daß bereits wenige Zentimeter unterhalb der Bodenoberfläche anaerobe Bedingungen herrschen. Nährstoffe gelangen nur mit dem Regenwasser oder in Form von Staubpartikeln aus der Luft in das Moor. Der sehr niedrige pH-Wert im Boden (4 und niedriger) erschwert zudem die Nährstoffaufnahme. Fauna und Flora müssen an starke Temperaturschwankungen angepaßt sein. Nachts ist die Ausstrahlung und damit die Abkühlung beson-

Bundesländer	Hochmoor	
	ha	%
Niedersachsen und Bremen	350.000	7,4
Bayern	59.000	0,8
Schleswig-Holstein und Hamburg	45.000	3,0
Baden-Württemberg	20.000	0,6
Nordrhein-Westfalen	5.000	0,1
Rheinland-Pfalz und Saarland	2.000	0,10
Hessen	1.000	0,05
Bundesrepublik	482.000	1,9

Tab. 19: Ehemalige Hochmoorflächen von Ländern der Bundesrepublik Deutschland nach dem Gebietsstand bis zum 3. Oktober 1990, absolut und auf die Gesamtfläche der Länder bezogen; z.T. nur grobe Schätzung nach Schneider 1976; Zahlen für Niedersachsen und Schleswig-Holstein aktualisiert (aus Eigner & Schmatzler 1980)

ders hoch. In den Sommermonaten können in Schlenken Temperaturunterschiede von morgens 0°C und mittags über 40°C gemessen werden (Hölzer 1977). Im Frühjahr erwärmt sich der Moorwasserkörper nur sehr langsam. Die Vegetationsentwicklung ist im Vergleich zur Umgebung um ein bis drei Wochen verspätet.

2. Typen

Es wird zwischen Hochmoor (ombrogenes Moor), Hangmoor (soligenes Moor) und den Sonderformen Filz und Schwingrasen (mit mehr Zwischenmoorcharakter, also im allgemeinen kein echtes Hochmoor) unterschieden.

Daneben ist auch eine geographisch bedingte Lageunterscheidung gebräuchlich in:

a) Atlantisches, baumfreies Hochmoor
b) montanes (oder subalpines) Hochmoor
c) subkontinentales Wald-Hochmoor

2.1 Das typische atlantische Hochmoor weist auf:

im Zentrum: Bult-Schlenken-Komplexe;

als Randgehänge: Moorheidestadium, Pfeifengras (entspricht auch der 1. Degenerationsform, s. Abb. 61);

Pfeifengrasstadium, an der Peripherie nicht selten auch Birke und Kiefer (entspricht auch der 2. Degenerationsform, s. Abb. 61);

Randsumpf (Lagg): am Fuße des Randgehänges, wo häufig außerdem auch ein zwergstrauchreicher Kiefern-Birkenwald wächst.

2.2 Moordegenerationsstadien (vgl. hierzu Abb. 61)

2.3 Kleinbäuerliche Torfstiche: Die meist provisorischen, wenig intensiven Entwässerungsgräben verfallen zum größten Teil nach ein paar Jahren. Im Kulbiger Filz beispielsweise ist nach Angaben von Pfadenhauer (1989) von Hand abgebaut worden. Die hinter dem Torfstecher liegende Fläche bis zum Weg diente zum Trocknen der ausgestochenen Soden. Die Zwischendämme sollten das Wasser zurückhalten, damit der rezente Stich nicht zu sehr vollläuft. Abgetorfte Stiche wurden mit nicht verwertbarem Material aus dem Moor aufgefüllt. So wurde die für die Regenerierung eines moores wichtige oberste Torfschicht, die Bunkerde, ohne große Zwischenlagerung wieder eingebaut. Sechzig Jahre nach Beendigung des Abbaus hat sich aber noch kein neues Hochmoor entwickelt. Der kleinflächige Abbau und die anschließenden guten Wasserverhältnisse ermöglichten jedoch das Wachstum eines Übergangsmoors. Die entstandenen Moorgewässer sind z.T. Fortpflanzungshabitate gefährdeter Libellenarten (Gerken 1983, Schmidt 1989).

2.4 Industriell großflächig abgetorfte Flächen: Verschiedene maschinelle Verfahren (z.B. Fräs- oder Stechverfahren) ermöglichen sehr großflächig den Torfabbau. Die Etablierung moortypischer Vegetation ist kaum noch möglich. Im Sommer erhitzt sich die dunkle Torffläche sehr stark und im Winter wird die Entwicklung durch Kammeisbildung an vielen Stellen gestört.

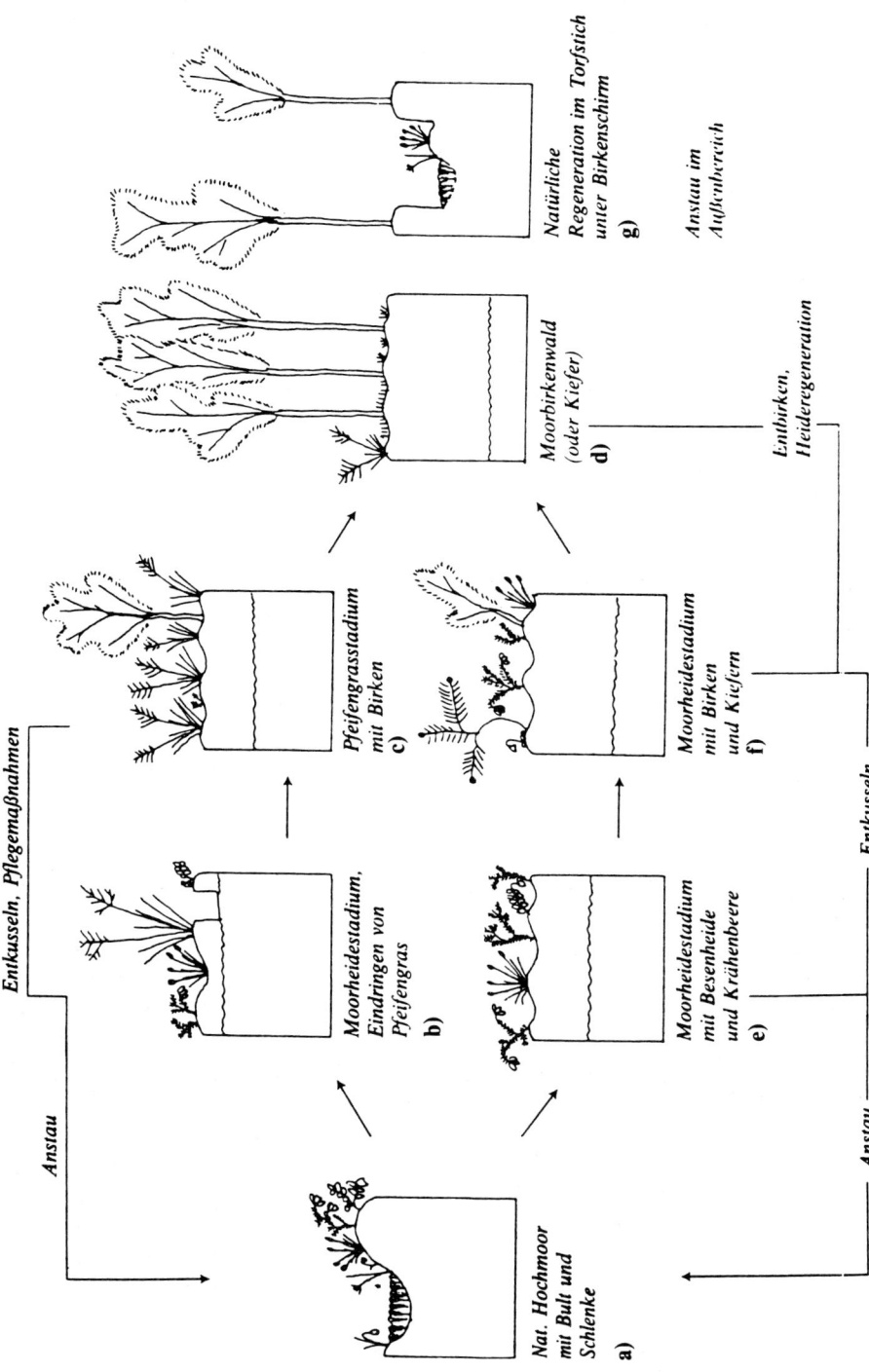

Abb. 61: Veränderungen des Hochmoores mit zunehmender Entwässerung, gleichzeitig Maßnahmen zur Hochmoorregeneration (nach Eigner 1982)

Anstau

Enkusseln, Pflegemaßnahmen

Nat. Hochmoor mit Bult und Schlenke
a)

Moorheidestadium, Eindringen von Pfeifengras
b)

Pfeifengrasstadium mit Birken
c)

Moorbirkenwald (oder Kiefer)
d)

Moorheidestadium mit Besenheide und Krähenbeere
e)

Moorheidestadium mit Birken und Kiefern
f)

Natürliche Regeneration im Torfstich unter Birkenschirm
g)

Anstau

Enkusseln

Entbirken, Heideregeneration

Anstau im Außenbereich

191

Abb. 62: Latschenhochmoor mit Mooraugen im Erzgebirge   (Foto: J. Blab)

3. Bedeutung für die Fauna

Hochmoore sind geologisch relativ junge Bildungen (etwa 6000 - 7000 Jahre), entsprechend ist die Anzahl der ausschließlich oder überwiegend an Hochmoore gebundenen Tier- und Pflanzenarten geringer (z. B. 120-150 Wirbellose) als bei manchen anderen Ökosystemtypen (Heydemann & Müller-Karch 1980).

Gemessen am Anteil – absolut und prozentual – der verschollenen und gefährdeten Arten von Pflanzen (z. B. Sukopp et al. 1978) und Tieren (z. B. Blab & Kudrna 1982) nehmen Moore trotz dieser relativen Artenarmut dennoch einen Spitzenplatz unter den heimischen Ökosystemen, also auch im Naturschutzwert, ein.

Neben den echt tyrphobionten (im Vorkommen auf Hochmoore beschränkten) und tyrphophilen (im Hochmoor sich optimal entfaltenden, aber auch in verwandten Biotoptypen siedelnden) Tierarten treten im Moor auch Arten auf, die lediglich an hohen Grundwasserstand gebunden sind. Zudem sind (vor allem aufgrund gemeinsamer Pflanzenarten) enge Bezüge zwischen Teilen der Fauna der Hochmoore und der Heiden festzustellen. Die Verwandtschaft ist jedoch zum großen Teil durch den heutigen, i. d. R. zumindest vorentwässerten Zustand der meisten Moore vorgetäuscht (Rabeler 1967), es gibt aber auch echte Beziehungen. In allen Fällen handelt es sich dabei aber um Arten solcher ökologischen Gruppen und Positionen, die durch die zivilisationsbedingte Landschaftsentwicklung deutlich zurückgedrängt werden, mithin den Schutzwert der Moore zusätzlich erhöhen. Schließlich werden Moore auch zunehmend zu Refugien für Arten, die einst sowohl im Moor als auch außerhalb

192

siedelten, heute jedoch scheinbar zu Charakterarten der Moorbiotope werden, weil die Umwandlungen der inzwischen land- und forstwirtschaftlich immer intensiver genutzten Landschaft außerhalb der Moore schneller und durchgreifender vor sich gehen (Beispiele für Großschmetterlinge s. Meineke 1982).

Abb. 63: Der Rauschbeerspanner *(Arichanna melanaria)* bevorzugt beschattete Rauschbeerenbestände als Raupenhabitat. (Foto: H.J. Weidemann)

Repräsentative Vertreter der einzelnen Faunengruppen (Auswahl)

Wirbeltiere

Ausschließlich an Hochmoore gebundene Wirbeltiere sind in Deutschland nicht bekannt. Enge Bindung zeigen die Nordische Wühlmaus und der Bruchwasserläufer, der fast ausschließlich in feuchten Hochmooren auf nassen, mit Wasserlachen und verlandenden Torfstichen durchsetzten Torfmoos- und Wollgrasflächen brütet (Drenckhahn et al. 1968). In „Waldmooren" oder -sümpfen findet sich der Kranich ein.

Für die Bestandssicherung vielfach (zumindest regional) entscheidende Vorkommen in Mooren besitzen von den anderen Arten vor allem Goldregenpfeifer, Sumpfohreule und – speziell wenn ein enger räumlicher Kontakt von Hochmoor zu Flachmoor oder Feuchtwiesen gegeben ist – auch Großer Brachvogel, Birkhuhn, Rotschenkel, Sturmmöwe, Krick- und Knäkente, Kreuzotter und Moorfrosch.

In wenig beeinträchtigten Hochmooren fällt der Mangel an Schnecken (infolge Kalkarmut) sowie an Arten der Baum- und Holzfauna (infolge Holzmangel außeralb der Waldhochmoore) und dazu die Armut an größeren Bodentieren auf (Thienemann 1925).

Aus der Gruppe der enger an Hochmoore bzw. – im Falle der aquatischen Arten – auch an saure Gewässer der Heiden und Dünen gebundenen Arten von Wirbellosen seien hier stellvertretend genannt:

– für den Landbereich

die akut bzw. stark gefährdeten Schmetterlingsarten Hochmoorgelbling *(Colias palaeno)*, Moosbeeren-Scheckenfalter *(Boloria aquilonaris)*, Moosbeerenbläuling *(Vacciniina optilete)*, Rotbraune Torfmooseule *(Eugraphe subrosea)*, Hochmoor-Heidelbeereule *(Paradiarsia sobrina)*, dazu die Ameisenarten Uralameise *(Formica uralensis)* und Schwarzglänzende Moorameise *(Formica transkaukasica)*, von denen erstere (in Norddeutschland) aus-

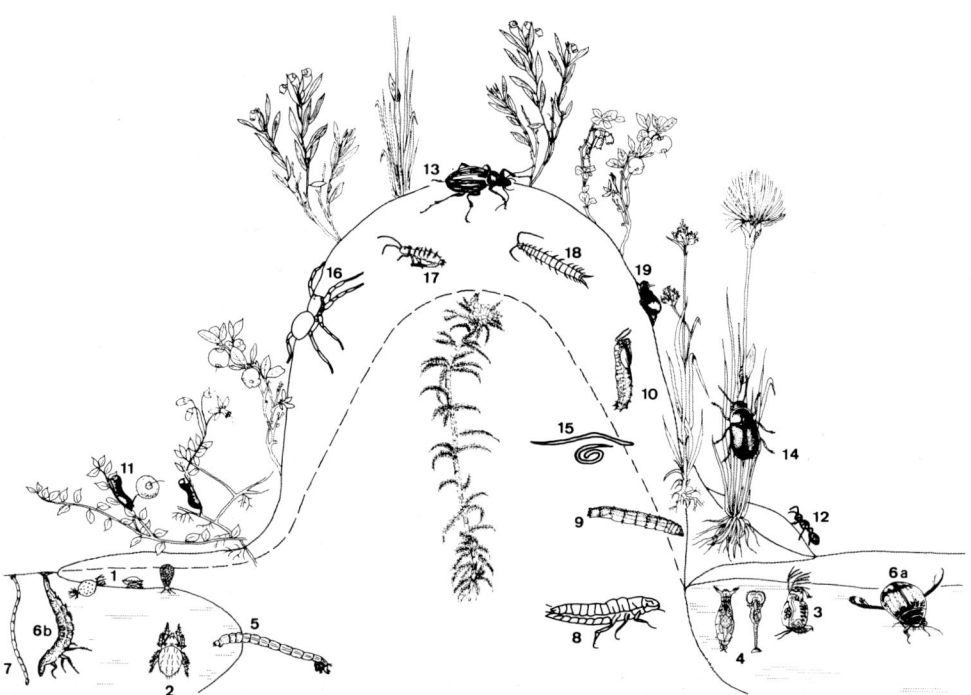

Abb. 64: Die Fauna der Hochmoor-*(Sphagnum-)*Bülte und der angrenzenden Schlenken (Beispiele) (aus Burmeister 1990). Die Zifferreihenfolge entspricht etwa dem Grad der Tyrphophilie der Vertreter der Tiergruppen (1.-19.). 1. Testaceen; 2. Oribatiden, a: aquatisch, b: semiterrestrisch; 3. Cladocera *(Acantholeberis)*; 4. Rotatoria; 5. Chironomiden-Larve (man beachte die verlängerten Analpapillen); 6. Dytisciden, a: Käfer, b: Larve; 7. Ceratopogoniden-Larve; 8. *Cyphon*-(Coleoptera)Larve; 9. Tipuliden-Larve; 10. Puppe von Tipulide oder Ceratopogonide; 11. Raupen von *Colias palaeno;* 12. *Formica picea* am Nest; 13. Laufkäfer *Agonum ericeti;* 14. Blattkäfer *Plateumaris discolor;* 15. Nematoden; 16. Lycoside oder Pisauride (Wolfs- oder Jagdspinne); 17. Collembola; 18. Chilopode; 19. Wasserschnecke *(Galba).*

Artname	Vorkommen	Wasserhaushalt ungestört	gestört
Pityogenes bistridentatus	ss/+++	▬▬▬	
Pityophthorus glabratus	s/+	▬▬	▬
Cryphalus saltuarius	s	▬	▬
Buprestis octoguttatus	ss/+	▬	
Ampedus balteatus	s/+	▬▬▬	▬
Coccinella hieroglyphica	s/+	▬	▬
Brumus oblongus	s/+	▬	▬
Neovadonia unipunctata	s	▬	·········
Spondylis buprestoides	s	▬	
Monochamus galloprovincialis	s	▬	·········
Ips acuminatus		▬▬	▬
Ips amitinus	a	▬	▬
Ips typographus	a	▬	▬
Pityogenes quadridens	a	▬▬	·········
Pityogenes bidentatus	a	▬	
Pissodes div. Arten z.T.	s	▬▬	▬
Propylaea quatuordecimpunctata		▬▬▬	▬▬
Anaitis ocellata		▬	▬
Callopus serraticornis		▬	
Pityogenes chalcographus	a		▬▬

Abkürzungen: a   Schwerpunkt außerhalb der Moore,
                 s   selten, ss sehr selten,
                 +   vorzugsweise im Moorkiefernwald
               +++ ausschließlich im Moorkiefernwald

Tab. 20: Auswahl typischer Arten und häufiger Begleiter der Käfergemeinschaft der Moorkiefer in südwestdeutschen Mooren (nach Gerken 1982)

schließlich auf primären Hochmoorflächen angetroffen wird (Preuss 1980), die Käferarten *Agonum ericeti* (Kupferglänzender Glanz-Flachläufer) und *Mycetoporus bergrothi*, die Spinnenart *Pardosa sphagnicola;*

– für den Bereich der wasserführenden Schlenken und Kolke (aber auch der anmoorigen Tümpel in Dünen und Heiden)

die bedrohten Gnitzenarten *Bezzia bidentata, Palpomycia algarum, Dasyhela turfacea* sowie die Käferarten (nach Paulus 1980) *Laccophilus variegatus, Hydroporus neglectus, Agabus subtilis, Agabus nigroaeneus, Illybius crassus, Dytiscus semisulcatus* sowie verschiedene Libellenarten (vgl. dazu Abb. 65)

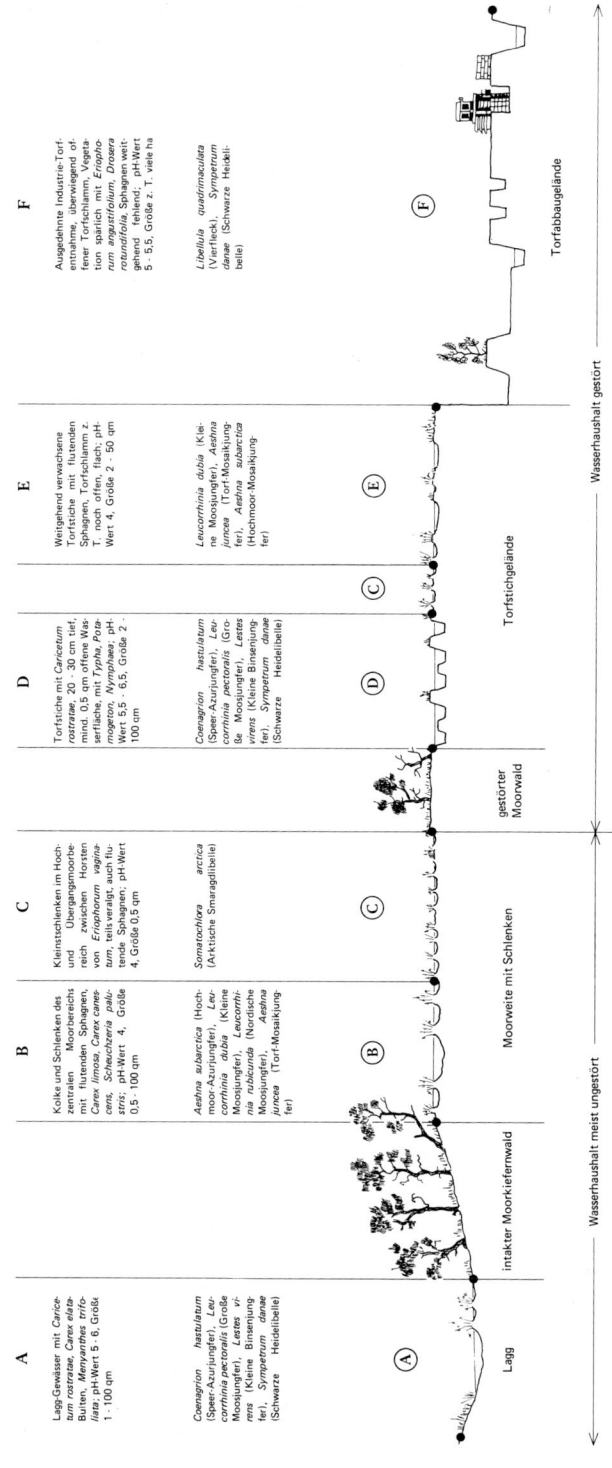

Abb. 65: Räumliche Verteilung von Libellengemeinschaften in Übergangs- und Hochmooren des oberschwäbischen Alpenvorlandes, Lkr. Ravensburg (nach Gerken 1982, umgezeichnet)

- für die Holzfauna der Waldhochmoore und Zwischenmoore die in Tabelle 20 dargestellte Auswahl rindenbrütender Käferarten. Nach Gerken (1982) ist dabei das Auftreten dieser Moorkiefern-Käfergemeinschaft (die einzelne kränkelnde Bäume auch abtöten kann) ein Kriterium vorrangiger Schutzwürdigkeit der entsprechenden Moore, weil diese Gemeinschaft ausschließlich auf wasserhaushaltlich weitgehend intakte Übergangs- und Hochmoore beschränkt ist.

4. Gefährdungsdiskussion

Flächenentwicklung

Moore wurden in der Vergangenheit in großem Stil vernichtet. So sind beispielsweise nach Eigner & Schmatzler (1980) von den 45.000 ha an Hochmooren in Schleswig-Holstein

- unberührt 100 ha (zzgl. 400 ha des Lauenburgischen Waldhochmoores)
- nicht mehr wüchsiges Heidekrautstadium 1.430 ha
- entwässertes Pfeifengrasstadium 1.830 ha
- Birkenstadium 1.370 ha
- durch Torfstich stark zerkuhlte Flächen 340 ha
- der Rest anderen Nutzungen zugeführt.

Fazit: Nur noch rund 1% der Ausgangsfläche ist hier noch als ökologisch intakt zu bezeichnen.

Für das Gebiet der ehemaligen DDR beträgt die ursprüngliche Gesamtmoorfläche nach Succow (1988) ca. 550.000 ha. Nach demselben Autor sind davon heute nur noch etwa 1 % (5 000 ha) deutlich wachsendes Moor. Seiner Schätzung nach sind weitere 4 % Standorte mit fehlender oder minimaler Torfzehrung (alle Moortypen eingeschlossen).

Von den 3.000 Mooren im südlichen Baden-Württemberg wurden nach Briemle (1980) über 67% der Fläche zum Nachteil der an Moore angepaßten Lebewesen verändert, 20 % in Streuwiesen umgewandelt, die zwar ökologisch noch wertvoll sind, aber heute auch zunehmend vernichtet werden. Laut Niedersächsischem Moorschutzprogramm sind in diesem Bundesland nur noch 4 % der Gesamthochmoorfläche in naturnahem Zustand. 67% der Fläche werden landwirtschaftlich und forstlich genutzt. 13 % der Fläche dienen der Torfgewinnung. Erhebungen von Schneekloth (1990) lassen einen gestiegenen Torfabbau 1989 im Vergleich zu 1982 vermuten (s. Tab. 21).

Gefährdungsfaktoren

4.1 Entwässerung

Moore haben einen eigenen labilen Wasserhaushalt und reagieren daher sehr empfindlich auf Eingriffe in denselben. Die Folgen einer Entwässerung sind: Die Torfmoose gehen zurück oder stellen ihr Wachstum ein, die Vegetation verändert sich in charakteristischer Weise (vgl. Abb. 61).

Neben der Austrocknung bewirkt Entwässerung eine Luftzufuhr mit der Folge von Oxydation und damit Mineralisierung der Torfe. Dies führt zur Nährstoffanreicherung an der Oberfläche, so daß sich nunmehr dort auch Pflanzenarten mit höheren Nährstoffansprüchen ansiedeln, welche die anspruchsloseren überwuchern und verdrängen. Insgesamt sind die Folgen einer Entwässerung:

- Verlust der ökologischen Identität der Moore

- Vernichtung oder Einengung der Lebensmöglichkeiten der typischen Hochmoorfauna und -flora

- Änderungen im Mikroklima

- Folgenutzungen (die durch die Entwässerung erst möglich werden) wie Abtorfung, landwirtschaftliche Bodennutzung, Siedlung, Verkehr, Aufforstungen und anderes mehr (vgl. dazu Abb. 67)

4.2 Abtorfung

Hochmoore werden, mit Ausnahme von Teilflächen, die nur eine geringe Torfmächtig-

	1982	1989
Zahl der gewerblichen Torfabbaubetriebe	112	102
Abbaufläche der gewerblichen Torfabbaubetriebe		
nach gültigem Recht genehmigt	12 660 ha	19 691 ha
beantragt	5 653 ha	10 095 ha
nach gültigem Recht nicht genehmigt und nicht beantragt	11 697 ha	–
Bäuerliche Kleinstabbauten:		
nach gültigem Recht genehmigt	2 491 ha	784 ha
beantragt		628 ha
Gesamtabbaufläche in Niedersachsen	32 501 ha	31 198 ha
Torfvorräte in Niedersachsen		
Weißtorf		
zum Abbau genehmigt		60,403 Mio. m^3
beantragt		30,571 Mio. m^3
voraussichtlich noch verfügbar	geschätzt 102 Mio. m^3	90,974 Mio. m^3
Schwarztorf		
zum Abbau genehmigt		138,602 Mio. m^3
beantragt		87,130 Mio. m^3
voraussichtlich noch verfügbar	geschätzt 147 Mio. m^3	225,732 Mio. m^3

Tab. 21: Die wichtigsten Ergebnisse der Erhebung 1989 über die Torfreserven in Niedersachsen im Vergleich zur Erhebung 1982 (nach Schneekloth 1990)

Abb. 66: Industrieller Torfabbau (Foto: J. Blab)

keit haben, zumeist abgetorft. Dabei handelt es sich in der Regel um die wertvollsten Hochmoorteile.

Die Folgen einer Abtorfung sind:

- Zerstörung der Identität des Moores durch tiefgreifende Entwässerungsmaßnahmen und das Abschälen der Vegetations- und Torfdecke (vgl. dazu vorstehenden Abschnitt);

- teilweises Anschneiden des mineralischen Untergrundes, wodurch einmal die Abdichtung nach unten zerstört und zum anderen der durch Nährstoffarmut gekennzeichnete Gewässerchemismus teilweise irreversibel verändert wird;

- weitestgehende Zerstörung der Moorvegetation und -fauna durch flächendeckende Abtorfung und Störungen;

- Vorbereitung anderer landeskultureller Maßnahmen (vgl. Abb. 67);

- Verlust primärer Hochmoorflächen, was sich für einige eng an diese Verhältnisse gebundene Tierarten, z.B. die Uralameise *(Formica uralensis)* katastrophal auswirkt (Preuss 1980);

- in den schmalen, oft nur 0,2 m breiten und mehr als 1 m tiefen Entwässerungsgräben für die maschinelle Abtorfung ertrinken oft sämtliche Jungtiere bestimmter bodenbrütender Vogelarten des Gebietes, z.B. des Birkhuhns (Heckenroth 1975).

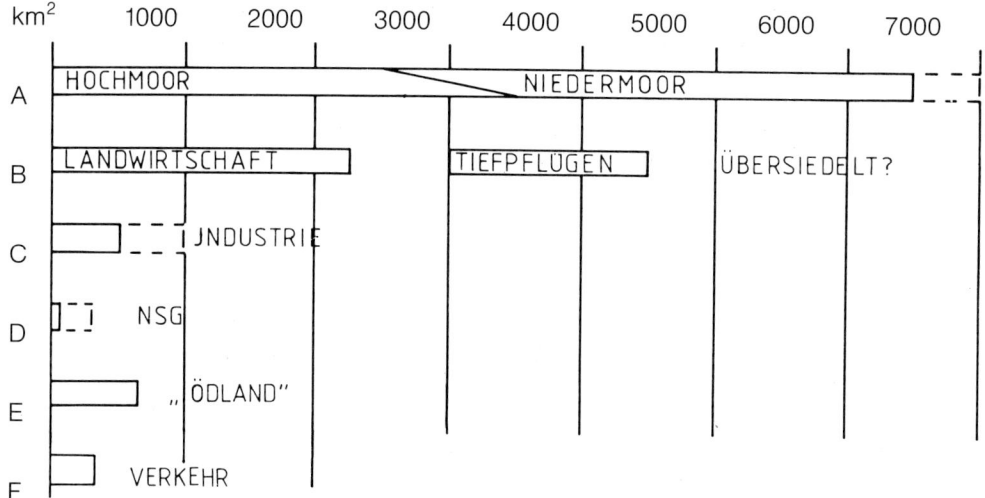

MOORFLÄCHEN IN NIEDERSACHSEN 1979

Abb. 67: Größe der ursprünglich in Niedersachsen vorhandenen Moorflächen (A) und der den verschiedenen Verwendungszwecken zugeführten Flächenanteile (nach Hayen o. J.)

Bei kleinbäuerlicher Topfstecherei sind die Folgen zumeist weniger gravierend, so daß diese vielfach geduldet werden kann, bzw. nur in Hochmoor-Wachstumskomplexen eingeschränkt werden muß (Kaule 1976).

4.3 Nährstoffanreicherung (Eutrophierung)

Die extrem nährstoffarmen Standorte sind schon durch geringe Eutrophierung (Einwehung von Dünger, Feinerde usw., allgemeine Luftverschmutzung, Einschwemmungen

Ökosystem	Kritische Depositionswerte ("Critical load"-Konzept) kg N/ha · a	Deposition NRW kg N/ha · a	Überschreitung
Hochmoore	3 - 5 ⎤		2,6 - 8fach
Zwergstrauchheiden	3 - 5 ⎬	13 - 24	2,6 - 8fach
Grasvegetation	3 - 10 ⎦		1,3 - 8fach
Nadelwald	3 - 15	20 - 60	1,3 - 20fach
Laubwald	5 - 20	15 - 50	- 10fach

Tab. 22: Vergleich der kritischen Depositionswerte mit der Deposition von Stickstoff ($NO_3^- + NH_4^+$) in Nordrhein-Westfalen (nach Gehrmann, 1990)
"Kritischer Depositionswert": 1988 in einem Workshop der UN-ECE (Economic Commission for Europe) diskutierte Werte für Stickstoff für einzelne Ökosystemstypen. Bei dauerhaftem Überschreiten erscheinen massive Änderungen hinsichtlich der Artenzusammensetzung terrestrischer Ökosysteme unvermeidlich (Nilsson & Grennfelt 1988 und Gehrmann 1990 zit. nach Bartels & Gehrmann 1990); (vergleiche auch Kap. XVIII Feucht- und Naßwiesen, Abschn. 6.).

über eutrophes Wasser, Eutrophierung von Kolken, Restseen usw.) zu verändern (Kaule 1976). Die Folgen einer Eutrophierung sind: Nährstoffanreicherung in der oberen Torfschicht, Veränderung der extremen hydrochemischen Standortverhältnisse, Verschlechterung der Existenzbedingungen für die echten Hochmoorarten unter den Pflanzen (Ausbreitung minerotraphenter Arten) und vielfach auch der Tiere. Langfristig führt dies zu einer Verwischung der ökologischen Identität und damit zur Vernichtung der ursprünglichen seltenen Pflanzen- und Tiergemeinschaften.

4.4 Erholungsnutzung

Insbesondere in Mooren mit größeren Wasserstellen kommt es zu Konflikten zwischen Naturschutz und Erholung (s. Tab. 23) durch Nährstoffanreicherung (vgl. oben), Lager-, Tritt- und Feuerschäden an der Moorvegetation, Beunruhigung der Moorfauna. Schwingrasen werden auch durch Boote von der Wasserseite her beeinträchtigt. Probleme durch starke, tourismusbedingte Trittbeeinträchtigung entstehen auch bei Mooren auf Sätteln und Kämmen (z. B. in den Allgäuer Alpen in Höhen von 1.500-1.800 m). Die größten Schäden verursachten dort aber Planierungen, Verfüllungen, Liftfundierungen und Gebäudeanlagen im Zuge des Skibetriebes (Ringler 1981b).

		BELASTUNG	
Faktor	Fläche	Gruppen	Zeit
Tritt	80 %	Badegäste, Wanderer, Camper, Wintersportler, Angler, Taucher	ganzjährig
Lagern	50 %	Badegäste, Camper	Sommer
Schnitt			
Bäume	30 %	Badegäste, Camper	Sommer
Sträucher	15 %	Badegäste, Camper	Sommer
Graben	0,1 %	Badegäste, Camper	Sommer
Müll	40 %	Badegäste, Camper	Sommer
Feuer	0,2 %	Badegäste, Camper	Sommer
Lärm	100 %	Badegäste, Camper	Sommer
		Wintersportler	Winter

Tab. 23: Belastung des Moorökosystems Kitzlsee (30 km SO von München) durch Erholungssuchende (nach Odzuck 1978)

4.5 Beweidung

Verbiß, Viehtrieb und Dung verändern Vegetation und Boden eines Moores deutlich. Die negativsten Auswirkungen der Beweidung sind jedoch die oft erheblichen Trittschäden. So sind beispielsweise in den Allgäuer Alpen bereits 47 % der wichtigsten Moore durch Weidevieh (Rinder) stark zerstampft, teilweise auch morphologisch verändert (vgl. Abb. 68).

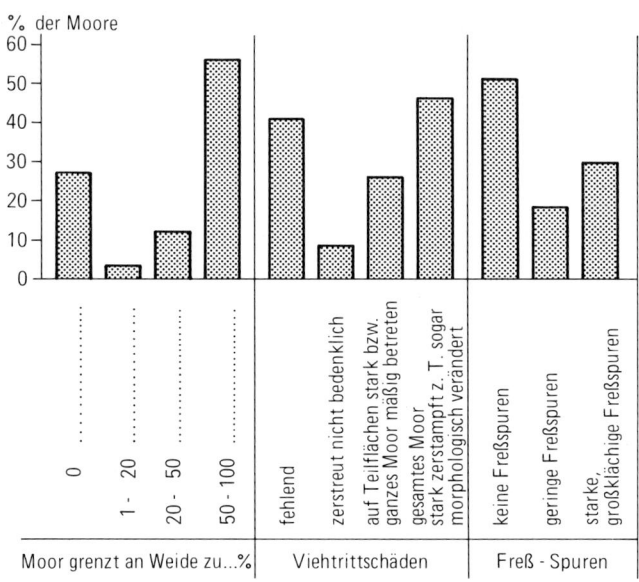

Abb. 68: Bilanz der Weideschäden in den wichtigsten Allgäuer Gebirgsmooren (Aufnahmezeitpunkt: August 1977 und 1978) (nach Ringler 1981b)

4.6 Aufforstung bzw. Bewaldung als Folge von Entwässerungen

Die Aufforstung bzw. Bewaldung vorentwässerter Hochmoore verdrängt die moortypische Fauna und Flora. Beispielsweise wurden im Fichtelgebirge viele Habitate von Hochmoorgelbling *(Colias palaeno)*, Moosbeeren-Scheckenfalter *(Boloria aquilonaris)* und Hochmoorbläuling *(Vacciniina optilete)* aufgeforstet, wodurch die Arten lokal *(B. aquilonaris, V. optilete)* bzw. nahezu regional *(C. palaeno,* nur noch 2-3 Restvorkommen) verdrängt wurden (Weidemann 1990).

4.7 Andere Gefahren

Nutzung als Deponien von Bauschutt, Müll, organischen Abfällen. Davon sind vor allem die Kuhlen und kleinen Torfstiche betroffen, in denen sich das Moor regeneriert. Überbauung mit Straßen, Flugplätzen, Nutzung als militärisches Übungsgelände. Dies führt zu Änderungen im Hydrochemismus und damit zur Verdrängung biotoptypischer Arten durch untypische Arten, zur Erschließung mit allen Folgelasten sowie nicht selten dazu, daß die unabdingbare Mindestgröße unterschritten wird. Die Hochmoorrestflächen sind dann häufig so klein, daß mehrere Sukzessionsstadien nicht mehr nebeneinander vorkommen können. Dies hat wiederum zur Folge, daß z.B. Arten, welche sich in ihrem Jahreszyklus in verschiedenen, einander eng benachbarten Sukzessionsstadien aufhalten müssen, lokal aussterben (Heydemann 1979).

4.8 Jagdliche Gestaltungsmaßnahmen

In der Westfälischen Bucht ist nach Wittig (1980) ein Teil der oligotrophen Gewässer auch dadurch gefährdet, daß einige Jäger versuchen, möglichst viele Enten in das Gebiet zu locken, was durch Anfütterung der Tiere bzw. Aufstellen von Entenkörben zwangsläufig eine Gewässereutrophierung und damit eine Vernichtung der oligotrophen Pflanzengesellschaften nach sich zieht.

5. Entwicklungsziele

5.1 Generelle Entwicklungsziele

a) Infolge der sehr erheblichen Verlustraten (vgl. Abschn. 4 d. Kap.) zählen Hoch- und Zwischenmoore heute in der Bundesrepublik Deutschland zu den am stärksten bedrohten Biotoptypen überhaupt. Unverzichtbar ist es daher:

alle noch weitgehend intakten Moorreste tatsächlich und flächenhaft zu sichern. Ihre weitere Entwicklung muß, soweit irgend möglich, unbeeinflußt bleiben;

einen möglichst hohen Anteil der sonstigen vorhandenen, noch einigermaßen naturnahen (d. h. noch nicht zu stark degenerierten und umgewandelten) Restflächen in allen geographischen Moorprovinzen zu regenerieren. Dabei muß man sich aber stets bewußt bleiben, daß Renaturierung bzw. Regeneration und das damit einhergehende Vertrauen in die Machbarkeit von Natur die Bedeutung der noch einigermaßen naturnahen Moorreste nicht verwischen dürfen. Das Ziel, der Schutz aller naturnahen Moorflächen, könnte ansonsten leicht in den Hintergrund gedrängt werden.

Hochmoorregeneration ist die Wiederherstellung hochmoortypischer Verhältnisse mit torfbildender Vegetation aus Bulten- und Schlenkengesellschaften und den moortypischen Zoozönosen. Ob dies großflächig überhaupt möglich ist, ist bis heute noch ungeklärt. Mit Sicherheit jedoch dauert dieser Prozeß nach Meinung zahlreicher Autoren Jahrhunderte (Arbeitskreis Moornutzung – Landschaftspflege 1989, Große-Brauckmann & Bohn 1989, Kunze & Eggelsmann 1981). Erschwerend kommt hinzu, daß der steigende Nährstoffeintrag aus der Luft (30-40 kg/ha Gesamt-Stickstoff, Bahr & Wittkötter 1990) lokal die Hochmoorregeneration verzögern oder auch verhindern kann (Eggelsmann 1990).

Voraussetzung für die Regeneration ist die Wiedervernässung der Moorfläche. Das Ziel dieser Maßnahme ist die Wiederherstellung des mooreigenen Wasserhaushaltes durch zurückgehaltene, aufgestaute Niederschläge. Die Wiedervernässung dauert i. d. R. viele Jahre. Durch das Aufstauen des Wassers entstehen dystrophe Gewässer, die bereits für verschiedene Arten der Hochmoorfauna als Lebensraum dienen (können) (vgl. Abschn. 3 d. Kap.).

Unter optimalen hydrologischen Bedingungen setzt danach die Phase der Renaturierung ein. Je nach Ausgangssituation kann es bis zur Etablierung von Arten der Übergangsmoore Jahrzehnte dauern oder sie findet überhaupt nicht statt.

Sinn und Zweck aller Maßnahmen zur Wiedervernässung und Regeneration ist es, die Voraussetzungen zu schaffen, daß sich langfristig ohne anthropogene Eingriffe Vegetation und Fauna spontan (pionierartig) einstellt und sich ein wachsendes Moor entwickelt. Wo eine Hochmoorregeneration aufgrund der Vorbedingungen (Trophie und Feuchtezustand) nicht mehr stattfinden kann, kann das Ziel der Renaturierung auch ein Bruchwald, ein Niedermoor, eine Feuchtwiese oder eine trockene Heidefläche sein.

b) Da die von Natur aus sehr nährstoffarmen Hoch- und Zwischenmoore gegenüber Nährstoffeintrag ausgesprochen empfindlich sind, ist es zwingend notwendig, zwischen dem Moor und dem intensiv genutzten Wirtschaftsland allseitig nicht gedüngte Pufferzonen von wenigstens 200-300 m, besser 500 m Breite anzulegen (Kaule 1976).

c) Jegliche Einleitung von Oberflächenwasser in die Gebiete ist zu verhindern.

5.2 Strukturelle Merkmale und ihre Bedeutung für die Fauna

5.2.1 Qualitative Merkmale

Alle Standorttypen (z. B. des Bult-Schlenken-Komplexes in den atlantischen Hochmooren) sollten in größeren Mooren vorhanden sein (wegen der differenzierten Biotopbindung verschiedener Arten). In jedem größeren Moorkomplex sollten außerdem auch offene Wasserflächen für die aquatischen und amphibischen Moorbewohner verfügbar sein (vgl. Abschn. 3 dieses Kapitels).

5.2.2 Horizontale Ausprägung (Größe)

Meist können angesichts der weitgehenden Zerstörung nur mehr verhältnismäßig kleine Moorreste geschützt werden. Wo immer möglich, sind Flächen von mehreren Quadratkilometern (an Moor oder Bereichen mit hohen Anteilen von reinem Moor) anzustreben. Begründbar ist dies einmal mit den allgemeinen Erwägungen und Erkenntnissen der Inselökologie (vgl. Problemaufriß Kap. III. 1), zum zweiten, da hier Tierarten mit großen Lebensraumansprüchen und Fluchtdistanzen heimisch sind (z. B. Birkhuhn, Sumpfohreule, Brachvogel), schließlich aber auch mit folgenden tierökologischen Gesetzmäßigkeiten:

Nach Heydemann (1979) beträgt der Randeinfluß durch Einwanderung von Wirbellosen in offenen (unbeweideten) Ökosystemen i. d. R. mindestens 100-200 m. Bei einer Flächengröße von beispielsweise 44 ha (oder z. B. 700 m x 630 m), der durchschnittlichen Flächengröße der unter Schutz gestellten Hochmoore in Schleswig-Holstein, bedeutet dies, daß infolge dieser Einwanderung im Durchschnitt anstelle von 44 ha nur eine einigermaßen von anderen Ökosystembereichen unberührte Kernzone von ca. 7 ha (oder z. B. 300 m x 230 m) übrigbleibt, d. h. von ca. 16% der Fläche. Solche kleinen Kerngebiete sind aber für die Erhaltung des Ökosystems „Hoch- und Zwischenmoor" völlig unzureichend. Bei Flächen solch geringer Größe sterben viele stenöke Arten in einem Ökosystem in einigen Jahren aus, obwohl äußerlich der physiognomische Charakter „Moor" noch gewahrt sein kann.

5.3 Nachbarschaftsaspekte

Hochmoore sind nahrungsarme Ökosysteme. Ein Teil der Fauna ist daher in seiner Ernährung zwingend oder doch vielfach auf das Nahrungsangebot der unmittelbar an Hochmoore grenzenden Gebiete angewiesen. Dies gilt für Vögel, z. B. Brachvogel und Uferschnepfe, die ihre Nahrung bevorzugt in angrenzenden Feuchtwiesen suchen, ebenso wie für verschiedene Insektenarten, z. B. die Tagfalter der Hochmoore, deren Raupenfutterpflanzen vorwiegend oder ausschließlich im Moor gedeihen, deren für die erwachsenen Schmetterlinge unabdingbare Futterpflanzen (viele Blüten auf engem Raum) jedoch zumeist nur außerhalb der Hochmoorflächen in ausreichendem Maße wachsen.

Wird die Pufferzone als Streuwiese genutzt, so stellt sich reiches Insektenleben als Nahrungsgrundlage für die Vögel und ausreichendes Blütenangebot für die Falter i. d. R. von selbst ein. In Waldhochmooren findet sich das Nektarangebot für die Falterimagines insbesondere am Moorrand oder an etwas trockeneren, baumbestandenen Stellen im Moorkern.

6. Schutz, Pflege und Entwicklung

Pflege- und Entwicklungsmaßnahmen richten sich stark nach dem aktuellen Zustand des Moores. Die typische Moorvegetation muß bei allen Eingriffen so weit wie möglich geschont werden. Bevor kostspielige ökotechnische Maßnahmen durchgeführt werden, ist das Moor neu einzumessen (Nivellement, Torfmächtigkeit, Moorstratigraphie).

6.1 Nicht abgetorfte Moorflächen

- Auf weitgehend intakten Moorflächen muß in erster Linie die Gefahr der Zerstörung und Beeinträchtigung abgewehrt werden, insbesondere Freihalten von Torfabbau, Land- und Forstwirtschaft, dazu Jagd.

Freihalten von bzw. Steuerung der Erholungsnutzung, z. B. indem Bohlenpfade zu vielfach begangenen Zielen angelegt und empfindliche Teile großflächig ausgespart werden. Besonders erstrebenswert wäre es, Straßen weiträumig um Moore herumzuführen, vorhandene land- und forstwirtschaftliche Wege für den Normalverkehr zu sperren sowie im Umkreis von wenigstens 1 km vom Moor Parkmöglichkeiten nicht mehr einzurichten bzw. vorhandene Parkmöglichkeiten zu beseitigen.

6.2 Degenierte, nicht abgetorfte Moore

- Auf degenerierten, nicht abgetorften Mooren muß der mooreigene Wasserspiegel angehoben werden. Die Wiedervernässung kann nur durch Schließen von Entwässerungsgräben und durch Retention von Regenwasser erfolgen. Die Einleitung von Gewässern sollte wegen der damit verbundenen Nährstoffeinträge unterbleiben. Die Entwässerungsgräben dürfen nicht in den mineralischen Untergrund bzw. in wasserdurchlässige Torfe gebaut sein. Ist dies doch der Fall, muß der Untergrund mit stark zersetztem, nassem Torf oder mit einem anderen wirksamen Material abgedichtet werden.

Bei kleinen Gräben genügen oft aufeinandergesetzte Torfsoden oder eingeschlagene Holzspundbohlen zum Anstauen des Wassers. Ökotechnische Maßnahmen zum Schließen von großen Entwässerungsgräben können wie in Abbildung 69 dargestellt aussehen.

Diese Konstruktion hat den Vorteil, daß kein moorfremdes Material verwendet werden muß und daß keine schweren Bauelemente und schweren Geräte für den Einbau benötigt werden. Die Holzspundwand ist die Abdichtung, während der Torf die Stützfunktion übernimmt.

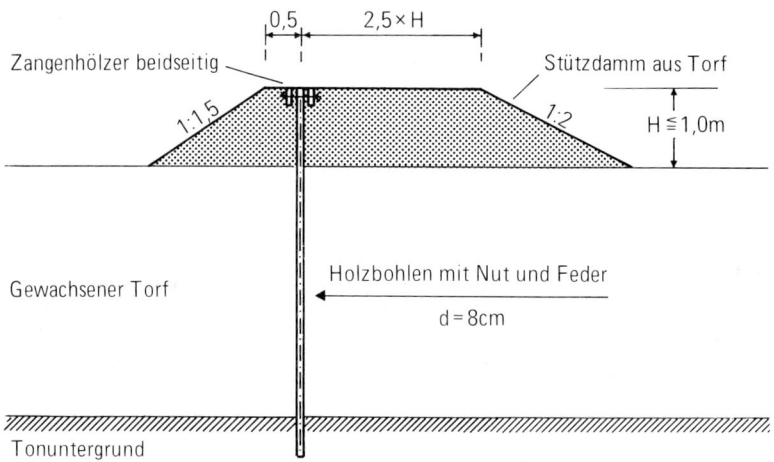

Abb. 69: Regelprofil der Dämme mit Höhen bis 1.0 m (nach Pabsch 1989)

Die Nut- und Feder-Bretter wurden vor dem Einrammen unten schräg angeschnitten, damit beim Einschlagen der Fuß der Bohle gegen die bereits gerammte Nachbarbohle angedrückt wird. Wenn dies nicht gemacht wird, laufen einzelne Bretter aus der Nut heraus und die Wand wird undicht.

Die Standsicherheit des Dammes wird erhöht, wenn der Torfeinbau auf der Stützseite immer eine Lage gegenüber der späteren Wasserseite voraus ist.

Bei einer Stauhöhe über 1 m sollte aus Sicherheitsgründen eine zweistufige Konstruktion des Dammes gewählt werden (nähere Ausführungen siehe Pabsch 1989).

– In jedem Stauwehr muß ein fester Überlauf z. B. in Form eines Mönches oder eines Überlaufrohres eingebaut werden, damit bei Starkregen und nach der Schneeschmelze überschüssiges Wasser schadenfrei abfließen kann.

– Durch leichtes Abschrägen der Grabenränder wird die Ansiedlung von Torfmoosen erleichtert.

– Auf nicht abgetorften Hochmoorresten sollte auf flächige Planierungsarbeiten verzichtet werden.

– Der Wasserstand sollte nur auf das Niveau der Mooroberfläche angehoben werden (Trittfeuchte), da sonst die Gefahr des Ertrinkens von z. B. Raupen der Schmetterlinge besteht, besonders während der Winterstarre (Retzlaff 1987).

– Da das Plaggen einen großen Eingriff in das Ökosystem Moor darstellt, sollte genau geprüft werden, ob dies unbedingt erforderlich ist. Beispielsweise zeigen Beobachtungen im Roten Moor (Rhön), daß Sphagnen sich sehr gut zwischen Moliniahorsten entwickeln können (Bohn mündl.). Andererseits fordern Jortay & Schumacker (1989) die Moliniaflächen in den Mooren des Hohen Venn (Belgien/Deutschland) zu plaggen, da die Moliniahorste am Rande von Gräben besonders wüchsig sind und eine Streuanhäufung sowie eine Torfzersetzung der obersten Schichten beobachtet wur-

Abb. 70: Moorregenerierung nach Wiederanstau (Foto: J. Blab)

den. Torfmoose kommen nicht oder nur ganz langsam in die Bestände zurück. Ohne die oberste Torfschicht (Bunkerde) verläuft jedoch die „Renaturierung" sehr viel langsamer (s. u.).

– Wenn eine Verbesserung des Wasserhaushalts sichergestellt ist, gilt es auch:

Den Gehölzaufwuchs zu beseitigen (entkusseln). Dies ist einmal notwendig, um die Standortbedingungen für die im Regelfall sehr lichtliebende Moor- und Wasservegetation zu verbessern, zum anderen, um den Wasserhaushalt der Moore von den hohen Transpirationsraten der Bäume zu entlasten. Welche Größenordnung diese Transpiration annehmen kann, verdeutlicht z. B. eine Untersuchung von Holstener-Jørgensen (1967): Er stellte während der Vegetationsperiode unter Wald eine Absenkung des Grundwasserspiegels um ca. 1,5 m fest, während nach Kahlschlag unter der sich einstellenden Hochstaudenvegetation nahezu keine Absenkung zu verzeichnen war.

Eine relativ effektive Methode zum Entfernen von Birken ist das Absägen der stärkeren Bäume (Ø 10 cm) in 80 cm Höhe kurz vor dem Saftfluß. Die Birkenstümpfe bluten danach aus. Birkenkeimlinge werden am besten von Hand herausgerissen (Bohn mündl.). Es empfiehlt sich zu mähen, insbesondere wenn erst junger Gehölzanflug und überalterte Heideflächen vorhanden sind. Dies gilt ganz speziell für Heidekrautstadien, in die das Pfeifengras gerade erst eindringt, und die unter Umständen auch noch einige Torfmoospolster enthalten. Das Mähgut ist aus dem Moor zu entfernen.

Gegebenenfalls sind kleinere Wasserflächen anzulegen, die nicht bis zum mineralischen Untergrund reichen dürfen. Diese sind einmal unverzichtbare Habitate für
aquatische und amphibische Moorbewohner (vgl. Abschn. 3 d. Kap.), außerdem regeneriert hier das Moor besonders gut.

Nach Möglichkeit sind auch die Randzonen zu optimieren, vor allem die Grünländer,
bei Waldmooren die blütenreichen Flächen in der Nachbarschaft, welche einen unent-
behrlichen Nahrungsbiotop für Teile der Moorfauna darstellen (vgl. Abschn. 3 d. Kap.).

6.3 Großflächig abgetorfte und teilabgetorfte Moore (Leegmoore)

Die Ausführungen folgen dabei weitgehend Eggelsmann (1987):

– Für eine erfolgreiche Wiedervernässung muß auf der abgetorften Fläche eine mindestens 50 cm (besser sind 100 cm und mehr) dicke gewachsene Restschicht von Hoch-
moortorf vorhanden sein.

– Erfahrungen der letzten Jahre zeigen, daß die Etablierung von moortypischer Vegetation durch eine mindestens 30 cm dicke, auf die abgetorfte Fläche aufgebrachte Bunk-
erdeschicht beschleunigt wird. Bunkerde ist die beim Torfabbau im Hochmoor zurück-
gesetzte (abgebunkte) oberste durchwachsene Schicht aus schwach zersetztem Sphag-
numtorf (Weißtorf). Die Qualität und Quantität ihres Sporen- und Samenpotentials
hängt stark von der Dauer der Zwischenlagerung ab.

Die Bunkerde wirkt außerdem ausgleichend auf den Wasserhaushalt. Sie kann beträchtliche Mengen Wasser speichern und verhindert in Trockenperioden eine Rißbil-
dung im stärker zersetzten Schwarztorf.

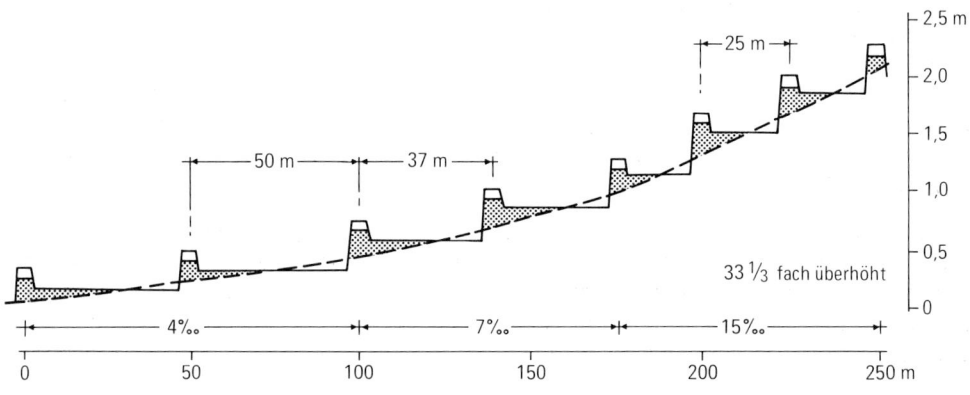

Abb. 71: Ökotechnisches Schema zur Hochmoor-Regeneration bei geneigter Mooroberfläche (nach
Eggelsmann 1987)

– Bei geneigter Mooroberfläche (mehr als 0,8 %) kann die i. d. R. vegetationsfreie Oberfläche planiert und terrassiert werden. Abbildung 71 stellt dazu ein 33,3 fach überhöh-
tes (!) technisches Schema dar. Nur in sehr flachen Poldern kann das Niederschlagswas-
ser so weit zurückgehalten werden, daß ein Sphagnum-Wuchs begünstigt wird. Der
Abstand von zwei aufeinanderfolgenden Sperren sollte nicht so groß sein, da es sonst
zu Erosionserscheinungen am Fuß der Sperren kommen kann. Jortay & Schumacker

(1989) empfehlen für das Hohe Venn höchstens 25 cm Unterschied von einem Wasserstauniveau zum anderen.

- Die flachen Dämme mit festem Überlauf können aus Torf gebaut werden. Sie müssen nicht absolut dicht sein, da das durchsickernde Wasser in unterhalb liegenden Poldern gesammelt wird.

- Die Oberfläche zwischen den Poldern sollte nicht glatt sein. Sphagnen entwickeln sich besser auf aufgerautem, gelockertem Torf. Mit einem Schälpflug können parallel zu den Poldern Furchen und kleine Erhebungen geschaffen werden. In den Furchen, die Schlenken vergleichbar sind, begünstigen Staunässe und Windschutz die Neuentwicklung von Schlenkensphagnen.

Grasland

A Allgemeines

Grasland stellt eine Palette überwiegend anthropogener Lebensräume dar, die nur durch regelmäßigen Schnitt, Beweidung etc. erhalten werden können. Aspektbildend sind Gräser und Kräuter in mehr oder weniger geschlossenen Beständen. Ursprünglich fand sich Grasland in Mitteleuropa großflächig nur dort, wo infolge von Extrembedingungen kein Wald möglich war (Meeresküsten, Alpenmatten), beziehungsweise kleinflächig eingestreut an lokalen Trocken- und Nässegrenzen des Waldes (wie z. B. Fels, Sumpf, Moor) (Ellenberg 1986, und andere) und als sog. „Biberwiesen".

Heute sind rund 40 % der landwirtschaftlichen Flächen beziehungsweise rund 20 % der Landesfläche Grasland. Grünlandnutzung rangiert dabei hinter dem Ackerbau. Daher ist es zu großen Teilen auf feuchte Niederungen, flachgründige Böden, steilere Hanglagen und höhere Lagen beschränkt. In den rund 20 Jahren von 1960 bis 1978 nahm die Grünlandfläche in Westdeutschland um 9,65 % ab (durchschnittlich knapp 84 ha/Tag). Dabei nahmen die Hutungen und Streuwiesen um 13,4 %, die Wiesen um 13,9 % und die Weiden/Almen um 2,4 % ab, während bei den Mähwiesen ein Zuwachs von 16,8 % zu verzeichnen ist (Statistisches Bundesamt 1979).

Die bestimmenden Pflanzen sind ausdauernde oder mehrjährige Gräser und Kräuter, der Boden bleibt langfristig ungestört. Die einzelnen Straten: Bodenoberfläche, Krautschicht, Blüten- und Fruchtstände sind stark miteinander verwoben (vgl. Abb. 72). Im bewirtschafteten Grünland wachsen im Bundesgebiet 456 Pflanzenarten, die sich wie folgt verteilen: 46 Gras-, 50 Sauergras-, 360 Kräuterarten (Meisel 1977).

B Allgemeine Bewertungs- und Gliederungsaspekte aus der Sicht des Tierartenschutzes

B 1) Bewertungsgesichtspunkte

Die Vegetation (und ebenso die Tierwelt) der Wiesen erfuhr speziell seit den ausgehenden fünfziger Jahren einen sehr einschneidenden Wandel hin zur „Trivialisierung". Die Intensivierung der Grünlandnutzung führte zum weitgehenden Verschwinden bzw. zur Gefährdung ganzer Vegetationsgesellschaften (vgl. hierzu Tab. 24) und darüber hinaus generell zur starken Zurückdrängung insbesondere der Magerkeitsanzeiger und der Kennarten von

Glatthaferwiesen. Währenddessen wurden stickstoffanzeigende Kräuter und Gräser stark gefördert. Der Anteil von Gräsern und Kräutern auf Wirtschaftsgrünland verschob sich deutlich zugunsten der Gräser. Insgesamt sank die mittlere Artenzahl von Grünlandstandorten erheblich.

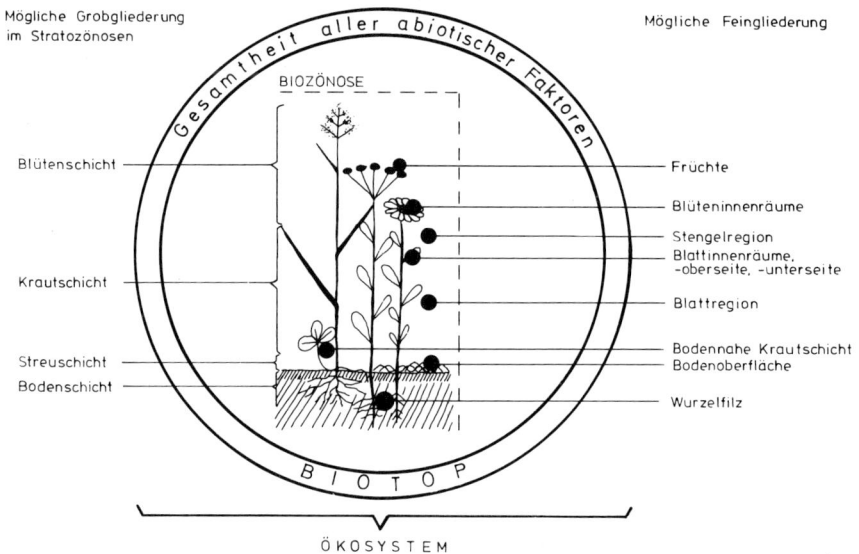

Abb. 72: Gliederung des Ökosystems Wiese (nach Schmidt 1979)

Gefährdungsursachen (nach Braun 1988):

- Regelung des Bodenwasserhaushalts
  bessere Befahrbarkeit der Grünlandstandorte
  Fortfall von nässe- bzw. feuchtigkeitsliebenden Arten mit geringem Futterwert

- Erhöhung der Düngung
  Fortfall von Arten der Magerstandorte

- Häufigere Mahd
  Ausfall schnittempfindlicher Arten
  Förderung von frühblühenden und frühfruchtenden Arten

- Herbizidanwendung
  Ausfall zahlreicher Kräuter

- Neueinsaat
  artenarme Saatmischungen, oft keine standortgerechte Artenzusammensetzung, die sich nur verhältnismäßig langsam ausgleicht; Einengung genetischer Vielfalt

210

Grosseggengesellschaften auf Sekundärstandorten im Grünland	Magnocaricion
Bewirtschaftete und basiphile Kleinseggengesellschaften	Caricion canescenti-fuscae-Gesn. Eriophorion latifoliae-Gesn.
Waldsimsensumpf	Scirpetum sylvatici
Waldbinsenwiese	Juncetum acutiflori
Pfeifengras-(Benthalm)-wiesen	Molinion
Nasse und typische Ausbildungen der Dotterblumenwiese	Senecioni-Brometum, Subass.-Gr. von Carex fusca und Typ. Subass.-Gr.
Nasse Ausbildung der Kohldistelwiese	Angelico-Cirsietum oleracei, Subass. von Carex gracilis, Ausbildungen ohne und mit Carex fusca
Nasse und Trollblumen-Ausbildungen der Wiesenknöterich-Feuchtwiese	Polygonum bistorta-Ges., Ausbildungen mit Carex fusca und mit Trollius europaeus
Wiesenknopf-Silgenwiese	Sanguisorbo-Silaetum
Trockene und nährstoffarme Ausbildungen der Glatthaferwiese	Dauco-Arrhenatheretum und Alchemillo-Arrhenatheretum, Subass.-Gr. von Ranunculus bulbosus
Borstgras-Ausbildung der Goldhaferwiese	Nardus-Ausbildungen in den Gesn. des Polygono-Trisetion
Magerweiden	Nardus- und Luzula-Ausbildungen des Cynosurion
Naß- und Feuchtweiden	Lolio-Cynosuretum lotetosum
Sandtrockenrasen	Diantho-Armerietum
Halbtrockenrasen	Mesobromion
Borstgrasrasen	Nardetalia
Zwergstrauchheiden (in Wirtschaftsgrünland eingestreute Gesellschaftsreste)	Calluno-Ulicetalia

Tab. 24: Durch Nutzungsintensivierung und/oder Entwässerung in ihrem Bestand gefährdete Grünlandvegetation[*] (nach Meisel 1977)

B 2) Gliederungsgesichtspunkte

In einer ersten sehr groben Aufteilung für die Zwecke des Tierartenschutzes lassen sich die folgenden vier Grundtypen von Grasland-Biotopen unterscheiden:

- Grünland mittlerer Standorte, i.d.R. Fettwiesen und -weiden
- Feuchtgrünland
- Trocken- und Halbtrockenrasen
- „Sonderausbildungen" wie z.B.

    ○ Salzwiesenvegetation des Binnenlandes
    ○ Schwermetallrasen

---

[*] unter Verwendung der Angaben von Tüxen 1955, Oberdorfer 1957, Hundt 1964, Klapp 1965, Meisel & v. Hübschmann 1975, 1976)

Diese Grundtypen können dabei in Abhängigkeit von den natürlichen Standortverhältnissen, ihrer Ausstattung und den nutzungsbedingten Einflüssen wie Düngung, Mahd usw. den Zielsetzungen des Tierartenschutzes in sehr unterschiedlichem Maße entsprechen.

C Fauna der Grasland-Biotope (Allgemeines)

In den Zoozönosen der Grasland-Ökosysteme dominieren mit weitem Abstand die Arthropoden. Die Fauna setzt sich im wesentlichen zusammen aus eurytopen Arten und Vertretern der Ausgangslebensräume (z. B. Hochstaudengesellschaften der Seeufer, Krautgesellschaften der Flachmoore, Steppen, Steppenheiden usw. je nach Wiesentyp) sowie Arten, die eng an die zentralen Milieufaktoren der einzelnen Wiesentypen gebunden sind:

- hoher Grundwasserstand (im Falle des Feuchtgrünlandes)
- trockenwarmes Klima sowie i. d. R. Nährstoffarmut (im Falle der Trocken- und Halbtrockenrasen)
- hoher Salzgehalt (im Falle der Salzvegetation)

und/oder vom Vorhandensein bestimmter wiesenspezifischer Strukturen abhängen:

- z. B. bestimmte Pflanzenarten der Wiesen
- z. B. Blüten- und Fruchtstände von Gräsern und Kräutern, bestimmte Vegetationsschichtung, Bestandsklima usw., welche ihrerseits – zumindest prinzipiell – nicht an einen der verschiedenen Grundtypen zwingend gebunden sein müssen.[*]

Die meisten Wirbellosen der Wiese verbringen ihr ganzes Leben in der Wiese, einige Käfer- und Wanzenarten überwintern aber auch in den Hecken. Infolge dieser relativ starken Geschlossenheit der Wiesen-Biotope sind die Außeneinwirkungen von anderen Biotopen und die Ausstrahlungen in andere Biotope vergleichsweise gering. Anders als in Äckern ist in Wiesen damit kein großer Faunenunterschied zwischen Randzone und Wieseninnerem vorhanden (Heydemann & Müller-Karch 1980). Diese Aussage ist unter den heutigen Wirtschaftsbedingungen freilich etwas zu modifizieren: So zwingt v. a. der geänderte Mahdrhythmus verschiedene Wiesenarten (z.B. die Raupen vieler Schmetterlinge) zum Saum, da in den genutzten Bereichen kaum mehr die Existenzvoraussetzungen vorhanden sind. Darüber hinaus muß noch die „eigene" Qualität von „Waldwiesen" z. B. für blütenbesuchende Bockkäfer usw. hervorgehoben werden.

Für die Schutzpraxis interessieren damit einmal die notwendige Grundausstattung der absolut schutzwürdigen Salzwiesen, Feuchtwiesen, Trocken- und Halbtrockenrasen und dazu die Strukturen, Qualitäten und Komponenten, die auch im „Durchschnittsgrasland" durch die Intensivierung der Bewirtschaftung verdrängt oder auf großer Fläche vernichtet werden. Die Nutzungsintensität ist somit ebenfalls ein zentraler Faktor für die Beschaffenheit und Habitatausstattung der Grasland-Biotope.

Die Fauna der Grasland-Biotope ist hinsichtlich Artenzahl und Siedlungsdichte abhängig einmal von den zentralen Standortfaktoren (vgl. dazu vorstehenden Abschnitt), daneben aber auch vom Mikroklima, der Struktur, Höhe und Variabilität der Vegetation, dem Ausmaß

---

[*] In der heutigen Situation gilt aber, daß auch bestimmte Strukturteile und Qualitäten der Wiesen (z. B. artenreiche Krautschicht, stark unterschiedliche Vegetationshöhen auf engstem Raum, reife Stadien, hohe Stengel und anderes mehr) aus dem intensiv genutzten Grünland weitgehend auf Reste verdrängt worden sind, während dies auf den in der Regel extensiver genutzten Feuchtwiesen, Trocken- und Salzrasen deutlich weniger der Fall ist.

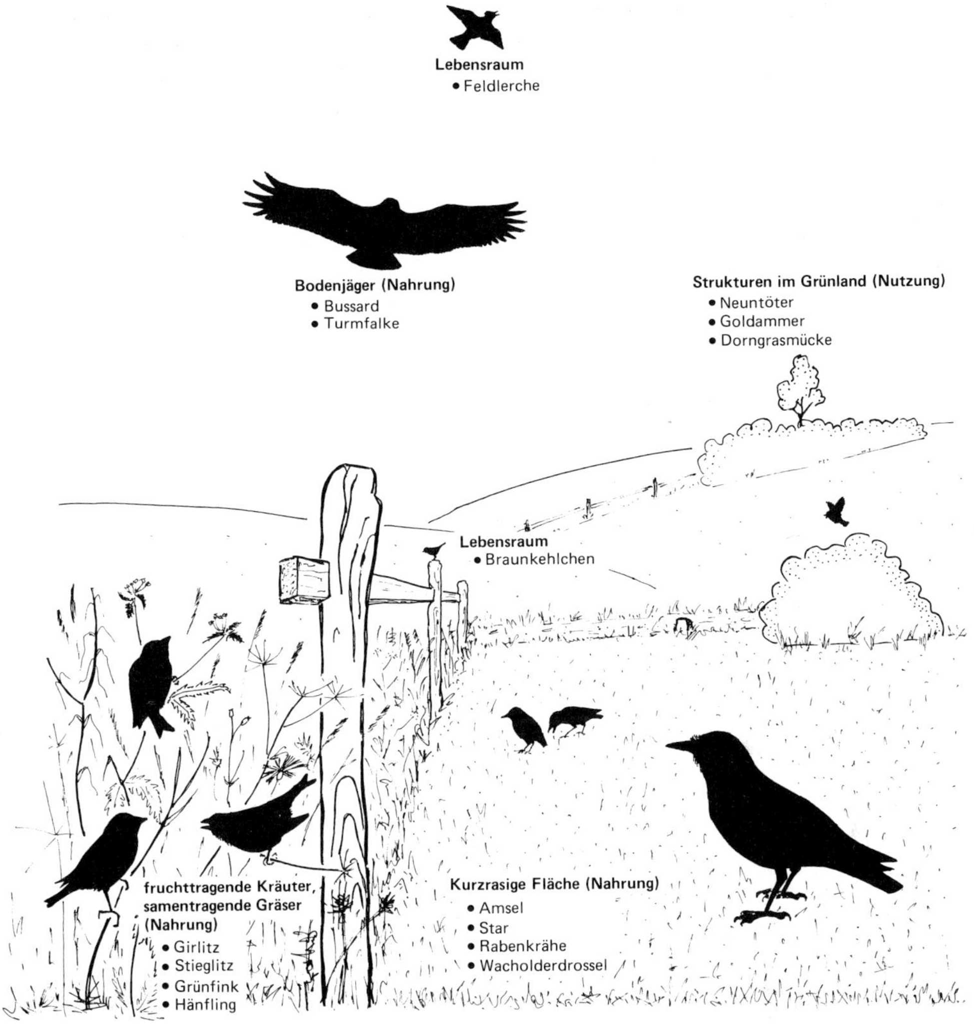

Lebensraum
● Feldlerche

Bodenjäger (Nahrung)
● Bussard
● Turmfalke

Strukturen im Grünland (Nutzung)
● Neuntöter
● Goldammer
● Dorngrasmücke

Lebensraum
● Braunkehlchen

fruchttragende Kräuter,
samentragende Gräser
(Nahrung)
● Girlitz
● Stieglitz
● Grünfink
● Hänfling

Kurzrasige Fläche (Nahrung)
● Amsel
● Star
● Rabenkrähe
● Wacholderdrossel

Abb. 73: Nutzung von Wiesen bzw. wiesentypischer Strukturen durch Vögel in der Zivilisationslandschaft (nach Blab et al. 1989b)

des Wiesenschutzes, der Flächengröße, Nutzungsintensität und anderem mehr. Nicht wenige Arten hängen auch von bestimmten Futterpflanzen ab (vgl. hierzu z. B. Zusammenstellung der Raupenfutterpflanzen für Tagfalter und Widderchen bei Blab & Kudrna 1982). Weiterhin gilt: Wiesenbewohner brauchen den Eingriff der Mahd, der die Sukzession immer
wieder zurückstellt. Es ist kein Widerspruch, daß sie ohne Mahd in den ersten Brachestadien
weitaus bessere Lebensbedingungen vorfinden (Reck 1992); für viele Tagfalter sind frühe
Brachen die hervorragendsten Lebensräume in der Kulturlandschaft, in den weiteren Stadien der Sukzession brechen die Vorkommen dann vollkommen zusammen (Erhardt 1985).

Boness (1953) stellte bei seinen Untersuchungen in Grasland-Ökosystemen insgesamt 1.940 Arten höherer Tiere fest, deren Aufteilung auf die einzelnen Gruppen Tabelle 25 zeigt.

Diptera (Fliegen)	500 Arten
Coleoptera (Käfer)	490 Arten
Hymenoptera (Hautflüger)	403 Arten
Heteroptera (Wanzen)	219 Arten
Cicadina (Zikaden)	35 Arten
Lepidoptera (Schmetterlinge)	60 Arten
Collembola (Springschwänze)	20 Arten
Araneae (Spinnen)	43 Arten
Acarina (Milben)	80 Arten
Isopoda (Asseln), Chilopoda (Hundertfüßer) u. Diplopoda (Tausendfüßer)	15 Arten
Gastropoda (Schnecken)	33 Arten
Vertebrata (Wirbeltiere)	42 Arten

Tab. 25: Anteil der verschiedenen Tiergruppen am Fauneninventar von Grasland-Biotopen (nach Boness 1953, veränd.)

XVII. Grünland mittlerer (frischer) Standorte (Fettwiesen und -weiden)

1. Charakterisierung

Pflanzengesellschaften frischer Böden mit ganzjährig guter Wasserversorgung. Die Stoffverluste bei der (zwei- bis mehrfachen) Mahd werden auf dem größten Teil der Flächen durch regelmäßige Düngung ausgeglichen oder überkompensiert. Es gibt aber – wenngleich selten – auch magere Frischwiesen, die dann oft nur einschürig sind, und -weiden. Die Standortamplitude des Wirtschaftsgrünlandes ist sehr viel größer als die einer einzelnen Art, denn die Anpassungsfähigkeit der Narbe gibt den Ausschlag (Wilmanns 1989).

2. Typen

Nach Ellenberg (1982), Wilmanns (1989) u. a. lassen sich – ohne Berücksichtigung der mageren Frischwiesen und -weiden – grob die folgenden Typen unterscheiden:

2.1 Fettwiesen

In Abhängigkeit vom geographisch bedingten (Höhe über NN) Florenwandel gegliedert in:

– Glatthafer-Wiesen

Sehr dicht- und hochwüchsige, besonders ertragreiche, zwei- bis mehrschürige Wiesen des Tief-, Hügel- und unteren Berglandes. Glatthaferwiesen stellen den heute am weitesten verbreiteten Wiesentyp Mitteleuropas dar.

– Goldhafer-Wiesen

Artenreiche, unterschiedlich wüchsige, meist nur einschürige Wiesen des höheren Berglandes.

2.2 Fettweiden

Artenarme (die gegen Beweidung empfindlichen Pflanzenarten wurden zurückgedrängt), wenig differenzierte Bestände unter starker Einwirkung von Fraß und Tritt.

Mehr als ein Drittel des gesamten Artenbestandes der heimischen Farn- und Blütenpflanzen hat seinen Verbreitungsschwerpunkt im Grünland.

3. Fauna

vgl. vorstehendes Kapitel

4. Gefährdung

Eingriffe mit optisch augenfälligen Standortveränderungen

4.1 Umwandlung von Fettwiesen und -weiden in Ackerland

4.2 Erweiterung und Neubegründung von Siedlungen, Industrieanlagen, Verkehrswegen und Mülldeponien

Eingriffe mit optisch weniger augenfälligen Standortveränderungen

4.3 Starke Zufuhr von mineralischen Düngemitteln und Gülle. Daraus folgt eine Verschiebung des Artenspektrums sowie eine Arten- und Strukturverarmung, desweiteren die Zunahme der Untergräser auf Kosten von Kräutern und Obergräsern. Wie sehr im Laufe der Zeit eine Artenverarmung eingetreten ist, belegen die nachfolgenden Zahlen (nach Zucchi 1988): Nach Untersuchungen der Bayerischen Landesanstalt für Bodenkultur und Pflanzenbau in München enthielt das Heu einer Wiese 1921 noch 47,9 % Süßgräser, 16,2 % Klee, 30,8 % „Unkräuter", 1,7 % Riedgräser und 3,4 % Moose. Unter die Rubrik „Unkräuter" fallen alle Wildkräuter mit Ausnahme der Kleearten. Nach Aussagen des Botanikers K. Bertsch in seinem 1947 erschienenen, schon historischen Buch über die Wiese waren damals auf kali- und phosphorgedüngten Wiesen nur noch 2,2 % „Unkräuter" enthalten. Heute ist das der Normalfall; der Anteil krautiger Pflanzen ist eher noch weiter abgesunken. Damit ist aber zwangsläufig der Rückgang vieler Tierarten verbunden.

4.4 Umbruch mit Neueinsaat hochgezüchteter Futtergrassorten.

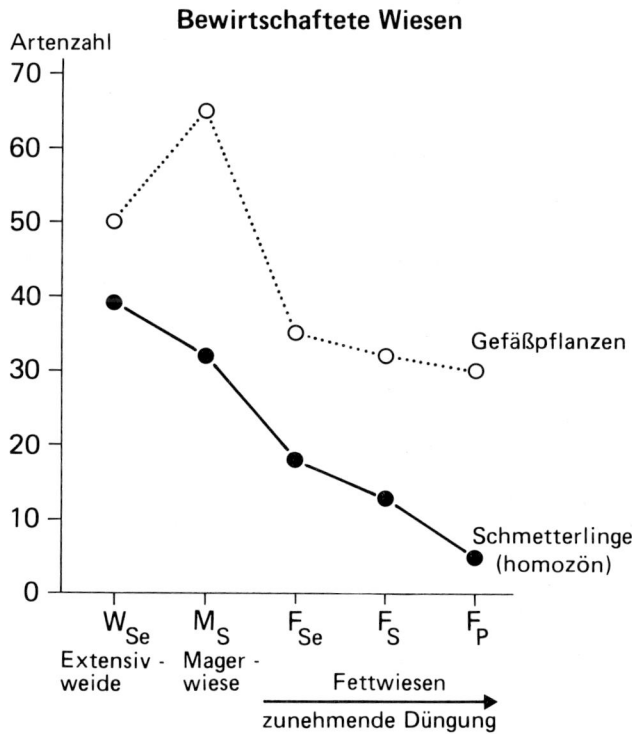

Bewirtschaftete Wiesen

Abb. 74: Vergleich zwischen Artenzahlen von Pflanzen und Lepidopteren (nach Erhardt 1985)

4.5 Trockenlegen feuchterer Standorte

4.6 Ausweitung der landwirtschaftlichen Produktionsflächen und der Ackernutzung durch Einbeziehung zuvor nicht genutzter Flächen

4.7 Umstellen von ein- bis zweischürigen auf mehrfach gemähte Wiesen

4.8 Wechsel von reiner Wiesen- zu einer kombinierten Mahd-Weide-Wirtschaft (gleichzeitig Nutzung als Mähweide) bzw. zu reiner Weide. Tabelle 26 zeigt die Auswirkungen von Beweidung und Mahd auf extensiv bewirtschaftete Flächen im Vergleich.

Extensiv bewirtschaftete Wiesen/Weiden haben i. d. R. im Vergleich zu intensiven Grünlandflächen eine höhere Artenzahl (u. a. Meisel 1977, Foerster 1983). Erhardt (1985) zeigte, daß sowohl ein häufiger Schnitt als auch eine Erhöhung der Mineraldüngung zu einem drastischen Rückgang der Arten- und Individuenzahlen bei Schmetterlingen führte (vgl. Abb. 74). Die schwach beweideten Flächen sind reicher an Schmetterlingsarten als die Wiesen. Dies führt Erhardt auf den völligen Zusammenbruch der oberirdischen Biotopstruktur durch Mahd zurück, wobei die Entwicklungsstadien der Schmetterlinge drastisch dezimiert werden. Einen ähnlichen Einfluß der Mahd konnte Bockwinkel (1990) auf Graswanzen nachweisen. Während *Notastira elongata* den Bewirtschaftungsrhythmus einer traditionell zweischürigen Wiese gut übersteht, hat sie auf einer vierschürigen Wiese keine Möglichkeit, sich dauerhaft anzusiedeln.

	Beweidung	**Mahd**
Vegetation: vertikale Struktur	Neubildung, Erhaltung und Verstärkung der strukturellen Unterschiede durch selektiven Verbiß	gleiche Wirkung auf die Gesamtfläche führt zu einer nahezu gleich ausgebildeten Struktur
horizontale Struktur	Neubildung, Erhaltung und Verstärkung durch Viehtritt	Erhaltung der vorhandenen Struktur
Boden: Mikrorelief	Schonung und Neubildung durch z.B. Ameisen und Maulwurf	Nivellierung
Bodenverdichtung	Trittstellen, Pfade, z.T. erosionsfördernde Wirkung vor allem an Steilhängen durch Rinder[*]	nur wenig kleinräumliche Unterschiede
Nährstoffverteilung	unterschiedliche Verteilung der Nährstoffe durch tierische Exkremente	keine räumlichen Unterschiede
Nährstoffentzug	bei geringer Besatzdichte möglich, doch nur sehr langsam	bei Heuwirtschaft ohne Düngung langsame Aushagerung
Fauna:	mechanische Schädigung durch Tritt[**], geringes Blüten- und Wirtspflanzenangebot[***]	vollständiger Verlust von Nahrungs- u. Larvalbiotop für best. Tiergruppen bei der Mahd
Flora:	selektiver Verbiß einzelner Arten, Trittschäden (Arten mit empfindlichem, schwer regenerierbarem Vegetationskegel)[****], Vorherrschaft von Pflanzen, die durch die Weide begünstigt werden („Weideunkräuter"), Vorkommen von mahdempfindlichen Arten	ausgeglichenes Konkurrenzverhältnis bei regelmäßiger Mahd nach Abblühen der Wiese, Vorkommen von weideempfindlichen Arten

Tab. 26: Vergleich zwischen den Auswirkungen von Beweidung und Mahd auf extensiv bewirtschafteten Flächen (nach versch. Autoren)

---

[*] Die Bodenverdichtung reicht unter einer Schafweide bis ca. 1-4 cm und unter einer Kuhweide bis ca. 10-15 cm (Woike & Zimmermann 1988).

[**] Bei einer Standbeweidung mit 1 GVE/ha zur Pflege von Limikolen-Reservaten ist kaum mit einem Brutverlust der Vögel zu rechnen (Woike & Zimmermann 1988). 1 Mutterschaf entspricht 0,15 GVE, ein Lamm 0,05 GVE (Michels, mündl. Mitteilung); Angaben des Hauptverbandes der landwirtschaft. Buchstellen und Sachverständigen (1973): Schaf über 1 Jahr 0,1 GVE, Schaf unter 1 Jahr 0,05 GVE.
Dies sind nur Durchschnittszahlen. Ein Landschaf ist um ein vielfaches leichter als ein Fleischschaf.

[***] Erhardt 1985

[****] Maertens et al. 1990

4.9   Überführung von extensiver Trift- in intensive Umtriebsweide

4.10 Behandlung mit Herbiziden, Bekämpfung von Moosen

4.11 Kulturmethoden (Eggen, Abschleppen), wenn nicht vor dem 15. März durchgeführt. Walzen ist aber aus Bewirtschaftsgesichtungspunkten zumeist erst nach den letzten Nachtfrösten (Mai) sinnvoll.

4.12 Aufgabe der bisherigen Grünlandnutzung

5. Entwicklungsziele

Die wichtigsten grundsätzlichen Entwicklungsziele ergeben sich aus nachstehender Übersicht (Tab. 27), in der die Konsequenzen für die Fauna aus den intensivierungsbedingten Abwandlungen im Grünlandbereich aufgeführt sind, gleichsam von selbst.

5.1 Auch diese, im Regelfall ohnehin schon stark genutzten Grünlandbereiche werden zunehmend weiter nivelliert. Anzustreben ist daher:

  – ein „unruhiges" Bodenrelief[*)]
  – Standortvielfalt hinsichtlich Wasser- und Nährstoffversorgung

5.2 Wo immer möglich ist eine Extensivierung der Nutzung, und hierbei vor allem auch der Düngung, anzustreben. Wie Tabelle 27 zeigt, ist dies eines der zentralen Anliegen aus der Sicht des Tierartenschutzes. Aushagerung und nachlassende Nutzungsintensität erhöhen die Struktur- und Artenvielfalt deutlich. Einzelziele können Tabelle 27 entnommen werden.

5.3 Bereitstellung eines ausreichenden Anteils im Intensivgrünland selten werdender Requisiten wie hohem Blütenanteil, Hochstauden, „Altgras", Samen. Insbesondere in Gebieten mit ausgedehnten Ackerkulturen, aber auch in Regionen mit Intensivgrünland auf großer Fläche empfiehlt sich die Durchführung eines entsprechenden Programms (Näheres vgl. Kap. XX). Ein gewisser Anteil an Wiesenbrachen (Raine etc.) wirkt auch im Intensivgrasland bereichernd, da der Schnitt insbesondere jene Tierarten benachteiligt, die in oder an Blüten, Samen und Stengeln leben.

5.4 Erhaltung/nachträgliches Einbringen von Zusatzstrukturen wie Hecken (vgl. Abschn. XXIX.5), Tümpeln (vgl. Abschn. XII.5), Einzelbäumen (vgl. Abschn. XXX.5). Wichtige Besiedlungszentren für Tiere sind auch unbefestigte Wege, Steine und Maulwurfshaufen.

So bieten Steine Ameisen Nistmöglichkeiten und vielen feuchtigkeitsliebenden Tieren Schutz bei starker Trockenheit. Maulwurfshaufen erlauben Pflanzen neu in der Wiese Fuß zu fassen und werden, zumal wenn sie älter sind, auch von verschiedenen Ameisen zum Nestbau genutzt. Die meisten bodenbrütenden Stechimmen, z. B. Ameisen, viele

---

[*)] In kleinen, feuchteren Mulden auf Wiesen und Weiden entstehen häufig Horste und Bulten, ohne die viele Arten aus dem Flachmoorbereich in solchen Wiesen nicht überleben können (Boness 1953). Bei Heuschrecken können schon etwas nassere Mulden in relativ trockenen Glatthaferwiesen zur Artenvielfalt beitragen, zumal die Larven oft höhere Feuchtigkeitsansprüche haben als die Imagines (Röber 1951, Kaltenbach 1963). In Mulden finden sich z. B. die Sumpfschrecke *(Mecostethus grossus)*, der Dickkopf-Grashüpfer *(Euchorthippus declivus)* und der Wiesengrashüpfer *(Chorthippus dorsatus)* in einer ansonsten für sie zu trockenen Wiese. Umgekehrt braucht die Große Goldschrecke *(Chrysochraon dispar)* trockenere Stellen zur Eiablage, vor allem in anmoorigen Böden, wenn keine Pflanzenstengel (z. B. Himbeere) vorhanden sind (Müller 1954/55).

Tab. 27: Intensivierungsbedingte Abwandlungen im Grasland und ihre Konsequenzen für die Tierwelt

Kriterium	Extensive Bewirtschaftung	Intensive Bewirtschaftung	Konsequenzen der Intensivierung für die Fauna bzw. bestimmte ökologische Positionen der Tierwelt
Bodenrelief	wellig, d. h. meist große Unterschiede (auch hinsichtlich Bodenfeuchte) auf kleiner Fläche, dazu unregelmäßiges Vegetationsprofil (Horste und Bulten)	in der Regel stark nivelliert; durch Mehrfachschnitt werden die Strukturunterschiede eingeebnet, Horste und Bulten beseitigt.	abwechslungsreiches Relief erhöht die Standortunterschiede (z. B. Durchfeuchtungsgrad, Kleinklima usw.), abwechslungsreiche Standortbedingungen erhöhen die Vielfalt der Pflanzenarten und beides zusammen die Vielfalt der Tierarten. Die Nivellierung wirkt sich dabei vor allem auf solche Arten aus, die wie z. B. etliche Heuschreckenarten (vgl. z. B. Ingrisch 1979) besondere Ansprüche an bestimmte Mikroklimabedingungen oder wie die Raupen verschiedener Augenfalterarten, z. B. Schachbrett *(Melanargia galathea)*, Rundaugen-Mohrenfalter *(Erebia medusa)* (in Grasbüscheln) an bestimmte strukturelle Komponenten stellen.
Pflanzenartenzusammensetzung (einschl. Konstitution der Pflanzen)	arten- und kräuterreiche Bestände	artenarme und ganz besonders an Kräutern verarmte Grasbestände von geringer Gesellschaftsdifferenzierung (verursacht vor allem durch Standortmeliorierung, Neueinsaat von hochgezüchteten Futtergräsern, starke Gülle- und Stickstoffdüngung[*]) und hohe Schnitthäufigkeit	Pflanzen- und Tierbestand verarmt: verdrängt werden einmal alle auf die in der Mehrzahl konkurrenzschwächeren Kräuter in einem Entwicklungsstadium zwingend angewiesenen Arten, zum anderen auch die an die zugleich lockere und „wirrere" Vegetationsstruktur kräuterreicher Grünländereien angepaßten Arten. Auch ist der „Horizont an insektenblütigen Kräutern" nurmehr dürftig entwickelt, wodurch die Blütenbesucher (z. B. Tagfalter, Bienen, Schwebfliegen) in Mitleidenschaft gezogen werden. Es verbleiben mithin vor allem polyphage Fleischfesser (soweit nicht Vegetationsstruktur ein Hindernis!), daneben noch solche Arten, deren Larven sich im Boden entwickeln oder ihren ganzen Lebenszyklus in Gräsern durchmachen (Tischler 1955). Gülle- und Stickstoffdüngung verdrängten nicht nur einen Großteil der Kräuter (vgl. z. B. die durch Düngung verdrängten Raupenfutterpflanzen der Tagfalter und Widderchen, Tabellen bei Blab & Kudrna 1982), sondern verändert auch die physiologische Konstitution derselben in sehr ungünstiger Weise. Hier ist auch eine Erklärung dafür zu finden, daß Falter, deren Raupenfutterpflanzen auch noch in gedüngten Wiesen wachsen, dort dennoch stark zurücktreten (Malikky 1965, 1979).

[*] Während die durchschnittliche Stickstoffdüngung je ha landwirtschaftlich genutzter Fläche (also nicht nur der Wiesen) 1950 25,4 kg betrug, stieg sie im Mittel der letzten 12 Jahre auf 126 kg je ha und Jahr (Bundesministerium für Ernährung, Landwirtschaft und Forsten 1991).

Kriterium	Extensive Bewirtschaftung	Intensive Bewirtschaftung	Konsequenzen der Intensivierung für die Fauna bzw. bestimmte ökologische Positionen der Tierwelt
Schichtung, Struktur und Alter der Vegetationsdecke	lückenhafter Aufbau, Abwechseln unterschiedlicher Höhen auf engstem Raum (d. h. viele Möglichkeiten zur „Einnischung" längs der Vertikalen), starke Durchschichtung (enges Überlappen von Stengel-, Blatt- und Fruchthorizonten), durchschnittl. längere Vegetationszeit	gleichförmiger Aufbau, geringe Höhenunterschiede, Pflanzen stehen dicht; es überwiegt die streng senkrechte Linienführung der Vegetation; Vegetationszeit vergleichsweise kurz (Reifestadien wie Samen, teilweise auch schon Blütenschicht, hohle Stengel usw. fallen damit weitgehend aus.	Reduktion der „Einnischungsmöglichkeiten", Ausfall vieler Arten. Erheblicher Raumwiderstand und als Folge davon Ausfall verschiedener Artengruppen (z. B. große Carabiden), Ausfall auch der Arten, etwa etlicher Tagfalterarten, bei denen die Weibchen (Beispiel Schwalbenschwanz) seitwärts exponierte Zweige der Futterpflanze und dazu in Bodennähe freien Luftraum benötigen, um im Flatterflug den Hinterleib krümmen und das Ei auf der Unterseite des Pflanzenteils plazieren zu können (Weidemann 1980). Ausfall/Verringerung der an reife Stadien und Vegetationsbestandteile (z. B. Samen, vertrocknete Blütenstände, hohle Stengel usw.) gebundenen Arten. Selbst der ohnehin dürftige „Blütenhorizont" wird noch vor der Flugzeit der zahlreichen auf ihn angewiesenen Arten vernichtet (Konsequenz s. o.). Blütenbesucher (Tagfalter, Schwebfliegen, Tanzfliegen, Blumenfliegen, Hummeln, Wanzen u. a. m.) verschwinden oder treten zurück.
Schlaggröße	kleine Schläge (hoher Saumanteil!)	meist große Schläge	Saumbiotope und Kleinstrukturen verschwinden. Es fehlen wenig dynamische Bereiche (Raine, Altgrasstreifen, Heckensäume), wichtige Ausweich- und Überwinterungsquartiere der Wiesenfauna, die z. B. Bodenbrütern wie Hummeln oder einem Teil der Entwicklungsstadien (z. B. der Puppe) die Möglichkeit bieten, den Grasschnitt zu überdauern. Außerdem fällt für viele ökologische Positionen (z. B. die Blütenbesucher) die Nahrung (hier Blütenhorizont) über weite Strecken schlagartig aus.
Übereinstimmung von Entwicklungszyklen und Bewirtschaftungsrhythmus	bei einmaliger Mahd im Jahr stehen den Pflanzen lange Entwicklungszeiten zur Verfügung, so daß sich verschiedene Spät- und Frühblüher sowie langsam wachsende Pflanzen halten können.	während bei zweischürigen Wiesen eine noch gute Einpassung vieler Tiergruppen in die Mahdrhythmik festgestellt werden konnte (z. B. Schäfer & Haas 1979), überstehen auf mehrschürigen Wiesen weit weniger Arten den durch die Mahd ausgeübten Selektionsdruck.	Bewirtschaftungsrhythmen und Entwicklungsrhythmen von Teilen der Fauna stimmen nicht mehr überein, mit der Folge, daß die Arten aussterben (bei Tagfalterraupen vgl. Dierl 1980), d. h. bleibend ausfallen. Als Beispiel sei hier auf die sehr unterschiedliche Einpassung von zwei Augenfalterarten verwiesen, den Blauäugigen Waldportier (Minois dryas), der v. a. die „Streuwiesenstruktur" benötigt, und das Große Ochsenauge (Maniola jurtina), welches auch etwas intensivere Nutzung toleriert.

Kriterium	Extensive Bewirtschaftung	Intensive Bewirtschaftung	Konsequenzen der Intensivierung für die Fauna bzw. bestimmte ökologische Positionen der Tierwelt
Kontaktstellen zu andersartigen Habitaten	Einfluß zahlreicher Kleinstrukturen (z. B. Wald-, Feucht- oder Trockeneinsprengsel)	großflächige Nivellierung	erhebliche Reduktion der Standortvielfalt mit der Folge einer starken Verarmung von Flora und Fauna

Hummelarten, Sand- und Furchenbienen, können landwirtschaftlicher Bodenbearbeitung nicht standhalten. Entsprechend können sie ihre Nester nur auf unbefestigten, wenig befahrenen Wegen oder auf nicht genutzten „Ödlandzellen" anlegen (Preuss 1980). Hecken und Büsche tragen maßgeblich zur Modifizierung des Kleinklimas bei, halten den Tau etwas länger und erlauben so Wirbellosen innerhalb des Biotops die jeweils benötigten Feuchtigkeitsgradienten aufzusuchen. Wichtig ist dabei zudem noch, daß die Büsche und Hecken nicht zu windexponiert stehen, da Gehölze in einer solchen Position von vielen Tierarten gemieden werden.

6. Schutz, Pflege und Entwicklung

6.1 Die Schutzmöglichkeiten bestehen vor allem in der Unterlassung bzw. Abwehr der Gefährdungsfaktoren. Zu den Entwicklungszielen vergleiche Abschnitt 5 dieses Kapitels.

6.2 Generell sollten auch die Nutzungsintensivierungen und die im Zuge der Betriebsumstellungen erfolgten Nutzungsumwandlungen, etwa von Wiesen in Ackerland, von Mähwiesen in Intensivweiden, genehmigungspflichtig werden, wobei die Genehmigung nicht allein durch die landwirtschaftlichen Fachbehörden, sondern im Einvernehmen mit den Naturschutzbehörden erfolgen sollte.

6.3 Für die Schutzziele wäre es von Vorteil, wenn stark gedüngte Wiesen wenigstens regional durch regelmäßigen Schnitt ausgemagert würden. Dies gelingt mittel- bis langfristig, wenn Düngung unterbleibt und die Bestände jeweils im noch grünen, eiweißreichen Zustand abgeräumt werden.

6.4 Es ist dafür Sorge zu tragen, z. B. durch umschichtiges, hinsichtlich Zeitpunkt und Rhythmus an die jeweils spezifischen Anforderungen ausgerichtetes Mähen, daß in größerem Umfang krautige Pflanzen zum Blühen, Fruchten und zur Reservestoffspeicherung kommen können. Daher sollte eine Mahd wenigstens stellenweise erst im Herbst (Oktober) nach der Blüte der Herbstobergräser erfolgen.

6.5 Erhalten eines abwechslungsreichen Bodenreliefs durch selteneres Ausmähen von Horsten und Bulten, wie sie sich in Bodenmulden finden.

6.6 Erhaltung bzw. Neuanlage möglichst kleinräumiger, miteinander vernetzter Hecken- und Feldgehölzstrukturen sowie gelockerter Baum- und Buschreihen an Ufern, Wegen und Feldrainen. Neuanlage unter Einbeziehung vorhandener Bäume und Beachtung standorttypischer Artenkombinationen (Näheres dazu Kap. XXVIII - XXXI).

XVIII. Feucht- sowie Naßwiesen und deren Brachen

1. Charakterisierung

Grünlandbestände nasser bis wechselfeuchter Böden mit zumeist hohem Reichtum an Seggen, Binsen und anderen feuchtigkeitsliebenden Pflanzenarten wie Sumpfdotterblume *(Caltha palustris)*, Kuckuckslichtnelke *(Lychnis flos-cuculi)*, Sumpfvergißmeinnicht *(Myosotis palustris)*, Kohldistel *(Cirsium oleraceum)* u. a. m. sowie hygrophilen Tierarten. Die Bestände werden dabei entweder nicht (Hochstaudenbestände, meist auch Großseggenriede) oder als ein- bis manchmal auch dreischürige Wirtschaftswiesen genutzt, gelegentlich auch beweidet.

Die (Pflanzen-) Artenzusammensetzung der Feuchtwiesen wird beeinflußt durch:

- Durchtränkungsdauer, Wasserstand und Wasserbewegung im Oberboden;
- Bodenart und Gefüge des Bodens;
- Nährstoffhaushalt des Bodens und des Bodenwassers;
- Art, Häufigkeit und Ausmaß der menschlichen Eingriffe.

2. Typen

Es lassen sich die folgenden Ausprägungen unterscheiden:

2.1 Kleinseggen-Sümpfe: kurzwüchsig, hoher Anteil an Sauergräsern, z. T. quellige und vermoorte Standorte;

2.2 Großseggen-Riede: artenarme, dichte Bestände großer Seggen;

2.3 Binsen- und Simsen-Naßwiesen;

2.4 Sumpfdotterblumenwiesen: dicht und hochwüchsig, oft staudenreich, starke floristische Differenzierung (je nach Bodenbeschaffenheit, geographischer Lage und Höhenlage);

2.5 Pfeifengraswiesen (ungedüngt, wechselfeuchter Boden, keine bis Streuwiesennutzung): dichte, artenreiche, hochwüchsige Wiese mit hohem Anteil sich spät entwickelnder Stauden, die durch die späte Mahd begünstigt werden;

2.6 Flutrasen: hoher Anteil kleinwüchsiger Kriechpflanzen in zeitweise überfluteten Mulden und an Flußufern der großen Niederungen;

2.7 Brenndolden-Pfeifengras-Wiesen: Feuchtwiesen mit borealer bis subkontinentaler Verbreitung in Flutmulden und Überschwemmungsrinnen;

2.8 Mädesüß- und andere Hochstaudengesellschaften, wie z. B. Kälberkropf- und Engelwurzbestände (soweit nicht Saumgesellschaften an Fließgewässern), breiten sich sekundär bei Nutzungsausfall in den übrigen Typen von Feuchtgrünländern aus.

Die grundsätzlichen Entwicklungsziele aus der Sicht des Faunenschutzes sind für die Pfeifengras-, Kleinseggen- und Sumpfdotterblumenwiesen sowie die Flutrasen und in vielen Teilen auch noch für feuchte Futterwiesen und Weiden, die nach Grundwasserabsenkung und/oder Düngung aus diesen Typen hervorgehen, weitgehend vergleichbar, für die Großseggen-Sumpfwiesen und Hochstaudenbestände jedoch abweichend (vgl. hierzu Abschn. 5 d. Kap.).

222

Abb. 75: Streuwiesen-Komplex bei Oberammergau; Wuchsort seltener Pflanzenarten wie Karls-Szep-
ter *(Pedicularis sceptrum-carolinum)*, vor allem an alljährlich durch Fließgewässer überfluteten
Standorten), Tarant *(Sweertia perennis)* an Quellflur-Standorten. Wie an vielen ähnlichen
Standorten der Voralpen fliegt hier im Spätsommer zahlreich der Streuwiesen-Indikator-
schmetterling Blaukernauge *(Minois dryas)*.   (Foto und Bildtext: H.J. Weidemann)

3. Fauna des Feuchtgrünlandes (Auswahl)

Naß- und Feuchtwiesen beherbergen an diese Biotopbedingungen hochangepaßte Tiergesellschaften, darunter auch eine große Zahl gefährdeter Tierarten. Besonders reich belebt ist
v. a. der Kräuterbestand der Kleinseggenwiesen (Tischler 1979).

Repräsentative Vertreter der einzelnen Faunengruppen sind:

Säugetiere

Sumpfmaus

Vögel

Bruthabitat: Brachvogel, Uferschnepfe, Rotschenkel, Bekassine, Wachtelkönig, Kiebitz, Wiesenpieper, Schafstelze, mit Einschränkungen auch Sumpfohreule und Braunkehlchen sowie
– bei vorhandenen Büschen – Feldschwirl

wenn Blänken vorhanden: Knäkente, Löffelente, Spießente und – sobald Schilf vorhanden
ist – auch Teichrohrsänger, Rohrammer

Nahrungsplatz: Weißstorch, Wildgänse, Wildschwäne, Kranich, Graureiher, verschiedene Greife

Reptilien

Ringelnatter (Waldeidechse, Blindschleiche, Kreuzotter)

Amphibien

Insbesondere (aber nicht obligatorisch) soweit offenes Wasser vorhanden ist: vor allem Moorfrosch, Laubfrosch, Grünfrösche, Grasfrosch, Kamm- und Teichmolch

Insekten

In den Kräuterbeständen herrschen im Gegensatz zur Bodenoberfläche nicht die Käfer, sondern Dipteren (Fliegenartige) vor, auch parasitische Hymenopteren (Hautflügler) sind reichlich vertreten (Tischler 1979). Darüber hinaus siedeln dort aber noch zahlreiche andere Tier-(insbesondere Insekten-) gruppen mit vielen Arten. Stellvertretend dafür seien im folgenden nur die Libellen (soweit offenes Wasser vorhanden, vgl. Tab. 28), die Tagfalter- und Widderchenarten Violetter Perlmutterfalter *(Brenthis ino)*, Gelbwürfeliger Dickkopffalter *(Carterocephalus palaemon)*, Rostbraunes Wiesenvögelchen *(Coenonympha glycerion)*, Schwarzbrauner Bläuling *(Eumedonia eumedon)*, Spiegelfleck-Dickkopffalter *(Heteropterus morpheus)*, Kleiner Moorbläuling *(Maculinea alcon)*, Schwarzblauer Moorbläuling *(Maculinea nausithous)*, Großer Moorbläuling *(Maculinea teleius)*, Silberscheckenfalter *(Melitaea diamina)*, Westlicher Scheckenfalter *(Melitaea parthenoides)*, Kleiner Ampferfeuerfalter *(Palaeochrysophanus hippothoe)*, Gemeines Grünwidderchen *(Procris statices)* sowie als charakteristische Repräsentanten der sonstigen Großschmetterlingsgruppen die Arten Pfeifengras-Trauereule *(Apamea aquila)*, Auen-Graswurzeleule *(Apamea oblonga)*, Graue Sumpfeule *(Athetis pallustris)*, Zierliche Goldeule *(Chrysaspidia putnami)*, Rötliche Binsenstengeleule *(Coenobia rufa)*, Reitgras-Silbereulchen *(Eustrotia olivana)*, Sumpflabkraut-Blattspanner *(Cidaria lignata)* und Weißer Seidenglanzspanner *(Scopula caricaria)* aufgeführt. Typische Heuschreckenarten sind u. a. Charpentiers-Grashüpfer *(Chorthippus montanus)*, Große Goldschrecke *(Chrysochraon dispar)*, Kurzflügelige Schwertschrecke *(Conocephalus dorsalis)* und Sumpfschrecke *(Mecostethus grossus)*.

Die höchsten Arten- u. Individuenzahlen von Schmetterlingen sind auf „intakten", d. h. extensiv und regelmäßig bewirtschafteten Streuwiesen und Magerrasen sowie deren frühen Brachestadien zu finden. Eine starke Abnahme der Artenzahl und Abundanz findet sowohl bei Intensivierung der Nutzung als auch bei längerfristigem Verbrachen statt (Erhardt 1985, Marktanner 1978). Dasselbe gilt für die Abundanzen von Heuschreckenimagines und -larven. Streuwiesen-Brachen weisen für Heuschrecken ein ungünstiges Mikroklima auf, einschürige Fettwiesen bieten bessere Nahrungsbedingungen (Oppermann et al. 1987).

4. Gefährdungsfaktoren

Eingriffe mit optisch augenfälligen Standortveränderungen

4.1   Entwässerungen (Entwässerungssysteme oder auch Gewässerregulierung mit Eintiefung und Erhöhung der Vorflut, Bau von Binnendeichen mit folgender Nutzungsintensivierung) und sonstige Drainage

4.2   Umbruch in Ackerland (auch Maisäcker)

4.3   Bodenauftrag (Bauschutt, Müll, Erde usw.)

4.4   Anlage oder Ausdehnung von Kiesgruben und Fischteichen

4.5   Aufforstung (vor allem mit Pappeln, Erlen, auch Fichten)

4.6   Vernichtung bzw. Beschädigung der Hochstaudensäume bei der Uferpflege

Das Ausmaß derartiger Eingriffe belegen die folgenden Beispiele: Von 141.000 ha Streuwiesen zu Ende des 19. Jahrhunderts in Bayern wurden bis 1974 gut zwei Drittel melioriert (Braun 1974, zit. bei Ringler 1980). Im Naturraum Sameberg wurden allein zwischen 1974 und 1979 etwa 20 % des gesamten Streuwiesenbestandes entwässert und zum Teil in Maisäcker umgewandelt (Ringler 1980).

Eingriffe durch Änderung der Bewirtschaftungsweise

4.7   Umstellen von Dauergrünland auf Feldgraswirtschaft

4.8   Umwandlung von einschürigen Streu- und Mähwiesen in mehrschürige Intensivwiesen

4.9   Nutzungsintensivierung durch Gülle- oder Mineraldüngerzufuhr sowie durch Kalken führt bei allen Formen in Richtung Intensivgrünland (vgl. hierzu Problemaufriß Tab. 27)[*]. Insbesondere die nährstoffarmen Pfeifengraswiesen werden auf diese Weise vollständig umgewandelt. Die Konsequenzen sind: Floren- und Faunenverarmung, Ausfall der für diese Biotope charakteristischen Arten. Diese werden dann durch ohnehin häufige Allerweltsarten ersetzt.

4.10   Zu häufige Mahd

Gegen diesen Faktor sind vor allem Kräuter ohne Grundblattrosetten und Gräser empfindlich. Der Artenbestand der Kohldistelwiesen verarmt, wenn häufiger als 2-(max. 3-)mal jährlich gemäht wird (AG Artenschutzprogramm Berlin 1984). Pfeifengraswiesen vertragen nur späten Schnitt.

4.11   Verminderung der Mähwiesen zugunsten der Weiden

Damit gehen für einige Limikolen wie Uferschnepfe, Kampfläufer, Bekassine und Rotschenkel zahlreiche geeignete Nistplätze verloren (Blasyzk 1967). Beweidung führt auch über einen Florenwandel zu einem Faunenwandel, wobei das Ausmaß mit der Ausgangssituation und der Weideintensität variiert (Näheres s. Heydemann & Müller-Karch 1980). Ein großes Problem, gerade auf feuchtem Boden, stellen außerdem die Trittschäden, Nestzerstörung, vielfach auch die Verbißschäden dar.

4.12   Nutzungsaufgabe

Bei Ausfall der bisherigen extensiven Bewirtschaftung (zumeist Mahd) werden die Feuchtgrünländer zunächst von Hochstaudengesellschaften und später auch von Büschen bis hin zum Wald abgelöst. Allerdings bleiben aber auch manche Feuchtwiesen

---

[*] Durch frühen Grasschnitt scheinen von den Feuchtwiesen-Vögeln besonders stark negativ betroffen zu sein: Uferschnepfe, Kampfläufer, Rotschenkel und Bekassine (Blasyzk 1967), aber auch der Brachvogel.

trotz Brache in ihrer Struktur zunächst lange erhalten, andere differenzieren sich in ein Mosaik von Kleinseggenrieden und feuchten Grünlandgesellschaften.

Die Konsequenzen sind: Bei fortschreitender Sukzession ein deutlicher Floren- und damit Faunenwandel, erhebliche Änderung der Vegetationsstruktur, so daß viele Feuchtwiesenarten verschwinden. Bei den Vögeln sind dies z. B. Weißstorch, Rotschenkel, Brachvogel, Uferschnepfe, Bekassine, bei den Tagfaltern alle jene Arten, und dies sind zahlreiche Feuchtwiesenarten, die – wie beispielsweise der Kleine Moorbläuling *(Maculinea alcon)* – an lichthungrige und damit bei Nutzungsaufgabe mittelfristig nicht konkurrenzfähige Pflanzenarten gebunden sind. Brachfallen bringt für etliche Tierarten, z. B. für den Wartenjäger Braunkehlchen oder – durch die Zunahme von Stauden – für *Brenthis ino* (Violetter Silberfalter), *Eumedonia eumedon* (Schwarzbrauner Bläuling) aber auch Vorteile, vor allem, da kein Einschnitt durch die Mahd mehr erfolgt.

Sonstige Gefährdungsfaktoren

4.13   Wegebau

Wege und Straßen bringen nicht nur zusätzliche Störungen in die Feuchtwiesenbereiche mit ihren störungsempfindlichen Tierarten, sie tragen außerdem vielfach dazu bei, daß das notwendige Minimalareal bei etlichen Arten unterschritten wird, diese demzufolge lokal aussterben. Dies gilt nicht nur für die hier heimischen Vögel mit ihren häufig großflächigen Revieransprüchen (vgl. Abschn. 5.2 d. Kap.). Dies gilt ebenso auch für Insekten, Schnecken usw., wobei hier noch hinzukommt, daß die Straßen mit ihrem trockenwarmen und damit gegenüber dem Umland völlig abweichenden Mikroklima („linienhafte Steppenelemente") für diese Arten als Migrationsbarrieren wirksam werden können und so etwa auch Larval- und Imaginalhabitat bei differenzierter Biotopbindung bleibend trennen können (vgl. u. a. Tab. 2).

4.14   Maschinelle landwirtschaftliche Bodenbearbeitung zum falschen Zeitpunkt. Die Konsequenzen sind: Zerstören von Gelegen, Töten von Jungtieren, Ausfall wichtiger Komponenten (vgl. hierzu auch Problemaufriß in Tab. 27). Der Einsatz schwerer Maschinen führt außerdem zu Bodenverdichtungen.

4.15   Grabenräumungen

Auch die regelmäßige Säuberung und Räumung der Gräben ist dem Ökosystem Feuchtwiesen abträglich.

4.16   Herbizidanwendungen gegen krautige Pflanzen

4.17   Störungen durch den Menschen

Stark betroffen sind hiervon vor allem die störungsempfindlichen Vögel. Besondere Zielkonflikte erwachsen auch bei der Anlage von Modellflug- und Sportflugplätzen, die bevorzugt in solchen Gebieten angelegt werden.

4.18   Beeinträchtigung der Brutgebiete von Wiesenvögeln durch Freileitungen

Bei der Trassierung von Freileitungen ist zwischen Maststandorten und überspannter Fläche zu unterscheiden.

Beispiel: Für Insekten wertvolle Bereiche können vermutlich durchaus überspannt werden, während verschiedene Vogelarten, nach niederländischen Untersuchungen

(Heijnis 1980) z. B. Kiebitz, Uferschnepfe, Rotschenkel, Bekassine und Kampfläufer, den unmittelbaren Leitungsbereich als Brutgebiete meiden. Damit können Freileitungen in Feuchtwiesenbereichen den Anteil der für bestimmte Brutvögel nutzbaren Flächen erheblich verkleinern!

4.19 Drahtanflug und Stromschlag

Die Zahl der Leitungsopfer unter den sich gerade in Feuchtwiesen konzentrierenden Vogelarten ist sehr hoch. Nach niederländischen Untersuchungen sind es durchschnittlich 700 Vögel/km oder 1 Million Vögel/Jahr (Heijnis 1980). Das Gros der Vögel verunglückt hierbei durch Drahtanflug. In der Bundesrepublik Deutschland ist zudem auch der Stromschlag ein großes Problem. Nach Angaben der Deutschen Sektion des Internationalen Rates für Vogelschutz (1978) sterben hier bis zu 50 % der tot gemeldeten Großvögel an Stromschlag.

5. Entwicklungsziele

5.1 Grundsätzliche wertbestimmende Gesichtspunkte

a) Naß- und Feuchtwiesen sind in ihrer Gesamtheit absolut schutzwürdig. Das betrifft sowohl die kleinflächigen als auch ganz besonders die großflächigen Ausprägungen. Hintergrund sind die massiven Verluste an diesen Biotoptypen während der letzten Jahrzehnte (vgl. dazu z. B. Tab. 24 sowie Abschn. 4 dieses Kap.).

b) Je feuchter die Wiesen oder Teile davon sind, desto wertvoller sind sie für die Aufgabenstellung des Tierartenschutzes (vgl. dazu u. a. Abb. 76, wobei hier allerdings einschränkend festzuhalten ist, daß dabei bei vielen Arten auch die Nutzungsart und -intensität eine entscheidende Rolle spielt). Die Dynamik und Einwirkungsmöglichkeit periodisch auftretender Hochwässer, vor allem der Winter- und Frühjahrshochwässer, ist sicherzustellen. Diese sind Garanten für den Fortbestand des besonders schutzwürdigen Charakters dieser Biotope. In Einzelfällen, z. B. beim Großen Feuerfalter *(Lycaena dispar),* scheint die Frühjahrsüberflutung von existenzbestimmender Bedeutung für den Fortbestand zu sein (Blab & Kudrna 1982).

c) Vorteilhaft ist ein welliges Bodenprofil, so daß auf engem Raum feuchte und trockenere Standorte abwechseln. Auch große Unterschiede in der Vegetationshöhe auf engem Raum sind wünschenswert. Gerade Bodenvertiefungen stellen dabei ganz wichtige Biotoprequisiten dar: Sie bleiben nach Überschwemmungen oder Starkregen länger feucht, zeigen geringeren Graswuchs und sind damit z. B. für die Ernährung von alten und jungen Brachvögeln von Bedeutung (z. B. Ranftl 1982, vgl. auch Fußnote zu Abschn. XVII.5.1). Der Boden muß weich sein, um zu gewährleisten, daß z. B. Bekassine und Uferschnepfe bei der Nahrungssuche schnell mit dem Schnabel in den Boden eindringen und ihn bewegen können (WOG, o. J.).

d) Für die soziologische Struktur mancher Tiergruppen ist auch der Trophiegrad der Grünflächen von entscheidender Bedeutung. Nach Herdam (1983) kann man beispielsweise davon ausgehen, daß die Artenvielfalt der Molluskengemeinschaft von der eutrophen zur oligotrophen Seite kontinuierlich abnimmt. Die oligotrophen Standorte jedoch werden dagegen oft von hochgradig bedrohten Arten bewohnt (z. B. Tundrenschnecke, *Vertigo liljeborgi)* (Häßlein 1966).

e) Der weiträumige Charakter der Feuchtgrünländer ist zu gewährleisten, da bodenbrütende Feuchtwiesenvögel auf ein weites Sichtfeld angewiesen sind (keine Sichthindernisse durch Dämme, Straßen, Pflanzungen, Hecken, Wälder). Der Flächenausdehnung kommt besondere wertbestimmende Bedeutung zu (Näheres s. Abschn. 5.2 d.
Kap.).

f) Extensive bzw. überwiegend extensive Grünlandnutzung, z. B. ein- bis zweischürige
Mahd, ist beizubehalten oder anzustreben. Hiervon auszunehmen sind aber Großseggenriede und Hochstaudenbestände, welche nur sporadisch gemäht werden sollten. In Teilbereichen müssen Blütenpflanzen zur Samenreife gelangen. Der Grünlandanteil sollte in jedem Fall einen etwaigen Ackerflächenanteil deutlich übersteigen,
also deutlich mehr als 50 % der Gesamtfläche einnehmen, und dabei nicht zu
stark aufgesplittert sein. Die Mahd ist die Grundvoraussetzung dafür, daß die Horst-
pflanzen und verschiedene andere Pflanzenarten, z. B. Mehlprimel *(Primula farino-
sa)*, Frühlingsenzian *(Gentiana verna)*, existieren können. Sehr wichtig ist außerdem,
daß die Streu entfernt wird.

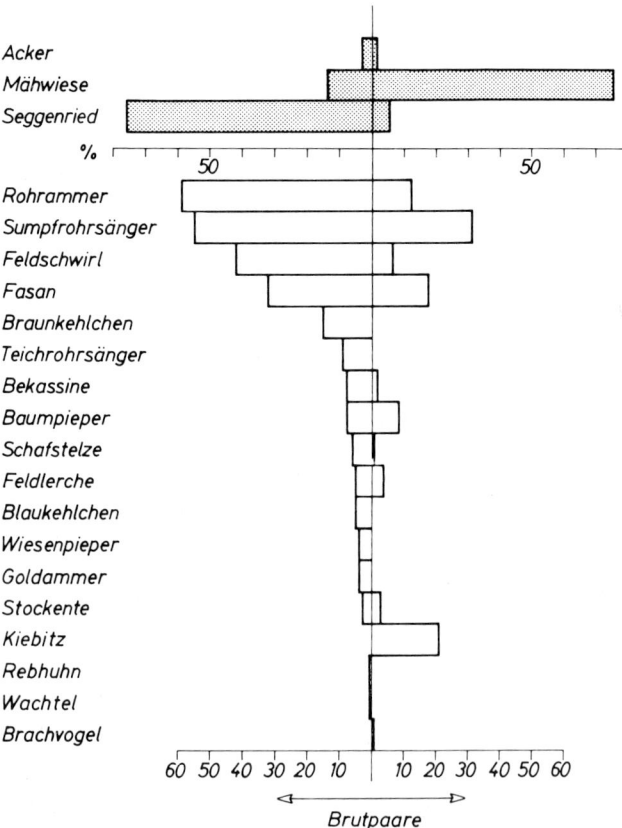

Abb. 76: Brutpaarzahlen einiger Brutvögel offener Flächen in zwei unterschiedlich kultivierten Flachmooren Südbayerns von je ca. 140 ha Fläche (nach Heiser 1974, Schäfer 1979), Gebüsch- und
Baumbrüter nicht berücksichtigt (aus Bezzel 1982)

5.2 Strukturelle Merkmale und ihre Bedeutung für die Fauna

a) Vertikale Ausprägung

Anzustreben sind ein stark differenzierter Schichtaufbau mit Kräutern und Gräsern, abwechselnd unterschiedliche Höhen auf engstem Raum, vielfältige innere Grenzlinien, auch stellenweise lückiger Wuchs[*].

Hier wird eine Vielzahl an ökologisch unterschiedlichen Bedingungen geboten, die einer reichen Fauna ein Auskommen garantieren (Vertikalstrukturen zur Lebensraumgestaltung für Kleintiere). Wichtig ist auch ein ausgeprägter Blütenhorizont und – wenigstens punktuell oder linienartig, z. B. am Rande von Gräben – reife Stadien, also fruchtende und samende Pflanzen, Altgras und -stauden usw. für die daran gebundenen Tiere.

Wertvoll sind auch Lockerschilfbestände an Land als Bruthabitat von Wiesenweihe, Sumpfohreule u. a. m. (vgl. hierzu auch Abschn. XIV.5).

b) Horizontale Ausprägung (Flächengröße)

Der Flächenausdehnung kommt besondere wertbestimmende Bedeutung zu, da

- die verbliebenen Flächen zunehmend verkleinert wurden und nunmehr den Charakter von Inseln (für die spezialisierte Fauna) im besiedlungsfeindlichen Kulturland einnehmen;

- die Zahl der Arten, die sich langfristig in einem inselartigen Biotop halten kann, eine Funktion der Größe der Insel sowie des Grades ihrer Isolation ist (vgl. hierzu die Ausführungen zur Flächenproblematik Abschn. III.1);

- gerade in diesen Biotoptypen Tiere mit großflächigen Raumansprüchen heimisch sind, Beispiele:

Brachvogel: Die Größe des Brutreviers eines Paares in Feuchtwiesen beträgt je nach den örtlichen Bedingungen (der Biotopqualität) zwischen 7 und 38 ha (Glutz et al. 1977), in westfälischen Feuchtgebieten durchschnittlich 19,2 ha (WOG, o. J.). In Bayern liegt der Mittelwert rein rechnerisch ebenfalls bei etwa 20 ha je Brutpaar. Dabei muß für das Einzelpaar jedoch nicht die Gesamtfläche optimal sein; die Vögel finden vielmehr bereits ein Auskommen, wenn bei deutlich überwiegendem Grünlandanteil mehrere größere, optimal entwickelte Kernzonen bestehen.

Da aber erst mehrere Paare eine überlebensfähige Population bilden, die Paare Revierverhalten zeigen, dazu mit der im selben Ökosystem lebenden Uferschnepfe in Konkurrenz stehen und zudem Pufferzonen notwendig sind, belaufen sich allerdings die Mindestflächenanforderungen für Hauptzentren von Wiesenvögeln auf wenigstens 500 ha, für Nebenzentren überschlagsmäßig auf 300 ha (WOG, o. J.). Aber auch Vorkommen weniger Brutpaare sind schutzwürdig.

Aus Gründen der Störanfälligkeit sind kreisförmige Gebiete am günstigsten, da die Fläche im Quadrat, der Umfang jedoch nur um den Faktor 2 wächst (vgl. auch Kap. III).

---

[*] Vegetationsdeckungsgrade von stellenweise maximal 85-90 % sind wichtig, da dichte Vegetation für die Küken der Wiesenlimikolen (z. B. des Brachvogels) kaum durchdringbar ist.

Weißstorch: Größe der Nahrungsfläche eines Brutpaares in der Schwalm-Niederung 200-220 ha (Keil & Rossbach 1980).

Wiesenweihe: Jagdrevier 500-800 ha beziehungsweise 600-700 ha (Looft et al 1967, bzw. Thiollay 1968, jeweils in Glutz et al. 1971) zusammenhängende Feuchtländereien (gewässerreiche Niederungen, breite Flußtäler, Hoch-, Übergangs- und besonders Flachmoore), die nicht ihrer Gesamtheit extensiv genutzt und von hohem Grundwasserstand gekennzeichnet sein müssen, die jedoch einen nennenswerten Anteil an sehr extensiv genutzten Niedermoorflächen und Lockerschilfbeständen enthalten müssen.

Sumpfohreule: Jagdrevier 100-400 ha (Brüll 1980) zusammenhängendes Grünland mit hohem Anteil von Extensivgrünland (ansonsten wie Wiesenweihe).

Steinkauz: Jagdrevier eines Paares ca. 50 ha (Mebs 1966, zit. bei Bauer & Glutz 1980).

Abb. 77: Laubfrosch (Foto: H. J. Weidemann)

Gänse: Die Durchschnittsgröße eines Gänse-Weideplatzes in den Niederlanden liegt zwischen 1000 bis 3000 ha. Davon werden aber nur rund 900 ha im Zentrum beweidet. Kleinere Nahrungsplätze gibt es nur da, wo sonstige Faktoren, z. B. ein Fluß, eine Autobahn Pufferfunktionen übernehmen (Timmermann 1975).

Der Anteil an Ackerflächen (auch Maisäckern) in solchen weitläufigen Grünlandflächen sollte möglichst gering gehalten werden und keinesfalls 30-40 % der Fläche übersteigen, da die Siedlungsdichte der Wiesenvögel vom Grünlandanteil abhängig ist (hierbei ist aber auch die Verteilung wichtig!).

Selbst einige Wirbellose haben noch relativ großflächige Raumansprüche: Beispielsweise müssen beim Großen Feuerfalter *(Lycaena dispar)* die Feuchtwiesenflächen i. d. R. mehrere Hektar umfassen und zusätzlich noch von pflanzenreichen, mit einzelnen Weidenbüschen bestandenen Bächen oder Gräben durchzogen sein (Blab & Kudrna 1982), beispielsweise tritt der Blauäugige Waldportier *(Minois dryas)* nur auf großflächigen Feucht- und Naßwiesen und der Sumpflabkraut-Blattspanner *(Orthonama vitata)* nur auf großflächigen Streuwiesen auf (z. B. Meineke 1982).

c) Distanzen bei Teilsiedlern zu anderen essentiellen Teilhabitaten:

Weißstorch: Nahrungsplatz-(Feuchtgrünland, z. T. auch Teiche und Äcker)Horst bis ca. 8 km (Bauer & Glutz 1966), nach Untersuchungen in Bayern (Plachter in lit., 1983) wird das Nahrungsgebiet bei Entfernungen von mehr als 3 km vom Nest aber oft ineffektiv.

Gänse: in den Niederlanden (nach Timmermann 1975) zwischen Nahrungsplatz (Feuchtgrünland) und Schlafplatz (größere flache Gewässer):

Graugans	1- 8 km
Bläßgans	2-13 km
Saatgans	4-10 km
Kurzschnabelgans	3-10 km

5.3 Wichtige Zusatzstrukturen/-qualitäten

a) Dauerwasserflächen, die durchaus mehrere tausend Quadratmeter umfassen können (1.000-5.000 m² pro 5 ha, Kipp 1982), steigern den Wert großflächiger Feuchtwiesen nachhaltig. (Neuanlagen aber nicht auf aus sonstigen Gründen, beispielsweise für den Pflanzenartenschutz, wertvollen Stellen! Vgl. auch Kap. IV.2). Offene Gewässer sind Lebens- bzw. Teillebensstätten einer großen Zahl von Tierarten (vgl. dazu Abschn. XII.3); etliche dieser Arten haben dabei ihren Vorkommensschwerpunkt in Blänken der Feuchtwiesen (z. B. Moorfrosch, Knäkente oder die in Tab. 28 unter der entsprechenden Rubik angeführten Libellenarten).

Im Frühjahr und Herbst dienen solche Wasserstellen vielen wandernden Sumpf- und Watvögeln als Nahrungsplätze und sollten daher für diese Zeit evtl. durch Flutung vergrößert werden.

Offene Wasserstellen wirken außerdem anziehend auf die wiesenbrütenden Limikolen. Insbesondere für Rotschenkel und Brachvogel ist dabei das Angebot an freien

● Vorkommen bzw. sichere Gefährdung

○ mögliche Gefährdung

Die Tabelle ist kombinierbar, z. B.
Leucorrhinia albifrons
Lebensraum: Tümpel in Hochmoorbereichen
Art der Gefährdung: Abtorfung und Entwässerung der Hoch- und Flachmoorbereiche

Gefährdete Libellenarten

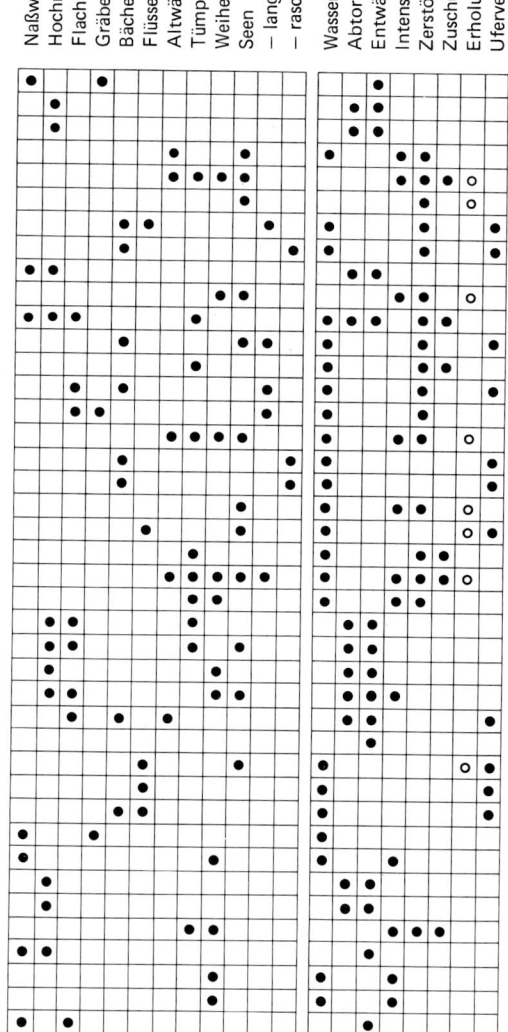

	Lebensraum												Art der Gefährdung							
	Naßwiesen/Sümpfe	Hochmoorbereiche	Flachmoorbereiche	Gräben	Bäche/Quellbäche	Flüsse	Altwässer	Tümpel	Weiher/Teiche	Seen	— langsam fließend	— rasch fließend	Wasserverschmutzung	Abtorfung (großflächig)	Entwässerung	Intensive Teichwirtschaft	Zerstörung der Vegetation	Zuschütten von Kleingewässern	Erholungsbetrieb (z. B. Baden)	Uferverbauung, Flußbegradigung
Aeshna affinis, Südliche Mosaikjungfer	●		●																	
Aeshna coerulea, Alpen-Mosaikjungfer		●												●	●					
Aeshna subarctica, Hochmoor-Mosaikjungfer		●												●	●					
Aeshna viridis, Grüne Mosaikjungfer							●		●				●				●	●		
Anaciaeschna isosceles, Keilflecklibelle							●	●	●	●			●				●	●	○	
Anax parthenope, Kleine Königslibelle									●										○	
Calopteryx splendens, Gebänderte Prachtlibelle					●	●					●		●							●
Calopteryx virgo, Blauflügel-Prachtlibelle					●								●							●
Ceriagrion tenellum, Späte Adonislibelle	●	●												●	●					
Coenagrion armatum, Hauben-Azurjungfer								●	●					●	●				○	
Coenagrion hastulatum, Speer-Azurjungfer	●	●	●					●					●	●	●					
Coenagrion lindeni, Pokal-Azurjungfer									●				●							●
Coenagrion lunulatum, Mond-Azurjungfer								●					●		●					
Coenagrion mercuriale, Helm-Azurjungfer				●					●				●		●					
Coenagrion ornatum, Vogel-Azurjungfer				●	●				●				●		●					
Coenagrion scitulum, Gabel-Azurjungfer							●	●	●	●			●						○	
Cordulegaster bidentatus, Gestreifte Quelljungfer					●								●							●
Cordulegaster boltoni, Zweigestreifte Quelljungfer					●								●							●
Epitheca bimaculata, Zweifleck									●				●						○	
Gomphus vulgatissimus, Gemeine Keiljungfer						●							●						○	○
Ischnura pumilio, Kleine Pechlibelle								●					●				●	●		
Lestes barbarus, Südliche Binsenjungfer							●	●	●	●			●				●	●	○	
Lestes dryas, Glänzende Binsenjungfer								●	●				●					●		
Leucorrhinia albifrons, Östliche Moosjungfer		●	●					●						●	●					
Leucorrhinia caudalis, Zierliche Moosjungfer		●	●											●	●					
Leucorrhinia dubia, Kleine Moosjungfer		●							●					●						
Leucorrhinia pectoralis, Große Moosjungfer		●	●						●	●				●	●					
Leucorrhinia rubicunda, Nordische Moosjungfer			●				●	●						●	●					●
Nehalennia speciosa, Zwerglibelle			●											●	●					
Onychogomphus forcipatus, Kleine Zangenlibelle						●			●				●						○	●
Onychogomphus uncatus, Große Zangenlibelle					●								●							●
Ophiogomphus serpentinus, Grüne Keiljungfer					●	●							●							●
Orthetrum brunneum, Südlicher Blaupfeil	●			●									●		●					
Orthetrum coerulescens, Kleiner Blaupfeil	●								●				●				●			
Somatochlora arctica, Arktische Smaragdlibelle		●												●	●					
Somatochlora alpestris, Alpen-Smaragdlibelle		●												●	●					
Sympecma paedisca, Sibirische Winterlibelle							●	●									●	●	●	
Sympetrum depressiusculum, Sumpf-Heidelibelle	●	●												●						
Sympetrum fonscolombei, Frühe Heidelibelle									●				●							
Sympetrum meridionale, Südliche Heidelibelle									●				●							
Sympetrum pedemontanum, Gebänderte Heidelibelle	●		●																	

Tab. 28: Lebensraum-Zuordnung und Gefährdungsursachen der in der Bundesrepublik Deutschland gefährdeten Libellenarten (nach Pretscher 1977a)

232

Wasserflächen entscheidend (WOG, o. J.), da beide Arten und auch die Uferschnepfe i. d. R. nistplatznahe, feuchte bzw. zeitweise mit Wasser bedeckte Flächen mit fehlender oder lückiger Vegetation bevorzugen. Diese letzte Funktion kann zumeist auch durch Gräben (nicht entwässernd!) in Feuchtwiesen übernommen werden.

Abb. 78: Blänken in einem Feuchtwiesenkomplex   (Foto: J. Blab)

b) Schlick- und Sandbänke, welche Winter- und Frühjahrshochwässer zurücklassen. Hier siedeln u. a. mehrere Arten der Laufkäfergattungen *Chlaenius* und *Elaphrus* und von den Springschrecken die Langflügelige Schwertschrecke *(Conocephalus discolor)* und die Kurzflügelige Schwertschrecke *(Conocephalus dorsalis)*, beide Arten in räumlicher Nähe zu den Eiablagepflanzen, z. B. Binsenarten *(Juncus* spp.*)*.

c) Wertsteigernd sind auch kontinuierliche, weder durch intensiv genutzte Wirtschaftsflächen noch durch Wege zerschnittene Übergänge zu Röhrichten und Seggenrieden. In diesen Übergangszonen hat eine Reihe gefährdeter Arten (z. B. Wiesenweihe, Sumpfohreule, Bekassine) einen Siedlungsschwerpunkt.

d) Ausreichende Pufferzonen gegenüber menschlichen Störungen (also z. B. keine weitere Wegeerschließung in Limikolenbrut- oder Gänserastplätzen), da diese Arten sehr anfällig gegen Störungen sind und hohe Fluchtdistanzen haben. Notwendig ist auch ein Wegegebot!

e) Einzelbüsche, Zaunpfähle oder Kopfbäume (punktuell eingebracht!) sind als zusätzliche vertikale Strukturelemente für eine Reihe von Feuchtwiesenarten förderlich.

233

Beispielsweise liegen die Rufplätze der Wachtelkönigmännchen bevorzugt in der Nähe von Büschen, buschfreie Feuchtgrünländer werden von dieser Art wesentlich dünner besiedelt (Glutz et al. 1973); beispielsweise nutzen Braunkehlchen und Grauammer Büsche und Pfähle als Ansitz- bzw. Singwarten, der Steinkauz Kopfbäume als Bruthabitat und Pfähle als Ansitzwarten (Loske 1978 a, b); beispielsweise läßt sich die Siedlungsdichte der Uferschnepfe durch Einbringen von Pfählen als Aussichtspunkte steigern (WOG, o. J.). Zur sonstigen Bedeutung dieser Strukturen vergleiche Kapitel XXVIII - XXXI.

Auf der anderen Seite sind aus den Zentren der Brachvogelbrutgebiete und Gänserastplätze Gebüsche möglichst zu entfernen. So hält der auf ein weites Sichtfeld angewiesene, bodenbrütende Brachvogel gegenüber Sichthindernissen wie Dämmen oder Heckenreihen bei der Wahl des Brutplatzes im Durchschnitt 313 ± 168 m Abstand (Magerl 1981). Einzelne Kopfbäume und Sträucher werden aber auch vom Brachvogel toleriert. Die Nestabstände dazu betragen wenigstens 20 m (Magerl 1981). Der Weißstorch toleriert auch einzelne Baumgruppen.

6. Schutz, Pflege und Entwicklung

Zu den Entwicklungszielen vgl. Abschnitt 5 dieses Kapitels

6.1 Zentrale Maßnahmen

Da die Ursachen des Bestandsrückgangs bei den Bewohnern der Feuchtgrünländer im wesentlichen die gleichen sind (Biotopvernichtung und Verschlechterung der Lebensbedingungen), und nur graduelle Unterschiede je nach Art bestehen, lassen sich die Schutzprioritäten aus der Rangfolge der Schadfaktoren herleiten. Die vordringlichsten Aufgaben sind die Unterlassung/Abwehr der im vorstehenden Abschnitt genannten Eingriffe, vor allem der Entwässerungen.

Der dominierende Ökofaktor für diese Biotoptypen ist ein hoher Grund- oder Stauwasserspiegel (ganzjährig oder wenigstens im Frühjahr), gelegentlich auch ein Quellaustritt! Er wird zum Schlüsselfaktor für das Management der Tierarten des Feuchtgrünlandes, ist Garant für nicht allzu intensive Nutzung und bestimmt damit auch andere zentrale Biotopqualitäten (wie z. B. relativ lockere Vegetationsstruktur, längere Vegetationsperiode bis zur ersten Mahd und damit mehr Zeit für das Brutgeschäft der Vögel und die Entwicklung der Larven der Wirbellosen, Verringerung der Zahl der Bodenfeinde usw.) entscheidend mit. Etwaige Gräben sollten dabei zumindest bis in den Frühsommer hinein, der Aufzuchtzeit der wasserabhängigen Arten, Wasser führen. Grabenräumungen sollten niemals zu Sohleneintiefungen führen, dazu jeweils nur abschnittsweise oder aber alternierend auf jeweils nur einer Seite durchgeführt werden.

Grundwasser darf keinesfalls mehr abgesenkt werden; vielmehr ist es – wo immer möglich – anzuheben, wobei die natürlichen Verhältnisse in den Flußauen nachzuahmen sind. Dies bedeutet also: Rückvernässung flußnaher Wiesen, Wasseranhebung durch Rückhaltung des Regenwassers, Defektsetzen von Drainagen u. ä.

Ganz besonders vordringlich ist die Erhaltung der Flachmoorreste in Grünländereien und die sofortige Einleitung von Sicherungsmaßnahmen an den Verbreitungsschwerpunkten der Wiesenlimikolen. Wegen des großen Flächenbedarfs ist hierbei auch an Flächenzusammenlegungen für diese Schutzzwecke zu denken.

Dort wo in zusammenhängenden Grünlandbereichen Teile des Bestandes in Äcker umgebrochen wurden, ist eine Rückführung dieser Flächen in Grünland anzustreben (Gründe vgl. Abschn. 5.1.e d. Kap.).

Sehr vorteilhaft auf die Fauna der Feuchtgrünländer wirkt es sich auch aus, wenn Bodenvertiefungen und Kleingewässer zusätzlich eingebracht (Näheres dazu Abschn. XII.5) oder bestehende Gräben verbreitert (ohne Vertiefung) werden. Außerhalb der Zentren der Limikolenbrut- und Gänserastplätze ist es auch förderlich, Einzelbüsche und Kopfbäume einzubringen (Näheres dazu s. Abschn. XXIX.5 und XXX.5). Im Zentrum von Brachvogelbrutgebieten und Gänserastplätzen sind Sichthindernisse dagegen besser zu entfernen. Im Regelfall förderlich sind einzelne Pfähle in Feuchtwiesen.

6.2 Hinweise für die Bewirtschaftung

Generell sollte auf den Einsatz von Dünger ganz oder weitestgehend verzichtet und ebenso das Ausbringen von Bioziden verboten und unterlassen werden.

Für nasses, nährstoffarmes Grasland (Braunseggenmoore, Kalkflachmoore, Pfeifengraswiesen) sind Mähprogramme zu erstellen, um die Pflanzenartenzusammensetzung und Vegetationsstruktur zu erhalten. Gemäht werden muß je nach Typ und Situation vor Ort in sehr unterschiedlichen Rhythmen: Pfeifengraswiesen etwa im Turnus von 2-3 (teilweise auch mehr) Jahren, vorzugsweise spät im Jahr, z. B. Mitte Oktober, da die Reservestoffe erst im Spätsommer und Herbst in die Überwinterungsorgane eingezogen werden. Bei früher Mahd folgt eine erhebliche Schwächung der *Molinia*-Bestände. Kohldistelwiesen jährlich zweimal, Kleinseggensümpfe sporadisch oder z. T. auch überhaupt nicht, Großseggenriede, Glanzgras- und Wasserschwadenbestände möglichst nur bei Bedarf, um einen etwaigen Gehölzaufwuchs zu unterbinden. Beweidung scheidet wegen der Trittempfindlichkeit des weichen Bodens i. d. R. aus.

Feuchtes Wirtschaftsgrünland: Nach dem 1. März (evtl. 15. März), dem Beginn der Brutperiode z. B. beim Brachvogel, dürfen Wiesen nicht mehr betreten werden; auch Eggen, Walzen oder Schleifen ist ab diesem Zeitpunkt zu unterbinden (Diel 1982).

Die Wiesen sind i. d. R. (fallweise sind aber auch hier Ausnahmen möglich) wenigstens einmal im Jahr zu mähen. Der Beginn der 1. Mahd (Heuernte) sollte in den Rückzugsgebieten wiesenbrütender Limikolen allerdings möglichst nicht vor dem 15. Juni liegen, da die Jungtiere erst ab diesem Zeitpunkt flügge sind.

Wird früher gemäht, so lassen sich die Verluste an den noch flugunfähigen Limikolenküken deutlich senken, wenn bei dieser ersten Mahd entlang von Wiesenrändern, Gräben, Flutmulden usw. ein ca. 30-50 cm breiter Grasstreifen ungemäht bleibt (Ranftl. 1982). Nichtflügge Jungvögel verstecken sich nämlich bei der Annäherung eines Traktors bevorzugt am Rand ungemähter Wiesenparzellen. Dieser „Grasstreifen", dem auch für blütenbesuchende Insekten während des Blütenengpasses nach der Mahd und für an hohe Kraut- und Grasstrukturen gebundene Tiere (z. B. Netzspinnen) Bedeutung zukommt, könnte dann beim zweiten Schnitt mit abgemäht werden.

Etwa acht Wochen nach dem ersten Grasschnitt kann eine zweite Mahd vorgenommen werden. Ob nach dem zweiten Schnitt weitere Flächen zur Beweidung freigegeben werden können, hängt von ihrer Trittfestigkeit ab. Feuchte Bereiche sind grundsätzlich von einer Beweidung auszusparen. Keineswegs sollten Rinder Zutritt zu Blänken und zu deren Randbereichen haben (Kipp 1982).

Im Siedlungsgebiet des Schwarzblauen Moorbläulings *(Maculinea nausithous)* sollten die Wiesenknopf-*(Sanguisorba-)*Bestände nicht vor Anfang Oktober gemäht werden, da diese Bläulingsart erst im Juli und August fliegt und danach als Raupe in der Blüte dieser Pflanze lebt. In den Vorkommensgebieten des Kleinen Moorbläublings *(Maculinea alcon)* auf Lungenenzian *(Gentiana pneumonanthe)* im Feuchtwiesenbereich sollte möglichst nicht vor Ende Oktober/Anfang November gemäht werden, da der Lungenenzian erst um diese Zeit aussamt.

Auch in großen Hochstaudenbeständen empfiehlt es sich, alternierend bestimmte Flächenteile einzumähen. Hier nimmt z. B. die Bekassine selbst nur wenige Quadratmeter große gemähte Flächen regelmäßig als Nahrungsplätze sowie auch als Brutplätze an.

Wichtig sind Pufferzonen gegenüber intensiv bewirtschafteten Bereichen. Grenzzonen zwischen den Fettwiesen und Flachmooren sowie Streuwiesen, die durch eingeschwemmte Düngestoffe hauptsächlich mit Hochstauden oder Sumpfseggenrieden bewachsen sind, sollten zweimal je Jahr geschnitten werden. Untersuchungen haben ergeben, daß diese Vegetationseinheiten einen großen Teil der zugeführten Nährstoffe aufnehmen und damit die inneren Teile des Riedgebietes gegen Überdüngung abpuffern (Boller-Elmer 1977).

Abb. 79: Eier vom Kleinen Moorbläuling *(Maculinea alcon)* am Lungenenzian *(Gentiana pneumonanthe)* (Foto: H. J. Weidemann)

Möglichst keine Düngung (Folgen vgl. Tab. 27). Pfeifengraswiesen sind dringend vor Nährstoffzufuhr zu schützen.

6.3 Extensivierung von Feuchtgrünland

Der Erfolg und Mißerfolg von Extensivierungsmaßnahmen von Feuchtgrünland hängt von mehreren Faktoren ab:

- Die Pflanzenarten, die durch die Extensivierung gefördert werden sollen, müssen mindestens als Samenpotential im Boden oder in der näheren Umgebung vorhanden sein, besser auf der zu renaturierenden Grünfläche selbst wachsen.

- Ein unterschiedlicher Mähzeitpunkt wirkt sich nicht nur auf die Vegetationszusammensetzung aus, sondern auch auf die Aushagerungsgeschwindigkeit einer Fläche. Z. B. werden durch andauernde Sommermahd oder häufigere Mahd spätblühende Arten, die evtl. Zielarten sein können, geschädigt bzw. durch Konkurrenz von regenerationsfreudigen Gräsern verdrängt (Pfadenhauer 1989).

Auf nährstoffreichen Standorten (gute Phosphor- und Kali-Versorgung s. u.) kann durch mehrmalige Mahd mit Abtransport des Mähgutes eine größere Nährstoffmenge entzogen werden, als durch eine einmalige Mahd im Herbst (Kapfer 1988). Schnittzahl und Mähtermin können sich, wenn keine zu fördernden Spätblüher auf der Fläche wachsen, nach dem Ertrag ausrichten (vgl. Tab. 29).

Ertrag (t TS/ha u. J.)	Schnittzahl pro Jahr	Schnittzeitpunkt
> 6	3	Anfang Juni, Anfang August, Anfang Oktober
4-6	2	Ende Juni, Anfang Oktober
< 4	1	Oktober (evtl. gegen Ende August)

Tab. 29: Schnittregime für die Aushagerung gedüngten Feuchtgrünlandes (nach Kapfer 1988)

Feucht- und Naßwiesen mit spätblühenden Arten können nur dadurch ausgehagert werden, daß die alte Nutzung (Mahd im Herbst) bei Aussetzen der Kompensations-Düngung fortgeführt wird (Ruthsatz 1990).

- Der Aushagerungserfolg hängt entscheidend von den Bodeneigenschaften ab. Böden mit einem hohen Ton- und Schluffanteil haben einen hohen pflanzenverfügbaren Vorrat an Kalium und Phospat. Kalium ist neben Phospat auf sandigen, schluffarmen Feuchtgründlandstandorten der ertragsbegrenzende Faktor (Egloff 1987, Kapfer 1988, Okruszko 1989, Ruthsatz 1990). Nährstoffarme feuchte Standorte sind nicht unbedingt arm an Stickstoff, sondern hauptsächlich arm an Kalium und Phosphat.[*]

---

[*] Dennoch ist Stickstoff ein wichtiger ertragssteigernder Nährstoff im Feuchtgrünland. Es kann nicht ausgeschlossen werden, daß durch Stickstoffdüngung eine Bestandsveränderung verursacht wird. So ist eine Produktionssteigerung von Hochleistungsgrünlandgräsern durch N-Düngung auf Niedermoorböden nachgewiesen (Scheffer & Bartels 1985, in Ruthsatz 1990).

Nur auf Böden mit einem geringem Anteil an Ton- und Feinschluff ist kurzfristig (5-10 Jahre) mit einer Aushagerung zu rechnen (Kapfer 1988).

– Falls erforderlich muß es möglich sein, den früheren Wasserstand so herzustellen, daß keine zusätzlichen Nährstoffe den Flächen zugeführt werden.

Da Kalium durch Niederschläge relativ stark ausgewaschen wird, kann die Aushagerung dadurch beschleunigt werden, daß die Funktion eines meist vorhandenen Entwässerungssystems solang aufrecht erhalten wird, bis der Ertag unter die Grenze von 3,5 - 4 t TS/ha gesunken ist. Erst dann sollte – falls vorgesehen – überwiegend durch Hemmung des Abflusses der Wasserstandsspiegel angehoben werden (Kapfer 1988).

– Hangwasser, Immissionen und Zuflüsse können zusätzliche belastende Nährstoffquellen darstellen.

6.4 Sonstige Hinweise

Koppelweiden in Feuchtwiesen sind aufzugeben, die Flächen wieder in Wiesenutzung zu nehmen.

Ausgedehnte Komplexe an Feuchtgrünländereien sind vor weiterem Flurwegebau zu verschonen. Der Erholungsverkehr ist zu lenken: Auf bestehenden Wegen ist ein Wegegebot (außer für notwendige landwirtschaftliche Arbeiten) von Anfang März bis Ende Juni (Brutzeit) zu erlassen (auch Anleinpflicht für Hunde). Genehmigungen für Modell- und Sportflugplätze sind zu versagen.

Wo dies technisch möglich ist, sollten Blänken und Vertiefungen in Feuchtwiesenkomplexen etwa ab Anfang August geflutet werden, um den durchziehenden Limikolen und Enten geeignetere Rastplätze anzubieten.

Komplexe von Feuchtgrünländern sollten von Energietrassen freigehalten werden. Eine Alternative wäre unterirdisches Verlegen der Freileitungen in den entsprechenden Bereichen.

Ist dies nicht zu erreichen, sollten die Drähte wenigstens horizontal angeordnet werden, um eine Netzwirkung zu vermeiden (Einebenenbauweise), dazu die außenliegenden Drähte grundsätzlich zur besseren Erkennbarkeit des Hindernisses markiert werden. Bei vergleichenden Versuchsreihen, die Drähte besser erkennbar zu machen, konnten mit Greifvogelsilhouetten (Größe 80 bis 100 cm, Dicke 3,5 mm) aus einem rot und silbergrau gefärbten Plastikmaterial, die auch bei geringer Lichtintensität erkennbar sind, die besten Ergebnisse erzielt werden (Heijnis 1980).

Um Vogelverluste durch Stromtod einzuschränken, schlägt Reichholf (1983) die folgenden zusätzlichen Maßnahmen vor: Die Stützisolatoren müssen hoch genug (mindestens 0,5 m über der Traverse) ansetzen und durch Abweise-Bügel oder isolierenden Schutzlack (2-Komponenten-Gießharz, das in 1,5 mm Dicke auf die Querträger aufzubringen ist und mindestens 0,5 m Abstand von jedem stromführenden Draht isolieren muß!) gesichert sein.

Für Hängeisolatoren gilt, daß sie 0,8 m von der Traverse Distanz halten müssen, falls sie nicht durch Bügel gesichert sind, damit der abstreichende Vogel keinen Kontakt auslöst.

XIX. Trocken- und Halbtrockenrasen

1. Charakterisierung

Trocken- und Halbtrockenrasen zählen zu den kräuterreichen Rasengesellschaften trockener bis wechseltrockener Böden auf Fels (vor allem Kalk), Sand und Kies (der Biotopcharakter ist also vor allem durch Gestein und Boden bedingt). Sie liegen i. d. R. in sonnenexponierten Lagen mit im allgemeinen schlechter Wasser- sowie Nährstoffversorgung und sind daher oft lückig entwickelt. Die Steppenrasen im kontinental getönten Osten finden sich auch auf tiefgründigen Böden. Insbesondere bei den Steppen- und Trespenrasen spricht man auch von Magerrasen. Diese Rasengesellschaften verdanken ihre Existenz zumeist der Tätigkeit des Menschen (die Halbtrockenrasen obligatorisch). Sie werden heute extensiv, z. B. als unregelmäßige Schafweide oder einschürige Wiese ohne Düngerzufuhr, teilweise auch nicht genutzt. Einen Sonderfall bilden natürliche Vorkommen von Trockenrasen auf manchen Küstendünen, wo der ständige Windeinfluß eine Bewaldung nicht zuläßt.

Der hohe Anteil an Insektenblütlern (Kräutern) gibt dem Trockenrasen sein Gepräge. In der Blührhythmik unterscheiden sich Trocken- und Halbtrockenrasen deutlich von den Frisch- und Feuchtwiesen. Während letztere erst im August/September den Höhepunkt ihrer Blütenentwicklung erreichen, liegt das phänologische Optimum mancher Trockenrasen bereits im zeitigen Frühjahr (Frühjahrsannuelle) und im Frühsommer.

Die oft nur spärliche Vegetationsdecke besitzt nur eine geringe ausgleichende Wirkung gegenüber Witterungseinflüssen. Die Folgen davon sind starke Temperaturschwankungen im Tages- und Jahresverlauf sowie hohe Verdunstungsraten.

In der Natur kommen Trocken- und Halbtrockenrasen meist zusammen mit bzw. neben anderen „Trockenbiotopen" (Trockenwälder, -gebüsche, -saumvegetation) vor. Ein beachtlicher Teil ihrer Fauna benötigt dabei zwingend ein Mosaik unterschiedlicher Biotope bzw. eine reiche Biotop-Innendifferenzierung (vgl. dazu Abschn. 3 dieses Kapitels). Trocken- und Halbtrockenrasen lassen sich von Ursprung und Ausbreitungsrichtung her in die submediterranen Trocken- und Halbtrockenrasen und die Steppen-Grasländer gliedern.

2. Typen

Vergröbert lassen sich die folgenden, durch vielfältige Übergänge verbundenen Typen unterscheiden (nach Riecken et. al. 1992):

2.1 natürliche Trockenrasen (überwiegend auf Fels und Felsgrus)
   submediterrane Trockenrasen auf carbonatischem Untergrund
   submediterrane Trockenrasen auf silikatischem Untergrund
   subkontinentale Trockenrasen auf carbonatischem Untergrund
   subkontinentale Trockenrasen auf silikatischem Untergrund

2.2 Halbtrockenrasen (überwiegend auf flach- bis mittelgründigen Böden)
   submediterrane Halbtrockenrasen auf carbonatischem Boden
   submediterrane Halbtrockenrasen auf silikatischem Boden
   subkontinentale Halbtrockenrasen auf carbonatischem Boden
   subkontinentale Halbtrockenrasen auf silikatischem Boden

2.3 natürliche Steppenrasen (kontinental, auf tiefgründigem Boden)

2.4 Sandtrockenrasen
annuelle Sandtrockenrasen (Kleinschmielenrasen)
Silbergrasflur
ausdauernde Sandtrockenrasen mit geschlossener Narbe

Diese vegetationskundliche Gruppeneinteilung sei nur zur ersten Orientierung vorneweg gegeben. Hinsichtlich der Faunenbesiedlung, bei der vielfach vor allem die mikroklimatischen Verhältnisse sowie die Vegetationsstruktur besiedlungsbestimmend sind, bestehen starke Übereinstimmungen zwischen diesen Typen sowie fließende Übergänge zu den folgenden, je nach konkreter Ausbildung mehr oder weniger nahe mit dem Trocken- und Halbtrockenrasen verwandten Biotoptypen: Hutungen, Brachen, Sandäcker, magere Feldraine, Stufenraine, nicht bestockte Hohlwege und Gräben, nicht humisierte Böschungen, Lesesteinhaufen, Lesesteinreihen, Steinwälle, Trockensteinmauern in Äckern oder alten Rebanlagen, Terrassenäcker; sogenannte „Öd"- und „Un"ländereien mit zahlreichen Wildkräutern bei Flachgründigkeit; Felsgebilde (Dolomit- oder Granitkuppen), Dolinen, Ruderalvegetation, Schuttflächen, Ränder an Sandgruben, Steinbrüchen und Felsvorsprüngen (Milbradt 1979/81). Eine besondere Kategorie bilden darüber hinaus die Schwermetallrasen, das sind lückige Magerrasen, welche von Pflanzenarten mit hoher Schwermetallresistenz, z. B. Galmei-Arten, aufgebaut werden und sich vor allem auf alten Schlackehalden des Erzbergbaus finden.

Abb. 80 Halbtrockenrasen, ausgemagert (Foto: J. Blab)

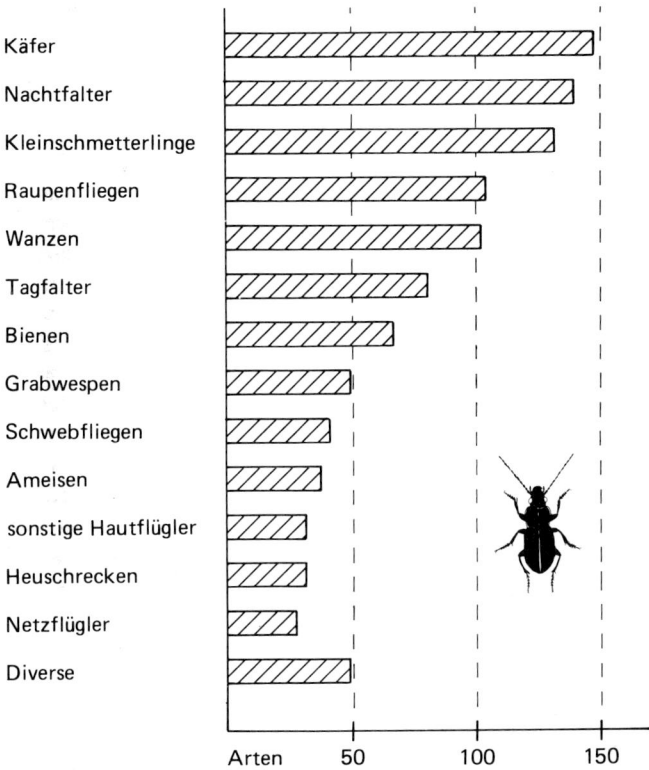

Arten	50	100	150

Käfer
Nachtfalter
Kleinschmetterlinge
Raupenfliegen
Wanzen
Tagfalter
Bienen
Grabwespen
Schwebfliegen
Ameisen
sonstige Hautflügler
Heuschrecken
Netzflügler
Diverse

Abb. 81: Gruppenzugehörigkeit von Insektenarten mit weitgehender Abhängigkeit von Trockenrasen. Die vorliegende Übersicht, welche die Situation in Österreich widerspiegelt, zeigt Insektengruppen mit besonders vielen Trockenrasenbewohnern; sie veranschaulicht auch die enorme Bedeutung der Trockenrasen für die Existenz von über 1.000 heimischen Tierarten: 860 davon sind als mehr oder weniger gefährdet (vom Aussterben bedroht bis potentiell gefährdet nach der Roten Liste Österreichs) eingestuft (nach Gepp 1986).

Auch zur Fauna der offenen Böden auf der einen und jener der Borstgrasrasen, Zwergstrauch- und Ginsterheiden auf der anderen Seite sind die Übergänge fließend (vgl. hierzu Kap. XXXIII und XXII).

Die grundsätzlichen Entwicklungsziele aus der Sicht des Tierartenschutzes sind aber für alle diese Typen in den Grundzügen vergleichbar, so daß die Frage einer anderen, eventuell besseren tierökologischen Gliederung dieser Biotopkategorien hier nicht weiter verfolgt werden soll.

3. Fauna der Trocken- und Halbtrockenrasen (Auswahl)

Trockenrasen beherbergen eine sehr reichhaltige Tierwelt, darunter auch eine stattliche Anzahl gefährdeter Arten (vgl. dazu Abb. 81). Besiedlungsbestimmend für die Fauna sind dabei zumeist die trocken-warmen Habitatbedingungen, speziell im bodennahen Bereich, vielfach zusätzlich die Vegetationsstruktur bzw. das Strukturmosaik (aus Verbuschungsgrad sowie Höhe des Blütenhorizonts usw.), gelegentlich auch die Substratbeschaffenheit.

Diese Faktoren wirken ihrerseits wiederum modifizierend auf das Standortklima ein. Vielfach kommt auch der floristischen Zusammensetzung der Vegetation besiedlungsbestimmende Qualität zu. Keinesfalls kann aber selbst bei oligophagen Pflanzenfressern die Lebensraumbindung ausschließlich durch eine enge Bindung an bestimmte Futterpflanzen erklärt werden (vgl. z. B. Blab & Kudrna 1982).

Repräsentative Vertreter der einzelnen Faunengruppen

Wirbeltiere: Da Trockenrasen von Natur aus zumeist nur kleinflächig als „Einsprengsel" in ausgedehnten Beständen anderer Ökosystemtypen (z. B. wärmeliebenden Flaumeichen- und Kiefernwäldern) auftreten, gibt es unter den Wirbeltieren, die wegen ihrer Größe im allgemeinen höhere Raumansprüche aufweisen, kaum eine streng an Trockenrasenbiotope gebundene Art[*].

Abb. 82: Der Langfühler-Schmetterlingshaft *(Ascalaphus longicornis)* fliegt in Mitteleuropa nur an wenigen Stellen, i. d. R. locker bebuschten Trockenrasen in besonders wärmebegünstigten Lagen. (Foto: H. J. Weidemann)

---

[*] In benachbarten Biotoptypen siedelnde Arten nutzen aber diese Ressourcen gerne mit, z. B. den Reichtum an Insekten und Samen als Nahrungsquelle.

Mit Einschränkungen können genannt werden:

Vögel, Zippammer (Zaunammer, lokal auch Heidelerche)

Reptilien: Smaragdeidechse, Schlingnatter, Aeskulapnatter (im Wald-Trockenrasen-Übergangsbereich), Mauereidechse (in vegetationsarmen oder felsigen Bereichen), bedingt auch Zauneidechse

Wirbellose: Anders verhält es sich bei den Wirbellosen. Hier fällt der Reichtum an Wildbienen, z.B. Bodennistern der Gattungen *Andrena* (Sandbienen), *Ammophila* (Sandwespen), *Oxybelus* (Fliegenspießwespen) und *Pompilus* (Wegwespen), an Heuschrecken, Ameisen, pflanzenfressenden Käfern, Wanzen, Zikaden und Netzflüglern, z.B. den beiden Schmetterlingshaften, *Ascalaphus libelluloides, A. longicornis,* auf. Eine Übersicht über den Reichtum der Trockenrasen für die Gruppe der gefährdeten und seltenen „Nachtfalterarten" gibt Tabelle 30, für gefährdete Heuschreckenarten Tabelle 31. Noch einmal sei aber betont, daß ein Großteil der Insekten-, aber auch einzelne Wirbeltierarten (z.B. Smaragdeidechse) dabei nicht nur die Rasenformationen, sondern speziell das kleinräumige Mosaik verschiedener trockenheitsliebender Pflanzengesellschaften bzw. -formationen benötigen.

Tab. 30: Gefährdete und seltene „Nachtfalter" (Heterocera) mit Siedlungsschwerpunkt in Trocken- und Halbtrockenrasen

Warmtrockene, sonnige, offene Stellen auf steinigem Substrat oder mit Felsen und Steinen in meist südlich exponierter Lage, z.B. in größeren Flußtälern.

Ammobiota festiva Englischer Bär	*Cucullia dracunculi* Goldhaaraster-Graumönch	*Polymixis flavicincta* Gelbliche Steineule
Apamea platinea Platineule	*Cucullia lactucae* Hasenlattich-Graumönch	*Cosymbia lennigiaria* Südlicher Ahornspanner
Arctia villica Schwarzer Bär	*Cucullia thapsiphaga* Königskerzen-Braunmönch	*Eupithecia denticulata* Fahlgrauer Glockenblumen- Blütenspanner
Celama subchlamydula Gamander-Grauspinnerchen	*Cucullia xeranthemi* Künnerts Spreublumenmönch	*Eupithecia extremata* Kamillen-Blütenspanner
Chelis maculosa Felsheiden-Fleckenbär	*Discestra marmorosa* Steppenheiden-Geröllflureule	*Eupithecia impurata* Gebänd. Glockenblumen- Blütenspanner
Eilema caniola Gelbsaum-Flechtenspinner	*Hadena albimacula* Abendnelken-Kapseleule	*Eupithecia semigraphata* Feldthymian-Blütenspanner
Eucharia casta Labkrautbär	*Hadena filigrama* Graubraune Kapseleule	*Gnophos pullata* Blaugrauer Felsen- Steinspanner
Hyphorala aulica Hofdame	*Hadena luteago* Braungelbe Kapseleule	*Horisme vitalbata* Waldreben- Wellenbindenspanner
Proserpinus proserpina Nachtkerzenschwärmer	*Hadena magnolii* Leimkraut-Kapseleule	*Sterrha eburnata* Bräunlicher Felsflur- Kleinspanner
Actinotia hyperici Weißgraue Johanniskrauteule	*Lygephila craccae* Olivengraue Wickeneule	*Sterrha rubraria* Rötlichgelber Zwergspanner
Amathes ashworthii Aschgraue Ampfer-Erdeule	*Ochropleura candelisequa* Südliche Felsflur-Erdeule	
Chersotis margariticea Perlen-Erdeule	*Pechipogon plumigeralis* Steppenheiden-Spannereule	

Cucullia absinthii
Wermuth-Graumönch

Cucullia campanulae
Glockenblumen-Graumönch

Cucullia chamomillae
Kamillen-Graumönch

Platyperigea aspersa
Buddenbrocks Seidenglanzeule

Polymixis rufocincta
Grüngraue Steineule

Sideridis albicolon
Kohleulenähnl. Wieseneule

Dyspessa ulula
Lauchzwiebelbohrer

Melacosoma castrensis
Wolfsmilch-Ringelspanner

Die folgenden Arten bilden eine kleine, sehr spezialisierte Gruppe der Xerothermophilen. Sie sind direkt an Flechten und Moose gebunden und werden deshalb als Bryo- und Lichenophage bezeichnet. Sie kommen nur auf steinigen, xerothermen Stellen im Offenland (Felsen, Steinhalden, Steinmauern usw.) mit etwas Feuchte für die Moos- und Flechtenbildung (z. B. tiefe Felsspalten, Beschattung mit Gebüsch) vor.

Dysauxes ancilla
Braunes
    Fleckenfalschwidderchen

Eilema unita
Ockergelbes
Flechtenspinnerchen

Endrosa roscida
Felsenflechtenbär

Paidia murina
Mauerflechtenbärchen

Bewohner von offenen, sonnigen Stellen, vorwiegend mit Gräsern und Kräutern bewachsen, möglicherweise mit eingestreuten, pflanzenfreien Sandstellen und starker Sonneneinstrahlung, einschließlich Binnen- und Küstendünen.

Coscinia striata
Strohhütchen

Hemaris tityrus
Skabiosenschwärmer

Actinotia radiosa
Großfleck-Johanniskrauteule

Ammoconia senex
Mittelrheintal-Graseule

Arctinia caesarea
Kaiserbär, Trauerbär

Athetis gluteosa
Blaßeule

Calamia tridens
Grüneule

Chamaesphecia leucopsiformis
Wolfsmilch-Zwergglasflügler

Chariclea delphinii
Rittersporneule

Chloridea maritima
Schuppenmieren-Blüteneule

Chloridea ononidis
Hauhecheleule

Chorizagrotis vitta
Südliche Graswurzeleule

Luperina nickerlii
Nickerlis Graswurzeleule

Luperina pozzii
Pozzis Graswurzeleule

Mythimna littoralis
Strandhafer-Graseule

Noctua interposita
Breitflügelige Bandeule

Ochropleura praecox
Grüne Beifuß-Erdeule

Ogygia forcipula
Violettgraue Erdeule

Opigena polygona
Trockenrasen-Erdeule

Oria musculosa
Weißgelbe Wieseneule

Paradrina selini
Kiefernheiden-
    Seidenglanzeule

Porphyrinia noctualis
Zwergeulchen

Rhyacia lucipeta
Glänzende Erdeule

Scotia crassa
Breitflügelige Erdeule

Cataclysme riguata
Hügelmeier-Blattspanner

Chesias rufata
Ginsterheiden-
    Silberstreifenspanner

Cidaria lugdunaria
Beerentaubenkropf-
    Kapselspanner

Cidaria multistrigaria
Großer Labkraut-Blattspanner

Gnophos furvata
Aschgrauer Steinspanner

Gnophos intermedia
Grüngraufleckiger
    Steinspanner

Isturgia roraria
Besenginster-
    Saumbindenspanner

Lithostege griseata
Grauer Sophienkrautspanner

Mesotype virgata
Kalktrockenrasen-
    Streifenspanner

Ortholitha coarctaria
Ginsterheiden-
    Wellenbindenspinner

Conistra fragariae
Erdbeereule.

Cucullia argentea
Silbermönch

Cucullia tanaceti
Rainfarn-Graumönch

Episema linogrisea
Silbergraue Bandeule

Episema glaucina
Graslilien-Zwiebeleule

Eremobia ochroleuca
Ockerfarbene Queckeneule

Euxoa recussa
Bergsteppen-Erdeule

Gortyna borelli
Haarstrangwurzel-Eule

Hadena irregularis
Gipskraut-Kapseleule

Luperina dumerilii
Dumerilis Graswurzeleule

Scotia puta
Südliche Erdeule

Scotia trux
Steppenheiden-Erdeule

Sideridis evidens
Bibernell-Bergwieseneule

Synvaleria oleagina
Olivgrüne Schmuckeule

Chamaesphecia masariformis
Königskerzen-Glasflügler

Chamaesphecia muscaeformis
Fliegen-Glasflügler

Dipsosphecia ichneumoniformis
Schlupfwespen-Glasflügler

Aplasta ononaria
Steppenheiden-
Hauhechelspanner

Aspilates gilvaria
Trockenrasen-Gelbspanner

Rhodostrophia calabra
Besenginster-Rotbandspanner

Scopula decorata
Thymian-Steppenrasenspanner

Scopula umbellaria
Schwalbenwurz-Kleinspanner

Sterrha aureolaria
Goldgelber Steppenheiden-
Kleinspanner

Sterrha degeneraria
Veränderlicher Staudenspanner

Sterrha macilentaria
Brachwiesen-Kleinspanner

Sterrha moniliata
Gelblicher Trockenrasen-
Kleinspanner

Sterrha pallidata
Blasser Waldgrasheiden-
Kleinspanner

Dazu haben 40 der 200 Arten von Tagfaltern und Widderchen und sogar 40% aller gefährdeten einheimischen Arten aus dieser Gruppierung ihren Siedlungsschwerpunkt in Trocken- und Halbtrockenrasen (Blab & Kudrna 1982).

Geradezu Berühmtheit hat der Reichtum offener Diluvialsandgebiete des Binnenlandes (z. B. Mainzer-, Kahler-, Griesheimer Sand) an gefährdeten Stechimmen erlangt (vgl. hierzu Abschn. XXXIII.3).

Welche Bedeutung den Trockenrasen aus quantitativer Sicht für die gefährdeten Pflanzen- und Tierarten regional zukommen kann, zeigt eine Auswertung für das Land Niedersachsen (Miotk 1982): Hier ergab das Kartierungsprogramm „Erfassung der für den Naturschutz wertvollen Bereiche in Niedersachsen" für die Erfassungseinheit „Trockenrasen" (basiphil) eine schutzwürdige Kerngebietsfläche, die lediglich 0,02 % der Landesfläche darstellt. Dieser Biotoptyp ist aber Lebensstätte von einem Sechstel der gefährdeten und durch Flächenschutzmaßnahmen absicherbaren Gefäßpflanzenarten, einem Viertel der gefährdeten Landschneckenarten, einem Drittel der gefährdeten Tagfalterarten und der Hälfte der gefährdeten Heuschrecken- und Grillenarten dieses Bundeslandes.

In südlichen Bundesländern, in denen dieser Biotoptyp seine Hauptverbreitung in der Bundesrepublik Deutschland aufweist, fallen die für die Artensicherung notwendigen Flächenanteile naturgemäß größer aus. Dennoch zeigt sich auch hier, z. B. anhand einer biotopbezogenen Auswertung der Roten Liste der in Bayern gefährdeten Pflanzenarten (Zielonkowski 1981), daß allein 38 % der gefährdeten Farn- und Blütenpflanzen in Trockenrasen anzutreffen sind, welche nur 0,26 % der Landesfläche (18.000 ha) einnehmen. In Rheinland-Pfalz gehören zur speziellen Trockenrasenvegetation 433 Pflanzenarten, das sind 27 % der Flora dieses Landes. Von diesen 433 Arten sind aber 36% gefährdet. Die Biotopgruppe nimmt dabei 0,5% der Landesfläche ein (Bielefeld 1984).

Standortstyp	charakteristische Heuschreckenarten
extrem xerotherme Böden	Schönschrecke *(Calliptamus italicus,* Feldheuschrecken: Acrididae) Rotflügelige Ödlandschrecke *(Oedipoda germanica:* Acrididae)
xerotherme Böden ohne hohe Vegetation	Blauflügelige Ödlandschrecke *(Oedipoda caerulescens:* Acrididae) Gefleckte Keulenschrecke *(Myrmeleotettix maculatus:* Acrididae)
xerotherme Böden mit Gebüsch	Zartschrecke *(Leptophyes albovittata,* Sichelschrecken: Phaneropteridae) Gemeine Sichelschrecke *(Phaneroptera falcata:* Phaneropteridae)
xerotherme Böden mit Baumschatten	*Platycleis denticulata* (Singschrecken: Tettigoniidae) *Chorthippus vagans* (Acrididae)
Steppenheide-Wald	Waldgrille *(Nemobius sylvestris,* Grillen: Gryllidae) Buschschrecke *(Pholidoptera griseoaptera:* Acrididae)

Tab. 31: Charakteristische Heuschreckenarten der Trocken- und Halbtrockenrasen (nach Kaiser 1950)

4. Gefährdungsfaktoren

Eingriffe mit optisch augenfälligen Standortveränderungen

4.1 Zerstörung der Trocken- und Halbtrockenrasen durch Abbau von Sanden, Kiesen und Steinen

4.2 Beseitigung z. B. im Rahmen von Flurbereinigung, Rebflurerweiterungen u. ä., Beseitigung von Restflächen wie z. B. alten, oligotrophen Wegrändern, Hangkanten, usw.

4.3 Überbauung mit Straßen und Siedlungen

4.4 Schutt- und Müllablagerungen

4.5 Aufforstung

4.6 Umbruch mit Einsatz von Futtergräsern, gelegentlich auch Ackernutzung

Konsequenz aller dieser Eingriffe ist entweder die vollständige Vernichtung der schutzbedürftigen Flächen oder aber ihre Verkleinerung bzw. Zersplitterung mit den im Kapitel III dargestellten Konsequenzen der zunehmenden Isolierung der verbleibenden Restflächen.

Eingriffe durch Änderung der Bewirtschaftungsweise (vgl. u. a. Abb. 83)

4.7 Nutzungsintensivierung, vor allem durch mehrmalige intensive Düngung, kann zu Fettwiesen führen (vgl. dazu auch Tab. 27). Hiervon ganz besonders betroffen sind die Halbtrockenrasen, da sie vergleichsweise einfach in landwirtschaftlich gut nutzbare Flächen umgewandelt werden können. Sehr schädlich ist ebenso die Koppelhaltung von Großvieh oder Schafen. Dies führt zu Bodenverdichtung, Eutrophierung, Tritt- und Verbißschäden. Auch der Umstand, daß die angrenzenden Biotope heute im allgemeinen intensiv bewirtschaftet werden, zeigt oft erhebliche negative Konsequenzen für die Tierwelt, u. a. weil das Mosaik der für die Fauna biotopfähigen Bereiche verkleinert bzw. entflochten wird.

Verarmung eines Trockenrasens durch Aufdüngung

ungedüngt   nach Düngung

ungedüngt		nach Düngung
44	Gefäßpflanzen-Familien	14
43	Arten mit wichtigen Wirkstoffen	8
19	Bestäubungsmechanismen	10
8	Verbreitungsmechanismen	4
18	(Halb-)Schmarotzer	4
	Pflanzenarten mit Bestäubung durch:	
74	Insekten (allgemein)	14
72	Bienen und Hummeln	11
4	wespenartige	0
14	Fliegen	11
4	Käfer	2
21	Falter und Schwärmer	3
4	Fallen, Täuschungen	0
9	Wind	11
28	Kleistogamie, Selbstbestäubung	7
	Samentransport durch:	
10	Wirbeltiere	1
14	Vögel	0
27	Ameisen	2
8	Klettereinrichtungen	
6	Klebemechanismen	4
1	Schleudermechanik	0
35	Wind	9
1	Regen	0

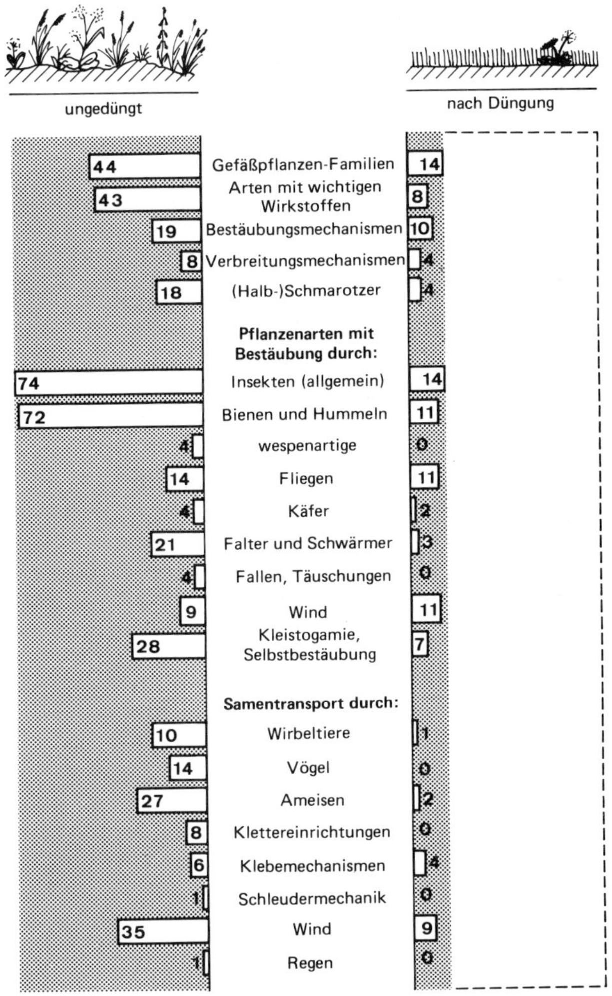

Auf dem Hirschberg (Lkr. Starnberg) wurden die Pflanzenbestände eines intakten Kalktrockenrasens auf einem steilen Moränenhügel und eines intensiv bewirtschafteten, gedüngten Hügels, der vor Jahrzehnten eine ähnliche Vegetation wie der erste Hügel getragen hatte, notiert. Die Pflanzenarten wurden bestimmten biologischen Gruppen und Strategien zugeordnet, um ein Maß für die Veränderung der Vielfalt biologischer Funktionen und Wechselwirkungen durch die Intensivierung zu erhalten. Die auf der rechten Seite durchweg viel geringeren Zahlen sind ein stark vereinfachter Ausdruck für die »innere Verarmung« der Lebensgemeinschaft.

Abb. 83: Verarmung des Arteninventars eines Trockenrasens durch Aufdüngung (Hirschberg, Lkr. Starenberg) (aus Ringler 1987)

Abb. 84: Im Rahmen von Weinbergsflurbereinigungen werden vielfach die für den Tierartenschutz interessanten Habitate und Strukturen (z. B. Trockenrasen, -gebüsche, -mauern) in wärmebegünstigten Südhanglagen vollständig vernichtet. (Foto: P. Pretscher)

4.8 Aufgabe der bisherigen extensiven Nutzung führt bei den Beständen, die ihre Existenz dem Wirken des Menschen verdanken (dies betrifft praktisch alle Halbtrockenrasen), über das Stadium der Brache mittelfristig zum Wald. Die natürliche Sukzession ist heute regional der bedeutsamste Gefährdungsfaktor für die kulturabhängigen Gesellschaften (vgl. z. B. Bielefeld 1984). Besonders problematisch ist dabei nach diesem Autor das Eindringen der Schlehe, die sich mittels Wurzelbrut ausbreitet. Ein Abschlagen bewirkt nur eine Verstärkung der Ausläuferbildung. Nach 1 bis 2 Jahrzehnten im Verbuschungsstadium ist der Magerrasen als Vegetationstyp meist zerstört. Haben die Gehölze erst die Oberhand gewonnen, so ist die Entwicklung kaum mehr umkehrbar. Eine Ausholzung nach mehrjähriger Verbuschungsphase bringt keinen Magerrasen mehr hervor, sondern eine Schlagflora aufgrund der veränderten Bodenfaktoren.

Sonstige Faktoren

4.9 Die zunehmende Belastung dieser Biotope durch Erholung (mit den Folgen Vertritt, Düngung, Beunruhigung), gelegentlich auch durch Militär, stellt ebenfalls eine erhebliche Belastung für die Fauna der Trocken- und Halbtrockenrasen dar. Selbst die kleinflächigen primären Trockenrasen auf Felsbändern sind dabei durch Vertritt (Kletterei) gefährdet.

4.10 Insbesondere in Nachbarschaft zu Weinbergen wird auch die Giftbelastung, wegen der hohen Driftverluste beim Ausbringen der Mittel durch Hubschrauber oder Sprühkanonen, zu einem sehr gewichtigen Problem.

4.11 Nährstoffeintrag von außen (z. B. eingewehter Dünger) ist ein ebenfalls gewichtiger Schadfaktor. Dies führt zur Verdrängung der konkurrenzschwachen Arten der oligotrophen Standorte und zum Einwandern biotopfremder Ruderalarten.

Wie stark dieses Bündel an Gefährdungsfaktoren insgesamt zu Buche schlägt, mag die folgende Flächenberechnung der Verluste an Wacholderheiden (das sind Magerrasen, deren Erscheinungsbild durch gestreut über den Biotop verteilte Wacholderbüsche geprägt wird) für den Anteil des Regierungsbezirks Stuttgart an diesem „Biotoptyp" auf der Schwäbischen Alb andeuten (Mattern et al. 1979): Von 1900 - 1980 lassen sich Verluste an Wacholderheiden von 48 % belegen, davon alleine 32 % in der Zeitspanne von 1960 - 1980. Von diesen rund 50 % umgewandelter Wacholderheidefläche wurden 73 % zu Wald (26 % gezielt aufgeforstet, 47 % durch Sukzession), 17 % werden intensiv landwirtschaftlich genutzt und 10 % gingen durch sonstige Nutzungen (z. B. Bebauung, Erholung) verloren.

5. Entwicklungsziele

5.1 Grundsätzliche wertbestimmende Gesichtspunkte

a) Trocken- und Halbtrockenrasen wurden in den letzten Jahrzehnten vor allem durch Düngung, Umbruch, Aufforstung, Nutzungsaufgabe, Bebauung, Sand- und Kiesabgrabungen usw. in großem Stil zurückgedrängt, daher sind alle Ausprägungen schutzwürdig.

b) Ein zentraler ökologischer Faktor ist die Stickstoffarmut der Böden. Entsprechend sind alle Maßnahmen, die zu gezielter Nährstoffanreicherung führen (z. B. Düngung) dringend zu unterlassen.

c) Obwohl ein Großteil der in diesen Lebensstätten heimischen Arten relativ kleine Flächenansprüche hat (vgl. hierzu aber auch Abschn. 5.2 d. Kap.), ist die Verkleinerung und „Verinselung" dieser Biotoptypen heute zumeist bereits so weit fortgeschritten, daß weitere Beschneidungen dringend zu unterlassen sind. Beispielsweise ist die Garchinger Haide bei München, gemessen an ihrer einstigen Ausdehnung, auf weniger als 1 % zurückgedrängt worden (Ringler 1980).

5.2 Strukturelle Merkmale und ihre Bedeutung für die Fauna

a) *Vertikale Ausprägung*

Anzustreben ist in jedem Fall ein stellenweise sehr lückiger Pflanzenwuchs und vielfältig gestufter Vegetationsaufbau sowie ein hoher Anteil an Kräuterblüten. Grundvoraussetzung hierzu ist es, die Düngung zu unterlassen. Eine enge Verzahnung mit anderen Typen von Trockenbiotopen (Säume, Gebüsche, Wälder) ist aus tierökologischer Sicht dringend erwünscht (vgl. Abschn.3 in d. Kap.).

b) *Horizontale Ausprägung (Flächengröße)*

Wenngleich ein Großteil der an diese „Biotopgruppe" gebundenen Tierarten oft keine großen Raumansprüche stellt, ist aus folgenden zwei Gründen eine jeweils möglichst große Flächenausdehnung der Trocken- und Halbtrockenrasen anzustreben: Zum einen ist es nach Heydemann (1981) charakteristisch für Trockenrasen (und auch Zwergstrauchheiden), daß etliche Tierarten dieser Biotoptypen eine hohe Mobilität aufweisen, also größere Minimalräume als z. B. die Vegetation benötigen, zum anderen konzentrieren sich hier vor allem die ausgesprochen wärmeliebenden Insektenarten. Bei verschiedenen wärmeliebenden Insektenarten ist aber bekannt, daß ihre Populationsgröße witterungsbedingt großen Schwankungen unterworfen ist. Infolge geringer Eizahlen und hoher Jugendsterblichkeit nimmt die Populationsgröße in normalen und kühlen Jahren jeweils ab, bis schließlich ein besonders warmes Jahr optimale Entwicklungsmöglichkeiten bietet und damit die Populationsgröße schlagartig in die Höhe treibt. So ermittelte Remmert (1979) am Beispiel der Feldgrille einen Populationssprung von ca. 600 auf schätzungsweise 75.000 Individuen innerhalb eines einzigen Ausnahmesommers. Konsequenterweise fordert dieser Autor, nicht einen Kleinbiotop mit einer kleinen Grillenpopulation zu schützen, sondern ein Areal, auf dem bis zu 75.000 Grillen leben können. Aufgrund der Individualdistanzen entspricht dies einer Fläche von etwa 3 ha, obwohl der Bestand in den meisten Jahren erheblich geringer sein wird.

Daß aber auch einzelne Tierarten dieser Biotoptypen bezüglich der Flächengröße anspruchsvoller sein können, mag das folgende Beispiel des Apollofalters verdeutlichen: Nach Palik (1980) ist es für die Erhaltung der polnischen Population dieser Art wegen der erheblichen Mortalitätsrate der ersten Entwicklungsstadien notwendig, daß wenigstens 400-600 Eier je 1.500 m^2 und Faltersaison gelegt werden (1 Weibchen legt im Durchschnitt 150 Eier). Die durchschnittliche Zahl von Imagines beträgt für einen solchen Geländeausschnitt dann 20-30 Individuen, wovon jedoch nur 4-6 Weibchen sind. Eine Apollo-Population mit ca. 100 Weibchen würde demnach rund 3 ha Raum benötigen. Bereits diese Zahlen zeigen, daß für langfristig stabile Falterpopulationen erheblich größere Flächen vonnöten sind, die in einem Stück oder in mehreren größeren, eng benachbarten Teilen vorliegen müssen. Beim Segelfalter *(Iphiclides podalirius)* konnte sich eine Population nach Wohlfahrt (1968) auf einer Fläche von 62,5 ha über Jahrzehnte gut halten. Dieser Bestand umfaßte im Jahr 1953 70 Männchen und eine unbestimmte Zahl von Weibchen.

Nach Muggelton (1975, zit. bei v. Drachenfels 1983) ist der Silbergrüne Bläuling *(Lysandra coridon)* fähig, in sehr kleiner Zahl in suboptimalen Flächen zu überleben. Auf einer Fläche von 1,3 ha mit sehr geringem Vorkommen seiner Larvenfutterpflanze *Hippocrepis comosa* (Hufeisenklee) wurde die Populationsgröße auf max. 24 Individuen geschätzt. Diese Population liegt nach Muggelton vermutlich im Bereich der Minimalgröße einer überlebensfähigen Population, wobei wahrscheinlich die Ergänzung aus benachbarten Kolonien notwendig ist. Auf einer nur wenig größeren Fläche (2,2 ha) mit reichem Vorkommen von *Hippocrepis comosa* kam dagegen eine große Population mit mehr als 1.500 Individuen vor. Diese Zahlen verdeutlichen überdies, daß neben der Flächengröße insbesondere auch ein ausreichendes Resourcenangebot entscheidend ist und den erstgenannten Faktor überlagern und deutlich modifizieren kann.

5.3 Wichtige Zusatzstrukturen/-qualitäten

a) Vegetationsfreie/-arme Inseln auf der Trockenrasenfläche sind für etliche Tierarten existenzbestimmend. So sind beispielsweise einige geophile Heuschreckenarten nur bei einem Deckungsgrad der Vegetation um 15% bis höchstens 50% anzutreffen (Merkel 1980). Nach derselben Autorin genügen dabei der Blauflügel-Ödlandschrecke *(Oedipoda caerulescens)* bereits vegetationsarme Inseln ab 40 m², während die Blauflügelige Sandschrecke *(Sphingonotus caerulans)* erst ab einer Inselgröße von 200 m² auftritt. Welche Flächenanteile überlebensfähige Populationen beider Arten aber insgesamt tatsächlich benötigen, geht aus diesen Zahlen noch nicht hervor.

Abb. 85: Abbruchkante eines mainfränkischen Faserschirm-Erdseggenrasens. Hoher Anteil an Geröll ermöglicht das Vorkommen stark warm-trocken-liebender Tierarten wie z. B. Rostbinde *(Hipparchia semele).* (Foto und Bildtext: H. J. Weidemann)

b) Bei großflächigen Trockenrasengesellschaften sind verstreut eingesprengte Einzelbüsche und kleinere Gehölzgruppen mit ausgedehnten Staudensäumen bei einem Flächenanteil von deutlich weniger als 10 % der Grundfläche aus faunistischer Sicht durchaus erwünscht, da sie als Larvalhabitate, Aufenthaltsorte, Ausweichquartiere, Witterungsschutz oder Rendezvousplätze wesentlich die Artenvielfalt, z. B. an Netzflüglern (Gepp 1976), Tagfaltern und Widderchen (Blab & Kudrna 1982) oder Hummeln (Steffny et al. 1984) bestimmen. Bei einer Größe unter 0,5 ha erwachsen jedoch Konflikte mit den sonstigen Schutzzielen, z. B. dem Florenschutz. Hier sollten höchstens Einzelsträucher bzw. randständige Gebüsche oder Bäume, die das System nicht beschatten, belassen werden (Bayer. Landesamt f. Umweltschutz 1981).

c) In größeren Beständen sollten – nach Einzelfallprüfung – Kleinstrukturen wie Felseinsprengsel oder größere, randständige Lesesteinhaufen in sonnenexponierter La-

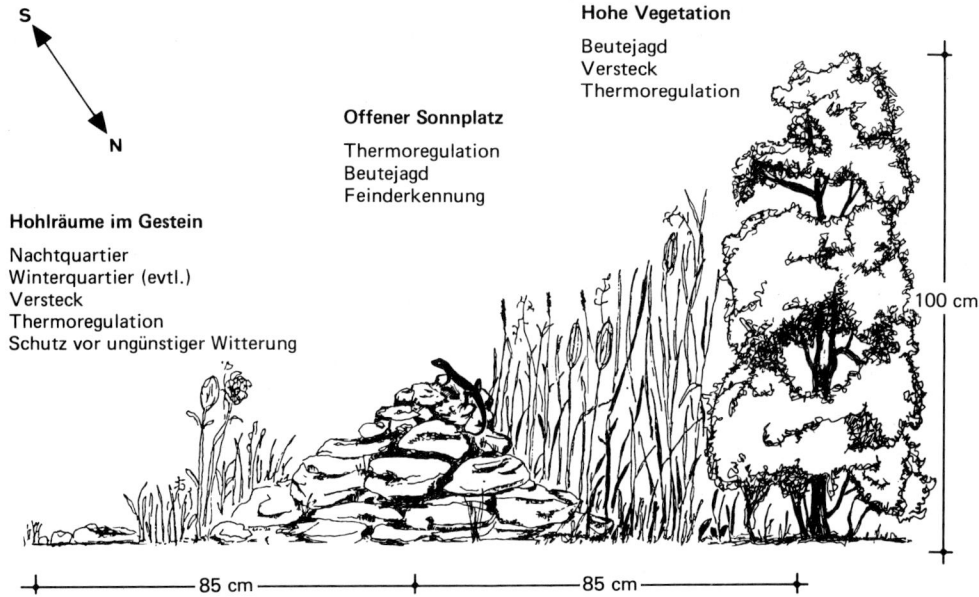

S

N

Hohe Vegetation

Beutejagd
Versteck
Thermoregulation

Offener Sonnplatz

Thermoregulation
Beutejagd
Feinderkennung

Hohlräume im Gestein

Nachtquartier
Winterquartier (evtl.)
Versteck
Thermoregulation
Schutz vor ungünstiger Witterung

100 cm

85 cm

85 cm

Abb. 86: Sonnplatz-Habitat der Zauneidechse mit Hinweisen auf die Bedeutung der einzelnen Teil-strukturen (aus Blab et al. 1991)

ge (z. B. als Reptilienhabitat oder „Aufheizplatz" für verschiedene Wirbellose) erhalten/neugeschaffen werden (vgl. Abb. 86).

d) Eventuell vorhandene Kontaktstellen zu Gewässern wie Quellaustritte, Sickerwasser, Bäche, Gräben weisen eine sehr interessante Tierwelt auf und sind dringend zu erhalten. So benötigen unter anderem zahlreiche Hautflüglerarten als Bodennister warmtrockene Habitate für die Jungenaufzucht, aber feuchtere Bereiche als Nahrungshabitat. Beispielsweise nisten die Schenkelbienen *(Macropis)* in trockenen Rasen oder Böschungen, beim Sammeln der Larvennahrung sind sie jedoch auf Gilbweiderich *(Lysimachia vulgaris)* spezialisiert, der in Gräben, moorigen Wiesen oder Bruchwäldern wächst (v. Drachenfels 1984).

5.4 In Gebieten, in denen eine enge Verknüpfung von (Halb)trockenrasen mit feuchten Bachtälern landschaftstypisch ist (z. B. Kyffhäuser, Frankenjura, Nordeifel), muß die Erhaltung dieser Kombination ebenfalls ein Schutzziel sein, zumal es hier vielfältige faunistische Wechselwirkungen gibt (z. B. Ringelnatterwinterquartiere im Hangbereich, Sommerquartiere und Eiablageplätze im Tal, Bedeutung der bachbegleitenden Hochstauden für Blütenbesucher im Herbst).

5.5 Insbesondere auf Standorten, die früher Magerrasen trugen und erst in jüngster Zeit durch Düngung in nährstoffreiche Grünlandflächen überführt worden sind, sollte versucht werden, diese Flächen durch mehrmalige jährliche Mahd (ohne Düngung) auszuhagern. Nach Schiefer (1983) verläuft diese Rückbildung aber nur sehr langsam über viele Jahre, weil die Vegetation zunächst die Nährstoffvorräte im Boden „leerpumpen" muß. Erst wenn diese Vorräte zur Neige gehen und der Ertrag unter ca. 35 dt/ha Trockenmasse absinkt, können sich allmählich Magerrasenarten ausdehnen. Da diese niedrig- und langsamwüchsigen Pflanzen konkurrenzschwach sind, können sie andere Arten nicht verdrängen, sondern sie breiten sich erst dann aus, wenn die konkurrenzkräftigeren kümmern und von selbst den Platz räumen.

6. Schutz, Pflege und Entwicklung

6.1 Hauptaufgabe ist die Unterlassung/Abwehr der in Abschnitt 4 genannten Gefährdungsfaktoren, daneben aber vor allem auch eine biotopgerechte Pflege, da alle halbnatürlichen Trocken- und Halbtrockenrasen ansonsten verbuschen würden.

6.2 Bei den Pflegemaßnahmen ist zwischen Erst- und Folgepflege zu unterscheiden. Gilt es bei der Erstpflege vor allem, die Busch- und Gehölzvegetation (weitgehend, vgl. Abschn. 5 dieses Kapitels) aus dem Biotop zu entfernen und außerhalb zu kompostieren, so beschränkt sich die Folgepflege darauf, von Zeit zu Zeit die Gras- und Krautbestände abzuräumen, um den besonders schutzwürdigen Biotopcharakter zu gewährleisten. Geschehen kann dies durch Mahd oder eine artenschutzgerechte, d. h. an Biotopkapazität und -beschaffenheit ausgerichtete Beweidung mit geeigneten Rinder- oder Schafrassen[*]. Dies setzt aber praxisnahe Pflegepläne, Organisation und Pflegetrupps voraus. Die Zeitabstände in denen Pflegemaßnahmen notwendig sind, sind dabei fallweise, z. B. je nach Exposition und Untergrund, sehr unterschiedlich.

6.3 Bestimmte Ausbildungen (v. a. der Halbtrockenrasen) müssen möglichst jährlich gemäht werden, während bei anderen mehrere Jahrzehnte vergehen können, bis der Beginn einer Sukzession feststellbar ist (z. B. Schiefer 1981). Bei bereits im fortgeschrittenen Sukzessionsstadium befindlichen Trockenrasen sind dazu vorab die Gehölze (weitgehend) zu beseitigen. Soweit möglich sollten die Flächen dabei nicht in einem Durchgang, sondern in zeitlich deutlich versetzten Etappen, und die einzelnen Abschnitte auch nicht immer zur selben Zeit gemäht werden, da viele Tierarten der Trockenrasen (z. B. Netzspinnen, Widderchen zur Verpuppung usw.) auf höhere krautige Strukturen angewiesen sind. Überdies sollte das Mähgut zunächst für ca. 1-2 Wochen wenigstens teilweise im Randbereich gelagert werden, um den anhaftenden Entwicklungsstadien der Wirbellosen (Ei, Larve, Puppe) den Abschluß ihrer Entwicklung im Biotop zu ermöglichen. Auch dabei werden aber sicherlich nicht alle Stadien zur Entwicklung kommen. So können sich z. B. frischgeschlüpfte Falter kaum aus diesem am Boden liegenden Pflanzengewirr befreien. Schaffen sie es trotzdem, bleiben sie zumeist dennoch lebensunfähig, da sie die Flügel am Boden nicht voll entfalten können. Vielmehr bedarf es dazu stehender Vegetation.

Der günstigste Zeitpunkt für eine Mahd ist aus der Sicht des Schmetterlingsschutzes Anfang September. Zu diesem Zeitpunkt befinden sich z. B. fast alle biotopeigenen Tagfal-

---

[*] Schafbeweidung kann aber auch negativ wirksam werden: Einmal indem bei regelmäßiger Beweidung (und diese alleine ist oft nur wirtschaftlich lohnend) das Strukturmosaik der Biotope nivelliert wird, zum anderen gelegentlich auch direkt durch Störung empfindlicher Tierarten, z. B. bei Brut und Aufzucht der Jungen. (Vgl. hierzu u. a. die Ausführungen von Schröder et al. 1981 zur Gefährdung des Birkhuhns in der Rhön.) Außerdem ist Schafbeweidung auch auf orchideenreichen Rasen nicht unproblematisch: Vertritt, bevorzugter Fraß dieser Pflanzen, die dann nicht zum Fruchten kommen können. Koppelhaltung darf dabei nur auf aus Naturschutzsicht weitgehend „wertlosen" Flächen erfolgen (s. dazu Kap. XXII Schafhaltung). Erschwerend kommt außerdem hinzu, daß Rinder- bzw. Schafbeweidung auf hängigem Gelände sehr problematisch ist.

ter- und Widderchenarten im Raupenstadium, einer Entwicklungsphase in der sie relativ schnell (7-14 Tage, je nach Witterung) eigenständig vom austrocknenden Mähgut auf die lebende Vegetation überwechseln (Kristal 1984). Andererseits blühen aber gerade viele für sozial lebende Hautflügler (zahlreiche Furchenbienen und Hummeln) als Nahrungsquelle sehr wichtige Stauden, etwa Blutroter Storchschnabel *(Geranium sanguineum)* oder Herbstaster *(Aster amellus)* zu dieser Zeit. Auch dies unterstreicht, daß jeweils nicht die Gesamtfläche in einem Durchgang abgemäht werden sollte, bzw. den Wert von Saumgesellschaften für die Insektenfauna der Trocken- und Halbtrockenrasen.

6.4 Für die Beweidung und Pflege der Silikatmagerrasen eignen sich bestimmte, für die Region typische Haustierrassen, fallweise kommt ausnahmsweise auch Mahd in Frage. In der Rhön ist dies beispielsweise das Rhönschaf, im Schwarzwald das Vorderwälder und das Hinterwälder Rind. Die Borstgrasrasen des Fichtelgebirges wiederum werden traditionell gemäht. Das Hinterwälder Rind ist die kleinste deutsche Rinderrasse mit einer Widerristhöhe von 115-122 cm (Schwabe & Kratochwil 1987). Aufgrund seines geringen Gewichtes sind die Trittschäden (Viehgangel) an den Steilhängen wesentlich kleiner als bei den auf hohe Milch- oder Fleischleistung gezüchteten Rassen. Die vermehrte Züchtung von Hochleistungsrassen hat die Population der kleinwüchsigen Rinder stark gefährdet. Beweidung allein verlangsamt die Verbuschung, verhindert sie i. d. R. aber nicht. Die Folgepflege ist vor allem auf Schafweiden notwendig (Knapp & Reichhoff 1973).

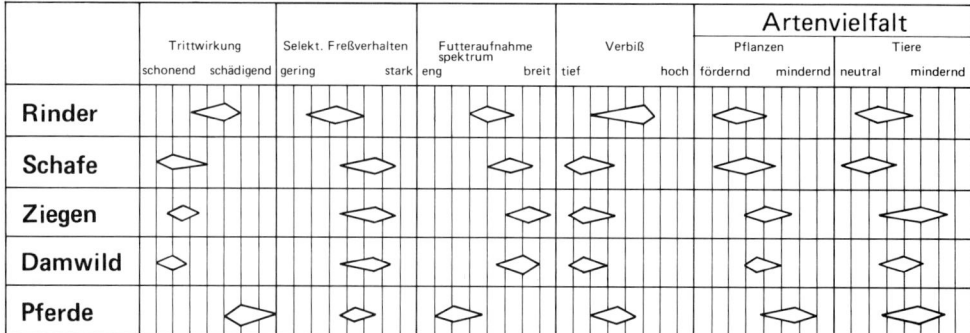

Abb. 87: Einfluß der Nutztierarten auf den Pflegestandort bei angemessener Weideführung (nach Korn 1987)

6.5 Wacholderheiden sollten nur in Ausnahmefällen, z. B. bei besonders orchideenreichen Beständen (den sog. Mähdern), gemäht werden (Mattern 1985). Diese Mähder wurden üblicherweise nur einmal im Spätsommer gemäht. Besonders günstig ist eine enge Verzahnung von kurzrasigen, beweideten Beständen und hochwüchsigen Mähdern.

6.6 Bei Unterbeweidung von Trockenrasen können ausläufertreibende Gräser zur Vorherrschaft kommen: Fieder-Zwenke *(Brachypodium pinnatum),* Schaf-Schwingel *(Festuca ovina),* Trift-Hafer *(Avena pratensis)* (Rieger 1988).

6.7 Die Beweidungsintensität muß sich nach der Biomassenentwicklung des jeweiligen Pflanzenbestandes und dem Pflegeleitbild richten und für jedes Gebiet eigens festgelegt werden. Vor Einleitung umfangreicher Pflegemaßnahmen müssen Absprachen und Abstimmungen zwischen Schäfer und Naturschutzverwaltung sowie ggf. -verbänden statt-finden. Das Verständnis der Naturschützer für die wirtschaftliche Sicherung des Schäfer-betriebes ist gleichermaßen Voraussetzung für den Erfolg wie das Verständnis des Schä-fers für die Ziele des Biotopschutzes (Mattern 1985).

6.8 Bei Untersuchungen an Halbtrockenrasen in Südniedersachsen wurde festgestellt, daß bei intensiver Beweidung nach jedem Beweidungsjahr eine zweijährige Pause sich gün-stig auf den Erhalt von bestimmten Pflanzenarten wie z. B. Orchideen auswirkt (Rieger 1988). Diese Empfehlung gilt aber sicherlich nicht für alle Flächen!

6.9 Ein wichtiges Entwicklungsziel stellt auch die Neuanlage von Trockenrasenbiotopen, z. B. als „Folgenutzung" beim Trockenabbau von Sanden, Kiesen und Steinen oder an Dämmen und Hanganschnitten bei Verkehrsstraßen dar. Dieses Entwicklungspotential ist auszunutzen und diese „Nutzungsform" dringend in den einschlägigen Richtlinien zu verankern und durchzusetzen. Im Interesse späterer Pflegeerleichterungen sollte hier von Anfang an auf jede Humusauflage oder Düngung verzichtet werden. Nach den Er-fahrungen von Schuster (1984) lassen sich Trocken- und Halbtrockenrasen in ihrer cha-rakteristischen Ausstattung allerdings nicht künstlich schaffen. Auf den Ersatzstandor-ten wachsen im wesentlichen „Generalisten", die sich zu ruderalen Pflanzengesellschaf-ten zusammenfinden oder verarmte Ausbildungen von Halbtrockenrasen. Selbst So-denverpflanzungen führen nur zu unbefriedigenden Ergebnissen (Müller 1990).

Von der Einsaat handelsüblicher Magerrasen- oder Wildblumen-Mischungen ist abzu-raten. Rattay-Prade (1988) empfiehlt Heublumensaat von Magerrasen. Das Heu sollte unbedingt aus der Umgebung stammen und zu verschiedenen Monaten gemäht wor-den sein. Eine Aussaatmenge von 5-10 g/m^2 ist ausreichend. Abschließende Ergebnisse von Aussaatversuchen liegen allerdings nicht vor.

XX. Altgrasbestände/-inseln, Brachen[*]

1. Charakterisierung

Flächen mit spontaner Vegetation, die nicht oder nur sehr extensiv (höchstens sporadische Mahd) genutzt werden. Die Nutzungsaufgabe macht sich dadurch bemerkbar, daß sich die Vegetation weiterentwickelt (häufig, wenngleich nicht immer Rückgang der Gräser zugun-sten der Kräuter und v. a. Stauden). Werden ehemals landwirtschaftlich genutzte Bestände nicht mehr gemäht, beweidet oder beackert und völlig sich selbst überlassen, spricht man von Brachen. 1985 lagen ca. 3.000 Quadratkilometer (=2,3% der landwirtschaftlichen Nutzfläche) in Westdeutschland brach.

2. Typen

Nach einer sehr groben Einteilung lassen sich vor allem die Grünland-, Acker- und Wein-bergsbrache unterscheiden. Deren jeweilige Ausprägung hängt ab von den Standortbedin-

---

[*] Obwohl beim Brachfallen vielfach gerade die Gräser zugunsten der Stauden und Kräuter zurückgehen, wird hier der in der Schutz-praxis bereits weitgehend eingeführte Begriff Altgrasbestände/-inseln vorläufig beibehalten.

gungen (Boden, Wasserhaushalt, Kleinklima), dem Ausgangsbestand, den Kontaktflächen sowie der früheren und aktuellen Form der Nutzung. Entsprechend ist der Pflanzenartenbestand von Ort zu Ort sehr unterschiedlich, bei älteren Brachen aber i. d. R. artenärmer als auf Wiesen. Aufgebaut werden die Bestände aus hochwüchsigen Arten der Wiesen, mit zunehmendem Alter wandern verstärkt Hochstauden ruderaler Standorte ein.

3. Fauna

Wie die Pflanzenwelt setzt sich auch die Tierwelt je nach Bodentyp und Feuchtigkeit aus Bewohnern verschiedener ökologischer Herkünfte zusammen, weist aber in der Kombination und Dominanz der Arten auch typische Eigenschaften auf (Heydemann & Müller-Karch 1980). Gefördert werden vor allem Arten, die auf Strukturreichtum in der Vegetation, auf ein hohes Angebot an Kräutern, auf Blüten, Samen oder abgestorbenen Teilen von grasigen und krautigen Pflanzen angewiesen sind. Für viele Tierarten bieten sich auch dadurch günstigere Siedlungsmöglichkeiten, daß der Einschnitt der Mahd oder Beweidung wegfällt und ausgeglichenere klimatische Verhältnisse herrschen. Überwiegend unbeeinflußt von der „Verbrachung" dürfte dagegen die Bodenfauna bleiben, da sie nach Tischler (1955) umgekehrt vom Wegfall extensiv genutzter Altgrasbestände, z. B. der Raine, wenig betroffen ist.

Altgras und tote Stauden erfüllen für die Tierwelt vor allem folgende Funktionen:

3.1 Winterquartier für Wirbellose

In den Hohlräumen der vertrockneten Halme und Stengel überwintern zahlreiche Insekten- (z. B. Marienkäfer, viele Käferlarven) und Spinnenarten.

3.2 Gesamtjahreslebensraum

Eine stattliche Anzahl insbesondere von wirbellosen Tieren ist allein auf die höher gelegenen Pflanzenteile in der Vegetation angewiesen. Nach Heydemann & Müller-Karch (1980) gilt dies für mindestens 500-700 Grünland-Tierarten (z. B. Minierfliegen, Gallmücken, Gallwespen). Welche Rolle hierbei bereits einzelnen Pflanzenarten für die Tierwelt zukommen kann, belegen auch die nachfolgenden Beispiele: So wurden nach Tischler (1980) für den Rainfarn *(Tanacetum vulgare)* 145 und für den Beifuß *(Artemisia vulgaris)* 134 Arten von Insekten (incl. Parasiten u. Hyperparasiten) als Bewohner an Wurzeln, Stengeln, Blättern und Blüten nachgewiesen.

3.3 Nahrungsbiotop

Auf den aus der intensiven Nutzung entlassenen und von Düngung verschonten Grünlandparzellen nehmen krautige und insektenblütige Pflanzen wieder zu. Entsprechend findet hier das Heer der blütenbesuchenden Insektenarten, z. B. Tagfalter, Bienenartige (außer Weidenbesuchern), Schwebfliegen und die von diesen Arten lebenden Räuber und Parasiten wieder mehr Nahrung. Auch die Funktion solcher Habitate als Übergangstracht (Überbrückung des Nahrungsengpasses) nach der Heumahd, die unter den aktuellen Wirtschaftsbedingungen für viele Arten zu früh kommt, ist hervorzuheben. Daneben finden auch kräuterfressende Insektenlarven mit der Zunahme ihrer Nahrungspflanzen wieder Existenzmöglichkeiten. Ähnliches gilt für die wiederum von diesen Insektenarten abhängigen Glieder höherer Positionen der Nahrungskette (z. B. Neuntöter, Rebhuhn während der Jungenaufzucht).

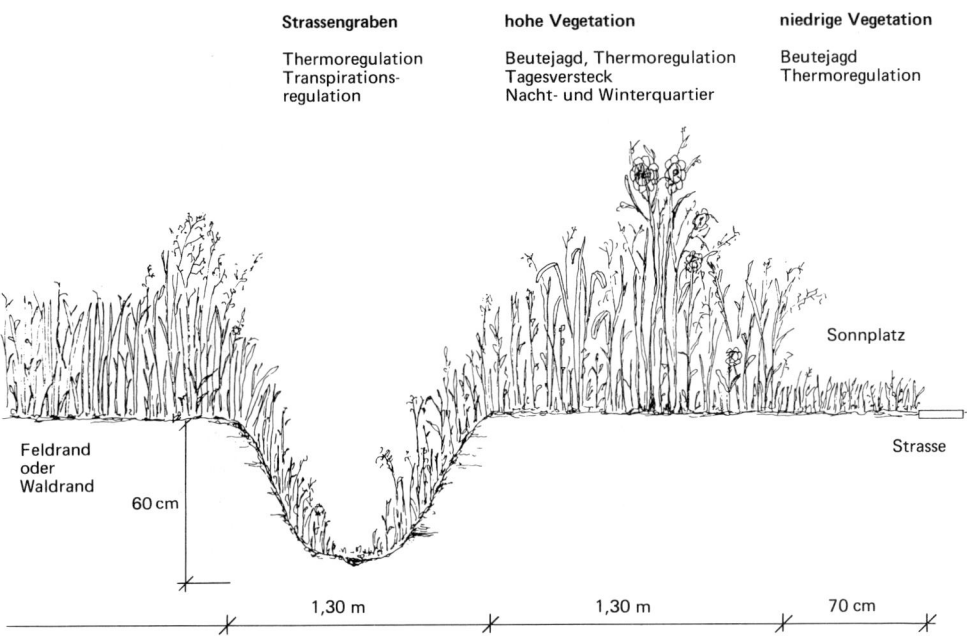

Strassengraben	hohe Vegetation	niedrige Vegetation
Thermoregulation Transpirations- regulation	Beutejagd, Thermoregulation Tagesversteck Nacht- und Winterquartier	Beutejagd Thermoregulation

Sonnplatz

Feldrand oder Waldrand

60 cm

Strasse

1,30 m   1,30 m   70 cm

Abb. 88: Struktur eines Waldeidechsenhabitates mit Hinweisen auf die Bedeutung der einzelnen Teilstrukturen (nach Blab et al. 1991)

Die vertrockneten Blütenstände und das Samenangebot dienen als Herbst- und Winternahrung für verschiedene Vogelarten. Die Hohlräume der alten Vegetation bieten überwinternden Insekten und Spinnen Unterschlupf. Ittig & Nievergelt (1977) zeigen den hohen Wert von Brachland als Nahrungsreservoir für Feld- und Schneehase, Fuchs und Marder sowie für Reh und Rothirsch. Ebenso war die Dichte und Artenvielfalt der Vögel gegenüber dem Kulturland auf Brachen erheblich erhöht.

Die sperrigen, hohen, vorjährigen Kräuterstengel werden außerdem vielfach auch von Wartenjägern (wie z. B. Braunkehlchen und Neuntöter) als Ansitz genutzt.

3.4 Versteck und Rückzugsgebiet

Insbesondere während und nach der Heumahd kann das Angebot an derartigen Raumbestandteilen existenzbestimmend, z. B. für Wildarten oder auch die nichtflüggen Küken bodenbrütender Vögel sein. Im Spätsommer und Herbst stellen Altgrasstreifen auf gehölzfreien Feldrainen und die ungemähten Weg- und Straßenränder vielfach wesentliche Rückzugsgebiete für Insekten und Spinnen dar. Zu dieser Zeit fehlen z. B. für die Spinnen in den gemähten Wiesen und abgeernteten Feldern die notwendigen Vegetationsstrukturen für die Anlage der Netze.

3.5 Fortpflanzungsstätte

Altgrasbestände bieten günstige Verstecke zur Nestanlage und Jungenaufzucht für verschiedene Vogel- und Niederwildarten (z. B. Rebhuhn, Hase). Beruhigte Bereiche sind außerdem eine Voraussetzung für die Nestanlage bei mehreren bodenbrütenden Hautflüglerarten (z. B. einige Hummelarten). Durch höhere vertikale Strukturen und Strukturreichtum sind auch die Voraussetzungen für die Netzanlage von Webspinnenarten gegeben (vgl. z. B. Schäfer 1980).

3.6 Raumaufteilende und kammernde Wirkung

Beim Rebhuhn, um nur ein Beispiel zu nennen, beanspruchen die Paare ein Revier, das so groß ist, wie der durch die Altvögel überblickbare Raum. Alle anderen in Sichtweite befindlichen Paare werden vertrieben (Gießener AK Wildforschung 1979). Deckungsmangel im Frühjahr, sei es durch fehlende Hecken oder Altgrasstreifen, wird damit zum entscheidenen dichtebestimmenden Faktor bei dieser Art.

Abb. 89: Rebhuhn   (Foto: R. Behlert)

3.7 Ausbreitungsstrukturen/„Biotopverbindungselemente" in intensiv genutzten Feldfluren.

4. Gefährdungsfaktoren

4.1 Flurmeliorierung/-bereinigung (auch Umwandlung von Feldrainen in Nutzflächen). In den meisten der kleingekammerten typischen Feldraingebieten, wie z. B. im Vorfeld des Nationalparks „Bayerischer Wald", sind diese oft weniger als 1 m breiten Elemente sehr stark rückläufig.

4.2 Begiftung mit Herbiziden und Insektiziden, nach Paulus (1980) ein sehr wesentlicher

Faktor für die Verarmung dieser Habitate an Laufkäufern, z. B. *Carabus auratus* (Gold-laufkäfer), *C. cancellatus, C. monilis* (Feingestreifter Laufkäfer) und *C. ullrichi*.

4.3 „Unnatürliche" (überzogene) Vorstellungen von einem sauberen Orts- und Landschafts-bild (Brachen als ästhetisches Problem).

5. Entwicklungsziele

5.1 Altgrasinseln und -streifen (wie sie unter anderem vor allem Feldraine darstellen) erfül-len wichtige ökologische Funktionen. Sie sollten daher erhalten und in ausgeräumten Wiesen und auch Feldfluren nachträglich (z. B. wenigstens längs der Gräben, Wegränder, Heckenzeilen, im Sockelbereich von Hochspannungsmasten usw.) wieder eingebracht werden.

5.2 Anzustreben ist eine möglichst engmaschige Vernetzung von Brache- (Altgras- und Rain-)Parzellen. In England werden für einen guten Rebhuhnbiotop 8 km/km^2 solcher Nist- und Deckungsstreifen als Minimum angesehen (Gießener AK Wildforschung 1979).

5.3 Als untere Größenangaben für Rebhuhnbrut- und Deckungsstreifen werden nach engli-schem Vorbild genannt: Breite wenigstens 2 m, Länge wenigstens 20 m (Gießener AK Wildforschung 1979). Dabei gilt aber z. B. für das Rebhuhn offensichtlich die Gesetzmä-ßigkeit, daß solche Streifen umso besser sind, je länger sie sind. Für blütenbesuchende Insekten und hier v. a. Dipteren (Zweiflügler) belegt Miotk (1992) eine geringe positive Korrelation zwischen zunehmender Rainbreite und Vielfalt der Taxa bis zu einer Breite von 3 m.

5.4 Wichtige Zusatzstrukturen sind einzelne, den Hauptvegetationshorizont deutlich über-ragende Vegetationskomponenten wie Einzelbüsche, aber auch die trockenen Stiele ho-her Kräuter. Diese sind allerdings ohnehin meist Bestandteil älterer Brachen.

5.5 Bei Teilen des Brachlandes sollte vor allem eine Entwicklung in Richtung Halbtrocken-rasen und Heidetypen (Ausmagern) oder magere Feuchtwiesen erfolgen bzw. gesteuert werden, womit die Bestände dann mehr in Richtung auf Extensiv-Mähwiesen entwik-kelt werden.

6. Schutz, Pflege und Entwicklung

6.1 Unterlassen / Abwehr der Gefährdungsfaktoren

6.2 Eine gelegentliche Mahd spät im Jahr sollte erfolgen, möglichst abschnittweise und flä-chenmäßig im Turnus von einigen Jahren rotierend, unter Abtransport des Mähgutes.

6.3 Bei großflächigen Brachen empfiehlt es sich, alternierend im Herbst Teilbereiche auszu-mähen. Eine kostengünstigere Alternative ist kontrolliertes Brennen. Allerdings sind hier noch viele Fragen offen, insbesondere auch bezüglich des Tierartenschutzes.

6.4 Ausmagern ist – fallweise – durch zunächst zwei frühe Mahden im Jahr (Mai und Juli/ August) möglich, wenn das Mähgut beseitigt und die Fläche nicht mehr gedüngt wird. Bei sehr dichtem Gras können kleine Kräuter durch Schnitt im frühen Mai gefördert werden (Oomes & Mooi 1981).

XXI. Salzwiesen des Binnenlandes

1. Charakterisierung

Biotope dieses Typs finden sich an natürlichen (durch aufsteigendes Grundwasser über salzhaltigem Gestein), z. T. auch an anthropogenen Austrittstellen von salzhaltigem Wasser, am Rande salzhaltiger Halden (beispielsweise im Zusammenhang mit dem Kohlebergbau) oder auch im Auebereich stark salzführender Gewässer (z. B. Werra), vor allem in Nord-, Mittel- und Ostdeutschland. (Dabei finden sich freilich über Binnenlandsalzstellen nicht immer Salzwiesen.)

2. Typen

Variabel, vor allem aber niedrige Rasen, teilweise auch Röhrichtbestände, an Stellen höchster Salzkonzentration auch vegetationsfrei.

3. Fauna

Eine zum Teil stenöke Spezialfauna, die ansonsten nur an den Meeresküsten verbreitet ist. Dabei ist die Frage, ob diese Arten salzliebend oder eben nur salztoleranter sind als andere Arten, vielfach noch nicht geklärt.

Vertreter dieser ökologischen Gruppierung sind beispielsweise:

Aus der Gruppe der Wanzen bestimmte Vertreter der Langwanzen (Lygaeiden) und Weichwanzen (Miriden).

Aus der Gruppe der Käfer (nach Koch et al. 1977 und Paulus 1980) die Kurzflüglerarten *Atheta marina, A. meridionalis, Brundinia meridionalis, Tomoglossa luteicornis, Bledius spectabilis, B. furcatus, B. tricornis, Gabrius diekmanni, Trogophloeus halophilus,* die Stutzkäferart *Atholus praethermissus* und die Laufkäferarten *Dyschirius chalceus, Bembidion fumigatum, B. aspericolle, B. minimum, Acupalpus elegans, Pogonus chalceus* und viele andere mehr.

Auch gefährdete Vogelarten wie Kampfläufer, Rotschenkel und Uferschnepfe brüten in Salzwiesen.

4. Gefährdungsfaktoren

4.1 Totalzerstörung durch Entwässerung und sonstige Maßnahmen der Trockenlegung (auch durch Grundwasserentnahme und Bergbau in größerer Entfernung), Aufschütten mit Erdreich, Überbauung, Fassung der Solquellen (so daß der Boden nicht mehr benetzt wird)

4.2 Flächenverluste durch Anlage von Wegen, Teilaufschüttungen (z. B. im Zusammenhang mit Kurbetrieb)

4.3 Beeinträchtigung durch Düngung (fördert biotopfremde Arten) und Intensivbeweidung. Bei marinen Salzwiesen wurde festgestellt, daß bereits eine Weidedichte von 0,5 Rindern/ha zu erheblichen Beeinträchtigungen der Salzwiesenfauna führte, u. a. gehen trittempfindliche Arten zurück, während coprophile Arten zunehmen.

5. Entwicklungsziele

5.1 Wegen der natürlichen und auch menschlich bedingten Seltenheit sind die zumeist ohnehin nur kleinflächig entwickelten Binnenland-Salzrasen in allen noch einigermaßen naturnahen Ausprägungen absolut schutzwürdig.

5.2 Intensive Nutzung (z. B. starke Beweidung) ist zu extensivieren bzw. völlig auszuschließen.

6. Schutz, Pflege und Entwicklung

6.1 Unterlassung/Abwehr der Gefährdungsfaktoren und flächenhafte Bestandssicherung

6.2 Entfernen von Schutt und angefahrenem Erdreich, Schließen von Entwässerungsgräben

6.3 Extensive landwirtschaftliche Nutzung, z. B. gelegentliche Mahd, ist mit dem Schutzziel vereinbar, teilweise sogar förderlich.

XXII. Zwergstrauchheiden

1. Charakterisierung

Zwergstrauchreiche, mehr oder weniger baumfreie Vegetationsbestände podsolidierter Sandböden oder sauerhumoser Standorte in niederschlagsreichen und sommerkühlen Regionen, vom Tiefland bis über die Baumgrenze im Gebirge.[*]

Heiden sind von Natur aus auf waldfreie Standorte von Kliffküsten, Dünen, Moorrändern, Felsmeeren und Lagen jenseits der klimatisch bedingten Waldgrenze im Gebirge beschränkt. Insbesondere die subozeanischen Heiden in Nordwestdeutschland entstanden dagegen durch die Rodung bodensaurer Wälder mit nachfolgender Schafbeweidung sowie Plaggenhieb oder gelegentlichem Abbrennen.

Die einzelnen Ausprägungen der Zwergstrauchheiden können sich je nach geographischer Lage, Entstehungsgeschichte sowie den Standortbedingungen (insbesondere den Bodenverhältnissen inklusive der Wasserversorgung, der Besonnung, der Nutzung und der Pflege) erheblich unterscheiden. Die feuchten Varianten leiten dabei zu den Hochmooren über, die trockeneren zu den lichten Nadelwäldern und Trockenrasen. Die wichtigsten, teilweise aspektbildenden Zwergsträucher sind: Heidekraut, Krähen-, Heidel- und Preiselbeere, dazu verschiedene Ginster-*(Genista-)*Arten sowie – örtlich – der Besenginster *(Sarothamnus scoparius)*. Stellenweise kommt als auffälliges Holzgewächs der Wacholder hinzu. In den Mittelgebirgen auf kalkarmen Böden, ausnahmsweise auch im Tiefland, kommen Heideflächen vielfach zusammen mit Borstgrasrasen vor (Abb. 90).

---

[*] Früher war „Heide" außerdem und vor allem ein Rechtsbegriff für den nicht ackerbaulich genutzten Teil der Gemarkung: Der Begriff war meist deckungsgleich mit dem Gebiet der „Allmende", d. h. mit dem gemeinsamen Weideland, das auch den Gemeindewald einschloß. Relikt der ursprünglichen Bedeutung ist der in Süddeutschland vor allem auf der Schwäbischen Alb bekannte und verwendete Begriff der „Wacholderheide". Da sie in der floristischen Zusammensetzung und im Biotopmanagement Ähnlichkeit mit den Trockenrasen aufweisen, werden diese im Kapitel XIX „Trocken- und Halbtrockenrasen" behandelt.

Abb. 90: Calluna-Heide mit Wacholderbüschen am Wilseder Berg   (Foto: P. Pretscher)

2. Typen

Entsprechend der natürlichen Variationsbreite lassen sich die Zwergstrauchheiden sehr verschieden typisieren. Nach einer relativ feinen, stark vegetationskundlich ausgerichteten Unterteilung werden unterschieden:

Heidekraut-Heide, Krähenbeer-Heide, Glockenheide-Sumpfheide, Krähenbeer-Rauschbeer-Heide, Bergheide, Alpenrosenheide.

Eine andere, sehr gängige Gliederung sieht lediglich eine vornehmlich geographisch (einschließlich Feuchtigkeit und Höhenlage) ausgerichtete Einteilung vor in:

- alpines Heidegebiet an der Kältegrenze des Waldes (entspricht: Alpenrosen-, Alpenazaleenheide),

- subatlantisches Heidegebiet (enthält die übrigen o. g. Zwergstrauchgesellschaften).

Dieses wird wiederum untergliedert in: Küstenheiden und Binnenheiden. Die Küstenheiden der Nordseeküste waren dabei im Gegensatz zu den Binnenheiden nie bewaldet, da der Wind ein Aufkommen des Waldes auf den Dünen verhindert. Zu den Binnenheiden dieser Gruppe zählen auch die „Hochheiden" in den hochmontanen Regenstaugebieten der Mittelgebirge.

3. Bedeutung für die Fauna

Wegen ihrer besonderen Biotopbedingungen (trocken-warmes Kleinklima, lockere, offene Böden), der geringen Nutzungsintensität und teilweise auch wegen ihrer Abgeschiedenheit beherbergen vor allem flächenmäßig etwas größere Zwergstrauchheiden des nordwestdeutschen Flachlandes zahlreiche gefährdete Tierarten.

Wirbeltiere: Baumarmut in Verbindung mit sandigem, stellenweise auch offenem Boden fördert Triel (mittlerweile ausgestorben), Brachpieper, Steinschmätzer, Ziegenmelker, Schwarzkehlchen, Schlingnatter, Zauneidechse. In der Nachbarschaft zu feuchten Senken und Mooren siedeln Brachvogel, Sumpfohreule, Wiesenweihe, Goldregenpfeifer, Kreuzotter und Moorfrosch.

Wirbellose: Zwergstrauchheiden stellen für etliche gefährdete Wirbellose Refugialbiotope dar. Dies gilt insbesondere für Insekten, die an das Heidekraut und seine Begleiter als Nahrungspflanzen gebunden sind und/oder ihre Nester an offenen Sandstellen anlegen, wie z. B. die Hosenbiene *Dasypoda plumipes* und die Sandbiene *Andrena fuscipes.* Dies gilt aber auch für spezialisierte Arten anderer Insektengruppen wie beispielsweise Heideschrecke *(Gampsocleis glabra)*, Schwärzliche Erdeule *(Chrizagratis lidia)*, Heide-Bürstenbinder *(Orgyia ericae)*, den Heide-Laufkäfer *Carabus nitens* oder die Spinnenarten *Pardosa nigriceps* und *Lepthyphantes ericaeus.*

Als Charakterarten der älteren Callunaheide nennt Tischler (1955) den Rüßler *Strophosomus lateralis*, den Blattkäfer *Lochmaea suturalis*, den Kreuzflügler *Othius myrmecophilus*, die Zikade *Ulopa reticulata*, den Bläuling *Lycaena aegon* und die Schabe *Ectobius lapponicus.* Treue Charakterarten in dem Sinne, daß sie im nordwestdeutschen Gebiet eng an das Calluno-Genistetum gebunden sind, sind nach Rabeler (1947) der Wald-Sandlaufkäfer *(Cicindela silvati-*

1 Radnetzspinne (Araneidae) z.B.: *Araneus* sp.

2 Sackspinne (Clubionidae) z.B.: *Agrocoea proxima*

3 Raubwanze (Reduviidae) z.B.: *Coranus subapterus*

4 Laufkäfer (Carabidae) z.B.: *Notiophilus hypocrita*

5 Sichelwanze (Kabidae) z.B.: *Nabis ericetorum*

6 Blattkäfer (Chrysomelidae) z.B.: Lochmea suturalis (Heide-Blattkäfer)

7 Schwebfliege (Syrphidae) z.B. *Cheilosia longula*

8 Hummel (Apoidea) z.B. *Bombus* sp.

9 Ameise (Formicidae) z.B.: *Formica sanguinea*

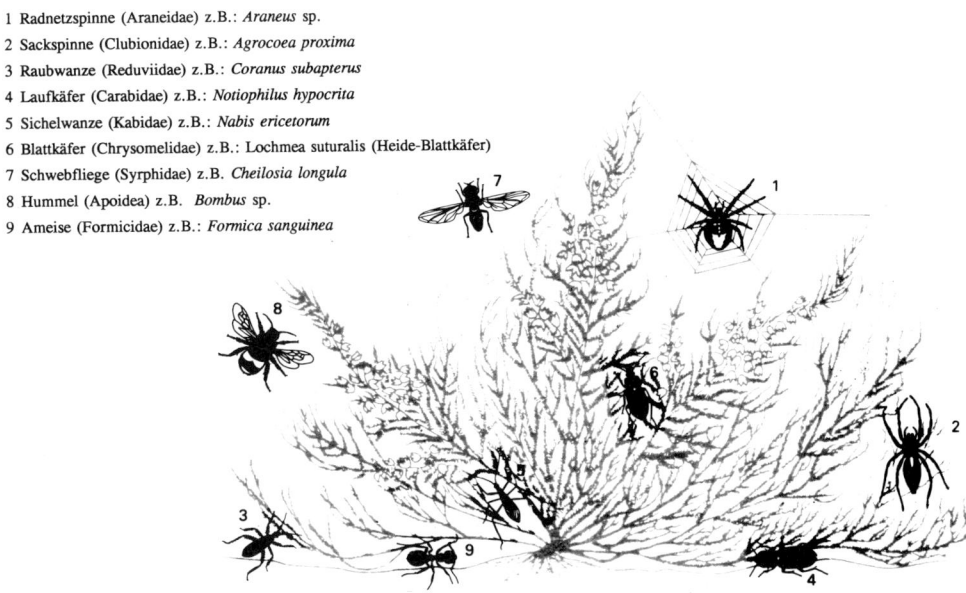

Abb. 91: Bereich der Besenheide *(Calluna vulgaris)* – alt–: typische Habitate und Vertreter der Arthropoden-Fauna (nach Heydemann et al. 1985)

ca), der Ahlenläufer *(Bembidion nigricorne)* und die Gefleckte Schnarrheuschrecke *(Bryodema tuberculata)*. Dazu kommt noch eine Reihe weiterer Arten, die hier bevorzugt siedeln.

Besonders artenreich sind auch die räuberischen Insekten und Spinnen vertreten. Diese sind aber zumeist weniger streng an Zwergstrauchheiden gebunden. Nur ausnahmsweise, wie z. B. bei der Heide-Töpferwespe *(Eumenes coarctatus)* oder der Knotenameise *(Myrmica sulcinodis)* liegt auch hier eine Bindung an Heiden vor.

Generell leben in den verschiedenen Entwicklungsstadien der Besenheide unterschiedliche Tiergesellschaften. In der Pionierphase, nach dem Plaggen, ist die Bodendeckung der jungen Callunapflanzen noch gering, so daß sich auf dem offenen Boden zahlreiche Kryptogamen (Flechten und Moose) ansiedeln können. Nach 2 - 3 Jahren blüht zum ersten Mal die Besenheide. Die Bestände werden dichter. In der Optimalphase ist der Zwergstrauchbestand geschlossen mit einem ausgeglichenen Mikroklima und der daran angepaßten Zoozönose. Nach 14 - 25 Jahren (Reifephase) sterben die ersten Pflanzen von der Strauchmitte her ab. Im Alter von 20 - 30 Jahren beginnt die Altersphase, die bis zum Alter von 40 Jahren dauern kann. In den flechtenreichen Beständen entwickelt sich eine eigene, deutlich von der Optimalphase zu unterscheidende Zoozönose (vgl. Abb. 91 und 92). Die größte Tierartendiversität tritt in Gebieten auf, die aus einem Mosaik verschieden alter Entwicklungsstadien aufgebaut sind.

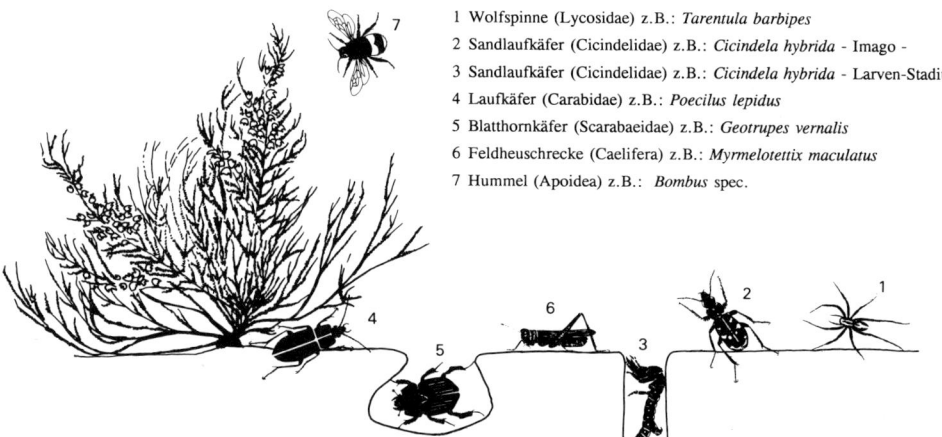

1 Wolfspinne (Lycosidae) z.B.: *Tarentula barbipes*

2 Sandlaufkäfer (Cicindelidae) z.B.: *Cicindela hybrida* - Imago -

3 Sandlaufkäfer (Cicindelidae) z.B.: *Cicindela hybrida* - Larven-Stadium -

4 Laufkäfer (Carabidae) z.B.: *Poecilus lepidus*

5 Blatthornkäfer (Scarabaeidae) z.B.: *Geotrupes vernalis*

6 Feldheuschrecke (Caelifera) z.B.: *Myrmelotettix maculatus*

7 Hummel (Apoidea) z.B.: *Bombus* spec.

Abb. 92: Bereich der Besenheide *(Calluna vulgaris)* – abgeplaggt –: typische Habitate und Vertreter der Arthropoden-Fauna (nach Heydemann et al. 1985)

4. Gefährdungsfaktoren

4.1 Direkte Vernichtung/Nutzungsintensivierung/Eutrophierung

Durch Aufforstung, Acker- und Grünlandgewinnung, Düngung und Weideintensivierung, teilweise auch durch Anlage von Truppenübungsplätzen und Sandabgrabungen wurden die ehedem vor allem in Norddeutschland großflächig verbreiteten Heiden stark zurückgedrängt: z. B. in Schleswig-Holstein von ca. 258.000 ha im Jahre 1780 auf heute rund 0,2 % der Ausgangsfläche (Freier 1979), z. B. in der nordwestdeutschen Altmoränenlandschaft nach Schwaar (1972) von 46 % der Fläche (1768) auf 5 % Flächenanteil (1970) und in der Eifel von 16 % Flächenanteil (1810) auf 2 % Flächenanteil (1970). Auch die verbliebenen Reste sind weiterhin durch Weideintensivierung (Koppelung) und Düngereintrag (unmittelbare Düngung, Einwehen von Dünger oder Feinerde aus benachbarten Wirtschaftsflächen, Luftverschmutzung usw.) bedroht.

4.2 Nutzungsaufgabe

Heidekraut degeneriert nach 15 - 30 Jahren, wenn es nicht in gewissen Zeitabständen mechanisch beschädigt wird, z. B. durch Schafweide, Plaggenhieb, Heidemahd, Brand (z. B. miliätrische Übungsplätze) oder ähnliche Maßnahmen. Fortfall der extensiven Nutzungsformen führt über Vergrasen[*)] und Verbuschen mittelfristig i. d. R. zum Wald, wodurch der besonders schutzbedürftige Biotopcharakter verlorengeht, denn die biologische Vielfalt der früheren Heidelandschaften kam von der Plaggenwirtschaft, welche ihrerseits die Nährstoffarmut und Mosaikstruktur bedingte.

4.3 Eutrophierung

Nährstoffeintrag aus angrenzenden Äckern und – noch mehr – die Einträge über die belastete Luft fördern entscheidend den Vegetationsumbau in Heiden (v. a. soweit diese ohne Pflege sind).

4.4 Erholungsnutzung, Tourismus

Verstärkte Anwesenheit des Menschen, Tourismus und tourismusbedingte bauliche Änderungen, wie z. B. Anlage zusätzlicher Wege, feste Wegdecken, tourismusbedingte Nährstoffeinträge, Trittschädigung, Erosion usw., können zu erheblichen Konflikten mit den Zielen des Artenschutzes führen. So sind Besenheidenbestände recht trittempfindlich und verwandeln sich schon bei mäßigem Besucherdruck in niedergetretene Bestände aus Borstgras *(Nardus stricta)* oder Drahtschmiele *(Deschampsia flexuosa)* bzw. in kahle Landflächen. Im 62 ha großen NSG Westruper Heide (nördl. v. Recklinghausen) haben die bis zu 2.000 Tagesbesucher die Wegefläche von 3 % (1954) auf 6,4 %, die trittverwüstete Fläche auf 4,1 % und die ruderalisierte Fläche auf 9,4 % ansteigen lassen (nach Wittig 1979).

4.5 Bebauung (Straßen, Häuser, Flugplätze), Mülldeponien, militärische Anlagen und ähnliches, Sandabbau.

5. Entwicklungsziele

5.1 Heide-Biotope wurden in erheblichem Umfang zerstört (vgl. Abschn. 4.1 dieses Kapitels). Sie weisen außerdem in Abhängigkeit von der geographischen Lage und den Standortbedingungen eine sehr hohe Typendifferenzierung auf. Entsprechend gilt es, einen möglichst hohen Anteil der noch vorhandenen Heideflächen in geeigneter Weise sicherzustellen.

---

*) Im Innern absterbender *Calluna*-Büsche zeigt sich aufkommender Graswuchs: an trockenen Standorten oft die Geschlängelte Schmiele *(Deschampsia flexuosa)* oder der Dreizahn *(Sieglingia decumbens),* in feuchten Bereichen auch das Pfeifengras *(Molinia coerulea).*

5.2 Besonders zu achten ist auf den Erhalt der Standortsunterschiede in einem Gebiet, von naß bis trocken, von nährstoffarm bis zu besser versorgtem Lehmboden.

5.3 Mit den Pflegemaßnahmen sollte ein Nährstoffentzug einhergehen.

5.4 Ein Heidepflegekonzept muß eine dem Arten- und Biotopschutz dienende Vielfalt mit allen Altersstadien der Vegetation aufrechterhalten. Während die „Optimalphase" (wüchsige, reichblühende Heidesträucher, kaum Beikräuter) für Schafhaltung, Imkerei und Tourismus am günstigsten ist, bieten die Aufbau- und Zerfallstadien für die Tier- und Pflanzenwelt vielfältigere Lebensmöglichkeiten.

Folgende Stadien bzw. Strukturen sollen daher entwickelt bzw. erhalten werden:

- weite, offene, größtenteils baumlose Heideflächen
- vegetationsfreie Sandstellen unterschiedlicher Größe
- verschiedene Stadien der Verbuschung bis hin zum Wald
- alle Stadien der Heideentwicklung von der Verjüngungsphase bis zur Altersphase kleinflächig ineinander verzahnt
- Vegetationsmosaik aus Heide- und Mager- bzw. Borstgrasrasen

5.5 Sonderformen der Heide, z. B. Bärentrauben-Heide, Krähenbeeren-Heide oder Heidemoorgesellschaften sowie Formen von Trockenrasenvegetation (Silbergrasfluren, Mager- und Trockenrasen) sollen, falls möglich bzw. erforderlich, durch gezielte Maßnahmen erhalten bzw. neu entwickelt werden.

5.6 Das hohe Tourismusaufkommen in den größerflächigen Heidegebieten (z. B. Lüneburger Heide, Fischbecker Heide) erfordert ein geordnetes Wegenetz. Die Besucherlenkung sollte so erfolgen, daß möglichst viele große zusammenhängende oder aber lärmempfindliche Bereiche (z. B. Birkhuhnreviere) durch Wege nicht erschlossen werden.

6. Schutz, Pflege und Entwicklung

6.1 Unterlassung/Abwehr der direkten Zerstörung und der sonstigen Gefährdungsfaktoren

6.2 Als ein vom Menschen geprägter Kulturlandschaftstyp können die anthropogenen Heiden nur unter Beibehaltung alter extensiver Nutzungsformen bzw. mittels Ausführung stellenadäquater Pflegemaßnahmen erhalten werden. Die einzelnen Pflegemaßnahmen haben dabei jeweils ihre Vor- bzw. Nachteile (vgl. hierzu nachfolgenden Abschnitt).

6.3 Varianten der Heidepflege und ihre Auswirkungen:

Für alle Pflegemaßnahmen gilt, daß sie kleinflächig, z. B. in Streifen, durchgeführt werden sollen. Je nach Zielvorgabe und den örtlichen Gegebenheiten wird die Heidepflege unterschiedlich aussehen:

6.3.1 **Mähen:** Die Mahd sollte in der Zeit vom 1. November bis 15. März erfolgen. Dieser Zeitraum nimmt Rücksicht auf die Brutzeit der Vögel und auf die von der Heideblüte abhängige Fauna, nimmt freilich keine Rücksicht auf die Winterstadien der Insekten. Bei einer Mahd im Sommer ist der Ausmagerungseffekt größer als im Winter, der Eingriff in die Fauna aber größer. Bei einer etwaigen Mahd im Sommer sollten folgende Punkte beachtet werden: Die Pflegemaßnahmen dürfen nur mit Maschinen durchgeführt werden, die das Mähgut nicht in kleine Stücke schneiden oder schlagen (keine

Schlegelmäher!)[*]. Als weitere Vorsorgemaßnahme für die Fauna soll das Mähgut 2 - 3 Tage auf der Fläche verbleiben, bevor es abtransportiert wird, damit Tiere, die sich im Mähgut befinden, abwandern können. Die gemähte Fläche sollte möglichst kleiner als 0,5 ha sein und nicht größer als ein Viertel der Gesamtfläche.

Die Ausschlagfähigkeit von *Calluna* nimmt ab dem Alter von 6 Jahren stetig ab. Im Gegensatz dazu steigt die Wachstumsrate der jungen Triebe mit zunehmendem Alter und ist am höchsten im Alter von 13 Jahren. Gleichzeitig stellten Berdowski & Siepel (1988) fest, daß NPK-Dünger[**] die vegetative Vermehrungsrate reduziert. Aufgrund ihrer Untersuchungen empfehlen sie, die *Calluna*-Bestände im Alter zwischen 10 - 15 Jahren zu mähen. Die jungen Triebe haben dann eine gute Wachstumsrate und die Triebdichte ist so hoch, daß der Bestand eine so hohe Biomasse entwickelt, wie sie nur 3 Jahre alte Bestände erreichen können. Auf relativ nährstoffreichen Flächen sollte früher gemäht werden. Miller & Miles (1970) empfehlen als günstigstes „Mahdalter" für die Heide 6 - 8 Jahre und als günstigsten Mahdzeitpunkt die Mahd im Frühjahr, da die Pflanzen in der nächsten Vegetationsperiode bereits austreiben können, während bei der Mahd im Herbst die Pflanzen durch Frost, Pilze und Wassermangel geschädigt werden können.

Nachteil dieser Pflegemethode ist, daß die Optimalphase der Heideentwicklung verlängert wird und dadurch die für einen Teil der Lebensgemeinschaften der Heiden wichtige Entwicklung zur Altersphase nicht vollzogen wird. Eine Verjüngung der Heide über Rohbodenstadien mit jungen generativen *Calluna*-Pflanzen und der dazu gehörenden Biozönose unterbleibt. Mähen bereits vergraster Flächen fördert die Vergrasung und ist daher nicht zu empfehlen (z. B. Reininghaus & Schmidt 1982).

6.3.2 **Schafbeweidung:** Die Hauptentwicklungsziele, die durch die Beweidung verfolgt werden, stimmen nicht immer mit den Zielen des Biotopschutzes überein. Diese sind:

- Verhinderung der Vergrasung der Heideflächen
- Unterdrückung des Gehölzanflugs
- Verlängerung der Optimalphase der Besenheide – d. h. immer blütenreiche Bestände

Damit zumindest diese Zielvorgaben erreicht werden, ist es wesentlich, daß die geeignete Schafsrasse, die optimale Besatzdichte und -dauer vorweg ermittelt werden.

Durch Überbeweidung wird die Besenheide *(Calluna vulgaris)* zugunsten von Pfeifengras *(Molinia caerulea)* oder anderen Gräsern zurückgedrängt (Muhle 1974). Unterbeweidung hat ein verstärktes Aufkommen von Gehölzen und Weideunkräutern zur Folge. Die Rohhumusdecke wird durch die Hufe der Schafe aufgerissen, so daß gute Keimbedingungen für Besenheidesamen aber auch für andere Gehölzsamen geschaffen werden.

Für die Landschaftspflege besonders bewährt haben sich verschiedene Landrassen (z. B. Heidschnucken und weiße, hornlose Moorschnucken), alles in allem robuste Rassen mit geringem Körpergewicht, guter Marschfähigkeit und einem ausgeprägten Herdentrieb.

---

[*] Auswirkungen der Mahd mit Messerbalken, Mulcher und Saugmäher auf Insekten (Hemmann et al. 1987)

[**] Stickstoff-Phosphor-Kali-Dünger

Wichtig ist auch, daß die Schafe während der Beweidung von besonders nährstoffarmen Flächen kein Zufutter erhalten (Eigner & Schmatzler 1980). Die Koppelhaltung bzw. das Pferchen über Nacht darf nicht auf den zu pflegenden Flächen stattfinden. Für einen Nachtpferch werden nach Angaben von Wilke (1984) pro Schaf 1 - 1,4 m² gerechnet. Bei einer Herde von 600 Schafen beträgt der Stickstoffeintrag pro Nacht ca. 15 kg, dies entspricht einer Düngung von 180 - 250 kg N/ha (Woike & Zimmermann 1988). Vor allem die intensive Standweide führt zur Vereinheitlichung der Gesamtfläche. Zahlreiche Pflanzen- und Tierarten werden z.T. langfristig verdrängt, so daß die Vielfalt der Arten abnimmt (Woike & Zimmermann 1988). Die Wanderschafhaltung und die stationäre Hütehaltung sind aufgrund der Möglichkeit der differenzierten Beweidungsintensität bei geschickter Herdenführung besonders für die Landschaftspflege geeignet.

Nachteile: – Geringer Nährstoffentzug auf den Heideflächen (stark abhängig von der Besatzdichte und der Verweildauer der Schafe)

          – keine unterschiedlichen Altersstadien der Heidesukzession durch Erhaltung der Optimalphase

          – nur große Flächen eignen sich für stationäre Hütehaltung

          – oftmals kein vollkommenes Zurückdrängen von Gehölzanflug und Gebüschaufkommen

6.3.3 **Fräsen:** Den vorteilhaftesten Zeitpunkt zum Fräsen stellt das Spätjahr dar. Es sollten lange Streifen gefräst werden, zwischen denen wieder unbehandelte Bereiche liegen. Neben der besseren und schnelleren Regeneration der Streifen können sie bei plötzlich auftretenden Bränden auch als Brandschutzstreifen wirken. Vor dem Fräsen wird der Streifen gemäht und das Material abtransportiert. Der Boden wird danach 15 - 20 cm tief durchgefräst. Bewährt hat es sich, abschließend den Streifen zu walzen, so daß durch die günstigere Wasserleitfähigkeit des Bodens die *Calluna*-Keimlinge besser wachsen (Arbeitsgemeinschaft für Ornithologie und Naturschutz Verden 1987).

Nachteile: – Geringerer Nährstoffentzug als durch Plaggen

          – starker Eingriff in die oberirdische und die im Oberboden lebende Fauna

6.3.4 **Plaggen:** Dies ist eine traditionelle Bewirtschaftungsform der Heiden und bereits von daher und ganz besonders in kleinflächigen Beständen, wo Beweidung unökonomisch ist, zu empfehlen. Doch auch in größeren Beständen sollten Teile von Zeit zu Zeit geplaggt werden. Sehr gute Erfolge bei der Regenerierung von sehr stark vergrasten Heideflächen werden durch kleinflächiges Abplaggen der Bereiche erreicht (Woike 1987, Diemont & de Smidt 1987). Der Oberboden mit der gesamten Vegetation wird bis zum humusarmen Bleichsand (A_e) abgeschoben. Die Flächen sollten keinesfalls größer als 2.000 m² oder ein Achtel der Gesamtfläche sein.

Die schonendste Methode des Plaggens ist kleinflächig von Hand, wobei die Plaggen ausgeschüttelt werden, so daß die Tiere und Samen herausfallen. Die Plaggen sollten am Rande des Areals für kurze Zeit zwischengelagert werden, damit die noch vorhandenen Wirbellosen daraus abwandern können (Heydemann et al. 1985). Unter Umständen ist es günstig, die Flächen zuerst zu mähen und dann die obersten Bodenschichten abzutragen, wenn dadurch eine sinnvolle Verwertung des anfallenden Materials gewährleistet ist.

Die Entfernung der gesamten Rohhumusschicht führt zu einem bedeutenden Nährstoffentzug, der gegenüber der Mahd beispielsweise für Stickstoff ca. 100-fach höher liegt (Ruttert 1986). Desweiteren werden dadurch offene vegetationsfreie Flächen geschaffen. Eine Vielzahl von Arthropoden sind auf diese Rohbodenverhältnisse angepaßt: Heuschrecken (z. B. *Myrmeleotettix maculatus)*, teilweise Spinnen, z. B. die Wolfsspinne *Tarentula barbipes,* Laufkäfer (z. B. Sand-Laufkäfer *Cicindela hybrida, Poecilus lepidus* u. a. m.) (s. Abschn. 3).

Mit dieser Pflegemaßnahme kann erreicht werden, daß alle Sukzessionsstadien der Heide, beginnend mit der Pionierphase in einem Gebiet nebeneinander vorkommen. Außerdem können mittels dieser Methode auch alte Heiden regeneriert werden (Tüxen 1966).

Nachteile: – starker Eingriff in die Biozönose
– hohe Pflegekosten

6.4 Die Erfolgschancen und Auswirkungen der einzelnen Maßnahmen auf die Tierwelt sind vielfach noch wenig bekannt. Daher ist es unverzichtbar, parallel zu den Pflegemaßnahmen Modelluntersuchungen zur Wirkung der verschiedenen Methoden auf Dauerprobeflächen anzustellen.

Baum- und buschbestimmte Biotope

Waldbiotope

A Allgemeines

Mitteleuropa war ursprünglich weit über 90% mit Wald, und zwar überwiegend mit Laubwald bewachsen (z. B. Ellenberg 1986). Heute beträgt der Waldanteil in Deutschland rund 27,5 % der Landesfläche. Der größte Teil der mitteleuropäischen Wälder zählt dabei von Natur aus zu den artenreichen eurosibirischen Sommerwäldern (Querco-Fageten). Die bestimmenden Pflanzen sind die Bäume. Die verschiedenen Straten: Kraut- und Strauchschicht, Stammregion sowie die Kronenschichten 1 (und 2) sind räumlich meist deutlich voneinander abgegrenzt, gelegentlich aber auch miteinander verwoben.

B Gliederungs- und Bewertungskriterien aus der Sicht des Tierartenschutzes

1. Allgemeines

Tierarten nutzen im Wald (wie auch in anderen Ökosystemen) in der Regel nicht das jeweilige Gesamtökosystem, sondern vielmehr nur bestimmte Teile davon. Dies können eine bestimmte Baumart sein, eine bestimmte Ausbildung der Baumschichten, bestimmte Altersstadien, Bereiche mit bestimmtem Mikroklima oder ein bestimmtes Kleinhabitat wie etwa ein Baumstumpf, ein Moospolster und anderes mehr. Folglich könnte man auch beispielsweise die Fauna (Faunula) des Baumflusses (austretende Säfte des Baumes), der Baumhöhlen, der Stämme und Stubben usw. unterscheiden. (Näheres dazu einschließlich repräsentativer Artengruppen siehe z. B. bei Tischler 1955). Entsprechend der Bindung solcher Habitate an die Waldgesellschaften kann die Bindung einer Tierart an eine bestimmte Waldpflanzengesellschaft eng oder wenn – was sehr häufig der Fall ist – die benötigten Habitate in verschiedenen Waldpflanzengesellschaften in gleicher oder ähnlicher Form vertreten sind, eher locker oder nicht gegeben sein. Darüber hinaus hat oft auch die Waldnutzungsform entscheidenden Einfluß auf die Faunenzusammensetzung. Beispielsweise fördert die moderne Forstwirtschaft den Hochwald, der durchwächst und dabei der für die Tierwelt so wichtigen Saum- und Mantelstrukturen verlustig geht. Auch ändert sich dadurch das Kleinklima und die Besonnung im bodennahem Raum erheblich.

Für eine Reihe von Tierarten, insbesondere Teilsiedler, z. B. manche Greife und Eulen, gibt auch das Verhältnis Waldfläche/Flächenanteile offener Landschaften den Ausschlag für eine Besiedlung.

Das mit dieser Aussage indirekt angeschnittene methodische Problem der Gliederung und Ordnung der natürlichen Faunenvielfalt in Waldbiotopen, ob nach vegetationskundlichen oder nach strukturellen Merkmalen, ist aus Naturschutzsicht dabei eher von untergeordneter Bedeutung und hängt wohl auch sehr wesentlich von der jeweils betrachteten Tiergruppe ab.

Für den Schutz der Waldfauna ist es vielmehr erheblich, einmal die Waldtypen festzustellen, in denen sich gefährdete und seltene Arten massieren, und zum anderen diejenigen Qualitäten und strukturellen Merkmale des Vegetationstypus Wald und seiner Komponenten inhaltlich möglichst exakt zu beschreiben, die wirtschaftsbedingt zu Mangelfaktoren oder gar Überlebensengpässen für bestimmte ökologische Gruppen der Waldfauna insgesamt werden.

Wichtig ist dazu natürlich auch die Sicherung repräsentativer Waldlebensgemeinschaften, wofür es sich jedoch anbietet, nach vegetationskundlichen Kriterien vorzugehen.

Eine umfassende Bewertung der verschiedenen Waldtypen nach ihrem Stellenwert für die Ziele des Tierartenschutzes steht gegenwärtig noch aus und ist wohl auch mittelfristig nicht zu leisten. Faunistische Aufnahmen belegen jedoch besonders hohe Anteile an bedrohten Arten in den nachfolgend genannten Waldformationen, -gesellschaften, -altersklassen und -betriebsarten.

2. Aus der Sicht des Faunenschutzes besonders schutzwürdige Waldtypen und -betriebsarten:

2.1 Naß- und Feuchtwälder

- Weichholzauen (Weiden-/Weiden-Pappel-Auwälder)
- Hartholzauen (Eschen-Ulmen-, Eichen-Hainbuchen-Auwälder)
- Erlen-(Erlen-Eschenwälder) sowie Erlensumpf- und -bruchwälder

- Birkenbruchwälder (Birken-/Birken-Kieferbruchwälder)
- (Moorrandwälder, die in Kap. XVI behandelt werden)

2.2 Wärmeliebende Laubwälder und -gebüsche sowie natürliche Kiefernwälder (und nur leicht abgewandelte -forste)

- Submediterrane Flaumeichenwälder

- Kontinentale, wärmeliebende Eichenmischwälder
- wärmeliebende Buchenwälder
- Präalpine Schneeheide-Kiefern-Trockenwälder einschließlich Pfeifengras-Mergel-hang-Kiefernwälder
- Subkontinentale Steppen-Kiefernwälder
- Subkontinentale moosreiche (= Beerstrauch-)Kiefernwälder auf Sand
- Subkontinentale bodensaure Kiefern-Eichenwälder auf Sand

2.3 Ahorn- und eschenreiche Mischwälder[*]

2.4 Reife Waldökosysteme und Teile reifer Waldökosysteme

Abb. 93: Buchen-Fichten-Tan-nenwald im National-park Bayerischer Wald
(Foto: J. Blab)

---

[*] Ahorn- und eschenreiche Mischwälder, die vielfach auch als ahorn-und eschenreiche Schlucht-, Schutt- oder Blockschuttwälder bezeichnet werden, zählen mehr oder weniger ebenfalls zu den Wäldern auf Extrem-Standorten und werden wegen ihrer kleinflächigen Ausbildung sowie natürlicher und menschenbedingter Seltenheit als besonders schutzwürdig herausgestellt. Eine eingehende faunistische Bewertung steht dazu jedoch noch aus. Auf der einen Seite ist wegen der besonderen Standortbedingungen: relativ hohe, ständige Luftfeuchte, mehr oder weniger instabile, basenreiche Fels- oder Steinschuttböden in Hanglagen, stellenweise hohe Bodenfeuchte durch Hangdruckwasser usw. mit dem Auftreten einer Reihe von spezialisierten Tierarten zu rechnen (z. B. wird durch die besonderen Standortbedingungen die Schnecken- und Asselfauna und die davon lebenden Räuber gefördert). Auf der anderen Seite stehen diese Wälder aber räumlich, ökologisch und floristisch in enger Beziehung zu den Buchenwäldern (Ellenberg 1986), so daß vermutlich auch faunistisch keine scharfe Grenzziehung möglich ist.

2.5 Historische Waldnutzungsformen (Nieder- und Mittel- sowie Hutewälder)

Diese Reihenfolge stellt dabei keine Rangfolge dar. Im einzelnen sind es aber nicht nur, gelegentlich sogar nicht einmal überwiegend Waldtierarten, denen diese Waldformationen oder Betriebsarten ein Refugium bieten. Beispielsweise stellen etwa bei den Naßwäldern die „Sumpfarten" und in den lichten Kiefernwäldern die Arten der Trockenrasengesellschaften das Gros der gefährdeten Faunenvertreter. Dies schmälert jedoch die hervorragende Schutzwürdigkeit dieser Waldformationen (als handhabbare Raumeinheiten) auch aus Gründen des Tierartenschutzes in keiner Weise.

C Flächengröße der Wälder und ihre Bedeutung für den Faunenschutz (allgemeine Gesichtspunkte)

Waldökosysteme sind von Natur aus zumeist großflächig ausgebildet. Entsprechend gibt es eine Reihe von Tierarten/-gesellschaften, die höhere Ansprüche an das Kriterium Flächengröße stellen (vgl. hierzu auch Kap. III).

Für jede Art ist der Schwellenwert anders, ab wann Waldbedingungen existieren (vgl. z.B. Schremmer 1960). Die Spanne reicht von einem einzigen Baum (z.B. für verschiedene Blattlausarten) bis hin zu großflächigen Waldökosystemen (z.B. für den Luchs). Die untere Schwelle ist bei diesem Kriterium zusätzlich auch von der Bestandsform (z.B. sternförmig) und damit auch vom Randlinienanteil sowie insbesondere auch von qualitativen Merkmalen abhängig. So gilt innerhalb bestimmter Spannbreiten beispielsweise bei Vögeln die Gesetzmäßigkeit, daß die Reviere umso kleiner sein können, je optimaler die Habitatbedingungen und je besser das Nahrungsangebot sind.

Besonders hohe Flächenansprüche stellen Arten mit von Natur aus großen Revieren oder Aufenthaltsgebieten (z.B. Luchs, Auerhuhn, Schwarzstorch). Ähnliches gilt aber auch für Arten, die auf waldspezifische Kleinstrukturen angewiesen sind, welche – wie etwa Pilze oder Vogelnester in Baumhöhlen – von Natur aus weit verstreut, kleinflächig und/oder nur kurzfristig besiedelbar sind (Tamm & Weiss 1979). Selbst unter den Wirbellosen werden echte Waldtiere in stabilen Populationen in sehr kleinen Wäldchen weitgehend fehlen, da aus mikroklimatischen Gründen Waldbestände mit einem Minimaldurchmesser von weniger als 80 m nicht mehr hinreichende Waldbedingungen bieten (Mader & Mühlenberg 1980).

Generell ist festzuhalten, daß der Wert von Waldflächen für bestimmte Tiergruppen oder für die Artenzahl und Struktur von Artengemeinschaften mit wachsenden Flächenanteilen bis zu einem bestimmten Wert zunächst zunimmt. So zeigt z.B. Blana (1978) den steigenden Wert von Eichenbeständen für die Vogelfauna mit zunehmender Flächengröße. Kleine Flächen unterscheiden sich in ihrem Wert für die Vogelwelt kaum von Fichtenwäldern, während größere geschlossene Bestände einen wesentlich höheren Wert aufweisen. Ebenso belegen Foreman et al. (1976), daß die Vogelartenzahl alter Eichenwälder auffällig kontinuierlich bis zu einer Waldgröße von 40 ha wächst (Zunahme vor allem durch Hinzukommen von Fleischfressern mit wachsender Größe des Waldstücks). Ein großes Waldstück enthält also mehr Waldarten als dieselbe Fläche in kleinere Stücke aufgeteilt (vgl. Abb. 3).

Für die Schutzpraxis bedeutet dies: Es ist darauf hinzuwirken, daß große zusammenhängende Wälder nicht weiterhin aufgeteilt und zerstückelt werden. Dies bedeutet aber nicht, daß insular und verstreut in offenen Landschaften gelegene Wäldchen und Waldfragmente zu einem einzigen großen Waldgebiet zusammengefaßt werden sollten, da der besondere ökologische Wert dieser Wäldchen vor allem in ihrem Beitrag liegt, Landschaften zu gliedern und zu kammern.

Die besonders wichtigen Parameter für den Tierartenschutz in Wäldern (stichwortartige Zusammenfassung) sind:

– Ausgeprägte Schichtung längs der Vertikalen
– Anzahl der Baum- und sonstigen Pflanzenarten
– Stellenweise Besonnung bis zum Waldboden, d. h. v. a. die strauch-, baum- und krautreichen jungen Stadien mit (auch) hoher Biomasseproduktion
– Altes dickstämmiges, totes oder kränkelndes (v. a. auch stehendes und besonntes) Holz
– Große unzerschnittene und ungestörte Waldflächen
– Kontinuität der Bedingungen (möglichst über Jahrhunderte), was freilich keinen statischen Zustand, sondern ein Mosaik unterschiedlicher Sukzessionsstadien in enger räumlicher Verknüpfung bedeutet (vgl. hierzu Abb. 94).

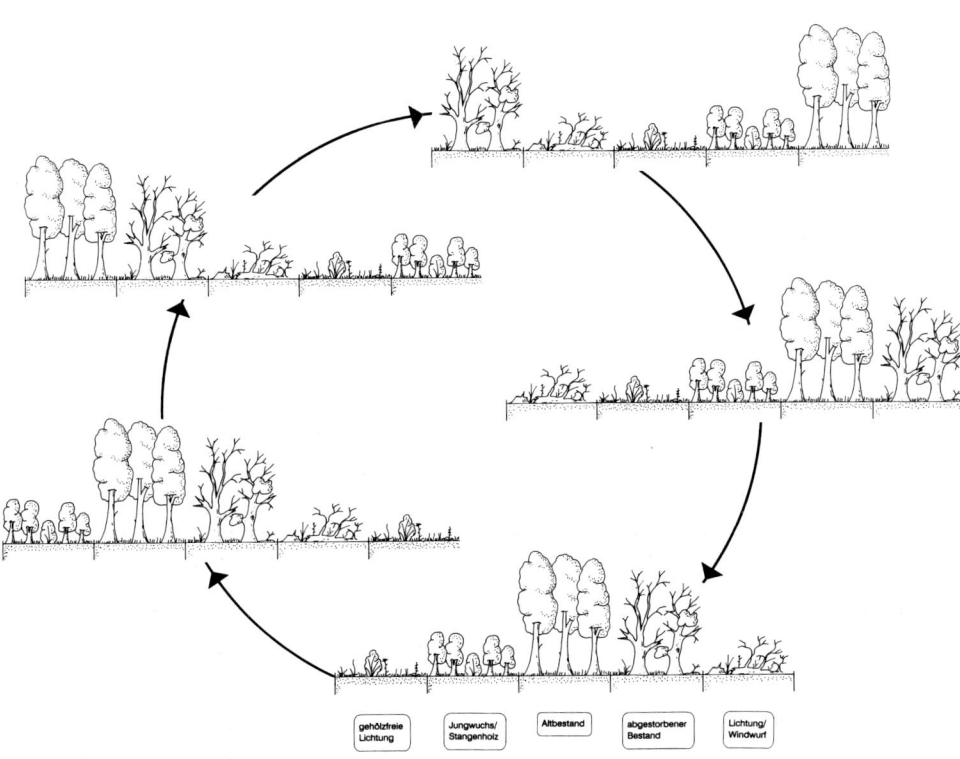

| gehölzfreie Lichtung | Jungwuchs/ Stangenholz | Altbestand | abgestorbener Bestand | Lichtung/ Windwurf |

Abb. 94: Dynamische Entwicklung von Waldökosystemen (Mosaikzyklus) (nach Angaben von Remmert 1985, 1987, aus Riecken 1992)

XXIII. Wälder und Forste auf „Normalstandorten" (mit Hochwaldwirtschaft)

1. Allgemeines

Auf 88,6 % der bundesrepublikanischen Holzbodenfläche nach dem Gebietsstand bis zum 3. Oktober 1990 wird Hochwaldwirtschaft als forstliche Bewirtschaftungsform betrieben (Trautmann 1978). Entsprechend wird in diesem Kapitel eine ausgesprochen breite Palette von Waldtypen oder der größte Teil der Bereiche, die als Wald bezeichnet werden, zusammengefaßt. Die ungefähre prozentuale Baumartenzusammensetzung dieser Wälder ist dabei nach Trautmann (1978): Eiche 8,0, Buche (und andere Laubhölzer) 23,6, Kiefer (und Lärche) 26,6, Fichte (und andere Nadelhölzer) 41,8.

Daß hier so viele verschiedenartige Waldtypen zusammen behandelt werden, und daß andererseits einige Waldpflanzengesellschaften „extremer Standortbedingungen", die überwiegend oder wenigstens teilweise ebenfalls als Hochwald bewirtschaftet werden, ausgeklammert sind (Kap. XXV und XXVI), erfolgt ausschließlich nach praktischen Gesichtspunkten: Einmal, da in allen diesen Wäldern bestimmte ökologische Positionen der Fauna (z.B. Mulmzersetzer, Arten die auf eine Verzahnung unterschiedlicher Altersstufen der Bäume auf engstem Raum gebunden sind), die in verschiedenen Waldpflanzengesellschaften auch durchaus durch unterschiedliche Tierarten repräsentiert sein können, von bestimmten Waldbau- und -bewirtschaftungspraktiken in etwa gleichsinnig beeinflußt werden. Zum anderen, da in den Waldpflanzengesellschaften „extremerer Standorte" neben den – vor allem – wirtschaftsbedingten Einflüssen weitere Ökofaktoren (-komplexe), wie etwa ein hoher Grundwasserstand oder besonders warm-trockene (xerotherme) Standortbedingungen, die Faunenzusammensetzung dieser Wälder zusätzlich mitprägen, nicht selten sogar entscheidend prägen, womit die Gefährdung dieser Tiergesellschaften auch oder vornehmlich von Veränderungen jener zentralen Faktoren abhängt.

2. Typen

Faunistisch einigermaßen scharf lassen sich vor allem die Laub- und Nadelwälder unterscheiden. Aber auch zwischen den Fichten- und Kiefernwäldern oder den Buchen- bzw. Buchenmischwäldern und Eichenmischwäldern, selbst innerhalb der verschiedenen Wälder z.B. des Rotbuchen-Verbandes (etwa krautreiche/krautarme Vertreter, Trockenbuchenwälder/„feuchte" Buchenmischwälder) gibt es neben Gemeinsamkeiten durchaus auch augenfällige Unterschiede (vgl. z.B. Funke 1983, Roth et al. 1983).

3. Bedeutung für die Fauna

Wälder sind sehr artenreiche Ökosysteme. Beispielsweise beherbergen alleine die Buchenwälder Mitteleuropas nach Bertsch (1947) knapp 7.000 Tierarten, die sich wie folgt auf die einzelnen Gruppen verteilen: > 350 Einzellige Tiere, > 380 Würmer, 70 Landschnecken, 560 Spinnentiere und Bärtierchen, 26 Asseln, 60 Tausendfüßler, 5.200 Insekten, 109 Landwirbeltiere. Zahl und Siedlungsdichte der Tierarten hängen dabei nicht nur von der Waldgesellschaft ab, sondern auch von der Waldstruktur. Besiedlungsbestimmend sind auch das jeweilige Alter der Waldbestände (z.B. häufig stark unterschiedliche Faunenzusammensetzung in Schonung, Jungwuchs und Altbeständen einer Waldpflanzengesellschaft), dazu die jeweils eingeschlossenen waldpflanzenspezifischen (z. B. Faulholz, bestimmte Pilze usw.) sowie die nicht primär waldspezifischen Habitate (z. B. Tümpel, „Einsprengsel" von trockenen Rasengesellschaften, offene Sandflächen usw.). Auch das jeweilige Waldinnenklima und der Chemismus des Bodens sind wesentliche besiedlungsbestimmende Faktoren.

Aus dem Spektrum der für die einzelnen Waldtypen charakteristischen Tierarten seien im folgenden nur einige typische Repräsentanten genannt:

Fichtenforste: Fichtengallwespe *(Cnaphalodes strobilotius)*, Fichtenkreuzschnabel, Haubenmeise, Sommer- und Wintergoldhähnchen

Eichen-Hainbuchenwälder: Eichenwickler *(Totrix viridana)*, Eichenkarmin *(Marmonia sponsa)*, Goldafter *(Euprocits chrysorrhoea)* sowie die als Larven sich im Stamm der Eiche entwickelnden Käferarten (vgl. unter anderem Tab. 34); überhaupt besitzen Eichen nach den Weiden die höchste Zahl an phytophagen Tieren von allen heimischen Bäumen, deren Zahl wird für Mitteleuropa auf mindestens 500 Arten geschätzt.

Rotbuchenwälder: Nagelfleck *(Aglia tau)*, die Zahnspinnerart *Ochrostigma mellagona* (Schwarzeck), Waldlaubsänger, dazu (nach Kreissl 1981) verschiedene, sich in Rotbuchen entwickelnde Käferarten vor allem aus den Familien der Schnellkäfer (Elateridae), der Prachtkäfer (Buprestidae, z. B. *Dicerca berolinensis)*, der Hirschkäferartigen (Lucanidae, z. B. der Kopfhornschröter, *Sinodendron cylindricum)* und der Bockkäfer (Cerambycidae, z. B. der Alpenbock, *Rosalia alpina)*. Im Boden von Rotbuchenwäldern mit dichten Laublagen und der damit gegebenen hohen und beständigen Feuchtigkeit in tieferen Schichten leben Arten wie etwa der Kurzflügler *Lathrobium testaceum* und viele andere mehr (Näheres s. Kreissl 1981). Typisch für bodensaure, nährstoffarme Buchenwälder sind nach Roth et al. (1983) z. B. die Rüsselkäferarten *Phyllobius argentatus* und *Polydrosus undatus*, während die Familie der Glanzkäfer (Nitidulidae) im Kalkbuchenwald häufig ist, die Kleinschmetterlinge *Lithocolletis faginella* und *Nepticula basalella*, die in Buchenblättern minieren, der Rüsselkäfer *Rhynchaenus fagi*, der monophag in Buchenblättern miniert und sich als Imago polyphag von Blättern verschiedener Bäume und Kräuter ernährt.

4. Gefährdungsfaktoren

4.1 Immissionsbelastung

Komplexes Zusammenwirken verschiedener Schadstoffe, wie sie unter dem Schlagwort „Saurer Regen" in die Diskussion gebracht wurden. Hierzu gibt es bereits ein breites Spektrum an speziellen Untersuchungen. Die Luftschadstoffe machen sich i. d. R. zuerst in der Zusammensetzung der Mikroorganismen des Bodens und dem chemischen Bodenzustand bemerkbar, später an der Zersetzerfauna des Bodens, schließlich im Zustand langlebiger Pflanzen und zuletzt in der Baumartenzusammensetzung (Ulrich 1981). Bereits heute sind nennenswerte Teile der bundesdeutschen Waldgebiete stark immissionsgeschädigt, teilweise auch bereits abgestorben. Zweifelsohne handelt es sich hierbei um ein großes Umweltproblem nicht nur in Waldökosystemen. Sofortige und wirksame Gegenmaßnahmen sind unverzichtbar.

Neben den Schwefel- und Stickoxyden zeitigen freilich auch die immissionsbedingten Nährstoffeinträge über den Luftpfad spürbare Konsequenzen für die Waldökosysteme:

Beispielsweise haben Wilmanns et al. (1986) floristische Änderungen von Eichen-Hain-buchenwäldern innerhalb der letzten 50 Jahre festgestellt. Messungen von Bodenproben ergaben auf diesen Flächen einen erhöhten Gehalt an Gesamtstickstoff, an Nitrat und pflanzenverfügbarem Phosphat sowie erhöhte pH-Werte gegenüber den unveränderten Bereichen. Als Ursache sind atmogene feuchte Depositionen wahrscheinlich.

4.2 Flächenverluste

Durch verschiedene Maßnahmen, z.B. Verkehrseinrichtungen und Siedlungsbauten (Städte, Ferienhaussiedlungen usw.), erleiden Waldbestände regional und dabei vor allem in waldärmeren Regionen auch heute noch empfindliche Flächeneinbußen. Die Gründe, weshalb für derartige Vorhaben bevorzugt Waldflächen ausgewählt werden, beschreiben unter anderem Stern et al. (1979). Auf der anderen Seite werden alljährlich etwa vergleichbar große Flächenanteile aufgeforstet. Diese Aufforstungen werden aber vor allem in waldreichen Gegenden vorgenommen. Somit verschärfen sich die Unterschiede zwischen waldarmen und waldreichen Regionen in wachsendem Maße. Außerdem können bei Neuaufforstungen auch erhebliche Konflikte mit dem Naturschutz erwachsen (vgl. Abschn. 5. 11 in diesem Kapitel).

Zusätzlich zu den unmittelbaren Flächenverlusten sind Trennungs- und Zerschneidungseffekte die Folge solcher Infrastrukturmaßnahmen. So ist beispielsweise nach Mader (1979) das waldtypische Ressourcenangebot im Bereich von Straßen, die durch Wälder führen, bis zu einer Tiefe von ca. 20 m beidseits der Straße in den Wald hinein bandartig unterbrochen und gestört. Dadurch wiederum wird die Mobilität großer Teile der epigäischen (auf der Bodenoberfläche lebenden) Waldfauna, z.B. Laufkäfer und Mäuse, eingeschränkt oder begrenzt. Die Folgen davon sind: Isolationseffekte, Verinselungserscheinungen (vgl. hierzu Abschn. III. 1).

4.3 Bestimmte Praktiken in Waldbau und -bewirtschaftung

Hinweise auf die negativen Folgen bestimmter wirtschaftsbedingter Abwandlungen in genutzten Wäldern für die Fauna gibt Tabelle 32. Weitere schwerwiegende Nachteile erwachsen aus Entwässerungsmaßnahmen in feuchteren Waldteilen und Düngungsaktionen in ertragsschwächeren Wäldern, weil dadurch die besonders schutzwürdigen Biotopbedingungen einschließlich der auf solche Verhältnisse spezialisierten Fauna zurückgedrängt werden. Probleme entstehen auch durch die Bevorzugung ertragreicher, aber biotopfremder Arten (z.B. Fichte, Pappel auf den meisten Standorten), teilweise auch durch den Anbau fremdländischer Baumarten. Nicht unproblematisch ist darüber hinaus der Biozideinsatz (insbesondere Herbizide). Zwar werden Biozide in Wäldern meist nur punktuell ausgebracht (beispielsweise beträgt die mit Bioziden behandelte Fläche weniger als 1% der Waldfläche). Da dies aber insbesondere an Aufforstungsflächen, Schlägen und Wegrändern geschieht, also gerade dort, wo sich wegen des hohen Aufkommens an blütenreichen Stauden sehr viele Tierarten, wie z.B. die blütenbewohnenden Waldinsekten konzentrieren, ist die Wirkung oft gravierender als es dem Anteil der behandelten Fläche entspricht. Zu Zielkonflikten mit dem Naturschutz kommt es außerdem durch allzu schematisches Vorgehen bei der Holzproduktion, wobei vielfach keinerlei Rücksicht auf die kleinstandörtlichen Besonderheiten genommen wird, und durch den Einsatz großer und schwerer Rückemaschinen.

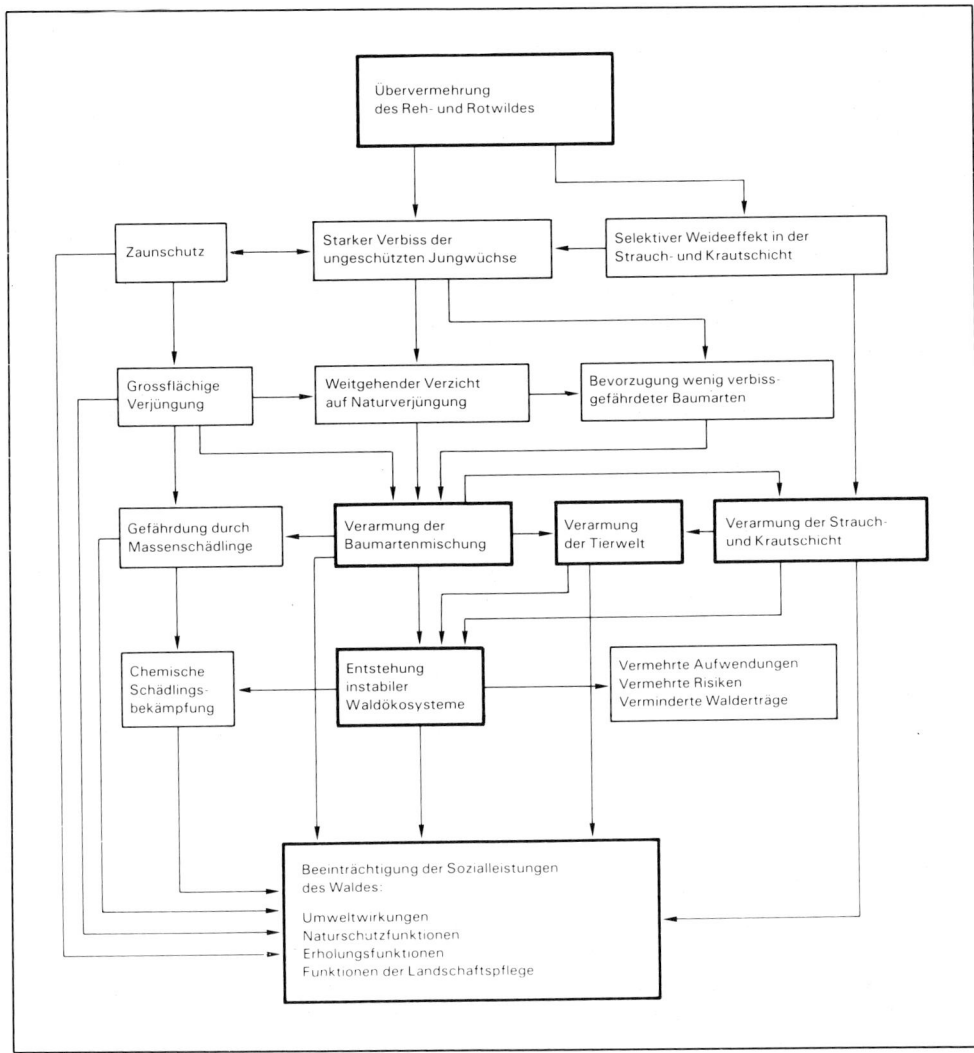

Abb. 95: Auswirkungen zu großer Reh- und Rotwildbestände auf Waldökosysteme (nach Leibundgut 1990)

4.4 Wildverbiß

Durch stark überhöhte Bestände bestimmter Wildarten (insbesondere Reh, Kaninchen und Rothirsch, regional auch Mufflon, Gemse und Damhirsch) ist die natürliche Waldverjüngung stellenweise ohne künstliche Maßnahmen (Zäune etc.) nicht mehr möglich. Dieses Problem wird in der veröffentlichten Meinung vielfach zu sehr bagatellisiert (vgl. Abb. 95).

4.5 Erholungsnutzung

Intensive Erholungsnutzung ist vor allem durch die oft sehr starke Wegeerschließung, durch die Eutrophierung, durch Tritt und auch durch direkte Störeinflüsse auf Teile der Waldfauna sehr kritisch zu beurteilen. Ähnliche Probleme ziehen Langlaufloipen usw. nach sich. Zusätzliche Schwierigkeiten erwachsen durch Fahrlässigkeit, z. B. im Umgang mit Feuer (Waldbrände), oder Vandalismus (z. B. Zerstörung der Laichballen von Amphibien an erschlossenen Waldgewässern). In jüngerer Zeit kommt die verstärkte Belastung durch Montain-Bikes als ein weiteres Problem hinzu.

4.6 Kalkung

Auf basenarmen Waldböden wird teilweise seit mehreren Jahren großflächig gekalkt. Während die sogenannte „Kompensationskalkung" aus bodenkundlicher Sicht meist positiv bewertet wird, zeigen jüngste Untersuchungen, daß mit negativen Auswirkungen auf Tiere und mit Veränderungen der Biozönosen der Waldböden zu rechnen ist.

Vor allem Kalkstaub bewirkt ein starkes Ansteigen der Mortalität von Bienen und Ameisen (Wellenstein 1990, Winter 1990 a). Borstenwürmer (Enchytraeidae) reagieren nach der Kalkung mit einem deutlichen Dichterückgang (Hartmann et al. 1989, Untersuchungen in oberfränkischen Nadelwäldern). In der gleichen Studie konnte gezeigt werden, daß die Jungstadien von Hornmilben (Oribatei) und adulte mikrophage Milbenarten besonders empfindlich gegenüber der Düngung sind. Makrophage Arten verzeichnen dagegen einen Dichteanstieg.

Nach Angaben von Schauermann (1985) erleiden auch die mikrophytophagen Dipterenlarven Dichteinbußen. Außerdem nimmt die Gesamtdichte der Springschwänze (Collembola) zwar zu, die Artendiversität ist auf gedüngten Flächen jedoch deutlich niedriger. Z. B. nimmt die eudominante Art *Folsomia quadrioculata* zu, hingegen gehen die als acidophil eingestuften Arten zurück (Hartmann et al. 1989).

Regenwürmer (Lumbricidae) reagierten mit einer gewissen Verzögerung positiv auf die Kalkung (Schauermann 1985, Hartmann et al. 1989). Die in den Untersuchungsflächen (Hainsimsen-Buchenwald, Luzulo-Fagetum; Siebenstern-Fichtenwald, Trientali-Piceetum und Fichtenforst) gefundenen Lumbriciden-Arten waren jedoch ausschließlich reine Streubewohner. Eine Zuwanderung von tiefergrabenden Regenwurmarten konnte Schauermann (1985) sieben Jahre nach der Kalkung noch nicht nachweisen.

Laborversuche mit Ameisen, Bienen und Raupenfliegen führen nach Behandlung mit Kalkstaub in allen Fällen zu Beeinträchtigungen, z. B. zu hoher Mortalität, geringerer Fruchtbarkeit und geringerem Beuteeintrag (Winter 1990b).

Die Tiere, die im Freiland dem Staub direkt ausgesetzt sind und nicht die Möglichkeit haben, sich schnell in der Streu oder unter Pflanzenteilen zu verstecken, reagieren sicherlich vergleichbar.

4.7 Veränderung sowie Beseitigung von Waldrändern und -säumen, Eliminierung der Kleinstrukturen.

5. Entwicklungsziele

Hinsichtlich der Komponenten und Faktoren bzw. der ökologischen Positionen der Fauna, die in allen Waldgesellschaften, also sowohl in den gefährdeten wie in den nicht gefährdeten, zu Mangelfaktoren werden (können), geben Tabelle 32 sowie auch Abbildung 96 Orientierungshilfen. Im Umkehrschluß lassen sich daraus wertvolle Hinweise auf die wichtigsten grundsätzlichen Entwicklungsziele herleiten:

5.1 Erhaltung (besser noch zusätzliche Rückverwandlung aller nicht bodenständigen Bestockungen) und Neubegründung naturnaher Laubmischwälder (außerhalb der Gebirgshochlagen), da der aktuelle Nadelholzanteil von etwas mehr als 2/3 aller Waldflächen in der Bundesrepublik (nach dem Gebietsstand bis zum 3. Oktober 1990) sich gegenüber den natürlichen Verhältnissen mehr als umgekehrt hat. Anzustreben ist dazu ein hoher natürlicher Laubholzanteil in Mischbeständen, durch Beimischung von Laubholz, speziell auch Weichhölzern (ohne Pappeln), z. B. längs geeigneter Forstwege in Nadelholzbeständen.

5.2 Langfristige Sicherung bzw. Entwicklung eines ausreichenden Bestandes in räumlich-funktionaler Beziehung stehender Alt- und Totholzanteile sowie der unterschiedlichen Sukzessionsstadien.

5.3 Reduktion der Schlaggrößen, d. h. vor allem möglichst häufige Verzahnung verschiedener Altersstufen.

5.4 Betriebsarten und eine Waldpflege, die mit den Zielen des Naturschutzes vereinbar sind.

Plenterung: Die Bäume werden nach ihrer individuellen Hiebreife genutzt. Es wird auf jeder Teilfläche des Waldes darauf geachtet, daß ein stufiger Bestandsaufbau durch eine ununterbrochene, fortwährende Erneuerung auf natürlicher Aussamung vorhanden ist (Leibundgut 1990). Die Plenterung eignet sich besonders gut für Tannen- und Buchenwälder, da diese Baumarten im Unterstand viel Schatten ertragen.

Femelschlag: Bei Femelschlagbetrieb wird die Waldverjüngung in unregelmäßig verteilten Schirm- oder Löcherhieben eingeleitet. Die Jungwaldgruppen werden erweitert und fließen mit der Zeit zusammen. Es ist durchaus vertretbar, kleinere Kahlschläge von 0,7 - 1 ha maximaler Größe unter bestimmten Pflege- und Bewirtschaftungsbedingungen durchzuführen (s. Kap. XXVIII). Der Femelschlagbetrieb ist gut geeignet für stärker lichtbedürftige Baumarten (Föhren, Lärchen).

Die Waldpflege sollte nach Leibundgut (1990) so durchgeführt werden, daß die bestveranlagten Baumindividuen, die periodisch immer neu selektiert werden, durch den Aushieb störender Konkurrenten begünstigt werden. Es wird nur das entfernt, was die gut verteilten „Anwärter für die Wertholzlaufbahn" unmittelbar schädigt. Jungwüchse werden nicht ausgemäht und Sträucher sind erwünscht.

5.5 Erhaltung, Verlängerung und Aufbau möglichst unregelmäßiger äußerer und – ebenso – innerer Grenzlinien in ausgewogenem Verhältnis zur Waldfläche. Zu den speziellen Entwicklungszielen vgl. Abschnitt XXVIII. 5.

5.6 Erhöhung der Umtriebszeiten, da mit dem Baumalter ganz allgemein die Zahl der „ökologischen Nischen" für die Waldfauna wächst, ältere Bäume also i. d. R. mehr Tierarten Lebensgrundlagen bieten als jüngere Bäume (vgl. dazu Kap. XXIV). Aus faunistischer Sicht ist darüber hinaus auch in Wirtschaftswäldern ein deutlich höherer Anteil an dickstämmigem Totholz erforderlich.

5.7 Erhalten der Habitate in ausreichender Zahl und räumlicher Verteilung, die zum Überlebensengpaß für eine große Zahl an gefährdeten Tierarten werden.

Abb. 96: Wirtschaftsbedingte Abwandlungen in genutzten Wäldern

Tab. 32: Wirtschaftsbedingte Abwandlungen in genutzten Wäldern und ihre Konsequenzen für die Fauna[*]

Naturnahe Waldgesellschaft	Künstlich geschaffene Reinbestände	Konsequenzen für die Fauna bzw. für bestimmte ökologische Positionen der Waldarten
Kriterium: Baumartenzusammensetzung		
naturnahe Bestockung, hoher natürlicher Laubholzanteil (außerhalb der Hochlagen); verschiedenartig und ungleichaltrig im kleinräumigen Wechsel (Mischbestände)[**]	vielfach standortfremde Bestockung, vor allem in tieferen Lagen; Fichte und Kiefer liegen heute in der Bundesrepublik Deutschland nach dem Gebietsstand bis zum 3. Oktober 1990 mit zusammen fast 70 % Holzartenanteil an der Spitze, obwohl sie von Natur aus außerhalb der Gebirgshochlagen auf Sonderstandorte beschränkt wären (Wilmanns 1989); gleichartig und gleichaltrig, also (zumindest bestandsweise) Altersklassenwälder	Mit der Wahl der Baumarten werden auch die Fauna und sonstige Flora entscheidend vorund mitgeprägt; aus dieser hinsichtlich Artenzahl und Strukturdiversität starken Verarmung der Waldpflanzengemeinschaft resultiert eine nachhaltige Verringerung der Vielfalt der Tierarten durch Ausfall von Nahrungspflanzen, Gliedern niederer trophischer Ebenen, bestimmter Waldaufbau- und Mischformen.
Kriterium: Schichtung, Struktur		
gut bis sehr gut geschichtet, d.h. große Vielfalt von Baumhöhen und -durchmessern (also auch Baumaltern auf kleinstem Raum)[**]	ein- bzw. wenigschichtig; verarmte Strauch- und Krautschicht; vergleichbare Stammdurchmesser	Ausfall zahlreicher ökologischer Positionen; durch das Territorialverhalten einiger Tierarten wird die Situation in Altersklassenwäldern gegenüber strukturreichen Klimaxstadien zusätzlich noch komplizierter, da nicht der gesamte Raum, sondern nur zeitlichräumlich strukturell beschränkte Phasen biotopfähig sind (Stein 1978).
Kriterium: Absolutes Alter, Anteil an totem oder kränkelndem Holz		
durchschnittlich höheres Alter; hoher Anteil an totem und krankem, insbesondere auch an dickstämmigem Holz (Totbäume stehend und liegend, dürre Starkäste und Wipfel usw.)	Ernte vor der eigentlichen Zerfallsphase; meist beträgt auch die Alterungsphase – je nach Verjüngungstechnik und Umtriebsfixierung – nur wenige Jahrzehnte, bei zügiger Räumung des Oberholzes möglicherweise nur einige Jahre; Ausfall der höchsten Baumaltersklassen, Ausfall von Tot- und Moderholz (durch kurze Umtriebszeiten, aber auch infolge regelmäßiger Auslesedurchforstung)	Entsprechend der verkürzten Alterungsphase verringert sich die Lebenszeit und damit analog auch insgesamt der Lebensraum derjenigen Tier- und Pflanzenarten, die an alte, ausgereifte Waldökosysteme gebunden sind (vgl. Kap. XXIV). Außerdem fallen die Arten (ökologischen Positionen) aus, die in irgendeiner Entwicklungsphase an dickstämmiges Faulholz/Totholz (z.B. Hirschkäfer), an Großhöhlen oder an hohe Bäume in alten Baumbeständen (z.B. horstende Schwarzstörche) gebunden sind; erhebliche Verringerung der Habitatvielfalt.
Kriterium: Grenzlinien		
reich an inneren Grenzlinien (Lichtungen, Baumlücken) und unregelmäßigen äußeren Grenzlinien	Verkürzung der Gesamtlänge an Grenzlinien	erhebliche Verringerung der Standortvielfalt mit der Folge einer starken Verarmung der Fauna und Flora
Kriterium: Walderneuerung		
kleinräumig differenzierte, natürliche und künstliche, gruppenoder horstweise stetige Verjüngung	Schirm-, Saum- und Kahlschlagverfahren mit Wiederaufforstung; nicht stetig, sondern in großen Zeitintervallen	Altersklassenwälder sind erheblich artenärmer als gemischtaltrige Bestände

---

[*] Zusammengestellt in enger Anlehnung an Bibelriether (1978).
[**] Fallweise, insbesondere bei Rotbuchen-(Hallen-)Wäldern, muß dieses Kriterium nicht erfüllt sein.

Die Mangelhabitate für die Waldfauna im engeren Sinn sind dabei im wesentlichen Alt- und Totholz und seine Zerfallstadien sowie davon abhängige Pilze und Epiphyten. Hier ist einmal ein Altholzprogramm in die Wege zu leiten bzw. verstärkt durchzuführen. Dazu sind auch außerhalb dieser Altholzinseln tote, kränkelnde und dürre Bäume, Stubben, Starkäste und Reisig in erheblich größerem Umfang als bisher im Bestand zu belassen. (Zu den speziellen Entwicklungszielen vgl. Abschn. XXXIV. 5.)

5.8 Einzelstammweise und kleinflächige Bewirtschaftung der Wälder, um einen großen Teil der Altholz- und dauernd stufige Bestände zu erhalten.

5.9 Äußerste Zurückhaltung bei weiterer Erschließung der Wälder durch Wege, Loipen u. ä. Steuerung des Erholungsverkehrs vor allem in Bereichen mit Vorkommen besonders störungsempfindlicher Tierarten. Zurückhaltung beim weiteren Ausbau bestehender Wege mit festen Decken.

Vor jedem Waldwegebau, insbesondere bei geteerten Straßen für den Holztransport, ist eine integrale Planung unter Berücksichtigung auch anderer, Natur und Landschaft mehr schonender Erschließungsmittel und mit allen geprüften Erschließungsvarianten und Bringungsmöglichkeiten vorzulegen. Eine Kosten-Nutzenrechnung und eine Landschaftsverträglichkeitsprüfung ist vorzunehmen (SBN 1989).

5.10 Völliger Verzicht bzw. deutliche Verminderung der Giftanwendung auf den Aufforstungsflächen, Kahlschlägen, Wegrändern usw. sowie weitere Reduktion des Biozideinsatzes insgesamt, dazu auch Beschränkung der Kulturreinigung auf das engste Umfeld der neugepflanzten Bäume.

5.11 Sicherung oder Entwicklung spezieller Habitate wie Tümpel, Quellen, Bachläufe, Felsen, Trockenrasen, offene Sandflächen und blütenreiche Stellen (auch an Wegen), vertikale Erdaufschlüsse (auch aufgeklappte Wurzelteller) mit ihrer speziellen Fauna, die sehr wesentlich zur Faunenvielfalt ganzer Waldkomplexe beitragen. (Näheres hierzu bei den speziellen Abschnitten.)

5.12 „Sich-selbst-überlassen" möglichst vieler (auch kleiner) Stellen im Wald.

5.13 Ausweisung von Altholzbeständen von mind. 5 - 10 % der bewirtschafteten Wälder.

5.14 Erhaltung von Nieder- und Hutewäldern aufgrund ihrer besonderen ökologischen Bedeutung.

5.15 Naturverjüngung als Regel, Pflanzung als Ausnahme.

5.16 Der Wald sollte im Sinne der erweiterten Nachhaltigkeit, die den gesamten „bio-ökologischen Vorrat" berücksichtigt (s. o.), bewirtschaftet werden. Die ökonomische Erfolgskontrolle sollte durch eine betont ökologische Erfolgskontrolle ergänzt werden (Heider 1987). Dort soll dokumentiert werden, wo z. B. auf die Nutzung einzelner Bäume oder Bestände zugunsten von höhlenbrütenden Vögeln verzichtet wird oder das Pferd zum Holzrücken wieder vermehrt eingesetzt wird, um Schäden am Waldbestand und Boden zu minimieren. Damit kann belegt werden, daß naturnaher Waldbau nicht zum Nulltarif zu haben ist, sondern einen Preis hat, und wie hoch bzw. wie niedrig er im Einzelfall ist.

5.17 Verminderung von Bodenverdichtung und -erosion (verursacht vor allem durch Maschineneinsatz, Kahlschläge, Umbruch).

5.18 Aufgabe der Bewirtschaftung auf Extremstandorten und Erhaltung von Nicht-Wald-Biotopen in großflächigen Waldungen.

5.19 Erstaufforstungen, vor allem auf sogenannten Grenzertragsböden (wie trockenes oder feuchtes Grünland, Moorboden, Borstgrasrasen und Zwergstrauchheiden oder in Wiesentälern waldreicher Mittelgebirge), sind keinesfalls unbesehen als Beitrag zum Arten- und Biotopschutz zu werten. Vielmehr kommt es in diesem Zusammenhang nicht selten zu erheblichen Zielkonflikten (vgl. u.a. Abschn. XVI.4, Abschn. XVIII.4 Abschn. XIX.4, Abschn. XXII.4).

6. Schutz, Pflege und Entwicklung

6.1 Durchsetzung einer Luftreinhaltepolitik, die den landschaftstypischen Waldökosystemen eine dauerhafte Existenzchance garantiert.

6.2 Unterlassung/Abwehr der schädlichen Eingriffe. Verstärkte Berücksichtigung ökologischer Zielsetzungen im Rahmen von Waldbau und -bewirtschaftung, wie sie in Abschnitt 5 dieses Kapitels skizziert werden. Dazu ist es aber auch notwendig, die im Bundeswaldgesetz festgeschriebene Verpflichtung zur Waldpflege zu lockern und diese, wie auch das Aufforstungsgebot für Ödland und landwirtschaftliche Grenzertragsböden, stärker und ökologisch verträglicher zu differenzieren.

6.3 Flächenmäßige Erhaltung, besser Flächenvergrößerung gefährdeter Waldpflanzengesellschaften und historischer Waldnutzungsformen (vgl. Kap. XXV - XXVII), dazu Einrichtung von Naturwaldreservaten in allen wichtigen Waldgesellschaften sowie vermehrte Ausweisung von Waldschutzgebieten mit primär zoologischem Schutzziel.

6.4 Ausweitung des Anteils reifer Waldbestände und ihrer Fragmente (vgl. Kap. XXIV) im Bereich möglichst vieler Wald- und Bodentypen.

6.5 Aussparen möglichst vieler großer, zusammenhängender Waldflächen vom Waldwege- und Straßenbau, Rückbau von Waldwegen.

6.6 Schutz und naturschutzorientierte Gestaltung der Waldränder (vgl. dazu Kap. XXVIII).

6.7 Schließen noch funktionierender Entwässerungsgräben, dazu Anlage von Kleingewässern sowie Regenerierung entwässerter Quellmoore einschließlich Beseitigung von an solchen Stellen gepflanzten biotopfremden Baumarten wie Fichten und Pappeln.

6.8 Waldbau (Baumartenauswahl und Verjüngung)[*]. Hierbei ist es besonders vordringlich, die in vielen Regionen aus ökologischer Sicht zu hohen Bestände an Nadelbäumen, Reinbeständen und Altersklassenwäldern deutlich zu verringern.

Für eine Neubestockung sollen nur aus ökologischer Sicht standortgerechte Baumarten gewählt werden. Bei Bestandsverjüngungen sind überall dort, wo es die natürlichen Umstände zulassen, Naturverjüngungsverfahren anzustreben. Außerdem ist anzustreben, die Nutzungs- und Verjüngungszeiträume zu verlängern.

Weite Pflanzabstände, Fehlstellen und Bestandsränder lassen Nebenbaumarten, Sträuchern und Kräutern und der davon abhängigen Tierwelt Entwicklungsraum.

---

[*] Die Ausführungen zu Waldbau wie auch Bestandspflege und Waldschutz erfolgen hier in enger Anlehnung an Arbeitskreis Forstliche Landespflege (1984).

6.9 Bestandspflege

Bei der Jungwuchspflege ist vorab gezielt zu prüfen, ob ein Teil der üblichen Wald-Pflegemaßnahmen nicht auch aus forstlicher Sicht unterlassen werden kann. Dort wo auf eine Eindämmung der spontanen Vegetation nicht verzichtet werden kann, reicht vielfach bereits eine Teilflächenbehandlung, z. B. Auskesseln der Kulturpflanzen, aus. Außerdem sind manuelle Pflegeverfahren (wie Mulchen) der Behandlung mit Herbiziden unbedingt vorzuziehen.

Auch bei der Läuterung der Jungwüchse und der Durchforstung von Stangenhölzern sollten in jedem Fall zunächst die unabweisbare Notwendigkeit solcher Maßnahmen gezielt ermittelt und die Aktionen dann nicht zu schematisch durchgeführt werden. Die Pflegeeingriffe sind überdies nicht nur auf Hauptbaumarten der Oberschicht abzustellen, sondern auch auf die Erhaltung von Nebenbaumarten im Bestand, wie z. B. den forstlich nicht interessanten, spontan aufkommenden Weichhölzern.

6.10 Vorbeugender Waldschutz (Waldhygiene)

Auch vorbeugender Waldschutz darf nicht zu einer übertriebenden Ordnung führen. So brauchen einzelne, längst abgestorbene Fichten allein zur Vorbeugung gegen den Borkenkäfer nicht gefällt zu werden. Bekämpfungsmaßnahmen gegen Schadinsekten sollten nur bei tatsächlich feststellbaren erheblichen Gefahren durchgeführt werden. Mechanische Mittel wie Entrinden oder rechtzeitige Abfuhr des Holzes, und biologische Mittel, wie Einsatz von Bakterien und Viren, sind dabei chemischen Verfahren vorzuziehen.

6.11 Bestands- und Abschußplanung für Schalenwild, die an den natürlichen Lebensgrundlagen ausgerichtet ist, d. h. Verringerung der Bestände auf ein Maß, daß es ohne zusätzliche Maßnahmen (z. B. Zaunschutz) möglich ist, artenreiche Laubmischwälder mit den naturgemäßen Hauptbaumarten zu erhalten und zu verjüngen. Dies setzt zudem auch einen Verzicht bzw. eine sehr kritische Überprüfung der Winterfütterung voraus.

6.12 Zeitliche und räumliche Rücksichtnahme auf Bestände empfindlicher Waldbewohner (z. B. Auerhuhn, Kranich, Seeadler, Schwarzstorch) bei forstwirtschaftlichen Arbeiten, Einrichtung von Horstschutzzonen.

6.13 Standort-, bestand- und strukturschonender Maschineneinsatz, weitestmögliche Verwendung von Rückepferden.

6.14 Kein Einsatz von Saugmähern und Herbiziden bei der Unterhaltung von Wege- und Straßenrändern.

6.15 Beseitigung von Erholungseinrichtungen, soweit diese zu erheblichen Konflikten mit dem Naturschutz führen. Generell ist der Erholungsverkehr nur in ohnehin schon gut erschlossene Bereiche zu lenken.

6.16 Genehmigungen von Neuaufforstungen für bestimmte Grenzertragsböden, insbesondere Wiesen und Trocken- bzw. Halbtrockenrasen, Moor- und Heideflächen, sind im Regelfall zu versagen, solche zur Neuaufforstung von Brachen restriktiv und nur nach eingehender und strenger ökologischer Abwägung zu erteilen. Hierzu ist auch eine spezielle gesetzliche Regelung bzw. die Änderung bestehender konträrer Rechtsvorschriften (z. B. im Waldgesetz) erforderlich. In waldreichen Gebieten sind weitere Aufforstungen zu Lasten des Landschaftsbildes oder von ökologisch wertvollen Freiflächen möglichst generell zu unterlassen.

XXIV. Reife Waldökosysteme und Teile reifer Waldökoysteme

1. Charakterisierung

Vielstufige Wälder, deren höchste Baumaltersklassen (deutlich) jenseits der aus forstwirtschaftlichen Gesichtspunkten festgelegten Umtriebszeiten liegen, kleinflächigere Ausprägungen davon (Altholzgruppen, -inseln) und Fragmente solcher reifen Systeme (wie z. B. dickstämmiges Faul- oder Totholz) in Wirtschaftswäldern.

2. Typen

2.1 Großräumige Urwaldgebiete fehlen heute in der Bundesrepublik Deutschland. Entsprechend sind auch einige an diesen großflächig entwickelten Typ gebundene Tierarten, wie z. B. Habichtskauz, bei uns ausgestorben (Bibelriether 1978). Auch die sogenannten „Urwaldrelikte" unter den Insekten, wie etwa (nach Paulus 1980) die Käferarten *Rhysodes germari* und *R. sulcatus, Agnathus decoratus, Boros schneideri, Phryganophilus ruficollis, Dircaea australis, Tenebrio opacus, Menephilus cylindricus, Dicerca berolinensis, Dicerca alni, Dicerca acuminata, Lampra rutilans, Eurythyrea quercus, Adelocera lepidoptera, A. quercus, Elater cardinalis, E. nigerrimus, Ludius ferrugineus,* um nur einige zu nennen, sind in Deutschland sehr selten geworden und kurz vor dem Aussterben oder bereits ausgestorben. Sie alle sind an alte, morsche Bäume, meist Eichen, Buchen oder Linden, gebunden (vgl. auch Tab. 34).

2.2 Zusammenhängende, naturnahe, nicht oder extensiv plenterartig bewirtschaftete, lückige Altholzbestände auf großer Fläche werden selbst in Regionen, die durch die Siedlungstätigkeit des Menschen weniger belastet sind, außerhalb der höheren Berglagen zunehmend zurückgedrängt (vgl. z. B. Abb. 97) und bedürfen daher besonderer Schutzfürsorge. Tierarten, die wie etwa das Auerhuhn, schwerpunktmäßig an solche Waldbiotope gebunden sind und großflächige Raumansprüche stellen, werden stellvertretend für die Faunengemeinschaft dieser Waldtypen in Abschnitt 3. 1 dieses Kapitels behandelt[*).

2.3 Altholzbestände und ihre Fragmente in Wirtschaftswäldern.

[*) Aber nicht nur Arten mit großflächigen Raumansprüchen erleiden dabei empfindliche Bestandseinbußen, sondern sogar Wirbellose. So zeigte beispielsweise die Falterart *Eriogaster rimicola* (Eichenwollafter), deren Raupen gesellig in den Kronen alter Eichen leben, aufgrund des stetigen Rückgangs alter Eichen in lichten Laubwäldern bereits seit den fünfziger Jahren deutliche Bestandsrückgänge. Heute gilt die Art als erloschen.

3. Bedeutung für die Fauna

Da die von Natur aus in der Bundesrepublik Deutschland vorherrschende Vegetation der Wald ist, stellten Altholzbestände, kranke Bäume, Tot- und Faulholz, Mulm, rissige Borke u. a. m. vor dem Einsetzen geregelter Forstwirtschaft ein Massenhabitat dar, auf das sich eine sehr große Zahl von Tierarten spezialisiert hat. So leben etwa alleine von den ca. 5.800 einheimischen Käferarten rund 1.000 im und vom Holz oder von holzbewohnenden Pilzen (Geiser 1980). Dabei sind freilich bei weitem nicht alle Arten zwingend auf Altholz angewiesen. Dazu kommen zahlreiche Vertreter anderer Gruppen, etwa von Hautflüglern, Fliegen, Tausendfüßlern, Asseln, Springschwänzen, aber auch von Säugetieren und Vögeln.

3.1 Auerhuhnbiotope

Ausschlaggebend für das Vorkommen dieser Art in Mitteleuropa sind vielstufige Wälder mit hohem Altholzanteil auf großer Fläche und dadurch bedingter lückiger Waldstruktur sowie nennenswerte Anteile an Nadelbäumen. Bevorzugt werden weitläufige und lückige, unterwuchsreiche Altholzbestände, die größtenteils in die älteste Klasse der Forsteinrichtung (120 Jahre und darüber) fallen (vgl. Abb. 97). Einige der besten bayerischen Vorkommen wurden in über 200 Jahren alten Waldbeständen gefunden (z. B. Schröder 1974).

Im einzelnen müssen im Biotop die Grundlagen für die unterschiedlichen Funktionskreise in enger Nachbarschaft zueinander gegeben sein: Balzplätze, Brut- und Aufzuchtgebiete, vegetationsfreie Stellen für Staub- oder Sandbäder, für die Aufnahme von Magensteinen, Tränken und Ameisenvorkommen als Futter für die Küken. Als Schwerpunkte im Auerhuhn-Biotop nennt Scherzinger (1974):

1) Jungfichten als Winternahrung des Hahnes
2) Balzbaum
3) Heidelbeeren
4) Bodenbalzplatz
5) Aufnahmestellen von Steinchen an Wurzeltellern
6) gedeckter Schlafplatz
7) geschützter Brutplatz
8) Fichtenzweige als Winternahrung der Henne
9) Huderpfanne
10) freier Schlafplatz
11) Ameisenhaufen
12) Buchenlaub als Sommer- und Herbstnahrung

Wegen der hohen Ortstreue dieser Art müssen die einzelnen Biotopteile in möglichst enger räumlicher Nachbarschaft liegen. Die Analyse von vier Wohngebieten (jeweils 1 Hahn und 1 Henne) in einem für die Art günstigen Biotop (Eichen-Kiefernwald) ergab mindestens 30 Sandbadeplätze, 5 Tränken, 5 Steinchen-Aufnahmeplätze und 3 Ameisenhaufen (Müller in Glutz et al. 1973).

Je nach Qualität des Lebensraumes benötigt eine überlebensfähige Auerhuhnpopulation, für die eine untere Populationsgröße von 15 Hähnen und mindestens ebensovielen Hennen (Fuchs 1980) bzw. 50 - 70 Tieren (Scherzinger 1981) angenommen wird, mehrere hundert ha geeigneten Wald. Entscheidend für den Raumanspruch einer Population sind dabei die Wohngebiete der Hennen, die sich nicht überschneiden. Nach Müller in

Glutz et al. (1973) umfaßt das Wohngebiet einer Henne durchschnittlich 45 ha, die Aufzuchtgebiete für die Küken davon ca. 11 ha.

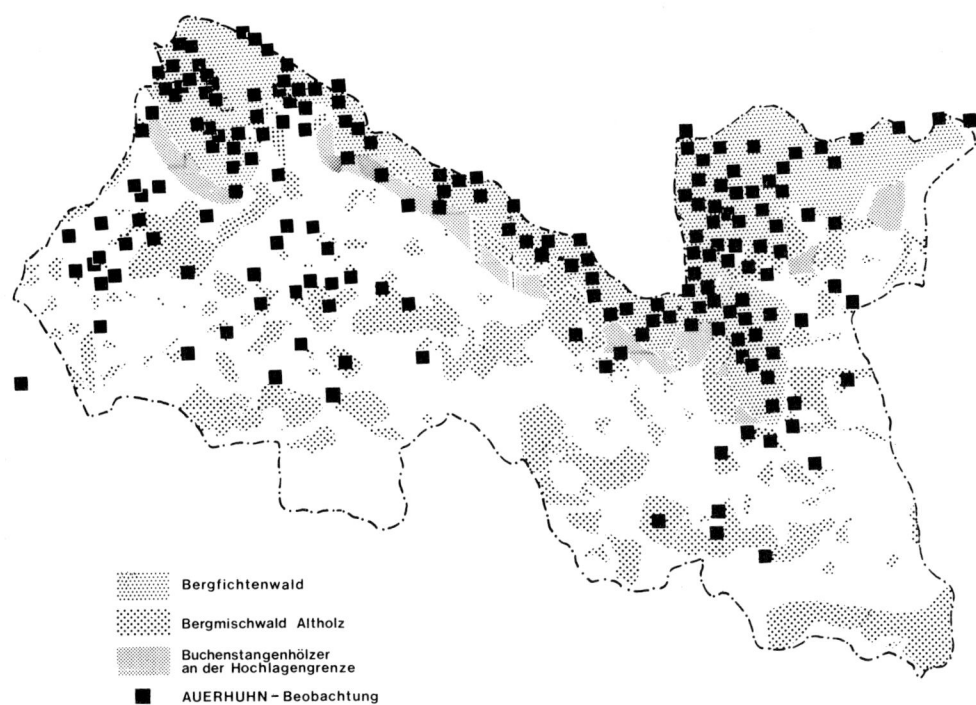

Bergfichtenwald

Bergmischwald Altholz

Buchenstangenhölzer
an der Hochlagengrenze

■ AUERHUHN – Beobachtung

Abb. 97: Verbreitung des Auerhuhns im Nationalpark Bayerischer Wald. Der Großteil der Hühner lebt ganzjährig im Bergfichtenwald der Hochlagen, da die Altholzreste des Bergmischwaldes meist zu klein oder zu stark isoliert sind, um einen geeigneten Biotop stellen zu können (nach Scherzinger 1976).

3.2 Funktion als Horstunterlage für baumbrütende Großvögel

Eine Reihe baumbrütender Großvögel, insbesondere Greife, Reiher und Störche, bevorzugt oder benötigt dominierende, hochwüchsige Altbäume oder Altbaumbestände (vgl. dazu die Beispiele von Tab. 33).

3.3 Funktion als Substrat für die Anlage von Baumhöhlen

Mehrere Tierarten, wie etwa die Waldfledermäuse, die Spechte und Meisen, verschiedene Wildbienenarten und die Hornisse sind (Baum-)Höhlenbrüter. Während Kleinhöhlen wie Rindenspalten, Bruchstellen, natürliche Verwachsungen, Buntspechthöhlen usw. in allen Hochwäldern und insbesondere in Laubwäldern bereits deutlich vor dem Erntealter der Bäume vertreten sind, damit also keinen echten Überlebensengpaß (sicher aber oft einen die Siedlungsdichten bestimmenden Faktor) für die hierauf angewiesene

Tab. 33: Brutbiotop und Aktionsradien baumbrütender Großvögel (Auswahl)

Art	Brutbiotop	Bevorzugtes Umland	Besonderheiten	Aktionsradien
Schwarzstorch	ruhige, feuchte, gerne urwüchsige, unterholzreiche Wälder mit ausgedehnten Altholzbeständen		Altholzbestand muß lückig sein bzw. Schneisen aufweisen, um freien An- und Abflug zu gewährleisten. Wichtig sind auch nahrungsreiche Gewässer (Altwässer, Tümpel, Waldbäche, Nahrungsteiche)	zwischen 6 und 10 km um den Horst je nach Struktur des Reviers (z. B. Schröder & Burmeister 1974)
Graureiher	Standorte mit höheren Bäumen und lichtem Unterholz, das freien Blick zum Erdboden ermöglicht	die Lage der Brutbiotope steht in Abhängigkeit zum Nahrungsbiotop (und zum Angebot geeigneter Koloniestandorte)	der Anflug zum Horstbaum muß frei sein (daher gerne an Waldrändern, kleineren Gehölzen, Kuppen und Überhältern bei Plenterbetrieb (Utschick 1980)	wesentlich mehr als 10 km beträgt die Entfernung zwischen Brut- und Nahrungsbiotop in wenigen Fällen (gelegentlich aber auch 20-30 km, z. B. Bauer & Glutz 1966, Heckenroth & Hansen 1965)
Gänsesäger	große Höhlen in (entsprechend meist alten) Bäumen, gelegentlich auch Felsen, Mauern etc.	fischreiche Klarwasserseen, Flüsse, Küsten mit vegetationsarmem Grund		Nistbäume gelegentlich bis mehr als 1 km vom Gewässer entfernt (Bauer & Glutz 1969)
Schwarzmilan	Vor allem Waldränder und höhere, lückige oder gestufte Bestände	Nähe von Seen, Flüssen und Riedlandschaften		ausnahmsweise 8-12, selten 25 km vom nächsten Fischgewässer entfernt (Rockenbauch 1965)
Rotmilan	200 (-400) m vom Waldrand entfernte lichte Altholzbestände, meist über 10 ha Fläche	reich gegliederte Landschaften, gerne in Gewässernähe, aber nicht so stark wie vorgenannte Art		Jagdrevier 5-10 km

Tierwelt darstellen, entstehen Großhöhlen in ausreichender Zahl im wesentlichen erst mit der späten Alterungs- und Zerfallsphase der Bäume. Da die Bäume in Wirtschaftswäldern jedoch zumeist deutlich vor der eigentlichen Alterungsphase geschlagen werden, stellen Großhöhlen dort nicht selten einen empfindlichen Mangelfaktor für die hierauf angewiesenen Tierarten dar. Dies gilt für ihre Rolle als Bruthabitat der gefährdeten Vogelarten Hohltaube und Rauhfußkauz ebenso wie für ihre Rolle als Überwinterungsquartier der Baumfledermäuse. Letztere bevorzugen wohl wegen der Unzugänglichkeit für Marder usw. für die Jungenaufzucht zwar die Kleinhöhlen (vgl. Abb.135), benötigen aber zur Überwinterung Höhlungen mit kaminartiger Form, dazu ein relativ konstantes Mikroklima und hohe Luftfeuchtigkeit, wie es i. d. R. erst in tieferen Kluften dickerer Bäume gegeben ist.

Eine Tierart, der Schwarzspecht, ist in der Lage, deutlich vor der eigentlichen Alterungs- und Zerfallsphase der Bäume Großhöhlen zu schaffen. Er wird damit zur Schlüsselart für viele von Großhöhlen abhängige Tierarten im Wirtschaftswald (z.B. Hohltaube, Rauhfußkauz, Fledermäuse).

3.4 Funktion als Nahrungs-, Brut- und Überwinterungshabitat für Wirbellose

Erkrankte Baumabschnitte, morsche Äste, anbrüchige Rinde und vermulmtes Stamminneres (Stammfäule) sind unverzichtbare Lebensstätten/Teillebensstätten für zahlreiche Tierarten (vgl. hierzu unter anderem Abbildung 98 sowie die Zusammenstellung von Kreissl (1981) für holzbewohnende gefährdete Käferarten). Insbesondere dickstäm-

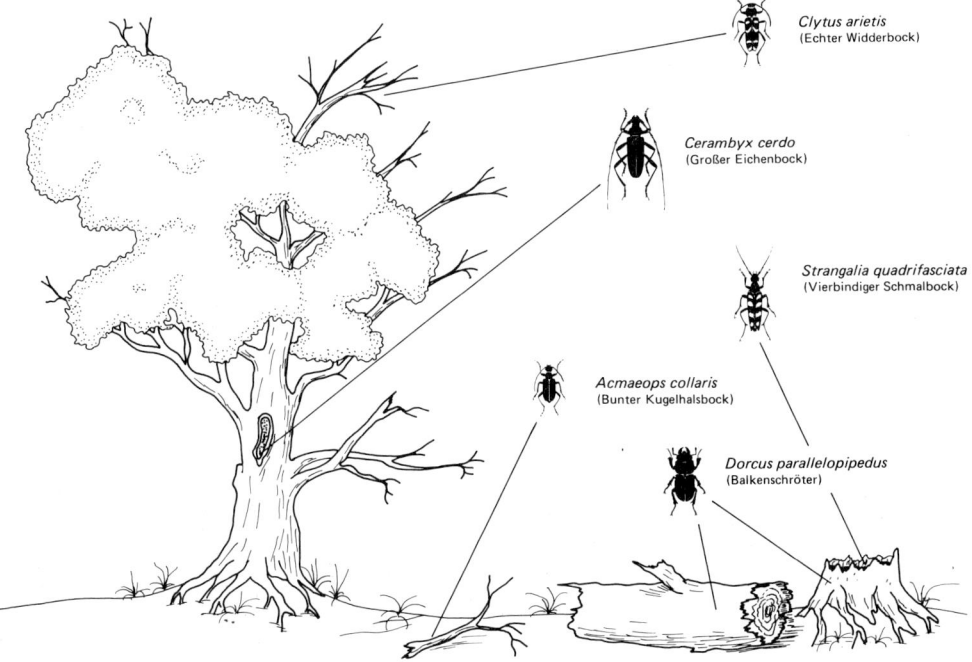

Abb. 98: Larven-Habitate von Hirsch- und Bockkäfern im Eichen-Totholz (aus Blab & Riecken 1989)

miges Faul- und Totholz stellt in Wirtschaftswäldern zumeist einen empfindlichen Mangelfaktor dar.

Die Insekten leben dabei von Holz, von Pilzhyphen im Holz, als Räuber von den beiden ersten Gruppen oder als Parasiten von den drei vorgenannten Gruppen (Derksen 1941).

Neben dieser echten Endofauna (Stamminnenfauna) der Gehölze, auf die unten noch etwas ausführlicher eingegangen wird, sei hier auch erwähnt, daß darüber hinaus

- verschiedene Hautflügler, z. B. der Gattungen *Osmia* (Mauerbienen), *Megachile* (Blattschneiderbienen) und *Oxybelus* (Fliegen-Spießwespen), in den Fraßgängen der holzbewohnenden Käfer und Riesenholzwespen, aber auch in weißfaulen Ästen z. B. von Linden, Eichen und Buchen ihre Larven aufziehen (Preuss 1980);

- sich etliche Tierarten von epiphytischen (auf Pflanzen, hier Bäumen, lebende nichtparasitische Aufsiedler) Flechten[*] und Moosen ernähren. Dabei treten z. B. die baumbewohnenden Schnecken *Laciniaria plicata* (Faltenlippige Baumschraube) und *Balea perversa* (Kleine Baumschraube) nur auf sehr alten Baumstämmen auf und sind dabei entweder selbst oder unmittelbar über die Nahrungsgrundlage auf langfristig konstante mikroklimatische Verhältnisse angewiesen, wie sie nur Bäume mit einem gewissen Stammumfang aufweisen (Bayer. Landesamt für Umweltschutz 1981);

- große Laufkäferarten, z. B. *Carabus violaceus* (Goldleiste) oder Blattwespen (Tenthrediniden) gezielt Baumstümpfe zur Überwinterung aufsuchen (Derksen 1941). Sie schaffen sich dabei selbst Höhlungen im bei fortgeschrittenem Abbau weichen Holz.

Die Besiedlung durch die echte Endofauna hängt im wesentlichen von den folgenden drei Faktoren ab:

a) *Mikroklima*

Aus mikroklimatischen Gründen (Feuchtigkeit) weisen der Baumstumpf und der Baumstamm (einschließlich starker, kranker oder dürrer Wipfel und Äste) eine sehr charakteristische und durchaus unterschiedliche Faunenbesiedlung auf (Derksen 1941). Liegende Stämme sind in mikroklimatischer Hinsicht Stümpfen gleichzusetzen. Aus krank gefällten oder umgebrochenen Stämmen verschwinden die für den Stamm charakteristischen Insektenarten nach und nach, die Stumpffauna ergreift Besitz (Derksen 1941).

b) *Holzvolumen*

Die Biomasse der Tiere korreliert in gewissen Grenzen mit der Masse des Holzes.

c) *Baumart*

Für Insekten besonders wichtig sind Laubbäume und dabei ganz besonders Eichen, daneben auch Buchen, Weiden, Obstbäume, Linden und andere mehr. Den herausragenden Stellenwert der Laubhölzer, zumindest für die hier speziell bearbeitete Gruppe von 28 altholzbewohnenden, überwiegend bestandsgefährdeten Käferarten zeigt Tabelle 34. Aus dieser, unter den „Altholzarten" nach dem Zufallsprinzip ausgewählten Gruppe siedeln 21 Arten ausschließlich in Laubhölzern, 6 Arten in Laub- und Na-

---

[*] Wirth (1976) nennt allein 70 einheimische Flechtenarten, die auf alte Borke und/oder auf dauernd hohe Luftfeuchtigkeit angewiesen sind. Über die Zahl der davon wiederum abhängigen Tierarten ist nichts bekannt.

Käferarten	Birke	Buche	Eiche	Erle	Esche	Fichte	Hainbuche	Kastanie	Kiefer	Linde	Obstbäume	Pappel	Tanne	Walnuß	Weide	Laubbäume	Nadelbäume
Acmaeodera flavofasciata Weißschuppiger Ohnschild-Prachtk.		●														●	
Adelocera lepidoptera Schnellkäfer-Art		○			○								○			○	○
Adelocera quercea Schnellkäfer-Art		●														●	
Aesalus scarabaeoides Kurzschröter		○	◑													●	
Cerambyx cerdo Großer Eichenbock	○	●		○	○	○			○	○	○		○	○		●	
Ceruchus chrysomelinus Rindenschröter	○	○	○		○			○					○			○	○
Cetonia aurata 1) Goldkäfer, Rosenkäfer		○									○	○		○		●	
Dicerca alni Erlen-Zahnflügel-Prachtkäfer	○		◑					?					?			●	
Dicerca berolinensis Eckfleck Zahnflügel-Prachtkäfer	?	◑				○										●	
Dicerca moesta 2) Linienhals-Zahnflügel-Prachtkäfer	?						●							?			●
Elater cardinalis Schnellkäfer-Art		●														●	
Elater cinnabarius Schnellkäfer-Art	○	◑	○	○					○	○				○		●	
Elater elegantulus Schnellkäfer-Art		○			○							○		◑		○	○
Elater nigerrimus Schnellkäfer-Art		○	○		○											○	○
Eurythyrea quercus Eckschild-Glanz-Prachtkäfer		●														●	
Gnorimus nobilis Grüner Edelscharrkäfer											○			○		●	
Gnorimus octopunctatus Veränderlicher Edelscharrkäfer		○	○				○	○						○		○	○
Liocola lugubris Marmorierter Goldkäfer		◑		○					○	○				○		●	
Lucanus cervus Hirschkäfer		○	◑		○	○			○	○	○			○		◑	○
Ludius ferrugineus 3) Schnellkäfer-Art														○		●	?
Megopis scabricornis Körnerbock		○					○	○		○	○	○		○		●	
Orthopleura sanguinicollis 4) Rothals-Blütenwalzenkäfer		●														●	
Oryctes nasicornis 5) Nashornkäfer		◑														◑	
Osmoderma eremita Juchtenkäfer, Eremit		○	◑		○					○	○			○		●	
Potosia aeruginosa Großer Goldkäfer		●														●	
Potosia fieberi Fiebers Goldkäfer		◑									○					●	
Sinodendron cylindricum Kopfhornschröter	○	◑	○	○			○		○	○						●	
Valgus hemipterus Kurzdeckiger Bohr-Scharrkäfer	○	○	○	○							○					●	

● Schwerpunktvorkommen   ◑ Hauptvorkommen   ○ Vorkommen

1) Larvenvorkommen auch in Humuserde und Nestern der Roten Waldameise
2) In Filzen des Voralpengebietes
3) Gelegentlich auch in anderen Baumarten; meist in Gesellschaft von *Osmoderma eremita*, ohne zwingend daran gebunden zu sein
4) Besonders in Eichen, die von *Cerambyx cerdo* befallen sind
5) Seit etwa 1920 durch ökologische Umstellung auch in Kompost-, Sägemehl- und Misthaufen

Tab. 34: Bruthabitate von 28 gefährdeten, als Altholzspezialisten bekannten, nach dem Zufallsprinzip ausgewählten Käferarten. Zusammengestellt nach Horion (1941-74) sowie Brauns (1976), Escherich (1923), Koch (1968), Schwenke (1974), Vité (1952).

delholz und nur eine Art (*Dicerca moesta*, Linienhals-Zahnflügel-Prachtkäfer) ist mehr oder weniger eng an Nadelholz (Kiefer) gebunden. Auffällig ist auch die besondere Bedeutung der Eiche: Von den 28 Arten sind 7 offensichtlich zwingend und 6

Abb. 99: Hirschkäfer
(Lucanus cervus)
(Foto:
H. J. Weidemann)

schwerpunktmäßig an Eiche gebunden und für weitere 9 Arten stellt die Eiche neben anderen Baumarten ein geeignetes Brutsubstrat dar (d. h. 22 von 28 Arten aus diesem Kreis kommen in Eichen vor). An zweiter Stelle folgt in dieser Auflistung die Buche mit 3 Arten, die hier ihr Hauptvorkommen haben und 7 Arten mit Nebenvorkommen. Auch Weiden und Obstbäumen kommt eine größere Bedeutung für die Überlebenssicherung dieser Käferarten zu.

Wieweit dieses Resultat repräsentativ für die Gesamtgruppierung altholzbewohnender Käferarten ist, läßt sich allerdings erst nach Einbeziehung von erheblich mehr „Altholzarten" in Auswertungen dieser Art beurteilen. Außerdem ist einzuschränken, daß selbst bei den für diese Analyse herangezogenen, vergleichsweise gut erforschten Arten unsere Kenntnisse zur Ökologie noch lückenhaft sind, entsprechend auch weitere Vorkommen in hier noch nicht berücksichtigten Baumarten durchaus möglich sind.

Eine Analyse, welche Ansprüche diese 28 „Altholzkäfer" an ihrem Brutbaum stellen, ergibt folgende Ergebnisse: 9 Arten besiedeln bevorzugt den Baumstumpf. Größer ist die Zahl der von den Stumpfbewohnern ökologisch (s. o.) abzugrenzenden (und meist stärker bestandsbedrohten) Stammbewohner. Für diese besitzen vor allem stehende Stämme oder Starkäste und Wipfel mit Verletzungen sowie mit Mulm gefüllte Hohlräume eine wichtige Bedeutung. Nur eine Art, der Große Eichenbock *(Cerambyx cerdo)*, kann aus diesem Kreis auch gesunde Bäume besiedeln. Aber selbst diese Art zeigt viele Merkmale eines „Sekundären Insekts"[*]. So sind hier vor allem die jungen Larven stärker auf das Vorhandensein von holzzerstörenden Pilzen angewiesen als ältere und beginnen ihren Fraß vorzugsweise an brüchigen Stellen (Vité 1952).

Mulm ist das für die Larvenentwicklung dieser Artengruppe bei weitem wichtigste Substrat. Allerdings benötigen viele Arten mehrere unterschiedliche Substrate während ihrer Entwicklung. So lebt etwa der Schnellkäfer *Elater cardinalis* als Larve im Mulm, während er zur Verpuppung vollstrukturiertes Holz benötigt (Horion 1953), so legt der Große Eichenbock seine Eier auf der Rinde ab, die Larve frißt im ersten Jahr in der Rinde, im zweiten überwiegend im Kambium und Bast bzw. an der Splintoberfläche und bewirkt dadurch häufig Saftfluß (von dem sich unter anderem auch die ausgewachsenen Käfer ernähren), schließlich verpuppt sich die Larve am Ende des dritten Jahres im Kernholz. Von den Larven etlicher altholzbewohnender Schnellkäferarten ist bekannt, daß diese zur Ernährung neben ausreichenden Mengen an Mulm auch noch Mulmbewohner benötigen.

Inwieweit Pilzbefall oder Verletzung entscheidend sind, ist vielfach ungeklärt, allerdings für die Naturschutzpraxis auch weniger bedeutsam. Entscheidend ist jedoch die Frage nach etwaigen Schlüsselarten. Hier zeigt sich, daß der Eichenbock *(Cerambyx cerdo)* ein wichtiger Primärbesiedler für *Orthopleura sanguinicollis* und die Goldkäferart *Potosia fieberi* (und evtl. auch noch für weitere Arten) ist (Horion 1958).

4. Gefährdungsfaktoren

4.1 Den auf größerer Fläche noch zusammenhängenden, naturnahen, kaum oder extensiv plenterartig bewirtschafteten Altholzbeständen (z. B. Abb. 97) droht die Gefahr weiterer Einengung und des teilweisen Abtriebs mit Überführung in intensiver bewirtschaftete Wälder. (Auch Zerschneidung dieser wertvollen Waldteile durch Waldwege.)

4.2 Bei den für die Horstanlage verschiedener Großvögel und den Höhlenbau des Schwarzspechts geeigneten Baumgruppen in Wirtschaftswäldern stellt sich das Problem, daß diese Bestände in hiebreifem Alter sind (Lösungsansatz: Baumgruppen mit Horsten bzw. potentiellen Horstbäumen so lange wie möglich erhalten, außerdem Altholzinselprogramm).

4.3 Kränkelndes und totes Starkholz stellt in Wirtschaftswäldern einen empfindlichen Überlebensengpaß für die große Zahl darauf eng spezialisierter Tierarten dar (vgl. Abschn. 3 dieses Kapitels). Die Gefährdungsursachen im einzelnen sind:

– Völlige Entnahme aus dem Bestand. Ausgesprochen negativ wirkt sich dabei auch bereits das Umschneiden von kränkelnden oder toten Stämmen, Starkästen usw. aus,

---

[*] Während die Nahrungsobjekte von „Primärinsekten" nach Vité (1952) gesunde, lebende, durch relativ hohen Stärke- und Eiweißgehalt sowie hohe Feuchteverhältnisse in kambiumnahen Zonen ausgezeichnete Holzgewächse sind, sind die Nahrungsobjekte der „Sekundären Holzinsekten" durch die folgenden Eigenschaften gekennzeichnet: Geringer Eiweiß- und Stärkegehalt, wechselnde Feuchtigkeitsverhältnisse nach Störung bzw. Unterbrechung des pflanzlichen Wasserhaushaltes, aber noch feste Konsistenz des Holzes.

selbst wenn sie im Bestand verbleiben, da die im Vergleich zur Stumpffauna zumeist noch stärker gefährdete Stammfauna aufgrund mikroklimatischer Ansprüche meist nur stehende Bäume neu besiedeln kann.

– Ausschneiden, Ausschaben und Sterilisieren aller morschen Teile in alten Stämmen (vor allem in Parks, Friedhöfen, Alleen usw. gerne praktiziert), sei es nun aus rechtlichen (Haftung des Eigners für Schäden) oder ästhetischen Gründen oder gar in naturschützerischer Absicht (sog. Baumsanierungen). Wie Abschnitt 3 dieses Kapitels zeigt, sind für die Stammendofauna alle Zerfallsstadien von Holz und dabei ganz besonders der Holzmulm wichtig. Außerdem ist die Populationsgröße der Altholzbewohner meist entscheidend von dem Holz- und Mulmvolumen abhängig.

– Beschattung der besiedelten Stammpartien alter Baumindividuen durch Jungwuchs, da ein Großteil der Stamminsekten hohe Ansprüche an warmtrockene Mikroklimaverhältnisse stellt und durch Beschattung verdrängt wird.

– Begiftung sowohl der Stubben als auch der liegenden Hölzer (Paulus 1980).

5. Entwicklungsziele

5.1 Grundsätzliche wertbestimmende Gesichtspunkte

a) Die verbliebenen großflächigen, naturnahen, extensiv plenterartig bewirtschafteten Altholzbestände sollten nach Möglichkeit flächenhaft erhalten (Erhöhung der Umtriebszeit) und auch weiterhin nur extensiv genutzt, nicht aber in stärker genutzte Wirtschaftswälder umgewandelt werden.

b) Sicherung eines Netzes großflächiger Auerhuhnreservate mit hohem Anteil an Altholzbeständen. Die Endnutzung dieser Altbestände muß solange unterbleiben, bis die Voraussetzungen einer befriedigenden Verjüngung derselben gegeben sind, d. h., ein gleichwertiger Altbestand in unmittelbarer Nähe herangewachsen ist. Dies setzt auch eine Lösung der Schalenwildfrage voraus. Eine weitere notwendige Maßnahme ist die Abwehr von Störungen (keine neuen Waldstraßen, keine Langlaufloipen und Seilbahnen usw. in Auerhuhnbiotopen, Sperrung der Wege bzw. Wegegebot).

c) In Wirtschaftswäldern ist der Anteil organischer Abbausubstanz und dabei insbesondere an dickstämmigen Bestandteilen ungleich geringer als in Urwaldresten[*]. Dickstämmiges Tot- und Faulholz oder dickstämmige kränkelnde Bäume sind wegen ihrer Seltenheit in Wirtschaftswäldern in allen Ausprägungen schutzwürdig. Ihr Anteil an der Biomasse der Wälder ist überall wenigstens zu erhalten, regional unbedingt zu mehren[**].

---

[*] Nach Stein (1978) hat Ellenberg (1973) im Rahmen des Internationalen Biologischen Programms am „Solling-Projekt" in einem alten Buchenwald nur 3,7 % der gesamten Biomasse als organische Abbausubstanz ermittelt, wobei dies fast nur Laubstreu und Feinreisig betrifft und Moderholz weitgehend fehlt. Dagegen beträgt der Totholzanteil in unbeeinflußten Naturwäldern zwischen 5 und 25 % des Holzvorrates, nämlich: 5-12 % in einem 300-650jährigen Fichten-Urwald des Engadins (Hillgarter 1971), 10-20 % im Rachelurwald des Bayerischen Waldes (Thiele 1977), 10-25 % im bonesischen Urwald „Perucica" (Fukarek 1958), 15-21 % in einem 350-400jährigen Fi/Ta/Bu-Urwald Makedoniens (Stein 1976) sowie ca. 20 % im Naturwaldreservat „Harzer Uralt-Fichten".

[**] Dabei ist auch dem Verbreitungsmuster der hochgradig gefährdeten Altholzarten Rechnung zu tragen. Beispielsweise findet sich der akut bedrohte Breitschulterbock nur lokal an einer Stelle in Mainfranken (Geiser 1980).

d) Alle Zerfallstadien, angefangen von kränkelndem Holz über Totholz bis zum Mulm sind wichtig, da verschiedene Insekten nur in der frühen, andere nur in der fortgeschrittenen Zerfallphase siedeln können, einander also im Sinne von Insektensukzessionen ablösen (Derksen 1941). Einige Arten benötigen mehrere Sukzessionsstadien nebeneinander (vgl. Abschn. 3.3 dieses Kapitels).

e) Das Volumen der verfügbaren Holzmasse ist ein wesentlicher wertsteigernder Faktor, da die Biomasse der Nutzer davon direkt abhängt.

f) Einen besonderen Stellenwert für die Zoozönose haben auch bereits Bäume/Baumgruppen, die aufgrund ihrer Dimensionen für die Horstanlagen von Großvögeln (vgl. Tab. 33) und für die Höhlenanlage des Schwarzspechts (als dem „Zimmermann" der Großhöhlen im Wirtschaftswald) infrage kommen. Diese Bäume stehen in hiebreifem Alter, so daß ein Interessenausgleich zwischen den Nutzungs- und Naturschutzzielen zu suchen ist (etwa über Belassung von kleinen Altholzzellen bei der Nutzung des Waldes sowie über spezielle Altholzinselprogramme).

Abb. 100: Baumleiche mit Pilzen
(Foto: J. Blab)

5.2 Strukturelle Merkmale und ihre Bedeutung für die Fauna

a) *Vertikale und qualitative Ausprägung*

– Stehendes Tot- und Faulholz (Stämme, aber auch dürre Wipfel und Starkäste, die teilweise bereits mit Mulm angefüllte Hohlräume aufweisen) ist wertvoller als liegendes, da Stümpfe (einschließlich liegender Baumleichen) in Wirtschaftswäldern vergleichsweise häufiger sind, die Stammfauna entsprechend noch stärker schutzbedürftig ist.

– Sonnenexponierte Lage ist beschatteter Lage dringend vorzuziehen, da ein wesentlicher Teil der holzbewohnenden Insektenarten sehr wärmeliebend ist und dementsprechend nur in stärker besonnten Holzpartien siedelt (wichtig daher besonders auch einzeln, in lockeren Gruppen oder an Waldrändern stehende Totbäume). Beispiele hierzu finden sich u. a. bei Riecken & Blab (1989).

– Für den Faunenschutz besonders wichtig sind Eichen, Buchen, Linden, Ulmen, Eschen sowie Obstbäume und Weiden, welche sich meist außerhalb der Forste finden (vgl. Tab. 34).

– Für die Großhöhlenbrüter ist zu beachten, daß vom Schwarzspecht zur Höhlenanlage nur Altbäume, und zwar hohe, astfreie Stammsäulen besiedelt werden können, die noch in 8-15 m Höhe, dem üblichen Niveau der Höhlenanlage, einen Querschnitt von wenigstens 40 cm aufweisen. Solche Dimensionen erreichen die entsprechenden Bäume im allgemeinen aber erst in einem Alter ab 120-130 Jahren[*].

Die bevorzugten, bis in große Höhen astfreien Säulen bietet vor allem die Rotbuche, sie dominiert daher meist um die 90 % unter den Höhlenbäumen (vgl. z. B. Hillerich 1978, zit. bei Stein 1978), daneben auch die Kiefer und einige weitere Laubbäume.

b) *Horizontale Ausprägung*

Um überlebensfähige Populationsgrößen von Tieren zu garantieren und auch, um nachteilige Rand- und Außenwirkungen abzumildern, ist eine gewisse untere Flächengröße der Altholzparzellen nicht zu unterschreiten. Dazu liefert die Literatur verschiedene Anhaltspunkte:

Wenig anspruchsvoll ist der Schwarzspecht, der auch einzelne Überhälter und isolierte Baumgruppen besiedelt. Da Überhälter mit Schwarzspechthöhlen jedoch sturmgefährdet sind und die Bruthöhle bei Einzelüberhältern oft auch aufgegeben wird, sollte die Altholzgruppe jeweils etwas größer sein.

Anspruchsvoller sind bereits die Folgenutzer der Schwarzspechthöhlen, Rauhfußkauz und Hohltaube. Letztere benötigt größere Gruppen lichter Althölzer mit wenig Unterwuchs, hat mehrere Bruten im Jahr und benötigt schon wegen des Konkurrenzdrucks um die Höhlen ein gutes Angebot benachbarter Höhlen.

Als untere Grenze für den Schutz äußerst bedrohter Käferarten nennt Geiser (1980) eine Bestandsgröße von 50 - 100 alten Bäumen[*]. In Ostdeutschland hat sich eine Ei-

---

[*] Bei einer speziellen Untersuchung zum Alter der Schwarzspecht-Brutbäume ergab sich nach Stein (1978) die folgende Situation:
Bei einem Umtriebsalter von 140 J. - 14 % des Bestandes von Großhöhlenbrütern nutzbar.
Bei einem Umtriebsalter von 160 J. - 25 % des Bestandes von Großhöhlenbrütern nutzbar.
Bei einem Umtriebsalter von 250 J. - 52 % des Bestandes von Großhöhlenbrütern nutzbar.
Das physisch mögliche Alter eines Buchenwaldes ist erheblich höher und kann bis 350 und mehr Jahre betragen.

chenbockpopulation nachweislich in einem Alteichenbestand von 160 alten Stieleichen (20 ha Fläche), von denen mindestens 16 besiedelt waren, über Jahrzehnte gehalten. Der Eichenbock *(Cerambyx cerdo)* ist dabei sehr ortstreu und wenig ausbreitungsfreudig. So wurden nach Döhring (1955) 65 Prozent von 256 markierten und wiedergefundenen Individuen dieser Art nur am Geburtsbaum festgestellt. Bei Männchen wurden Flugstrecken bis 4.250 m, bei Weibchen bis 800 m nachgewiesen. Meist fanden jedoch nur kurze Flüge in die nächste Umgebung des Geburtsbaumes statt. Umgekehrt konnten Käfer, die 400 m vom Fundort entfernt ausgesetzt wurden, nicht mehr in der betreffenden Parkanlage wiedergefunden werden.

Da Altholzinseln unter 1 ha durch die Randeinwirkung ökologisch sehr labil sind, postuliert Ganse (1980) eine untere Grenze von 1 ha. Nur dort kann sich das notwendige Bestandsinnenklima bilden, es sei denn, die Altholzinseln liegen im Anschluß an ihnen Schutz bietende Waldbestände.

Auerhuhnbiotope sollten möglichst mehrere hundert Hektar geeigneter Wälder umfassen (vgl. hierzu Abschn. 3.1 dieses Kapitels).

c) *Nachbarschaftsaspekte*

Da ein Teil der in den Stämmen sich entwickelnden Insektenarten im erwachsenen Zustand Blütenpflanzen, und dabei besonders z. B. Umbelliferen in sonniger, windgeschützter Lage benötigt, ist auch ein ausreichendes Nektarangebot in enger Nachbarschaft zu den Altholzbeständen zu garantieren (Näheres vgl. Kap. XXVIII).

6. Schutz, Pflege und Entwicklung

6.1 Abwehr der Gefährungsfaktoren. Außerdem ist eine Änderung des Haftungsrechtes zu veranlassen mit dem Ziel, die Haftpflicht für etwaige Schäden durch brüchige Äste usw. anders (vgl. z. B. Verkehrshaftpflicht bei Wildschäden) zu regeln (Geiser 1980). Wenn – nach aktueller Rechtslage – berechtigte Sicherheitsbedenken gegen die Erhaltung alter Bäume sprechen, ist diesen nur insoweit entgegenzukommen, als lediglich die bruchgefährdeten Äste entfernt werden. Auch ein „Baumstumpf" von mehreren Metern Höhe stellt noch eine „ökologische Zelle" dar (Schreiner 1979).

6.2 Freistellung der Stammpartien alter, dicker Bäume von Büschen und Jungwuchs im Randbereich von Wäldern. Dies fördert die Besiedlung der Stämme durch wärmeliebende Insektenarten und ermöglicht das Aufkommen von blühenden Kräutern, welche wiederum für viele als erwachsenes Tier von Nektar abhängige holzbrütende Insektenarten wichtig sind.

6.3 „Sanierungen" sollten weitgehend unterlassen oder höchstens in gut begründbaren Einzelfällen (z. B. Gefährdung der Verkehrssicherheit) durchgeführt werden. Bei „Sanierungen" an alten Baumruinen sollten nicht aller Mulm beseitigt und vorhandene Höhlen bzw. Stammrisse nicht völlig zubetoniert werden, sondern noch Einflugmöglichkeiten für Insekten, Vögel und Fledermäuse erhalten bleiben. Abgeschnittenes Tot- und Faulholz ist nach Möglichkeit bis zu drei Jahren offen und trocken zu lagern, damit die Insektenlarven ihre Entwicklung abschließen können (Preuss 1980).

6.4 Pflege und Ausweitung der vorhandenen Altbaumbestände. Als untere Grenze sind dabei Gruppen von jeweils mindestens 100 starken Bäumen anzustreben. Die Nachhaltigkeit ist zusätzlich sicherzustellen, z. B. auch durch Übernahme von Einzelbäumen in die nächste Baumgeneration in möglichst vielen Wirtschaftswäldern.

Wünschenswert ist die Einrichtung eines das ganze Land überziehenden Netzes von Altholzparzellen (-inseln), das alle repräsentativen Waldtypen umfaßt. Daneben sollten sowohl innerhalb als auch außerhalb dieser Altholzinseln dicke, anbrüchige sowie tote Stämme und Stubben in möglichst großer Zahl in den Beständen belassen werden.

6.5 Wenn ein Baum außerhalb des Waldes gefällt werden muß, sollte ein Baumstumpf von mehreren Metern Höhe stehen bleiben, um neues Totholz zu schaffen. Auch in Grünanlagen und Parks sollten, dort wo die Verkehrssicherheit es zuläßt, halbhohe Baumstämme stehen bleiben. Nur in Ausnahmefällen (Platzmangel für Jungbaum) sollten Baumstümpfe ausgegraben oder ausgefräst werden.

6.6 Naturnahe Waldwirtschaft in allen Wirtschaftswäldern: Waldtotalreservate sind oft nur bescheidene „Biotop-Inseln". Ein wirksamer Beitrag zum Naturschutz wird erst dann erreicht, wenn Waldbau auch in den ertragreichsten Wäldern als Aufgabe des Umwelt-, Landschafts- und Naturschutzes aufgefaßt wird (Leibundgut 1990).

XXV. Feucht- und Naßwälder

1. Charakterisierung

Waldbestände auf Standorten mit ganzjährig bzw. periodisch hohem Grundwasserstand oder Überflutung.

2. Typen

2.1 Auwälder

Vor allem im Überflutungsbereich am Mittellauf der Flüsse, aber auch an Bächen (Bachauewälder). Sie lassen sich nach Bach, Fluß und Höhenlage weiter differenzieren.

Geprägt werden sie von starken Wasserstandsschwankungen mit tiefem Grundwasserstand und regelmäßigen jährlichen Überschwemmungen. Vielfach sind sie reich an Tümpeln und Altwassern, Brennen (Trockenstandorte über Schotter mit nur geringer Feinbodenauflage), dynamischen Sand-, Kies- und Lehmbänken im flußseitigen Teil. Durch regelmäßige natürliche Feinbodenablagerung infolge von Überschwemmungen sind sie sehr produktiv. Unterschieden werden:

2.1.1. Weichholzauen: Von Weiden dominierte Gebüsche und Wälder auf nassen, regelmäßig und lange überfluteten, feinkörnigen oder mittel- bis grobsandigen Schwemmböden (z. B. Hügin 1981)

In den ursprünglichen Flußauen der Tieflagen liegt die Weichholzaue nur wenig über dem Mittelwasserspiegel des Fließgewässers; am Oberrhein beispielsweise nach Ger-

ken (1988) 10-20 cm über MHW (Mittleres Hochwasser) bis etwa 80 cm darüber. Der
Auwald erträgt ca. 150-200 Tage Überflutung. Extrem hochwassertolerante Baumarten
(vgl. Abb. 101) wie die Silberweide *(Salix alba)* oder im ponto-mediterranen Bereich
die Silberpappel *(Populus alba)* sind die dominierenden Baumarten. Die Krautschicht
wird von nitrophilen, regenerationskräftigen Arten, z.B. Brennessel *(Urtica dioica),*
Wald-Engelwurz *(Angelica sylvestris),* Sumpf-Wolfsmilch *(Euphorbia palustris)* und
Gewöhnlicher Geißfuß *(Aegopodium podagraria)* gebildet. Die Weichholzauen in montaner (z.T. auch bereits colliner) Lage und im Vorland der Gebirge werden vielfach von
Schwarzerlen-Galerie Wäldern (Stellario-Alnetum glutinosae) gebildet. Die Grauerle
(Alnus incana) kommt autochthon nur in den kaltluftreichen Tälern, z. B. im danu-
bisch-subkontinental geprägten Ostschwarzwald (Schwabe 1987) und im Voralpen-
raum vor.

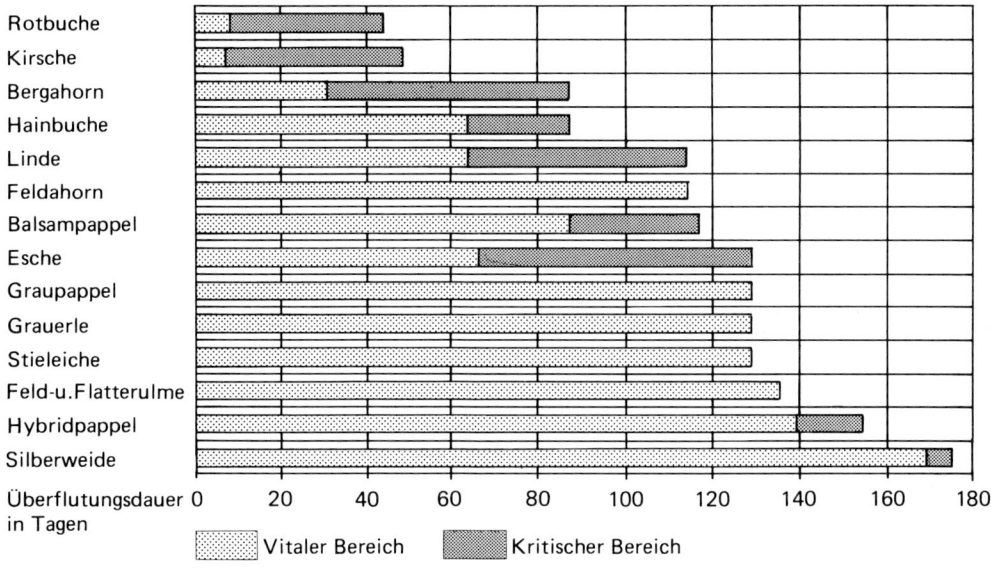

Abb. 101: Übersicht über die Überflutungstoleranz der wichtigsten Baumarten (nach Späth 1988)

2.1.2. Hartholzauen: Eschen, Ulmen, Stieleichen, Hainbuchen, Ahorn, im Voralpengebiet
auch Kiefern auf mittelhohen bis höheren Schwemmbodenstufen

Der Ulmen-Eichenwald (Querco-Ulmetum minoris) schließt auf höherem Niveau an
die Weichholzaue an. Er wird nur noch bei Spitzenhochwasser, normalerweise mindestens einmal pro Jahr, überflutet. Für den Erhalt der Hartholzaue ist eine Überflutung
alle 2-3 Jahre notwendig (Wilmanns 1989). In der Regel ist sie z. B. am Oberrhein nicht
länger als 30 Tage überflutet (Gerken 1988). Für die Waldbestände typisch ist der mehrschichtige Aufbau. Sie sind von Natur aus sehr reich an Lianen: Hopfen *(Humulus lu-
pulus),* Wilde Rebe *(Vitis sylvestris),* Efeu *(Hedera helix)* und Waldrebe *(Clematis vital-
ba).*

2.2 Sumpf- und Bruchwälder

2.2.1 Bruchwälder

Bruchwälder wachsen auf einem Boden, in dem das Grundwasser permanent nahe der Oberfläche steht. Die Wasserspiegelschwankungen sind relativ gering (kleiner 1 m). Die Wälder stehen meist nur im Frühjahr unter Wasser, anschließend bleiben die Böden im Gegensatz zu den Auwäldern, die schnell abtrocknen, relativ lange naß. Durch die Überstauungen aus dem Grundwasserbereich werden im Gegensatz zu den Auwäldern keine Nährstoffe durch anorganische Sedimente nachgeliefert. Bruchwälder stocken meist auf einer 10-20 cm dicken Anmoorschicht, die von ehemaliger Niedermoorvegetation stammt und heute nicht mehr nachgebildet wird (Große-Brauckmann 1979). Bruchwälder entwickeln sich u. a. am Rande von großen Flußauen in der Randsenke (vgl. Abb. 102), am Rande von Hochmooren oder als Endstadium eines verlandenden Sees und werden überwiegend aus Erlen *(Alnus glutinosa),* z.T. mit Eschen *(Fraxinus excelsior)* aufgebaut.

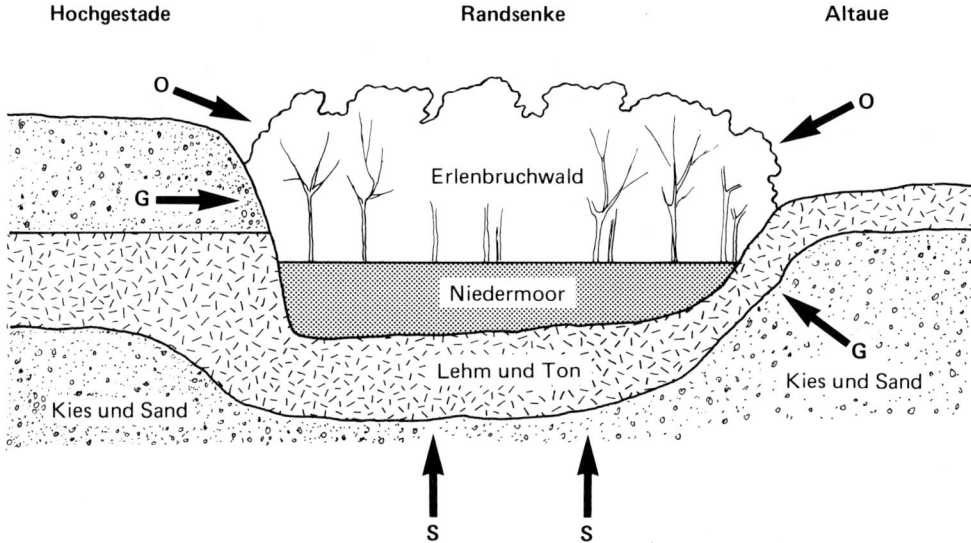

Abb. 102: Biotopveränderungen durch Eingriffe in den Wasserhaushalt (verändert nach Planungsgruppe Ökologie u. Umwelt 1979). Wasserversorgung der Randsenke durch O=Oberflächenwasser und G = seitlich zuströmendes Grundwasser; S = gespanntes Grundwasser im Untergrund

2.2.2. Moorrandwälder

Moorrandwälder entwickeln sich im trockensten Teil eines Hochmoors, am Randgehänge. Der dichte Wald aus Birken, Kiefern, Fichten und reichlich Zwergsträuchern, z.B. Rauschbeere *(Vaccinium uliginosum),* ist teilweise von tiefen Abflußrinnen durchzogen. Zur Hochmoormitte hin wird der Wald immer lichter und die Bäume immer kleiner, bis ihre natürliche Wuchsgrenze erreicht ist.

Abb. 103: Erlen-Bruchwald   (Foto: P. Pretscher)

3. Bedeutung für die Fauna

Die Tierwelt ist artenreich. Es bestehen deutliche Parallelen in der Artenzusammensetzung zwischen Au- und Bruchwäldern, aber auch viele augenfällige Unterschiede. Letztere können einmal vor allem durch die unterschiedliche Baumartenzusammensetzung und die Unterschiede in der Strauch- und Bodenvegetation erklärt werden. Ganz entscheidend ist aber auch das Wasserregime, insbesondere regelmäßige, längere Überflutung, Staunässe usw.

Die Fauna setzt sich im wesentlichen aus Vertretern der nachfolgend genannten ökologischen Gruppen zusammen (dabei ist die Gesamtfauna aber mehr als die Summe der einzelnen Teilfaunen):

– Arten mit Bindung an hohen Grundwasserstand

Beispiele sind die Kurzflügler-Art *Disopora languida* oder der Zwergkäfer *Acrotrichis fratercula*, die Assel *Ligidium hypnorum*, die Laufkäferarten *Agonum micans, Carabus schneideri, Patrobus atrorufus, Platynus assimilis* oder die Spinnenarten *Dolomedes fimbricatus, Pachygnatha listeri, Tetragnatha nigrita* und *Tetragnatha extensa*.

– aquatische oder amphibische Tümpelbewohner

Beispiele sind der Kiemenfußkrebs *Siphonophanes grubei,* der Frühjahrstümpel besiedelt, die Schwimmkäferarten *Laccornis oblongus* und *Agabus striolatus* (nach Koch et al. 1977) sowie als Vertreter der Wirbeltiere Grasfrosch und Ringelnatter, Wildschwein und Sumpfspitzmaus. (Die Wirbeltierfauna ist bei verschiedenen Typen bodennasser Laubwälder weitgehend identisch.)

- Waldarten, die von bestimmten Baumarten abhängig sind

Von der Erle:

Erlenblattkäfer *(Agelastica alni)*, Erlenblattfloh *(Psylla alni)*, Erlenrüßler *(Cryptorrhynchus lapathi)* oder die Schimmelkäferart *Atomaria barani*

Von der Birke:

Birkengabelschwanz *Harpyia bicuspis* und die Zahnspinnerart *Phaeosia gnoma*

Von Weiden:

Der Große Schillerfalter *(Apatura iris)*, der Weidenbohrer *(Cossus cossus)*, der Moschusbock *(Aromia moschata)* und alleine ca. 70 Arten von Blattwespen (vor allem *Pontania* spec. und *Enura* spec.)

- Waldarten, die an die Waldstruktur oder an die Biotopkombination Wald-Wasser gebunden sind (z. B. Reiher, Kormoran, Biber, Dunkler Wasserläufer und Waldschnepfe) oder aber an die Moosschicht von Au- und Bruchwäldern wie der Flechtenbär *(Cybosia mesomella)* an Lebermoose und Erdflechten;

- an Röhricht und Hochstauden (soweit vorhanden) gebundene Arten:

Beispiele sind der Rohrkäfer *Donacia cinera*, der Zipfelkäfer *Anthocomus coccineus*, der Marienkäfer *Coccidula scutellata* oder die Bernsteinschnecke *Succinea putris* (vgl. hierzu außerdem Abschn. XVII.3);

- Arten, die direkt von der üppigen Begleitpflanzenvegetation abhängen (z. B. die Käferarten *Demetrias monostigma* und *Limnobaris pilistriata* von Seggen);

- in Auenwäldern auch Arten der Sand- und Kiesbänke, u. a. viele für Flußufer- und Auenstandorte typische Vertreter aus den Laufkäfergattungen *Asaphidion* (Nebelflecken-Läufer), *Bembidion* (Ahlenläufer) und *Clivina* (Fingerkäfer) (vgl. dazu auch Abschn. XVIII.3);

- sowie die wiederum von allen diesen ökologischen Gruppen lebenden Räuber und Parasiten.

4. Gefährdungsfaktoren

Feucht- und Naßwälder sind in Deutschland infolge wasserbaulicher Eingriffe (Dammbauten, Flußbegradigungen, Entwässerungsmaßnahmen), aber auch durch Rodung sehr selten geworden.

Gefährdung der Auwälder

4.1 Direkte Zerstörung

Früher hauptsächlich durch Umwandlung in Grünland vernichtet. Heute droht Hauptgefahr von Dammbauten, Bach- und Flußregulierungen, Staustufenbau und Kanalisierungen einschließlich der zumeist erhebliche Flächen verschlingenden Folgenutzungen Verkehr, Industrieanlagen, Siedlungsbau, Landwirtschaft, gelegentlich auch Erholungseinrichtungen. Beispielsweise sind nahezu 90 % der nördlichen Oberrheinniederung durch die Eindeichung von den periodischen Überflutungen des Rheins abgeschnitten. Durch intensive Nutzung und aufgrund der Folgewirkungen der wasserbaulichen Maßnahmen sind von diesen 10 % nur noch 1 % typische, für den Biotopschutz besonders wertvolle Auebiotope übrig geblieben (Hügin 1981, Wahl 1985). Die Auengewässer in der Ausdeichung (Altaue) zeigen andere hydrologisch-ökologische Verhältnisse. Aus ehemaligen, alten, durchströmten Flußarmen wurden z. B. Weiher und diese gehören somit nicht mehr zu den auetypischen Lebensräumen. Die ursprünglich zu der Überflutungsaue zählende, vermoorte Randsenke ist z. B. am Oberrhein völlig ausgedeicht.

Im Zuge der Einengung der ehemals natürlichen Überflutungsräume auf das engere Flußbett tritt außerdem eine Verschärfung der Hochwässer im nicht ausgebauten Unterlauf ein, die der Vegetation und Tierwelt schadet. Feste Ufersicherungen führen überdies auch noch zum Verlust der letzten Auen-Fragmente an Bächen und Flüssen.

4.2 Änderung der Morphodynamik[*)]

Die natürliche Verjüngung der Weichholzaue ist kaum noch möglich (Ministerium für Umwelt Baden-Württemberg 1988). Silberweide *(Salix alba)* und Schwarzpappel *(Populus nigra)* benötigen für die Keimung ihrer Samen feuchte Standorte mit spärlicher oder fehlender Vegetation. Solche Bedingungen werden durch die periodischen Hochwässer immer wieder neu geschaffen.

Da die Samen der beiden Weichholzarten nur wenige Tage keimfähig sind, ist das zeitliche Zusammentreffen mit den günstigen Keimbedingungen für die Verjüngung ausschlaggebend. Durch die immer länger anhaltenden und häufiger auftretenden Hochwässer (vor allem auch im Sommer) ist am Rhein der langfristige Erhalt beim derzeitigen Stand der hydrologischen Verhältnisse der Weichholzaue in Frage gestellt (Ministerium für Umwelt Baden-Württemberg 1988).

4.3 Änderung der Hydrodynamik[*)]

Der überflutete Bereich der Aue (Überflutungsaue) wird durch den Hochwasserdamm meist auf einen schmalen Streifen eingeengt. Da sich das auflaufende Hochwasser aufgrund der fehlenden Retentionsfläche nicht mehr verteilen kann, steigen die Abflußmenge, die Scheitelhöhe und die Abflußgeschwindigkeit des Wassers. Dieser „Düsen-Effekt" kann die Besiedlung mit auetypischen Arten, Pflanzen und Tieren, verhindern bzw. wieder zerstören.

Die Zunahme höherer und länger anhaltender Überflutungen kann durch Sauerstoffzehrung im Boden auch bei auetypischen Biozönosen zu Ausfällen führen.

4.4 Änderung der Wasserqualität[*)]

Die biologische Güte des Rheins (Saprobitätsstufe II) ist in den letzten Jahren besser geworden. Die Salzfracht und die Konzentration an Phosphaten und Stickstoff-Verbindungen, die die Auebiozönosen ebenfalls beeinflussen, sind dagegen angestiegen. Problematisch ist außerdem die Belastung mit organischen Stoffen, z. B. chlorierten Kohlenwasserstoffen, polyzyklischen Aromaten und mit Schwermetallen. Letztere werden vor allem im Flußsediment akkumuliert (Ottow 1984). Hinzu kommt, daß Altrheinarme z. T.

[*)] Die Ausführungen beziehen sich beispielhaft auf die Situation am (Ober-)Rhein. In den Flußsystemen von Oder und Elbe herrschen diesbezüglich noch wesentlich naturnähere Bedingungen.

als Vorfluter, Klärstrecken oder Sedimentationsbecken kleinerer belasteter Zuflüsse dienen (Ministerium für Umwelt Baden-Württemberg 1988).

4.5 Änderung der Grundwasserverhältnisse

Die Höhe des Wasserspiegels ist für grund- oder stauwasserabhängige Biotope wie z. B. Bruchwälder sehr bedeutend. Durch Wasserabsenkungen werden diese Biotope stark verändert und letztlich zerstört.

Ursachen für Grundwasserabsenkungen können sein:

- Eintiefung des Flußes, im Zusammenhang damit senkt sich der korrespondierende Grundwasserspiegel. Besonders bei Niedrigwasser wird Grundwasser aus den Niederungen abgezogen.

- Entnahme von Trink- und Brauchwasser. Früher wurde weniger Wasser und vorwiegend aus Flachbrunnen gefördert (von 1950 - 1986 70 % Steigerung, Heintz & Reinhardt 1990)[*]. Die heutige Wassergewinnung geschieht aus tiefen Grundwasserstockwerken oder als Uferfiltrat.

- Aus den oberen Grundwasserstockwerken wird durch die Landwirtschaft Wasser für die Beregnungsanlagen verwendet.

- Infolge starker Überbauung (Bodenversiegelung) und Bodenverdichtung ist die Versickerung und damit die Grundwasserneubildungsrate in den Flußauen (und nicht nur dort) reduziert.

- Veränderung des Gewässersystems der Niederungen durch Kiesbaggerungen. Die entstandenen Gewässer sind zumeist kein Ersatzlebensraum für auetypische Biozönosen.

- Absenkung des Grundwasserspiegels durch Tagebaue und den damit verbundenen Sümpfungsmaßnahmen.

- Zunehmende Belastung des Grundwassers mit chemischen Fremdstoffen wie Bioziden, Nitraten (Heintz & Reinhard 1990). Bei einer durch den Industrieverband Agrar durchgeführten bundesweiten Untersuchung an über 200 Entnahmestellen wurde der Grenzwert der bundesdeutschen Trinkwasserverordnung für Einzelstoffe von 0,1 µg/l im Grundwasser in etwa 10 % der Fälle überschritten (Umweltbundesamt 1989)[*].

4.6 Forstliche Nutzung

Bei den meisten Auwäldern ist eine Verschiebung der Baumartenzusammensetzung zu Ungunsten der standorttypischen Baumarten mit geringer Massen- und Wertleistung, wie z. B. Feldahorn *(Acer campestris)*, Flatterulme *(Ulmus laevis)* und Wildobstarten zu verzeichnen. Beispielsweise haben 75 % der Auwälder am Rhein zwischen Renchmündung und Kirschgartshausen weniger als 50 % gebietsheimische Baumarten (Ministerium für Umwelt Baden-Württemberg 1988). Den häufig vorhandenenen Altersklassenwäldern fehlt der für die ungleichaltrigen Hartholzauewälder typische, mehrschichtige Aufbau mit dem vertikalen Schichtenschluß.

---

[*] Jeweils Bundesrepublik Deutschland nach dem Gebietsstand bis zum 3. Oktober 1990

Der Mangel an Heterogenität und Formenmannigfaltigkeit wirkt sich auf das Mikroklima und letzten Endes auf die Zoozönosen aus. Es fehlen die differenzierten Nischen für die charakteristischen Tiere der Aue.

Die nach wirtschaftlichen Gesichtspunkten festgelegten Umtriebzeiten lassen sodann keine Alters- oder Zerfallsphasen der Wälder zu.

4.7 Zerstörung der Brennen (Trockenstandorte über Schotter mit nur geringer Feinbodenauflage) durch Kies- und Sandabbau.

4.8 Eintrieb und Unterstand von Weidevieh im Sommer (gilt v. a. für Bachauewälder). Dies führt zu Zerstörungen in der Vegetation und zu starken Trittschäden.

Gefährdung der Bruchwälder

Gleiche Faktoren wie oben, zusätzlich Entwässerung durch entsprechende Gräben und landwirtschaftliche Nutzung, Verfüllen der Tümpel usw.

Gefährdung der Moorrandwälder

Die forstliche Nutzung entspricht meist nicht den Zielen der Biotopsicherung (vgl. auch Gefährdung Moore, Abschn. XVI.4).

5. Entwicklungsziele

5.1 Sicherung der Bestandsreste. Unverzichtbar dafür ist es zu gewährleisten,

– daß Bruchwälder wenigstens in Teilen durch Wasser überstaut werden bzw. daß (Grund-, Stau-)Wasser permanent nahe der Erdoberfläche steht;

– daß bei Auwäldern die natürliche Flußdynamik erhalten bleibt bzw. wiederhergestellt wird.

Dieser regelmäßige Wechsel von natürlicher Überflutung und Trockenfallen in den Auwäldern hat folgende Vorteile (nach BFANL 1983):

a) scharfe Auslese der auentypischen Artenzusammensetzung;

b) Speisung des Grundwassers in jahreszeitlichen Engpässen;

c) Verbesserung des Bodens durch Schlickauftrag und Nährstofftransport durch den Boden sowie durch die Vergrößerung des von Pflanzen nutzbaren Bodenraumes;

d) Ausbleiben ausbaubedingter Hochwasserschäden im Unterlauf und der Nachteile künstlicher Hochwasserrückhaltung;

e) Freihalten von Wasserläufen und der Bodenporen im Gewässerbett;

f) natürliche Selbstreinigung des Wassers.

5.2 Garantie der natürlichen Wassermengen in ihrer jahreszeitlichen Dynamik.

5.3 Vielfach ist auch eine Verbesserung der Wasserqualität der Fließgewässer dringend erforderlich, d. h. es sind konkrete, die ökologischen Zielsetzungen unterstützende Anforderungen an die Gewässergüte (Nährstoff-, Schwermetall-, Salzfracht usw. und die thermische Belastung) zu stellen.

5.4 Hinsichtlich der speziellen Entwicklungsziele zu den einzelnen Biotop-Bestandteilen vergleiche:
Waldbestände (Abschn. XXIII. 5)
Altwässer (Abschn. XII. 5).
Druck- und Drängewassertümpel (Abschn. XII. 5).
Sand- und Kiesbänke (Abschn. XV. 5)
Brennen (Abschn. XIX. 5)

5.5 Erhebliche Ausweitung der Retentionsräume durch den Rückbau begradigter Strecken und Zurückverlegung von Dämmen (wo immer möglich)

5.6 Rückbau von Bodenversiegelungen in der Flußniederung und im Einzugsbereich der Nebenflüsse, Revitalisierung der Gewässerauen

5.7 Verstärkter Grundwasserschutz

5.8 Generelle Regelungen für die Landwirtschaft, insbesondere Umbruchsverbot von Grünland, Gülleausbringungsverbot, Düngebeschränkungen bzw. Düngeverbot gegen einen entsprechenden Ausgleich. Keine Ackernutzung im Bereich der Überflutungsaue.

5.9 Alle nicht an die Aue gebundenen Nutzungen (z. B. Industrie- und Gewerbeanlagen, die das Gewässer nur als Transportweg nutzen) sollten möglichst aus der Aue verlagert werden.

6. Schutz, Pflege und Entwicklung

6.1 Abwehr der Schadfaktoren, Umkehr eingetretener Fehlentwicklungen.

6.2 Keine Neuansiedlung von nicht wasser- und schiffahrtsgebundener Industrie in den Flußniederungen.

6.3 Verlagerung bzw. Auflösen flächenintensiver biotopbeeinträchtigender Erholungseinrichtungen bzw. Erholungsformen (Campingplätze, Motorboothäfen usw.). Stattdessen Angebote für die stille landschaftsorientierte Erholung an wenigen Schwerpunkten, jedoch unter Aussparung von Gewässerufern und Auwaldgebieten mit besonders störungsempfindlicher Biozönose (Brutvögel u.a.m.).

6.4 Extensivierung der landwirtschaftlichen Flächen in der Flußniederung. Die druckwasserbeeinflußten Standorte bieten sich für die Flächenstillegung bzw. Umwidmung in z. B. extensives Grünland (nicht zuletzt auch aufgrund von immer wiederkehrenden Ernteausfällen) besonders an. Allerdings kann in solchen Bereichen z. T. aber auch extensiver Ackerbau einen Beitrag dazu leisten, den Bestand druckwasserabhängiger (oft bereits auch seltener) Wildkrautgesellschaften zu sichern (Oesau & Froebe 1972).

6.5 Verstärkter Grundwasserschutz, z. B. keine Bewässerung von landwirtschaftlichen Flächen in den Flußniederungen.

6.6 In den Auwäldern Förderung der standorttypischen, im Sinne von potentiell natürlichen, Baumarten (Feldahorn *Acer campestris*, Flatterulme *Ulmus laevis*, Stieleiche *Quercus robur);* mehr Zurückhaltung bei Verwendung von Bergahorn in der Hartholzaue. Der Bergahorn *(Acer pseudoplatanus)* beschattet sehr stark und führt zu einer ungünstigen Streuzusammensetzung und schließlich zu einer kümmerlich ausgeprägten Strauch-

306

und Krautschicht in den Auwäldern (Ministerium für Umwelt Baden-Württemberg 1988).

6.7 Die Empfehlungen, die zum Schutz, zur Pflege und zur Entwicklung für Wälder und Forste auf Normalstandorten in Kapitel XXIII aufgezeigt wurden, sind auf die Feucht- und Naßwälder übertragbar.

6.8 Wenn aus Gründen des Hochwasserschutzes neue Dämme geplant sind, so sollten diese nicht strom-, sondern landwärts der Auwälder gebaut werden.

6.9 In bestehende Dämme sind wenigstens streckenweise Überlaufdämme und Heberleitungen einzubringen, damit Standort und abgedichtete Gewässerbetten durch großflächige regelmäßige Überflutungen regeneriert werden.

XXVI. Wälder auf flachgründigem, trockenem Substrat

1. Charaktertisierung

Diese Gruppierung umfaßt eine breite Palette sehr verschiedenartiger Waldgesellschaften (vgl. nachfolgenden Abschn.), die sich expositions-, klima- und/oder substratbedingt auch faunistisch teilweise deutlich unterscheiden. Das Spektrum reicht von artenreichen Orchideenbuchenwäldern auf Kalk bis zu artenarmen Kiefernwäldern auf Sand. Diese Wälder weisen folgende für die Tierbesiedlung und die Naturschutzpraxis bedeutsame Gemeinsamkeiten auf:

Sie stocken zumeist auf flachgründigen oder sandigen, warm-trockenen bzw. zumindest rasch abtrocknenden Böden und beherbergen aus diesem Grund eine Vielzahl wärme- und trockenheitsliebende Tierarten. Sie wurden früher häufig als Niederwald genutzt und waren z.T. bereits für die Schafweide gerodet gewesen. Nicht selten sind auch heute kleinere Flächen mit Trockenrasen oder Zwergstrauchheiden eingeschlossen.

2. Typen

2.1 Wärmeliebende Buchenwälder (Cephalanthero-Fagenion): Seggen- oder Strauch-Buchenwälder (Carici-Fagetum), Blaugras-Buchenwald (Seslerio-Fagetum)

2.2 Eichentrockenwälder

2.2.1 wärmeliebender Eichenmischwald (Quercetalia pubescenti-petraeae), in Süddeutschland weitestgehend auf Kalk beschränkt

2.2.2 auf saurem Substrat (Birken-Eichenwälder, Quercetalia robori-petraeae, auf Sand und festem Substrat)

2.3 Xerotherme Kiefernwälder auf flachgründigen Felsstandorten, z.B. Schneeheide-Kiefernwald der Alpen (und reliktartig im Jura) (Erico-Pinetum) und Scheidenkronwicken-Kiefernwald (Coronillo-Pinetum), eine spätglaziale wärmezeitliche Reliktgesellschaft (Müller 1980)

307

2.4 Sandkiefernwälder (subkontinental - kontinental), z. B. Sand-Kiefernwald (Leucobryo-
Pinetum) und Wintergrün-Kiefernwald (Pyrolo-Pinetum)

3. Bedeutung für die Fauna

Die Tierwelt dieser Waldtypen ist wegen den günstigen warm-trockenen Klimabedingungen
und des infolge des lichten Waldaufbaus im Vergleich zu den übrigen Laubmischwäldern zumeist höheren Blütenangebots verhältnismäßig reich, insbesondere auch reich an seltenen
Arten. Auffallend, wenn auch nicht verwunderlich, ist der Reichtum an warm-trocken-lie-
benden Arten. An lichteren Stellen dominieren – je nach Typus der Krautschicht – vielfach die
Arten der Trockenrasen (vgl. Abschn. XIX. 3) bzw. der Zwergstrauchheiden und Borstgrasrasen (vgl. Abschn. XXII. 3). Infolge des hohen Totholzanteils (da diese Bestände nur selten
forstwirtschaftlich genutzt werden) finden sich zumeist auch viele Totholzbewohner (vgl.
Abschn. XXIV. 3).

Faunistisch bestehen aber deutliche Unterschiede zwischen den subatlantisch-submediter-
ranen und den subkontinentalen Waldtypen, wofür insbesondere die klimatischen Verhältnisse während der winterlichen Ruheperiode den Ausschlag geben dürften (Freitag 1962).
Außerdem treten im Südosten der Bundesrepublik Deutschland (z. B. im Donauraum) die
pontomediterranen Faunenelemente stärker hervor, während im Westteil die atlanto- und
mediterranen Elemente überwiegen. Dabei handelt es sich bei diesen Tierarten nicht selten
um zoogeographische Besonderheiten, die bei uns in diesen Biotopen ihre nördliche Verbreitungsgrenze finden, oder auch um Reliktformen der Wärmezeit.

Wirbeltiere (Auswahl)

Vögel: Ziegenmelker, Heidelerche und Brachpieper (in sehr lichten Kiefernwäldern)

Reptilien: Aeskulapnatter, Smaragdeidechse, Schlingnatter, Zauneidechse

Wirbellose

In Trockenwäldern und -gebüschen finden sich zahlreiche gefährdete wärmeliebende Arten
(z. B. der Malvenfalter *Carcharodus alceae,* der Große und der Kleine Waldportier *Hipparchia
fagi* und *H. alcyone,* der Blauschwarze Eisvogel *Limenitis reducta,* die Dornschrecke *Tetrix bi-
punctata* und die Zikade *Erythria aureola).*

Die Zahl der auf Kiefern und Eichen lebenden Tierarten ist besonders unter den Insekten
sehr groß. Nach Heydemann (1982/83) entfallen von spezialisierten Tiergruppen in der Fauna Mitteleuropas auf die Eiche 300 spezialisierte Arten (bei Durchsicht aller Tiergruppen
wahrscheinlich 500) und auf die Kiefer 160 spezialisierte Arten. Auch die wärmeliebende
Stammfauna hat – soweit dicke Stämme ausgebildet sind – wegen der lichten Stellung der
Stämme besonders günstige Entwicklungsbedingungen.

Eine eingehende Untersuchung der Wirbellosenfauna in wärmeliebenden Kiefern-Laub-
mischwäldern der Flugsandgebiete um Darmstadt führte Karafiat (1970) durch. Auffallend
ist dabei vor allem die ungewöhnlich hohe Dominanz der Diplopoden (Doppelfüßler), die in
wärmeliebendem Kiefern-Laubmischwald etwa 53 % sämtlicher Individuen ausmachen. Außerdem zeigen diese Erhebungen, daß einige kleinere Tiergruppen, v. a. Köcherfliegen,
Schildläuse, Asseln und Weberknechte, in der Darmstädter Region im wesentlichen auf den
wärmeliebenden Kiefern-Laubmischwald bzw. dessen Degenerationsstadien beschränkt
sind.

4. Gefährdungsfaktoren

4.1 Thermophile Buchen- und Eichenmischwälder

Diese Wälder sind dort, wo sie nur inselartig auftreten, vielfach erhalten geblieben. Häufig werden sie dabei nieder- oder mittelwaldartig genutzt, was aber ihre natürliche Struktur kaum verändert hat.[*] In vielen Regionen, z. B. am Oberrhein, im Gebiet des Neckars, des mittleren Mains, in den Tälern von Mosel, Saale und Unstrut mußten sie weithin Reb- oder Obstkulturen (Kirsche, Pflaume, Birne, Apfel) weichen (Freitag 1962). Stellenweise wurden sie auch für die Weidenutzung gerodet und zunächst von Trocken- oder Halbtrockenrasen abgelöst.

Auch heute noch sind diese wertvollen Wälder gefährdet. Gefahr droht vor allem durch Umwandlung in Nadelholzforste (Douglasie, Schwarzkiefer), Weinbergflurbereinigung und durch Umwandlung der nieder- und mittelwaldartigen Varianten in Hochwald.

4.2 Natürliche Kiefernwälder

Größere Flächenverluste durch Siedlungs- und Verkehrsanlagen, Sandabbau. Stellenweise auch gefährdet durch Aufforstung mit Schwarzkiefern bzw. Verdrängung durch Robinien. Namentlich in dicht geschlossenen Jungbeständen werden die lichthungrige Bodenvegetation und die Fauna stark benachteiligt.

5. Entwicklungsziele

5.1 Flächenhafte Erhaltung dieser Waldgesellschaften

5.2 Verzicht auf planmäßige Holznutzung

5.3 Sehr lückiger, ungleichaltriger Baumbestand

5.4 Naturverjüngung

6. Schutz, Pflege und Entwicklung

6.1 Möglichst weitgehende Sicherung der noch vorhandenen naturnahen Bestände. Niederwaldnutzung, z.T. auch Mittelwaldnutzung in den Eichenwäldern ist mit den Schutzzielen vereinbar, z.T. ist die Fortführung der traditionellen Nutzung/Pflege sogar erforderlich.

6.2 Umbau der Altersklassen-Forste mit dem Ziel, sehr lichte, ungleichaltrige, busch- und beerstrauchreiche Bestände zu entwickeln. Verzicht darauf, alle größeren Bestandslücken aufzuforsten.

6.3 Keine Bebauung der ökologisch besonders bedeutsamen Ränder dieser Wälder (vgl. Kap. XXVIII).

6.4 Keine Düngung und Kalkung (gilt ganz besonders für die bodensauren Kiefernforste).

---

[*] Viele Bestände sind auch erst sekundär entstanden, z. B. aus thermophilen Buchenwäldern durch Beweidung und Niederwaldwirtschaft.

XXVII. Historische Waldnutzungsformen (Mittel-, Nieder- und Hutewälder)

1. Charakterisierung

Waldflächen auf denen alte Waldbauformen angewandt wurden oder die auf besondere Weise genutzt wurden. Früher häufig und weit verbreitet waren die Betriebsarten Nieder- und Mittelwaldwirtschaft und die Hutewälder (vgl. hierzu u. a. auch Abb. 104 und 105).

2. Typen

2.1 Niederwald

Die abgeschlagenen Hölzer wurden zu Brennholz oder Faschinen verarbeitet. Stellenweise wurde vor dem Schlagen die Eichenrinde geschält und als Eichen-Lohrinde in der Gerberei verwendet (Schälwälder). Niederwälder können im Bestandesinneren fallweise recht dunkel sein!

Abb. 104: Mittelwald-Aspekt
(Foto: P. Pretscher)

2.2 Mittelwälder

Überhälter bleiben als Samenbäume zur Eichel- und Bucheckernmast, zur Gewinnung von Bauholz oder zur Naturverjüngung stehen. Es sind lichte Wälder mit reicher Strauch- und Krautschicht (s. dazu Abb. 104).

2.3 Hutewälder (Weidewälder)

Die Mittelwaldwirtschaft war günstig für die Waldweide. Der Strauchunterwuchs wurde vom Vieh, meist Rinder (Pferde, Schweine), niedrig gehalten. Durch die relativ weit auseinander stehenden Überhälter waren die Wälder so licht, daß Wiesenarten in diesen lockeren Beständen reichlich vorkamen.

3. Bedeutung für die Fauna

Diese Waldnutzungsformen sind sehr reich an Tierarten, beherbergen zahlreiche gefährdete Waldarten und vor allem auch – durch Förderung der Saumpflanzen und Kräuter – gefährdete Arten der Wald-Offenland-Übergangsbereiche und Trockenrasen. Bei vielen Mittel- und Niederwäldern bestehen enge Parallelen zur Fauna der wärmeliebenden Eichenmischwälder. Dies ist wohl aber auch deshalb der Fall, weil letztere bevorzugt als Niederwald genutzt wurden und werden und Nieder- bzw. Mittelwaldbetrieb die Eiche und ihre Begleitpflanzen z. B. auf Kosten der Rotbuche fördert.

Wirbeltiere (Auswahl):

Vögel: Haselhuhn, Waldschnepfe, stellenweise auch Ziegenmelker und andere

Reptilien: Smaragdeidechse, Aeskulapnatter, Schlingnatter, Zauneidechse

Wirbellose

Auffallend ist der hohe Insektenreichtum. Es bestehen oft enge Beziehungen zur Fauna der wärmeliebenden Eichenmischwälder (vgl. Abschn. XXVI. 3), Trocken- und Halbtrockenrasen (vgl. Abschn. XIX. 3) und warm-trockenen Waldränder (vgl. Abschn. XXVIII. 3).

4. Gefährdungsfaktoren

4.1 Aufforstung (z. B. mit Fichten) mit der Folge, daß die lichtbedürftigen Charakterarten zunehmend schwinden.

4.2 Aufgabe der traditionellen Nutzung (dadurch würden Mittel- und Niederwälder durchwachsen und sich die Freiflächen der Hutewälder über das Stadium der Brache wieder bewalden, was jeweils ähnliche Konsequenzen wie Aufforstungsmaßnahmen nach sich zöge).

5. Entwicklungsziele

5.1 Flächenmäßige Erhaltung dieser historischen Waldnutzungs- und -weideformen, möglichst durch Fortführung der tradierten Nutzungen.

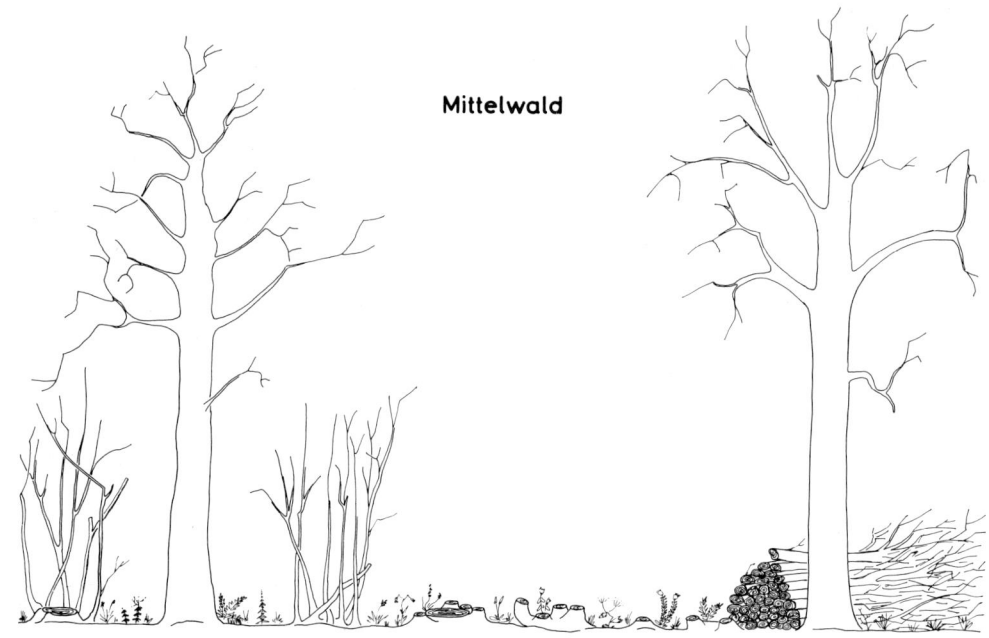

Mittelwald

Niederwald

Abb. 105: Seltene Betriebsarten von Waldökosystemen

5.2 Sehr lichter Aufbau, vielfältig gemischte Laubholzbestockung, reiche Kraut- und Grasschicht.

5.3 Bei Mittel- und Hutewäldern sind Einzelbäume und Baumgruppen rechtzeitig heranzuziehen (Nachhaltigkeit!).

6. Schutz, Pflege und Entwicklung

Dem Anliegen des Faunenschutzes wird am besten entsprochen, wenn die traditionelle Bewirtschaftung beibehalten oder durch periodische Pflegeeingriffe ersetzt wird, die diese Nutzungsformen nachahmen. Bei Hutewäldern: regelmäßiges Beweiden oder Mähen der Flächen zwischen den Bäumen und Beseitigen von unerwünschtem Aufwuchs, bei Mittel- und Niederwäldern: sporadisches „Auf den Stock setzen". Da nur junge Bäume vitale Ausschläge bilden, sind kurze Umtriebszeiten von 10 bis maximal 30 Jahren erforderlich (Arbeitskreis Forstliche Landespflege 1984). Da außerdem die Vitalität der Stocklohden bei mehrmaligem „Auf den Stock Setzen" abnimmt, empfiehlt sich nach jedem Umtrieb in Niederwäldern eine Ergänzung mit Kernwüchsen, falls die Naturverjüngung nicht ausreicht. Die beste Hiebzeit ist die Zeitspanne nach dem Abklingen der strengsten Winterfröste und vor Beginn des Saftsteigens (Arbeitskreis Forstliche Landespflege 1984).

XXVIII. Waldränder und Schlagfluren

1. Charakterisierung

Schnittstellen zwischen größeren Beständen von hoher Baumvegetation und Bereichen mit i. d. R. waldfremden Nutzungen. In Teilen kann die ökologische Funktion der Waldränder auch von sog. „inneren" Grenzlinien im Waldbestand, z. B. scharf gegeneinander abgesetzten Baumbeständen sehr unterschiedlicher Wuchshöhe, wie etwa Altholzparzelle und Jungpflanzung, übernommen werden. Waldränder unterscheiden sich strukturell und funktional deutlich vom geschlossenen Wald.

1.1 Waldränder

Gut ausgebildete Waldränder sind aufgebaut aus dem Waldmantel, bestehend aus überwiegend Sträuchern und niedrigen Bäumen, und dem Waldsaum, gebildet von Kräutern. Während im Innern des Waldes ein ausgeglichenes Bestandsklima herrscht, variieren die Bedingungen im Mantel und im Saum. Südwestexponierte, besonnte Waldränder sind relativ trocken und warm. Die täglichen und jahreszeitlichen Temperaturschwankungen sind recht groß (vgl. Abb. 106).

Nordexponierte Waldränder sind kühl, relativ feucht und die täglichen und jahreszeitlichen Temperaturschwankungen sind im Vergleich zu den südexponierten Waldrändern gering. Diese mikroklimatischen Verhältnisse sind denen der Innenränder (Binnensäume) sehr ähnlich.

Waldbinnensäume entwickeln sich entlang von Gewässern, Forstwegen, Waldwiesen, Lichtungen, Holzlagerplätzen und dergleichen.

1.2 Schlagfluren

Eine Schlagflur unterscheidet sich mikroklimatisch deutlich von dem angrenzenden Wald, dabei korrelieren ihre ökologischen Parameter u. a. mit der Hiebgröße. Gegenüber dem Wald zeichnet sich die Schlagflur durch längere Besonnung, größere Temperatur- und Feuchteamplituden, größeres Blütenangebot mit dem Schwerpunkt im Sommer und Spätsommer, mehr freie besonnte Bodenoberflächen und häufig Altholz in Form

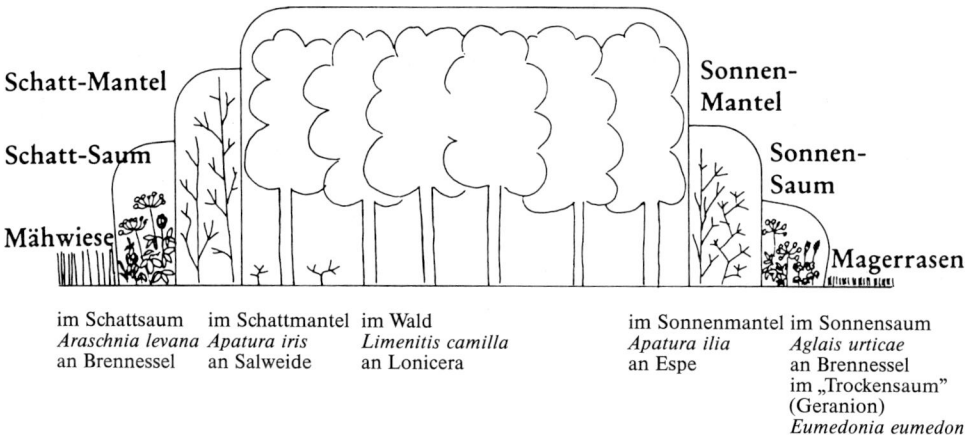

Schatt-Mantel				Sonnen-Mantel	
Schatt-Saum				Sonnen-Saum	
Mähwiese					Magerrasen

im Schattsaum	im Schattmantel	im Wald	im Sonnenmantel	im Sonnensaum
Araschnia levana	*Apatura iris*	*Limenitis camilla*	*Apatura ilia*	*Aglais urticae*
an Brennessel	an Salweide	an Lonicera	an Espe	an Brennessel
				im „Trockensaum"
				(Geranion)
				Eumedonia eumedon

Abb. 106: Raupenhabitate ausgewählter Falterarten in Waldmantel und -saum in Abhängigkeit vom Mikroklima (nach Weidemann 1986)

von Stubben aus. Durch höhere Einstrahlung setzt ein verstärkter Streuabbau ein. Die typischen Schlagpflanzen gelten i. d. R. als nitrophiler als die vorhergehende Waldgesellschaft (Wilmanns 1989).

2. Typen

2.1 Waldränder

Eine hohe Variabilität der Ausprägungen ist möglich. Für die Tierbesiedlung und -zusammensetzung sind dabei entscheidend:

– Vegetation

Aufbau, Breite, Ausgestaltung und Traufbildung (Tief-, Mittel-, Hochtrauf), Baumartenzusammensetzung und Art der Saumgebüsche und die vorgelagerte Krautvegetation (z. B. Hochstauden-, Ruderal- und Kahlschlaggesellschaften, Adlerfarnbestände, Trockenrasen usw.)

– Klimatische Faktoren

insbesondere die durch Lage und Linienführung (mitentscheidend) modifizierte Zugänglichkeit für Sonne und Wind

– Boden- und Kleinrelief

– Kleinstrukturen

– dazu nicht selten auch die dem Waldrand vorgelagerten speziellen Biotoptypen, wie z. B. Halbtrockenrasen, trockene Magerrasen

– Angrenzende Nutzungen und ihre Auswirkungen (z. B. Dünger-, Pestizideintrag, mechanische Beschädigungen usw.)

2.2 Schlagfluren

Die Schlagfluren unterscheiden sich strukturell und vegetationskundlich je nach ihrer Höhenlage, ihrem Bodensubstrat und den Feuchtigkeitsverhältnissen. In hochmontaner und subalpiner Stufe dominieren auf diesen Flächen subalpine Hochstaudenfluren (Adenostyletalia). In montaner Lage auf saurem Substrat sind meist Gräser, z. B. Reitgras *(Calamagrostis)*, Schmiele *(Deschampsia)*, Hainsimse *(Luzula)* aspektbildend. Auf basenhaltigem Boden wachsen artenreiche Tollkirschschläge (Atropion) mit zahlreichen Hochstauden. Zur starken Entwicklung von Seggen *(Carex)* kommt es z. T. auf feuchten Hiebflächen. Unter bestimmten Bedingungen (s. u.) können kleine Schlagflächen eine Bedeutung für den Arten- und Biotopschutz haben (z. B. Weidenröschen, *Epilobium*, für Schwärmerraupen).

3. Bedeutung für die Fauna

Wie die Pflanzenwelt (vgl. dazu Abb. 107) besteht auch die Tierwelt aus waldrandspezifischen Arten, ist aber oft auch vom Waldtyp und nicht selten ebenso vom Typus der angrenzenden offenen Landschaft beeinflußt. Dadurch entstehen an Waldrändern besonders arten- und individuenreiche Biozönosen. Insbesondere hochstaudenreiche Schläge sowie blütenreiche Säume an Waldwegen mit z. B. Huflattich *(Tussilago farfara)* und Kriechendem Hahnenfuß *(Ranunculus repens)* im Frühling haben für blütenbesuchende waldlebende Insekten eine wichtige Bedeutung als Nahrungshabitat (z. B. Albrecht et al. 1986, Ssymank 1991).

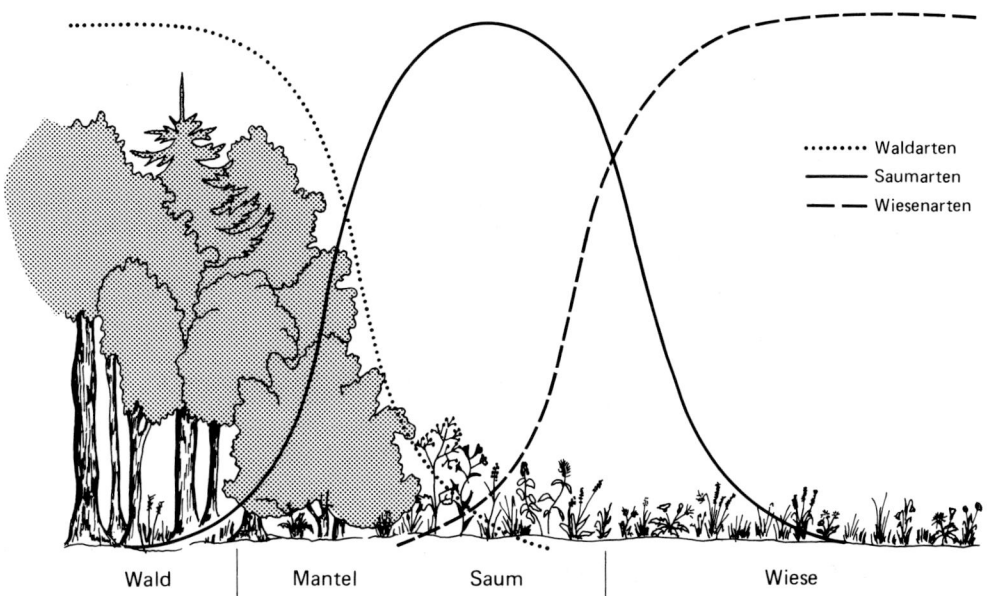

Abb. 107: Häufigkeitsverteilung spezifischer Pflanzenartengruppen im Saumbiotop Waldrand (nach Wolff-Straub 1984)

Generell ist die enge Verwandtschaft der Waldrandfauna zu der der Hecken unübersehbar (Tischler 1955). Stark vergröbert lassen sich die Arten hierbei einteilen in:

3.1 Ganzsiedler

Arten der Grenzlinien von Baum- und Buschvegetation, wie es unter anderem viele „Heckenvögel" (z. B. Gartengrasmücke), Säuger (z. B. Igel), Reptilien (z. B. Blindschleiche, Waldeidechse) oder auch etliche Arten der Tagfalter sind, die als Larve an Bäumen und Sträuchern leben und/oder als ausgewachsener Schmetterling wegen ihrer Ansprüche an relativ „freie" Flugräume ihren Siedlungsschwerpunkt an Waldrändern, auf Waldwiesen und größeren Lichtungen im Waldinneren aufweisen.

Abb. 108: Die Blindschleiche besiedelt ein breites Spektrum unterschiedlicher Biotope mit einem Vorkommensschwerpunkt in lichten Wäldern sowie äußeren und inneren Waldrändern.
(Foto: K. P. Zsivanovits)

3.2 Teilsiedler

Arten, deren unterschiedliche Entwicklungsstadien (z. B. bei zahlreichen Insektenarten) in verschiedenen Biotopen leben, oder Arten, die zur Jungenaufzucht auf die Strukturkomponente Baum-/Buschvegetation, zum Nahrungserwerb jedoch auf Offenland angewiesen sind (z. B. Turmfalke, Mäusebussard, Saatkrähe, Neuntöter, Goldammer und andere mehr, vgl. auch Abb. 109 und 110);

Feldarten, die hier z. B. Versteck vor schlechter Witterung oder Feinden suchen, oder an Waldrändern einwintern, wie Pentatomiden (Baumwanzen), aber auch verschiedene

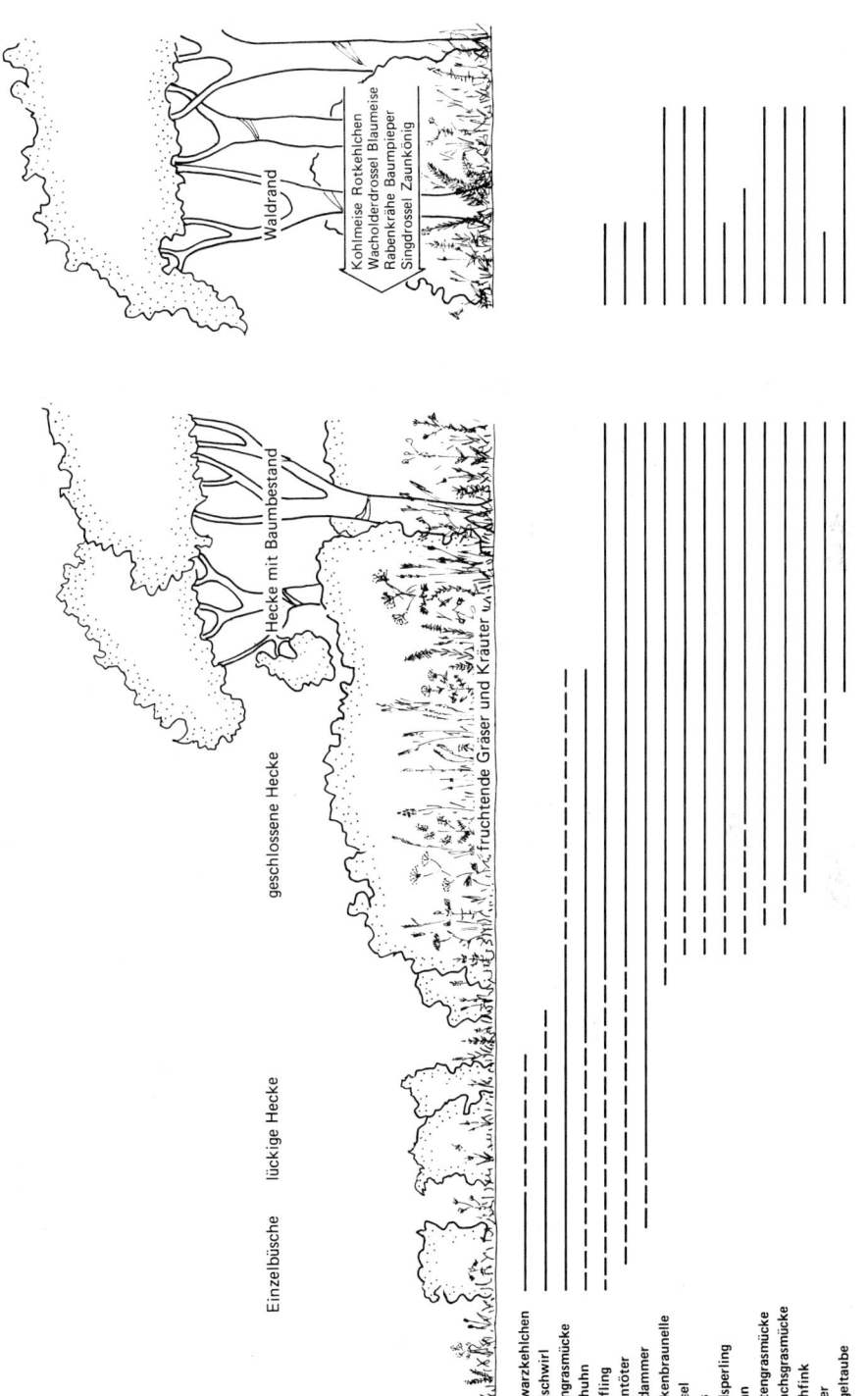

Abb. 109: Siedlungsschwerpunkte ausgewählter Vogelarten in Hecken und Waldrändern in Abhängigkeit von deren Struktur (nach Blab et al. 1989 b)

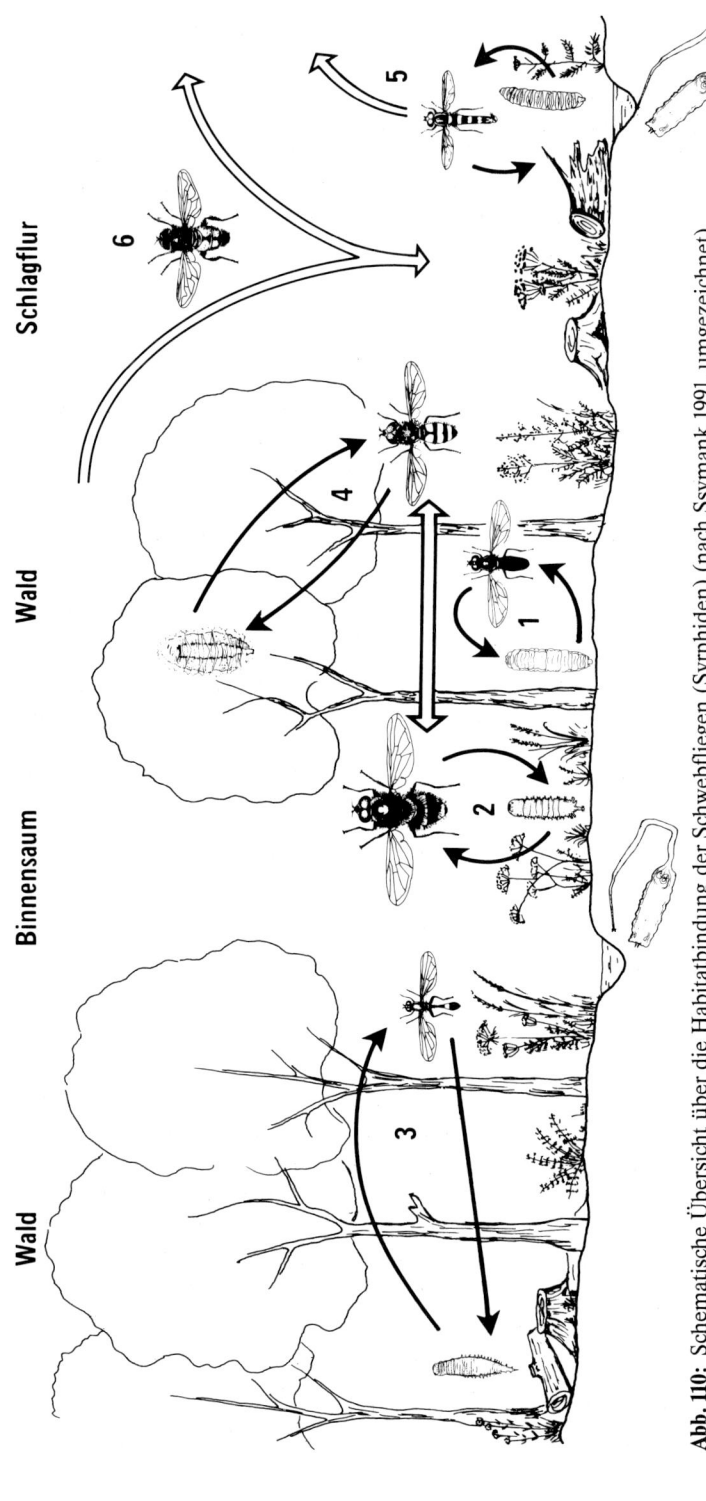

Abb. 110: Schematische Übersicht über die Habitatbindung der Schwebfliegen (Syrphiden) (nach Ssymank 1991, umgezeichnet)

1 Ganzsiedler im Wald: Larve und Imago an Bärlauch im Waldesinnern gebunden, z. B. *Cheilosia maculata* (Gefleckte Lauchschwebfliege), *Cheilosia fasciata* (Bärlauch-Erzschwebfliege)

2 Ganzsiedler (?) an Waldbinnensäumen: Larve (?) und Imago an Bärenklau gebunden, z. B. *Cheilosia illustrata* (Bunte Erzschwebfliege)

3 Teilsiedler zwischen Waldesinnern und Waldbinnensäumen: Larve feuchtes Totholz, Imago engbenachbarte, blütenreiche Binnensäume, z. B. Gattung *Sphegina*

4 Teilsiedler zwischen Baumschicht und Säumen (tageszeitliche Wanderungen): Larve aphidophag in Baumschicht, Imago an Blüten und Schlagfluren (morgens) sowie im Waldbinnensaum (mittags), z. B. *Epistrophe grossulariae* (Große Heckenschwebfliege), div. *Syrphus-* und *Volucella*-Arten

5 ± ubiquitäre Arten: Larve an Blattlauskolonien, Imago an Blüten jeweils sehr unterschiedlicher Biotoptypen, z. B. *Sphaerophoria scripta* (Gemeine Stiftschwebfliege)

6 Fernwanderer: Säume v. a. im Herbst als Auftankstation, z. B. *Eristalis tenax* (Große Bienenschwebfliege)

318

Schildkäfer- und Marienkäferarten sowie Arten, die tageszeitliche Wanderungen durchführen (z. B. die Syrphidenart *Epistrophe grossulariae*, vgl. Abb. 110);

Wald- und Feldarten, die das an Waldrändern meist durchschnittlich höhere Nahrungsangebot (unter anderem erhöhtes Blüten- und Insektenaufkommen) nutzen. Beispielsweise finden die sich im Holz entwickelnden Bockkäferlarven hier ausreichende Bestände von Blüten (gerne Doldenblütler), die sie als Imago (erwachsene Käfer) bevorzugen. Beispiele hierfür sind u. a.: *Strangolia maculata* (Gefleckter Schmalbock), *Strangolia melanura, Leptura sp.*

4. Gefährdungsfaktoren

4.1 Die vielfältig gestuften Saumbiozönosen am Waldrand und im Waldinnern (Lichtungen, Waldwiesen usw.) wurden und werden in wachsendem Maße verkürzt (erhebliche Flächenverluste) und verändert, da die Grenzen zur Feldflur begradigt, da die Holzproduktionsfläche bis zum Rand vorangetrieben, da Waldwiesen und -buchten aufgeforstet werden. An Südhängen der tieferen Lagen sind zusätzlich noch nennenswerte Flächenverluste durch Bebauung zu verzeichnen.

Zudem werden nicht selten neue Waldwege an der begradigten Grenze Wald-Flurstück angelegt und damit eine weitere abiotische Barriere für die Fauna eingebracht.

4.2 Durch die Grenzbegradigung gehen zumeist auch die ausgedehnten, blütenreichen Übergangsbereiche zwischen Wald und den intensiv landwirtschaftlich genutzten Flächen, damit gerade die Stellen mit besonders reichem Aufkommen vielfältiger Vegetation verloren. An ihre Stelle treten nicht selten Acker- oder monotonisiertes Grünland bzw. durch die Überdüngung geförderte Brennesselbestände.

4.3 Herbizideinsatz an Waldrändern, auf Schlagfluren und Holzlagerplätzen

4.4 Beseitigung der Weichhölzer (vor allem Weiden und Espen), der Brom- und Himbeeren sowie der in Abschnitt 5.3 dieses Kapitels genannten Kleinstrukturen

4.5 Asphaltieren bestehender Wege

5. Entwicklungsziele

5.1 Erhaltung bzw. Entwicklung eines Waldmantels mit einer Tiefe von wenigstens 20-30 m zu angrenzenden Nutzungen. Insbesondere reich gegliederte und „zerlappte" Ränder (ganz besonders in Südexposition) sollten aufgrund ihres hohen Naturschutzwertes (hohe Arten- und Individuenvielfalt) und ihrer positiven Wirkung für das Landschaftsbild erhalten werden (vgl. u. a. Abb. 107 und 109). Unbedingt abzuwehren ist auch die (von Planern nicht selten bevorzugte) Wegführung auf der Wald-Feld-Grenze, da dies zu einer erheblichen Beeinträchtigung, wenn nicht sogar Zerstörung des Waldmantels führt.

5.2 Strukturelle Merkmale und ihre Bedeutung für die Fauna

5.2.1 In der Mehrzahl der Fälle sind Waldränder mit fließendem, möglichst mehrstufigem Aufbau sowie möglichst breiter (wenigstens 10 m, besser erheblich breiterer) Wildkrautzone als nutzungsfreiem Bereich anzustreben, da die meisten „Waldrandarten" diesen Ausprägungstyp bevorzugen. Der Wert ist dabei umso höher, je länger (ab einer bestimmten Breite) die Grenzlinien im Verhältnis zur Fläche sind. Die Nahtlinie zum Offenland sollte möglichst reich gegliedert und unregelmäßig ausgebildet sein (Stern- form, Ausbuchtung).

Besonders wichtig für das Artenschutzanliegen sind die Lagen in Süd-, Südost- und Südwestexposition (während Nordränder insgesamt eine vergleichsweise geringere Rolle spielen), da zahlreiche seltene und gefährdete Tierarten (Wirbeltiere wie Wirbel- lose) gut durchsonnte Bereiche in windgeschützter Lage bevorzugen[*]. Entsprechend sollten die südexponierten Außenränder möglichst 20-30 m (oder mehr) tief sein.

5.2.2 Unregelmäßiges Boden- und Vegetationsprofil in kleinflächigem Wechsel mehrt die Vielfalt der Standortbedingungen und ist damit wertsteigernd.

5.2.3 Anzustreben ist eine artenreiche, reich strukturierte, standorttypische Flora (Folgen: Reichtum an Primärkonsumenten, ihren Räubern und Parasiten unter der Tierwelt).

Von den Gehölzpflanzen sind insbesondere die aus der Sicht des Faunenschutzes be- sonders wichtigen Weiden und Espen (an denen z. B. mindestens 34 Arten von Schmetterlingen leben, Winter 1982) sowie Him- und Brombeeren (hohle Stengel z. B. als Brutversteck für die Rubusbrüter unter den Hautflüglerarten, reiche Nahrungs- quelle für Blütenbesucher auch während des Blütenengpasses im Frühsommer) längs der Waldränder und -wege zu fördern, von den Stauden und Kräutern besonders Flok- kenblumen, Disteln und Pflanzen mit ähnlichem Blütentypus sowie Doldenblüten (Apiaceae) und Wasserdost *(Eupatorium cannabinum).* Die ersteren haben vor allem für Falter und blütenbesuchende Fliegen, die letzteren für Schlupfwespen, viele Bock- käferarten sowie für Fliegen eine große Bedeutung. So bieten etwa die bestäubungs- ökologisch einfachen Apiaceenblüten den Nektar frei auf dem Diskus dar, so daß er auch der großen Zahl von Insekten mit kurzem Rüssel oder unspezialisierten Mund- werkzeugen leicht zugänglich ist (Wilmanns & Graffa 1979).

5.3 Bestandsfördernde Sonderstrukturen

    a) sonnenexponiertes, dickstämmiges Totholz

    b) Steinhaufen als Versteck und Aufheizstelle

    c) vegetationsfreie, sandige und lehmige Bodenanrisse (wichtig für etliche Waldrandar- ten wie Sandlaufkäfer, Ameisenjungfern, verschiedene Wildbienenarten usw., auch aufgeklappte Wurzelteller als partieller Steilwandersatz für verschiedene Hautflügler- und Käferarten (Näheres s. Kap. XXIV)

    d) Pfützen und feuchte Stellen (z. B. auf waldrandbegleitenden Wegen) u. a. als Saug- platz der Männchen von Schillerfalter *(Apatura),* Großem Eisvogel *(Limenitis populi),* auch Trauermantel *(Nymphalis antiopa)* und verschiedenen Zipfelfalterarten (z. B. *Quercusia quercus),* umgekippte Stubben auf Schlägen usw.

---

*) Einige Tiergruppen, wie z. B. die Schlupfwespen (Ichneumoniden), siedeln aber schwerpunktmäßig an kühl-luftfeuchteren Stellen (Tischler 1948, Dont 1959, zit. nach Wilmanns & Graffa 1979).

6. Schutz, Pflege und Entwicklung

6.1 Unterlassen/Abwehr der Eingriffe

6.2 Entwicklung der Waldränder, insbesondere in windgeschützten Südlagen (vgl. Entwicklungsziele). Wenigstens stellenweise sollte man die Ansiedlung der Saumgehölze dem Kräftespiel der natürlichen Sukzession überlassen. Gelegentlich kann aber auch hier ein Pflegeeingriff, wie z. B. Entfernung einzelner hochwachsender Stämme, notwendig werden.

6.3 Völliger Verzicht auf die Anwendung von Gift an Waldrändern, Aufforstungsflächen und Kahlschlägen.

6.4 Die Mahd der Wege- und Straßenränder („Bankettpflege") sollte, wenn überhaupt erforderlich, auf einen schmalen Streifen beschränkt werden. Rechtes und linkes Bankett sollten dann getrennt in einem ein- oder mehrjährigen Turnus gepflegt werden. Der günstigste Mähtermin liegt nach der Vegetationsperiode, jedenfalls nicht während der beginnenden oder vollen Blüte. Hochstaudensäume sind dabei aber nach Möglichkeit ganz auszunehmen, da sie teilweise sehr empfindlich auf Mahd reagieren.

Bei der Mahd sollten keine Maschinen eingesetzt werden, die das Mähgut kleinhäckseln oder kleinschlagen, wie z. B. Schlegel- oder Saugmäher und einige Mulchgeräte. Hemmann et al.(1987) konnten eine geringere Schädigung von Insekten bei der Verwendung eines Messerbalkens feststellen. Kreisel- oder Sichelmäher können, wenn die Messer hoch (maximale Höhe) eingestellt sind, alternativ verwendet werden.

Das Mähgut sollte 3-4 Tage auf der Fläche liegen bleiben, damit Samen nachreifen und Tiere aus den Pflanzenbeständen abwandern können.

6.5 Völliger Verzicht auf neue asphaltierte Waldwege, Rückbau der nicht mehr von schweren Maschinen genutzten, versiegelten Wege.

6.6 Verzicht, ggf. Verbot der Aufforstung von Waldwiesen und kleinen Waldlichtungen.

XXIX. Hecken, Gebüsche und Feldgehölze

1. Charakterisierung

Bei Hecken herrschen meist bandartig angeordnete Sträucher vor, die nur in den selteneren Fällen ihre volle Höhe erreichen. Gelegentlich sind Bäume eingestreut. Zur Abgrenzung gegenüber Feldgehölzen werden in der Literatur Größenangaben für die maximale Breite vorgeschlagen: max. 15 m breit (Pohle 1978), max. 10 m breit (Söhngen 1975). Hinsichtlich ihrer ökologischen Wirkung werden Hecken häufig als zwei zusammengelegte Waldränder bezeichnet. Eine Sonderform der Hecke sind Wallhecken oder Knicks auf Wällen aus Erde und Stein. In guter Ausprägung ist der Wall rd. 1 m hoch, ca. 2,5 m breit und wird beidseits von einem Graben begleitet (Lautensach 1950).

Feldgehölze sind zumeist Restwälder unterschiedlicher Natur, welche in ihrem Aufbau dem Wald oft noch recht nahe stehen und sich in ihren ökologischen Bedingungen zumeist recht auffallend von der offenen Landschaft unterscheiden.

2. Typen

Hecken lassen sich in vielfältiger Weise untergliedern, da die floristische Zusammensetzung je nach Boden, Feuchteverhältnissen, Klima und Wirtschaftsbedingungen erheblich variiert. So unterscheidet beispielsweise Weber (1967, zit. bei Eigner 1978 a) unter Berücksichtigung der bodenkundlichen und klimatischen Gegebenheiten alleine für Schleswig-Holstein nach der Vegetation etwa 85 Knicktypen.

Eine Klassifikation der Hecken mit Rücksicht auf die Struktur, wie sie sich etwa für die Analyse der Vogelbesiedlung anbietet, ergibt folgende Grobtypen (nach Zimmerli 1979):

- Niederhecke: Entweder junge, oft aus Dorngebüschen bestehende Hecken, oder ältere, floristisch artenreiche, regelmäßig gestutzte Hecken, 1-2 m hoch.

- Hochhecke mit Niederstrauchschicht: Die Niederstrauchschicht ist ähnlich zusammengesetzt wie die Niederhecke, gewisse Sträucher wachsen darüber hinaus (z. B. Mehlbeere, Holunder, Kreuzdorn, Schneeball, Hasel); gewisse Baumarten (z. B. Ahorn, Esche, Erle, Pappel) kommen entweder in Strauchform oder schon als eingestreute Bäume vor.

- Hochhecke ohne Niederstrauchschicht: Die Niederstrauchschicht wurde entweder geschnitten oder (vom Weidevieh) verbissen.

- Baumhecke: Sie kommt als reine Baumreihe vor (z. B. Esche, Erle, Ahorn, Eiche) oder mit Hochhecke und/oder Niederstrauchschicht.

Feldgehölze und Gebüsche, die sich voneinander allerdings in ihrer Struktur deutlich unterscheiden, stellen flächige Ausprägungen des gleichen Lebensraumtyps dar. Sie lassen deren Rolle als Vorwaldstadium (innerhalb der natürlichen Sukzession) erkennen.

3. Bedeutung für die Fauna

Tischler (1948) schätzt die Zahl der Tierarten in den von ihm untersuchten Hainbuchenknicks Schleswig-Holsteins auf rund 1.500 (vgl. Tab. 35). In Feldhecken Süddeutschlands hat man immerhin 900 Tierarten festgestellt. Dabei überwiegen jeweils die Insekten sehr deutlich.

Die Fauna besteht im wesentlichen aus Waldarten, insbesondere Arten der Waldränder. Bei den Laufkäfern z. B. stellen die Waldtiere 49-94 % aller Arten, dazu kommen eurytope Arten des Offenlandes und Ubiquisten. Die Tierwelt zeigt durchaus eigenständige Züge, bleibt also unabhängig vom Umland (Weiden, Felder, Gewässer usw.) weitgehend gleich. Bei etlichen Tierarten, bei denen diese Biotoptypen nur einen Teil der Gesamtlebensstätte darstellen, ist diese Aussage jedoch zu relativieren.

Die ökologischen Funktionen von Hecken, Gebüschen und Feldgehölz (-rändern) im einzelnen (vgl. auch Abb. 111):

3.1 Ansitzwarte, Singwarte, Rendezvousplatz

Insbesondere Überhälter und dürre Wipfel für Greifvögel (z. B. Mäusebussard). Für Wartenjäger unter den insektenfressenden Vögeln (z. B. Neuntöter) genügen bereits hervorstehende Zweige.

322

Taxa	Arten-zahl	Bemerkungen
Orthoptera (Geradflügler)	7	
Heteroptera (Wanzen)	73	Wanzen ernähren sich räuberisch, pflanzensaugend oder als Allesfresser. Einige Arten sind monophag, z. B. *Phylus coryli* auf Hasel, *Liocoris tripustulatus* auf Brennessel
Homoptera (Pflanzensauger und Gleichflügler) Cicadina (Zikaden)	29	charakteristische Heckenart *Macropsis rubi* auf Rubus
Psyllina (Blattflöhe)	3	
Aphidiinae (Blattläuse)	10	Blattläuse sind abhängig von bestimmten Pflanzenarten. Da viele Räuber wiederum von Blattläusen leben, spielen Blattläuse eine große Rolle im Ökosystem.
Coccina (Schildläuse)	1	
Coleoptera (Käfer)		
Carabidae (Laufkäfer)	30	
Staphylinidae (Kurzflügler)	64	meist nur an gewisse Feuchtigkeitsbedingungen gebunden (ansonsten ubiquitär); ernähren sich vornehmlich von Pilzmyzel
Lamellicornia (Blatthornkäfer)	3	
Clavicornia	21	
Polyformia	28	
Polyphaga	24	
Curculionidae (Rüsselkäfer)	37	
Neuroptera (Netzflügler)	12	
Trichoptera (Köcherfliegen)	1	landlebende Köcherfliege *(Enoicyla pusilla)*
Lepidoptera (Schmetterlinge)		Vorkommen vor allem durch Raupennährpflanzen bedingt
Microlepidoptera (Kleinschmetterlinge)	51	
Geometridae (Spanner)	32	
Noctuidae (Eulen)	16	
Bombyces etc. (Spinner)	9	
Rhopalocera (Tagfalter)	7	
Diptera (Zweiflügler)		Vorkommen vor allem infolge günstiger Windschutz und Wärmeverhältnisse
Nematocera (Mücken)	30	
Brachycera (Fliegen)	45	
Aschiza	45	hierunter z. B. die Schwebfliegen, deren Larven Blattlausjäger und deren Imagines Blütenbesucher sind
Acalyptratae	40	
Calyptratae	90	
Hymenoptera (Hautflügler)		
Symphyta (Blatt- und Halmwespen)	46	
Cynipoidea (Gallwespen)	7	abhängig von Nährpflanzen
Ichneumonidae (Schlupfwespen)	110	diese Parasiten finden in den Knicks durch den Artenreichtum an Wirbellosen optimale Entwicklungsbedingungen
Aculeata (Stechimmen)	40	
Chilopoda (Hundertfüßler)	10	
Diplopoda et Isopoda (Doppelfüßler und Asseln)	17	sacrophage Bodentiere/Zerkleinerer
Pseudoscorpiones (Pseudoskorpione)	2	
Opiliones (Weberknechte)	6	
Araneae (Spinnen)	60	
Mollusca (Weichtiere)	27	
Oligochaeta (Wenigborster)	2	berücksichtigt wurden nur Arten der Streuschicht, nicht aber bodenlebende Arten
Vertebrata (Wirbeltiere)		
Reptilia et Amphibia (Reptilien und Amphibien)	4	
Aves (Vögel)	17	
Mammalia (Säugetiere)	6	

Tab. 35: Überblick über die Tierarten der Eichen-Hainbuchenknicks (nach Tischler 1948)

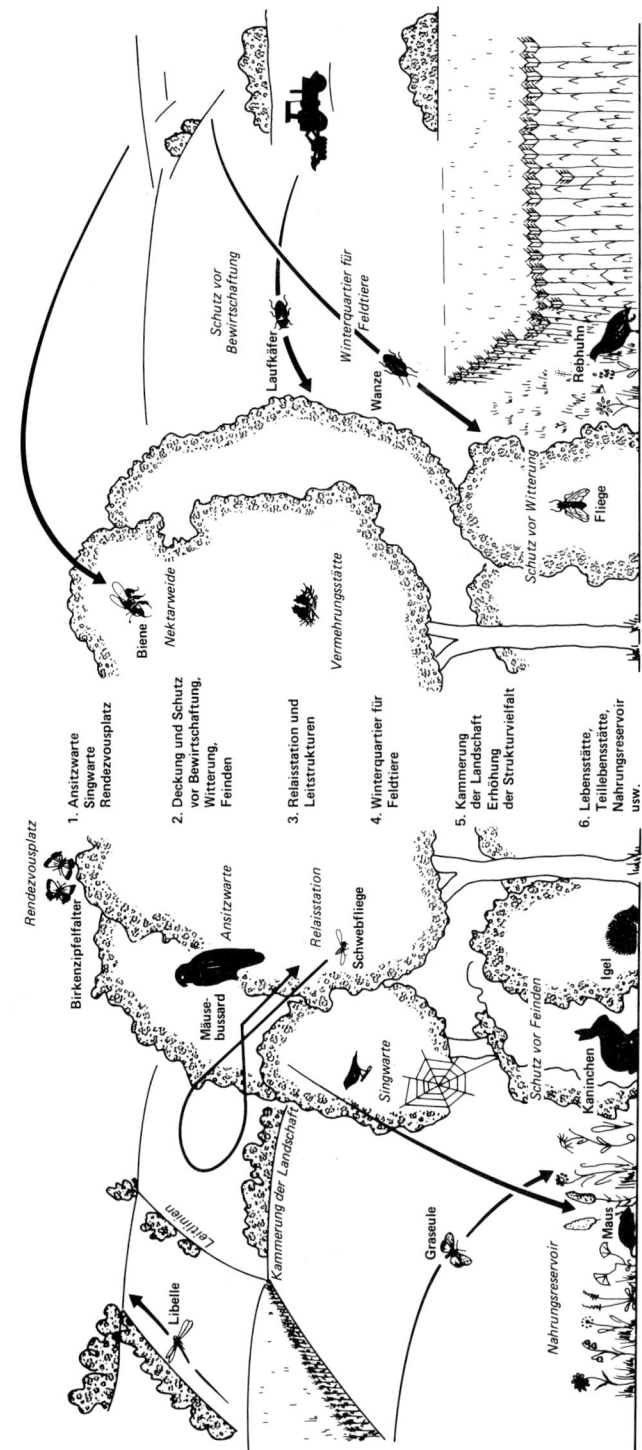

Abb. 111: Ökologische Funktionen von Feldgehölzen (nach Blab 1988)

3.2 Deckung und Schutz vor Witterung, Bewirtschaftung und Feinden

In gehölzdurchsetztem Grünland können auch Arten überdauern, denen die kühl-feuchte Frühjahrswitterung und die Sommertrockenheit auf Wiesen und Weiden nicht zusagt.

Durch den Windschutz verlängern sich die Aktivitätsphasen und die Fortpflanzungszeit, denn im Frühjahr bietet der Südrand dieser Biotope vielen Arten die Möglichkeit, vorzeitig aktiv zu werden und erlaubt auch längere Aktivitätszeiten bis weit in den Herbst hinein, wenn es ansonsten schon zu kalt ist. Belege hierfür existieren z. B. für den Gold-laufkäfer *(Carabus auratus)*, den Glanz-Flachläufer *(Agonum muelleri)* und den Putzkä-fer *(Platynus dorsalis)*. Hygrophile Wiesen- und Weidentiere können sich im Schutz von Gehölzen den Sommer über auf der Weide aufhalten (z. B. die Käfer *Pterostichus niger, Percyo impressus, Sphaeridium scarabaeoides)*.

Bei Feldbearbeitung und Mahd weichen viele Tiere kurzzeitig in die Gehölze aus, etwa bestimmte Bodenräuber (div. Wolfsspinnen und Laufkäfer) oder Blütenbesucher (Tagfalter, Schwebfliegen, Tanzfliegen, Blumenfliegen, Hummeln, Wanzen).

Andere Arten wiederum, z. B. das Ochsenauge *(Maniola jurtina)*, ziehen sich in der Mittagshitze in den Schatten von Gehölzbeständen zurück.

3.3 Relaisstation und Leitstrukturen

Hecken, Gebüsche und Feldgehölze haben Bedeutung als Leitstrukturen zwischen verschiedenen Biotopen (insbesondere Gehölzbiotopen); dies ist wichtig für Käfer, Schnek-ken, Spinnen, Kleinsäuger, Vögel usw., außerdem dienen sie als Orientierungshilfe für freifliegende Organismen wie Hautflügler, Schmetterlinge (z. B. Segelfalter).

3.4 Überwinterungsquartier für Feldtiere

Diese Funktion kann für etliche Arten, z. B. für die Käfer *Platynus dorsalis, Tachyporus obtusus, Phyllotreta undulata, Apion flavipes* wichtig sein.

Auch andere Tierarten, z. B. Igel, Spitzmäuse, Rüsselkäfer *(Apion)*, überwintern nicht selten in diesen Bereichen.

3.5 Kammerung der Landschaft und Erhöhung der Strukturvielfalt im offenen Gelände

Wenn zwei unterschiedliche Lebensräume aneinandergrenzen, treffen dort nicht nur die Tiere und Pflanzen aus den beiden unterschiedlichen Lebensräumen aufeinander, sondern es kommen noch weitere hinzu, welche sich auf eben diese Grenzlinie spezialisiert haben oder diese mit einer großen Vorliebe aufsuchen. So bevorzugen beispielsweise die Feldtiere Feldhase, Hermelin, Mauswiesel, Mäusebussard, Turmfalke, Waldohreule, Rebhuhn und Blindschleiche solche Ökotonbereiche. Beim Rebhuhn entscheidet, wegen der territorialen Verteidigung des vom Hahn übersehbaren Bereiches, der Grad der Kammerung über die Bestandsdichte.

Die Erhöhung der Strukturvielfalt bietet Tierarten Existenzmöglichkeiten, welche vertikale Strukturelemente (wie z. B. viele Webspinnen für das Aufspannen der Netze) oder verschiedene Vegetationshöhen auf engstem Raum benötigen (z. B. Neuntöter).

3.6 Ganz- oder elementare Teillebensstätte, Nahrungsreservoir usw.

In solchen Gehölzbeständen stehen Pflanzenarten des Offenlandes und der Wälder zusammen. Unter den Tierarten finden sich an den Säumen Arten des Offenlandes, im Innern vor allem Arten der Waldränder und – an Stellen mit waldähnlichem Klima – auch Waldarten. Angesichts der fortschreitenden Intensivierung der landwirtschaftlichen Bodennutzung werden solche Landschaftselemente damit vielfach zu Zufluchtsorten für ehedem flächenhaft verbreitete Pflanzen- und Tierarten der offenen Landschaft, welche der intensivierten Bodennutzung nicht standhalten können.

Außerdem stellen sie für manche Art mit insgesamt größeren Lebensraumansprüchen einen elementaren Teilbiotop dar, z.B. als

– Neststandort für Vögel (vgl. Abb. 112) oder für Wildbienen und Hummeln, die zur Nestanlage beruhigte Bodenbereiche oder altes Holz, Holunder-, Brom- und Himbeerzweige benötigen;

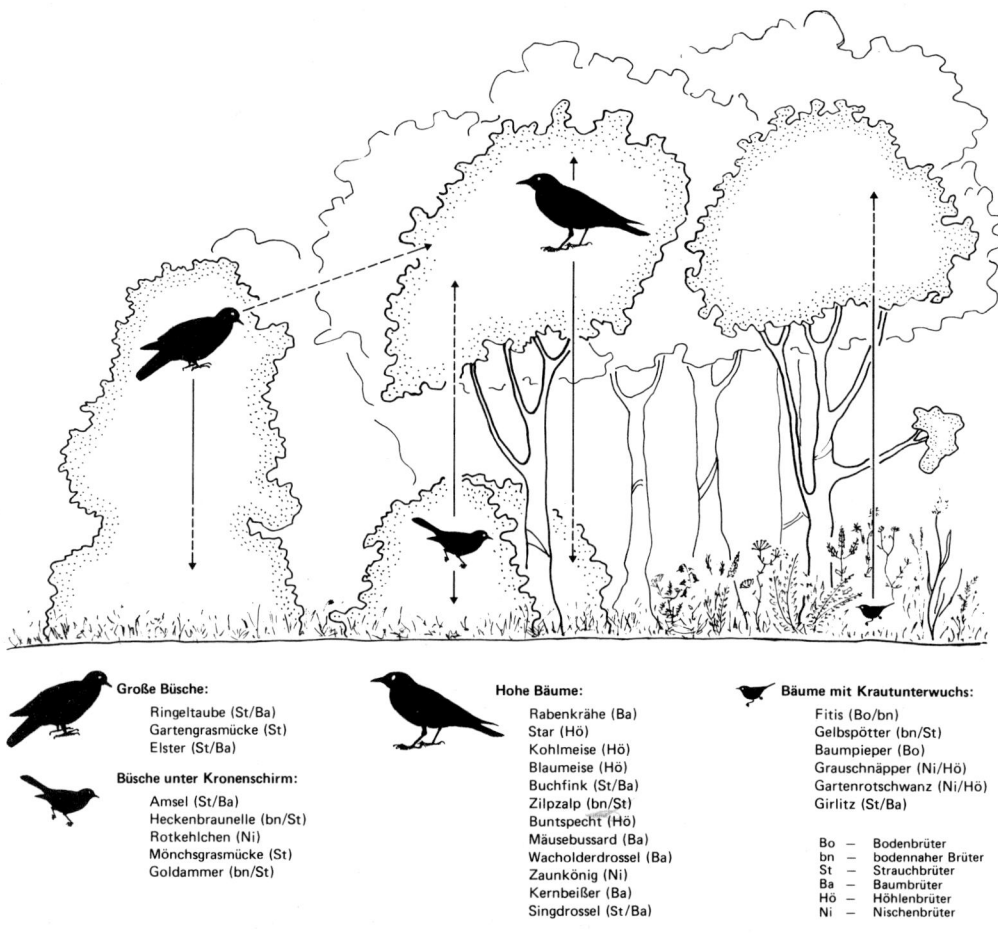

Große Büsche:
Ringeltaube (St/Ba)
Gartengrasmücke (St)
Elster (St/Ba)

Büsche unter Kronenschirm:
Amsel (St/Ba)
Heckenbraunelle (bn/St)
Rotkehlchen (Ni)
Mönchsgrasmücke (St)
Goldammer (bn/St)

Hohe Bäume:
Rabenkrähe (Ba)
Star (Hö)
Kohlmeise (Hö)
Blaumeise (Hö)
Buchfink (St/Ba)
Zilpzalp (bn/St)
Buntspecht (Hö)
Mäusebussard (Ba)
Wacholderdrossel (Ba)
Zaunkönig (Ni)
Kernbeißer (Ba)
Singdrossel (St/Ba)

Bäume mit Krautunterwuchs:
Fitis (Bo/bn)
Gelbspötter (bn/St)
Baumpieper (Bo)
Grauschnäpper (Ni/Hö)
Gartenrotschwanz (Ni/Hö)
Girlitz (St/Ba)

Bo — Bodenbrüter
bn — bodennaher Brüter
St — Strauchbrüter
Ba — Baumbrüter
Hö — Höhlenbrüter
Ni — Nischenbrüter

Abb. 112: Nistplatzwahl von Vögeln in Feldgehölzen (nach Blab et al. 1989 b)

1. Freibrüter in Hecken, Feld- und Ufergehölzen

1.1 Baum- und Buschbrüter (meist über dem Boden)

vorwiegend'		regelmäßig'		gelegentlich'	
Mäusebussard	—	Ringeltaube	—	Rotmilan	—
Turmfalke	—	Waldohreule	—	Schwarzmilan	—
Rotrückenwürger	—	Schwarzstirnwürger	—	Wespenbussard	—
Raubwürger	—	Amsel	—	Turteltaube	—
Wacholderdrossel	—	Gelbspötter	+	Rotkopfwürger	—
Sperbergrasmücke	+	Orpheusspötter	+	Heckenbraunelle	+
Dorngrasmücke	+	Gartengrasmücke	+	Singdrossel	—
Klappergrasmücke	+	Mönchsgrasmücke	+	Pirol	+
Schwanzmeise	+	Grauschnäpper	+		
Beutelmeise	+	Buchfink	—		
Bluthänfling	—	Grünfink	—		
Elster	—	Distelfink	—		
Rabenkrähe	—	Girlitz	—		

1.2 Boden- und Staudenbrüter (meist am Boden oder wenig hoch im dichten Pflanzenwuchs)

vorwiegend'		regelmäßig'		gelegentlich'	
Stockente	—	Nachtigall	+	Braunkehlchen	—
Rebhuhn	—	Feldschwirl	+	Schwarzkehlchen	—
Jagdfasan	—	Sumpfrohrsänger	+	Zaunkönig	+
Baumpieper	—	Rohrammer	+	Rotkehlchen	+
Grauammer	—			Fitis	+
Goldammer	—			Zilpzalp	+
Zaunammer	—			Zippammer	—

' bezieht sich auf Brutbiotopwahl, nicht auf Häufigkeit des Vorkommens
+ = Nahrungssuche vorwiegend in Hecken, Feld- und Ufergehölzen
− = Nahrungssuche vorwiegend außerhalb von Hecken, Feld- und Ufergehölzen

1.3 Nichtbrütende Arten (Freibrüter, deren Nest in der Regel nicht in Hecken, Feld- und Ufergehölzen liegt, die aber hier Nahrung suchen); Beispiele:

Samen: Bergfink, Erlenzeisig, Birkenzeisig, Gimpel, Kernbeißer

Nüsse: Eichelhäher, Tannenhäher

Beeren: Seidenschwanz, ziehende Drossel- und Grasmückenarten, Gimpel

Insekten: Kuckuck, Blaukehlchen, ziehende Rohrsänger- und Laubsängerarten

2. Höhlenbrüter in Hecken, Feld- und Ufergehölzen

Unter ihnen zeigt kaum eine Art eine ausgesprochene Bindung an Hecken, Feld- und Ufergehölze; gerne brüten hier etwa Hohltaube, Steinkauz, Wiedehopf, Wendehals, Kleinspecht, Gartenrotschwanz und Star, alles Vögel, die auch Baumgärten mit Hochstämmen als Lebensraum annehmen. Sind entsprechende Brutgelegenheiten (Nistbäume, Nistkästen) vorhanden, werden u. a. auch Buntspecht, Trauerschnäpper, Nonnenmeise, Blau- und Kohlmeise, Kleiber, Gartenbaumläufer, Feldsperling in Gehölzen zur Fortpflanzung schreiten. Alle diese Höhlenbrüter finden in den Büschen und Bäumen sowie in den Pflanzen des Heckensaumes einen großen Teil ihrer Nahrung.

Tab. 36: Übersicht über die Heckenvögel i. w. S. und die Art (in bezug auf Neststandort und Nahrungssuche) bzw. den Grad (in bezug auf den Brutort) ihrer Bindung an den Lebensraum Hecke (nach Zimmerli 1979). Die Tabelle basiert vorwiegend auf den Verhältnissen im Schweizerischen Mittelland, trifft aber im großen und ganzen auch für die bundesdeutschen Verhältnisse zu.

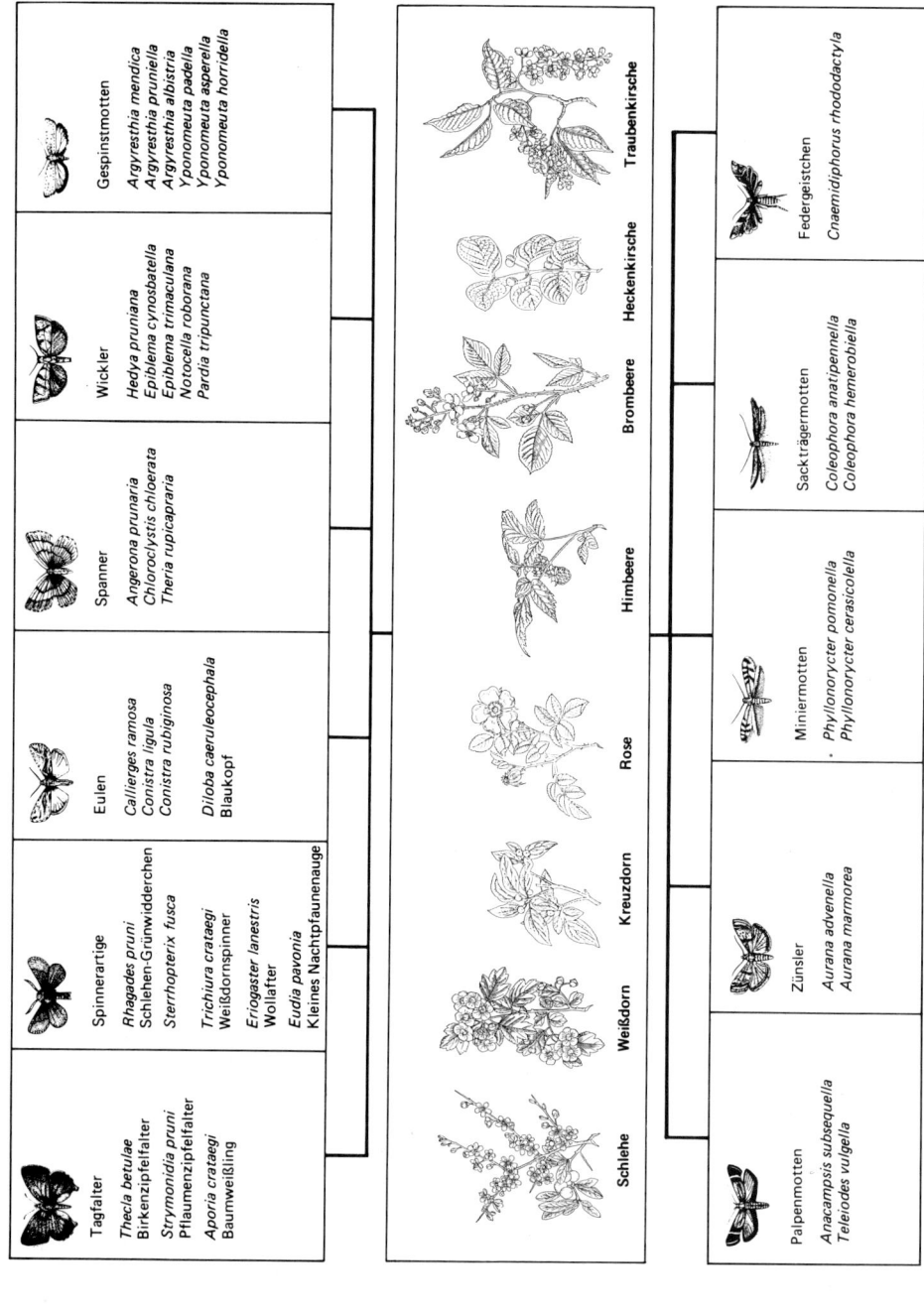

Abb. 113: Falterfauna der Gebüsche und Hecken im Bereich mittlerer bis trockener Standorte (Auswahl) (nach Riecken & Blab 1989)

- Struktur für Nestbau bei Spinnen;

- Aktionszentrum für viele Säugetierarten, die wie etwa Igel, Zwergspitzmaus und Hermelin überall dort leben, wo sie genügend Nahrung und geeigneten Unterschlupf (vor allem Hohlräume im Boden) finden. Ähnliches gilt für einzelne Amphibienarten, z. B. Erdkröte und Grasfrosch;

- Nahrungsbiotop für Blütenbesucher (z. B. Schmetterlinge, Schlupfwespen, Schwebfliegen), für Blattlausjäger (z. B. Marienkäfer- und Florfliegenlarven), für samen- und fruchtverzehrende Singvögel (nicht zuletzt auch während der Wanderungen), für phytophage Insektenarten (vgl. Abb. 113).

4. Gefährdungsursachen

4.1 Die Hauptgefahr stellt die Totalbeseitigung durch Bereinigungsmaßnahmen, Flurneuordnung und mechanisierte Bodenbewirtschaftung dar.

Nach Eigner (1978 a) ist beispielsweise für Schleswig-Holstein damit zu rechnen, daß sich die Gesamtknicklänge von 1950 bis 1979 um ein Drittel (von 75.000 km auf 50.000 km) verringert hat. Im Trend insgesamt gesehen ähnlich oder noch stärker rückläufig ist auch die Entwicklung der Heckenbestände in der Westfälischen Bucht (Wittig 1979) oder in Oberfranken, wo flurbereinigungsbedingte Heckenverluste von 64 % in Muschelkalk, von 55 % in Malm-, von 49 % in Lias- und von 41 % in Sandsteinkeupergebieten festgestellt wurden (Reif et al. 1982, vgl. Abb. 114).

Konsequenzen für die Fauna: Angenommen, es befindet sich durchschnittlich alle 30 Meter ein Vogelnest, dann bedeutet der Verlust von inzwischen rd. 25.000 Kilometer Knicks den Verlust von ca. 800.000 Bruten oder ca. 3 Millionen Jungvögeln in Schleswig-Holstein gegenüber früheren Verhältnissen (Eigner 1978 a). Was dies konkret für die einzelnen Flächen bedeutet, bilanziert Puchstein (1980) durch Untersuchungen der Vogelwelt einer 80 ha großen Probefläche in Schleswig-Holstein in den Jahren 1964 - 1966 und 1974: Nachdem die Probefläche 1980 in die Flurbereinigung einbezogen wurde, erfolgten 1981 und 1982 Kontrolluntersuchungen. Das Knicknetz der Probefläche wurde von 95 m/ha auf 65 m/ha (Altknicks + versetzte Knicks + ebenerdige neue Reihenpflanzungen) vermindert. Das sind 31,5 % Minderung. Als Folge davon nahm die Vogelgemeinschaft der 80 ha Fläche um 42,2 % ab, wenn man die durchschnittliche Siedlungsdichte von zehn Jahren vor der Flurbereinigung (1964-74) mit dem Durchschnitt von zwei Untersuchungen danach (1981, 82) vergleicht. Beim Vergleich der zwei aktuellsten Jahre vor- und nachher (1974 und 1982) betrug der Verlust der Siedlungsdichte sogar 49,75 %. Gleichzeitig sank die Artenzahl von 33 Arten 1974 auf 21 Arten 1982, gleich 36,4 %. Zieht man zum Vergleich nur die eigentlichen knickbewohnenden

Vogelarten heran, betrug die Bestandsminderung 54% und der Verlust an Arten 50%. Auf den verbliebenen Altknicks trat zunächst ein Siedlungsstau im ersten Jahr nach der Flurbereinigung ein mit einer Erhöhung der Streckenabundanz um 22%, der sich im Jahr danach aber bereits stark abbaute. Ersatzstrukturen hatten keine nennenswerte Ausgleichsfunktion: Ebenerdige Neuanpflanzungen wurden in den ersten zwei Jahren überhaupt nicht angenommen, versetzte Knicks wurden lediglich von Dorngrasmücke und Goldammer zu 11% ihres Bestandes besiedelt.

Auch das gelegentlich praktizierte Verfahren verschiedene, verstreut liegende Hecken zu einem größeren Bestand zusammenzufassen, ist aus landschaftsökologischer Sicht i.d.R. erheblich ungünstiger als die gestreute Lage.

Außerdem verpflanzt „die Flurbereinigung" die Hecken gerne in Windexposition. Für Insekten ist dies ausgesprochen ungünstig, da diese Tiere zur Eiablage beinahe durchweg windgeschützte Plätze benötigen.

4.2   Wegfall der Verjüngung (durch Aufgabe der Nutzung als Niederwald). Werden Hecken nicht von Zeit zu Zeit auf den Stock gesetzt, unterdrücken die Bäume die Straucharten, womit der besonders schutzwürdige, dichte und geschlossene Wuchs, die entsprechende Fauna und auch das typische Heckeninnenklima verlorengehen.

4.3   Abbrennen vernichtet die flachwurzelnden Kräuter und Gräser, die Streuauflage und einen Teil der Tierwelt.

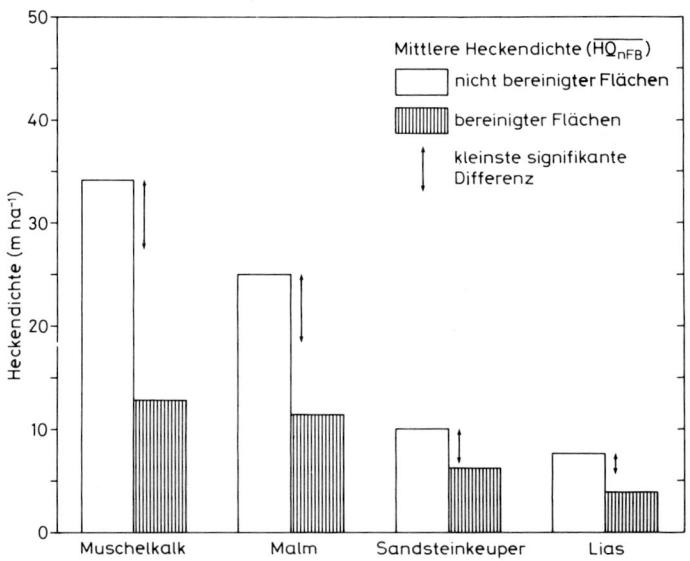

Abb. 114: Einfluß der Flurbereinigung auf die Heckendichte in Oberfranken (nach Reif et al. 1982)

4.4   Ausmähen der Vegetation am Heckenfuß (während der Hauptvegetationszeit) führt zur Vernichtung der besonders schutzwürdigen dichten Vegetationsstrukturen im Fußteil, zur Beseitigung des Blütenhorizontes und zur Austrocknung des Heckenbodens.

4.5   Beseitigung der in Abschnitt 5.3d dieses Kapitels genannten Kleinstrukturen

4.6 Verbiß und Vertritt durch Weidevieh

– Überweidung, dadurch Wurzel- und Stammschädigung infolge des Viehtritts und -verbisses durch Weidevieh, fallweise bis hin zur völligen Zerstörung der Hecken (vgl. Abb. 115)

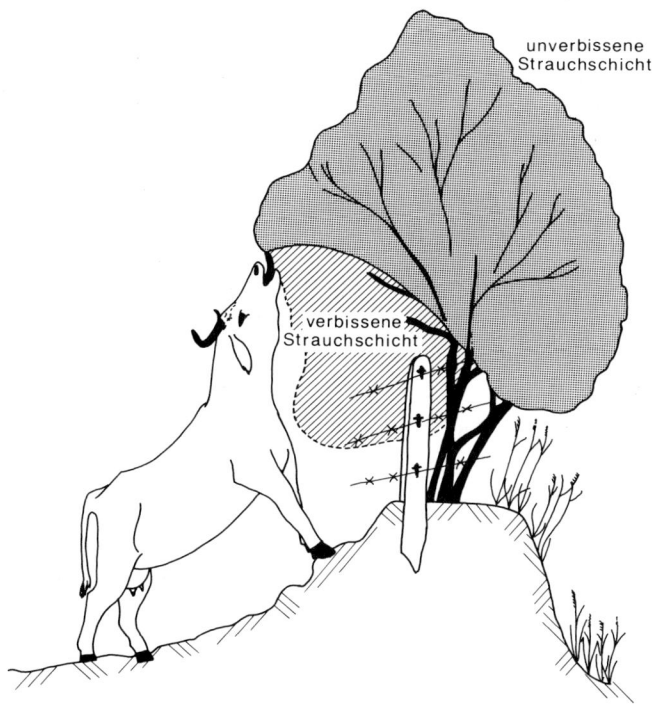

unverbissene
Strauchschicht

verbissene
Strauchschicht

Abb. 115: Verbiß- und Tritterosionsschäden durch Weidevieh sind häufig Ursache für Schäden an Wallkörper und Vegetation. Die Einzäunung auf der Wallmitte begünstigt eine starke Abtragung der linken Böschung, während die korrekte Abzäunung vor dem rechten Wallfuß eine für Wälle typische, intakte Kraut- und Staudenvegetation ungestört zur Entwicklung kommen läßt. Das Vieh verbeißt die über den Zaun wachsende Strauchschicht schirmartig bis in Höhen, die von der Zunge ausgewachsener Rinder äußerstenfalls ergriffen werden können (Zeichnung: Akkermann, Krautzone aus Weber 1967, veränd. nach Müller 1989).

– Beweidung der unteren Ast- und Blattetagen, so daß Hecken bis zu einer Höhe abgefressen werden, die vom Vieh gerade noch erreicht werden kann. (Generell sollten alle Hecken und Waldränder sowie uferbegleitende Gehölze bei der Beweidung ausgezäunt werden!)

– Unsachgemäßes Anbringen von Zäunen, z. B. auf der Mitte des Walles oder nur hinter dem Wall (vgl. Abb. 115)

4.7 Zerstören des Heckenwalles durch Heran- oder Überpflügen

4.8 Reduzierung des Heckenprofils mit sogenannten maschinellen Baumscheren oder Schlegler führt zu starken Verletzungen der Sträucher und Bäume. Dieses regelmäßige unspezifische Freischneiden des Lichtraumprofils hat nichts mit einem fachgerechten Rückschnitt und fachgerechter Pflege einer Hecke gemeinsam. Eigner (1987) bezeichnet die regelmäßige Behandlung mit dem Schlegler sogar als „Einleitung einer verbotenen Knickzerstörung".

4.9 Besprühen der Hecken mit Pestiziden aller Art

4.10 Vollständiges Abholzen der Sträucher

4.11 Ablagern von Abfällen wie z. B. Silage- und Heuresten, größeren Mengen von Laub, Schutt usw.

4.12 Anpflanzen von Ziergehölzen und sonstigen nicht standortgerechten Pflanzen

Bei Neuanlagen oder Ergänzungspflanzungen werden meistens die gängigsten Straucharten aus den Baumschulen verwendet (Generosion).

Für das Ökosystem Hecke ebenfalls wichtige Arten, die aber z. B. schwer zu vermehren sind, Überträger von Krankheiten sind oder nur lokale Verbreitung haben, wie z. B. einige Brombeer- oder Rosenarten, bleiben unberücksichtigt.

5. Entwicklungsziele für Hecken und Gebüsche

5.1 Grundsätzliche wertbestimmende Gesichtspunkte

a) Die floristische Zusammensetzung der Straucharten soll vielfältig, landschaftstypisch und standortgerecht sein (Hinweise hierzu gibt der Aufbau naturnaher Waldränder der näheren Umgebung). Dadurch ist bereits eine große Mannigfaltigkeit von Lebensbedingungen auf kleinstem Raum gewährleistet mit der Folge, daß sich auch eine artenreiche Tierwelt einstellen wird.

b) Mehrreihige, zumindest dreireihige Gehölzbepflanzung ist vorteilhaft (Breite: 4-10 m), da

- für viele Tierarten (z. B. Tagfalter, Fliegen) Windschutz ausgesprochen wichtig ist;

- in schmalen Hecken erheblich geringere Windruhe herrscht;

- breite, dichte Hecken zumeist vogelreich sind, während schmale, sehr lichte Streifen dagegen nur sehr dünn oder überwiegend nicht von Vögeln besiedelt werden (Hahn 1966, Puchstein 1980);

- sich das Gros der Heckenkäfer, nämlich die Waldarten, im Innensaum konzentriert und die feldähnlichen Klimabedingungen des Randsaumes meidet (Thiele 1963).

Ab einer Breite von 10 m ist es jedoch vorteilhaft, mehr in die Länge als in die Breite zu gehen, um dieselbe Fläche zu bestocken.

Einzelne, auch gefährdete Vogelarten (z. B. Dorngrasmücke, Goldammer, Schwarzkehlchen) besiedeln aber durchaus Einzelbüsche bzw. verstreut liegende Strauchgruppen.

c) Das Alter der Hecken ist wertbestimmend. Ältere Hecken zeichnen sich durch größere Artenmannigfaltigkeit und insbesondere durch Vorkommen des heckentypischen Arteninventars aus (vgl. hierzu Abschn. IV. 2).

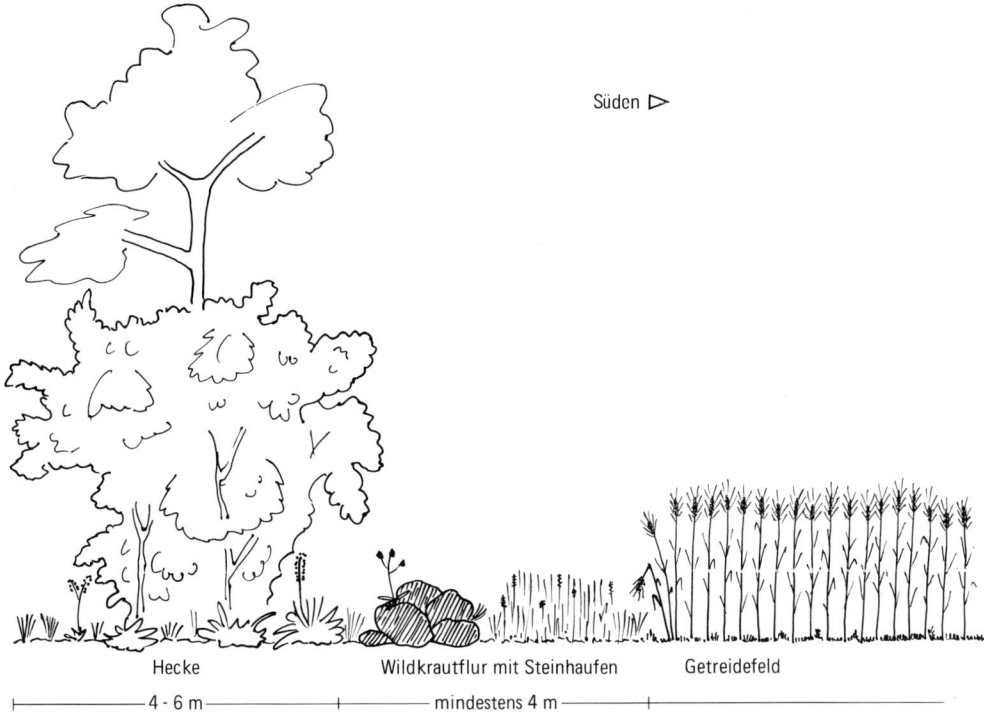

Süden ▷

Hecke   Wildkrautflur mit Steinhaufen   Getreidefeld

|————————— 4 - 6 m —————————|————— mindestens 4 m —————|

Abb. 116: Skizze einer Hecke mit Wildkrautflur in intensiv genutzten Agrarlandschaften

d) In der Funktion als Bruthabitat für Vögel sollten Hecken über weite Strecken vertikal geschlossen sein (hier sind vor allem Niederhecken von 1-2 m Höhe bedeutsam). Das ist Voraussetzung für einen großen Brutvogelreichtum. Ist die Hecke überaltert, so geht die Brutvogelzahl zurück. Vor allem in waldarmen Gegenden sind stellenweise aber auch Hochhecken (2-5 m) erwünscht, die beispielsweise durch die Beerenmast zahlreichen Zugvogelarten und Überwinterern reichere Nahrungsquellen als Niederhecken bieten (Biber 1979).

e) Wälle oder Lesesteinhaufen als Basis der Hecke sind einer ebenerdigen Anpflanzung vorzuziehen. Auch heckenbegleitende Gräben sind durch Erhöhung der Standort- und Strukturvielfalt wertsteigernd.

Bei ebenerdiger Bepflanzung sind wenigstens stellenweise Steinhaufen, Einzelsteine und größere Bodenunebenheiten als Verstecke z. B. für Säugetiere, Reptilien und Amphibien zu erhalten bzw. einzubringen.

f) Die Säume sollten eine möglichst gut ausgeprägte Randschleppe aufweisen und generell, insbesondere aber in südlicher Richtung, sehr unregelmäßig mit Buchten, sternförmigen Vorsprüngen usw. geführt werden, um die Randlinienwirkung und Verzahnung mit den Nachbarbiotopen zu erhöhen, da damit z. B. die Siedlungsdichte der Tierwelt in groben Zügen positiv korreliert ist.

Eine ähnliche Funktion üben auch kurze gehölzfreie Abschnitte aus, die stellenweise und in unregelmäßigen Abständen in längere Heckenzeilen integriert sein sollten.

g) Ausgesprochen wertsteigernd sind breite, nicht oder extensiv genutzte Wildkrautsäume von möglichst wenigstens 4 m, besser 10 m und mehr Breite, vor allem an den Südrändern der Heckenreihen (Sonnenexposition, Windschutz). Diese stellen für die Erhaltung der Vogelartenvielfalt in intensiv genutzten Agrarlandschaften das entscheidende Kriterium dar (vgl. Bezzel 1977) und sind beispielsweise auch unverzichtbar für die Offenlandarten mit mittleren ökologischen Ansprüchen aus den Gruppen der Reptilien (vgl. Blab 1980 b), Wildbienen (vgl. Preuss 1980), Tagfalter und Widderchen (vgl. Blab & Kudrna 1982) und andere mehr.

5.2 Weitere Hinweise

a) Da das intensiv bewirtschaftete Offenland zunehmend an Blüten verarmt, ist für das Heer der Nektarsauger und Pollenfresser ein breites Angebot an Insektenblütlern bereitzustellen.

Abb. 117: An Schlehenhecken warmer, sommertrockener Gebiete lebt das Gelbe Ordensband *(Ephesia fulminea)*. Die Raupe imitiert Schlehenzweige und trägt sogar Schlehenstachelimitate auf dem Rücken.
(Foto und Bildtext: H. J. Weidemann)

b) Brom- und Himbeere kommt wegen ihrer langen Blütezeit größe Bedeutung zur Überbrückung des Blütenengpasses im Hochsommer für zahlreiche Insektenarten zu. Gleichzeitig stellen trockene Zweige von Brombeere, Himbeere und Holunder für etliche Hautflügler- und Heuschreckenarten Bruthabitate dar (z. B. Preuss 1980, Röber 1951, Ingrisch 1979).

c) Traubenkirsche, Schwarzer Holunder (beides Arten mit dichtem Kronendach) und Dornsträucher wie Weißdorn, Schlehe, Rosen, Brom- und Himbeeren werden von den Heckenvögeln zur Anlage der Nester bevorzugt (Riess 1973). Zwölfer et al. (1981) bezeichnen in ihrem Untersuchungsgebiet Weißdorn, Schlehe und Wildrosen wegen ihrer reichhaltigen Insektenfauna und der vielfältigen Nutzungsmöglichkeiten durch Tiere als „Hauptarten", Weide und Hasel als wichtige Begleitarten.

d) Weiden (insbesondere dickstämmige Bezirke) zählen zu den insektenreichsten Pflanzen und beherbergen alleine über 100 Käferarten (z. B. Weberbock, *Lamia textor,* in der Markröhre der Weidenzweige).

5.3 Strukturelle Merkmale und ihre Bedeutung für die Fauna

a) Vertikale Ausprägung

Untersuchungen zeigen, daß Vögel vor allem die dichteren Stellen der Sträucher im unteren Bereich, gerne in Verbindung mit dem noch dichten Unterwuchs der Krautschicht, und nicht die lichteren, hochgewachsenen Teile zur Nestanlage bevorzugen.

Bevorzugte Nisthöhen (in Metern) sind dabei nach Riess (1973):

Amsel (keine Tendenz)	Hänfling (0,25 - 2,5)
Heckenbraunelle (0,25 - 0,50)	Dorngrasmücke (0,25 - 0,75)
Goldammer (0-1)	Sumpfrohrsänger ($\pm$ 0,5)
Grünfink (1,5 - 2,5)	

Unter anderem auch damit läßt sich begründen, warum die Hecken von Zeit zu Zeit und abschnittweise auf den Stock zu setzen bzw. zurückzuschneiden sind. Aus gesamtfaunistischer Sicht ist es von Vorteil, wenn in Heckengebieten alle Altersklassen von unter 6 bis über 20 Jahren vorkommen, da dadurch sowohl eine zeitliche Kontinuität wie auch eine hohe Strukturvielfalt gegeben ist. Beides sind Faktoren, die sich positiv auf die Fauna auswirken (Zwölfer et al. 1981). Diese Aussage ist freilich fallweise zu relativieren. So existieren Grenzhecken mit einem Alter von über 400 Jahren.

Außerdem fördern Überhälter bzw. ein gewisser Anteil an Bäumen einige Vogelarten, z. B. Baumpieper, Buchfink, Grauschnäpper, Misteldrossel, Kleiber, Meisen, Gartenbaumläufer, Pirol, Fasan, Zilpzalp, Mönchsgrasmücke u. a. (vgl. hierzu außerdem auch Tab. 36) und vor allem auch im Holz lebende Wirbellose (vgl. Abschn. XXIV.3). Überhälter sollten also in unregelmäßigen Abständen (und ganz besonders in waldarmen Regionen) ebenfalls vereinzelt in Hecken vertreten sein (auch wegen tree-topping, vgl. Abb. 111).

b) Horizontale Ausprägung

Die Heckenstreifen sollten möglichst vielgestaltig angelegt, über weite Strecken einen stufigen Aufbau aufweisen, zumindest abschnittsweise eine größere Breite erhalten und in der Struktur möglichst reich gegliedert sein. Bei Laufkäfern beispielsweise fand Spreier (1982) ein ausgewogenes Verhältnis zwischen Wald- und Feldarten bei einer Breite von ca. 8 m. Ursache dafür ist die positive Korrelation zwischen Heckenbreite und Luftfeuchtigkeit im Heckeninneren.

Auch Verzweigungen und sonstige Heckenstrukturen spielen eine gewichtige Rolle für die Tierbesiedlung. So zeigt Puchstein (1980) anhand eines Vergleiches der Siedlungsdichten von Vögeln in verschiedenen Knickausprägungen, daß 100 Meter Doppelknick von der gleichen Zahl von Vögeln bewohnt werden wie 590 Meter Einzelknick (vgl. Abb. 118).

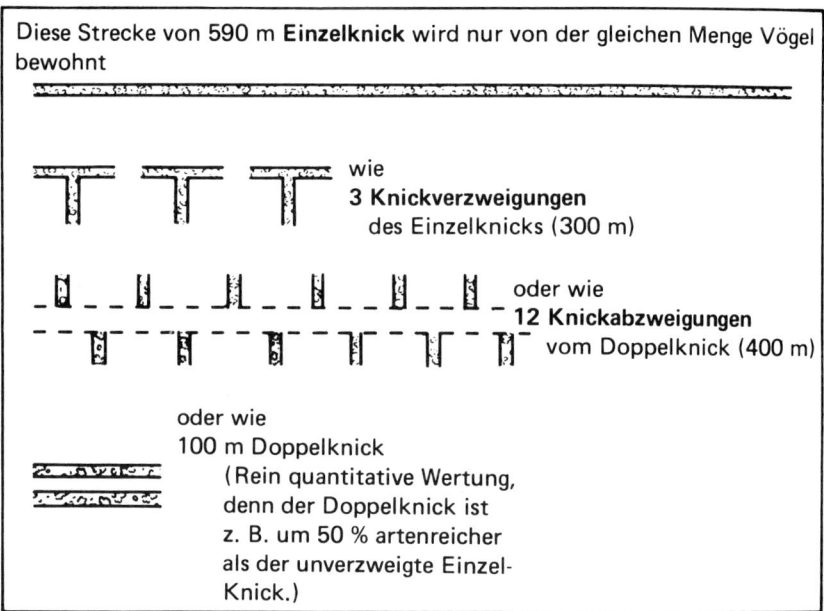

Abb. 118: Quantitative Bedeutung verschiedener Knicktypen für die Brutvogelfauna (nach Puchstein 1980)

Für die in Holzpfählen brütenden Hautflüglerarten ist eine Randlage der Pfähle zu Gebüschen, Waldrändern usw. wichtig, da nur dort ausreichend Nahrung für die Nektarsauger und Pollensammler sowie für die Arten, die für ihre Brut Spinnen und Insekten eintragen, gegeben ist (Näheres s. Haeseler 1979).

c) Heckenlänge und Heckendichte

Eine netzförmige Verknüpfung ist anzustreben. Für viele Tierarten, z. B. Heckenvögel[*], Kleinsäuger, aber auch Fluginsekten, sind 400-800 m das äußerste an überwindbarer Entfernung zu benachbarten Hecken. Das ergibt ca. 2-5 % Fläche für Flurgehölze bei Einhaltung dieser Abstandskriterien (Kaule 1978).

---

*) Riess (1974) ermittelte bei Höhlenbrütern während der Futtersuche an maximalen Flugdistanzen: Kohlmeise 250 m, Blaumeise 110 m, Feldsperling 300 m. Hahn (1966) für den Neuntöter einen Revierdurchmesser von 80 m.

Hinsichtlich der räumlichen Anordnung der Hecken in Heckengebieten zeigen eingehende tierökologische Erhebungen in Oberfranken, daß es bei hoher mittlerer Flächendichte (80 m Hecke/ha) besser ist, statt langgezogener „Großhecken" zahlreiche „Kleinhecken" von 10-15 m Länge in möglichst geringem Abstand zu erhalten bzw. anzulegen (Zwölfer et al. 1981). Nach diesen Analysen zeichnen sich derartige Heckengebiete durch hohe Insekten- und Vogelnestdichte, hohen Wildbesuch, hohe faunistische Artenmannigfaltigkeit und hohe Regulationsfähigkeit hinsichtlich der Populationsdynamik pflanzenfressender Insektenarten aus.

d) Wichtige Zusatzstrukturen

Ausgesprochen förderlich für die Zielsetzung Artenschutz ist es, wenn wenigstens stellenweise die folgenden Kleinstrukturen eingestreut sind:

- blütenreiches Grünland
- alte Baumstubben
- Steinhaufen
- Tümpel, Kleingewässer

e) Nachbarschaftsaspekte

Die Zusammensetzung der Fauna ist über weite Strecken vom Umland unabhängig (vgl. Abschn. 3 dieses Kapitels).

Bei Arten mit differenzierter Biotopbindung, bei denen die Hecke also nur einen Teil des Lebensraumes darstellt, kommt dem Umland aber durchaus wichtige Bedeutung zu. So fördert z. B. ein hoher Grünlandanteil Amsel und Neuntöter, vgl. hierzu nachstehende Übersicht von Klein (1978), in der die prozentuale Aufteilung der 1977 in 6 Probeflächen vorhandenen Reviere des Neuntöters nach der landwirtschaftlichen Bodennutzung vorgenommen wurde.

	%-Anteile aller Reviere
Brachland	5,43
Grünland über 70 %	57,62
Grünland (60-70 %), Ackerland (30-40 %)	28,27
Grünland (50 %), Ackerland (50 %)	5,43
Ackerland (60-70 %), Grünland (30-40 %)	2,17
Ackerland über 70 %	1,09

Ähnliches gilt umgekehrt auch für Arten, die ihre Brutstätten außerhalb der Hecken besitzen und in den Hecken ihren Nahrungsbiotop, wie etwa die in den Käferbohrlöchern vor allem alter und dicker Zaunpfähle brütenden Hautflügler (vgl. Abb. 119), oder dort ihr Sommerquartier haben, wie etwa die gewässerbrütenden Amphibien Laubfrosch, Grasfrosch und Erdkröte (vgl. Abschn. XII. 3).

6. Schutz, Pflege und Entwicklung

6.1 Abwehr der Gefährdungsfaktoren, Erhaltung des Bestandes und einer ökologisch wünschenswerten Netzdichte (vgl. dazu Entwicklungsziele)

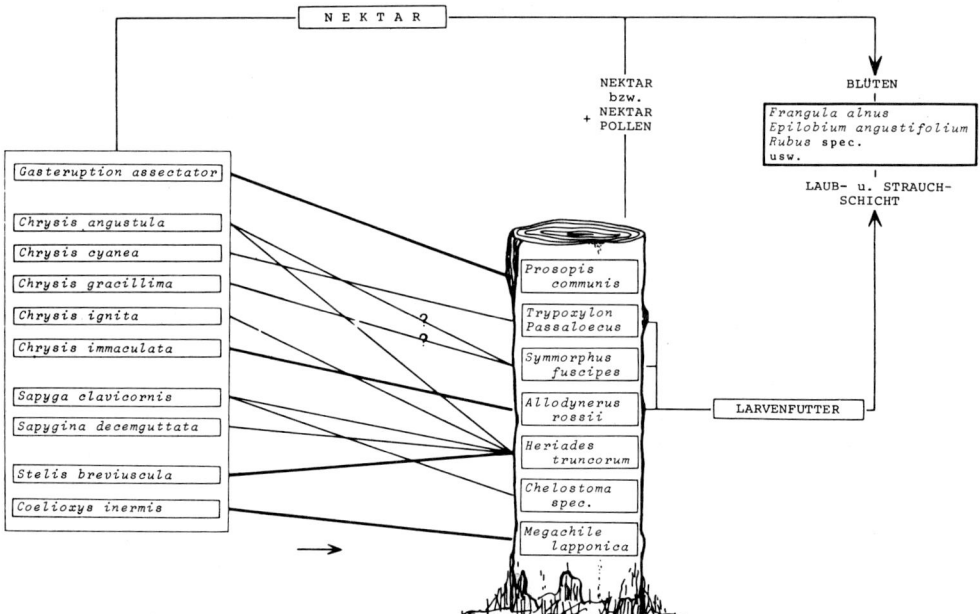

Abb. 119: Parasit-Wirt-Beziehungen und Nahrungsbeziehungen der in Zaunpfählen der Oldenburger Umgebung nistenden solitären Bienen und Wespen und der bei diesen lebenden Hymenoptera, Aculeata und Gasteruptionidae (nach Haeseler 1979)

6.2 Im Falle unabweisbar notwendiger Beseitigungen ist anzustreben, die Büsche samt Wurzelballen umzusetzen (möglichst jedoch nicht in windexponierte Lagen) und etwaige Ausfälle nachzupflanzen (Methode vgl. z. B. Unger 1981), um sie trotz der Neuordnung in der Flur zu erhalten. Die Verpflanzung bestehender Hecken (und damit auch von Teilen der „Tiergemeinschaften") ist gerade in ausgeräumten Gebieten einer Neuanlage vorzuziehen, da junge Sträucher in Neupflanzungen eine verarmte Fauna aufweisen und selbst im Verlaufe von 15 Jahren erst durch einen Teil der typischen Tierarten besiedelt werden können (Zwölfer et al. 1981). Wichtig ist dabei jedoch auch die Verpflanzung von Saum und Vormantel.

6.3 Pflege am Beispiel von Wallhecken

a) Gut erhaltene Wallhecke

Das Strauchwerk sollte alle 6-8 Jahre (Müller 1989) oder 8-10 Jahre (max. 15 J.) (Eigner 1984) in 30 m Abstand alternierend auf den Stock gesetzt werden. Dies sollte so geschehen, daß nur die Hälfte der Äste eines Heckenstrauches entfernt wird. Nachdem an den Schnittstellen neue Triebe gewachsen sind, können in den nachfolgenden Jahren die anderen Äste geschnitten werden. Dieses schonende Zurückschneiden der Hecke verhindert eine allzu schockartige Belichtung und Austrocknung des Bodens, das zum Absterben der typischen, meist feuchtigkeits- und schattenbedürftigeren Heckenbiozönosen führen würde.

b) Wallhecken wurden seit geraumer Zeit nicht mehr gepflegt, der Wall ist überwiegend mit Bäumen bewachsen:

Einzelne Bäume sollten nach und nach entfernt und die Lücken mit Sträuchern zugepflanzt werden. Soweit erforderlich, sollte der Wall mit Erdmaterial ausgebessert werden.

c) Der Wall ist vollständig degeneriert und heruntergeweidet, es stehen nur noch mehr oder weniger geschädigte Bäume in einer Reihe: Hier sollen mindestens alle 30 m ein Baum sowie Sträucher über die gesamte Länge nachgepflanzt werden. Umfangreiche Wallausbesserungen bzw. -neuaufschüttungen müssen vorgenommen werden.

d) Die bei einem Pflegedurchgang angefallene Menge an Holz- und Baumschnitt, die nicht in der Hecke verbleiben kann, muß umgehend herausgenommen werden, bevor Buschbrüter sich einnisten (auf Kompostierungsanlagen muß ebenfalls darauf geachtet werden, daß Schnittgut nicht zu lange liegen bleibt, eine Alternative bietet die Anlage einer „Benjes Hecke", s. u.).

6.4 Neuanlage von Hecken

a) Ausschließliche Verwendung von standortgerechtem, autochthonem (entsprechend der potentiellen natürlichen Vegetation) Pflanzenmaterial. Auf Provenienzen und arealgeographische Besonderheiten sollte dabei geachtet werden. So ist z. B. die Schwedische Vogelbeere *(Sorbus intermedia)* nicht einheimisch und die Grauerle *(Alnus incana)* hat in der norddeutschen Tiefebene keine natürlichen Vorkommen, obwohl sie häufig angepflanzt wurden.

b) Bei Neuanlage einer Wallhecke sollte die Vegetationsdecke auf dem künftigen Heckenstandort wurzeltief abgeschält werden, da sich sonst später eine Stauschicht ergeben kann. Die Grassoden können als Deckschicht umgedreht auf den neuen Wall aufgelegt werden.

Der Wall sollte 1,5 m hoch aufgeschüttet werden. Da er etwa auf ein Drittel seiner Höhe zusammensackt, ist seine Endhöhe ca. 1 m. Entlang von alten Wallhecken verlaufen manchmal ein- oder beidseitig kleine Gräben. Bei der Neuanlage können ebenfalls ca. 50 cm tiefe Gräben angelegt werden.

c) Benjes Hecke

Grober Baum- und Strauchschnitt wird ca. 1 m hoch aufgeschichtet. Die Breite des Gestrüpphaufens sollte mindestens 4 m betragen. Über verschiedene Sukzessionsstadien entwickelt sich daraus eine Hecke. Zur Beschleunigung der Entwicklung können im Innern der zukünftigen Hecke einzelne Bäume gepflanzt werden, die im Schutz des Reisighaufens heranwachsen. (Die Bäume erhalten nach der Pflanzung eine Maschendrahthose zum Schutz vor Kaninchen und eine Baumscheibe aus alten Zeitungen, Laub und Gras, damit in den ersten Jahren die Konkurrenz durch aufkommende Kräuter nicht zu groß wird.)

Vorteile dieser Methode:

– Preisgünstig, da überwiegend „Abfallmaterial" verwendet wird.

– Zeitpunkt der Anlage ist weitgehend wetterunabhängig, kann auch an Frosttagen durchgeführt werden.

Abb. 120: Benjes Hecke   (Foto: J. Blab)

- Die Hecke besteht aus autochthonem Pflanzenmaterial.

- Die Hecke bzw. der Gestrüpphaufen kann gleich zu Anfang Teilfunktionen einer eingewachsenen Hecke übernehmen, wie z. B. Leit-, Sicht- und Schutzfunktion, Bruthabitat, allgemein Rückzugsgebiet für diverse Tierarten.

- Die intensive Pflege, die bei einer gepflanzten Hecke in den ersten Jahren notwendig ist, entfällt.

- Wildzaun zum Schutz der gepflanzten Sträucher und Bäume ist unnötig.

Nachteile:

- Gefahr des Abholzens von wertvollen Gebüschen als Aufräumungsarbeit.

- Der Gestrüpphaufen kann dazu verleiten, daß Müll und Grünabfälle auf diesen Flächen abgeladen werden.

- Falls das Schnittmaterial zu fein war, fällt der Haufen schnell in sich zusammen. Das Ergebnis ist ein Komposthaufen.

Anmerkung:

Durch die Benjes Hecke entsteht normalerweise keine eutrophierte Fläche. Der Nährstoffeintrag durch den langsamen Abbau des Schnittmaterials ist vermutlich nicht

340

höher als die Düngung, die normalerweise beim Pflanzen von Sträuchern in das Pflanzloch gegeben wird.

6.5 Niederhecken sind alle 2 bis 3 Jahre oben und seitlich zurückzuschneiden (Biber 1979), sonstigen Hecken alle 10-25 Jahre auf den Stock zu setzen (bzw. – je nach Art der Hecke – vereinzelt auch nicht zu pflegen). Da diese Pflegemaßnahmen einen erheblichen Eingriff in die Lebensgemeinschaft darstellen, sind sie in einer Heckenzeile nach Möglichkeit immer nur abschnittsweise (z. B. zu einem Drittel in einem Jahr) durchzuführen. Punktuell sollten einzelne Überhälter belassen werden, indem sie bei der periodischen Heckenpflege ausgelassen werden.

6.6 Kopfbäume schneiden (vgl. hierzu Abschn. XXX. 6.5)

6.7 Zur Sicherung des charakteristischen Artenbestandes sind auch angrenzende Wildkrautflächen periodisch (ca. alle 2 Jahre im Herbst) zu mähen. Da auch die Mahd vorübergehend einen starken Eingriff für die Fauna darstellt, sollten die Bereiche zu beiden Seiten einer Heckenzeile zu unterschiedlichen Zeiten gemäht werden. Generell ist anzustreben, die Wildkrautflächen in Richtung auf Magerrasen zu entwickeln (vgl. hierzu Abschn. XX.6.4).

6.8 Verhinderung von Nährstoff- und Schadstoffeintrag. Bei Nährstoffeintrag oder auch der Beweidung des Saumes bis an die Heckengehölze heran, entwickeln sich ausgeprägte Reinbestände der Brennessel, die oft bis in das eigentliche Heckenzentrum einstrahlen können.

XXX. Baumgruppen, Baumreihen, Einzelbäume (einschließlich Kopfbäume)

1. Charakterisierung

Holzgewächse sehr unterschiedlicher Ausprägung, denen neben ähnlichem Aussehen gemeinsam ist, daß sie in der Regel kein vom Freiland entscheidend abweichendes Standortklima ausbilden (Ausnahmen aber bei größeren Baumgruppen möglich).

2. Typen

Abhängig einmal von der Anzahl und Anordnung der Gehölze und dazu von Baumartenzusammensetzung, Alter und strukturellem Aufbau.

Sonderformen sind Kopfbäume, welche vorwiegend von Weiden, in geringerem Umfang auch von Pappeln, daneben gelegentlich auch von Eschen, Eichen und Obstbäumen gestellt werden.

3. Bedeutung für die Fauna

Funktion als Ansitz- und Singwarte, Kammerung der Landschaft, Ganz- oder wichtiges Teilhabitat (vgl. dazu die Ausführungen in Abschn. XXIX. 3 sowie Abb. 111). Das Gros der Fauna sind Waldarten, wobei die Grenzen, ab welcher Größe der Baumgruppe sich die Waldarten ansiedeln können, von Art zu Art verschieden sind: Für einzelne Arten, wie z. B. bestimmte Blattläuse, genügt bereits ein einzelner Baum, andere benötigen größere Baumgruppen und wieder andere nur Baumgruppen, die aufgrund ihrer Größe bereits ein eigenes Waldklima ausbilden.

Auch der Alters- und Zerfallsgrad des Holzes ist für die im Holz und Holzmulm lebende Insektenfauna (vgl. dazu Abschn. XXIV. 3) sowie für Höhlenbrüter wichtig. Entsprechende Baumgruppen oder Einzelbäume zählen zu den bedeutenden Habitaten einer Reihe holzbewohnender Käfer und haben daher einen hervorragenden Schutzwert (z. B. Geiser 1980). Einen Hinweis auf den Wert alter Alleebäume für den Insektenschutz gibt auch Tabelle 37.

Ein ganz besonders wichtiges Habitat stellen Kopfweiden in feuchten Grünländereien dar. Dickstämmige Weiden zählen zu den insektenreichsten Pflanzenarten. Alleine über 100 Käferarten, wie z. B. die im Stamminnern als Larve lebenden Arten Weber- *(Lamia textor)* und Moschusbock *(Aromia moschata)* oder von den Faltern der Weidenbohrer *(Cossus cossus)*, sind auf diese Baumart angewiesen. In westfälischen Grünlandgebieten kommt ihnen u. a. auch existenzbestimmende Bedeutung (als Bruthabitat) für den Steinkauz zu (Loske 1978a).

Lymantria dispar	Schwammspinner	Laubbäume
Euproctis chrysorrhoea	Goldafter	Laubbäume
Porthesia similis	Schwan	Laubbäume
Hybocampa milhauseri	Pergamentspinner	Eiche
Lophopteryx camelina	Kamelspinner	Laubbäume
Phalera bucephala	Mondfleck	Laubbäume
Mimas tiliae	Lindenschwärmer	Linde, Ulme, Vogelbeere
Polyploca diluta	Wollrückenspinner	Eiche
Malacosoma neustria	Ringelspinner	Laubbäume
Epicnaptera tremulifolia	Eichenglucke	Eiche, Pappel, Birke u. a.
Odonestis pruni	Pflaumenglucke	Laubbäume
Prontia betulina	Sackträger-Art	Flechten
Bacotia sepium	Rindenflechten-Sackträger	Flechten
Aegeria apiformis	Bienen-Glasflügler	Pappel, Weide
Paranthrene tabaniformis	Bremsen-Glasflügler	Pappel, Weide
Synanthedon scoliaeformis	Großer Birkenglasflügler	Birke
Synanthedon conopiformis	Dickkopffliegen-Glasflügler	Eiche
Synanthedon vespiformis	Kleiner Eichenglasflügler	Eiche, Pappel
Synanthedon myopaeformis	Apfel-Glasflügler	Apfel, Kirsche, Pflaume, Pfirsich, Vogelbeere
Synanthedon typhiaeformis	Glasflügler-Art	Apfel
Cossus cossus	Weidenbohrer	Laubbäume
Zenzera pyrina	Kastanienbohrer	Laubbäume

Tab. 37: Schwärmer- und Spinnerarten alter Alleen (nach Petersen 1984). Viele, bei weitem aber nicht alle der genannten Arten, benötigten alte Bäume mit großen Kronen, wie sie vor allem bei einzeln, alleeartig stehenden Bäumen gegeben sind.

4. Gefährdung

4.1 Ersatzlose Rodung. Aber auch ersatzweise durchgeführte Neupflanzungen können die ökologische Funktion von Altbäumen oder gar Baumruinen erst nach vielen Jahrzehnten übernehmen.

4.2 Übermäßige Sanierung von alten Bäumen

Auskratzen allen Mulms und fugenloses Zubetonieren mag zwar den Baumkörper optisch vollständig erhalten, ist aber für die mulmabhängige Stammfauna (Endofauna) meist ebenso katastrophal wie die Totalbeseitigung (vgl. hierzu Abschn. XXIV. 4.3).

4.3 Grundwasserabsenkung gefährdet die von guter Wasserversorgung abhängigen Weiden.

4.4 Auftausalze schädigen vor allem straßenbegleitende Bäume.

4.5 Zu enges Einteeren von Stadtbäumen. Einmal vertragen Stadtbäume enges Einteeren nur dann, wenn für hinreichende Belüftung und Bewässerung gesorgt ist, zum anderen wird all den Insekten, die – wie z. B. der Lindenschwärmer *(Mimas tiliae)* – als Larve im Laubdach leben, sich jedoch zur Verpuppung in den Boden eingraben müssen, die Möglichkeit genommen, rasch eine geeignete Stelle für ihre Puppenwiege zu finden. (Tertiäreffekt: Opfer von Autos oder natürlichen Feinden beim Umherirren auf dem Asphalt.)

4.6 Unterlassung der Kopfbaumpflege

Werden die Äste nicht von Zeit zu Zeit zurückgeschnitten, so bildet sich eine ausladende Krone aus, unter deren Last der Baum auseinanderbrechen kann (Loske 1978 b). (Zudem würde dies wegen des Schattenwurfs den Widerstand der Landwirte gegen solche Bäume steigern.)

4.7 Baumaßnahmen (z. B. Kanalbau-, Telefonverlegearbeiten, Straßenverbreiterung, Fahrradwegebau) im Wurzelhals- und Wurzelbereich von Straßenbäumen führen sehr häufig zu einer nachhaltigen Schädigung dieser Bäume.

5. Entwicklungsziele

5.1 Grundsätzliche wertbestimmende Gesichtspunkte

Je älter, dicker und mulmreicher die Stämme sind, desto wertvoller sind sie aus der Sicht des Faunenschutzes (gilt auch für dürre Starkäste und Wipfel).

Bei Kopfbäumen ist es wichtig, daß die typische Kugel- oder Kopfform erhalten bleibt.

5.2 Hinsichtlich der notwendigen Größe von Feldholzinseln für die Vogelfauna gilt (nach Zenker 1982): Ein einzelner, isolierter Baum in der Feldflur kann bereits von Ringeltaube und Elster für die Brut, vom Rebhuhn als Deckung und von Grauammer, Schafstelze und Wiesenpieper (dieser v. a. in Niederungsgebieten) als Singwarte genutzt werden. Bei mehreren Bäumen in einigem Abstand kommen Goldammer sowie Dorngrasmücke, bei weiter zunehmendem Baum- und Strauchbestand auch Amsel und Heckenbraunelle als Brutvögel hinzu. Bereits bei einer Flächengröße von knapp 1 ha können die häufigsten 11 Brutvögel der Wälder auftreten, während manche selteneren Arten (z. B. Eulen, Spechte) erst in Gehölzen ab ca. 6-8 ha Fläche hinzukommen.

5.3 Nachbarschaftsaspekte

Reiches Angebot an Blüten (vor allem an Doldenblütlern) in enger Nachbarschaft zu Altholz, da ein Großteil der sich als Larve im Holz entwickelnden Insekten (z. B. Bockkäfer, verschiedene Großhymenopteren sowie die in Tab. 37 genannten Glasflüglerarten u. a. m.) als Imago auf bestäubungsökologisch einfache Blüten, wie es etwa die Doldenblütler sind, angewiesen ist (vgl. dazu Abschn. XXVIII. 5.2.3). Derartige Blütenbestände sollen daher auch Feldgehölze saumartig umspannen und an den Wegrändern von Alleen belassen sowie durch geeignete Pflegemaßnahmen, z. B. eine Mahd im Herbst, erhalten werden.

Altholzspezialisten sind oft wenig vagil. So ist etwa der Weberbock *(Lamia textor)* nicht flugfähig. Entsprechend müssen als (spätere) Ersatzhabitate für bestehende Vorkommen rechtzeitig Neupflanzungen in möglichst enger Nachbarschaft (z. B. weniger als 500 m Entfernung) angelegt werden (Wasner 1982).

Zur Teilsiedlerproblematik vgl. auch die entsprechenden Ausführungen bei den Waldrändern (Abschn. XXVIII.3).

6. Schutz, Pflege und Entwicklung

6.1 Unterlassen/Abwehr der Schadfaktoren

6.2 Baumsanierungen sind möglichst zu unterlassen. Dort, wo Sanierungen aus sicherheitstechnischen Gründen (z. B. Verkehrssicherheit) notwendig werden, sind sie so durchzuführen, daß in ausreichendem Umfang natürliche Höhlen, Mulmzonen im Holzinnern und anbrüchige Bereiche erhalten und für die Fauna zugänglich bleiben. Ist dies aus Gründen der Sicherheit nicht möglich, sollten die Lebensraumverluste an anderer Stelle, z. B. durch senkrechtes Aufstellen trockener, mehrere Meter langer, alter Stammabschnitte in Lagen, wo sie auf Jahre hinaus erhalten werden können, ausgeglichen werden.

Außerdem sollte das bei Baumsanierungen entfernte Altholz generell nicht sofort verbrannt, sondern bis zum Abschluß der Entwicklung der im Holz lebenden Fauna, d. h. möglichst 3-4 Jahre, offen gelagert werden (Preuss 1980).

6.3 Aus Gründen der Nachhaltigkeit sind rechtzeitig Jungbäume nachzupflanzen. Die Wahl der Baumarten muß dabei entsprechend den örtlichen Gegebenheiten getroffen werden (besonders wertvoll sind Eichen, Linden, Weiden, Buchen, Ulmen).

6.4 Nachträgliches Freistellen des weiteren Stammfußes der Stadtbäume von Teer und Steinen sowie – generell – Verhindern von Bodenverdichtung im Stammfußbereich.

6.5 Pflege der Kopfbäume (Methode: z. B. Arbeitskreis Biologischer Umweltschutz Soest, 1982): Zeitlicher Turnus etwa 10-20 Jahre, hierbei abschnittsweise vorgehen, d. h. von Jahr zu Jahr einen anderen Abschnitt behandeln. Günstige Zeit: Herbst- und Wintermonate (wegen der Brutvögel). Die Äste sollten möglichst nahe am Kopf abgesägt werden. Kopfpappeln sind dabei empfindlicher als Kopfweiden. Bei diesen besteht die Gefahr, daß sie eine vollständige Beschneidung nicht überleben. Daher wird bei Kopfpappeln im ersten Durchgang der Beschneidung nur die Hälfte der Triebe entfernt und der Rest erst dann, wenn nach einer oder zwei Vegetationsperioden genügend frische Triebe nachgewachsen sind. Es ist dabei allerdings darauf zu achten, daß die Bäume nicht einseitig kopflastig werden, weil dies zum Auseinanderbrechen führen könnte.

6.6 Neuanlage von Kopfbäumen (Methode: z. B. Loske 1978 b)

Da die Kopfbaumbestände vielenorts überaltet sind, kommt der Anlage von Neupflanzungen große Bedeutung zu. Diese Junganpflanzungen lassen sich mühelos und kostengünstig schaffen, da bei den Beschneidungsarbeiten anfallende Äste hierzu verwendet werden können. Zu diesem Zweck werden die Äste auf etwa 3 m Länge geschnitten und ca. 70 cm tief bei frostfreiem Wetter eingepflanzt. Die Abstände zwischen den einzelnen Bäumen kann man nahezu beliebig wählen, sie sollten jedoch 2 m nicht unterschreiten. Die zur Pflanzung vorgesehenen Äste sollten einen Mindestdurchmesser von 5 cm haben, da ansonsten unnötige Zuwachszeit verloren geht. Am unteren Ende des Stammes sollte die Rinde abgeschabt werden, um die Wasseraufnahme zu erleichtern. Der Anwachserfolg liegt bei dieser Methode sehr hoch. Nach etwa zwei Jahren werden die Bäume dann in etwa 1,80 - 2 m Höhe geköpft.

Abb. 121: Alte Kopfweiden am Altrheinarm Bislicher Insel (Foto: J. Blab)

XXXI. Streuobstbestände

1. Charakterisierung

Alle Obstbäume (einzeln, in Reihe, Gruppen oder Feldern gepflanzt), die nicht intensiv, z.B. nach Spritz-, Schnitt- und Düngeplänen bewirtschaftet werden und daher zumeist Hochstammkulturen sind (Ulrich 1975). Wegen der geringen Pflegeintensität sowohl der Bäume wie auch des Bodenbewuchses sind Streuobstflächen in ihrer Wirkung auf die Fauna entfernt mit Brachen zu vergleichen.

2. Typen

Es besteht eine gewisse Variabilität der Typen in Abhängigkeit von Art und Alter der Bäume sowie der Nutzungsintensität.

3. Bedeutung für die Fauna

Strukturell können Streuobstflächen die Habitatfunktion sehr lichter Feldgehölze und Einzelbäume weitgehend übernehmen. Wie in beiden vorangehenden Kapiteln näher ausgeführt, können sie also beispielsweise als Ansitzwarte für Greife, als Singwarte für Vögel (wie z.B. Baumpieper), als Deckung vor Feinden und Witterung, als Überwinterungshabitate für verschiedene Feldarten oder überhaupt als Elemente zur Kammerung der Landschaft dienen.

Darüber hinaus zeigen quantitative Bestandsaufnahmen (z.B. Majzlan et al. 1983, Mader 1982, vgl. dazu Abschn. 4.2 dieses Kap.), daß diesem Ökosystem wegen seines Arten- und Individuenreichtums generell eine große Bedeutung für den Naturhaushalt zukommt. Insbesondere aber auch qualitative Erhebungen belegen den besonderen Wert solcher Flächen für die Zielsetzungen des Tierartenschutzes. So können etwa die hochgradig gefährdeten Vogelarten Schwarzstirn- und Rotkopfwürger geradezu als Charakterarten der Streuobstwiesen gelten, so haben gefährdete Arten wie Wiedehopf, Raubwürger, Neuntöter, Wendehals, Steinkauz (letzterer vor allem in Baden-Württemberg), dazu Turteltaube, Grün- und Grauspecht hier einen Siedlungsschwerpunkt (vgl. z.B. Ulrich 1975). Diese Charakterarten sind jedoch heute vielfach regional so selten geworden, daß ihr Vorkommen bzw. Fehlen nicht mehr allein als Gradmesser des Wertes der Streuobstflächen gewertet werden darf. Selbst wenn keine Rote-Liste-Arten in Streuobstflächen nachgewiesen werden können – und dies ist heute vielfach der Fall – kann ihnen für die Biotopausstattung der entsprechenden Regionen oder auch als Habitat für regionale Differentialarten (Näheres dazu bei Blab 1990, vgl. auch Abb. 122) ein gewisser Biotopwert zukommen.

Auch eine Reihe von Käfern, wie z.B. die Düsterkäferarten *Abdera affinis, A. flexuosa* und *A. triguttata*, oder Falterarten wie etwa Trauer-Grünwidderchen *(Aglaope infausta)*, Pflaumenzipfelfalter *(Strymonidia pruni)*, Großer Fuchs *(Nymphalis polychloros)*, Pflaumenglucke *(Odonestis pruni)* und Obsthain-Blütenspanner *(Eupithecia insigniata)*, bzw. auch Hautflüglerarten, wie z.B. die Blattschneiderbienen *Megachile willughbiella* und *M. lapponica*, die Pelzbiene *(Anthophora furcata)* oder die größte einheimische Einsiedlerbiene, die Blaue Holzbiene *(Xylocopa violacea)* weisen hier ihre sehr guten Bestände auf (Westrich 1989).

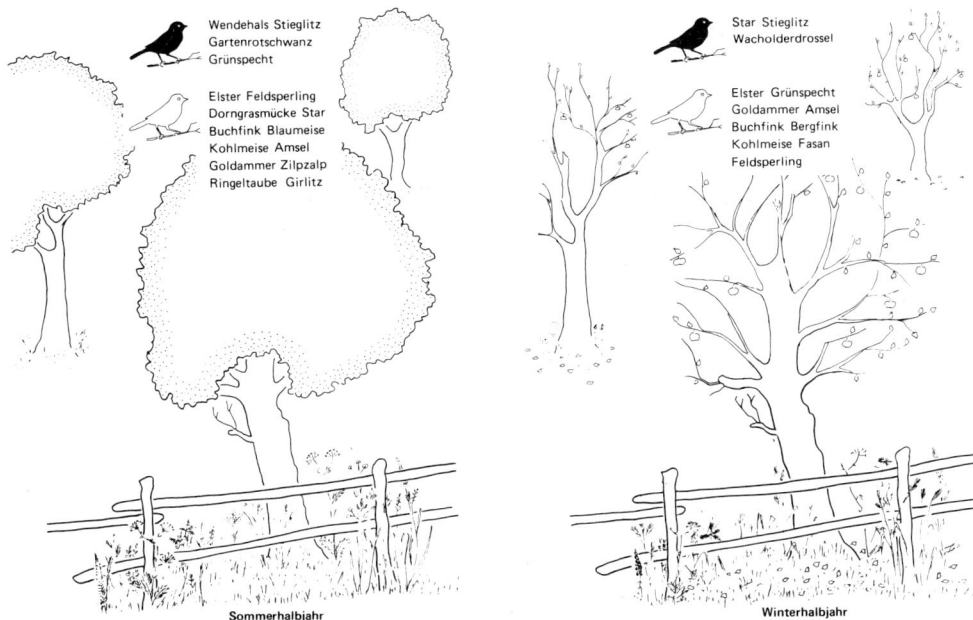

Sommerhalbjahr   Winterhalbjahr

Abb. 122: Regionale Differentialarten der Streuobstwiesenbestände des Drachenfelser Ländchens im Sommer- bzw. Winterhalbjahr. Schwarz hervorgehoben sind die Arten mit eindeutigem Nachweisschwerpunkt (meist ≧ 50 % aller Registrierungen der Arten im Gesamtgebiet und entsprechenden Halbjahr) in dieser Biotopkategorie (aus Blab et al. 1989 b).

Von den Säugetieren sind vor allem Baumhöhlen bewohnende Arten wie Abendsegler, Bechstein- und Fransenfledermaus, Garten- und Siebenschläfer zu nennen.

In alten Nußbäumen siedeln gefährdete Ameisenarten wie *Camponotus truncatus* (Stöpselkopfameise), *C. piceus* (Schwarzglänzende Holzameise), *C. fallax* (Kerblippige Holzameise) *Lasius brunneus* (Rotrückige Hausameise) und *Dolichoderus quadripunctatus* (Vierpunktameise) (Preuss 1980).

Nicht zuletzt dienen Obstwiesen auch als Nahrungshabitat im Winter sowie für einige wandernde Tierarten (etwa Vögel) vom Herbst bis zum Frühjahr (vgl. auch Abb. 122).

4. Gefährdungsfaktoren

4.1 Totalbeseitigung und fehlende Verjüngung

Rodung im Rahmen der Baulanderschließung, Erschließung von Gelände für Straßenbau, Industrieansiedlung, Wochenendgärten usw., teilweise auch im Rahmen von Flurbereinigungsmaßnahmen (dabei in früheren Zeiten durch Rodeprämien amtlicherseits gefördert). Beispielsweise wurde in Baden-Württemberg die gesamte Obstfläche 1957

347

auf 130.000 ha geschätzt. Davon wurden von 1957-1974 14.382 ha Streuobstfläche mit Landesmitteln gerodet und von 1970-1973 weitere 1.722 ha Kernobst-, Streu- und Mischpflanzungen mit EG-Prämien beseitigt (Lucke 1980). In den nächsten Jahrzehnten dürfte die Streuobstfläche fast ganz verschwinden, weil kaum noch Streuobstbäume nachgepflanzt werden (Bauer & Thielcke 1982).

Ergebnisse der hessischen Streuobstwiesenkartierung lassen einen ca. 70-prozentigen Rückgang der Bestände alleine während der vergangenen 20 Jahre vermuten, was einem Verlust von 2,3 bis 2,5 Mio. Bäumen entspricht (div. Autoren, zit. nach Schaab 1991).

4.2 Ersatz durch Intensiv-Obstplantagen, i. d. R. Niederstammkulturen, was in der Konsequenz eine völlige oder weitgehende Vernichtung des besonders schutzwürdigen Biotopcharakters bedeutet. Niederstammkulturen können sowohl aus strukturellen Gründen (Aufbau und Beastung der Bäume, sehr geringes Angebot an Lebensmöglichkeiten und Nahrung), als auch insbesondere wegen des dort üblichen hohen Einsatzes von Bioziden nicht die ökologische Funktion der Streuobstflächen übernehmen.

Dies läßt sich sowohl qualitativ belegen, etwa indem alle in Abschnitt 3 dieses Kapitels als Charakterarten bezeichneten Tierarten fehlen, gleichzeitig aber auch quantitativ für die Gesamtfauna, z. B. hinsichtlich Artenvielfalt, Individuenzahlen und Ressourcenangebot. So wurde beispielsweise in einer quantifizierten Vergleichsuntersuchung zwischen einer extensiv genutzten Obstwiese und einer intensiv genutzten Obstplantage nachgewiesen, daß die Obstwiese die Plantage übertrifft (nach Mader 1982, vgl. auch Tab. 38):

- in der Ressourcennutzung durch Vögel um das 13-fache
- in der Artenzahl der Spinnen um 85%, in der der Laufkäfer um 50%
- in der Individuenzahl der Spinnen um das 3-fache
- in der Gesamtzahl der in der Fensterfalle gefangenen Fluginsekten um das 6-fache
- in der Anzahl der Hymenopteren um das 5-fache, der Bienen (Apoidea) um das 16-fache

Welche negativen Wirkungen die Biozidpräparate für die Biozönosen haben, untersuchte z. B. Mattes (aus Ullrich in Hölzinger 1987) anhand von Brutparametern und Fortpflanzungsverhalten bei Kohlmeisen vergleichend in Intensiv- und Streuobstanlagen. Er kam dabei zu dem Ergebnis, daß die in Intensivanlagen auftretenden Schädigungen (dünnschalige Eier mit hohen Rückstandsmengen, hohe Nestlingsmortalität, Wachstumsstörungen, Fieber und schuppige Haut, Verhaltensstörungen bei Altvögeln) in Streuobstanlagen nicht festzustellen waren.

4.3 Überalterung der Bestände, Versäumnis rechtzeitiger Ersatzpflanzungen, Unterlassen jeglicher Pflege

Nach Pauritsch & Harbrodt (1988) zeigen beispielsweise die in Hessen heute noch vorhandenen Bestände an hochstämmigen Obstbäumen eine ausgeprägt unausgewogene Altersstruktur. 54% aller Hochstämme sind älter als 30 Jahre, 34% sind 10 bis 30 Jahre alt, und lediglich 13% sind jünger als 10 Jahre. Geht man von einer durchschnittlichen Lebensdauer eines hochstämmigen Obstbaumes von etwa 70-80 Jahren aus, dann birgt ein solcher Altersaufbau in sich die Gefahr, daß in Hessen allein durch Überalterung in den nächsten Jahrzehnten über die Hälfte aller heute noch vorhandenen Hochstämme ausfallen wird.

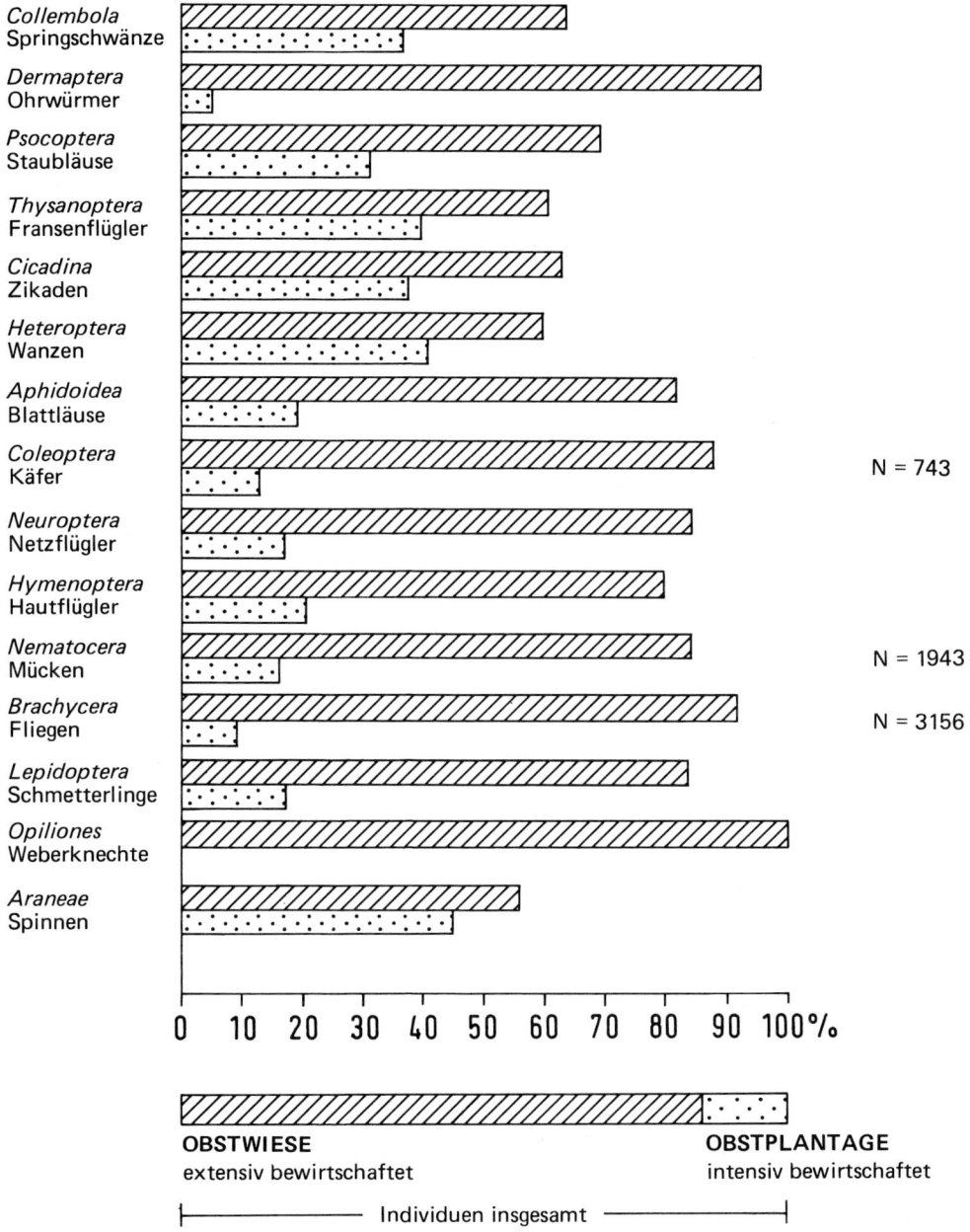

Tab. 38: Gegenüberstellung der Individuenprozente ausgewählter Taxa aus Fensterfallenfängen der Obstwiese (schraffiert) und Plantage (punktiert). N=Gesamtindividuenzahlen der häufigsten Gruppen (nach Mader 1982)

349

4.4 Intensivierung der Grünlandnutzung, stellenweise auch Umbruch in Äcker (Konsequenzen vgl. Tab. 27)

4.5 Beseitigung der Trockenmauern und Raine (Konsequenzen vgl. Abschn. XXXV. 4)

4.6 Erschließung durch ein dichtes Wegenetz und Sitzbanksystem (Ulrich 1975) mit der Folge, daß zumindest störungsanfällige Arten (z. B. Rotkopf- und Schwarzstirnwürger) nachhaltig geschädigt oder vertrieben werden.

5. Entwicklungsziele

5.1 Grundsätzliche wertbestimmende Gesichtspunkte

a) Infolge der flächenmäßig großen Verluste an Streuobstwiesen durch Rodung und Umwandlung in Intensiv-Obstplantagen sind vorhandene Bestände schutzwürdig. Ganz besonders gilt dies für großflächige Vorkommen. In ausgeräumten Regionen stellen aber auch schon kleine Baumgruppen einen Wert dar.

b) Kein Gifteinsatz

c) Extensive Nutzung der Obstgehölze und des Graslandes. So sollten ältere Bäume nur gelegentlich geschnitten werden. Auch keine Stickstoffdüngung, die eine erhebliche Verarmung des Insektenlebens mit allen Konsequenzen (z. B. weitgehendes Verschwinden der Ameisen als der wichtigsten Nahrungsbasis von Wendehals, Grün- und Grauspecht) nach sich zieht (weitere Konsequenzen vgl. auch Tab. 27).

d) Nachhaltige Sicherung durch rechtzeitiges und kontinuierliches Nachpflanzen von geeigneten jungen Obstbäumen. Optimal ist ein gestufter Altersaufbau innerhalb der Bestände.

e) In großflächigen Niederstammkulturen sollten wenigstens Reihen von alten Bäumen erhalten, bzw. extensiv genutzte Hochstammreihen neu gepflanzt werden, um ein Minimum an ökologischer, biotoptypischer Infrastruktur (als Teillebensraum) zu gewährleisten.

5.2 Strukturelle Merkmale und ihre Bedeutung für die Fauna

a) Anzustreben ist grundsätzlich ein nennenswerter Anteil an Altbäumen, auch an dickstämmigem, kränkelndem Holz und Totholz (vgl. hierzu Abschn. XXIV. 5).

b) Baumsanierungen sollten sich auf die Behandlung der Schnittstellen nach erfolgtem Schnitt beschränken.

c) Einen ganz besonderen Wert stellen aufgrund ihrer Seltenheit alte Nußbäume dar.

d) Die Bestandsgröße ist ein weiterer wertbestimmender Gesichtspunkt, unter anderem auch deshalb, weil etliche der hier siedelnden Vogelarten relativ große Reviere haben. Beispielsweise beträgt die Nahrungsfläche für ein Grünspechtpaar auch unter guten Bedingungen 50 ha (Ruge 1975). Anzustreben sind daher Flächen von jeweils möglichst mehreren hundert ha. Zum Vergleich: auch Anfang der siebziger Jahre waren in Baden-Württemberg Streuobstflächen von 3-14 qkm keine Seltenheit (Ulrich 1975).

5.3 Wichtige wertsteigernde Zusatzstrukturen

  a) Trockenmauern (vgl. dazu Kap. XXXV)

  b) Hangkanten und Hochraine

  c) Teilflächen (z. B. Randstreifen am Zaun) sollten nur alle paar Jahre gemäht werden (u. a. Versteckmöglichkeiten und Winterquartiere z. B. für verschiedene Säugetiere, Kriechtiere, Insekten) (Reich 1988).

6. Schutz, Pflege und Entwicklung

6.1 Unterlassen/Abwehr der Gefährdungsfaktoren. Das gilt in ganz besonderem Maße auch für alte, von den in Abschnitt 3 dieses Kapitels genannten Ameisenarten bewohnte Nußbäume. Wichtigster Garant einer dauerhaften Sicherung wäre die Fortführung der traditionellen Nutzung als Obstwiese. Eine solche erwerbsmäßige extensive Nutzung von Streuobstanlagen setzt jedoch auch voraus, daß das Problem der sinnvollen Verwendung für Produkte einer historischen Nutzungsform gelöst wird, z. B. indem die Verbraucher ihr Konsumverhalten ändern und auch kleinere Früchte mit kleineren Unregelmäßigkeiten bzw. optischen „Fehlern" akzeptieren. Auch müßte stärker für die alten Obstsorten geworben werden.

Dringend notwendig ist es darüber hinaus, auch in den Intensiv-Obstplantagen die Einsatzmengen chemischer Hilfsmittel erheblich zu reduzieren. Dies bedeutet zunächst vor allem, daß man sich von den Spritzplänen löst (so sieht ein Muster-Spritzplan für einen Jahresablauf wenigstens 10 Spritzungen mit Pilz-, Insekten- und Pflanzengiften vor) und höchstens echte Bedarfsspritzungen durchführt. Dies ist nicht nur ökologisch, sondern auch ökonomisch sinnvoller, da der integrierte Pflanzenschutz eine Kosten- und Energieersparnis von 30 % einbringt (Diercks 1980). Anzustreben ist aber auch eine Änderung des Käuferverhaltens (und der entsprechenden Werbung), da i. d. R. ausschließlich optisch makellose Ware hinreichenden Absatz findet, welche ihrerseits aber wiederum nur durch massiven Einsatz der Chemikalien erzeugt werden kann.

6.2 Zur Pflege und Bewirtschaftung (vgl. Entwicklungsziele): Grundsätzlich sollte wenigstens ein Teil der überalterten und brüchigen Bäume wegen ihrer Bedeutung für holzbewohnende Insekten, höhlenbrütende Vögel und Fledermäuse im System belassen bleiben. Neupflanzungen und Nachpflanzungen können diese Habitatfunktionen erst nach vielen Jahrzehnten übernehmen.

6.3 Anzustreben sind auch Neuanlagen von Obstwiesen bzw. Zusatzpflanzungen auf geeignetem Gelände, wobei nur ortsübliche und pflegeextensive Baumsorten (dazu auch Nußbaumgruppen) verwendet werden sollten. Aus Höhlenbrütersicht ist das Kernobst (Apfel und Birne) dem Steinobst wegen der besseren Eignung zum Bruthöhlenbau vorzuziehen. Solche Bestände sind dabei nach Möglichkeit nicht entlang stark frequentierter Straßen zu begründen, da z. B. Steinkäuze aufgrund von Verhaltenseigenarten stark durch den Verkehr gefährdet werden (Ranftl 1979).

6.4 Es ist zeitig durch Nachpflanzungen dafür Sorge zu tragen, daß das System auch auf lange Sicht Bestand hat.

6.5 Die Mahd als Nährstoffentzug ist zur Erhaltung mesotropher Bedingungen notwendig. Auf Düngung muß ganz verzichtet werden.

Die jährliche Gesamtstickstoffdeposition liegt pro Hektar zwischen 30-40 kg (Bahr & Wittkötter 1990). Dies entspricht dem Nährstoffentzug durch Obsternte und ein- bis zweimalige Mahd im Jahr (Weller 1983, zit. nach Kaule 1986). Durch abschnittsweises Mähen, d. h. Einbringung eines hohen Grenzlinienanteils zwischen kurzen und ungemähten Graspartien, läßt sich der Biotop für die Würgerernährung verbessern, da diese Vogelarten nur auf kurzrasigen Flächen gut jagen können (Sonnabend & Polz 1978).

6.6 Schnittholz sollte nicht verbrannt, sondern mindestens zwei Jahre offen gelagert werden, damit sich die darin befindliche Insektenbrut noch voll entwickeln und schlüpfen kann. Stammholz und starke Äste können natürlich auch gezielt zu einem Holzstapel aufgeschichtet werden und bis zur völligen Verrottung für viele Jahre als Nistplatz, z. B. für Wildbienen dienen.

Morsche Zaunpfähle sollen nicht ausgewechselt werden. Die Erneuerung der Zaunbefestigung sollte durch neue, daneben gesetzte und nichtimprägnierte Holzpfähle erfolgen.

XXXII. Äcker und landwirtschaftliche Sonderkulturen

1. Charakterisierung

Äcker sind komplexe Ökosysteme. Ihre floristische und faunistische Diversität hängt stark von Bodenart sowie der Art und Intensität der Bewirtschaftung ab (u. a. Tischler 1980, Ingrisch et al. 1989). In Kalkgebieten wächst auf nährstoffarmen Kalkscherbenböden eine besonders artenreiche und gefährdete Segetalflora (Kübler-Thomas 1989).

Die nährstoffarmen Sandäcker sind Wuchsorte vieler seltener, heute auf der Roten Liste stehender Ackerwildkräuter. Auf biologisch-dynamisch bewirtschafteten Flächen konnten Ingrisch et al. (1989) für die meisten untersuchten Insektengruppen höhere Artenzahlen nachweisen als auf konventionell intensiv bewirtschafteten Flächen.

2. Typen

2.1 Äcker
2.1.1 Äcker auf bindigen Lehm- und Tonböden
2.1.2 Äcker auf Lößböden
2.1.3 Äcker auf Sandböden
2.1.4 Äcker auf Torf- und Anmoorböden

2.2 Ackerbrachen
2.2.1 Ackerbrachen auf bindigen Lehm- und Tonböden
2.2.2 Ackerbrachen auf Lößböden
2.2.3 Ackerbrachen auf Sandböden
2.2.4 Ackerbrachen auf Torf- und Anmoorböden

Die weitere Unterteilung diese Typen erfolgt nach den angebauten (bzw. bei Brachen zuvor angebauten) Kulturpflanzen und dabei v. a. in Getreide-, Hackfrucht- und Maisäcker (dazu kommen noch flächenmäßig eher Sonderformen wie Gemüse, Spargel, Stangenbohnen, Raps usw.).

3. Bedeutung für die Fauna

Den Acker-Zoozönosen Mitteleuropas gehören etwa 2.800 bis 3.000 Organismenarten an; ein Großteil davon (bis 2.500 Arten) sind Wirbellose. Die Lebensgemeinschaften haben sich mit dem Vordringen des Ackerbaus in Mitteleuropa herausgebildet (seit ungefähr 5.000 Jahren). Im Vergleich mit den Waldarten bevorzugen bzw. ertragen die Arten der offenen Agrarlandschaft höhere Durchschnittstemperaturen und sind – z. B. wie einige Feldkäferarten durch irisierende Flügeldecken – an direkte Sonneneinstrahlung angepaßt.

Nur diejenigen Arten können in Ackerbiotopen existieren, deren Entwicklungszyklen an die Dynamik des Lebensraumes angepaßt sind.[*] Daher wirkt sich beispielsweise bei den Laufkäfern sogar die Kultur (Halm- bzw. Hackfrüchte) auf das Artenspektrum aus. Neben mikroklimatischen Besonderheiten spielen auch die Störeffekte der Feldbearbeitung eine wichtige Rolle: unter den Carabiden dominieren in Getreidefeldern Arten mit Vermehrung im Frühjahr (die Erntemaßnahmen in der zweiten Jahreshälfte bedeuten eine starke Störung und führen zu Populationszusammenbrüchen der Herbstarten), während auf Hackfruchtschlägen (intensivste Bearbeitung im Frühjahr) die Arten mit Herbstaktivitäten besonders begünstigt sind.

Gesamthaft läßt sich dabei als Konsequenz der Nutzungsintensivierung in den Feldern bei den Laufkäfern eine Verschiebung der Anteile der flugfähigen zu den nicht-flugfähigen Arten zugunsten der flugfähigen Arten und weiterhin eine „Miniaturisierung" (d. h. der zunehmende Ausfall größerer Arten) bei Laufkäfern und Spinnen feststellen (Steinborn & Heydemann 1990 u. a. m.).

Der kurze Zeitraum von der Ackerbestellung bis zur Entnahme der Ernte prägt die Lebensbedingungen der Fauna von Ackerbiotopen. Die periodisch wiederkehrenden Maßnahmen, wie die mechanische Bodenbearbeitung, die Ernte als mehr oder weniger vollständige Entnahme der Vegetationsschicht sowie die Bestellung mit unterschiedlichen Feldfrüchten im Rahmen der Fruchtfolge, stellen für die Fauna elementare Einbrüche in ihre Existenzbedingungen dar.

Typische Acker-Zoozönosen sind angepaßt an diesen Wechsel bzw. die kurzen Stabilitätsphasen und verfügen über die Fähigkeit zur raschen Neubesiedlung von Lebensräumen, wo-

---

[*] Gemeint ist hier Dynamik auf ein und derselben Fläche oder aber im Mosaik des zeitlichen und räumlichen Wechsels des Lebensraumes im landschaftlichen Zusammenhang. Viele Arten etwa wechseln als Individuen oder in der Generationspflege in der Nutzung: im Frühjahr in Wintergetreide, mit dem Jahresverlauf dann in Sommergetreide, im Herbst in Säumen, überwinternd in Feldgehölzen oder aber sie entwickeln sich v. a. in Brachen, die sich im Gesamtnutzungssystem zeitlich jeweils an verschiedenen Orten befinden (Reck 1992).

Abb. 123: Der Goldlaufkäfer *(Carabus auratus)*, eine Art der extensiv genutzten Felder mit deutlicher Rückgangstendenz (Foto: P. Pretscher)

rauf z. B. auch der hohe Anteil flugfähiger Laufkäferarten auf Ackerflächen hinweist. Voraussetzung dafür – insbesondere für die am Boden lebenden und flugunfähigen Arten – ist das Vorhandensein von naturnahen Refugialräumen (Hecken, Ackerraine) in erreichbaren Entfernungen.

Wildkräuter bieten Nahrung für eine Reihe darauf spezialisierter Insektenarten (vgl. Tab. 39 und Abb. 125), dazu insbesondere den Blütenbesuchern, ihren Räubern und Parasiten.

Die ausdauernden Ruderalgesellschaften sind zudem vielfach Refugien für Tierarten der offenen Landschaften, die für ihre Existenz beruhigte Bereiche benötigen. Beispielsweise bieten sie bodenbrütenden Stechimmen wie *Cerceris*-(Knotenwespen-), *Crabro*-(Silbermundwespen-), *Oxybelus*-(Fliegen-Spießwespen-), *Andrena*-(Sandbienen-) und *Halictus*-(Furchenbienen-)Arten Nistmöglichkeiten, die in den bearbeiteten Flächen nur ausnahmsweise mit Erfolg brüten oder gar Kolonien gründen können (z. B. Preuss 1980). Außerdem bilden sie durch ihren Reichtum an Hochstauden (z. B. Rainfarn, Doldenblütlern) auch Nahrungsgrundlage für viele Blütenbesucher (wie Bienen, Schwebfliegen, Schmetterlinge), eine Übergangstracht für die Erntezeiten sowie ein vorzügliches Strukturgerüst für die Netzanlage von Spinnen (vgl. auch Kap. XX).

Summarisch gesehen stellt sich die Situation für die Segetalflora und -fauna in der Bundesrepublik Deutschland heute wie folgt dar: 300 Arten von Wildgräsern und -kräutern sind bzw.

354

waren auf unseren Äckern heimisch. Anfang der 1950er Jahre war der Wildpflanzenbesatz so dicht, daß als Minimumareal für eine Vegetationsaufnahme 50-100 m² ausreichten. Hohe Mineraldüngergaben, Herbizideinsatz und Vollmechanisierung haben dazu geführt, daß Vegetationsaufnahmen oft wegen fehlender Wildpflanzen nicht mehr möglich sind (Meisel 1977). Besonders stark betroffen sind dabei die meisten krautigen Arten der Segetalflora, während wenige Arten wie Windhalm *(Apera spica-venti)* oder Ackerwinde *(Convolvulus arvensis)* indirekt stark gefördert wurden und daher heute „Problemkräuter" bilden.

Die Aussage für die Fauna ist prinzipiell gleichlautend: Angesichts der Tatsache, daß der Akker unter den heutigen Bewirtschaftungsformen für nahezu alle Arten z. B. der Feldvögel oder Feldkäfer einen suboptimalen bis pessimalen Lebensraum darstellt (vgl. Abb. 124), ist es häufig unmöglich geworden, eine eventuelle Abhängigkeit der einzelnen Arten oder der Zusammensetzung von Tiergesellschaften von der Art der angebauten Feldfrucht, der Art der Bearbeitung usw. aufzuzeigen (z. B. Bezzel 1982, Kaule 1983 u. a. m.). Gefährdet ist sodann nicht zuletzt auch der Prozeß der „stetigen Neuentwicklung" des typischen Biotopnutzungsmusters im Gesamtzusammenhang (vgl. hierzu v. a. auch Fußnote in Abschn. 3 d.

Pflanzenart	Zahl der phytophagen Tierarten
Agropyron repens, Gemeine Quecke	81
Senecio spec., Greiskraut	76
Polygonum spec., Knöterich	51
Poa annua, Einjährige Rispe	41
Polygonum aviculare, Vogel-Knöterich	40
Cerastium spec., Hornkraut	37
Stellaria media, Vogel-Sternmiere	36
Sinapis arvensis, Acker-Senf	31
Polygonum persicaria, Floh-Knöterich	28
Sonchus spec., Gänsedistel	28
Tussilago farfara, Huflattich	25
Sinapis spec., Senf	24
Myosotis spec., Vergißmeinnicht	23
Senecio vulgaris, Gemeines Greiskraut	23
Raphanus raphanistrum, Hederich	23
Thlaspi arvense, Acker-Hellerkraut	22
Solanum spec., Nachtschatten	19
Polygonum tomentosum, Filziger Knöterich	18
Solanum nigrum, Schwarzer Nachtschatten	17
Vicia hirsuta, Rauhhaarige Wicke	16
Papaver rhoeas, Klatschmohn	15
Viola tricolor, Gewöhnliches Stiefmütterchen	15
Minuartia spec., Miere	15
Sonchus asper, Rauhe Gänsedistel	14
Spergula arvensis, Feld-Spark	12

Tab. 39: Verteilung der Anzahlen von pflanzenverzehrenden (phytophagen) Tierarten auf verschiedene Arten der Begleitflora in Ackerbiotopen (nach Heydemann & Meyer 1983)

Kap.). Auf der anderen Seite spielen Felder aber auch heute noch als Nahrungsgebiet für Vogelarten, die in den eingestreuten Gehölzen und Siedlungen brüten, sowie für Durchzügler und Wintergäste unter den Vögeln eine wichtige Rolle.

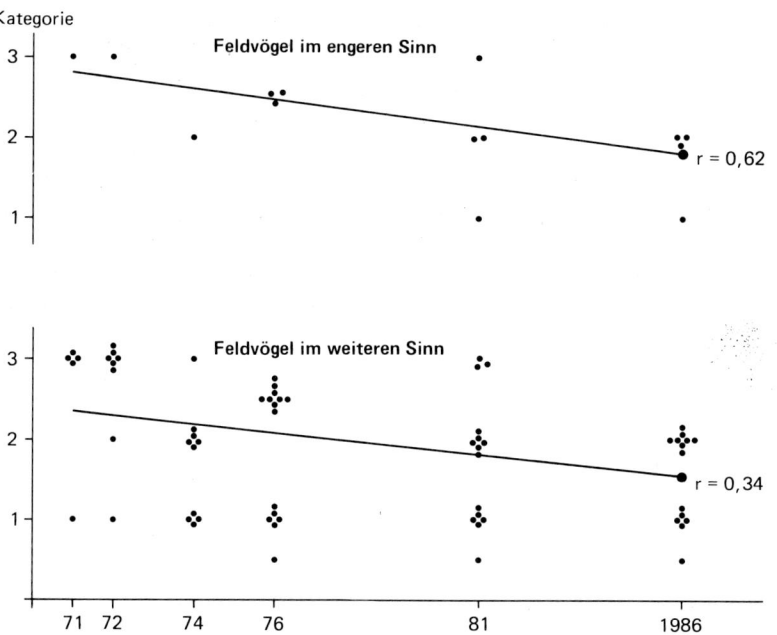

Abb. 124: Trendanalyse der Bestandsentwicklung bei Feldvögeln von 1971 - 1986 im Gebiet der alten Bundesländer: oben Feldvögel i. e. S.; unten Feldvögel i. w. S. (nach Blab et al. 1989 a)

Tiere, die überwiegend im Wald leben, nutzen Grünland und Feldkulturen für die Nahrungssuche (Eulen, Singvögel, Damwild, vgl. auch Abb. 111). Bewohner offener Flächen brüten und besorgen sich ihre Nahrung in der Feldmark (Hühnervögel, Nager, einige Weihen u. a. m.). Durchzügler und Gäste finden während ihres Zuges Nahrung auf den Feldern, Wintergäste suchen die abgeernteten Flächen nach Nahrung ab (vgl. Tab. 40).

Die Bedeutung der Ackerbiozönose muß im Zusammenhang mit den angrenzenden und weiter entfernten Lebensräumen gesehen werden. Durch Intensivierung der Landwirtschaft sind nicht nur die Ackerbiozönosen artenärmer geworden, sondern auch Arten in ihrem Bestand rückläufig, für die die landwirtschaftlichen Flächen nur Teilhabitate darstellen (z. B. Rebhuhn).

Das Vorkommen von Kleintieren und Wildkräutern ist stark von der Bodenart und der damit korrespondierenden Feuchtigkeit abhängig (Tischler 1980). Bei epigäischen Arthropoden existiert eine auffällige Übereinstimmung zwischen Agro-Biotopen und Biotopen feuchter offener Standorte (z. B. Flußufer, Seeufer). Extensiv genutzte Ackerflächen können in begrenztem Umfang Ersatzbiotope für Pionierbesiedler sein, die sonst an offenen Flußufern leben. Sie haben eine Präadaptation an den jährlichen Bodenumbruch durch ihre Anpassung an die natürliche Auedynamik (Beispiel Carabidae, Tischler 1980). Im westlichen Mitteleuropa sind 90 % der auf lehmigen Feldern lebenden Carabidenarten Arten der Fluß- und Seeufer („Litoraea-Elemente", Tischler 1980).

			Raupenfutterpflanzen (u.a.)
Tagfalter			
	*Issoria lathonia*	Großer Kohlweißling	Ackerstiefmütterchen
	Pieris spec.	Kleiner Kohlweißling	Kohlgewächse u.a.
		Rapsweißling	
Schwärmer			
	*Agrius convolvuli*	Windenschwärmer	Ackerwinde u.a.
Eulen			
	*Cucullia chamomillae*	Kamillenmönch	Kamille, Hundskamille u.a.
	Acontia lucida	Malveneule	Malven, Ackerwinde, Gänsefuß u.a.
	Mamestra brassicae	Kohleule	Kohlgewächse u.a.
Erdeulen			
	*Agrotis segetum*	Saateule	
	Agrotis ipsilon	Ypsiloneule	Wurzeln div. Gräser und Kräuter
	Agrotis exclamationis	Gemeine Graseule	
Spanner			
	*Orthonama obstipata*		Winde, Hundskamille, Labkraut u.a.
	Lithostege farinata	Mehlspanner	Ackersenf, Hederich, Sophienranke u.a.
Kleinschmetterlinge			
	*Coleophoridae*	Sackträgermotten	
	Gelechiidae	Palpenmotten	Gräser und Kräuter div. Arten
	Pyralidae	Zünslerfalter	
	Tortricidae	Wickler	

Abb. 125: Falterfauna der Ackerbegleitflora (Auswahl) einschließlich ihrer Raupenfutterpflanzen

4. Gefährdungsfaktoren

Intensive Bewirtschaftungsmaßnahmen werden innerhalb wie auch außerhalb der Feldfluren wirksam und führen insgesamt zu einer erheblichen Verringerung der natürlichen Artenvielfalt und zu einer weitgehenden Vereinheitlichung der kargen Restbestände.

Arten	Sommerhalbjahr			Winterhalbjahr			Ganzes Jahr			
	N1	%[1]	%[2]	N2	%[1]	%[2]	N1+N2	%[3]	%[4]	Rang[5]
Kiebitz	(8	2,1	100)	83	5,7	100	91	4,9	100	6
Turmfalke	3	0,8	100	4	0,3	100	7	0,4	100	17
Wiesenpieper	–	–	–	5	0,3	100	5	0,3	100	19
Kornweihe	–	–	–	3	0,2	100	3	0,2	100	21
Rebhuhn	14	3,6	87,5	26	1,8	100	40	2,2	95,2	11
Feldlerche	83	21,5	88,3	309	21,2	83,1	392	21,2	84,3	2
Saatkrähe	–	–	–	438	30	59,3	438	23,7	59,3	1
Dohle	–	–	–	80	5,5	50	80	4,3	50,0	7
Rabenkrähe	34	8,8	17,0	236	16,2	68	270	14,6	49,4	3
Bachstelze	18	4,7	32,7	12	0,8	85,7	30	1,6	43,5	14
Mäusebussard	15	3,9	32,6	20	1,4	35,1	35	1,9	34,0	13
(Türkentaube	0	0	0	25	1,7	64,1	25	1,4	29,1	15)
Habicht	0	0	0	2	0,1	40	2	0,1	28,6	22
Ringeltaube	6	1,6	3,3	107	7,3	38,9	113	6,1	24,7	4
Turteltaube	5	1,3	15,2	–	–	–	5	0,3	15,2	19
Fasan	5	1,3	16,7	1	0,1	9,0	6	0,3	14,6	18
Feldsperling	46	11,9	21,4	0	0	0	46	2,5	8,5	9
Grünfink	0	0	0	16	1,1	7,8	16	0,9	5,1	16
Haussperling	110	28,4	8,5	0	0	0	110	6,0	4,6	5
Goldammer	2	0,5	0,8	43	3,0	5,3	45	2,4	4,2	10
Buchfink	0	0	0	52	3,6	6,7	52	2,8	2,9	8
Star	38	9,8	2,8	0	0	0	38	2,1	1,1	12
Elster	0	0	0	1	0,1	3,1	1	0,05	0,8	23
	387	100,2		1460	100,4		1847	100,3		
	14 Arten			19 Arten			23 Arten			

Die Prozentangaben beziehen sich auf folgende Grundwerte:

1. Anzahl aller im entsprechenden Halbjahr im Biotoptyp festgestellten Individuen der Art

2. Individuenzahl der jeweiligen Art im gesamten Untersuchungsgebiet und entsprechenden Halbjahr

3. Individuenzahl aller im Biotoptyp im Sommer- und Winterhalbjahr festgestellten Arten

4. Individuenzahl der jeweiligen Art im gesamten Untersuchungsgebiet innerhalb des ganzen Jahres (bei Saisonvögeln nur im entsprechenden Halbjahr)

5. Häufigkeitsrang der Art im Biotoptyp, gemessen an der Individuenzahl des ganzen Jahres

Tab. 40: Absolute und relative Häufigkeit der Vögel auf den Feldern des Drachenfelser Ländchens (nach Blab et al. 1989 b)
Die Daten zeigen, daß den hier untersuchten Feldlandschaften für Vögel während des Durchzuges und im Winter eine ungleich größere Rolle als im Sommer zukommt.

4.1 Intensivierung der Bewirtschaftung in den Kulturflächen

Vollmechanische Bodenbearbeitung mit schwerem Gerät: Dies führt zu Bodenverdichtungen, deren langfristige Auswirkung auf die Fauna noch kaum abschätzbar ist, dazu zu einer erheblichen Verminderung der Lebensmöglichkeiten der Bodenoberflächenfauna. Einige Wildkrautarten vertragen auch nicht tiefes Pflügen, was mit hoher Wahrscheinlichkeit auch für Feldtiere wie Hamster, Maulwurf und Knoblauchkröte gilt.

Chemische anstelle der mechanischen „Unkrautbekämpfung". Dies führt zum fast vollständigen Ausfall der Wildkrautflora und damit auch zum Verschwinden der an diesen Pflanzenarten lebenden Tiere (vgl. u. a. Tab. 39). Zu der Breitbandwirkung der Herbizide kommt außerdem meist zusätzlich eine Selektivwirkung, da viele Wildkrautarten äußerst herbizidempfindlich sind und daher regional ganz ausgerottet werden können. Vielfach wirken Herbizide zudem auch noch unmittelbar toxisch auf die Fauna. So sind beispielsweise nach Basedow (1985) von 8 untersuchten Herbizidwirkstoffen 6 für Carabiden toxisch. 18 von 24 untersuchten Insektizidstoffen haben eine toxische Wirkung auf Carabiden. Ähnlich hohe Empfindlichkeit gegenüber Pflanzenschutzmittel wurde für Staphyliniden und Arachniden festgestellt.

Die hohe Stickstoffzufuhr (Überdüngung) verdrängt nicht nur an nährstoffarme Verhältnisse angepaßte Pflanzen- und davon abhängige Tierarten, vielmehr werden überdies nahezu flächendeckend wenige bestimmte Arten gefördert. Die Folgen davon sind auffällige Artenverschiebungen bei der Flora und Fauna in Richtung auf ubiqitäre, nitrophile Restbiozönosen. Verstärkt wird dieser Effekt zudem noch durch die allgemeine (und düngende) Luftverschmutzung. Dieser Überdüngungseffekt ist eines der gravierendsten Naturschutzprobleme überhaupt, auf Feldern aber auch in der sonstigen Landschaft.

Veränderte Saattermine und sehr effektive Saatgutreinigung. Dies führt ebenfalls zu einer deutlichen Verarmung der Begleitflora und -fauna der Äcker.

Durch die Verwendung von breitblättrig gezüchteten Getreidesorten entwickelt sich relativ früh eine geschlossene Pflanzendecke. Dadurch wird das Mikroklima am Boden feuchter und kühler, die Sonneneinstrahlung nimmt ab. Lichtliebende Wildkräuter haben kaum eine Startchance. Laufkäfer, die in ihrem Lebensraum zumindest zeitweise eine starke Wärmeeinstrahlung benötigen, sind zum Teil fast vollständig aus den Ackerbiotopen verschwunden, dazu gehören *Carabus auratus* (Goldlaufkäfer), *C. cancellatus* (Körnerwarze), *Harpalus rufipes, Notiophilus biguttatus, Agonum sexpunctatum* (Heydemann 1955, Thiele 1977, Baehr 1984).

4.2 „Ausräumung" der Feldfluren – völlige Umgestaltung gewachsener Agrarlandschaften/ Anheben der Schlaggrößen

Vergrößerung der Schläge, Beseitigung von Kleinbiotopen, Verminderung der Breite noch verbliebener Saumbiotope, Zerstörung historisch gewachsener Bodenprofile, Wegfall der Kontinuität der Standortbedingungen in ausgereiften Agrarlandschaften. Damit werden die letzten Rückzugsmöglichkeiten enger spezialisierter Tierarten in der intensiv bewirtschafteten Feldflur beseitigt. Ganz besonders massiv wurden dabei extensive grasige und krautige Kleinstrukturen vernichtet. So ermittelte z. B. Borchert (1981) in einem Teilbereich der rheinischen Agrarlandschaft Verluste an Stufenrainen um deutlich über 90 Prozent von 1895 bis 1980. Daß es sich dabei keineswegs um einen regionalen Einzelfall handelt, belegt u. a. auch Auweck (1982): Bei bekanntem Ausgangsbestand an Kleinstrukturen in einem Flurbereinigungsverfahren ergibt sich nach simulierter Vorwegnahme aller geplanten Maßnahmen, daß insbesondere Gras- und Krautbestände überpro-

Abb. 126: „Kein Platz für Tiere" in ausgeräumten, intensiv bewirtschafteten Feldfluren

(Foto: P. Pretscher)

portional und nahezu vollständig beseitigt werden. Ein weiteres Problem bereinigter Agrarfluren ist das dichte Wegenetz.

4.3 Zunahme der Mechanisierung

Die Bodenbearbeitung erfolgt heute überwiegend mit landwirtschaftlichen Großmaschinen. Dies bringt die Gefahr von Bodenverdichtung und die Verringerung des Porenluftvolumens in den oberen Bodenschichten mit sich. Dadurch verschlechtern sich die Lebensbedingungen sowohl für die endogäisch als auch epigäisch lebende Fauna (Rat von Sachverständigen für Umweltfragen 1985). Beispielsweise erfolgte von 1960 - 1981 eine Steigerung der betriebseigenen Schlepper um 73 %: von 60 auf 104 Großmaschinen je 1.000 ha landwirtschaftlich genutzter Fläche.

4.4 Änderung der Kulturfrüchte und der Fruchtfolgen

Die Notwendigkeit der Einhaltung besonderer Fruchtfolgen aus produktionsökologischen Gründen wurde durch die Verfügbarkeit von Düngemitteln und Pestiziden aufgehoben (einseitigere Fruchtfolgen). Durch die Abfolge unterschiedlicher Ackerfrüchte in aufeinanderfolgenden Jahren erreichte man u. a. früher ein weitgehendes Freihalten der Kulturen von Schädlingen. Die Anwendung von Pestiziden erlaubt heute eine sehr einseitige Fruchtfolge (Heydemann & Meyer 1983).

360

4.5 Völlige Aufgabe bestimmter Nutzungsformen

Durch Aufgabe z. B. des Leinanbaus sind die an dieses Produkt und an diesen Produktionszweig spezialisierten Unkräuter ausgestorben.

4.6 Auswirkungen landwirtschaftlicher Bodenbewirtschaftung auf Biotope außerhalb der eigentlichen Kulturflächen

Verdriftung von Dünger, Verdriftung von Bioziden (zu den Konsequenzen vgl. oben)

4.7 Verstädterung der Dörfer

Die Beseitigung ruderaler Vegetation der Dörfer, das Asphaltieren und Pflastern der Wege und offenen Plätze in Siedlungen, der hohe Gifteinsatz in vielen Gärten, eine wildpflanzenfeindliche Renovierung alter Gebäude- und Burganlagen trägt ebenfalls wesentlich zur Verringerung der Lebensmöglichkeiten der Pflanzen und Tiere bei.

5. Entwicklungsziele

5.1 Extensivierung generell

Aufgrund der EG-weiten landwirtschaftlichen Überproduktion wird es in den nächsten Jahrzehnten zu einer Produktionsminderung um 10-20 % in den alten Bundesländern (Hampicke 1988, Spitzer 1987) und um einen ähnlich hohen Anteil in den neuen Bundesländern kommen. 12 % der Fläche waren bereits von der ehemaligen DDR-Regierung zur Flächenstillegung vorgesehen (Ringler 1991). Überschußabbau bzw. Minderung der Steigerungsraten kann durch Flächenstillegung und/oder durch extensivere Bewirtschaftung der landwirtschaftlichen Flächen erreicht werden. Durch Aufgabe von Grenzertragsäckern wird der typische Wuchsort etwa 90 % aller gefährdeten Ackerwildkrautgesellschaften zerstört (Nezadal 1989). Aus der Sicht des Arten- und Biotopschutzes ist eine flächenhafte Extensivierung der Landwirtschaft der völligen Aufgabe der Äcker vorzuziehen. Zum Abbau der Überproduktion sind die punktuellen Agrar-Programme bei weitem nicht ausreichend. Die Extensivierung auf möglichst großen Anteilen der Gesamtfläche muß angestrebt werden.

Mögliche Sofortmaßnahmen:

Deutliche Verringerung der Gesamtdüngermenge und des Herbizideinsatzes auf nennenswerten Teilen der Feldfläche, indem beispielsweise gegen „Unkräuter" nicht vorbeugend und routinemäßig nach Spritzkalender, sondern erst ab Erreichen einer bestimmten Schadschwelle i. S. des integrierten Pflanzenschutzes gespritzt wird. Einführen (traditioneller) Boden-Ruhezeiten durch Verzicht auf den sofortigen Umbruch nach der Ernte.

5.2 Erhalt bzw. Erhöhung der Strukturvielfalt in der Agrarlandschaft

Da die Regeneration der Ackerbiozönose zum erheblichen Teil durch Einwanderung aus naturnahen Randbereichen (Hecken, Feldgehölze, Ackerraine) erfolgt, das Ausbreitungsvermögen v. a. der flugunfähigen Arten aber begrenzt ist (maximal 75-100 m), sollte die Breite von Ackerschlägen bei beliebiger Schlaglänge 150-200 m nicht übersteigen. (Der Maschineneinsatz bleibt bei dieser Vorgabe unverändert möglich.)

In anstehenden Flurbereinigungsverfahren muß als Mindestanforderung das „Nichtverschlechterungsgebot" (Hampicke 1988) eingehalten werden.

5.3 Ausweitung der einjährigen Rotationsbrache, jedoch keine verpflichtende Einsaat von Gräsern oder Kleemischungen (Berendonk 1990).

6. Schutz, Pflege und Entwicklung

6.1 Wenigstens stellenweise Unterlassen der Eingriffe

6.2 Für einen Teil der Ackerwildkräuter könnten Refugien in Gärten durch zurückhaltenden Gift- und Düngereinsatz geboten werden.

6.3 Insbesondere sollten in Dörfern und Städten statt stereotyper Eingrünungen mit Rasen, Ziergehölzen usw. wieder die Voraussetzungen dafür geschaffen werden, daß standortgemäße Ruderalvegetation wachsen kann (unter anderem notwendig ist dabei auch eine naturgerechte Ausrichtung der Bewertungskriterien für den Wettbewerb „Unser Dorf soll schöner werden").

6.4 Die Erhaltung typischer Feldtierarten wie z.B. Feldhase, Hermelin, Waldspitzmaus, Zwergspitzmaus, Mauswiesel, Rebhuhn oder Wachtel ist heute zumeist eine Frage der Kombination von verschiedenen Elementen naturnaher Kleinflächen und -strukturen (nicht nur der seltenen, sondern ebenso der landschaftstypischen) außerhalb der intensiv genutzten Flächen (Bezzel 1982).

Entsprechend ist in ausgeräumten Agrarlandschaften nachträglich in hinreichendem Umfang „ökologische Infrastruktur" wie Hecken, Baumgruppen, Altgrasbestände, Raine, Ruderal- und Segetalvegetation, Kleingewässer usw. wieder einzubringen (zu den Entwicklungszielen vgl. die jeweiligen Kapitel).

6.5 Insgesamt am wichtigsten ist (wäre) jedoch die flächenhafte Extensivierung der Bewirtschaftung (vgl. hierzu Abschn. 5 dieses Kap.), einen Schritt in die richtige Richtung stellt jedoch auch bereits eine Veränderung der Nutzung hin zu traditionellen Fruchtfolgen usw. dar.

Andere wichtige Schritte bilden sodann die Integration ökologischer Gesichtspunkte in die inzwischen vielfältigen landwirtschaftlichen Extensivierungs- bzw. Stillegungsprogramme und hierbei insbesondere der Verzicht auf die Auflage nach obligater Einsaat mit Standardgrasmischungen, zum anderen die Ausweitung der Ackerrandstreifenprogramme.

Die Extensivierung von Ackerrandstreifen nach Vorgabe der Länderprogramme ist für den Arten- und Biotopschutz nur für die extensiv konventionell oder für alternativ bewirtschafteten Flächen sinnvoll. Auf intensiv bewirtschafteten Flächen nehmen starkwüchsige „Problem-Unkräuter" überhand. Die Artenzahl der Ackerwildkräuter ist vergleichsweise niedriger (Otte et al. 1988, Ritschel-Kandel 1988).

Extensive Bewirtschaftung der Ackerrandstreifen ist auch in zoologischer Hinsicht für den Arten- und Biotopschutz förderlich (Basedow 1988). Blütenbesuchende Insekten, z.B. Syrphiden, profitieren von den blütenreichen Randstreifen (Molthan & Ruppert 1988). Phytophage und fakultativ phytophage Carabiden sind vermehrt in artenreichen Randstreifen vorhanden (Welling et al. 1988).

6.6 Verstärkt alternativer Landbau. Auf diesen Äckern ist die Artenzahl der Begleitfauna und -flora deutlich höher als auf intensiv bewirtschafteten Feldern (Ingrisch 1989, Oseau 1987, Letschert 1986).

6.7 Ausgedehnte Fruchtfolge mit Zwischenbrache, keine Einsaat der Flächen

Dreifelderwirtschaft:
2 Jahre Ackerbau
1 Jahr Brache

Klassische Fruchtfolge:
Hackfrucht
Sommergetreide
Leguminosen
Wintergetreide
etc.

Moderne, enge Fruchtfolge: 60 bis 80 % eine Kulturart, z.B.:
Weizen
Weizen
Raps
Weizen
Gerste
oder eine Fruchtfolge mit über 50 % Mais (Kaule 1986)

Abb. 127: Kleiner Perlmutterfalter *(Issoria lathonia)*   (Foto: H.J. Weidemann)

6.8 Stoppelacker: Unterpflügen der Getreidestoppeln erst möglichst spät im Jahr (evtl. erst im Frühjahr), da sich verschiedene Arten, z. B. die Raupen des Kleinen Perlmutterfalters *(Issoria lathonia)* oder u. a. auch das stark gefährdete Tännelkraut *(Kickxia elatine)* erst im Spätsommer nach der Ernte optimal entwickeln. Günstiger ist es, ganz auf den Pflug zu verzichten und dafür die Scheibenegge einzusetzen, da die Pflugsohlenverdichtung der Böden gravierender ist als die Verdichtung durch den Druck der Bearbeitungsgeräte.

Vegetationsarme und -freie Biotope

XXXIII. Rohböden und horizontale Erdaufschlüsse

1. Charakterisierung

Rohe, sich ständig erneuernde Böden, aufgeschüttete Erden, Kiese, Gerölle, fluviatil (von Flüssen) oder vom Wind geschaffene anstehende Sandablagerungen, -ausblasungen und -erhebungen in denen die Bodenbildung noch zu keiner deutlichen Horizontdifferenzierung geführt hat. Gemeinsam ist ihnen fehlender oder spärlicher niedriger Bewuchs, zumeist Nährstoffarmut, dazu keine bzw. nur schwache Humusanreicherung, nicht selten auch hohe Dynamik.

2. Typen

Sehr vielgestaltig in Abhängigkeit von Gestein und Böden. Unter sehr starker Vergröberung lassen sich unterscheiden:

2.1 Bodenaufschlüsse, Abraumflächen oder Aufschüttungen, Abgrabungsflächen, planierte Flächen, Kiesschüttungen, unbefestigte Wegränder, Sandwege und ähnliches

2.2 Offene Stellen auf Flugsanden, Dünen, Sandäckern

3. Bedeutung für die Fauna

Insbesondere bei der Fauna der Bodenaufschlüsse, Abraumflächen und Aufschüttungen bestehen sehr enge Verbindungen zur Tierwelt der vegetationsfreien oder -armen Uferzonen. Dies betrifft sowohl die einzelnen Artengruppen als auch die ökologischen Funktionen der Habitate für die Tierwelt (vgl. dazu Abschn. XV. 3).

Als charakteristische Arten gewässernaher, oft wechselfeuchter Bereiche können unter anderem genannt werden: die Laufkäfer *Chlaenius vestitus* (Sammetkäfer), *Bembidion litorale* (Sumpf-Ahlenläufer), *Bembidion punctulatum* (Schmaler Ziegelei-Handkäfer), *Omophron limbatum* (Grüngestreifter Grundkäfer) und die Vertreter der Gattung *Elaphrus* (Uferläufer), (vgl. hierzu außerdem auch Abschn. XV. 3).

Bei den offenen Stellen auf Flugsanden, Dünen, Sandäckern kommen aber neue faunistische Qualitäten und viele besonders warm-trocken-liebende Insektenarten hinzu. Hier bestehen enge Kontakte zur Fauna der Trocken- und Halbtrockenrasen, teilweise auch zu der der Zwergstrauchheiden.

Charakteristische Vertreter der Wirbellosenfauna sind hier beispielsweise: Sandlaufkäfer der Gattung *Cicindela*, Blauflügelige Ödland- *(Oedipoda caerulescens)* und Sand-Schrecke *(Sphingonotus caerulans)*, Rostgelber Schnelläufer *(Harpalus flavescens)* u. a. m.

Geradezu Berühmtheit haben die Erdanrisse der Binnendünen im Rhein-Main-Gebiet als Bruthabitat für gefährdete, licht- und warm-trocken-liebende Hautflüglerarten erlangt. Typische Vertreter sind hier z. B. (nach Preuss 1980): *Ammophila lufii, Philanthus coronatus* (Großer Bienenwolf), *Gorytes punctuosus, Bembix rostrata, Astata pinguis, Tachysphex tarsinus, Miscophus ater, M. concolor, Crabro loewi, Halictus marginellus, Anthophora quadrifasciata* (Pelzbienen-Art), *Thyreus histrionicus, Coelioxys afra* (Kegelbienen-Art), *Nannopterchilus ph. phaleratus.*

Abb. 128: Nesteingänge bodenbrütender Sandbienen   (Foto: P. Pretscher)

4. Gefährdungsfaktoren

Je kürzer die Zeitdauer einer bestimmten Sukzessionsstufe ist, desto gefährdeter sind potentiell die darauf spezialisierten Arten unter den heutigen Bedingungen der Zivilisationslandschaft, in der die Kräfte, welche Garanten für die Neuschaffung solcher Habitate sind, weitgehend ausgeschaltet sind bzw. vom Menschen kontrolliert werden.

4.1 Dünen, Flugsande

Durch Sandabbau, Bebauung und Straßenbau wurde stellenweise das ganze System beseitigt. Abträglich ist auch die Aufforstung, wobei vielfach selbst die kleinsten freien Stellen oder Lücken in den auf Dünen stockenden Wäldern aufgefüllt werden (z. B. mit Kiefern). Auch die Festlegung der beweglichen Dünensande mittels Vegetation beeinträchtigt das Angebot an offenen Stellen. Eutrophierung ist ein weiteres Problem, da dadurch Ruderalpflanzen eindringen und außerdem die Bewaldung gefördert wird. Infolge schwerer Befestigungen auf Wegen in Sandgebieten fallen auch hier die für die Tierwelt wichtigen periodischen Bodenverwundungen beim Durchfahren weg.

4.2 Sand-, Ton- und Kiesgruben

Die in früheren Zeiten üblichen, eher unkoordinierten und unregelmäßigen kleinen Boden- und Kiesentnahmen wirkten sich auf die Fauna zumeist durchaus positiv aus. Bei den Rekultivierungen und Renaturierungen der großräumigen Abbaugebiete wird dagegen vielfach an den Ansprüchen der Pionierarten vorbeigeplant (Näheres hierzu Abschn. XL. 4).

4.3 Verkehrsanlagen

Schottern und Asphaltieren der Feldwege, Humisieren der Hanganschnitte und Dämme

4.4 Aufgabe militärischer Nutzung auf bestimmten Übungsplätzen

5. Entwicklungsziele

5.1 Grundsätzliche wertbestimmende Gesichtspunkte

Vegetationsfreie/-arme Bereiche sind unverzichtbares Teilhabitat für zahlreiche gefährdete Tierarten und daher besonders förderwürdig. Fortschreitende Vegetationsentwicklung stellt dabei im Regelfall eine Verschlechterung der Habitatbedingungen dar. Entsprechend sind möglichst geringe Deckungsgrade der Vegetation anzustreben, von deutlich unter 20 bis maximal 50%.

Pionierarten benötigen periodische Dynamik in ihren Siedlungsgebieten in Form von Materialbewegung und -bearbeitung, Abgrabung, Umlagerung usw., da sich der Charakter dieser Biotope zumeist rasch verändert. Weil die Faktoren und Kräfte, die die natürlichen Garanten für die periodische Neuschaffung solcher Biotope sind (z. B. regelmäßige Überschwemmungen, Windausblasungen), heute weitgehend ausgeschaltet wurden, ist es für den Schutz der Arten teilweise notwendig, mittels Maschinenkraft stellenweise solche Bodenverwundungen zu schaffen.

Obwohl die Tierwelt der vegetationsfreien Stellen entsprechend der im allgemeinen nur kurzen Lebensdauer dieser Bereiche zumeist ausgesprochen dynamisch ist, also sich neu bietende Stellen dieses Typs rasch besiedeln können, kommt eine Reihe akut bedrohter Arten nur innerhalb geographisch sehr eng umgrenzter Gebiete vor. Beispielsweise findet sich eine beachtliche Zahl stark bedrohter Hautflüglerarten nur reliktär an offenen Stellen der Binnendünen-Reste im Rhein-Main-Gebiet (vgl. hierzu auch Abschn. 3 dieses Kap.). Für die Schutzpraxis bedeutet dies, in diesen eng umgrenzten Arealteilen die Faktoren, die diese Bodenverwundungen regelmäßig schaffen, nicht

Abb. 129: Wald auf Binnendünen. Für die Insektenfauna wäre es hier wichtig, wenn einige kleinere Rodungsinseln eingebracht und der Sand stellenweise freigelegt würde. (Foto: P. Pretscher)

auszuschalten oder durch periodische Pflegeeingriffe dort einen ausreichenden Anteil an offenen Stellen zu schaffen.

5.2 Offene Stellen in Kies-, Sand- und Tongruben usw. (vgl. hierzu Abschn. XV.5)

5.3 Offene Stellen auf Flugsanden, Binnendünen, Sandmagerrasen und sandigen Bodenaufschlüssen

– Anzustreben ist Nährstoffarmut (auf keinen Fall Humisieren oder Düngen!)

– ein angemessener Anteil der Gesamtfläche (etwa 10-20%) sollte stets in vegetationsfreiem oder -armem (Deckung bis 20%) Zustand gehalten werden. Da einzelne der hier siedelnden Arten größere Flächenansprüche an die vegetationsfreien Habitate stellen, z. B. Kreuzkröte oder die Blauflügelige Sandschrecke *(Sphingonotus caerulans)* und die Blauflügelige Ödlandschrecke *(Oedipoda caerulescens)*, die nach Merkel (1980) vegetationsarme Flächen von wenigstens 200 m² im ersten und 40 m² im zweiten Fall benötigen, sollten diese Inseln durchaus auch größer sein und in größerer Zahl in enger Nachbarschaft vorliegen.

5.4 Wirtschaftswege ohne schwere Befestigung

Möglichst nicht ausbauen. Wo Wirtschaftswege mit schweren Befestigungen versehen werden, sollte wenigstens eine Wegböschung von den Baumaßnahmen ausgespart bleiben (z. B. für bodenbrütende Hautflüglerarten).

6. Schutz, Pflege und Entwicklung

6.1 Bei den vegetationsarmen Erdaufschlüssen handelt es sich in der Regel um sehr dynamische Habitate. Entsprechend müssen Schutzmaßnahmen weniger an den Objekten selbst, als an den Faktoren ansetzen, die die Garanten für ihre periodische Neuschaffung sind. Die wichtigsten dieser Faktoren wurden in Abschnitt 4 genannt (s. Abwehr der Gefährdungsursachen).

6.2 Darüber hinaus ist es dringend erwünscht, eingetretene Fehlentwicklungen zu korrigieren, etwa in Sandgebieten maschinell jeweils auf mehreren Einzelflächen die Vegetationsdecke abzuschieben (und abzutransportieren) und geschlossene Wälder stellenweise aufzulichten. Ähnliches gilt für Erdabbaugebiete bei fortgeschrittener Sukzession.

XXXIV. Vertikale Erdaufschlüsse/Abbruchkanten/Hohlwege

1. Charakterisierung

Zumeist insular auftretende Habitate, die sich gegenüber der Umgebung durch Betonung der Vertikalen, erhöhte Durchwärmung sowie Trockenheit (vor allem bei Südexposition) auszeichnen und meist nur geringen Pflanzenaufwuchs aufweisen. Diese Kleinbiotope können dabei im Zusammenhang mit verschiedenen Großökosystemen auftreten.

2. Typen

Es existiert eine Vielzahl unterschiedlicher Typen in Abhängigkeit von Bodenmaterial (z. B. Sand-, Kies- oder Lößwand), Exposition und Neigungswinkel. Für die Faunenbesiedlung gilt dabei: Artenzahl und Siedlungsdichte hängen vor allem ab von der Korngröße und der Härte des Bodenmaterials, vom Neigungswinkel und von der Exposition (Sonneneinstrahlung). Gesamthaft gesehen ist insbesondere Südexposition, ein Neigungswinkel deutlich über 60° (möglichst nahe 90°) und relativ hartes Bodenmaterial von Vorteil.

Zur Steilwand gehören zumeist auch Schuttbezirke an ihrem Fußteil. Deren Fauna besteht vorwiegend aus Gräbern und Kletterern und ist vergleichbar mit der Tierwelt der horizontalen pflanzenfreien Stellen (Näheres dazu Abschn. XXXIII.3). Teile der Fauna der vertikalen Erdaufschlüsse besiedeln auch die Lehmwände menschlicher Bauwerke und die erdgefüllten Fugen von Trockenmauern. Jedoch werden auch diese Habitate gegenwärtig zurückgedrängt (vgl. Kap. XXXVIII.4 und Abb. 136 sowie auch die ökologischen Verbindungen zu Rohböden usw.).

3. Bedeutung des Hangteils für die Fauna

Das Faucninventar wird auf rund 400 Arten, vor allem aus den Gruppen der Hautflügler (Hymenoptera), Vögel (Aves), Springspinnen (Salticidae), Weberknechte (Opiliones), Tanzfliegen (Empis) und parasitären Raupenfliegen (Tachinidae) geschätzt (Tischler 1955, Heydemann & Müller-Karch 1980). Nach v. Drachenfels (1982) leben alleine rund 27 % von den 710 in der Bundesrepublik Deutschland nachgewiesenen Arten von Wildbienen, Falten-, Weg- und Grabwespen (ohne Brutschmarotzer) in Steilwänden an Ufern, Lößterrassen und Hohlwegen, Lehmgruben, Lehmfachwerk u. ä.

Im einzelnen dienen die Steilwände als:

3.1 Ruheplatz für Wirbellose

3.2 Jagdrevier

für einige Springspinnen und Tanz- (z. B. *Medeterus truncorum)* bzw. Rennfliegen (z. B. *Tachydromia arrogans)* (Heydemann & Müller-Karch 1980)

Die Funktionen 3.1 und 3.2 sind jedoch nicht besonders typisch.

3.3 Heizraum

Wegen der hohen Durchwärmung[*] sowie Trockenheit und als Folge davon, der im Vergleich zur Umgebung erheblich höheren Wärmesummen über das ganze Jahr, können vertikale Erdaufschlüsse in Südexposition einer Reihe von Arten ein Auskommen in für ihre hohen Wärmeansprüche insgesamt an und für sich suboptimalen Klimabereichen erlauben.

3.4 Brutplatz

Dies ist eine der entscheidenden Funktionen für grabende Arten, ihre Parasiten und die Mitbenutzer der Höhlen. Wegen des zumeist inselartigen Auftretens dieser Habitate kommt es vielfach zur Bildung von Kolonien: z. B. bei der Uferschwalbe und – insbesondere in Lößwänden wärmebegünstigter Lagen – bei vielen wärmebedürftigen Hautflüglerarten wie Eumeniden, Apiden (Bienenartige), Spheciden (Grabwespen) einschließlich ihrer „Kuckucke" wie Muttiliden (Bienenameisen), Chrysididen (Goldwespen), aber auch bei bedrohten Arten der Gattungen *Anthophora* (Pelzbienen), *Eucera* (Langhornbienen), *Oplomerus* und anderen mehr (Preuss 1980). Auch eine Reihe parasitoider Käfer nutzt diese Hautflüglerarten als Wirte für ihre Larven. Nach Paulus (1980) gilt dies beispielsweise für die Ölkäfer-Arten *Meloe autumnalis, M. cicatricosus, M. coriarius, M. hungarus.* Ähnlich verhält es sich mit dem Ölkäfer *Cerocoma schaefferi,* dessen Larve an von Grabwespen der Gattung *Tachytes* oder *Tachysphex* als Beutetiere eingetragenen Heuschrecken lebt.

3.5 „Ökologische Zellen" inmitten der intensiv genutzten Kulturlandschaft

Selbst ohne faunistische und floristische Raritäten kommt Hohlwegen eine wesentliche Funktion als Refugialbiotop für das gebietstypische Arteninventar zu. So beherbergt beispielsweise ein von Krause (1979) floristisch eingehend untersuchter Hohlweg bei Bad Godesberg auf einem Zehntausendstel der Meßtischblattfläche (von ca. 120 km^2) immerhin ein Zehntel des Gesamtinventars an Pflanzen, die in dem gesamten Meßtischblatt erwartet werden können.

---

[*] Besonders effektive Ausnutzung der Sonne, insbesondere auch bei relativ vertikalem Einfallswinkel der Strahlen am Morgen, Abend, im Frühjahr, Herbst und Winter auf die Steilwand (Miotk 1979a)

Abb. 130: Vertikaler Erdaufschluß mit Brutröhren von Hypenopteren
(Foto: J. Blab)

4. Gefährdungsfaktoren

4.1 Steilufer der Ostseeküste und der Elbe durch Maßnahmen des Uferschutzes[*]

4.2 Lößwände durch Flurbereinigung. Hierbei werden vielfach auch die Wege zugeschüttet und das Lößmaterial der Umgebung abgetragen. Dieses Problem stellt sich dabei bis in die jüngste Zeit hinein. Beispielsweise ist nach Fischer (1982) von der 1978 als „ausgezeichnet" bewerteten „Erichgasse" im Kaiserstuhl, welche bereits 1973 als Naturschutzgebiet vorgeschlagen worden war, heute nur mehr ein kurzes Anfangsstück in sehr gutem Zustand erhalten. Eine weitere wichtige Hauptursache für das Verschwinden von

---

[*] Früher eine eher potentielle Gefahr. Zwischenzeitlich hat sich die Situation freilich auch hier gewandelt, so wurden bereits einige großflächige Dammbauten durchgeführt und es ist ein Ausbau der Elbe als internationale Wasserstraße (mit voraussichtlich zahlreichen Staustufen) im Gespräch.

Hohlwegen und das Zuwachsen ist freilich auch die fehlende Nutzung (Eintiefung) bzw. die Wegbefestigung, die die notwendige Dynamik unterbindet.

4.3 Abbruchkanten der Bäche durch wasserbauliche Maßnahmen, z. B. durch Verbau von Prallufern

4.4 Hohlwegwände durch Flurbereinigung bzw. Einfüllen mit Schutt und Erdreich

4.5 Abbruchkanten in Erdabbaugebieten durch Rekultivierung, Verfüllung mit Müll, aber auch durch natürlichen Verfall, da Hohlwege heute vielfach nicht mehr regelmäßig benutzt und unterhalten werden, und als Folge davon die Wände nach und nach einstürzen (vgl. auch Abschn. 4.2).

4.6 Problematisch ist zudem noch die Ausbreitung der Großen Brennessel *(Urtica dioica)*, der Riesen-Goldrute *(Solidago gigantea)*, fallweise auch von Robinien *(Robinia pseudacacia)* auf dem frischen Lößmaterial (Zuwachsen der Hohlwege).

5. Entwicklungsziele

5.1 Grundsätzliche wertbestimmende Gesichtspunkte

a) Mit Ausnahme der Steilufer der Ostseeküste und großer Ströme (vor allem Elbufer), die wegen der hohen Kosten für die technische Uferbefestigung bislang nicht sehr hoch gefährdet erscheinen (Tischler 1955, Heydemann & Müller-Karch 1980)[*], werden alle vertikalen Erdaufschlüsse deutlich zurückgedrängt und sind entsprechend schutzbedürftig.

b) *Schuttbezirke* am Fußteil der Steilwand sind wesentliche Bestandteile dieses Biotoptyps und daher im vollen Umfange zu erhalten.

c) Der *Neigungswinkel* sollte nach Möglichkeit 90° oder Werte relativ nahe dieser Marke aufweisen. Durch Überhänge geschützte, trockene Stellen sind oft für die Faunenbesiedlung besonders attraktiv (Miotk 1979a).

d) Wegen der hohen Wärmeansprüche vieler endogäisch nistender Insektenarten ist Südexposition (SES-S-SW) und windgeschützte Lage besonders vorteilhaft. Ungünstigere Expositionen werden von etlichen Hautflüglerarten aber noch besiedelt, wenn die Stellen durch Überhänge geschützt sind (Miotk 1979a). Der Eisvogel bevorzugt dagegen NE-N-NW-Exposition. Bei der Uferschwalbe wird in der Literatur zumeist auf Bevorzugung SO- oder SW-exponierter Wände hingewiesen, vereinzelt heißt es auch, daß eine Bevorzugung einer Richtung nicht festgestellt werden kann.

e) Keine Beschattung der Steilwand durch Vegetation und außerdem freie Anflugmöglichkeiten.

Der Eisvogel bevorzugt gedeckten Anflug zur Brutröhre, deshalb bedeutet das Aufwachsen einzelner Büsche vor der Brutwand keinen Nachteil. Uferschwalben jedoch benötigen freien Anflug zur Brutwand.

---

[*] vgl. aber Fußnote zu 4.1

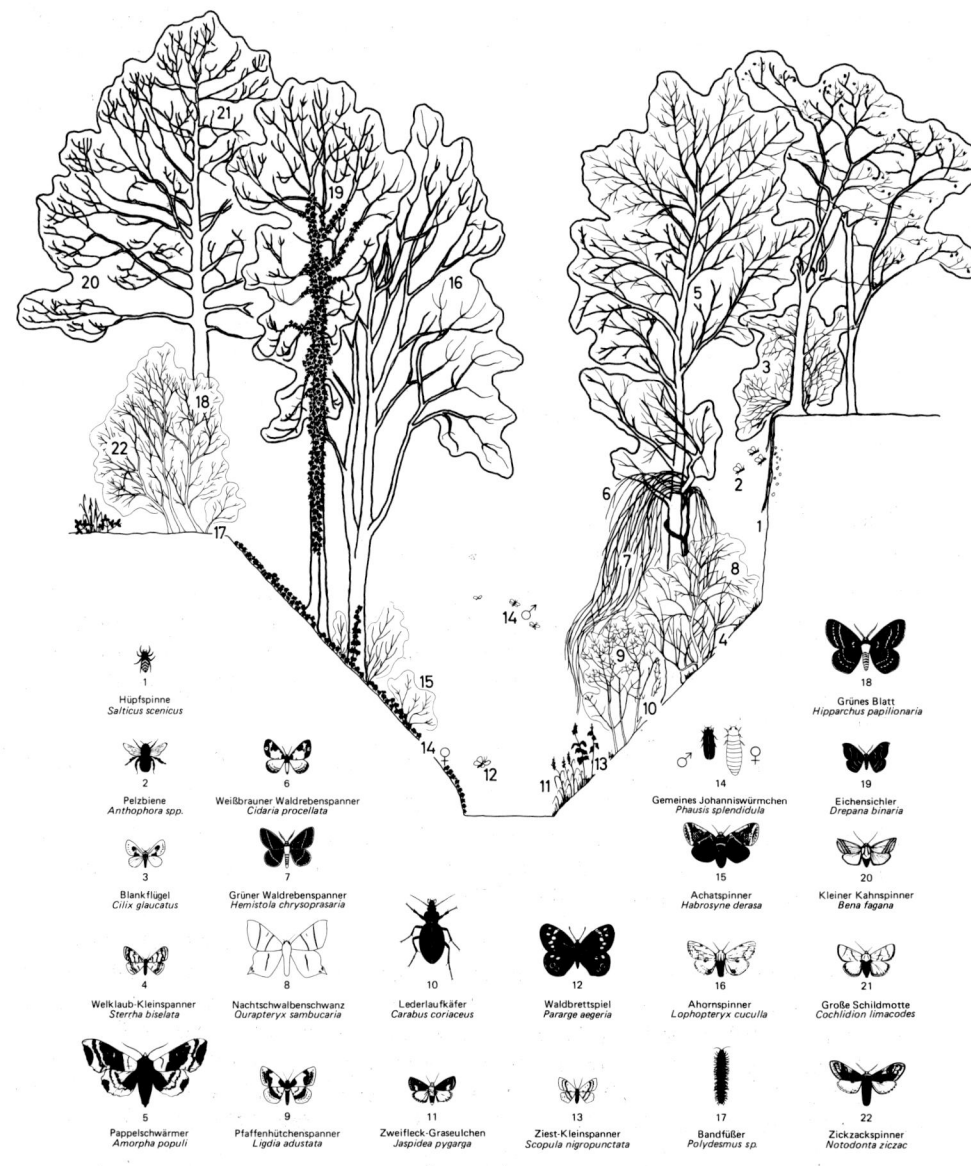

1 Hüpfspinne *Salticus scenicus*	**18** Grünes Blatt *Hipparchus papilionaria*
2 Pelzbiene *Anthophora spp.* / **6** Weißbrauner Waldrebenspanner *Cidaria procellata*	**14** Gemeines Johanniswürmchen *Phausis splendidula* / **19** Eichensichler *Drepana binaria*
3 Blankflügel *Cilix glaucatus* / **7** Grüner Waldrebenspanner *Hemistola chrysoprasaria*	**15** Achatspinner *Habrosyne derasa* / **20** Kleiner Kahnspinner *Bena fagana*
4 Welklaub-Kleinspanner *Sterrha biselata* / **8** Nachtschwalbenschwanz *Ourapteryx sambucaria* / **10** Lederlaufkäfer *Carabus coriaceus* / **12** Waldbrettspiel *Pararge aegeria*	**16** Ahornspinner *Lophopteryx cuculla* / **21** Große Schildmotte *Cochlidion limacodes*
5 Pappelschwärmer *Amorpha populi* / **9** Pfaffenhütchenspanner *Ligdia adustata* / **11** Zweifleck-Graseulchen *Jaspidea pygarga* / **13** Ziest-Kleinspanner *Scopula nigropunctata* / **17** Bandfüßer *Polydesmus s.p.* / **22** Zickzackspinner *Notodonta ziczac*	

Abb. 131: Bevorzugte Siedlungs- und Aufenthaltsbezirke von in Hohlwegen bei Bonn lebenden Arthropoden (nach Lohmeyer & Pretscher 1982)

5.2 Strukturelle Merkmale und ihre Bedeutung für die Fauna

a) *Bodenstruktur, insbesondere Substrathärte*

Weiches Material: weichere Partien im Löß, stärkerer Grobsand, sandige Tone, Lehme und ähnliches werden nur von wenigen Tierarten (allerdings von den im Naturschutz traditionell besonders stark berücksichtigten Vögeln) besiedelt; es handelt sich hierbei um die Scharrgraber (Tischler 1955). Beispiele sind: Uferschwalbe (bevorzugt Weichsandschichten), Eisvogel (sandige, tonige und mergelige Schichten), Bienenfresser sowie Grabwespen (Sphecidae), z. B. der Gattungen *Crabro, Diodontus* und Wegwespen (Pompilidae). Das Substrat muß allerdings in jedem Fall noch so stabil sein, daß die Wohnröhren über längere Zeit Bestand haben.

Mittlere Härten: im Substrat mittlerer Härte finden sich am Kaiserstuhl große Kolonien der mit dem Mund grabenden Furchenbienen *Halictus maculatus, H. eurygnathus, H. calceatus, H. nigripes, H. tumulorum, H. morio, H. glabriusculus* und Sandbienen *Andrena tibialis, A. propinqua* (Miotk 1979a).

Hartes Material: steinharte Partien aus Löß z. B. am Kaiserstuhl, bzw. harte Bezirke aus Feinsand, Mehlsand und Schluff am Elbufer werden von vielen Faltenwespen der Gattung *Odynerus* (z. B. *O. spinipes, O. reniformis),* den Seidenbienen *(Colletes)* und den Furchenbienen *(Halictus)* bewohnt (Miotk 1979, Heydemann & Müller-Karch 1980).

b) *Vertikale und horizontale Ausprägung*

Erstrebenswert sind – wegen der besonderen warmtrockenen Bedingungen – senkrechte oder leicht überhängende Steilwände.

Wenngleich etliche Hautflügler auch relativ kleine Abbruchkanten besiedeln und auch der Eisvogel bereits in nur 50 cm hohen Abbruchkanten gebrütet hat, ist es ein wertbestimmendes Merkmal, wenn die Wand sich deutlich (möglichst mehr als 3 Meter) über den Boden erhebt. So findet sich beispielsweise nach Aerts (1939) die stärkste Hymenopterenbesiedlung in hohen Steilwänden 2 m unter der Oberkante, da dort der Boden am trockensten ist. Bei Vögeln sind Höhen von wenigstens 1-1,5 m (Eisvogel) bzw. wenigstens 2 m (Uferschwalbe) über der Hochwasserlinie (Schutz vor Raubsäugern) notwendig bzw. erwünscht. Da bei den Koloniebrütern, wie z. B. Uferschwalbe oder zahlreichen Hautflüglerarten, die Anzahl möglicher Brutröhren unter anderem außerdem auch von der Fläche der Steilwand abhängt, und dazu starke Raumkonkurrenz um die besten Brutplatzlagen besteht, sind möglichst große Breiten oder zahlreiche Wände in engem räumlichen Verbund anzustreben.

c) *Vernetzung*

Nach einer Auswertung einschlägiger Erkenntnisse bei v. Drachenfels (1982) legen solitäre Bienen und Wespen nur Entfernungen bis zu 1 km regelmäßig zurück. Da für sie aber – schon wegen der starken Parasitierung – ein Ausweichen auf andere Wände möglich sein muß, sind Systeme aus mehreren Wänden mit Abständen von weniger als 1 km dringend erforderlich. Bestätigt wird dies auch durch die eingehenden Untersuchungen von Miotk (1979b) an der Lehmwespenart *Odynerus spinipes* und deren Parasitierung durch die Goldwespenarten *Chrysis ignita* und *Chrysis viridula.*

6. Schutz, Pflege und Entwicklung

6.1 Sicherung und Neuschaffung der vertikalen Erdaufschlüsse bzw. noch mehr – zumindest stellenweise – der Kräfte, die Garanten für ihre Neuschaffung sind (z. B. Fließgewässerdynamik). Unbedingt zu erhalten sind „gewachsene" Lößwände (steinharte Lößabbrüche, Hohlwegwände in Löß), da sie kaum ersetzbar sind.

Gezielte Pflegeprogramme für die Steilwände solcher Hohlwege, die belassen, aber nicht mehr befahren werden und demzufolge verwittern, sind zu erstellen und durchzuführen.

Der beste Schutz freilich wäre die Fortführung der alten Nutzung und die Eingliederung dieser Hohlwege in das Wegenetz, soweit von Asphaltierung abgesehen wird und die Wege nur sehr extensiv befahren werden.

6.2 Auch das Abböschen der Steilwände ist zu unterlassen, da dadurch das seltene Habitat Steilwand in das vergleichsweise weniger seltene Habitat Fußteil bzw. horizontale vegetationsfreie Stelle umgewandelt wird (Miotk 1979a).

6.3 Insbesondere in den offenen Landschaften ist darüber hinaus ein dichtes Netz südexponierter Abbruchkanten (in der Nachbarschaft zu blütenreichen Biotopen) zu schaffen. Dabei sollten auch harte bis sehr harte Substrate angeschnitten werden (vgl. Abschn. 3 in diesem Kapitel).

6.4 Für Neuanlagen bieten sich vor allem an: steile Uferpartien, Abbaugebiete, auch Wegeinschnitte (insbesondere wenn die Steilwand etwas vom Weg oder Straßenkörper abgerückt werden kann). Bei feinkörnigem Material lassen sich natürliche Erosionsvorgänge verlangsamen, wenn die Wände mit Kalk und Verbauung stabilisiert werden (Modell: Pauler 1972, Waldschmidt 1975). Bei Anlage unmittelbar an Wasserflächen empfiehlt es sich außerdem, vor der Wand eine überhöhte Berme in Höhe der Mittelwasserlinie als Schutz gegen den Wellenschlag vorzusehen.

6.5 Außerdem ist durch geeignete Pflegemaßnahmen dafür Sorge zu tragen, daß natürliche Alterungserscheinungen (Abbrüche usw.) im regelmäßigen Turnus ausgeglichen und der besonders schutzwürdige Zustand (vgl. Entwicklungsziele) wiederhergestellt wird.

6.6 Bepflanzungen zur Bodenbefestigung sind meist negativ zu beurteilen. Lediglich bei nachträglich angelegten Eisvogelbrutwänden kann die Lebensdauer durch starke Bodenwurzler (etwa Kratzbeere, *Rubus caesius,* mit ihren Wurzeln von bis zu 2 m) verlängert werden (OAG Ostbayern 1978).

6.7 Dem weitgehenden Zuwachsen der Wände durch schattenspendenden Busch- und Baumaufwuchs ist durch geeignete Pflegemaßnahmen entgegenzuwirken (gewisse Einschränkung bei Eisvogelbrutwänden).

XXXV. Trockenmauern

1. Charakterisierung

Trockenmauerwerk aus locker geschichteten Steinen ohne Mörtelverfugung. Diese früher vor allem in den Steil- und Hanglagen der Wein- und Obstbaugebiete weitverbreiteten Stützmauern mit erdgefüllten Mauerritzen vermitteln hinsichtlich der Fauna gleichsam zwischen vertikalen Erdaufschlüssen und Felssteilwänden. Darüber hinaus bestehen auch sehr enge Beziehungen zu Lesesteinwällen.

Ausgesprochen trocken-warme Bedingungen herrschen zumeist nur an der Oberfläche. Die erdgefüllten Fugen sind gegen Sonneneinstrahlung und Windeinwirkung weitgehend geschützt und im Inneren daher zumeist auch mäßig feucht.

2. Typen

Es existiert eine Vielzahl unterschiedlicher Typen in Abhängigkeit von Exposition, Schichtung, verwendetem Steinmaterial und Vegetationsaufwuchs.

3. Bedeutung für die Fauna

Gesamt- oder Teillebensstätte für zahlreiche Tierarten, z. B. Nistmöglichkeiten für wärmeliebende Insektenarten wie Ameisen-, Pelz-, Furchen- und Seidenbienen, Grab- und Töpferwespen in den bodengefüllten Mauerspalten in sonnenexponierten Lagen, Bruthabitat für Vögel und Eidechsen, Nahrungsreservoir z. B. für Ameisenesser wie den Wendehals. Es bestehen viele Parallelen zur Fauna der vertikalen Erdaufschlüsse (vgl. Abschn. XXXIV.3). Eine Übersicht über die in Weinbergsmauern und -wegen siedelnden Tierarten geben Werner & Kneitz (1978): Stellvertretend für die große Zahl der festgestellten Arten seien hier genannt:

Abb. 132: Männchen der Mauereidechse   (Foto: K. P. Zsivanovits)

Helicigona lapicida (Steinpicker, eine Schneckenart), *Oniscus asellus* (Mauerassel), *Oedipoda germanica* (Rote Dickfußschrecke), *Salticus scenicus* (Harlekinspinne), die Ameisenarten *Lasius niger, L. flavus, L. emarginatus* und *L. umbratus,* sowie – als Vertreter der Wirbeltiere-Mauereidechse, Steinschmätzer und Hausrotschwanz.

4. Gefährdungsfaktoren

4.1 Ersatzlose Beseitigung (z. B. im Rahmen von Rebflurbereinigungen), da es heute durch den Einsatz moderner Maschinen möglich ist, auch steile Hänge gut zu bewirtschaften, so daß auf Terrassierungen verzichtet werden kann. Daß Trockenmauern auch flächenmäßig wenigstens regional einen bedeutsamen Lebensraum darstellen, zeigt z. B. eine Erhebung von Linck (1965): Danach kann für den Stuttgarter Raum von 5.000 m^2 Mauerfläche je Hektar Rebfläche im Keuper ausgegangen werden.

4.2 Ersatz durch fugenlose Betonmauern. Eine etwaige Verkleidung von Betonmauern mit Natursteinen kann zwar optisch den Eingriff mildern, stellt jedoch ökologisch keine Ausgleichsmaßnahme dar.

4.3 Örtlich wurden auch die Mauerfugen vermörtelt und dadurch die Siedlungs- und Nistmöglichkeiten deutlich verringert.

5. Entwicklungsziele

5.1 Je loser die Mauer gefügt ist, desto üppiger und vielfältiger kann sie überwachsen werden (ein Problem dabei ist aber die Haltbarkeit!). Die Trockenmauer erhält ihre Stabilität dabei nicht durch Bindemittel, sondern durch Verkeilen der Steine miteinander.

5.2 Entscheidend ist die Erhaltung tiefer, bodengefüllter Fugen zwischen den Steinen in Südexposition.

5.3 Wünschenswert sind auch zumindest größere Hohlräume und Fugen als Versteck und Brutplatz für kleinere Wirbeltiere.

6. Schutz, Pflege und Entwicklung

6.1 Unterlassung/Abwehr der Gefährdungsfaktoren

6.2 Bei Neuanlagen von Mauern sind statt Betonwänden Trockenmauern oder aber Drahtschotterkörbe (Machiaferri-Gabionen) einzubringen, die die ökologische Funktion der Trockenmauern wenigstens teilweise übernehmen können. Diese Gabionen sind kostenmäßig konkurrenzfähig und haben sich bereits in jahrzehntelangem Einsatz im Straßen- und Wasserbau sowie in der Weinbergsflurbereinigung bewährt (vgl. Bitz 1979, dort auch Bauanleitung).

6.3 Auch in bestehenden Betonmauern sollten wenigstens stellenweise derartige Drahtschotterkörbe nachträglich eingebaut werden.

Ebenso können Trockenmauern als biologisch und optisch belebende Elemente an sonnenexponierten Stellen in Hausgärten errichtet werden.

XXXVI. Felssteilwände

1. Charakterisierung

Starke Betonung der Vertikalen. Zumeist sind große Flächenteile vegetationsfrei. Nicht selten befindet sich am Fuße der Steilwände ein Schuttkegel/-fächer.

2. Typen

Variabel je nach Gestein, Exposition, Neigungswinkel, Höhe und Pflanzenbewuchs. Für die Tierbesiedlung ist zudem nicht selten auch das Klima entscheidend (z. B. besiedeln die Felsenschwalbe und viele Insektenarten hier nur warme und geschützte Wände).

Abb. 133: Hohe Buntsandsteinfelsen, potentieller Brutbiotop unter anderem von Wanderfalke und Uhu (Foto: J. Blab)

377

3. Bedeutung für die Fauna

Ruheplatz für Wirbellose, Jagdrevier und Heizraum (vgl. dazu Abschn. XXXIV.3, dessen Aussagen im Prinzip auch hier gelten). Ganz besondere Bedeutung erlangen Felssteilwände aber einmal wegen ihrer Trockenrasenvegetation der Grus- und Felsbandgesellschaften (gilt vor allem für südexponierte Steillagen im Südteil der Bundesrepublik Deutschland, vgl. dazu Kap. XIX), und zum anderen als Bruthabitat für verschiedene Insekten- (z. B. Mörtelbienen) und Vogelarten (z. B. Turmfalke, Dohle, Mauersegler, Hausrotschwanz, Kolkrabe und ganz besonders Wanderfalke und Uhu)[*]. So finden sich heute die Horste aller bundesdeutschen Wanderfalkenpaare nur in herausragenden, das Landschaftsbild deutlich bestimmenden Felssteilwänden (und gelegentlich an ökologisch stellenadäquaten Burgruinen oder Kirchen). Eine Auswertung der Roten Liste der gefährdeten Großschmetterlinge nach ihrer Habitatzuordnung (Pretscher 1977b) zeigt, daß allein 67 gefährdete Falterarten (wie z. B. der Apollofalter) ausschließlich oder teilweise in den Felsbandgesellschaften siedeln. Diese nehmen damit Platz 6 in der Liste der für gefährdete Großschmetterlingsarten besonders bedeutsamen Habitate ein.

4. Gefährdungsfaktoren

Felswände sind nur ausnahmsweise von vollständiger Beseitigung bedroht. Ein großes Problem ist aber die ständige Beunruhigung durch Touristen, Straßen- und Bahnverkehr, „heranrückende" Siedlungen, die z. B. dazu führten, daß die Wanderfalken die niedrigeren Felswände heute weitgehend als Brutplatz aufgegeben haben (Rockenbauch 1975). Die höheren Steilwände, an denen die Bedeutung dieser Streßfaktoren deutlich zurücktritt, werden wiederum gezielt von den Kletterern für die Ausübung dieser Sportart aufgesucht.

5. Entwicklungsziele

5.1 Erhaltung der Grus- und Felsbandgesellschaften (Näheres vgl. Abschn. XIX.5)

5.2 Minderung des Siedlungs- und Erholungsdrucks (auch Kletterer usw.) seitens des Menschen (s. u.)

5.3 Erhaltung der Schuttbezirke am Fußteil der Steilwände, die wesentliche Bestandteile dieses Biotoptyps sind

6. Schutz, Pflege und Entwicklung

6.1 Steuernde Maßnahmen, um die Beunruhigungen soweit wie möglich von Felswänden fernzuhalten

6.2 Insbesondere an den großen, 50-100 m (und mehr) hohen Steilwänden, den optimalen Brutfelsen für die störungsanfälligen Arten Wanderfalke und Uhu, sind verbindliche Absprachen mit den Kletterern im Sinne einer Nutzungsentflechtung oder von befristeten

---

[*] Das Wohngebiet eines Uhupaares umfaßt nach Brüll (1980) 60-80 km^2, zur Fortpflanzungszeit wird aber nur ein Gebiet von 1-1,5 km^2 intensiv genutzt. Jungtiere wurden bis zu 250 km vom Nest entfernt festgestellt, breiten sich also selbständig auch über größere Distanzen aus.

Schonbezirken zu treffen, notfalls auch Kletterverbote wenigstens vom 15. Februar (Beginn der Horstplatzwahl) bis 30. Juni (Jungen selbständig) zu erlassen (Näheres siehe z. B. Rockenbauch 1975).

6.3 Absichern brüchiger Felspartien vor allem im Bereich der Horste von Wanderfalke und Uhu. In besonderen Einzelfällen können auch Pflegemaßnahmen an den Horstplätzen (z. B. Freihalten der Nischen von Strauchbewuchs) und Verbesserungen an den Brutnischen notwendig werden.

6.4 Horstbewachungsaktionen

XXXVII. Felshöhlen und -stollen (echte Höhlen)

1. Charakterisierung

Unterirdische, natürliche Felshöhlen sowie verlassene Erz- und Schieferstollen, Schutzbunker, tiefe Felsenkeller, Weinkeller und Brunnenschächte sind durch weitgehend vergleichbare mikroklimatische Verhältnisse ausgezeichnet. Dies sind hohe Luftfeuchtigkeit, geringer Lichteinfall und konstante, kühle Temperatur, Störungsfreiheit. Der Wechsel von Tag und Nacht, Sommer und Winter tritt kaum in Erscheinung (Tischler 1979).

2. Typen

Abhängig von Gestein, Größe, Verzweigung, Zahl der Öffnungen usw. Es wird zwischen Halbhöhlen und echten Höhlen unterschieden. Im Unterschied zu echten Höhlen hat bei den Halbhöhlen die Öffnung größere Dimensionen als der Innenraum.

3. Bedeutung für die Fauna

Höhlen beherbergen eine teilweise sehr eng auf diese Biotope spezialisierte Fauna. Folgende Funktionen können dabei genannt werden (vgl. auch Vandel 1964):

– Gesamtlebensraum einer spezifischen Fauna, insbesondere im lichtlosen Teil, die sich aus Arten zusammensetzt, die überwiegend oder ausschließlich an diesen Lebensraumtyp gebunden sind. Die Beziehungen zu benachbarten terrestrischen Lebensräumen sind gering. Engere Beziehungen ergeben sich allenfalls zur Fauna von Kleinsäugerbauten. Dagegen besteht im limnischen Bereich eine hohe Ähnlichkeit zur Fauna des Grundwassers.

– Teillebensraum für überwinternde Arten wie Fledermäuse (vgl. Abb. 135), die Schmetterlinge Zackeneule *(Scolipteryx libatrix)*, Kellerspanner *(Triphosa dubiata)* sowie Zweiflügler.

– Kurzfristiger Aufenthaltsraum für eine große Anzahl dämmerungs- und nachtaktiver Wirbelloser im Sommer, darunter viele ombrophile Arten.

Abb. 134: Winterschlafen-
de Wasserfle-
dermaus in ei-
ner Felshöhle.
Das Tier ist über
und über mit
Kondenswas-
sertropfen be-
deckt.
(Foto:
C. Harrje).

Bisher wurden in Höhlen mehrere hundert Arten von einzelligen Tieren, Würmern, Mollusken, Spinnentieren, Krebsen, Tausendfüßlern, Insekten und Wirbeltieren nachgewiesen
(Tischler 1979).

Eine zusammenfassende Auswertung faunistischer Aufnahmen aus den letzten 120 Jahren
aus 200 Höhlen der Fränkischen Alb, dem größten zusammenhängenden Karstgebiet
Deutschlands, erbrachte die folgenden Ergebnisse (nach Dobat 1979):

Festgestellt wurden knapp 500 Taxa. Davon waren:

– Troglobionte, d. h. Arten, die zwingend an die Lebensbedingungen der Höhlen angewiesen sind, 12 Taxa[*] (Beispiele: Strudelwurm *Planaria vitta*, Schnecke *Bythiospeum* spec.,
Spinne *Porrhomma egeria)*;

---

[*] In anderen Gebieten Deutschlands (z. B. in den Alpen) ist der Anteil troglobionter Arten an der Fauna größer (Plachter & Plachter
1988).

380

- Troglophile, d. h. Arten, die gerne auch länger oder dauernd im Eingangsbereich bzw. den tieferen Regionen der Höhle leben, jedoch auch außerhalb der Höhlen in entsprechenden (feuchten und dunklen) oberirdischen Habitaten siedeln können, 78 Taxa (Beispiele: Muschel *Pisidium personatum*, Spinne *Meta menardi*);

- Trogloxene, d. h. Arten, die Höhlen vorübergehend, beispielsweise für bestimmte Lebensfunktionen, besiedeln: 255 Taxa;

- Restgruppen: 146 Taxa.

4. Gefährdungsfaktoren

4.1 Völlige oder weitgehende Vernichtung.

4.2 Sprengen, Vermauern der Eingänge usw. Damit werden die Höhlen für etliche Arten (z. B. Fledermäuse) unerreichbar. Außerdem ändert sich durch solche Eingriffe nicht selten das Höhleninnenklima. So kann bereits ein teilweiser Höhlenschluß durch Änderung der mikroklimatischen Verhältnisse erheblichen Einfluß auf die Zusammensetzung der Höhlenfauna haben.

4.3 Ausbau zu Schauhöhlen, Höhlenklettern und Höhlentourismus mit den Folgen, daß sich das Höhlenklima ändert, daß durch Beleuchtung und Beunruhigung Teile der Höhlenfauna vertrieben werden (Konsequenzen z. B. für Fledermäuse s. bei Woloszyn 1976). Entzünden von Feuern am Höhlenmund.

4.4 Kalken alter Weinkeller. Dadurch wird das an den Wänden rankende Pilzmyzel und damit der in seiner Ernährung darauf aufbauende Teil der Kellerbiozönose vernichtet (Tischler 1979).

5. Entwicklungsziele

5.1 Höhlen sind schutzwürdig. Freie Zugänge sollten belassen und keine das Mikroklima verändernde bauliche Maßnahmen durchgeführt werden.

5.2 Großhöhlen sind insgesamt wertvoller als Kleinhöhlen (natürliches Häufigkeitsverhältnis). Außerdem bevorzugen z. B. die Fledermäuse großräumigere Höhlen.

5.3 Höheres Alter ist wertsteigernd, da es entscheidend von der Existenzdauer abhängt, ob eine Höhle von echt troglobionten Arten besiedelt wird. Zeitspannen von 100-200 Jahren reichen dabei oft kaum als Besiedlungszeiträume aus (Dobat 1979).

6. Schutz, Pflege und Entwicklung

6.1 Unterlassung/Abwehr der Schadfaktoren.

6.2 In höhlenarmen Regionen sollten frühere Fehlentwicklungen behoben werden, indem z. B. verschüttete oder gesprengte Höhlenportale wieder freigelegt, zumindest aber durch nachträglich eingebrachte Schächte oder Rohre (von wenigstens 40 cm Durchmesser) wieder für alle Höhlenbewohner zugänglich gemacht werden.

Lebensräume u. Jagdbiotope: Offene Landschaft	Lebensräume u. Jagdbiotope: Wald, Waldränder, Parks etc.	Wochenstuben-Quartiere: Baumhöhlen und -spalten	Wochenstuben-Quartiere: Dachräume menschl. Bauwerke	Wochenstuben-Quartiere: Mauerspalten	Wochenstuben-Quartiere: Felsspalten	Wochenstuben-Quartiere: Felshöhlen und Stollen	Winter-Quartiere: Baumhöhlen und -spalten	Winter-Quartiere: Dachräume menschl. Bauwerke	Winter-Quartiere: Mauerspalten	Winter-Quartiere: Felsspalten	Winter-Quartiere: Felshöhlen und Stollen	Fledermaus-Arten
	●		●			○					●	Große Hufeisennase
	●		●								●	Kleine Hufeisennase
●	●	-●-	○	●							●	Kleine Bartfledermaus
●	●	●	○				?				●	Große Bartfledermaus
	●	○	●	○							●	Wimperfledermaus
○	●	-●-	●				○			○	●	Fransenfledermaus
	●	●	○				●	○			○	Bechstein-Fledermaus
●		○	●							○	●	Mausohr
●	●	●	○	○						○	●	Wasserfledermaus
		?	●								●	Teichfledermaus
○	●		○	●				○	●		○	Zweifarbfledermaus
●	●		●	○				-●-		○	●	Nordfledermaus
○	●	○	●	○			○	●	○		●	Breitflügelfledermaus
	●	●	○	○			-●-	●	○	○		Abendsegler
	●	●					●	○				Kleiner Abendsegler
●	○	○	●	○			○	●		○		Zwergfledermaus
○	●	●	?	?			●	○	○	○		Rauhhautfledermaus
○	●	●	●				○			-●-	●	Alpenfledermaus
○	●	●	●	-●-						○	●	Mopsfledermaus
○	●	-●-	●				○				●	Braunes Langohr
○	●		●					○			●	Graues Langohr
●						●					●	Langflügelfledermaus

-●- Schwerpunktvorkommen ● Hauptvorkommen ○ Nebenvorkommen

Abb. 135: Synopse der Winter- und Wochenstubenquartiere sowie der Lebensräume und Jagdbiotope einheimischer Fledermausarten (nach Blab 1980, ergänzt). Entscheidend ist vor allem die Beschaffenheit der Quartiere und das Beutetieraufkommen.

6.3 Um menschliche Störungen auszuschalten, kann es auch notwendig sein, örtlich Höhlen- und Stollenmundlöcher zu vergittern. Da Gitter aus Eisenstäben, zumal wenn sie eine Türe als der erfahrungsgemäß schwächsten Stelle aufweisen, relativ leicht aufzusägen und aufzubrechen sind und auch tatsächlich immer wieder gewaltsam geöffnet werden, empfiehlt es sich, ausgedientes Bohrgestänge zu verwenden (in Bergwerken, Steinbruchbetrieben und dergleichen kostenlos zu erhalten) und die Gitter dort anzulegen, wo eine Verbindung mit dem felsigen Untergrund möglich ist und ein Untergraben ausgeschaltet wird (Barth in lit., 1981). Sichtbarkeit des Gitters, also Anbringung am vorderen Stollenmund, ist ein gewisser zusätzlicher Schutz vor Vandalismus.

Ebenfalls denkbar ist ein Vermauern der Öffnung, wobei aber im Fußbereich (für kriechende, bodenlebende Tiere) und im Firstbereich für fliegende Tiere (z. B. Fledermäuse) unbedingt ausreichend dimensionierte Durchlässe, z. B. Rohre einzubringen sind.

6.4 Keller, Schutzbunker und ähnliches, denen es an geeigneten Winterschlafverstecken für Fledermäuse fehlt, bzw. welche durch fugenlosen Wandverputz ihre Attraktivität für Fledermäuse verloren haben, lassen sich durch Hohlblocksteine, welche an der Decke in wenigstens 2 m Höhe mit der Öffnung nach unten anzementiert werden, als Winterquartier aufwerten (Methode s. Klawitter 1976 u. a. m.).

XXXVIII. Biotope an und in Gebäuden

1. Charakterisierung

Vorherrschend sind Mauern (entspricht ökologisch Felswänden), Dachböden (entspricht im großen und ganzen Baumhöhlen, teilweise auch den wärmeren Eingangszonen von Felshöhlen), Keller (entspricht im allgemeinen den kühlfeuchteren Eingangsbereichen von Felshöhlen) und je nach den verwendeten Materialien Lehmwände und lockersandige Fugen (entspricht vertikalen Erdaufschlüssen), Fachwerk (entspricht Totholz), Reetdächer (entspricht totem Schilf), vergleiche auch Abbildung 136.

2. Typen

Abhängig vor allem von den Materialien (s. o.)

3. Bedeutung für die Fauna

Vielfältige Lebens-, Brut-, Versteck- und Überwinterungsmöglichkeiten bieten:

3.1 Nischen- und fugenreiche Mauern als trocken-warme Ersatzfelswände (z. B. Bruthabitate für Turmfalke, Dohle, Mauersegler, Haussperling, Hausrotschwanz, Mops-, Kleine Bart- und Zweifarbfledermaus), Lebensraum primärer Felsbewohner unter den Wirbellosen, z. B. den Weberknechtarten *Opilio ravennae* und *Leiobunum limbatum*.

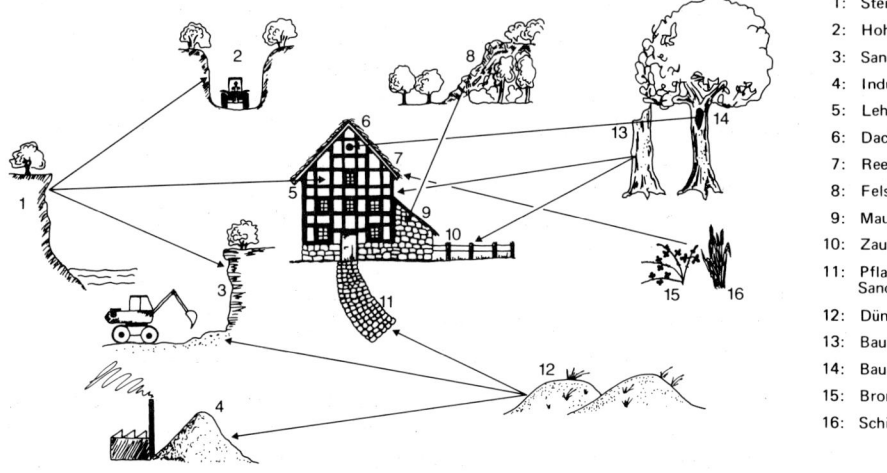

1:	Steilufer, -küste
2:	Hohlweg
3:	Sandgrube
4:	Industriehalde
5:	Lehmfachwerk
6:	Dachboden
7:	Reetdach
8:	Felsen
9:	Mauer
10:	Zaunpfähle
11:	Pflasterweg mit Sandfugen
12:	Dünen
13:	Baumstumpf
14:	Baumhöhle
15:	Brombeerzweige
16:	Schilf

Abb. 136: Beziehungen zwischen einigen natürlichen und anthropogenen Niststätten von Wespen und Bienen (nach v. Drachenfels 1982)

3.2 Dachböden als sommerwarme Höhlen für ursprüngliche Baumhöhlenbrüter sowie als temperierte Winterquartiere für Baum- und Felshöhlenüberwinterer (z. B. Bruthabitate für Schleiereule, Waldkauz, Braunes Langohr, Fransen-, Breitflügel- und Zwergfledermaus, Gemeine Wespe *(Paravespula vulgaris)* und Deutsche Wespe *(P. germanica)*; Überwinterungshabitate für Sieben- und Gartenschläfer, Abendsegler, Zweifarb- und Rauhhautfledermaus, dazu für Tagpfauenauge *(Inachis io)*, Kleiner Fuchs *(Aglais urticae)*, Florfliege *(Chrysopa perla)*, verschiedene Fliegen und andere mehr).

3.3 Keller als Lebensstätten für verschiedene troglophile Arten, z. B. Vertreter der Kurzflügler- und Schimmelkäfer, Asseln (z. B. *Porcellio scaber,* Kellerassel), Springschwänze, Steinkriecher, Spinnenarten, z. B. Zitterspinnen *(Pholcus* spec.) und Hauswinkelspinnen *(Tegenaria* spec.) sowie Schnecken (z. B. *Oxychilus cellaris),* stellenweise auch als Ersatz-Winterquartier für Höhlenüberwinterer unter den Fledermäusen, z. B. Fransenfledermaus und Kleine Hufeisennase (vgl. hierzu auch Abschn. XXXVII. 3).

3.4 Altes Bauholz für Totholzbewohner, vor allem unter den Käfern und Hautflüglern (vgl. hierzu Abschn. XXIV. 3.4).

3.5 Lehmwände und Lockerfugen im Mauerwerk für Fugen- und Spaltenbrüter bzw. -überwinterer sowie für Teile der Fauna vertikaler Erdaufschlüsse (vgl. hierzu Abschn. XXXIV. 3).

3.6 Schilf- und Strohdächer für Stengel- und Halmbrüter, z. B. verschiedene Grabwespen-, Faltenwespen- und Bienenarten (vgl. hierzu Abschn. XIV. 3).

4. Gefährdungsfaktoren

Gewandelte Bauweisen (z. B. glatte Wände, Flachdächer) sowie Baumaterialien (Beton, Glas, Dachziegel usw.) und die Beseitigung alter Gebäude bzw. deren technisch perfekte Renovierung führen dazu, daß die Siedlungsmöglichkeiten der Fauna an und in Häusern verschwinden.

Punktuell können durch die neuen Bauweisen aber durchaus auch neue Siedlungsmöglichkeiten geschaffen werden. Beispielsweise befinden sich die größten bekannten Kolonien des Abendseglers in Bayern hinter Eternitplatten mehrgeschossiger Wohnhäuser (Antoni zit. bei Plachter 1980).

5. Entwicklungsziele

5.1 Infolge der geänderten Bauweisen schwinden die Lebensmöglichkeiten an und in Gebäuden für viele der vorstehend genannten Tiergruppen. Ganz besonders gilt dies für die in den Abschnitten 3.4 bis 3.6 dieses Kapitels skizzierten ökologischen Positionen. Da gleichzeitig außerdem nicht selten auch die Primärbiotope (also Schilfbestände, vertikale Erdaufschlüsse, stehendes, dickstämmiges Totholz) in der freien Landschaft zurückgedrängt werden, sind – wo immer möglich – bestehende Habitate dieser Art zu erhalten oder neu zu schaffen.

5.2 Echte, für den Fortbestand der Arten existenzentscheidende Überlebensengpässe werden Habitate an und in Gebäuden jedoch i. d. R. nur ausnahmsweise und außerdem auch nur bei stark synanthropen Tierarten, vor allem einigen Hausfledermausarten[*]. Dabei sind aber selbst bei diesen Arten für den Rückgang zumeist Ursachen außerhalb der menschlichen Siedlungen oder die Ausweitung der Siedlungen selbst verantwortlich zu machen.

Entsprechend empfiehlt es sich dort, wo für diese Arten noch hinreichend intakte Nahrungsbiotope vorhanden sind (Weißstorch – ausgedehnte Feuchtgrünländereien, Hausfledermäuse – a) kleinbäuerliche, reich strukturierte Agrarlandschaften, b) wenig belastete Gewässer, c) reich gegliederte Laubwälder und Parks) dringend Hilfsaktionen durchzuführen.

6. Schutz, Pflege und Entwicklung

6.1 Nisthilfen für den Weißstorch

    a) Erhaltung besetzter, Sicherungsmaßnahmen für absturzgefährdete Nester;

    b) Anbieten künstlicher Nisthilfen im Einzugsbereich (vgl. hierzu Abschn. XVIII. 5.2c) ausgedehnter Feuchtgrünländereien, soweit nicht ohnehin geeignete Neststandorte vorhanden sind.

6.2 Hilfen für Hausfledermäuse

    a) Besetzte Quartiere dieser gefährdeten Säugetierarten sind unbedingt zu sichern. Während der Zeit der Jungenaufzucht (Mai-September) sind außerdem menschliche Störungen auf ein Mindestmaß zu beschränken.

    b) In Gebieten mit günstigem Umfeld (s. Abschn. 5.2 dieses Kap.) empfiehlt es sich, in dafür besonders geeigneten Gebäuden (vor allem alten, hohen Häusern wie etwa Kirchen, Schlössern, Pfarrhöfen, oft auch Bürgerhäusern, Bahnhöfen, Schulen usw.

---

[*] Dazu kommen in unseren Breiten noch einige voll synanthrope Insektenarten (z. B. die Pharaoameise). Diesen meist aus wärmeren Ländern eingeschleppten Arten gilt jedoch nicht die Fürsorge des Naturschutzes.

Abb. 137: Weißstorch am Horst (Foto: H. Sommerschuh)

mit unbenutzten, gerne dunklen Speichern) Siedlungsmöglichkeiten zu schaffen oder eingetretene Verschlechterungen, die vielfach erst im Zuge von Renovierungsarbeiten der jüngsten Zeit erfolgten, soweit wie möglich abzumildern. Folgenden Faktorengruppen gilt dabei das besondere Augenmerk:

– Zugänglichkeit der Dachböden für die Tiere

  Bestehen keine Einflugmöglichkeiten, so sind solche nachträglich zu schaffen. Dazu können z. B. einige Einflugschlitze zum Dachraum (unter Dachvorsprüngen, Giebelspitzen) von etwa 30-50 cm Breite und 6-10 cm Höhe dienen. Eine brauchbare Hilfe ist auch, mehrere Lüfterziegel, die es für alle marktgängigen Ziegeltypen gibt, nachträglich in das Dach einzubauen und dabei die herausnehmbaren Lüftersiebe zu entfernen. Lüfterziegel bieten trotz des Einschlupfloches für Fledermäuse hohe Sicherheit gegen das Eindringen von Schlagregen und Treibschnee.

  Hufeisennasen benötigen aber Öffnungen von wenigstens 40-60 cm Durchmesser, durch die sie ungehindert durchfliegen können. Für diese Arten sind daher Einflugschlitze, wie sie hier beschrieben werden, nicht ausreichend.

– Konservierung, Erneuerung des Dachgebälks
  Gebälkimprägnierung mit den handelsüblichen Holzschutzmitteln hat im Regelfall katastrophale Auswirkungen auf ansässige Fledermauspopulationen. Eine verträglichere Lösung stellt das sog. „Heißluftverfahren" dar (zur Methode vgl. u. a. Weissbrodt 1982). Wird mit Holzimprägnierungsmitteln gearbeitet, so sollten we-

nigstens zeitliche und räumliche Einschränkungen hingenommen werden (d. h. keine Maßnahmen während der Zeiten der Jungenaufzucht, also von April bis Ende August, keine Behandlung der bevorzugten Hangplätze oder nachträgliches Abdecken derselben mit nicht imprägniertem Holz). Wird in besetzten Quartieren das Dachgebälk erneuert, so sollte zumindest die Unterseite des Firstbalkens mit altem, nicht imprägnierten Holz abgedeckt werden, da Fledermäuse frisches Holz zumeist völlig meiden.

- Fensterbau
  Nachträglicher Einbau von Fenstern in dunkle Dachböden ist nicht erwünscht. Beispielsweise gibt das Mausohr daraufhin Wochenstubenquartiere auf.

- Fledermausbretter
  Einen bescheidenen Ersatz für die Sommerquartiere hinter den durch Jalousien zunehmend verdrängten hölzernen Fensterläden bieten Fledermausbretter aus unbehandeltem Holz. Diese sind an sonnenexponierten Außenmauern anzubringen und müssen möglichst fugenlos an die Mauer angepaßt werden, da Fledermäuse auf Zugluft sehr empfindlich reagieren. Eine Modellskizze eines solchen Fledermausbrettes findet sich z. B. bei Issel (1958).

6.3 Nisthilfen für die Schleiereule

Als Standorte der Brutkästen eignen sich insbesondere Scheunen in der Feldflur sowie Scheunen und Kirchtürme in Dörfern und an Stadträndern. Die Nistkästen sind dabei im Inneren der Gebäude in größerer Höhe (z. B. im Giebelbereich) so anzubringen, daß von außen nur das Einflugloch sichtbar ist. Die Brutkästen sollen nach Löhrl (1961) eine Größe von 100 cm x 50 cm x 50 cm haben und an einer Ecke ein Einflugloch von etwa 15 cm Breite und 20 cm Höhe aufweisen.

6.4 Kunstnester zur Ansiedlung und Vermehrung von Stechimmen

An sonnigen Stellen an Hauswänden und im Garten werden als Bauholzersatz etwa 50 cm lange halbierte Abschnitte aus etwa 20 cm dicken Buchenstämmen aufgehängt, die mit einem dichten Netz von Bohrlöchern (2 mm bis 8/10 mm Querschnitt) versehen wurden (vgl. z. B. Preuss 1980).

Einen allerdings bescheidenen Ausgleich für die Halmbrüter (z. B. Stechimmen) der Reet- und Strohdächer bilden Schilfmatten, wie sie gelegentlich in Gärten z. B. als Sichtschutz verwendet werden.

Biotopkomplexe

IXL. Siedlungsbereich (Städte, Dörfer)

1. Charakterisierung

Siedlungsbereiche des Menschen stellen ein Gemenge verschiedener Biotoptypen dar, die – von einer Ausnahme abgesehen, nämlich den Innenräumen menschlicher Bauwerke (und auch das nur sehr bedingt, vgl. Kap. XXXVIII) – auch außerhalb der Städte und Dörfer vorkommen. Es handelt sich hierbei demnach also lediglich um anthropogene Abwandlungen älterer Biotope. Entsprechend ist in den verschiedenen Biotopbereichen der Stadt auch der Grundstock der jeweiligen biotoptypischen Tierwelt zu erwarten.

Auf der anderen Seite werden diese ursprünglichen Biotopqualitäten durch die städtische Bebauung, durch die Wirtschaft und Anwesenheit großer Menschenmassen entscheidend überformt. Damit wird zusätzlich auch noch die Stadt- und Baustruktur zu einem zentralen Faktor für die Existenz und die qualitative Ausprägung der verschiedenen Biotoptypen (vgl. Sukopp 1983) und – als Folge davon – auch der Tierwelt.

Gegenüber dem Umland zeichnen sich die Städte dabei durch ein im Durchschnitt meist wärmeres Mikroklima (insbesondere in der kälteren Jahreszeit für viele Arten wichtig), durch nicht selten starke Aufsplitterung und räumliche Isolierung der einzelnen Biotope, durch stellenweise hohe Stördichte infolge menschlicher Aktivitäten, durch höheren Anfall von Nahrung (Abfälle), durch größere Belastung mit Emissionen (z. B. Abgase) und Bioziden aus. Dabei werden die Biotope i. d. R. von Häuserzeilen, Verkehrswegen, Mauern und anderen Hindernissen umgeben, welche die Ausbreitung von Tier- und Pflanzenarten oft empfindlich behindern.

Gesamthaft gesehen ist dabei ein Urbanisierungsgradient zum Zentrum der Stadt hin festzustellen (Sukopp 1983), mithin nimmt die Ähnlichkeit der heutigen mit den früheren Biotopqualitäten (und damit auch ihrer Fauna) von der Peripherie aus city-wärts ab[*]. Da diese Urbanisierung außerdem in verschiedenen Städten Mitteleuropas in etwa gleichsinnig abläuft, überrascht es auch nicht, daß die Zoozönosen der mitteleuropäischen Städte unabhängig vom Ausgangszustand und der geographischen Lage zunehmend vereinheitlicht werden. Dabei ist die ökologische Verwandtschaft um so ausgeprägter, je größer die Stadt ist, und je weiter man in das Stadtinnere vordringt (Sukopp 1983).

Heute lassen sich sogar bereits stadttypische Tiergemeinschaften gruppieren, die – in Abhängigkeit von der baulichen Stadtzonierung – in praktisch allen mitteleuropäischen Großstädten in gleichartiger Zusammensetzung auftreten (vgl. Tab. 41).

Diese Entwicklung, die noch keineswegs abgeschlossen ist, ist tierökologisch sehr interessant. Naturschützerisch sind diese Artengruppen aber weitgehend problemlos, da sie in ihren ökologischen Ansprüchen im Einklang mit den urbanen Lebensbedingungen stehen und daher keiner besonderen Schutzfürsorge bedürfen.

Die Aufgaben und Probleme des Tierartenschutzes im Siedlungsbereich liegen vielmehr auf folgenden Feldern:

– Die Vorkommen bestandsbedrohter Tierarten und ihre Lebensstätten auch in der Stadt in ausreichender Qualität, Größe und räumlicher Vernetzung zu sichern, und nicht minder wichtig,

– die Restnatur in der Stadt (auch wenn dort keine gefährdeten Arten anzutreffen sind) zu erhalten und – soweit möglich – naturnäher zu entwickeln, wobei in beiden Fällen neben

---

[*] Entsprechend bestehen – trotz vieler Gemeinsamkeiten – heute im allgemeinen auch deutliche Unterschiede in der Faunenausstattung der Städte und Dörfer: So sind z. B. bei Vögeln in Dörfern und teilweise auch in ländlich geprägten Stadträndern zusätzlich Arten zu erwarten, die ihre Nahrung (wie etwa Schleiereule, Steinkauz, Weißstorch, Rauchschwalbe) oder ihr Nistmaterial (Rauchschwalbe) aus der Umgebung entnehmen und daher bei zunehmender Verstädterung ausfallen (Bezzel 1982).

1. City (intensivste Bebauung/Bodenversiegelung)

Charakterarten: Haustaube, Mauersegler, Haussperling,
Hausrotschwanz (Dohle, Turmfalke)

2. Dicht bebautes Wohn- und Villenviertel

Charakterarten: Türkentaube, Star, Haussperling
Begleiter: Buchfink, Kohlmeise, Girlitz, Klappergrasmücke, Gartenrotschwanz,
Amsel, Feldsperling (Grünfink, Mehlschwalbe)

3. Offen bebautes Villenviertel mit größeren Rasen- und Baumbeständen (Parks, Friedhöfe)

Charakterarten: Grünfink, Singdrossel, Ringeltaube, Grauschnäpper, Stieglitz

4. Locker bebaute Stadtrandlage, Kleingartenanlagen, Einzelgehöft-Komplexe

Charakterarten: Girlitz, Feldsperling, Klappergrasmücke, Heckenbraunelle

Tab. 41: Ornithologische Stadtzonierung (in enger Anlehnung an Mulsow 1976)

den qualitativen auch quantitative (Größe) und ökologisch-funktionale Gesichtspunkte (Vernetzung usw.) mitberücksichtigt werden müssen.

Bestandsbedrohte Arten finden sich dabei heute im wesentlichen, abgesehen von den in Abschnitt 3 dieses Kapitels genannten gefährdeten Arten, nur im Randbereich der Städte, in den Resten der dort auch heute vielfach noch vorhandenen naturnahen Biotope wie Feuchtwiesen, großflächige Magerrasen, eingewachsene Kiesgruben, gut entwickelte Gewässer usw., die es im Siedlungsbereich ebenso wie in der freien Landschaft zu sichern gilt.

Von den sonstigen Biotopbereichen spielen im Siedlungsbereich und insbesondere auch im Stadtkernbereich im wesentlichen die nachfolgend genannten eine gewisse Rolle auch für den Tierartenschutz:

2. Für den Faunenschutz bedeutsame Biotoptypen im engeren Stadtbereich

2.1 Gehölzbestände in Parks, Friedhöfen, Gärten, Alleen, Obstgärten

2.2 Brachen, Ruderalflächen und ungenutzte Bereiche mit Spontanvegetation niederer Sukzessionsstufen, v. a.:

– einjährige Ruderalflächen: Überwiegend aus Therophyten aufgebaute Pflanzengesellschaften auf Hofplätzen, an Mauerfüßen u. ä.

– ausdauernde Ruderalflächen: Typisch hierfür sind die relativ geschlossene Vegetationsdecke, die gute bis sehr gute Nährstoffversorgung. Hierzu gehören u. a. die Biotope der Schotterböden z. B. an Gleiszwickeln oder auf stillgelegten Gleisabschnitten, das Beifußgestrüpp auf Schuttstandorten und die nitrophilen, frischen Ruderalfluren der Dörfer.

2.3 vegetationsfreie bzw. schütter bewachsene Stellen

2.4 Wiesen- und Rasenflächen

2.5 staudenreiche, unbegiftete Gärten

2.6 offene Gewässer einschließlich der wasserabhängigen Vegetation und der engeren Uferbereiche (je nach Uferausbildung!). Fließgewässer durch Städte können dabei zu Aus-
breitungslinien der Tierwelt von der freien Landschaft in geeignete Stadtbiotope werden.

2.7 bestimmte Gebäudeteile (z. B. ruhige, dunkle Dachböden, Mauerfugen und -höhlen,
Lehmwände, altes Bauholz, Reetdächer)

3. Bedeutung für die Fauna

Generell ist innerhalb der Siedlungsbereiche infolge der Biotopvielfalt auf engstem Raum
und der unterschiedlichen menschlichen Nutzungsgradienten auch eine hohe Vielfalt an

Abb. 138: Ausdauernde
Ruderalvegeta-
tion

(Foto:
P. Pretscher)

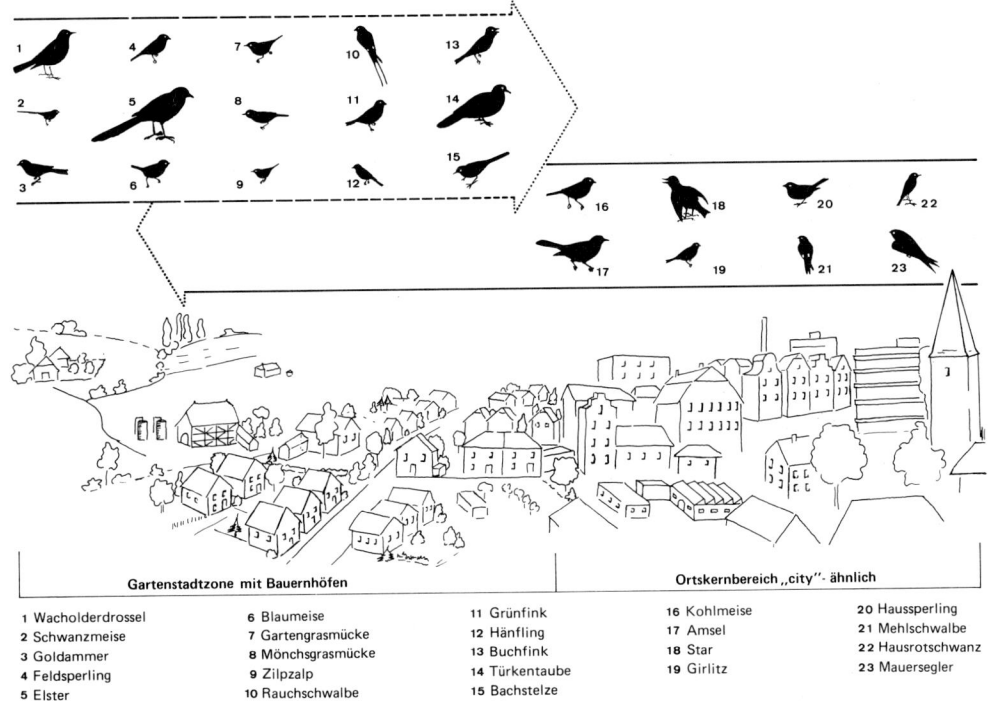

1 Wacholderdrossel	6 Blaumeise	11 Grünfink	16 Kohlmeise	20 Haussperling
2 Schwanzmeise	7 Gartengrasmücke	12 Hänfling	17 Amsel	21 Mehlschwalbe
3 Goldammer	8 Mönchsgrasmücke	13 Buchfink	18 Star	22 Hausrotschwanz
4 Feldsperling	9 Zilpzalp	14 Türkentaube	19 Girlitz	23 Mauersegler
5 Elster	10 Rauchschwalbe	15 Bachstelze		

Abb. 139: Verteilung („ideal-typisiert") wichtiger Arten der Avifauna von Siedlungen auf Gartenstadt-
zone und Ortskernbereich im Drachenfelser Ländchen bei Bonn (nach Blab et al. 1989b)

Tierarten zu erwarten. Für Vögel bestätigen dies z. B. Erz (1967) oder Klose & Vidal (1979).
Letztere wiesen z. B. im Stadtbereich von Regensburg 184 Arten nach, darunter 99 Brutvogelarten. Dennoch: Sieht man einmal von einigen wenigen besonders schutzbedürftigen
Tierarten ab, die sich, wie z. B. der Weißstorch oder auch die sog. Hausfledermäuse (insbesondere Breitflügel- und Zwergfledermaus sowie die beiden Langohren), in der Bundesrepublik Deutschland dem Menschen so eng angeschlossen haben, daß ihre Brutstätten im wesentlichen ausschließlich auf oder in menschlichen Gebäuden liegen (deren Vorkommen
aber auch entscheidend von der Beschaffenheit des Umlandes abhängen[*]), und zum anderen von der gefährdeten ökologischen Position der Mulmbewohner (z. B. unter den Insekten), die nicht selten in anbrüchigen, mulmreichen, am Stamm besonnten (!) Altbäumen
großer Parks oder in salzgeschädigten Straßenbäumen bessere Entwicklungsbedingungen
finden als in den Wirtschaftswäldern des Umlandes (vgl. z. B. Geiser 1980), so ist die Tierwelt der einzelnen Biotoptypen gegenüber der Faunenausstattung ähnlicher Biotope außerhalb der Siedlungen im allgemeinen deutlich verarmt, wobei überdies zumeist gerade die besonders schutzbedürftigen Arten ausfallen oder zurücktreten (vgl. Abschnitt 1 dieses Kapitels).

---

[*]) Fledermäuse sind in der Nahrungsbeschaffung vom Umland oder, wie Zwerg- und Breitflügelfledermäuse, wenigstens vom Vorhandensein größerer Grünbestände und Freiflächen innerhalb der Siedlungen abhängig.

4. Gefährdungsfaktoren

In diesen Fehlpositionen liegt auch der Schlüssel für eine handlungsorientierte und nachvollziehbare Herleitung von Entwicklungszielen für die Stadtbiotope aus faunistisch-ökologischer Sicht.

Analysiert man nämlich im Sinne einer ökologischen Risikoanalyse, welche der für die einzelnen Bioptopypen charakteristischen Tierarten und ökologischen Gilden unter städtischen Bedingungen zurücktreten, so dominieren darunter allerorten Arten, die durch die in Tabelle 42 genannten Charakteristika ausgezeichnet sind.

Einer Reihe dieser Arten wird man dabei wegen morphologischer und städtebaulicher Zwänge kaum oder nur sehr bedingt helfen können, anderen mit etwas mehr an gutem Willen und etwas besserer Aufklärung dagegen vergleichsweise leichter (betrifft vor allem die beiden letztgenannten Positionen in Tabelle 42, also die Artengruppen, welche durch die Auswüchse der hohen „Pflegeintensität" in städtischen Bereichen verdrängt werden). Ganz besondere Erwähnung verdient hier der starke Rückgang der Ruderalflächen, insbesondere der dörflichen Ruderalflächen (Dechent 1988, Holz 1988).

Im Siedlungsbereich benachteiligt sind vor allem Arten, die durch folgende Eigenschaften gekennzeichnet sind:

1. großflächige Raumansprüche
2. ausbreitungsschwach
3. störungsanfällig
4. spezialisiert auf selten werdende Biotopqualitäten
5. angewiesen auf relativ konstante Umweltbedingungen
6. spezialisiert auf bestimmte Nahrungsquellen (z. B. Großinsekten)
7. biozid- bzw. emissionsempfindlich
8. gebunden an durch Pflege- bzw. Sauberkeitsmaßnahmen gefährdete Habitate/-qualitäten wie
   - morsches, faules Holz
   - dicke Laubschicht am Boden
   - offene Stellen am Boden
   - vielfältige, reich strukturierte, magere Gras- und Krautvegetation

Tab. 42: Gefährdete ökologische Positionen in innerstädtischen Bereichen

Die Gefährdung der Ruderalflächen beruht u. a. auf ihrer Ablehnung als Standorte für „Unkraut" durch große Teile der Bevölkerung. Viele Ruderalbiotope wurden durch das gesteigerte Ordnungsbewußtsein zerstört. Auf privaten und öffentlichen Grundstücken wird großflächig für Plätze und Wege Boden versiegelt. Mit Spontanvegetation bewachsene Flächen werden gärtnerisch gestaltet oder mit Herbiziden behandelt.

Die Auswertung der Liste der gefährdeten Ruderalpflanzen Niedersachsens ergab, daß die Zerstörung warmer und zugleich stickstoffreicher Standorte eine wichtige Ursache für deren Rückgang ist (Brandes 1988). Der mäßig bis stark nitrophile Gute Heinrich (*Chenopodium bonus - henricus*) ist im alten Landkreis Göttingen von 1949 – 1975 auf 63 % der ehemaligen Fundstellen nicht mehr zu finden (Krauß 1977, vgl. auch Wittig 1989).

Anpflanzungen in Botanischen Gärten oder Freilichtmuseen können kein adäquater Ersatz für die spontan vorhandenen Flächen sein, da sie weder die Vielfalt an Lebensgemeinschaften noch die genotypische Variabilität beinhalten. Vor allem dörfliche Ruderalbiozönosen sind eng an die Nutzung durch den Menschen gebunden. Die Standortbedingungen und damit die Ruderalflächen bleiben nur solange erhalten, wie die bestimmte Nutzung stattfindet. Änderungen der alten bäuerlichen Wirtschaftsweise führt zum Rückgang der damit zusammenhängenden Biotope.

Auf dem Gebiet der ehemaligen DDR ist vielerorts bis heute (Stand Frühjahr 1992) eine reiche Dorfflora und -fauna erhalten geblieben (Ringler 1991). Bei Dorferneuerungen dürfen nicht die gleichen Fehler gemacht werden wie in den sog. alten Bundesländern. Eine landschaftsgerechte Dorfentwicklung, die auch die Eigenart und die Unverwechselbarkeit der Dörfer berücksichtigt, muß das Ziel der Bemühungen sein. So führten u. a. die Leitlinien des Wettbewerbs „Unser Dorf soll schöner werden" zur floristischen Verarmung der Dörfer (Bergmeier 1983, Dechent 1988) in den alten Bundesländern. Die mittlerweile geänderten Bewertungskriterien dieses Wettbewerbes lassen hoffen, daß Ziele des Biotopschutzes stärker mitbedacht werden (Brandes 1989).

5. Entwicklungsziele für Biotope im innerstädtischen Bereich

5.1 Für den Faunenschutz wichtige Biotope sind, soweit ihr Bestand bedroht erscheint, sicherzustellen (z. B. als Naturdenkmal oder Naturschutzgebiet). Dies gilt in besonderem Maße für die Bestände von alten, mulmreichen und anbrüchigen Bäumen (hier durch rechtzeitiges Nachpflanzen auch die Nachhaltigkeit garantieren).

5.2 Flächenversiegelung muß im öffentlichen und privaten Bereich eingeschränkt werden (z. B. Kanalgebühr nach Anteil versiegelter Fläche auf dem Grundstück). Dadurch wird die potentielle Fläche für Ruderalbiotope vergrößert.

5.3 Herbizide dürfen auf nicht kultivierten Flächen nicht mehr eingesetzt werden.

5.4 Ruderalstandorte sollten in den Konzepten der Grünplanung und -gestaltung stärker beachtet und einbezogen werden, insbesondere bei Rekultivierungen und Dorferneuerungen.

5.5 Für die Erhaltung der frischen, nitrophilen Ruderalstandorte der Dörfer ist unbedingt die Unterstützung alter kleinbäuerlicher Wirtschaftsweisen mit ihrer vielfältigen Tierhaltung erforderlich.

5.6 Durch aufklärende Öffentlichkeitsarbeit muß die Akzeptanz für Ruderalflächen in der Bevölkerung verbessert werden. Insbesondere sollten in Dörfern und Städten statt stereotyper Eingrünungen mit Rasen, Ziergehölzen usw. wieder die Voraussetzungen dafür geschaffen werden, daß standortgemäße Ruderalvegetation wachsen kann.

5.7 Stillgelegte Bahnhöfe und Bahngleise sind, wie zahlreiche Untersuchungen belegen (Otte 1988, Klatt 1989), Refugien für selten gewordene Lebensgemeinschaften. Diese flachgründigen, warmen Standorte sollten nicht Rekultivierungsmaßnahmen zum Opfer fallen, sondern als Rückzugsgebiet für bedrohte Pflanzen und Tiere geschont oder geschützt werden.

5.8 Es ist dringend anzustreben, wenigstens auf größeren Teilen der Rasenflächen (soweit sie dazu geeignet sind und außerdem in Abstimmung mit anderen Nutzungsfunktionen, z. B. der Erholungsnutzung) und in Gehölzbeständen die Pflege deutlich zu extensivieren: Umwandlung in Wildkräuterwiesen, nur 1-2 Mahden im Jahr unter Abtransport des Mähgutes, keine Düngung (die Rasen sind also auszumagern), kein Gifteinsatz, Fallaub in Teilbereichen belassen. Wenn sich die Möglichkeit ergibt, sollte in bestimmten Bereichen die Pflege gänzlich eingestellt werden. Sinnvoll ist auch eine unauffällige Besucherlenkung.

5.9 Ansonsten gelten für die einzelnen Biotoptypen zumindest im Grundsatz die Entwicklungsziele, wie sie für den nicht besiedelten Bereich formuliert wurden, wobei für die Tierwelt gerade auch ein Wechsel der nachgenannten Biotope und Strukturen auf kleinstem Raum („Biotopmosaik") von hohem Wert ist. Allerdings werden im innerstädtischen Bereich infolge der oben skizzierten siedlungsspezifischen Einflüsse nicht selten erhebliche Abstriche davon notwendig sein. Vergleiche hinsichtlich der speziellen Entwicklungsziele:

- Gehölzbestände: Abschn. XXIII. 5 und XXIV. 5
- Abbaugebiete von Steinen, Kiesen, Erden: Abschn. XL. 5
- Rasenflächen: Abschn. XVII. 5
- Offene Gewässer: Abschn. XII. 5 und XI. 5
- Wasserabhängige Vegetation: Abschn. XIII. 5 und XIV. 5
- Habitate an und in Gebäuden: Abschn. XXXVIII. 5
- Vegetationsfreie, -arme Stellen: Abschn. XXXIII. 5

5.10 In Gärten sollte möglichst weitgehend auf den Einsatz von Gift und Rasendünger verzichtet werden (auch auf Meisenkästen, Winterfütterung). Ein Teil der Rasenflächen sollte in Wildblumenwiesen überführt werden (indem sie jährlich nur einmal, im Spätsommer, gemäht werden). Dazu ist eine reichhaltige Mischung insektenblütiger Laubgehölze und Stauden als Nahrungsgrundlage für blütenbesuchende Insekten anzupflanzen. Darüber hinaus ist es dringend erwünscht, solche auch gartenarchitektonisch bereichernde Strukturen einzubringen, die – wie etwa Trockenmauern, Geröllbeete und offene sandige Stellen – wichtige Teillebensräume für gefährdete Tierarten darstellen. Vorschläge für mehr Naturnähe in Gärten finden sich z.B. bei Schwarz (1980).

5.11 Beseitigung überflüssiger fester Decken und Bodenversiegelungen

5.12 Verzicht auf den Einsatz von Streusalz

XL. Abbaugebiete, trocken, wechselfeucht, von Kiesen, Sanden und Tonen[*]

1. Charakterisierung

Maschinell geschaffene Hohlformen deren Aussehen je nach Substrat (Ausgangsmaterial), Abbauart, Relief, Flächenausdehnung, Tiefe, Habitatausstattung, Alter und menschlicher

---

[*] Hinsichtlich der Naßbaggerungen vgl. auch Kap. XII

Abb. 140: Abbaugebiete können wertvolle Flächen für die Zielsetzungen des Artenschutzes sein, wenn auf Einfüllen und Rekultivierung verzichtet wird. (Foto: J. Blab)

Beeinflussung erheblich variieren kann. Es besteht eine gewisse ökologische Verwandtschaft zu den Schotter- und Altwasserzonen der Flußauen.

2. Für den Faunenschutz bedeutsame Biotoptypen

2.1 Perennierende und ephemere Gewässer einschließlich ihrer Vegetation (entspricht Altwässern und Tümpeln natürlicher Auenlandschaften)

2.2 Trockene und wechselfeuchte Rohbodenstandorte (entspricht Sand- und Kiesbänken sowie Schlickflächen)

2.3 Trocken- und Halbtrockenrasen (entspricht Trockenrasenvegetation auf Brennen) bzw. – vor allem in eutrophen Typen – Ruderalvegetation

2.4 Vertikale Erdaufschlüsse (entspricht Uferabbrüchen)

2.5 Steinhafen, Ablagerungen von Wurzelstöcken und ähnliches

2.6 Gebüschgruppen möglichst von Weiden dominiert (als Ersatz für Weichholzauen)

2.7 Dickstämmiges Totholz (entspricht Schwemmholz der Auen)

2.8 Stellen mit Hangvernässungen durch Druckwasser (entspricht Sickerquellen)

3. Bedeutung für die Fauna

Abbaugebiete können sehr wertvolle Refugien für die Tierwelt der Kulturlandschaft und gerade auch für Arten sein, die auf Extrem- oder Sonderstandorte angewiesen sind. Vielfach stellen sie dar:

– Magerstandorte: An oligotrophen Biotopen herrscht heute angesichts der wachsenden Dünger- und Nährstoffbelastung in nahezu der gesamten Landschaft ein empfindlicher Mangel, entsprechend sind die auf solche Bedingungen spezialisierten Tierarten stark zurückgedrängt worden.

– Ein Mosaik verschiedenartiger Biotope (vgl. vorstehenden Abschnitt), die – wenn auch in unterschiedlichem Maße – jeder für sich heute zu Mangelfaktoren in der Zivilisationslandschaft wurden. Dazu bietet das enge Nebeneinander verschiedenartiger Biotope (z. B. von Feucht- und Trockenbiotopen) besondere Bedingungen für eine an solche Verhältnisse speziell angepaßte Fauna.

– Von intensiver Landnutzung verschonte Bereiche mit zumeist hoher Strukturvielfalt des Kleinreliefs und der Vegetation.

In Abbaustellen wandern Arten aus verschiedenen Biotoptypen ein. Allgemein können in reich gegliederten Gruben jeweils viele hundert Tierarten erwartet werden. (Die genaueren Zahlenangaben zu den verschiedenen Biotoptypen, deren jeweils charakteristische Tiergemeinschaften wenigstens im Grundstock nebeneinander und dabei oft relativ scharf gegeneinander abgegrenzt auch in Abbaugebieten vertreten sind, vgl. bei den jeweiligen Abschnitten.) In jüngeren Abbaustellen überwiegen dabei die Spontanbesiedler[*]. Typische Tierbestände können z. B. Arten folgender Herkunft enthalten (nach Plachter 1983 b):

Primäre Bewohner der Wildflußgebiete wie Flußregenpfeifer, Uferschwalbe, die Laufkäferarten *Bembidion punctulatum* (Punktierter Ahlenläufer), *Chlaenius vestituts* (Grünkäfer-Art), *Omophron limbatum* (Grüngestreifter Grundkäfer), *Tachys parvulus* (Zwergahlenläufer-Art) oder die Libellenarten *Ischnura pumilio* (Kleine Pechlibelle) und *Libellula depressa* (Plattbauch)

Bewohner reichgegliederter Agrarlandschaften wie beispielsweise die Laufkäferarten *Agonum sexpunctatum* (Putzkäfer-Art), *Poecilus cupreus* (Listkäfer-Art), *Pterostichus melanarius* (Grabkäfer-Art)

Arten aus sonstigen Bereichen wie die Heuschreckenarten *Oedipoda caerulescens* (Blauflügelige Ödlandschrecke), *Sphingonothus caerulans* (Blauflügel-Sandschrecke), *Tetrix tenuicornis* (Dornschrecken-Art) oder die Laufkäferart *Agonum muelleri*

---

[*] Dabei gelten aber durchaus auch für Abgrabungsgebiete die im Abschnitt IV.2 diskutierten Prinzipien: Es sind demnach, insbesondere in jüngeren und isolierten Gruben, zwar viele Arten vertreten, dabei überwiegen freilich die euryöken Vertreter der jeweiligen biotopspezifischen Gesellschaften. Zusätzlich kommt solchen Gruben aber häufig zentrale Bedeutung zu für primäre Bewohner der Geschiebegebiete von Wildflüssen (s. u.). Hierbei handelt es sich um Vertreter von Natur aus hochdynamischer Lebensstätten (Biotope, die natürlicherweise kurzlebig sind oder periodischen Veränderungen, z. B. durch Hochwasser, unterliegen), die auf der Verhaltensebene eng an diesen dynamischen Charakter ihrer Lebensstätten angepaßt sind und entsprechend eine hohe Ausbreitungspotenz besitzen. Trotz hoher Ausbreitungspotenz sind diese Arten aber im Sinne der Roten Listen hoch bedroht, wenn die primären Biotope (z. B. Wildflußufer) verschwinden und sekundäre Biotope nicht laufend neu entstehen. Dies gilt auch z. B. für Lößwandbewohner und Besiedler von Tümpeln. Den Arten nützt ihre Ausbreitungsfähigkeit wenig, wenn die meist extrem spezifischen Habitate fehlen. Hier bieten Abgrabungen einen gewissen Ersatz.

Darüber hinaus haben viele Artengruppen, beispielsweise die wasserabhängigen Amphibien (bei Gelbbauchunke, Kreuz-, Wechsel- und Geburtshelferkröte liegen die besten Vorkommen fast durchweg in Gruben, gebietsweise finden sich in guten Gruben nahezu alle Lurcharten der entsprechenden Region ein) und Libellen, die auf offene Nistmöglichkeiten angewiesenen Hautflüglerarten, die vom Strukturreichtum der Vegetation abhängigen Netzspinnen, die intensive Bodennutzung nicht tolerierenden Reptilien und die vielfach auf Hohlräume im Boden oder in Bodennähe als Versteck angewiesenen Kleinsäuger einen Vorkommensschwerpunkt in Abbaugebieten.

4. Gefährdungsfaktoren

4.1 Rekultivierung für wirtschaftliche Zwecke (z. B. Land- und Forstwirtschaft) oder für die Erholungsnutzung (Massenerholung, Freizeitrummel, Motocross, Angelsport).

4.2 Koordiniertes oder ungeordnetes Auffüllen mit Abfällen aller Art (z. B. Mülldeponien).

4.3 Rekultivierung nach vorwiegend landschaftsästhetischen Gesichtspunkten. Dies führt zu einer mehr oder weniger vollständigen gärtnerischen (und damit nicht unbedingt naturschützerisch sinnvollen) Gestaltung der Abbauflächen.

4.4 Einwehen bzw. Einschwemmen von Dünger (und ggf. Umweltchemikalien) aus dem intensiv genutzten Umland.

5. Entwicklungsziele

5.1 Es ist notwendig, vor jeder Abbauplanung eine Standortbewertung durchzuführen. Die Abbaugenehmigung ist dort zu versagen, wo besonders wertvolle Biotope (z. B. Auwälder, naturnahe Flußauen, Quellbereiche, Feuchtwiesen, Binnendünen usw.) zerstört werden.

5.2 Ein möglichst hoher Anteil der Abbaugebiete (wenigstens 20-30 %)[*] ist für die Folgenutzung Naturschutz, also die Übernahme ökologischer Ausgleichsfunktionen, vorzusehen und dazu zunächst der natürlichen Sukzession zu überlassen oder orientiert an Artenschutzzielen zu gestalten (keine Mehrfachnutzung, möglichst auch nicht in größeren Gruben!)[**]. Auf diese Zielsetzung ist bereits bei der Planung, bei der Erteilung der Abbaugenehmigung sowie bei der Ausbeutung der Abbaustellen (z. B. Geländeform, Sohlenrelief, Böschungswinkel usw.) Rücksicht zu nehmen.

5.3 Wo immer möglich, sind nährstoffärmere Verhältnisse anzustreben (keine großflächige Humisierung, kein Oberbodeneintrag). In landwirtschaftlichen Intensivgebieten empfiehlt sich zudem ein geschlossener Gebüschmantel um den äußeren Grubenrand, um die Menge eingewehter Dünger und Feinerde zu verringern. (Dies ist gleichzeitig ein Beitrag zu einer optisch gefälligeren Einbindung der Gruben in die Landschaft.) Die Be-

---

[*] Da der Auftrag zur Sicherung der biologischen Vielfalt für die gesamte Landschaft gilt, sollte der Prozentsatz unveränderter Abbaustellen um so größer sein, je stärker genutzt und vom naturnahen Zustand entfernt das Umfeld bereits ist (Plachter 1983 b).

[**] Bisher wurde z. B. bis 1975 im Staatswald der Industrieregion Mittelfranken von 182 ha rekultivierten Sandgruben überhaupt kein Anteil für Naturschutzzwecke bereitgestellt. Für den Landkreis Landshut gilt dasselbe für 133 rekultivierte Gruben von 103 ha Fläche und für die derzeitige Abbaufläche von 267 ha (Bauer & Thielcke 1982).

pflanzung darf jedoch das Grubenareal und vor allem südexponierte Böschungen nicht nennenswert beschatten.

Kleinflächige, nährstoffreichere Bereiche können zu einer Bereicherung der Gesamtfauna führen, da die Artendichte mit dem Vegetationsschluß steigt (z.B. Plachter 1983 b). Die Hauptfürsorge muß jedoch den Arten der offenen und „mageren" Bereiche gelten.

5.4 Grundsätzlich anzustreben ist ein Wechsel in ausgewogenem Verhältnis von trockenen und wechselfeuchten Flächen mit Kleingewässern in der Grubensohle (also kein Einplanieren derselben).

5.5 Nach Abschluß der Abbauarbeiten (auch bereits in ausgebeuteten Teilen noch betriebener Gruben) sind einmalige gestalterische Maßnahmen durchaus sinnvoll, um möglichst optimale Entwicklungsmöglichkeiten zu garantieren. Hinsichtlich der speziellen Entwicklungsziele vergleiche:

Perennierende und ephemere Gewässer einschließlich ihre Vegetation: Abschn. XII. 5
Trockene und wechselfeuchte Rohbodenstandorte: Abschn. XXXIII. 5
Trocken- und Halbtrockenrasen: Abschn. XIX. 5
Vertikale Erdaufschlüsse: Abschn. XXXIV. 5
Gebüschgruppen: Abschn. XXIX. 5
Dickstämmiges Totholz: Abschn. XXIV. 5

Darüber hinaus ist es vorteilhaft, gestreut über das Grubenareal einzelne Haufen von Lesesteinen, Grobkies, teilweise auch Wurzelstöcke anzuschütten (Verstecke, Heizraum, Brutplätze und ähnliches für die Fauna).

6. Herrichtung, Schutz, Pflege und Entwicklung

6.1 Zur Herrichtung vergleiche die Entwicklungsziele dieses Kapitels sowie die Entwicklungsziele für die jeweiligen Biotopbereiche im einzelnen in den speziellen Kapiteln. Gestaltungsmaßnahmen, die bereits in Planung und Abbau integriert sein sollten, beschränken sich im wesentlichen darauf, günstige Entwicklungsbedingungen für die Pflanzen- und Tierwelt zu schaffen. Anzustreben ist ein möglichst unregelmäßiges Standortmosaik. Ansonsten sind die Gruben zunächst der natürlichen Sukzession zu überlassen.

Wichtig sind dabei auch „neuartige" Denkmodelle, welche den aus wirtschaftlichen Gründen erforderlichen Abbau von Steinen und Erden mit den Zielen des Naturschutzes in optimierter Form verknüpfen (Plachter 1987). Gefordert sind „dynamische" Konzepte, welche die gestaltenden Kräfte, wie sie ehedem in Wildflußgebieten herrschten, beim Abbau von Erden und Steinen möglichst gut simulieren. Betroffen ist v. a. die Standortwahl, der räumliche und zeitliche Verlauf der Abbautätigkeit, die Weiterbehandlung aufgelassener Gruben. I. d. R. sind dabei mehrere kleinere, eng benachbarte Abbaugebiete großen industriell arbeitenden Betrieben vorzuziehen. Vorteilhaft ist auch das Nebeneinander verschieden alter Abbaubereiche (Plachter 1987).

6.2 Die Gefährdungsfaktoren sind abzuwehren. Einige der genannten Schadursachen (ungeordnete Müllablagerung, Motocross, Belastung durch Spaziergänger und Angler) lassen sich vielfach bereits alleine dadurch abstellen, daß die Zufahrtswege beseitigt oder

Abb. 141: Die Blauflügelige Ödlandschrecke *(Oedipoda caerulescens)*, ein Bewohner warm-trockener Böden mit niedriger, lückiger Vegetation besitzt oft individuenstarke Populationen in geeigneten Abgrabungsgebieten. (Foto: H.J. Weidemann)

zumindest blockiert werden. Bei straßennahen Gruben sind allerdings vielfach auch Zäune notwendig.

6.3 In aufgelassenen Gruben sind von Zeit zu Zeit (je nach den örtlichen Bedingungen z.B. alle 10-30 Jahre), in jedem Fall aber, ehe die Vegetation das gesamte Grubenareal zurückerobert hat, Pflegemaßnahmen durchzuführen. Dabei gilt es dann, die Vegetationsdecke auf Teilen des Grubenareals (Richtwert etwa 50%) wieder zu entfernen (z.B. mittels Planierraupe, Egge), die Verwitterung von Steilwänden zu korrigieren, stark verlandete Gewässer wenigstens teilweise zu entlanden und zu üppigen Busch- und Brombeeraufwuchs zu entfernen. Die günstigste Zeit für solche Maßnahmen stellen die Monate September und Oktober dar.

Wichtig ist dabei jedoch, daß auch wesentliche Teile des Grubenareals nicht von den Pflegemaßnahmen beeinträchtigt werden und somit als Ausgangspunkt für die Wiederbesiedlung dienen können (auch Faktor Reife!). In „ökologisch noch reich ausgestatteten" Regionen oder bei hoher Grubendichte in engem räumlichen Verbund sollte fallweise ganz auf solche Maßnahmen verzichtet werden.

6.4 Bei Gruben, die in Ackerbaugebieten liegen, empfiehlt es sich dringend, Pufferstreifen aus Extensivgrünland (möglichst mit Gebüsch) von wenigstens 10 m Breite anzulegen.

6.5 Da die Anwesenheit bzw. das Fehlen bestimmter „grubentypischer" Tierarten im wesentlichen mit der Verfügbarkeit der in Abschnitt 5.5 dieses Kapitels genannten Biotope und Strukturen korreliert, besteht die Möglichkeit, strukturärmere Gruben durch entsprechende Gestaltungsmaßnahmen für die Ziele des Artenschutzes „aufzuwerten".

Alpen

Die Biotope der Alpen weichen hinsichtlich zentraler ökologischer Parameter deutlich von jenen des Flachlandes ab. Entsprechend werden sie hier als eine eigene Gruppe behandelt. In der subalpinen und alpinen Stufe zählen folgende Klima- und Standortfaktoren zu den entscheidenden Einflüssen, welche die ökologischen Rahmenbedingungen der Biotope bestimmen (Ellenberg 1986):

1. Temperatur
Gegenüber dem Tiefland herrschen i.a. tiefere Temperaturen vor. Für die Lebensbedingungen sehr wichtig sind die ausgeprägten Wechsel zwischen tiefen Nachttemperaturen und den teilweise hohen Tagesextremwerten.

2. Schnee
Die meisten alpinen[*)] Biotope liegen einige Monate des Jahres unter einer mächtigen Schneedecke. Als Folge davon kommt es zu einer verkürzten Vegetationsperiode und für die Tierwelt zu veränderten phänologischen Bedingungen. Die Schneebedeckung kann aber auch Vorteile haben, z.B. den Schutz vor Austrocknung und Frost.

3. Sonneneinstrahlung
Die Sonneneinstrahlung ist vielfach wesentlich intensiver als im Tiefland. Den wichtigsten Faktor neben der Überhitzungs- und Austrocknungsgefahr stellt dabei die Schädigung durch UV-Strahlen dar.

4. Wind
Durch den Einfluß des Windes wird sowohl direkt die Austrocknung gefördert, als auch indirekt durch Fortblasen des schützenden Schnees. Als weiterer wichtiger Windeinfluß ist der Schneeschliff zu nennen, durch den beträchtliche Strukturveränderungen an der Vegetation verursacht werden können.

5. Boden
Aufgrund verminderter Aktivität der Bodenorganismen ist die Bodenentwicklung unzureichender als in vergleichbaren Biotopen des Tieflandes.

6. Mikroklima
Die durch die Reliefunterschiede hervorgerufenen Mikroklimaunterschiede sind in der alpinen Stufe bei den starken Temperaturschwankungen von größerer Bedeutung als in der planaren und collinen Stufe.

Insgesamt führen diese Faktoren in der Vegetation zu vielfältigen Anpassungserscheinungen, etwa Zwergwuchs, Rosettenbildung, Polsterwuchs, Horstbildung und Förderung der vegetativen Vermehrung.

---

*) Die Bezeichnung „alpin" wird in Bezug auf die Höhenstufe verwendet und nicht im Sinne der Arealgeographie oder des Naturraumes (alpigen).

Die Ausführungen in den folgenden Abschnitten beziehen sich im wesentlich auf den deutschen Teil der nördlichen Kalkalpen und sind mit den Verhältnissen in den Zentral- oder Südalpen nicht unbedingt zu vergleichen.

Die Lebensräume der Alpen unterliegen vielfältigen Gefährdungen, zu denen die fortschreitende touristische Erschließung, die Nutzungsintensivierung in der Land- und Forstwirtschaft, die Wildbachverbauung und vieles mehr gehören.

Nahezu alle großen Alpentäler sind von einer Vielzahl von Straßen und weiteren Verkehrswegen durchzogen, die sicherlich zumindest als Ausbreitungsbarriere wirken können und außerdem eine beträchtliche Fläche der Talräume versiegeln. Dazu kommen die in einer erheblichen Dichte oft parallel verlaufenden Hochspannungsleitungen, welche insbesondere für Großvögel eine Gefahrenquelle darstellen. Diese Probleme sowie die Probleme der Sonderstandorte im Talraum sind mit der Situation im Flachland vergleichbar.

In den Nordalpen wurden fast alle größeren Alpenflüsse reguliert bzw. ausgebaut. Dazu kommen zahlreiche Wildbachverbauungen. Damit verloren die Wildflüsse bzw. -bäche im deutschen Alpenbereich weitgehend ihre charakteristische Prägung. Viele typische Pflanzen- und Tierarten sind hochbedroht oder bereits ausgestorben (z.B. der Bodenseesteinbrech, *Saxifraga oppositifolia* ssp. *amphibia,* und die Türkis Dornschrecke, *Tetrix tuerki,* Blab et al. 1984) (detaillierte Angaben hierzu siehe auch in Kap. XV.).

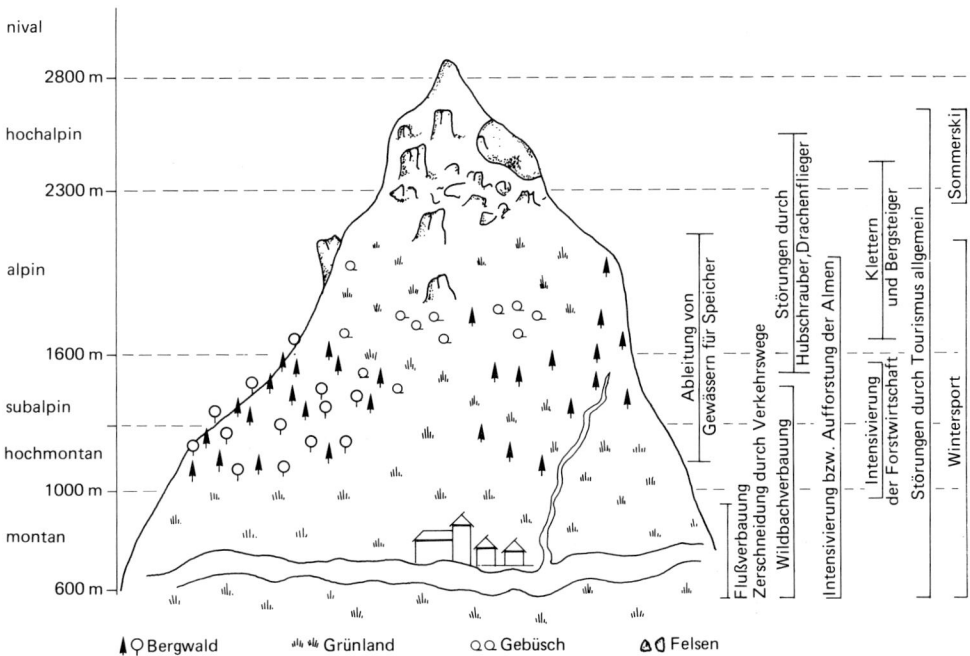

Abb. 142: Vertikale Verteilung der wichtigsten für den Naturschutz relevanten Belastungen im Alpenraum (schematische Darstellung)

Die touristische Erschließung der Alpen sowohl für den Sommertourismus als auch für den Wintertourismus und besonders für den Alpinskisport erstreckt sich von den Talbereichen bis in die obersten Lagen der Matten bzw. bis in die nivale Stufe (vgl. Abb. 142). Der gesamte Alpenraum ist mit ca. 13.000 Liften und Seilbahnen das am dichtesten erschlossene Wintersportgebiet der Welt (Manghabati & Ammer 1988). Trotz dieses hohen Überangebotes an Skipisten und einer damit verbundenen oft niedrigen Auslastung werden zusätzliche Abfahrtspisten bis in die Talbereiche geplant, welche mit weiteren Erschließungsmaßnahmen bis in die hochalpinen Bereiche verbunden sind (Wegebau, Jausenstationen, Betriebsgebäude der Bergbahnen und Lifte) und zum Teil gravierende Folgen für die Flora und Fauna haben (Näheres siehe folgende Kapitel). Da insbesondere der Wegebau und die Errichtung von Jausenstationen auch den Sommertourismus kräftig fördern, erhöhen sich parallel zum Ausbau der Infrastruktur für den Skisport auch die Belastungen im Sommer (Anwesenheitsdichte, Mountainbikers, Tritt, Störungen etc.).

Eine weitere hohe Gefährdung erwächst den hochmontanen, subalpinen sowie alpinen Wiesen und Weiden durch die Nutzungsintensivierung in der Landwirtschaft bzw. durch die Nutzungsaufgabe der Almen im montanen und subalpinen Bereich. Die Folgen auch für die Talräume sind hier noch nicht abschätzbar (Näheres siehe Kap. XLIII). Dazu kommt eine oft sehr intensive Forstwirtschaft, die vor allem auf die Baumartenzusammensetzung des Bergwaldes bzw. in den Talbereichen durch die forstlich massiv geförderte Dominanz der Fichte einen aus naturschützerischer Sicht negativen Einfluß hat.

XLI. Wälder der hochmontanen und subalpinen Stufe

1. Charakterisierung

Als wichtigster Faktor für die Ausbildung und Begrenzung der Waldtypen ist in den Alpen das Klima anzusehen. Mit zunehmender Höhenstufe steigt die Windwirkung, die Länge der Schneebedeckung und die Zahl der Frosttage. Neben der vertikalen Ausrichtung ist die Exposition von großer Bedeutung. So sind Nordhänge in der Regel kühl, lange schneebedeckt und feucht, während Südhänge höhere Temperaturen und geringere Feuchtigkeit aufweisen und außerdem früher ausapern. Die Waldgrenze wird nach Reisigl & Keller (1989) u. a. durch folgende Faktoren bestimmt: 1. die Länge der Vegetationsperiode (die Arve *(Pinus cembra)* z. B. benötigt ca. 6 Monate, die Lärche *(Larix decidua)* ca. 4 Monate); 2. nur selten wird eine Samenreife erreicht, es fehlt die Naturverjüngung; 3. die Frosttrocknis, d. h. bei lang anhaltendem Frost vertrocknen Nadeln und Triebe.

Das heutige Bild einer aufgelockerten Waldgrenz-Zone mit lichten Weidewäldern ist in der Regel allerdings das Resultat lange andauernder Rodung und Beweidung. Lediglich an schwer zugänglichen Steilpartien lassen sich noch heute scharfe Waldgrenzen finden. Doch nicht nur die Auflösung der Waldgrenze, sondern ebenso die starken Auflichtungen der Bergwälder und das daraus resultierende Eindringen lichtliebender Gebüsche und Tierarten sind die Folge menschlicher Eingriffe.

2. Typen

In Abhängigkeit von Klima und Relief lassen sich in der hochmontanen und subalpinen Stufe folgende „Großtypen von Bergwäldern" unterscheiden:

1. Bergmischwälder
   z.B. Bergahorn-Buchenwälder in schneereichen, wintermilden Lagen

2. Fichtenwälder
   in kühlen, niederschlagsreichen Lagen

3. Lärchen-Arven-Wälder
   in niederschlagsarmen, kontinental geprägten Lagen

4. Lärchenwälder
   an extremen Standorten wie Kalkfelsstürzen

Heute sind jedoch kaum noch naturnahe Bergmischwälder zu finden. Vielfach dominieren reine Fichtenbestände.

3. Bedeutung für die Fauna

Die allgemeine Bedeutung natürlicher bzw. naturnaher Wälder wurde bereits in den Kapiteln XXIII und XXIV eingehend behandelt. Abweichend davon zeigen die hochmontanen und subalpinen Wälder einige Besonderheiten hinsichtlich ihrer Fauna. Diese hängen zum einen mit arealgeographischen Faktoren zusammen (Auftreten von arktisch-alpinen bzw. ausschließlich alpinen verbreiteten Arten), zum anderen spielt hier der hohe Anteil naturnaher Wälder eine große Rolle, die als Bannwälder eine Schutzfunktion für die in den Tälern gelegenen Siedlungen ausüben und dadurch seit langer Zeit einer intensiven forstlichen Nutzung entzogen sind.

3.1 Bedeutung für die Vogelwelt

In den hochmontanen und subalpinen Bergwäldern der Alpen liegen die bundesdeutschen Schwerpunktvorkommen von Weißrückenspecht, Dreizehenspecht, Ringdrossel, Berglaubsänger, Zwergschnäpper sowie Zitronengirlitz und die bedeutendsten Rückzugsgebiete für Auerhuhn und Haselhuhn (Nitsche & Plachter 1987). Auerhuhn und Haselhuhn benötigen reich strukturierte, vielstufige Wälder mit hohem Altholzanteil und entsprechenden offenen Flächen als Nahrungshabitat (vgl. XXIV. 3. 1). Diese Ansprüche werden flächendeckend noch in den naturnahen Bergwäldern und extensiv genutzten Weidewäldern der Alpen erfüllt. Daneben profitiert das Birkhuhn anscheinend von der Waldweide, solange diese zur Offenhaltung einer reich gegliederten, eng mit offenen Bereichen verzahnten oberen Waldgrenze beiträgt (Sachteleben & Liegl, mdl. Mitt.). Weißrückenspecht und Dreizehenspecht sind auf naturnahe, totholzreiche Altholzbestände angewiesen, welche ihnen genügend Möglichkeiten zur Anlage von Bruthöhlen bieten, wobei der Dreizehenspecht speziell an autochthone Fichtenwälder gebunden ist (Scherzinger 1982).

3.2 Funktion als Nahrungs- und Bruthabitat für Wirbellose

Die naturnahen Bergwälder bilden aufgrund ihres hohen Totholzanteiles und ihrer vielschichtigen Gliederung einen speziellen Lebensraum für eine große Zahl von Wirbellosen (Albrecht et al. 1988). Hierzu gehören u.a. viele holzbewohnende Käfer. Diese ökologische Gilde, zu der Repräsentanten aus mehreren Käferfamilien zählen, läßt sich hinsichtlich ihrer Höhenstufenpräferenz ziemlich scharf in zwei Gruppen aufteilen: die planaren und collinen Arten einerseits (Kap. XXIV. 3.4) und die montan-subalpinen Arten andererseits, wobei die Arten der einen Gruppe in Mitteleuropa kaum im Bereich der anderen vorkommen (Geiser 1989). Albrecht et al. (1988) fanden im Naturwaldreservat Wettersteinwald bei Garmisch u. a. die beiden Arten *Bius thoracicus* (erster Wiederfund seit 1850) und *Laemophilus abietis* (Erstnachweis für die Bundesrepublik Deutschland), welche boreo-alpigen verbreitet sind und als Urwaldzeiger gelten können. Beide Arten wurden im autochthonen Fichtenurwald des Wettersteingebirges an stehenden toten Fichtenstämmen nachgewiesen, die ca. 160 Jahre alt waren. Weitere typische xylobionte Käfer der Bergwälder sind der Alpenbock *(Rosalia alpina)*, die Blattkäferart *Zimioma grossum* und die Hirschkäferart *Ceruchus chrysomelinus*, welche ebenfalls eine Bindung an Urwaldrelikte der montanen und subalpinen Stufe zeigen (Geiser 1989). Die Weberknechtarten *Gyas titanus, Gyas annulatus* und *Ischyropsalis hellwigi* sind ebenfalls montan bis subalpin verbreitet und können wie die genannten Käferarten als Urwaldzeiger bzw. Urwaldrelikte gelten (Albrecht et al. 1991).

Spezialisierte Phytophage, die an Lärche leben und derzeit aufgrund der forstlichen Ausbreitung der Lärche auch im planaren und collinen Bereich oft weit verbreitet sind, z.B. Lärchengespinstblattwespe *(Cephaleia alpina)*, Große und Kleine Lärchenblattwespe

Abb. 143: Totholzreiche subalpine Fichtenwälder beherbergen eine große Anzahl hochspezialisierter
Tierarten   (Foto: E. Schröder)

(Pristiphora erichsoni und *Pristiphora laricis)* oder Lärchengespinstmotte *(Argyresthia laevigatella)*, haben in den autochthonen subalpinen Lärchenwäldern ihre einzigen natürlichen Vorkommen in Mitteleuropa. Ähnliches dürfte sodann für die meisten Arten gelten, die monophag an der Fichte leben, obwohl diese im Gegensatz zur Lärche unter bestimmten klimatischen Bedingungen natürlicherweise auch unterhalb der hochmontanen Stufe vorkommt (z. B. Talfichtenwälder des Bayerischen Waldes). Blütenreiche Bestandslücken in Waldgebieten wiederum dienen als Schwerpunktlebensraum für eine Reihe alpin verbreiteter Tagfalterarten, die ihren Verbreitungsschwerpunkt in der montanen Stufe aufweisen (Blab & Kudrna 1982, Schweizerischer Bund für Naturschutz 1987). Dazu zählen u. a. die Mohrenfalter *Erebia euryale, Erebia eriphyle, Erebia pharte* und *Erebia oeme,* der Alpen-Perlmutterfalter *(Clossiana thore),* der Alpenmoor-Perlmutterfalter *(Clossiana titania)* und der Bergweißling *(Artogeia bryoniae).*

3.3 Bedeutung der Weidewälder

Eine generelle naturschutzfachliche Beurteilung der Weidewälder ist aufgrund unterschiedlicher Ausgangslagen kaum möglich. Extensiv genutzte lichte Weidewälder können jedoch aus zoologischer und botanischer Sicht eine hohe diesbezügliche Wertigkeit besitzen (Voith, mdl. Mitt.). Sie dienen u.a. als Lebensraum für eine Reihe bedrohter Tagfalterarten, etwa Alpen-Perlmutterfalter *(Clossiana thore),* Natternwurz-Perlmutterfalter *(Clossiana titania),* Gelbringfalter *(Lopinga achine),* Waldteufel *(Erebia aethiops),* Baumweißling *(Aporaria crataegi)* sowie Heuschreckenarten, z.B. Rotflügelige Schnarrschrecke *(Psophus stridulus)* und Gewöhnliche Gebirgsschrecke *(Podisma pedestris).* Daneben lassen sich ihre Funktionen als Teillebensräume für Wirbellose wie folgt umreißen:

- schattige Rückzugsorte bei trockenheißer Witterung bzw. Schutz vor starkem Wind sowie Unwettern, etwa bei Tagfaltern

- klimatisch geschützte Brutplätze für heliophile totholzbewohnende Insektenarten

- Vernetzungsstruktur mit hoher Durchlässigkeit für Arten, die nicht zur Waldfauna i. e. S. zu rechnen sind (z. B. viele Heuschreckenarten)

- Larvalhabitat für verschiedene Tagfalterarten (z. B. Kaisermantel, *Argynnis paphia)*

4. Gefährdungsfaktoren

Im allgemeinen gelten für den Bergwald die in den Kapiteln XXIII und XXIV genannten Gefährdungsfaktoren (z. B. nicht standortgerechter Waldbau, Anlage von Monokulturen etc.) in gleicher oder ähnlicher Weise, so daß hier unter Verweis auf diese Darstellungen nur die speziellen Probleme des hochmontanen und subalpinen Bereichs behandelt werden.

4. 1 Verfichtung

Ein Hauptproblem im Bereich des Bergwaldes ist der aktuelle Mangel an naturnahen Bergmischwäldern. Viele potentielle Mischwaldstandorte wurden ausschließlich mit Fichte aufgeforstet, so daß diese Baumart im Bereich der Mischwaldstufe eine unnatürlich hohe Dominanz erreicht.

4.2 Schalenwildproblematik

Die Bergwälder beherbergen ganzjährig eine der größten zusammenhängenden deutschen Rotwildpopulationen und werden mittlerweile auch regelmäßig – insbesondere im Winter – von der Gemse genutzt, die aufgrund des Fehlens natürlicher Feinde wie Wolf und Luchs aus ihren eigentlichen Lebensräumen oberhalb der Waldgrenze einwandert (Meister 1987). Die unnatürlich hohen Schalenwilddichten verhindern in weiten Teilen eine natürliche Verjüngung der Bergwälder (Schauer 1976, Liss 1988, Elling 1991) und tragen somit langfristig zu einer Gefährdung bzw. Bedrohung derjenigen Tierarten bei, die auf einen natürlichen Altersklassenaufbau und reich strukturierten Unterwuchs angewiesen sind (z. B. Auerhuhn, Haselhuhn). Auf lange Sicht dürfte sich diese Entwicklung sogar auch auf die Bewohner der Altholzbestände auswirken, da bei einer fortgesetzten Verhinderung der Naturverjüngung ohne forstliche Stützungsmaßnahmen bestimmte Altersklassen des Waldes ausfallen werden. So fehlt z.B. in den Schneeheide-Kiefernwäldern seit ca. 100 Jahren nahezu jede Kiefernnaturverjüngung (Bernhardt 1990).

4.3 Intensivierung der Waldweide

Das Ansteigen der durchschnittlichen Rindergewichte bei den verwendeten Rassen führt zu einer Erhöhung der Trittbelastung für die Vegetation. Hinzu kommt ein höherer Futterbedarf der schwereren Tiere. Diese Entwicklung wird zum Teil dadurch ausgeglichen, daß statt Milchkühen vermehrt Jungrinder aufgetrieben werden, die zwar leichter, aber auch mobiler sind und dadurch eine größere Fläche beeinflussen (Liss 1988, 1990, Ringler 1984, Schwab 1982, Silbernagl 1984).

4.4 Folgeprobleme der Trennung von Wald und Weide

Die derzeitige Praxis der Wald-Weide-Trennung kann ebenfalls zu negativen Folgen führen. Als wichtigste sind dabei aufzuführen (Simons 1982, Ringler 1984, Sachteleben & Liegl, mdl. Mitt.):

- Der Verlust wertvoller Lebensräume wird z.T. noch durch Aufforstung beschleunigt.
- Wald-Weide-Trennung ist häufig mit einer Intensivierung der Nutzung der verbleibenden Lichtweideflächen verbunden, dies hat einen erheblichen negativen Einfluß auf diese Flächen.
- Der mit der Wald-Weide-Trennung nicht selten einhergehende intensivierte Wegebau führt zu einer direkten Beeinträchtigung und zum Verlust unzerschnittener Lebensräume. Er stellt oft auch die Voraussetzung für intensive touristische Nutzung dar.

4.5 Aufforstung von Bestandslücken

Das Aufforsten blütenreicher Bestandslücken führt zu einem gravierenden Lebensraumverlust für sehr viele montane und subalpine Tier- und Pflanzenarten, die hier ihren Schwerpunktlebensraum haben (z.B. Tagfalter; Blab & Kudrna 1982).

4.6 Wintertourismus

Der Alpenraum ist das am dichtesten erschlossene Wintersportgebiet der Welt (Manghabati & Ammer 1988). Trotz dieses hohen (Über)angebotes an Skipisten und einer damit verbundenen oft niedrigen Auslastung werden weiterhin zusätzliche Abfahrtspisten bis in die Talbereiche geplant, die u.a. folgende negative Konsequenzen nach sich ziehen:

a) Direkter Flächenverlust für den Bergwald

b) Weitere Zerschneidung und Zerstückelung großflächiger Waldbereiche

c) Erhöhung der Störungen durch Benutzer der Pisten bzw. durch eine ständig steigende Zahl an Tiefschnee- und Variantenskifahrern (Manghabati & Ammer 1988), die ihre Aktivitäten außerhalb des Pistenbereiches ausüben. Vor allem diese Aktivitäten führen zu einer neuen Dimension an Störungen, die bereits von einigen wenigen Individualisten ausgehen kann. Für Skigebiete in Österreich (Schmittenhöhe/Zell am See, Hochfügen/Zillertal, Christlum/Achenkirch) konnten Hinterstoisser (1981) und Meile (1982) zeigen, daß der Ausbau der Infrastruktur bzw. die Neuanlage von Skipisten zu einer starken Reduktion bzw. dem totalen Verschwinden des Auerhuhns führte.

Im Gegensatz zu den Abfahrtspisten ist die Anlage von Langlaufloipen nur mit einem geringen Flächenverlust und Zerschneidungeffekt für den Wald verbunden. Andererseits ziehen die Langlaufloipen (auch wenig begangene) extreme Störungen für die Auerhühner (Volk 1983) und wahrscheinlich auch Haselhühner nach sich, die zu einem erhöhten Energieverbrauch führen und deren Überlebenschancen im Winter drastisch vermindern. Da die Langlaufloipen vor allem in den schneesicheren Gebieten angelegt werden, in denen sich im Winter auch die Auerhuhnbestände konzentrieren (Volk 1983), stellen auch die Langlaufloipen ein nicht zu unterschätzendes Gefährdungspotential dar. Daneben gehen die mit den erhöhten Winterfreizeitaktivitäten verbundenen Störungen des Schalenwildes, was bei diesem zu einem wesentlich höheren Enegieverbrauch führt, voll zu Lasten der Verjüngung des Bergwaldes.

4.7 Sommertourismus

Der Sommertourismus führt ebenfalls zu einer erheblichen Belastung der Bergwälder. Im Nationalpark Berchtesgaden entspricht der Besucherdruck der Bergwälder mit 150 Personen/ha und Sommersaison (bezogen auf zugängliche Fläche) denen stark frequentierter Naherholungswälder (Manghabati & Ammer 1988).

5. Entwicklungsziele

5.1 Das wichtigste Ziel sind der Erhalt und die Erweiterung natürlicher Wälder im hochmontanen und subalpinen Bereich. Die forstliche Nutzung muß, wo noch nicht geschehen, den natürlichen Gegebenheiten angepaßt werden und gegebenfalls ganz ausgesetzt werden. Auf eine Intensivierung der Forstwirtschaft ist in jedem Fall zu verzichten.

5.2 Anzustreben ist weiterhin eine Rückführung nicht standortgerechter Wälder in einen naturnahen Zustand durch Naturverjüngung, gegebenenfalls auch durch Entfernen nicht standortgerechter Baumarten.

5.3 Hinsichtlich der Schalenwilddichte ist anzustreben, daß Hirsch und Reh den Großteil des Gebirgswaldes im Winter nicht mehr beeinflussen und ihre Dichte im Sommer auf ein Maß reduziert wird, daß alle Pflanzenarten aufwachsen können. Die Gemse muß aus dem Bergwald in ihre ursprünglichen Einstandsgebiete oberhalb der Waldgrenze zurückgedrängt werden (Meister 1987).

5.4 Bei der zukünftigen Beurteilung der Trennung von Wald und Weide ist eine einzelfallbezogene Beurteilung unter frühzeitiger Einbeziehung der zuständigen Naturschutzbehörden vorzunehmen (Sachteleben & Liegl, mdl. Mitt.). Dabei sollte zwischen den Effekten für eine Schutzwaldsanierung (die auch durch die überhöhten Wilddichten verhindert wird, s. o.) und den Folgewirkungen für den Naturschutz abgewogen werden. Bei einer Trennung von Wald und Weide sollten u. a. folgende Grundsätze beachtet werden (Blab & Kudrna 1982, Ringler 1984, Sachteleben & Liegl, mdl. Mitt.):

- Vermeidung von scharfen Grenzlinien und Verzahnung von Wald und Weidebereichen

- Herausnahme größere Waldbereiche aus der Bewirtschaftung, um den durch die Aufgabe der Waldweide entstandenen Strukturverlust auszugleichen

- Aufstellung neuer Beweidungskonzepte, die talnahe Flächen mit einbeziehen

- Bestandslücken in den Waldgebieten müssen als Lebensraum vor allem für Blütenbesucher erhalten bleiben

5.5 Eine weitere Steigerung der touristischen Belastung ist zu verhindern. Dazu ist zum einen ein weiterer Ausbau der touristischen Infrastruktur zu stoppen, zum anderen in bereits erschlossenen Gebieten zumindest zeitweise die (partielle) Schließung von Pisten und Loipen in Erwägung zu ziehen.

6. Schutz, Pflege und Entwicklung

6.1 Reduzierung der Schalenwildbestände durch (nach Meister 1987):

- ausschließliche Überwinterung von Rothirschen in Wintergattern

- Verzicht auf Winterfütterung von Reh und Rothirsch

- Hinausdrängen der Gemse aus dem Bergwald durch gezielte Bejagung

Diese Reduzierung des Wildes soll die Naturverjüngung und damit das langfristige Überleben der Lebensgemeinschaft Bergwald gezielt fördern.

6.2 Keine Aufforstung blütenreicher Bestandslücken

6.3 Auflösung der häufigen Koppelung zwischen Wald-Weide-Trennung und einer Intensivierung der Lichtweideflächen (Sachteleben & Liegl, mdl. Mitt.)

6.4 Örtlich und zeitlich begrenzte Betretungsverbote in den Schwerpunktlebensräumen von Auerhuhn und Haselhuhn, insbesondere im Winter aber auch während der Brutzeit

6.5 Reduzierung der Störungen im Winter durch ein Verbot des Verlassens von Pisten oder Loipen. Tiefschnee- und Variantenskifahren sollten außerhalb speziell freigegebener Gebiete generell untersagt werden.

6.6 Verzicht auf Neuanlagen von weiteren Pisten (gegebenenfalls sogar Wiederaufforstung von bestimmten Pisten v. a. im Bereich guter Auerhuhn- und Haselhuhnvorkommen) und Loipen, um störungsarme oder -freie Lebensräume insbesondere für die Wintermonate zu erhalten.

6.7 Zusätzliche Ausweisung von Naturwaldreservaten bzw. Vergrößerung der bestehenden Reservate, da diese für das Überleben vieler spezialisierter Wirbelloser eine hohe Bedeutung besitzen (Geiser 1989, Albrecht et al. 1991). Außerdem ist eine naturnahe Waldbewirtschaftung zu fordern.

XLII. Subalpine und alpine Gebüsche sowie Zwergstrauchheiden

1. Charakterisierung

Von der Waldgrenze bis hinauf zu den Felsgraten der alpinen Stufe sind zwergstrauchreiche Biotoptypen anzutreffen. Die Vorkommen der höherwüchsigen Gebüsche beschränken sich dagegen mehr auf die subalpinen Lagen. Viele der heutigen Gebüschstandorte an der Waldgrenze sind potentielle Waldstandorte, die durch starke Beweidung entstanden sind. Zu den natürlichen Gebüschstandorten der subalpinen Stufe zählen Lawinenbahnen, feuchte Hangschuttbereiche und lange schneebedeckte Flächen. Die Zwergstrauchgebüsche sind in entscheidendem Maße abhängig vom Windeinfluß und – damit verbunden – der Länge der Schneebedeckung sowie von der Frost- und Trockenresistenz der Arten.

Zahl der Monate mit Schneebedeckung (nach Reisigl & Keller 1989)

6-7	5-6	bis zu 5	bis zu 3

< ————————————————————————————————————

———————————————————————————————————— >

Windeinwirkung

Alpenrosengebüsch   Krähenbeerenheide   Wacholder-Bärentraubenheide   Gemsheide

Das entstehende Vegetationsmosaik spiegelt damit die mikroklimatischen Unterschiede des Standortes und die Länge der Vegetationszeit wider.

2. Typen

In der folgenden Übersicht sollen nur die wesentlichen Gebüsch- und Zwergstrauchheidetypen aufgeführt werden. Im allgemeinen treten sie nicht in reiner Ausprägung, sondern in mosaikartigen Kombinationen auf.

1. Weidengebüsch
   an Bachrändern, auf feuchten, lange schneebedeckten Blockschutthalden

2. Grünerlengebüsch
   Pioniergehölz auf feuchtem Hangschutt, oft hochstaudenreich

3. Latschengebüsch
   verträgt Hitze, Frost, Trockenheit und lange Schneebedeckung

4. Alpenrosengebüsch
in geschützter und lange schneebedeckter Lage, v.a. in Mulden, Rinnen und zwischen Felsblöcken, dürreempfindlich

5. Krähenbeeren-Rauschbeerheide
an Hängen in Nordexposition

6. Wacholder-Bärentraubenheide
an trocken-heißen Südhängen, die früh schneefrei werden

7. Gemsheide
an windexponierten Graten, die größtenteils schneefrei sind, oft flechtenreich, vermittelt zu den ökologisch nahestehenden windexponierten Rasen

3. Bedeutung für die Fauna

Die alpinen Zwergstrauchheiden und Alpenrosengebüsche stellen wichtige Lebensräume für Schneemaus, Alpenbraunelle, Alpenschneehuhn und Alpensalamander dar. Diese Arten bevorzugen innerhalb dieser Gebiete mit Steinen und Felsblöcken durchsetzte Flächen, in denen sich besonders viele Verstecke bzw. versteckte Nistplätze finden. Im Verzahnungsbereich mit dem Bergwald bzw. den alpinen Matten kommt den Gebüschen und Heiden auch eine wichtige Funktion als Teillebensraum für das Birkhuhn zu. Typische Wirbellose der Zwergstrauchheiden und Gebüsche sind u. a. Hochmoorgelbling *(Colias palaeno)* und Violetter Silberfleckbläuling *(Vacciniina optilete)*, die in den Bayerischen Alpen allerdings ausgesprochen selten sind, Bergmohrenfalter *(Erebia epiphron)* und Heidekraut-Alpensackträgermotte *(Phalacropteryx graslinella)* (Blab & Kudrna 1982, Schweizerischer Bund für Naturschutz 1987).

4. Gefährdungsfaktoren

Im wesentlichen gelten für die alpinen Gebüsche und Zwergstrauchheiden sehr ähnliche Gefährdungen wie für den Bergwald (Kap. XLI, Abschn. 4) und für die alpinen Rasen sowie Matten (Kap. XLIII, Abschn. 4). Die gravierendsten Beeinträchtigungen erfolgen durch:

- Beweidungsdruck, der insbesondere die Alpenrosengebüsche schwer schädigen kann (die besten Ausprägungen sind in unbeweideten Flächen zu finden)

- Trittbelastung

- Tourismus und intensiven Skibetrieb. So führt z. B. Hinterstoisser (1981) den Rückgang des Birk- und (im Verzahnungsbereich zum Bergwald) des Auerhuhns bei Zell am See/ Salzburg auch auf die großflächige Vernichtung der Heidelbeerdecken durch Skipistenplanierungen zurück.

5. Entwicklungsziele

5.1 In alpinen Zwergstrauchheiden und Alpenrosengebüschen sind langfristige Bewei-

Abb. 144: Vegetationszonierung an der oberen Waldgrenze: Zwergsträucher, Latschengebüsch und subalpiner Lärchenwald (Foto: E. Schröder)

dungskonzepte aus naturschutzfachlicher Sicht aufzustellen. Dies bedeutet eine Beibehaltung extensiver Weide bei brachebedingter starker Sukzession (z. B. Zurückdrängung von Grünerlengebüsch) und eine Schonung bestimmter empfindlicher Bereiche.

5.2 Hinsichtlich der touristischen Entwicklung, und hier vor allem einer weiteren Entwicklung des Skibetriebes, gelten die gleichen Forderungen wie in Kapitel XLI, Abschnitt 5 und Kapitel XLIII, Abschnitt 5 nach einem Stopp des Ausbaus der Infrastruktur und einer langfristigen Verringerung der Belastung durch Pisten.

6. Schutz, Pflege und Entwicklung

6.1 Der aktuelle Beweidungsdruck in Zwergstrauchheiden und Alpenrosengebüschen darf auf keinen Fall verstärkt werden. Fallweise (z. B. in Birkhuhnlebensräumen) ist eine Beibehaltung extensiver Beweidung zu gewährleisten, empfindliche Bereiche sollten jedoch von der Beweidung ausgespart bleiben.

6.2 Hinsichtlich der Entwicklung des Sommer- und Wintertourismus gelten für den Schutz der alpinen Zwergstrauchheiden und Gebüsche auch die Forderung nach einer Besucherlenkung (vergleiche dazu Kap. XLI, Abschn. 6.4 – 6.6 und Kap. XLIII, Abschn. 6.3 – 6.7).

XLIII. Subalpine und alpine Rasen sowie Matten

1. Charakterisierung

Zu den wenigen ursprünglich von Rasenvegetation bedeckten Gebieten Mitteleuropas zählen die alpinen „Urwiesen" oberhalb der Baumgrenze. Auf windgefegten Graten, in flachgründigen Fels- und Grusbereichen sowie auf lange schneebedeckten Flächen besitzen diese gegen Gebüsche konkurrenzschwachen Rasenarten ihren optimalen Lebensbereich. Viele der heutigen Rasen- und Mattengesellschaften der subalpinen und alpinen Stufe unterscheiden sich durch den Einfluß der menschlichen Nutzung von den „Urwiesen". Besonders die Beweidung und damit verknüpfte Faktoren wie Bodenverdichtung, Verbiß, Düngung durch das Weidevieh und Zerstörung der Grasnarbe führen zunächst zu einem Verdrängen bestimmter Arten und anschließend bei stärkerer Nutzung zu einer Überformung der Vegetation (Köstler & Krogoll 1991). Die „Urwiesen" sind besonders an für das Vieh unzugänglichen

Abb. 145: Mosaik aus Rasengesellschaften und felsigen Bereichen in der subalpinen Stufe.

(Foto: E. Schröder)

oder hinsichtlich Futterpflanzen unattraktiven Stellen zu finden. Die Gründe für die Unterschiede zwischen den einzelnen Rasen- und Mattentypen sind im Grad der Nutzung (Beweidung, Mahd, Düngung), im Karbonatgehalt des Bodens, der Exposition und Inklination des Standortes (z.B. Felsgrate, steile Südhänge), in der Aperzeit, der Flachgründigkeit und dem Feuchtegehalt des Bodens zu finden.

2. Typen

Das Mosaik der oft auf engstem Raum miteinander verzahnten Rasen- und Mattengesellschaften ist ausgesprochen vielgestaltig und führt zu einer Vielzahl unterschiedlicher Kombinationen. Es soll hier eine stärker zusammenfassende Typisierung vorgenommen werden, die besonders den karbonatreichen Standorten gerecht wird.

1. Windrasen
   auf windgefegten, kaum schneebedeckten Buckeln und Graten

2. Polsterseggenreiche Rasen
   lockere Rasen auf sehr flachgründigen Standorten

3. Blaugrasreiche Rasen
   auf tiefgründigen Steilhängen, früh ausapernd, oft südexponiert

4. Rostseggenreiche Rasen
   auf ruhenden, spät ausapernden Standorten

5. Alpenfettweiden
   auf ebenen, tiefgründigen, gedüngten Böden

3. Bedeutung für die Fauna

3.1 Lebensraum für Säuger und Vögel

Das auffälligste Säugetier der alpinen Rasen und Matten ist das Murmeltier, welches hier seinen Jahreslebensraum hat. Weiterhin dienen diese Bereiche als Sommerlebensraum für Gemse, Schneehase und Alpenspitzmaus.

Typische Vogelarten sind Wasserpieper, der in der Bundesrepublik nahezu ausschließlich in den Alpen vorkommt (Murr 1976, Bezzel & Lechner 1978, Nitsche & Plachter 1983) und Birkhuhn, von dem noch große individuenstarke Populationen im bayerischen Alpenraum leben (vgl. auch Kap. XLI, 3. 1).

3.2 Subalpine und alpine Rasen als Lebensraum für Tagfalter und Hummeln

Die subalpinen und alpinen Rasen bieten Lebensraum für eine ausgesprochen artenreiche Tagfalterfauna, welche sich aus weit verbreiteten Arten, die auch im Tiefland vorkommen, und aus typischen alpigenen Arten zusammensetzt, deren Vorkommen in Mitteleuropa auf Gebirgsgegenden (und hier i. d. R. nur auf die Alpen) beschränkt sind (Blab & Kudrna 1982, Blab et al. 1987, Schweizerischer Bund für Naturschutz 1987). Die vertikale Verbreitung umspannt meist mehrere Höhenstufen, soweit sich die bevorzugten Habitate ebenfalls über mehrere Stufen erstrecken. Charakterisiert sind die alpigenen Falter durch verhältnismäßig kurze Flugzeiten, lange Diapause und spezielle Anpassungen an die Extrembedingungen des Alpenraumes. Beispielsweise nehmen zahlreiche Mohrenfalter-Arten *(Erebia* spp.) bereits wenige Minuten nach einem Schneegestöber wieder die Flugaktivität auf (Blab & Kudrna 1982).

Mindestens die Hälfte der in der Bundesrepublik Deutschland nachgewiesenen 32 montanen und alpinen Tagfalterarten zeigt eine flächenhafte Verbreitung über alle geeigneten Biotope des deutschen Alpenraumes (Blab & Kudrna 1982). Dagegen kommen einige Arten nur sehr lokal vor, so z.B. der Schillernde Mohrenfalter *(Erebia tyndarus)*, der Hochalpenapollo *(Parnassius phoebus)* und der Eros-Bläuling *(Polyommatus eros)*. Die Reichhaltigkeit der Falterfauna in der subalpinen und alpinen Stufe zeigen auch die Untersuchungen von Voith (1986a, 1986b, 1987) aus dem Nationalpark Berchtesgaden, der in den Höhenlagen ab 1300 m über NN 60 Tagfalterarten fand, darunter allein 18 alpigene Arten. Der Anteil alpigener Arten nahm dabei erwartungsgemäß mit zunehmender Höhenlage stetig zu (von 17 % in 1300 m Höhe auf 48 % in 2000 m Höhe).

Die Hummelfauna der subalpinen und alpinen Wiesen ist ebenfalls durch einen hohen Anteil von Arten gekennzeichnet, die in Mitteleuropa nur in den Alpen verbreitet sind (Reinig 1970, von Hagen 1986, Westrich 1989). Voith (1986a) konnte auf Almwiesen im Nationalpark Berchtesgaden in Höhenlagen ab 800 m insgesamt 15 Hummelarten nachweisen (*Bombus* spec.), darunter fünf von acht in Deutschland vorkommenden alpigenen Arten (Abb. 146). Fünf dieser Arten traten erst ab etwa 1200 m regelmäßig auf, während andererseits das regelmäßige Vorkommen weit verbreiteter Hummelarten in dieser Höhenstufe deutlich abnahm und nur vier auch in tieferen Lagen vorkommende Arten die 2000 m-Grenze erreichten.

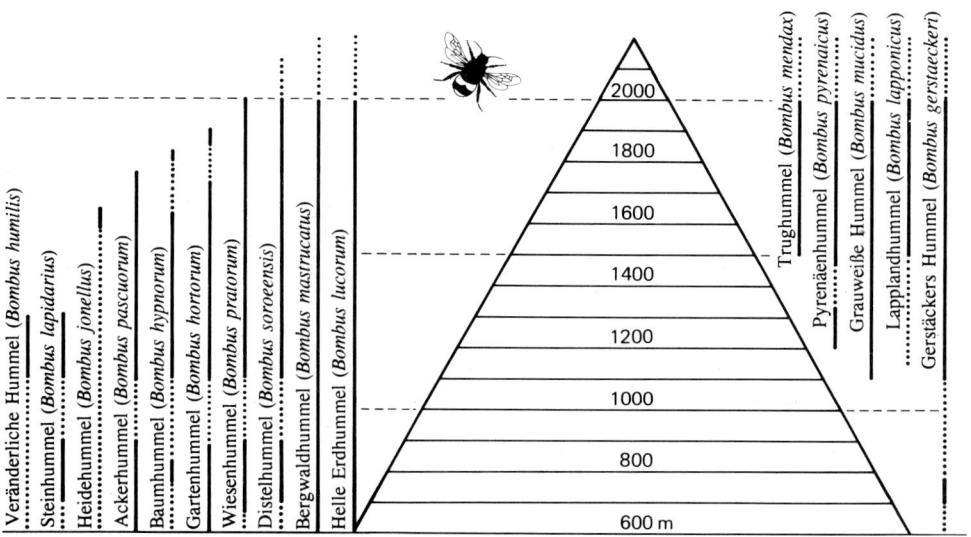

Abb. 146: Höhenzonierung von Hummeln (*Bombus* spp.) im Alpennationalpark Berchtegaden (aus Voith 1986a, 1986b). Links: Flachlandarten; rechts: in der Bundesrepublik ausschließlich alpigen verbreitete Arten

3.3 Heuschrecken im alpinen Grünland

Die Heuschreckenfauna der subalpinen und alpinen Wiesen und Weiden ist im Vergleich zu jener der collinen und montanen Grünländereien zum einen durch eine verhältnismäßige Artenarmut, zum anderen durch die Dominanz alpigen verbreiteter Arten gekennzeichnet. Voith (1985) fand im Nationalpark Berchtesgaden im subalpinen Raum nur noch fünf Arten, während in den tieferen Lagen bis etwa 1000 m insgesamt zwölf Arten vorkamen. Smettan (1986, 1991) konnte bei Untersuchungen im Chiemgau, Kaiser- und Mangfallgebirge in den tieferen Lagen insgesamt 27 Arten nachweisen, während er im subalpinen und alpinen Bereich lediglich acht Arten fand. Die typisch alpigenen Vertreter wie Sibirische Keulenschrecke *(Aeropus sibiricus)*, Alpen-Gebirgsschrecke *(Miramella alpina)* und Alpen-Strauchschrecke *(Pholidoptera aptera)* erreichten in Höhenlagen ab 1200 m ihre höchsten Dominanzwerte, wobei die Alpen-Gebirgsschrecke anscheinend vor allem kühlere bzw. hochgrasige Bereiche bevorzugt. Für den Grindelwald (Zentralschweiz) nennt Schiess (1988) die Gewöhnliche Gebirgsschrecke *(Podisma pedestris)*, die Sibirische Keulenschrecke, die Kurzflügelige Beißschrecke *(Metrioptera brachyptera)* und den Nachtigall-Grashüpfer *(Chorthippus biguttulus)* als charakteristische Heuschrecken der selten beweideten und kaum gedüngten Steilhänge.

4. Gefährdungsfaktoren

4.1 Intensivierung der Almnutzung

Eine der gravierendsten Gefährdungen für die subalpinen Grünlandbereiche stellt die Intensivierung der Almnutzung dar. So zeigten z. B. Untersuchungen im Tavetsch, Graubünden (Erhardt 1985; vgl. Kap. XVII, 4), im Berchtesgadener Raum (Voith 1985, 1987) und im Grindelwald (Schiess 1988), daß die Artenzahl und die Abundanzen von Tagfaltern mit zunehmender Intensivierung der Grünlandbereiche deutlich abnahmen. Der Grund hierfür liegt sowohl in einer Reduzierung bzw. im gänzlichen Verschwinden bestimmter Raupenfutterpflanzen wie auch im verminderten Blütenangebot für die Falter. Untersuchungen im Nationalpark Berchtesgaden zeigen für die Hummelfauna ähnlich negative Auswirkungen der Intensivierung: Zwar weisen die meisten Hummelarten im Alpenraum keine eindeutige Präferenz für bestimmte Lebensräume auf, doch sind sie von einem ständigen hohen Blütenangebot abhängig, das durch Intensivierungsmaßnahmen deutlich reduziert wird (Voith 1985, 1986a). Eine Ausnahme ist hier Gerstäckers Hummel *(Bombus gerstäckeri)*, die auf Eisenhut *(Aconitum* spp.) spezialisiert ist, der vor allem an Waldrändern und in lichten Wäldern wächst.

Einen vergleichbaren schädigenden Einfluß übt die Intensivierung auf die Heuschreckenfauna und auf die Bodenarthropoden aus. Beispielsweise fand Voith (1985) auf intensiv genutzten Wiesen und Weiden bzw. auf überdüngten Flächen (etwa Alpenampferfluren) signifikant niedrigere Abundanzen. Zu vergleichbaren Ergebnissen kommt Schiess (1988) bei Untersuchungen im Grindelwald. Thaler et al. (1978) fanden auf intensiv beweideten Almflächen im Gasteiner Tal/Hohe Tauern deutlich weniger Weberknechtarten und -individuen als auf extensiv genutzten Kontrollflächen.

Durch intensive Schafbeweidung verändert sich die Artenzusammensetzung der Tierwelt auf den Almen ebenfalls (Köstler & Krogoll 1991). So nehmen bei den Insekten die Blattfresser (Blattkäfer, Schmetterlingsraupen), die Nektarsauger (Schmetterlinge) sowie die Samen- und Früchtefresser (v. a. Rüsselkäfer) ab, während Dungspezialisten, trockenheitsresistente und an frischen Trieben saugende Arten (z. B. Zikaden) vermehrt auftreten.

4.2 Aufgabe der Almnutzung

Die Nutzungsaufgabe im subalpinen Bereich kann kurzfristig zu einer Gebüschsukzession, insbesondere durch Grünerlen *(Alnus viridis)*, führen. Solche Flächen verlieren dann sehr schnell ihre Bedeutung für die offenlandgeprägten Biozönosen der Almen, wobei die Blütenbesucher, insbesondere Tagfalter, besonders schnell verschwinden (Erhardt 1985, Schweizerischer Bund für Naturschutz 1987).

4.3 Negative Einflüsse durch Skipisten

Der Einfluß einer winterlichen Nutzung durch Skisport muß sehr differenziert betrachtet werden. Das Störungspotential des Skitourismus (dies gilt selbst für extensiv betriebene Pisten!) gegenüber Auerhühnern wurde bereits in Kapitel XLI, Abschnitt 4.4 diskutiert. Im Bereich der alpinen Matten und in ihrem Verzahnungsbereich mit dem Bergwald bzw. mit der Krummholzstufe engen Erschließungsmaßnahmen den Lebensraum des Birkhuhns erheblich ein (Meile 1982), da gerade die besten Balzplätze für die Errichtung von Aufstiegshilfen, Skipisten oder Jausenstationen erschlossen werden. Der Grund dafür wiederum ist, daß die bevorzugten Birkwildplätze auch besonders gut für eine touristische Erschließung geeignet sind, z. B. durch weite Sicht und gute Fluchtmöglichkeiten für das Birkhuhn bzw. gute Abfahrtsmöglichkeiten für (Ski)touristen (Meile 1982).

Während ein extensiver kleinflächiger Skibetrieb aber nicht unbedingt negative Auswirkungen auf die blütenbesuchende Entomofauna (z. B. Hummeln, Tagfalter) haben muß, bei der Störungen (im Sinne von Beunruhigungen) keinen Einfluß ausüben (Voith 1985), führt eine großflächig intensive wintersportliche Nutzung in der Regel zu erheblichen Beeinträchtigungen für die gesamte Pflanzen- und Tierwelt (Cernusca 1986, 1987):

a) Planierungsarbeiten für Skipisten zerstören die Vegetation und damit die Lebensgrundlagen für alle direkt und indirekt an Pflanzen gebundenen Insektenarten. Bei niedrigen Schneehöhen kommt es auch im Winter regelmäßig zu mechanischen Schädigungen der Vegetation auf stark frequentierten Pisten.

b) Die Sauerstoffkonzentration an der Bodenoberfläche liegt unter Pisten im Spätwinter deutlich niedriger als unter einer ungestörten Schneedecke, während die Kohlendioxidkonzentration deutlich zunimmt. Dies birgt eine Zunahme der Gefahr von Erstickungserscheinungen bei Pflanzen (Angerer 1989, Cernusca et al. 1990) und damit sicherlich auch bei Tieren.

c) Die großflächig künstliche Beschneiung von Pisten führt zu veränderten kleinklimatischen Verhältnissen, die sich sehr drastisch auf die Vegetation und die Fauna auswirken. Kunstschneepisten apern in der Regel 5 bis 14 Tage später aus als nicht beschneite Pisten (Cernusca et al. 1990). Damit werden sowohl Bodenaktivität als auch Pflanzenwachstum negativ beeinträchtigt, was unter anderem einen späteren Blühbeginn zur Folge hat (Cernusca et al. 1990, Kammer & Hegg 1990).

Oligotrophe Standorte werden mittelfristig durch künstliche Beschneiung zerstört, das Pflanzenartenspektrum verschiebt sich von trockenheits- und wärmeliebenden Arten hin zu feuchtigkeits- und nährstoffliebenden Arten (Kammer & Hegg 1990). Eine vergleichbare Auswirkung der künstlichen Beschneiung ist auch für die Fauna zu erwarten.

Die genannten Verschiebungen in den abiotischen Bedingungen sind sicherlich auch für die negativen Auswirkungen des Skibetriebes auf die Entomofauna mitverantwortlich: Haslett (1988) fand bei Untersuchungen in den Salzburger Alpen im Sommer auf Pistenflächen weniger spezialisierte Schwebfliegen als auf nicht genutzten Kontrollflächen. Hammelbacher & Mühlenberg (1986) konnten zeigen, daß sich die Artenspektren und Dominanzen von Laufkäfern und Weberknechten auf Skipisten im Berchtesgadener Land gegenüber Kontrollflächen deutlich verschoben. Die Laufkäfer- und Weberknechtfauna der Skipisten war durch das Vorkommen euryöker Generalisten geprägt, wie sie auch für Äcker typisch sind, während auf der Vergleichswiese Habitat- und Nahrungsspezialisten überwogen. Das Fehlen der spezialisierten Laufkäferarten *Abax parallelepipedus, Abax ovalis* (Larven sind Regenwurmjäger), *Notiophilus palustris* (Springschwanzjäger), *Cychrus attenuatus* und der Weberknechtarten *Ischyropsalis hellwigi* und *Trogulus napaeformis* (Schneckenjäger) ist vermutlich auf den Rückgang der Nahrungstiere zurückzuführen. Auf den skibelasteten Flächen war ein deutlicher Rückgang von Schnecken (Beutler 1985), Regenwürmern und Springschwänzen zu beobachten (Topp 1984).

4.4 In der Umgebung von Berghäusern, Bergbahnen und an stark frequentierten Wanderrouten können erhebliche Schäden durch Massentourismus und Erschließungsmaßnahmen entstehen. Hierher zählen u. a.:

- Eutrophierungserscheinungen durch Abfall und Fäkalien

- Störungen (hier v.a. für störungsempfindliche Wirbeltierarten, z. B. Birkhuhn)(Meile 1982, Nitsche & Plachter 1983)

- direkte Gefahren durch Seile der Lifte und Bergbahnen. Beispielsweise fand Meile (1982) am Spieljoch/Zillertal innerhalb eines Jahres 17 tote Birkhühner unter den Tragseilen und Kabeln.

- Trittschäden

5. Entwicklungsziele

5.1 Im subalpinen Bereich ist eine extensive Nutzung der Almweiden zu gewährleisten, um eine Verbuschung durch Grünerlen oder Zwergsträucher bzw. ein flächendeckendes Aufkommen von Hochstauden (z. B. durch Filz-Alpendost *(Adenostyles alliariae)* oder Alpenampfer *(Rumex alpinus))* zu verhindern (Klein & Keller 1983, Erhardt 1985, Voith 1987). Andererseits muß eine Intensivierung der Beweidung, auch durch Jungrinder, Schafe oder Ziegen, auf jeden Fall vermieden werden. Auf das Düngen der mageren subalpinen Wiesen ist generell zu verzichten.

Desweiteren ist die Möglichkeit zu prüfen, eutrophierte subalpine Wiesen wieder auszumagern oder die weitere Eutrophierung wenigstens zu stoppen, etwa mit Hilfe eines bestimmten Mahdregimes (Voith 1986a). Insgesamt muß hier versucht werden, einen Kompromiß auf dem schmalen Grat zwischen Nutzungsaufgabe und – intensivierung auf den Almwiesen zu finden.

Abb. 147: Alpenlandschaft mit alpinen Matten und Bergwäldern. Deutlich ist die Zerschneidung des Lebensraumes durch die von der Bergstation ausgehenden Wege zu erkennen. Die Hänge um die Bergstation zeigen darüber hinaus Erosionserscheinungen. (Foto: E. Schröder)

Ob eine extensive Beweidung mit den derzeit verwendeten Rinder- und Schafrassen zu erreichen ist, muß allerdings kritisch hinterfragt werden, da aktuell fast ausschließlich Hochzuchtrassen mit geändertem Beweidungsverhalten im Einsatz sind (Sturm, mdl. Mitt.).

5.2 Im Bereich oberhalb der Waldgrenze ist langfristig eine Einstellung aller Beweidungsaktivitäten auf primären Rasen anzustreben, die nicht durch Gebüschsukzession bedroht sind. Insbesondere in den Allgäuer Alpen mit den überwiegenden Weideflächen in der alpinen Stufe (Alter der Rasen ca. 500 – 1000 Jahre) ist eine extensive, angepaßte Form der Beweidung mit geeigneten Weidetieren zu fordern (Sturm, mdl. Mitt).

5.3 Für die Sicherung und Erhaltung der Wiesen im montanen und hochmontanen Bereich ist die Erstellung von Schutz- und Pflegeprogrammen erforderlich (Haupt 1981, Voith 1986b), um eine Durchgängigkeit von den alpinen zu den subalpinen und montanen Weidegebieten zu gewährleisten. Bei den Buckelwiesen stellt der Erhalt des charakteristischen Mikroreliefs mit den sehr trockenen Buckeln und den oft ausgesprochen feuchten dazwischenliegenden Senken einen ganz entscheidenden Punkt dar.

5.4 Subalpine und alpine Bereiche dürfen nicht weiter mit Straßen erschlossen werden, da viele Teile bereits übererschlossen sind und dadurch kaum mehr Raum für störungsempfindliche Arten (z.B. alle Rauhfußhühner) vorhanden ist. Alle weiteren Erschließungsmaßnahmen bedeuten auch eine potentielle Gefährdung durch Tourismus sowie land- und forstwirtschaftliche Nutzungsintensivierung ("Düngeschleusen"). Bereits vorhandene Straßen müssen für den touristischen Verkehr fallweise dauerhaft gesperrt werden.

5.5 Einem weiteren Ausbau der touristischen Infrastruktur (sowohl für Sommer- als auch für Wintertourismus) und insbesondere der Neuanlage von Skipisten muß bei der derzeitigen sehr hohen Pistendichte (siehe Kap. XLI, Abschn. 4.4) auf jeden Fall entgegengewirkt werden.

5.6 Die Forderung von Kammer & Hegg (1990) nach einer grundsätzlichen und ausnahmslosen Ablehnung einer künstlichen Beschneiung von Magerwiesen und -weiden sowie von Moorbereichen und möglicherweise auch Zwergstrauchheiden wird an dieser Stelle bekräftigt. In allen weiteren Bereichen darf eine Genehmigung für Kunstschneeanlagen, auch wegen des hohen Wasserverbrauches und einer erhöhten Erosionsgefahr, erst nach einer eingehenden Prüfung unter der vorrangigen Berücksichtigung aller Interessen des Naturschutzes erteilt werden (Cernusca et al. 1990). Die Forderung von Cernusca et al. (1990) nach einer UVP für Skipisten und Beschneiungsanlagen ist konsequent.

6. Schutz, Pflege und Entwicklung

6.1 Subalpine Grünländereien dürfen nicht weiter intensiviert werden. Hierbei ist vor allem darauf zu achten, daß weder die Beweidungsintensität noch die Schnitthäufigkeit erhöht wird. Auf eine zusätzliche Düngung der subalpinen Wiesen muß weitgehend verzichtet werden. In den hochmontanen Buckelwiesen stellt die Fortführung der jeweiligen traditionellen Nutzung (Mahd oder Beweidung) einen entscheidenden Punkt dar. Bei traditionell einschürigen Wiesen (z. B. im Berchtesgadener Raum) ist die Sensenmahd beizubehalten, um die charakteristische Zönose zu erhalten (Voith 1985). Falls notwendig, müssen hier zusätzliche Ausgleichszahlungen für die erschwerte Bewirtschaftung über die bereits existierenden Programme hinaus ermöglicht werden.

Eine Düngung mit Mineraldünger oder Gülle ist grundsätzlich auszuschließen.

6.2 Auch im alpinen Bereich darf künftig weder die Beweidungsintensität noch die Viehzahl erhöht werden.

6.3 Analog zu den Forderungen für den Bergwald steht die Forderung nach einem weitgehenden Verbot des Varianten- und Tiefschneeskifahrens, um die davon ausgehenden Störungen auf das Birkwild bzw. lokal auf die Schneehühner zu minimieren.

6.4 Die künstliche Beschneiung von oligotrophen Standorten muß kurzfristig reduziert und langfristig gänzlich abgeschafft werden.

6.5 Zukünftig sollten keine weiteren Neuanlagen von Ski-Pisten und keine weiteren Lifte oder Sesselbahnen mehr genehmigt werden.

6.6 Für den Sommertourismus muß eine weitgehende Besucherlenkung angestrebt werden, um direkte Schäden (z. B. durch Tritt) und Störungen weitgehend zu vermeiden.

6.7 Anzustreben ist auch die großflächige Ausweisung aller noch vorhandenen Birkwildlebensräume als Naturschutzgebiet unter Ausschluß touristischer Nutzung.

XLIV: Vegetationsfreie und -arme alpine Fels- und Geröllbiotope

1. Charakterisierung

Die charakteristischen Eigenschaften der Felsbiotope liegen in der starken Sonneneinstrahlung, den hohen Temperaturschwankungen, den engen Wurzelräumen und der geringen bis fehlenden Feinerdebildung.

Zu den extremen Standortfaktoren der Geröllbiotope zählt die z. T. starke Dynamik der Schotterflächen und die damit verbundene mechanische Beeinträchtigung der Pflanzenwurzeln. Als ebenfalls sehr entscheidend sowohl für den Wasserhaushalt des Bodens als auch für die Keimung der Schuttpflanzen ist der Feinerdegehalt der Geröllmassen anzusehen. Viele Pflanzen der Geröllbiotope sind Pionierarten, die spezielle Anpassungen an den Lebensraum zeigen. Hierzu zählen funktionelle Trennungen bestimmter Wurzelbereiche zur Verankerung und zur Versorgung, verdunstungshemmende Eigenschaften, Ausläuferbildungen zur Verbreitung und zur Schuttstauung, die Toleranz gegen Überschüttung sowie eine große Regenerationsfähigkeit.

Fels- und Geröllflächen stellen lebensfeindliche Biotope dar, die von einer Reihe von Spezialisten besiedelt werden. Als Vorteile für die Vegetation gegenüber anderen Standorten erweisen sich der geringe Konkurrenzdruck und der Schutz vor Weidevieh.

2. Typen

Für die Typisierung der Fels- und Geröllbiotope sind weniger die vorhandenen Vegetationstypen entscheidend als vielmehr die abiotischen Strukturmerkmale.

1. Steinschuttfluren
   Die Unterteilung in Feintypen ist abhängig von der Beweglichkeit des Schuttes, der Größe der einzelnen Schotteranteile, dem Feinerde- und Feuchtigkeitsgrad sowie der Exposition.

2. Felsspaltenbiotope
   Felsspalten stellen diejenigen Felsbereiche dar, in denen höhere Pflanzen siedeln können. Es kommt in der Folge zu einer Humus- und Feinerdeanreicherung, die auch Bodentieren Lebensraum bietet.

3. Epi- und endolithische Felszone
   In diesen Felsbereichen stellt sich nur noch ein Bewuchs von Algen, Moosen und Flechten ein.

3. Bedeutung für die Fauna

Die alpinen Felsbereiche dienen als wichtigste Brutplätze der bundesdeutschen Vorkommen von Steinadler, Mauerläufer und Alpendohle. Weiterhin brüten Wanderfalke und Kolkrabe im Alpenraum schwerpunktmäßig in diesen Lebensräumen (Bezzel & Lechner 1978, Plachter & Nitsche 1983). Die Geröllfelder oberhalb der Waldgrenze sind außerdem der Jahreslebensraum für den Schneefink sowie teilweise der Sommerlebensraum für Alpenschneehuhn und Steinhuhn. Daneben bilden die Felsbereiche z. T. auch den Sommerlebensraum bzw. Rückzugsort für Gemse und Steinbock.

Die Wirbellosenfauna ist aufgrund des weitgehenden Fehlens höherer Pflanzen artenarm. Typisch für diesen Lebensraum sind einige Felsenschneckenarten *(Chilostoma achates, Chilostoma cingulatum, Chondrina avenacea, Chondrina clienta),* die insbesondere den Algen- und Flechtenaufwuchs abweiden bzw. sich vom spärlichen Detritus der wenigen Polsterpflanzen ernähren.

Einige Schmetterlingsarten kommen ebenfalls noch regelmäßig auf den Schutthalden der alpinen Stufe vor: Alpenweißling *(Pontia callidice),* Eismohrenfalter *(Erebia pluto),* Gorge-Mohrenfalter *(Erebia gorge)* und Gletscherfalter *(Oeneis glacialis).* Die Raupen der Mohrenfalter und des Gletscherfalters ernähren sich von den spärlich wachsenden Gräsern, die Alpenweißlingsraupe lebt von kleinen Kreuzblütlern (Schweizerischer Bund für Naturschutz 1987). Daneben treten der Hellgraue Alpen-Großspanner *(Elophos caelibaria),* die Zackenbindeneule *(Standfussiana lucerna)* und verschiedene Psodos-Spanner *(Psodos alticolaria, Psodos noricana)* in diesen Lebensräumen auf (Blab et al. 1987).

4. Gefährdungsfaktoren

Die Hauptgefährdung der alpinen Fels- und Geröllebensräume liegt vor allem in ihrer touristischen Erschließung durch Bergbahnen, Straßen, Gastronomie etc. Insbesondere Steinadler und Wanderfalke reagieren sehr empfindlich auf Störung im Horstbereich (vgl. Nitsche & Plachter 1983). Solche können u. a. hervorgerufen werden durch

– Bergsteiger und Kletterer, die ungewollt in den Horstbereich eindringen

– Fotographen oder Filmer

– Hubschrauberflüge

– Drachenflieger und ähnliches

Eine intensive Beanspruchung durch Kletterer führt weiterhin zur partiellen Zerstörung der Kryptogamenvegetation und oft auch der spärlichen Polsterpflanzenvegetation, was sich auch negativ auf die in diesen Bereichen lebenden Wirbellosen auswirkt.

Allerdings sind die alpinen Felsbereiche (noch) nicht akut durch eine touristische oder sportliche Übererschließung gefährdet. Die Problematik ist daher nicht mit außeralpinen Felsbereichen zu vergleichen.

5. Entwicklungsziele

Zum Schutz der alpinen Fels- und Geröllbereiche ist die weitere touristische Erschließung (möglichst) zu unterbinden. In besonders empfindlichen Bereichen, z. B. im weit gefaßten Horstumfeld von Steinadler und Wanderfalke, sollte durch eine Verlegung bereits bestehender Kletterrouten (z. T. auch Wanderrouten bzw. leichtere Bergsteigerpfade) in weniger empfindliche Bereiche zu einer Beruhigung beigetragen werden.

Der Intensivierung des Klettersports in den bisher noch nicht betroffenen Bereichen sollte auf jeden Fall entgegengewirkt werden, da diese in der Regel eine starke Schädigung der spärlichen Vegetation nach sich zieht.

6. Schutz, Pflege und Entwicklung

Soweit nicht im Rahmen von Naturschutzgebietverordnungen bereits durchgeführt, sollten sehr empfindliche Bereiche, z. B. das Umfeld von Steinadler- und Wanderfalkenhorsten, für den Tourismus jeglicher Art gänzlich gesperrt werden.

In allen weiteren Bereichen muß versucht werden, durch eine Konzentration der Bergsteiger- bzw. Kletterrouten weite Gebiete zu beruhigen, um zum einen die Wiederansiedlung von Großgreifvögeln zu ermöglichen (möglicherweise spielt dies auch für den Erfolg bei der Wiedereinbürgerung des Bartgeiers eine Rolle), und zum anderen eine Zerstörung der empfindlichen Kryptogamenvegetation zu verhindern.

Hubschrauberflüge zu touristischen Zwecken sollten während der Brutzeit im Umfeld der Adler- und Wanderfalkenhorste untersagt werden.

XLV. Sonstige charakteristische alpine Lebensräume (Hochmoore, Quellfluren, Lägerfluren, Schneefelder)

1. Charakterisierung

Von den zahlreichen Sonderstandorten der Alpen sollen im folgenden nur einige besonders typische aufgeführt werden.

Für die Hochmoore der höheren Lagen gelten ähnliche Bedingungen wie für die Moore der Tieflagen. Im montanen Bereich sind die Hochmoore allerdings i. a. baumbestanden und in der subalpinen Stufe fehlen typische Schlenkenausbildungen.

Quellfluren stellen auch im Hochgebirge lange schneefreie und stenotherme Standorte dar. Darin nehmen sie gegenüber den meisten anderen im Winter mit mächtigen Schneelagen bedeckten Biotopen der alpinen Stufe eine Sonderstellung ein. Im Vergleich mit den Tieflandquellen zeichnen sich alpine Quellen durch einen stark erhöhten Moosanteil aus.

Hauptsächlich an durch Vieh gedüngten Stellen entstehen Lägerfluren. Es sind dies die Umgebung von Sennhütten, Viehställen, Unterkunftshäusern und die bevorzugten Lagerplätze des Viehs auf den Almweiden. Die Vegetation der Lägerfluren besteht zum größten Teil aus starkwüchsigen Hochstauden.

Bei den Schneefeldern müssen zwei Fälle unterschieden werden: Die nivalen Schneefelder (Firn) liegen in einer Zone, in der im Durchschnitt mehr Schnee fällt als im Jahresverlauf wieder abschmilzt. Alpine Schneefelder und Schneetälchen tauen dagegen im Sommer bis auf einen Rest oder auch vollständig ab.

2. Typen

Es werden hier nur die oben genannten vier Typen von Sonderstandorten behandelt.

Hochmoortypen
1. Rasenbinsen-Moore
   in der subalpinen Stufe, baumfrei

2. Spirken-Hochmoore
   in der montanen Stufe, baumbestanden

Quellflurtypen (für kalkreiche Quellen)
1. Quelltuff-Fluren
   in stärker schüttenden Quellen
2. Quellsümpfe
   in Quellen mit geringer Schüttung, leiten zu Kalkflachmooren über

Lägerflurtypen
1. Alpenampfer-Fluren
   in der subalpinen Stufe
2. Alpenkratzdistel-Flur
   in der alpinen Stufe

Schneefeldtypen
1. Nivales Schneefeld
   schmilzt nur in extremen Wärmejahren, Lebensraum von „Schneealgen"
2. Schneetälchen
   Es bildet sich eine typische Zonierung, deren Abfolge nach der Aperzeit (Reisigl & Keller
   1987) aufgeführt ist: Schneerest, Blaukressen-Flur (2-3 Monate),
   Spalierweidenteppiche (3-4 Monate)

Abb. 148: Schneetälchen   (Foto: E. Schröder)

3. Bedeutung für die Fauna

Die Vielfältigkeit der hier unter dem Begriff „weitere charakteristische alpine Lebensräume" zusammengefaßten Lebensräume spiegelt sich auch in ihrer Fauna wider. Jeder dieser Lebensräume besitzt eine spezifische Tierwelt bzw. hat besondere Biotopqualitäten, die hier nur exemplarisch vorgestellt werden.

3.1 Hochmontane und subalpine Hochmoore als Libellenlebensraum

Hochmoore stellen einen wichtigen Lebensraum für viele Wirbellose dar. Beispielsweise kommt die vom Aussterben bedrohte Alpen-Mosaikjungfer *(Aeshna coerulea)* nur in diesem Lebensraum vor (Reich & Kuhn 1988). Auch weitere typische Hochmoorlibellen werden regelmäßig im subalpinen Bereich nachgewiesen, z. B. die Hochmoormosaikjungfer *(Aeshna subarctica)*, die Kleine Moosjungfer *(Leucorrhinia dubia)*, die Alpen-Smaragdlibelle *(Somatochlora alpestris)* und die Arktische Smaragdlibelle *(Somatochlora arctica)*.

3.2 Die Bedeutung von Quellfluren und Bachufern

Alpine Quellfluren und Bachufer stellen den Wuchsort des Bewimperten Steinbrechs *(Saxifraga aizoides)* dar, der einzigen Futterpflanze der Raupe des Hochalpenapollos *(Parnassius phoebus)* (Schweizerischer Bund für Naturschutz 1987).

Von den im Wasser der Quellen und Bergbäche lebenden Arten sind viele Gruppen speziell an diesen Lebensraum angepaßt und treten nur im Alpenraum auf (z. B. Arten der Hakenkäfer, Wassermilben, Stein-, Eintags- und Köcherfliegen). Daneben gibt es aber auch eine große Zahl von Fließgewässerarten, die ebenfalls in tieferen Lage verbreitet sind.

3.3 Lägerfluren als Hummellebensraum

Alpine Lägerfluren, die oft vom Alpenampfer *(Rumex alpinus)* dominiert werden, können einen wichtigen Teillebensraum für Hummeln darstellen (Voith 1985): Viele Hummelarten legen regelmäßig Nester in dem von Hochstauden beschatteten Boden an. Die Blüten der Gefleckten Taubnessel *(Lamium maculatum)*, die zur Zeit der Nestgründung blüht, aber auch die der Alpen-Kratzdistel *(Cirsium spinosissimum)*, die häufig an solchen Standorten vorkommt, stellen wichtige Nektar- und Pollenquellen dar.

3.4 Schneefelder als Lebensraum von Schneeinsekten

Schneefelder beherbergen eine sehr spezifische, nur wenige Arten umfassende Fauna (Strübing 1958). Zu diesen gehören der Gletscherfloh *(Isotoma saltans)* und der Schneefloh *(Isotoma nivalis)* aus der Gruppe der Springschwänze (Collembola). Die Gletscherflöhe stellen die ausschließliche Nahrungsbasis für den Gletscherweberknecht *(Mitopus glacialis)* dar, der in angrenzenden Fels- oder Krummholzbereichen lebt und die Firnfelder zur Nahrungssuche aufsucht (Martens 1978).

Im bundesdeutschen Alpenraum spielen diese Lebensräume allerdings nur eine untergeordnete Rolle, da es hier nur wenige ganzjährige Schnee- bzw. Firnfelder gibt.

Abb. 149: Alpenapollo *(Parnassius phoebus)* (Foto: H.J. Weidemann)

4. Gefährdungsfaktoren

4.1 Viele der meist kleinen subalpinen Moore, die inmitten von Almen liegen, sind durch die Intensivierung der Almen doppelt bedroht: Zum einen nimmt die direkte Eutrophierung stark zu, zum anderen können die Rinder vor allem auf Kleinststandorten erhebliche Trittschäden anrichten.

4.2 Die großflächige Wasserentnahme für die Stauseen der Kraftwerke führt in vielen Bereichen zu einem weitgehenden Versiegen der Quellen bzw. einem weitgehenden Trockenfallen der Bachbetten. Dies birgt ein hohes Gefährdungsrisiko für Arten, die an diesen Lebensraum gebunden sind, z. B. Alpenapollo (Schweizerischer Bund für Naturschutz 1987).

4.3 Die chemische Unkrautbekämpfung, insbesondere gegen den Alpenampfer *(Rumex alpinus)* in Lägerfluren stellt ein nicht zu unterschätzendes Gefährdungspotential für die dort lebenden Insektenarten dar (z. B. Hummeln; Voith 1985).

5. Entwicklungsziele

Das entscheidende gemeinsame Entwicklungsziel für alle oben genannten Lebensräume ist der vollständige Erhalt ihrer spezifischen Qualitäten über den gesamten Bereich ihrer Verbreitung. Nur so kann die charakteristische Fauna auf Dauer erhalten werden.

6. Schutz, Pflege und Entwicklung

6.1 Alle alpinen Moorstandorte, die innerhalb von Almen liegen, sollten unabhängig von ihrer Größe einschließlich einer Pufferzone durch Auszäunung wirksam gegen Viehtritt geschützt werden. Gegebenenfalls müssen auch Maßnahmen gegen die Eutrophierung durchgeführt werden.

6.2 Bei der Ableitung von Bächen in die Stauseen der Kraftwerke ist eine genügend große Restwassermenge sicherzustellen, um den Fließgewässercharakter und die natürliche Auedynamik zu erhalten.

6.3 Jegliche Herbizidanwendung muß eingestellt werden.

6.4 Eine mögliche touristische Belastung der wenigen deutschen Firn- und Schneefelder ist auszuschließen.

XLVI. Zusammenfassung

Erfolgversprechender Artenschutz läßt sich nur mittels ausreichender und fachlich abgesicherter Biotopschutzmaßnahmen erreichen. Für einen tierökologisch fundierten Biotopschutz fehlt aber eine systematische Analyse und landschaftsökologisch ausgerichtete Synopse der Ansprüche der verschiedenen Tierarten und -gruppen, des Stellenwertes der einzelnen Biotoptypen für die Fauna, der Gefährdungsfaktoren sowie der biotopspezifischen Sicherungs- und Entwicklungsmaßnahmen. Solche gruppenübergreifenden, tierökologisch gestützten und biotopbezogenen Aussagen werden bei diesem Vorhaben mittels einer Synthese von Ökosystem- und Populationskriterien erarbeitet.

Im einzelnen wird ein „Biotopschlüssel" für das Gebiet Deutschlands entwickelt, wobei 40 Biotoptypengruppen unterschieden werden (vgl. dazu das Inhaltsverzeichnis). Diese sind ihrerseits wiederum fallweise in bis zu 8 Untergruppen weitergegliedert. Für alle Biotoptypen werden charakteristische und typische Arten insbesondere von Wirbeltieren, Schmetterlingen, Käfern, Libellen, Hautflüglern, Heuschrecken, Schnecken und Muscheln als die für das Naturschutzhandeln besonders wichtigen Artengruppen ermittelt und ihre ökologischen Ansprüche dargestellt. Einen weiteren Schwerpunkt bildet eine eingehende Analyse und Bewertung der die Biotope und ihre Arten gefährdenden Faktoren. Dadurch wird konkretisiert und bilanziert, was aus tierökologischer Sicht unter Eingriffen in die Faunenbestände und in den Naturhaushalt zu verstehen ist und auf welche Weise und mit welchem Gewicht die Schadfaktoren wirksam werden. Abgeleitet vom landschaftsökologischen Bedarf der Fauna, vom Stellenwert der „Biotope" für verschiedene Lebensfunktionen (z. B. Brut, Überwinterung) der Tierwelt, von Bedeutung und Wirkungsweisen der Eingriffe sowie von den zivilisationsbedingten Veränderungstrends in der Landschaft werden schließlich für alle Biotoptypen die allgemeinen und speziellen Entwicklungsziele und die notwendigen Sicherungs-, Pflege- und Gestaltungsmaßnahmen ermittelt und in eine Rangordnung gebracht.

Von einem solchen Ordnungssystem der natürlichen Vielfalt sind wichtige Orientierungshilfen für die Naturschutzpraxis zu erwarten: Insbesondere gilt dies für eine verbesserte Berücksichtigung der Belange der Tierwelt im Zusammenhang mit Flächennutzungen, mit Eingriffs- und Ausgleichsmaßnahmen, bei Landschaftsplanungs- und Flächenschutzvorhaben, bei Biotopkartierungen sowie bei anderen raumbedeutsamen Planungen und Maßnahmen.

XLVII. Literatur

AERTS, W., 1939: Hymenopteren als Bewohner einer Lößwand im Vorgebirge bei Köln. – Decheniana **98**: 119-137.

ALBRECHT, L., AMMER, U., GEISSNER, W. & UTSCHIK, H., 1986: Tagfalterschutz im Wald. – Ber. ANL **10**: 171-183.

ALBRECHT, L., GEISER, R., MICHIELS, H.G., NEUERBURG, W. & RAUH, J., 1988: Das Naturwaldreservat „Wettersteinwald" – Ein Beispiel für die landeskulturelle und wissenschaftliche Bedeutung von Naturwaldreservaten. – Jb. Ver. Schutz Bergwelt **53**: 87-105.

ALBRECHT, L., MICHIELS, H.G., NEUERBURG, W. & RAUH, J., 1991: Waldökologische Forschung in Naturwaldreservaten – Beispiele aus Bayern. – Schriftenr. Vegetationskde. 21: 141-160.

ALFKEN, J.D., 1912: Die Bienenfauna von Bremen. – Abh. naturwiss. Ver. Bremen **22**: 1-220.

ALTMÜLLER, R., BREUER, M. & RASPER, M., 1989: Zur Verbreitung und Situation der Fließgewässerlibellen in Niedersachsen. – Informationsdienst Naturschutz Niedersachsen 8/89: 138-176. Niedersächsisches Landesverwaltungsamt – Fachbehörde f. Naturschutz.

AKADEMIE FÜR NATURSCHUTZ UND LANDSCHAFTSPFLEGE (ANL) (Hrsg.), 1986: Natur und Landschaft im Wandel. – Anhang zu Berichte der ANL 10/1986, 72 S.

ANDRESEN, F.H., 1989: Schleswig-Holsteinisches Wattenmeer: Jagd vorbei! – Nationalpark, Umwelt, Natur, H. **4**: 4-5.

ANDRESEN, F.H., 1990: Fünf Jahre Nationalpark. – Zwischenbilanz und Ausblick. – Nord Friesland 92, Dez. 1990: 25-32.

ANGERER, H., 1989: Entwicklung und Erprobung von Meßmethoden zur Messung der Sauerstoff- und Kohlendioxydkonzentration unter Schneedecken. – Diplomarbeit, Univ. Innsbruck.

ANT, H., 1963: Faunistische, ökologische und tiergeographische Untersuchungen zur Verbreitung der Landschnecken in Nordwestdeutschland. – Abh. Landesmuseum Naturkunde Münster, **25(1)**: 1-125.

ANT, H., 1976: Arealveränderungen und gegenwärtiger Stand der Gefährdung mitteleuropäischer Land- und Süßwassermollusken. – Schr.-R. Vegetationskunde 10: 309-339.

ARBEITSGEMEINSCHAFT FÜR ORNITHOLOGIE UND NATURSCHUTZ e.V., 1987: Schafbeweidung als integraler Bestandteil der Pflege von Heiden und Feuchtreservaten. – Biologische Station Zwillbrock e.V., Selbstverlag, Verden, 65 S.

ARBEITSGRUPPE ARTENSCHUTZPROGRAMM BERLIN (Hrsg.), 1984: Grundlagen für das Artenschutzprogramm Berlin. – Landschaftsentwicklung u. Umweltforschung Nr. 23 Bd. **1**: 1-548, Bd. **2**: 549-994, Bd.**3**, Kartenanhang.

ARBEITSKREIS BIOLOGISCHER UMWELTSCHUTZ SOEST, 1982: Kopfpappeln nicht radikal beschneiden. Aktuelle Kurzmeldungen. – Natur- und Landschaftskunde **18(2)**: N 15.

ARBEITSKREIS FORSTLICHE LANDESPFLEGE, 1984: Biotoppflege im Wald. – Kilda-Verlag, Greven, 230 S.

ARBEITSKREIS „MOORNUTZUNG-LANDESPFLEGE", 1989: Hochmoor-Regeneration. – Telma **19**: 147-155.

ARENDS, F., 1824: Erdbeschreibung des Fürstentums Ostfriesland und des Harlingerlandes. – Emden, S. 24/25 und 370/371. Unveränderter Nachdruck 1972, Leer.

AUWECK, F., 1982: Ökologische Auswirkungen von Flurbereinigungsmaßnahmen auf Kleinstrukturen. – Natur und Landschaft **57**: 120-127.

BABEL, U., 1982: Die Beeinträchtigung der Bodenfauna durch landwirtschaftliche Kulturmaßnahmen. – Laufener Seminarbeiträge **3/82**: 29-36.

BACHOR, A., 1991: Zum gegenwärtigen Zustand und zur Entwicklung der Wasserbeschaffenheit der Küstenflüsse Mecklenburg Vorpommerns. – In: Umweltbundesamt (Hrsg.): Erste Nationale Konferenz zum Schutz der Meeresumwelt der Ostsee, TEXTE 14/91 (Veröffentlichungen des Umweltbundesamtes): 41-58.

BADER, B. & RICKERT, H., 1976: Eingriffe in unsere Hochmoore. – Sonderdruck aus Bauernblatt/ Landpost – 49. Ausgabe v. 4. Dez. 1976, 4 S.

BAEHR, M., 1984: Die Carabiden des Lautertals bei Münsingen (Insekta, Coleoptera). – Veröffentl. Natursch. Landschaftspfl. Bad.-Württemb. **57/58**: 341-374.

BAHR, R. & WITTKÖTTER, U., 1990: Entwicklung und Bedeutung von Stickstoff-Immissionen am Beispiel der Lysimeterversuchsreihe Essen. – LÖLF Jahresbericht 1989: 43-45.

BALOGH, J., 1958: Die Lebensgemeinschaften der Landtiere. – Akademie, Berlin, 560 S.

BALON, E., 1964: Verzeichnis und ökologische Charakteristik der Fische der Donau. – Hydrobiologia **24**: 441-451.

BANSE, G. & BEZZEL, E., 1984: Artenzahl und Flächengröße am Beispiel der Brutvögel Mitteleuropas. – J. Orn., **125**: 291-305.

BARNDT, D., 1982: Die Laufkäferfauna von Berlin (West), mit Kennzeichnung und Auswertung der verschollenen und gefährdeten Arten (Rote Liste)(2.Fassung). – In: Sukopp, H. &. Elvers, H. (Hrsg.): Rote Listen Landesentw. u. Umweltforschung, **11**: 233-265.

BARTELS, U. & GEHRMANN, J., 1990: Sind naturnahe Ökosysteme durch Stickstoffeintrag gefährdet? Erste Einschätzungen nach mehrjährigen Messungen von Ammonium und Nitrat im Niederschlag. – Landesanst. f. Ökologie, Landschaftsentw. und Forstplan. Nordrhein-Westf. (Hrsg.): LÖLF Jahresbericht 1989: 38-42.

BARTH, W.-E., 1981: Gestaltung und Pflege von Feuchtbiotopen im Wald. – Allg. Forstzeitschr. **26**: 401-403.

BASEDOW, T., 1985: Der Einfluß von Pflanzenschutzmitteln auf Käfer und Spinnen, die räuberisch auf der Bodenoberfäche der Äcker leben. – Ber. Landw. **198**, Sonderheft: 189-200.

BAUCHHENESS, J., 1980: Auswirkungen des Abflämmens auf die Bodenfauna einer Grünlandfläche im Spessart. – Bayer. Landw. Jb. **57**: 100-114.

BAUER, H.J., 1983: Sollen wir die Landschaft ökologisch gestalten?. – Jb. Natursch. Landschaftspfl. **33**: 99-116.

BAUER, H.J. & GALONSKE, D., 1975: Rekultivierungsmöglichkeiten zur Biotopgestaltung auf Abgrabungsflächen. – Schr.-R. Landschaftspfl. Natursch. **12**: 33-40.

BAUER, K.M. & GLUTZ von BLOTZHEIM, U.N., 1966-1969: Handbuch der Vögel Mitteleuropas, Bde. **1-3**. – Akad. Verlagsanstalt, Wiesbaden – Frankfurt/Main.

BAUER, S. & THIELCKE, G., 1982: Gefährdete Brutvogelarten in der Bundesrepublik Deutschland und im Land Berlin: Bestandsentwicklung, Gefährdungsursachen und Schutzmaßnahmen. – Die Vogelwarte, **31(3)**: 183-391.

BAYERISCHES LANDESAMT FÜR UMWELTSCHUTZ, 1981: Vorstudie für Artenschutzmaßnahmen, Mittelfränkisches Becken. – Vervielf. Mskr., 497 S.

BECKER, G.A., 1990: Die Nordsee als physikalisches System. – In: Lozan et al. (Hrsg.): Warnsignale aus der Nordsee. Parey Verlag, Berlin – Hamburg: 11-27.

BEIER, J., 1981: Untersuchungen an Drossel- und Teichrohrsänger *(Acrocephalus arundinaceus, A. scirpaceus)*: Bestandsentwicklung, Brutbiologie, Ökologie. – J. Orn. **122(3)**.

BERDOWSKI, J. & SIEPEL, H., 1988: Vegetative regeneration of Calluna vulgaris at different ages and fertilizer levels. – Biological Conservation. **46(2)**: 85-93.

BERENDONK, C., 1990: Erste Ergebnisse der Untersuchungen zur Flächenstillegung. – LÖLF Jahresbericht 1989: 72-74.

BERGHAHN, R., 1990: Biologische Veränderungen im Wattenmeer. – In: Lozan et al. (Hrsg.): Warnsignale aus der Nordsee. Parey Verlag, Berlin – Hamburg: 202-212.

BERGMANN, A., 1951-1955: Die Groß-Schmetterlinge Mitteldeutschlands, Bde. **1, 2, 3 u. 5.** – Urania-Verlag, Jena.

BERGMEIER, E., 1983: Bemerkungen zum Rückgang der Dorfflora am Beispiel der Gemeinde Kalletal (Kr. Lippe). – Natur und Landschaft **58(9)**: 330-332.

BERGSTEDT, J., 1985: Handbuch des Biotopschutzes, 3. überarb. u. erg. Aufl. – Selbstverlag, Hannover, 272 S.

BERNHARDT, A., 1990: Entwicklung der Bestockung im Bergwald Oberbayerns seit 1860. – Beihefte Forstwissensch. Centralbl. **20**: 19-29.

BERTSCH, K., 1947: Der Wald als Lebensgemeinschaft. – Ravensburg, 210 S.

BEUTLER, A., 1985: Habitatbewertung Landschnecken. MAB-6 Ökosystemforschung Berchtesgaden. – Abschlußbericht zur 1. Projektphase.

BEZZEL, E., 1976: Vögel als Bewertungskriterien für Schutzgebiete – einige einfache Beispiele aus der Planungspraxis. – Natur und Landschaft **51**: 73-78.

BEZZEL, E., 1977: Zur Zusammensetzung der Landvogelgesellschaften in der Agrarlandschaft. – J. Orn. **118**: 307-308.

BEZZEL, E., 1982: Vögel in der Kulturlandschaft. – Ulmer, Stuttgart, 350 S.

BEZZEL, E. & LECHNER, F., 1978: Die Vögel des Werdenfelser Landes. – Vogelkd. Bibliothek, Bd. **8**, Greven, 243 S.

BEZZEL, E. & RANFTL, H., 1974: Vogelwelt und Landschaftsplanung. – Tier und Umwelt Nr. 11/12, Barmstedt (Kurth), 92 S.

BIBELRIETHER, H., 1978: Anmerkungen zu einigen Waldbaufragen aus der Sicht des Naturschutzes. – Ber. ANL **2**: 60-63.

BIBER, J.-P., 1979: Bedeutung und Funktion der Hecken für die Vögel. – Vögel der Heimat 49: 98-100.

BIELEFELD, U., 1984: Aufbau eines vernetzten Biotopsystems „Trocken- und Halbtrockenrasen" in Rheinland-Pfalz. – In: Ministerium für Soziales, Gesundheit und Umwelt (Hrsg.): Arten- und Biotopschutz in Rheinland-Pfalz: 21-29.

BIESTER, E., 1989: Der Hering – wichtigster Wirtschaftsfisch in Vergangenheit und Gegenwart. – Meer und Museum **5**: 58-62.

BIESTER, E., 1991: Einige Ergebnisse der fischereibiologischen Forschung. – In: Umweltbundesamt (Hrsg.): Erste Nationale Konferenz zum Schutz der Meeresumwelt der Ostsee, TEXTE 14/91 (Veröffentlichungen des Umweltbundesamtes): 124-140.

BIRKHOLZ, B., SCHMATZLER, E. & SCHNEEKLOTH, H., 1980: Untersuchungen an niedersächsischen Torflagerstätten zur Beurteilung der abbauwürdigen Torfvorräte und der Schutzwürdigkeit im Hinblick auf deren optimale Nutzung. – Natursch. Landschaftspfl. in Niedersachsen H. **12**.

BITTMANN, E., 1965: Grundlagen und Methoden des biologischen Wasserbaus. – In: Bundesanstalt für Gewässerkunde Koblenz (Hrsg.): Der biologische Wasserbau an den Bundeswasserstraßen: 17-78, Ulmer, Stuttgart.

BITZ, A., 1979: Alternativer Mauerbau in der Flurbereinigung: Drahtschottergabionen. – Naturschutz u. Ornithologie in Rheinland-Pfalz **1**: 5-27.

BLAB, J., 1976: Erfordernisse eines zeitgemäßen Tierartenschutzes. – Natur und Landschaft **51**: 31-33.

BLAB, J., 1978: Untersuchungen zu Ökologie, Raum-Zeit-Einbindung und Funktion von Amphibienpopulationen. – Schr.-R. Landschaftspfl. Natursch. H. **18**. Landwirtschaftsverlag, Münster-Hiltrup, 146 S.

BLAB, J., 1979a: Amphibienfauna und Landschaftsplanung. – Natur und Landschaft **54**: 3-7.

BLAB, J., 1979b: Tierökologische Beiträge zur Landschaftsplanung. – Verh. d. Gesell. f. Ökologie (Münster 1978) Bd. **VII**: 121-128.

BLAB, J., 1979c: Rahmen und Ziele eines Artenschutzprogrammes. – Natur und Landschaft **54**: 411-416.

BLAB, J., 1980a: Grundlagen für ein Fledermaus-Hilfsprogramm. – Themen der Zeit 5. Kilda-Verlag, Greven, 44 S.

BLAB, J., 1980b: Reptilienschutz: Grundlagen – Probleme – Lösungsansätze. – Salamandra **16**: 89-113.

BLAB, J., 1981: Inhalte und Ziele von Artenschutzprogrammen in der Bundesrepublik Deutschland. – Tagungsbericht 9/81 der Akademie f. Natursch. u. Landschaftspfl. Laufen: 4-12.

BLAB, J., 1982: Zur Wanderdynamik der Frösche des Kottenforstes bei Bonn – Bilanzen der jahreszeitlichen Einbindung. – Salamandra **18**: 9-28.

BLAB, J., 1983: Entwicklung von Artenhilfsprogrammen am Beispiel der Tagfalter- und Widderchenfauna der Bundesrepublik Deutschland. – Jb. Natursch. Landschaftspfl. **34**: 87-112.

BLAB, J., 1984: Ziele, Methoden und Modelle einer planungsbezogenen Aufbereitung tierökologischer Fachdaten. – Landschaft + Stadt **16(3)**: 172-181.

BLAB, J., 1985a: Sind die Roten Listen der gefährdeten Arten geeignet, den Artenschutz zu fördern? – Schr.-R. d. Dt. Rates f. Landespflege, **46**: 612-617.

BLAB, J., 1985b: Handlungs- und Forschungsbedarf für den Reptilienschutz. – Natur und Landschaft **60(9)**: 336-339.

BLAB, J., 1985c: Zur Machbarkeit von „Natur aus zweiter Hand" und zu einigen Aspekten der Anlage, Gestaltung und Entwicklung von Biotopen aus tierökologischer Sicht. – Natur und Landschaft **60**: 136-140.

BLAB, J., 1988: Möglichkeiten und Probleme einer Biotopgliederung als Grundlage für die Erfassung von Zoozönosen. – Mitt. Bad. Landesver. Naturkunde u. Naturschutz, N. F. **14(3)**: 567-575.

BLAB, J., 1990: Zum Indikationspotential von Roten Listen und zur Frage der Ermittlung „Regionaler Leitartengruppen" mit landschaftsökologischer Zeigerfunktion. – Schr.-R. f. Landschaftspfl. u. Natursch., H. **32**: 121-134.

BLAB, J. & BLAB, L., 1981: Quantitative Analysen zur Phänologie, Erfaßbarkeit und Populationsdynamik von Molchbeständen des Kottenforstes bei Bonn. – Salamandra **17**: 147-172.

BLAB, J., BLESS, R., NOWAK, E. & RHEINWALD, G., 1989: Veränderungen und neuere Entwicklungen im Gefährdungs- und Schutzstatus der Wirbeltiere in der Bundesrepublik Deutschland. – Schr.-R. für Landschaftspfl. u. Natursch., H. **29**: 9-37.

BLAB, J., BRÜGGEMANN, P. & SAUER, H., 1991: Tierwelt in der Zivilisationslandschaft. Teil II: Raumeinbindung und Biotopnutzung bei Reptilien und Amphibien im Drachenfelser Ländchen. – Schr.-R. f. Landschaftspfl. u. Natursch. H. **34**, 94 S.

BLAB, J. & KUDRNA, O., 1982: Hilfsprogramm für Schmetterlinge. – (= Naturschutz Aktuell 6), Kilda Verlag, Greven, 135 S.

BLAB, J., NOWAK, E., TRAUTMANN, W. & SUKOPP, H. (Hrsg.), 1984: Rote Liste der gefährdeten Tiere und Pflanzen in der Bundesrepublik Deutschland. – (= Naturschutz aktuell 1), 4. Aufl., Kilda-Verlag, Greven, 270 S.

BLAB, J., RUCKSTUHL, T., ESCHE, T. & HOLZBERGER, R., 1987: Aktion Schmetterling. So können wir sie retten. – Maier, Ravensburg, 191 S.

BLAB, J., TERHARDT, A. & ZSIVANOVITS, K.-P., 1989: Tierwelt in der Zivilisationslandschaft. Teil I: Raumeinbindung und Biotopnutzung bei Säugetieren und Vögeln im Drachenfelser Ländchen. – Schr.-R. f. Landschaftspfl. u. Natursch., H. **30**, 223 S.

BLANA, H., 1978: Die Bedeutung der Landschaftsstruktur für die Vogelwelt. Modell einer ornithologischen Landschaftsbewertung. – Beitr. z. Avifauna d. Rheinlandes, H. **12**: 1-225.

BLASZYK, P., 1967: Moderne Landwirtschaft und Vogelwelt. – Orn. Mitt. **19**: 69-79.

BLESS, R., 1978: Bestandsänderungen der Fischfauna in der Bundesrepublik Deutschland. – (= Naturschutz aktuell 2), Kilda-Verlag, Greven, 68 S.

BLESS, R., 1980: Bestandsentwicklungen der Mollusken-Fauna heimischer Binnengewässer und die Bedeutung für Naturschutz und Landschaftspflege. – Biol. Abh.,Bd. 5, Nr. 59-60, 48 S.

BLESS, R., 1981: Wandernde Fischarten und deren besondere Schutzbedürfnisse. – In: BFANL (Hrsg.): Schutz wandernder Tierarten. (= Naturschutz Aktuell 5), Kilda-Verlag, Greven: 75-81.

BOCK, W., 1979: Zur Situation der Rohrweihe *(Circus aeruginosus)* in Schleswig-Holstein. – J. Orn. **120**: 416-430.

BOCKWINKEL, G., 1990: Unsere Kulturlandschaft als Lebensraum für Graswanzen (Stenodermini, Miridae, Heteroptera). – Verh. Westd. Entom. Tag 1989, Düsseldorf: 265-283.

BÖHR, H.J., 1981: Feuchtgebiete als Lebensstätten bestandsgefährdeter Pflanzen- und Tierarten. – AFZ **17**: 392-396.

BÖTTGER, K., 1985: Zur ökologischen Grundlage von Güteaussagen bei Fließgewässern unserer Kulturlandschaft, unter besonderer Berücksichtigung der Situation im ländlichen Raum Norddeutschlands. – Schr. Naturwiss. Ver. Schlesw.-Holst. Bd. **55**: 35-62.

BÖTTGER, K., 1986: Aspekte der Gehölzbeschattung und Zielvorstellungen der Renaturierungsmaßnahmen am Unteren Schierenseebach (Schleswig-Holstein), unter besonderer Herausstellung der Odonaten. – Natur und Landschaft **61(1)**: 10-13.

BÖTTGER, K., 1990: Ufergehölze – Funktionen für den Bach und Konsequenzen ihrer Beseitigung. Ziele eines Fließgewässer-Schutzes. – Natur und Landschaft **65(2)**: 57-62.

BOLLER-ELMER, K., 1977: Düngungseinflüsse von Intensivgrünland auf Streu- und Moorwiesen. – Veröff. Geobot. Inst. ETH, Stift. Rübel 63: 1-103, Zürich.

BONESS, M., 1953: Die Fauna der Wiesen unter besonderer Berücksichtigung der Mahd. – Z. Morph. Ökol. Tiere **42**: 255-277.

BORCHERT, J., 1981: Umfang von naturnahen Landschaftsteilen in intensiv bewirtschafteten Agrarlandschaften. – Natur und Landschaft **56**: 181-182.

BRANDES, D., 1988: Die Ruderalvegetation von Niedersachsen – ein Überblick. – In: Brandes, D. (Hrsg.): Ruderalvegetation. (Koll. Schutz- u. Erhaltungsmaßnahmen für Ruderalvegetation, NNA, Hof Möhr, Mai 1987): 7-27.

BRAUN, W., 1988: Auswirkungen der modernen Landbewirtschaftung auf die Vegetation von Grün- und Ackerland in Bayern. – Wiss. Z. Uni. Halle **37(1)**: 82-92.

BRAUNS, A., 1976: Taschenbuch der Waldinsekten. – Bd. 1 und 2, Stuttgart, 817 S.

BREHM, J. & MEJERING, M., 1982: Fließgewässerkunde. – Biol. Arbeitsbücher **36**, Quelle & Meyer, Heidelberg, 311 S.

BREMER, H., 1986: Beobachtungen zur Veränderung der Ichthyofauna im Salzhaff. – Naturschutzarbeit in Mecklenburg **29(1)**: 38-39.

BRENNING, U., 1989: Das Zooplankton des Greifswalder Boddens. – Meer und Museum **5**: 36-43.

BRIEMLE, G., 1980: Verbreitungsschwerpunkt von Gehölzen auf gestörten Mooren Süddeutschlands. – Natur und Landschaft **55**: 64-67.

BROWN, J.H. & KODRIC-BROWN, A., 1977: Turnover rates in insular biogeography: effect immigration on extinction. – Ecology **58**: 445-449.

BRÖRING, U. & NIEDRINGHAUS, R., 1989: Die epigäische Hemipterenfauna (Heteroptera, Auchenorrhyncha) der Tertiärdünen Ostfiesischer Düneninseln. – Braunschw. naturkdl. Schr. **3(2)**: 387-397.

BRÜGMANN, L., 1992: Problem- und Fremdstoffe in der Ostsee. – Spektrum der Wissenschaft 2/1989: 102-110.

BRÜLL, H., 1977: Das Leben europäischer Greifvögel, 3. Aufl. – Stuttgart – New York, 315 S.

BRÜLL, H., 1980: Die Landschaftsbiologische Bedeutung der Greifvögel – Grundlagen für den Greifvogelschutz. – Materia Medica Nordmark, **32**: 323-340.

BRUNNER, M., DUHME, F., MÜCK, H., PATSCH, J. & WENISCH, F., 1979: Kartierung erhaltenswerter Lebensräume in der Stadt. – Das Gartenamt **28**: 72-79.

BUCHWALD, K. & ENGELHARDT, W. (Hrsg.), 1969: Handbuch für Landschaftspflege und Naturschutz, Bd 4: Planung und Ausführung. – BLV Verlagsgesellschaft, München, Basel, Wien, 252 S.

BUCHWALD, K. & ENGELHARDT, W. (Hrsg.), 1978-1980: Handbuch für Planung, Gestaltung und Schutz der Umwelt, Bde. **1-4**. – BLV Verlagsgesellschaft, München – Wien.

BUHNSE, G. & WACH, F., 1975: Fischerkrankungen in der Oberweser durch umweltbedingte Faktoren. – Neues Archiv f. Niedersachsen **24(4)**: 338-349.

BUNDESFORSCHUNGSANSTALT FÜR NATURSCHUTZ UND LANDSCHAFTSÖKOLOGIE (BFANL), 1983: Die Rheinaue, ihre Schutzwürdigkeit und existenznotwendigen Faktoren. – In: Minist. f. Ernährung, Landwirtschaft, Umwelt u. Forsten Bad.-Württ. Hochwassersch. Oberrhein. – Inform. Veranst. am 20.5. 1982 in Rastatt.

BUNDESMINISTERIUM FÜR ERNÄHRUNG, LANDWIRTSCHAFT UND FORSTEN (Hrsg.), 1991: Statistisches Jahrbuch über Ernährung, Landwirtschaft und Forsten der Bundesrepublik Deutschland. – Landwirtschaftsverlag, Münster-Hiltrup.

BUNDESMINISTER FÜR UMWELT, NATURSCHUTZ UND REAKTORSICHERHEIT, 1991: Nationales Ostseesanierungsprogramm für die Bundesrepublik Deutschland.

BURMEISTER, E.-G., 1990: Die Tierwelt der Moore (speziell der Hochmoore). – In: Göttlich, K. (Hrsg.): Moor- und Torfkunde: 29-58, Schweizerbart-Verlag, Stuttgart.

CAMERON, P., BERG, J. WESTERNHAGEN, H.v. & DETHLEFSEN, V., 1990: Mißbildungen bei Fischembryonen der südlichen Nordsee. – In: Lozan et al. (Hrsg.): Warnsignale aus der Nordsee. Parey Verlag, Berlin – Hamburg: 281-294.

CANCELADO, R. & YONKE, T.R., 1970: Effect of Prairie Burning on Insect Populations. – J. Kansas Ent. Soc. **43**: 274-281.

CASPERS, N., 1980: Die Makrozoobenthos-Gesellschaften des Rheins bei Bonn. – Dechemiana **133**: 93-106.

CERNUSCA, A., 1986: Ökologische Auswirkungen des Baues und Betriebes von Skipisten. – Sammlung Naturschutz **33** (Hrsg: Europarat, Straßburg): 1-253.

CERNUSCA, A., 1987: Wintersporterschließungen und Naturschutz – Ergebnisse einer Studie im Auftrag des Europarates. – Verh. GfÖ XV (Graz 1985): 173-181.

CERNUSCA, A., ANGERER, H., NEWESELY, C. & TAPPEINER, U., 1990: Ökologische Auswirkungen von Kunstschnee – eine Kausalanalyse der Belastungsfaktoren. – Verh. GfÖ **XIX/II** (Osnabrück 1989): 746-757.

CLAUSEN, B. & ANDERSEN, S., 1988: Evaluation of bycatch and health status of the harbour porpoise (Phocoena phocoena) in Danish waters. – Danish Rev. Game Biol. **13**: 1-20.

CLAUSNITZER, H.-J., 1980: Hilfsprogramm für gefährdete Libellen. – Natur und Landschaft **55**: 12-15.

CONRADY, D., 1988: Die Jagd auf Wasservögel im Nationalpark Schleswig-Holsteinisches Wattenmeer. – Landesamt f. d. Nationalpark Schleswig-Holsteinisches Wattenmeer, Tönning, 44 S.

DAHL, H.-J., 1976: Biotopgestaltung beim Ausbau kleiner Fließgewässer. – Natur und Landschaft **51**: 200-204.

DAHL, H.-J. & EBELING, G., 1977: Wasservogelbiotop „Ostenuther Kiesteich". Abbau- und Rekultivierungsplan für den Kiesabbau der Firma Heinrich Pampel, Stemmen, Landkreis Schaumburg. – vervielf. Mskr.

DAHM, E., 1990: Fischereilich genutzte Krebsarten. – In: Lozan et al. (Hrsg.): Warnsignale aus der Nordsee. Parey Verlag, Berlin – Hamburg: 176-182.

DECHENT, H-J., 1988: Wandel der Dorfflora. – KTBL-Schrift **326**: 1-162.

DEN BOER, P.J., 1977: Dispersal power and survival. Carabids in a cultivated countryside. Miscell Papers L.H. Wageningen **14**, 190 S.

DERKSEN, W., 1941: Die Succession der pterygoten Insekten im abgestorbenen Buchenholz.. – Z. Morph. Ökol. **37**: 683-734.

DEUTSCHE SEKTION DES INTERNATIONALEN RATES FÜR VOGELSCHUTZ, 1978: Aus der Arbeit der Deutschen Sektion des Internationalen Rates für Vogelschutz (DS/IRV) 1977/1978. – Ber. Dt. Sek. int. Rates f. Vogelsch. **18**.

DIAMOND, J.M., 1975: The island dilemma: Lesson of modern biogeographic studies for the design of natural reserves. – Biol. Conserv. **7**: 129-146.

DIAMOND, J.M., 1978: Critical areas of maintaining vailable populations of species. – In: Holdgate, M. & Woodman, M.J. (Hrsg.): Breakdown and restoration of ecosystems: 27-40. New York.

DIEHL, M. & DIEHL, D., 1986: Naturschutzgebiete an der Ostseeküste Schleswig-Holsteins. – Ber. des Vereins „Natur und Heimat" und des Naturhistorischen Museums zu Lübeck 19/20, 164 S.

DIEL, O., 1982: So können wir dem Brachvogel helfen. – Wir u. d. Vögel **14(4)**: 14.

DIEMONT, W.H. & SMIDT, J.T. de (Hrsg.), 1987: Heathland management in the Netherlands. – Rijksinstituut voor Natuurbeheer (RIN), Arnhem (= RIN-Report, **87/17**): 110 S.

DIERCKS, R., 1980: Statusbericht Pflanzenschutz. – Landwirtschaft – Angewandte Wissenschaft H. **244**, Landwirtschaftsverlag, Münster, 154 S.

DIERL, W., 1980: Schutz unserer heimischen Schmetterlinge. – Natur und Landschaft **55**: 33-34.

DIERSSEN, K., 1990: Naturschutzprobleme und Lösungsansätze in Gebieten mit agrarischer Vorrangnutzung. – Laufener Seminarbeiträge **3/90**: 31-39.

DIERSSEN, K., EISCHEID, W., HÄRDTLE, W., HAGGE, H., HAMANN, U., KIEHL, K., KÖRBER, P., LÜTKE TWENHÖVEN, F., NEUHAUS, R. & WALTER, J., 1991: Geobotanische Untersuchungen an den Küsten Schleswig-Holsteins. – Berichte der Tüxen-Gesellschaft **3**: 129-155.

DIETRICH, K. & KOEPFF, C., 1986: Erholungsnutzung des Wattenmeers als Störfaktor für Seehunde. – Natur u. Landschaft, **61(7/8)**: 290-292.

DIJKEMA, K.S. & WOLFF, W.J., 1983: Flora and vegetation of the Wadden Sea islands and coastal areas. Report 9. – Final report of the section „Flora and vegetation" of the Wadden Sea Working Group, Leiden, 413 S.

DINGETHAL, F., JÜRGING, P., KAULE, G. & WEINZIERL, W., 1981: Kiesgrube und Landschaft. – Parey, Hamburg - Berlin, 227 S.

DISTER, E., 1980: Geobotanische Untersuchungen in der hessischen Rheinaue als Grundlage für die Naturschutzarbeit. – Diss. Univ. Göttingen, 170 S.

DITTMAR, H., 1955: Ein Sauerlandbach. – Arch. Hydrobiol. **50**: 305-552.

DOBAT, K., 1979: Die Höhlenfauna der Fränkischen Alb. – Ber. Naturwiss. Ges. Bayreuth XVI: 11-240.

DÖHRING, E., 1955: Zur Biologie des Großen Eichenbockkäfers *(Cerambyx cerdo* L.) unter besonderer Berücksichtigung der Populationsbewegungen im Areal. – Z. angew. Zool. **42**: 251-373.

DORN, I., 1981: Der Bau von Freileitungen – ein Eingriff in Natur und Landschaft. – Referat anläßl. d. Fach- und Verwaltungslehrgangs Landespflege am 11.11.81 in Hannover, vervielf. Mskr.

DRACHENFELS, O. v., 1982: Grundlagen eines Hilfsprogramms für Wildbienen, Falten-, Weg- und Grabwespen. – Diplomarbeit Inst. f. Landschaftspflege u. Naturschutz Universität Hannover, 294 S. (unveröff.).

DRACHENFELS, O. v., 1983: Tierökologische Kriterien für die Sicherung und Entwicklung von vernetzten Biotopsystemen – Pilotstudie im Auftrag des Landesamtes für Umweltschutz Rheinland-Pfalz. – Vervielf. Manuskript, 126 S.

DRACHENFELS, O. v., MEY, H. & MIOTK, P., 1984: Naturschutzatlas Niedersachsen – Erfassung der für den Naturschutz wertvollen Bereiche – Stand 1984. – Natursch. Landschaftspfl. Niedersachs. H. **13**, 267 S.

DRENCKHAHN, D., LEPTHIN, H.J. & LOOFT, K., 1968: Die Moore Schleswig-Holsteins und ihr Brutvogelbestand. – CORAX **2**: 163-179.

DRESCHER, H.E., 1979: Biologie, Ökologie und Schutz der Seehunde im Schleswig-Holsteinischen Wattenmeer. – Meldorf, 73 S.

DROSERA, 1988: Zoologische Beiträge zur Besiedlung der jungen Düneninseln Memmert und Mellum. – Naturkundliche Mitt. aus Nordwestdeutschland, Drosera '88(1/2), 369 S.

DROSTE, M., NENTWIG, W. & VOGEL, M., 1980: Lebensraum Niedermoor: Zustand und geplante Entwicklung. – Ber. ANL **4**: 86-91.

DUFFEY, E., 1956: Aerial dipersal in a known spider population. – J. Anim. Ecol. **25**: 85-111.

EGGELSMANN, R., 1987: Hochmoor-Regeneration verlangt eine nahezu horizontale Mooroberfläche. – Natur und Landschaft **62**: 241-246.

EGGELSMANN, R., 1990: Ökohydrologie und Moorschutz. – In: Göttlich, K. (Hrsg.): Moor- und Torfkunde: 357-373, Schweizerbart-Verlag, Stuttgart.

EGLOFF, T., 1987: Gefährdet wirklich Stickstoff (aus der Luft) die letzten Streuwiesen? – Natur und Landschaft **62**: 476-478.

EIBERLE, K., 1979: Beziehungen waldbewohnender Tierarten zur Vegetationsstruktur. – Schweiz. Z. f. Forstwesen **130(3)**: 201-224.

EIGNER, J., 1978a: Ökologische Knickbewertung in Schleswig-Holstein. – Sonderdruck aus „Die Heimat" Nr. 10/11, 85.Jg: 241-249.

EIGNER, J., 1978b: Erfassung der Moore in Schleswig-Holstein aus der Sicht des Naturschutzes. – Telma **8**: 315-322.

EIGNER, J., 1982: Rettung für Moore und Heiden? Der Preis für Paradiese aus zweiter Hand. Plaggen, mähen, stauen, brennen – die Last und die Lust mit dem Erbe der Väter. – In: Krewerth, R.A. (Hrsg.): Naturraum Moor und Heide: 149-167, Meyster, München.

EIGNER, J. & SCHMATZLER, E., 1980: Bedeutung, Schutz und Regeneration von Hochmooren. – (= Naturschutz Aktuell 4), Kilda-Verlag, Greven, 78 S.

ELLENBERG, H., 1973: Ökosystemforschung. – Springer, Berlin – Heidelberg – New York, 280 S.

ELLENBERG, H., 1986: Vegetation Mitteleuropas mit den Alpen in ökologischer Sicht. 4. Aufl. – Ulmer Verlag, Stuttgart, 989 S.

ELLING, W., 1991: Gefährdung des Waldes im Alpenraum. – In: Huttner, K. & Danz, W. (Hrsg.): Schützt die Alpen. Bonn Aktuell, 140 S.

EMEIS, W., 1950: Einführung in das Pflanzen- und Tierleben Schleswig-Holsteins. – Rendsburg, 187 S.

ENDE, M. van der,, 1982: Über Heiden in Schleswig-Holstein – Entstehung, Bestand, Erhaltung. – Bauernblatt/Landpost **36/132(17)**: 2056-2057.

ERHARDT, A., 1985: Wiesen und Brachland als Lebensraum für Schmetterlinge. Eine Feldstudie im Tavetsch (GR). – Denkschr. Schweiz. Naturforsch. Ges., 98, Birkhäuser, Basel, 154 S.

ERZ, W., 1967: Verstädterung unserer Vogelwelt. – Umschau **3**: 85-88.

ERZ, W., 1975: Feuchtgebiete erhalten und gestalten. – AIDBroschüre **406**, Bonn-Bad Godesberg.

ERZ, W., 1978: Zur Aufstellung von Artenschutzprogrammen. – In: Olschowy, G. (Hrsg.): Natur- und

Umweltschutz in der Bundesrepublik Deutschland: 792-802, Parey, Hamburg - Berlin.

ERZ, W., 1984: Schutz der Tier- und Pflanzenwelt. – AID Broschüre 52: 1-40, 2. Aufl., Bonn-Bad Godesberg.

ESCHERICH, K., 1923: Die Forstinsekten Mitteleuropas. – 2 Bde., Berlin.

EVERS, O. & SCHMATZLER, E., 1976: Vorschläge zur Renaturierung von Hochmooren, dargestellt am Uchter Moor im Landkreis Nienburg/Weser. – Natur und Landschaft 51: 225-228.

FACHVERBAND FÜR SAND UND KIES (FSK) SCHWEIZ, 1972: Zusammenstellung von Vorschriften und Richtlinien für den Abbau von Sand und Kies. – FSK Schweiz, Nidau.

FAETH, S.H. & KANE, T.C., 1978: Urban Biography – City Parks as Islands for Diptera and Coleoptera. – Oecologia 32: 127-133.

FELDMANN, R., 1976: Rote Liste der im Landesteil Westfalen (Land NRW) gefährdeten Amphibien- und Reptilienarten. – Natur und Landschaft 51: 39-41.

FISCHER, A., 1982: Hohlwege am Kaiserstuhl. – Natur und Landschaft 57: 115-119.

FOERSTER, E., 1983: Pflanzengesellschaften d. Grünlandes in Nordrhein-Westfalen. – Schr.-R. d. Landesanst. f. Ökologie, Landschaftsentw. und Forstplan. NRW, Bd. 8, 71 S.

FORMAN, R.T.T., GALLI, A.E. & LECK, CH.F., 1976: Forest Size and Avian Diversity in New Jersey Woodlots with some Land Use Implications. – Oecologia 26: 1-8.

FORSTER, W. & WOHLFAHRT, T.A., 1954-1976: Die Schmetterlinge Mitteleuropas, Bde 1-3. – Franckh'sche Verlangshandlung, Stuttgart.

FRANKIE, G.W. & EHLER, L.E., 1975: Ecology of Insects in Urban Environments. – Ann. Rev. Entom. 23: 367-387.

FRANKIE, G.W. & KOEHLER, C.S. (Hrsg.), 1978: Perspectives in urban entomology. – New York – San Francisco – London, 417 S.

FREIER, R.v., 1979: Eingriffe in die Landschaft und ihr Ausgleich. – AFZ. 35: 930-931.

FREITAG, H., 1962: Einführung in die Biogeographie von Mitteleuropa. – Fischer, Stuttgart, 214 S.

FRIEDRICH, G., 1981: Fließgewässer: Bedeutung – Gefährdung – Schutz. – DNR-Broschüre, 12 S.

FRIES, G. & TESCH, F.W., 1965: Aufenthalt der Fische im Bereich von Stauwehren. – Schweizer Z. Hydrol. 27: 257-272.

FRÖMEL, R., 1980: Die Verbreitung im Schilf überwinternder Arthropoden im westlichen Bodenseegebiet und ihre Bedeutung für Vögel. – Vogelwarte 30: 218-254.

FRÖMMING, E., 1956: Biologie der mitteleuropäischen Süßwasserschnecken. – Duncker & Humblot, Berlin, 313 S.

FUCHS, E., 1981: Vögel – In: Bundesamt für Forstwesen (Hrsg.): Naturnahe Weiher – ihre Planung, Gestaltung und Wiederherstellung. – Eidg. Drucksachen- u. Materialzentrale, Bern: 61-68.

FUCHS, G., 1969: Die ökologische Bedeutung der Wallhecken in der Agrarlandschaft Nordwestdeutschlands, am Beispiel der Käfer. – Pedobiologia 9(5/6): 432-458.

FUCHS, W., 1980: Möglichkeiten des Wildhuhnschutzes. – Vögel der Heimat 50: 190-191.

FUNKE, W., 1983: Waldökosysteme in der Analyse von Struktur und Funktion – Untersuchungen an Arthropodenzönosen. – Verh. d. Ges. f. Ökol. (Mainz 1981), 10: 13-26.

FURRINGTON, H. & HÖLZINGER, J., 1975: Bruthilfen für den Flußregenpfeifer. – Beih. Veröff. Natursch. Landschaftspfl. Bad.-Württ. 7: 63-64.

GANSE, E., 1980: Altholzinseln im hessischen Wald. – Nachdruck des DBV-Landesverb. Niedersachsen e.V. aus der Broschüre des DBV zur Bundesvertreterversammlung vom 14.-16. März 1980 in Wiesbaden.

GEHRMANN, J., 1990: Umweltkontrolle am Waldökosystem. – Landesanst. f. Ökologie, Landschaftsentw. und Forstplan. Nordrhein Westf. (Hrsg.): LÖLF Jahresbericht 1989: 34-37.

GÉHU, J.-M., 1985: European dune shoreline vegetation Strasbourg. – Europarat, Nature and Environment Series No 32, 68 S.

GEISEL, T. & MEßNER, U., 1989: Flora und Fauna des Bodens im Greifswalder Bodden. – Meer und Museum 5: 44-51.

GEISER, R., 1980: Grundlagen und Maßnahmen zum Schutz der einheimischen Käferfauna. – Schr.-R. Landschaftspfl. u. Naturschutz, **12**: 71-80.

GEISER, R., 1989: Spezielle Käfer-Biotope. – Schriftenr. Landschaftspfl. Naturschutz **29**: 268-276.

GEPP, J., 1976: Xerotherme Biotope der Steiermark als Refugien beachtenswerter Neuropterenarten (Neuroptera, Insecta). – In: Wolkinger, F. (Hrsg.): Mitteleuropäische Trockenstandorte in pflanzen- und tierökologischer Sicht. Graz.

GEPP, J., 1986: Trockenrasen in Österreich als schutzwürdige Refugien wärmeliebender Tierarten. – In: Holzner, W. (Red.): Österreichischer Trockenrasenkatalog. Grüne Reihe, Band **6** BM Ges. u. Umweltsch. Wien: 15-27.

GERBER, A. & PLACHTER, H., 1987: Vergleichende Untersuchungen zur Laufkäferfauna (Coleoptera, Carabidae) im Bereich des Ausgleichsbeckens Altmühltal (Bayern, Mittelfranken). – Schr.-R. Bayer. Landesamt f. Umweltschutz, Heft **77**: 25-31.

GERDES, K., 1991: Zum Einfluß der Wattenjagd auf die Vogelwelt des Dollart. – Vogelkundl. Ber. Nieders. **23(1-3)**: 25-30.

GERKEN, B., 1982: Probeflächenuntersuchungen in Mooren des oberschwäbischen Alpenvorlandes. – Ein Beitrag zur Kenntnis wirbelloser Leitarten südwestdeutscher Moore. – Telma **12**: 67-84.

GERKEN, B., 1983: Moore und Sümpfe. – Rombach-Verlag, Freiburg, 107 S.

GERKEN, B., 1988: Auen – verborgene Lebensadern der Natur. – Rombach-Verlag, Freiburg, 132 S.

GIESSENER ARBEITSKREIS FÜR WILDFORSCHUNG, 1979: Rebhuhnforschung. – Wild und Hund **6**: 327-328.

GILPIN, M.E. & SOULE, M.E., 1986: Minimum viable populations: processes of species extinction. – In: Soule, M.E. (ed.): Conservation biology. The science of scarcity and diversity: 1934 Sunderland Man, Stinauer.

GLANDT, D., 1979: Amphibienschutz aus der Sicht der Ökologie, ein Beitrag zur Artenschutz-Theorie. – Natur und Landschaft **56**: 304-310.

GLUTZ von BLOTZHEIM, U.N., BAUER, K.M. & BEZZEL, E., 1971-1977: Handbuch der Vögel Mitteleuropas. Bde. **4-7**. – Akad. Verlagsanstalt, Wiesbaden – Frankfurt/Main.

GLUTZ von BLOTZHEIM, U.N. & BAUER, K.M., 1980-1988: Handbuch der Vögel Mitteleuropas. Bde. **8-11**. – Aula Verlag, Wiesbaden.

GOEMANN, O., 1990: Zum Rückgang des Hummerbestandes bei Helgoland. – In: Lozan et al. (Hrsg.): Warnsignale aus der Nordsee. Parey Verlag, Berlin – Hamburg: 183-188.

GOETHE, F., HECKENROTH, H. & SCHUMANN, H. (Hrsg.), 1978: Die Vögel Niedersachsens. – Naturschutz und Landschaftspflege in Niedersachsen, Sonderreihe BH. **2.1**: 1-110.

GÖRNER, M. & WEGENER, U., 1978: Intensivierung in der Landwirtschaft und ihre Auswirkung auf die Vogelwelt. – Landschaftspfl. u. Naturschutz, Thüringen **15(2)**: 26-35.

GRELL, O., 1992: Einfluß der Rinderbeweidung auf Brackwasser-Röhricht und Insel-Salzwiese. – Faun.-ökol. Mitt., Suppl. (im Druck).

GROßE-BRAUCKMANN, G., 1979: Zur Deutung einiger Makrofossil-Vergesellschaftungen unter dem Gesichtspunkt der Torfbildung. – In: Wilmanns, O. und Tüxen, R. (Red.): Werden und Vergehen von Pflanzengesellschaften. – Ber. Symp. Intern. Vereinig. f. Vegetationskunde, 1978 Rinteln: 111-132.

GROßE-BRAUCKMANN, G. & BOHN, U., 1989: Renaturierung von Mittelgebirgsmooren – Ergebnisse einer im September 1988 in der Röhn durchgeführten Tagung. – Natur und Landschaft **64**: 166-169.

GRÜNIG, A., 1980: Unsere Seeufer in Vergangenheit und Gegenwart. – 53. Jahresber. d. Verb. z. Schutze d. Landschaftsbildes am Zürichsee, 1979: 15-34.

GURWELL, B.R. & JÄGER, B., 1983: Küstenveränderungen und Küstenschutz, dargestellt am Beispiel des Abschnittes Dranske/Rügen. – Petermanns Geographische Mitteilungen **127**: 15-24.

HAESELER, V., 1972: Anthropogene Biotope (Kahlschlag, Kiesgrube, Stadtgärten) als Refugien für Insekten, untersucht am Beispiel der Hymenoptera Aculeata. – Zool. Jb. Syst. **99**: 133-212.

HAESELER, V., 1976: Zur Aculeatenfauna der Nordfriesischen Insel Amrum (Hymenoptera). – Schr. Naturw. Ver. Schlesw.-Holst., **46**: 59-78.

HAESELER, V., 1978: Zur Fauna der aculeaten Hymenopteren der Nordseeinsel Mellum. Ein Beitrag zur Besiedlung küstennaher Inseln. – Zool. Jb. Syst., **105**: 368-385.

436

HAESELER, V., 1979: Landschaftsökologischer Stellenwert von Zaunpfählen am Beispiel der Nistgelegenheiten für solitäre Bienen und Wespen (Hym. Aculeata). – Natur und Landschaft **54**: 8-13.

HAESELER, V., 1981: Über weitere Hymenoptera Aculeata von der Nordfriesischen Insel Amrum. – Schr. Naturw. Ver. Schlesw.Holst., 51-37.

HAESELER, V., 1982: Zur Bionomie der Küstendünen bewohnenden Biene *Osmia maritima* Friese (Hymenoptera: Apoidea: Megachilidae). – Zool. Jb. Syst., **109**: 117-144.

HAESELER, V., 1987: Insektenbesiedlung der Insel Mellum. – In: Gerdes, G. et al. (Hrsg.): Mellum, Portrait einer Insel, 344 S., Kramer, Frankfurt a.M.: 266-280.

HAGEN, E. v., 1986: Hummeln. – Neumann-Neudamm, Melsungen, 256 S.

HAGMEIER, E. & BAUERFEIND, E., 1990: Phytoplankton. – In: Lozan et al. (Hrsg.): Warnsignale aus der Nordsee. Parey Verlag, Berlin – Hamburg: 102-111.

HAHN, V., 1966: Der Vogelbestand einer Wiesen-Knick-Landschaft bei Wedel (Holstein). – Hamb. Avif. Beitr. **3**: 124-165.

HAHN-HERSE, G. & BÄURLE, M., 1979: Landschaftswandel durch Agrarstrukturwandel Teil I: Die Dezimierung der schleswig-holsteinischen Wallhecken durch die Flurbereinigung. – Garten und Landschaft **89**: 606-614.

HALBACH, U., 1976: Populations- und synökologische Modelle in der Ornithologie. – J. Orn. **117(3)**: 279-296.

HAMMELBACHER, K. & MÜHLENBERG, M., 1986: Laufkäfer- (Carabidae) und Weberknechtarten (Opiliones) als Bioindikatoren für Skibelastung auf Almflächen. – Natur u. Landschaft **61**: 463-466.

HAMMER, D., 1991: Die Biotopkartierung in der alten Bundesrepublik Deutschland und Möglichkeiten der Sicherung dieser Flächen. – Schr.-R. d. Deut. Rates f. Landespflege **59**: 947-952.

HAMPICKE, U., 1988: Extensivierung der Landwirtschaft für den Naturschutz – Ziele, Rahmenbedingungen und Maßnahmen. – Schr.-R. Bayer. Landesamt für Umweltschutz Beiträge zum Artenschutz **7(84)**: 9-35.

HANSKI, I. & GILPIN, M.E., 1991: Metapopulation dynamics: brief history and conceptual domain. – Biological Journal of the Linnean Society, **42**: 3-16.

HARDER, K., 1986: Zum Vorkommen der Kegelrobbe, *Halichoerus grypus* (Fabricius, 1791) in den Gewässern um Rügen. – Naturschutzarbeit in Mecklenburg **29(1)**: 42-44.

HARDER, K. & SCHULZE, G., 1989: Meeressäugetiere im Greifswalder Bodden. – Meer und Museum **5**: 90-95.

HARISON, J., 1976: Feuchtgebiete für Wasservögel. – Veröff. d. Europ. Informationszentrale f. Naturschutz d. Europarates: 1-23 (Straßburg).

HARTMANN, P., FISCHER, R. & SCHEIDLER, M., 1989: Auswirkungen der Kalkdüngung auf die Bodenfauna in Fichtenforsten. POSTER zu Verhandlungen der Gesellschaft für Ökologie Bd. **XVII** 1987: 587-589.

HARTWIG, E., KÖTH, T., PRÜTER, J., SCHREY, E., VAUK, G. & VAUK-HENTZELT, E., 1990: Seevögel. – In: Lozan et al. (Hrsg.): Warnsignale aus der Nordsee. Parey Verlag, Berlin – Hamburg: 305-319.

HARZ, K., 1980: Zum Hilfsprogramm einheimischer Kerbtiere insbesondere Heuschrecken. – Natur und Landschaft **55**: 32-33.

HASLETT, J.R., 1988: Qualitätsbeurteilung alpiner Habitate: Schwebfliegen (Diptera: Syrphidae) als Bioindikatoren für Auswirkungen des alpinen Skibetriebes auf alpinen Wiesen in Österreich. – Zool. Anz. **220**: 179-184.

HÄSSLEIN, L., 1966: Die Molluskengesellschaften des Bayerischen Waldes und des anliegenden Donautales. – 20. Ber. Naturf. Ges. Augsburg: 1-176.

HAUPTVERBAND DER LANDWIRTSCHAFTLICHEN BUCHSTELLEN UND SACHVERSTÄNDIGEN (Hrsg.), 1973: Begriffs-Systematik für landwirtschaftliche und gartenbauliche Betriebslehre. – Schr.-R. des Hauptverbandes der landwirtschaftlichen Buchstellen und Sachverständigen, H. 14, Bonn.

HAVELKA, P., 1984: Rote Liste der Gnitzen (Ceratopogonidae). – In: Blab et al. (Hrsg.): Rote Liste der gefährdeten Tiere und Pflanzen in der Bundesrepublik Deutschland. – (Naturschutz aktuell 1) 4. Aufl., Kilda-Verlag, Greven: 71-73.

HAYEN, H., o.J., (1981): Gedanken zum Schutz von Moor-Resten. – Oldenburg (Holzberg).

HECKENROTH, H., 1975: Biotopgestaltung und -pflege in den Feuchtgebieten internationaler Bedeutung Dümmer und Diepholzer Moorniederung. – Schr.-R. Landschaftspfl. und Natursch. **12**: 97-105.

HECKENROTH, H. & HANSEN, W., 1965: Der Graureiher im Regierungsbezirk Hannover, Teil 1 und 2. – Beitr. Naturkde. Nieders. **18**: 33-38 und 57-66.

HEIBER, W. & RACHOR, E., 1989: Entwicklungen im Gefährdungsstatus mariner Benthos-Invertebraten und ihre Ursachen. – Schr.-R. f. Landschaftspfl. u. Natursch., H. **29**: 52-64.

HEIDEMANN, G., 1989: Ökologische Probleme des Seehundbestandes. – Arb. d. Dt. Fischereiverb., **48**: 76-87.

HEIDEMANN, G. & SCHWARZ, J., 1990: Das Seehundsterben im schleswig-holsteinischen Wattenmeer 1988/89. – In: Lozan et al. (Hrsg.): Warnsignale aus der Nordsee. Parey Verlag, Berlin – Hamburg: 325-330.

HEIDER, H., 1987: Zur ökonomischen Bedeutung der Ökologie in der Forstwirtschaft. – Allg. Forstzeitschr. **42**: 876-877.

HEIJNIS, R., 1980: Vogeltod durch Drahtanflüge bei Hochspannungsleitungen. – Ökol. Vögel (Ecol. Birds) **2**, Sonderheft: 111-129.

HEINTZ, A. & REINHARDT, G., 1990: Chemie und Umwelt. – Vieweg & Sohn, Braunschweig – Wiesbaden, 359 S.

HEISER, F., 1974: Zur Siedlungsdichte der Brutvögel in einem Flachmoor bei Donauwörth. – Anz. orn. Ges. Bayern **13**: 219-230.

HELBING, C., 1986: Regelung der Jagd im Nationalpark „Niedersächsisches Wattenmeer". – Nieders. Jäger **19/86**: 1015-1016.

HELBING, C., 1987: Regelung der Jagdausübung im Nationalpark „Niedersächsisches Wattenmeer". – Nieders. Jäger **23/87**: 1286.

HEMMANN, K., HOPP, J. & PAULUS, H., 1987: Zum Einfluß der Mahd durch Messerbalken, Mulcher und Saugmäher auf Insekten am Straßenrand. – Natur und Landchaft **62(2)**: 103-106.

HERDAM, V., 1983: Zum Einfluß der Grünlandintensivierung auf Artenvielfalt und Siedlungsdichte von Mollusken. – Naturschutzarbeit in Berlin und Brandenburg **2/19**: 42-49.

HEUSINGER, G., 1980: Zur Entwicklung der Heuschreckenbestandes im Raum Erlangen und um das Walberla. – Schr.-R. Natursch. Landschaftspfl. **12**: 53-62, München.

HEYDEMANN, B., 1955: Carabiden der Kulturfelder als ökologische Indikatoren. – Ber. ü. 7. Wanderversammlung Dt. Entomologen: 172-185.

HEYDEMANN, B., 1960a: Verlauf und Abhängigkeit von Spinnensukzessionen im Neuland der Nordseeküste. – Verh. Dtsch. Zool. Ges., 1960: 431-457.

HEYDEMANN, B., 1960b: Die biozönotische Entwicklung vom Vorland zum Koog. Vergleichend-ökologische Untersuchungen an der Nordseeküste. I. Teil. Spinnen (Araneae). – Abh. d. Akand. Wiss. Lit. Mainz. Math.-naturwiss. Kl. **11**: 1-170.

HEYDEMANN, B., 1962: Die biozönotische Entwicklung vom Vorland zum Koog. Teil 2: Käfer (Coleoptera). – Franz Steiner Verlag, Wiesbaden, 197 S.

HEYDEMANN, B., 1979: Naturschutz in Schleswig-Holstein. – In: Landesnaturschutzverband Schleswig-Holstein (Hrsg.): Grüne Mappe 1979: 15-21.

HEYDEMANN, B., 1980: Terrestrische Habitate und ihre Typisierung in Mitteleuropa. – Natur und Landschaft **55**: 5-7.

HEYDEMANN, B., 1981: Ökologie und Schutz des Wattenmeeres. – Leitlinien zu Bestand, ökologischer Bedeutung und zum Schutze der nordwesteuropäischen Wattenmeerregion. – Schr.-R. Bundesmin. Ern. Landw. u. Forsten, Reihe A: Angewandte Wissenschaft Heft **255**, 232 S.

HEYDEMANN, B., 1981: Zur Frage der Flächengröße von Biotopbeständen für den Arten- und Ökosystemschutz. – Jahrbuch f. Naturschutz u. Landschaftspfl. **31**: 1-31.

HEYDEMANN, B., 1982: Die Bedeutung der Kiesgruben als Renaturierungsgebiet. – Jb. Natursch. Landschaftspfl. **32**: 93-99.

HEYDEMANN, B., 1982/83: Waldwirtschaft – Gefahren und Chancen für die Biotoperhaltung. – In: Landesnaturschutzverband Schleswig-Holstein (Hrsg.): Grüne Mappe 1982/83: 15-21.

HEYDEMANN, B. & MEYER, H., 1983: Auswirkungen der Intensivkultur auf die Fauna von Agrarbiotopen. – Schr.-R. d. Dtsch. Rates f. Landespflege, **42** (Landespflege und Landwirtschaft): 174-191.

438

HEYDEMANN, B. & MÜLLER-KARCH, J., 1980: Biologischer Atlas Schleswig-Holstein. – Wachholtz Verlag, Neumünster, 263 S.

HEYDEMANN, B., RIECKEN, U. & GÖTZE, W., 1985: Empfehlungen zu Schutz-, Pflege- und Renaturierungsmaßnahmen im NSG „Barker Heide" (Kreis Segeberg) auf Grund einer faunistisch-ökologischen Analyse. – Landesamt für Naturschutz und Landschaftspflege Schleswig-Holstein (unveröffentlicht), 165 S.

HEYKENA, A., 1965: Vegetationstypen der Küstendünen an der östlichen und südlichen Nordsee. – Mitt. Arb.gem. Floristik in Schlesw.-Holst. und Hamburg 13: 1-135.

HILLER, H., 1978: Probleme der Ufersicherung in der Röhrichtzone durch ingenieur-biologische Bauweisen. – Natur und Landschaft 53: 224-227.

HILLERICH, K., 1978: Ergebnisse aus 20jähriger Planberingung von Greifvögeln der Beringungsgemeinschaft Rothmann. – Luscinia 43(5/6): 187-205.

HILLGARTER, F.-W., 1971: Waldbauliche und ertragskundliche Untersuchungen im subalpinen Fichtenurwald Scaltlè/Brigels. – Zürich: Dissertation eidgen. Techn. Hochschule, 80 S.

HINTERSTOISSER, H., 1981: Waldbauliche Auswirkungen der Standard- und Traßschiabfahrt auf der Schmittenhöhe (Zell am See). – Dissertation BOKU Wien, 146 S.

HOLSTENER-JØRGENSEN, H., 1967: Influences of forest management and drainage on groundwater fluctuations. – In: Sopper, W.E. & Lüll, H.W. (Hrsg.): Forest-Hydrology: 325-333, Oxford.

HOLZ, B., 1988: Die landschaftsökologische Bedeutung der Ackerrandstreifenprogramme. – Schr.-R. Bayer. Landesamt für Umweltschutz Beiträge zum Artenschutz 7(84): 245-261.

HOLZ, R., 1982: Unser Küstenvogelschutz im Überblick. – Meer und Museum 3: 12-21.

HOLZ, R., 1989: Das Leben der Wildgänse am Greifswalder Bodden. – Meer und Museum 5: 69-85.

HÖLZER, A., 1977: Vegetationskundliche und ökologische Untersuchungen im Blindensee-Moor bei Schonach (Mittlerer Schwarzwald) unter besonderer Berücksichtigung des Kationengehaltes. – Diss. Bot. 36, 195 S.

HÖLZINGER, J., 1975: Verhalten und Nahrungsgrundlage des Flußregenpfeifers (Charadrius dubius) in wasserführenden und wasserlosen Brutrevieren. – Orn. Beob. 72: 9-17.

HÖLZINGER, J., 1981: Einführung zum Artenschutzsymposium Schwarzspecht. – Beih. Veröff. Natursch. Landschaftspfl. Bad.Württ. 20: 9-17.

HÖLZINGER, J., 1987: Die Vögel Baden-Württembergs – Band 1 Gefährdung und Schutz, Teil 2 Artenschutzprogramm Baden-Württemberg Artenhilfsprogramme. – Avifauna Baden-Württemberg, Bd. 1, Teil 2: 725-1420.

HÖLZINGER, J. & MICKLEY, M., 1974: Existenzbedrohte Landschaften. – Umweltschutz Baden-Württemberg, Selbstverlag, Ulm, 248 S.

HOPE-JONES, P., HOWELLS, P.G., REES, E.I.S. & WILSON, J., 1970: Effects of Hamilton Trader oil on birds in the Irish Sea in May 1969. – Brit. Birds 63: 97-110.

HOPE-JONES, P., MONNAT, J.Y., CADBURY, C.J. & STOWE, T.J.S., 1978: Birds oiled during the Amoco Cadiz Incident, an Interim Report. – Mar. Poll. Bull. 9: 307-310.

HORION, A., 1941-1974: Faunistik der mitteleuropäischen Käfer. Bde. 1-12. – Diverse Verlage und Erscheinungsorte.

HOVESTADT, T., ROESER, J. & MÜHLENBERG, M., 1991: Flächenbedarf von Tierpopulationen. – Ber. aus der ökolog. Forschung B. 1, KFA Jülich, 277 S.

HÜGIN, G., 1981: Die Auenwälder des südlichen Oberrheintals – ihre Veränderung und Gefährdung durch den Rheinstau. – Landschaft + Stadt 13(2): 78-91.

HUMMEL, D., 1983: Das Auftreten von Wildgänsen in der Bundesrepublik Deuschland vom 1.9. 1979 bis 31.8. 1980. Jahresbericht 1979/80 der Arbeitgruppe „Wildgänse" des International Waterfowl Research Bureau (IWRB) in der Bundesrepublik Deutschland. – Ber. Deutsch. Sekt. Int. Rat Vogelschutz 23: 91-119.

HUNDT, R., 1964: Die Bergwiesen des Harzes, Thüringer Waldes und des Erzgebirges. – Pflanzensoziologie 14, 284 S.

HURST, G.A., 1970: The effects of controlled burning on arthropod density and biomass in relation to bobwhite quail habitat on a sight-of-way. – Proc. Tall. Timbers Conf. on Ecol. Anim. Control by Hab. Manag.: 173-183.

ILLIES, J., 1961a: Die Lebensgemeinschaften des Bergbaches. – Wittenberg-Lutherstadt.

ILLIES, J., 1961b: Versuch einer allgemeinen biozönotischen Gliederung der Fließgewässer. – Int. Rev. ges. Hydrobiol., **46(2)**: 205-213.

ILLIES, J. (Hrsg.), 1978: Limnofauna Europaea. – Fischer, Stuttgart – New York, 532 S.

IMBECK, P. & HUFSCHMID, N., 1990: Natur- und Landschaftsschutzkonzept Kanton Basel-Landschaft. – Lose Blattsammlung, Verlag des Kantons, Liestal.

INGRISCH, S., 1979: Experimentell-ökologische Freilanduntersuchungen zur Monotopbindung der Laubheuschrecken (Orthoptera, Tettigoniidae). – Beitr. Naturkde. Osthessen **15**: 33-95.

INGRISCH, S., 1989: Anmerkungen zur Roten Liste der Geradflügler (Orthoptera s. lat.) in der Bundesrepublik Deutschland. – Schr.R. f. Landschaftspflege u. Naturschutz, Nr. **29**: 277-280, Kilda-Verlag, Greven.

INGRISCH, S., WASNER, U. & GLÜCK, E., 1989: Vergleichende Untersuchung der Ackerfauna auf alternativ und konventionell bewirtschafteten Flächen. – Schr.-R. LÖLF NRW **11**: 113-271.

INSTITUT FÜR NATURSCHUTZ UND TIERÖKOLOGIE, 1977: Tierwelt und Straße – Problemübersicht und Planungshinweise. – Jb. Natursch. Landschaftspfl. **26**: 91-115.

IRMLER, U. & HEYDEMANN, B., 1986: Die ökologische Problematik der Beweidung von Salzwiesen an der niedersächsischen Küste – am Beispiel der Leybucht. – Beih. Schr.R. Natursch. u. Landschaftspfl. in Niedersachsen **15**, 115 S.

ISSEL, W., 1958: Zur Ökologie unserer Waldfledermäuse, insbesondere ihre Rolle im Haushalt der Natur und einschlägige Maßnahmen zu ihrer vermehrten Ansiedlung. – Natur und Landschaft **33**: 2-5.

ITTIG, R. & NIEVERGELT, B., 1977: Einfluß von Brachland auf das Verteilungsmuster einiger Wildtierarten in einem begrenzten Gebiet des Mittelgoms. – Natur und Landschaft **52**: 170-173.

JANKE, K., 1986: Die Makrofauna und ihre Verteilung im Nordostfelswatt von Helgoland. – Helgoländer Meeresunters., **40(2)**.

JANKE, K., 1990: Die Lebensgemeinschaften im Felswatt von Helgoland: Einzigartige Vielfalt an Deutschlands Nordseeküste. – Die Küste H. **49**: 47-69.

JANKE, K. & KREMER, B.P., 1988: Düne, Strand und Wattenmeer. Tiere und Pflanzen unserer Küsten. – Franckh'sche Verlagshandlung, Stuttgart, 319 S.

JASSER, H., 1982: Vergleichende Untersuchungen der Baumkronenfaunen unterschiedlich bewirtschafteter Apfelanlagen. – Schr.-R. „Lebendige Erde": 1-363.

JECKEL, G. & EICHENRODT, 1979: Dreijährige Siedlungsdichte-Untersuchungen an Rohrsängern unter Berücksichtigung der Vegetation in den Teichgebieten Meißendorf und Entenfang in der südlichen Lüneburger Heide. – Mitt. Flor.-soz. Arbeitsgem. **21**: 197-208.

JEDICKE, E., 1990: Biotopverbund – Grundlagen und Maßnahmen einer neuen Naturschutzstrategie. – Ulmer, Stuttgart, 254 S.

JENS, G., 1971: Funktion, Bau und Betrieb von Fischpässen. – Arch. f. Fischereiwiss. **22**: 1-30.

JESCHKE, L., 1982: Salzgrasland als Vogelbiotop. – Meer und Museum 3: 40-52.

JESCHKE, L., 1985: Vegetationsveränderungen in den Küstenlandschaften durch Massentourismus und Nutzungsintensivierung. – Archiv für Naturschutz und Landschaftsforschung **25**: 223-236.

JESCHKE, L. & KNAPP, H.D., 1991: Naturschutz und Küstenschutz – Zuarbeit zum Nationalen Ostsee-Aktionsprogramm. – Naturschutzarbeit in Mecklenburg-Vorpommern **34(1)**: 33-38.

JORTAY, A. & SCHUMACKER, R., 1989: Zustand, Erhaltung und Regeneration der Hochmoore im Hohen Venn (Belgien). – Telma Beiheft 2: 279-294.

JUNG, N., 1968: Vorläufige Mitteilungen zur Artmethodik für Siedlungsdichteuntersuchungen bei Rohrsängern. – Mitt. Avifauna DDR 1: 89-91.

KAISER, E., 1950: Die Steppenheiden des mainfränkischen Wellenkalkes zwischen Würzburg und dem Spessart. – Ber. Bayer. Bot. Ges. **28**: 125-180 (Nürnberg).

KALBE, L., 1978: Ökologie der Wasservögel. – Wittenberg-Lutherstadt (Neue Brehm-Bücherei), 116 S.

KALTENBACH, A., 1963: Milieufeuchtigkeit, Standortbeziehungen und ökologische Valenz bei Orthopteren im pannonischen Raum Österreichs. – Sitzungsber. Österr. Akad. d. Wiss. Abt. 1, **172**: 97-119.

440

KAMMER, P. & HEGG, O., 1990: Auswirkungen von Kunstschnee auf subalpine Rasenvegetation. – Verh. GfÖ **XIX/II** (Osnabrück 1989): 758-767.

KAPFER, A., 1988: Renaturierung gedüngter Feuchtwiesen – eine erste Anleitung für die Praxis. – Naturschutzforum **1/2**: 159-171.

KARAFIAT, H., 1970: Die Tiergemeinschaften in den oberen Bodenschichten schutzwürdiger Pflanzengesellschaften des Darmstädter Flugsandgebietes. – Schr.-R. Inst. f. Natursch. Darmstadt, IX(4), 128 S.

KAULE, G., 1974: Die Übergangs- und Hochmoore Süddeutschlands und der Vogesen. – Diss. Botanicae **27**, 345 S.

KAULE, G., 1976: Spezielle Probleme des Moorschutzes. – Natur und Landschaft **51**: 117-118.

KAULE, G., 1978: Forderungen an die Gesetzgebung aufgrund der Ergebnisse der Biotopkartierung Bayern und ihre Auswertung als Naturschutzfachplanung. – Z. der TU Berlin **2**: 27-34.

KAULE, G., 1983: Vernetzung von Lebensräumen in der Agrarlandschaft. – Daten u. Dokumente z. Umweltschutz Nr. **35**: 25-42 (Hohenheim).

KAULE, G., 1986: Arten- und Biotopschutz. – UTB, Stuttgart, 461 S.

KAULE, G. & GÖTTLICH, K., 1976: Begriffsbestimmungen anhand der Moortypen Mitteleuropas. – In: Göttlich, K. (Hrsg.): Moor- und Torfkunde: 1-40, Schweizerbart-Verlag, Stuttgart.

KEIL, W. & ROSSBACH, R., 1980: Bestandsveränderungen beim Weißstorch – *Ciconia ciconia* – in Hessen von 1969-1980. – Vogel u. Umwelt **1**: 136-143.

KELL, V., 1989: Das Phytoplankton des Greifswalder Boddens. – Meer und Museum **5**: 25-35.

KEMPF, N., LAMP, J. & PROKOSCH, P., 1987 (Hrsg.): Salzwiesen: Geformt von Küstenschutz, Landwirtschaft oder Natur? – Tagungsbericht 1 der Umweltstiftung WWF-Deutschland.

KERNEY, M.P., CAMERON, R.A.D. & JUNGBLUTH, J.H., 1983: Die Landschnecken Nord- und Mitteleuropas: ein Bestimmungsbuch für Biologen und Naturfreunde. – Parey, Hamburg, Berlin, 384 S.

KIEL, A. & KELLER, H., 1977: Feuer in Halbtrockenrasen und Brachgebieten. – Schweizer Naturschutz **43**: 6-7.

KIERCHNER, G.-J. & WOLFF-STRAUB, R., 1978: Biotopkartierung Nordrhein-Westfalen. – Landesanstalt f. Ökologie, Landesentwicklung u. Forstplanung NRW, Bd. III, H. **10**: 241-248.

KIFFE, K., 1989: Der Einfluß der Kaninchenbeweidung auf die Vegetation am Beispiel des Straußgras-Dünenrasens der ostfriesischen Inseln. – Tuexenia **9**: 283-291.

KINZELBACH, R., 1972: Einschleppung und Einwanderung von Wirbellosen in Ober- und Mittelrhein. – Mainz. naturwiss. Arch. **11**: 105-150.

KINZELBACH, R., 1978: Veränderungen der Fauna des Oberrheins. – Beih. Veröff. Natursch. Landschaftspfl. Bad.-Württ. **11**: 291-301.

KINZELBACH, R., 1980: Limnische Lebensräume – limnische Wirbellose. – Natur und Landschaft **55**: 18-19.

KINZELBACH, R., 1983: Dynamik der Zoobenthon-Biozönosen des Rheins. – Verh. Ges. f. Ökol. Bd. **X** (Mainz 1981): 263-271.

KIPP, M., 1982: Artenhilfsprogramm Großer Brachvogel. – Naturschutz praktisch. – Merkblätter zum Biotop- und Artenschutz 11. Recklinghausen (LÖLF).

KIRSCH, K.-W., 1972: Vogelbestandsaufnahmen als Planungskriterien für den modernen Naturschutz. – Angew. Ornithologie **1**: 11-24.

KLAFS, G., 1989: Naturschutz im Gebiet des Greifswalder Boddens. – Meer und Museum **5**: 96-99.

KLAPP, E., 1971: Wiesen und Weiden. – Parey, Berlin – Hamburg, 620 S.

KLATT, M., 1989: Insektengemeinschaften an Ruderalvegetation der Stadt Freiburg im Breisgau (Hymenoptera: Apoidea; Diptera: Syrphidae; Lepidoptera: Rhopalocera, Hesperiidae, Zygaenidae). – Mitt. bad. Landesver. Naturkunde u. Naturschutz N.F. **14(3)**: 869-890.

KLAWITTER, J., 1976: Ein Vorschlag zum praktischen Fledermausschutz – die Einrichtung eines Winterquartiers. – Berliner Naturschutzblätter **57**: 170-172.

KLEE, O., 1985: Angewandte Hydrobiologie. – Thieme Verlag, Stuttgart, 271 S.

KLEIN, A. & KELLER, H., 1983: Trockenstandorte und Bewirtschaftungsbeiträge. – Bundesamt für Forstwesen, Abt. Natur- und Heimatschutz, Bern, 37 S.

KLEIN, W., 1978: Die Siedlungsdichte des Neuntöters *(Lanius collurio)* unter besonderer Berücksichtigung der landwirtschaftlichen Bodennutzung. – Beitr. z. Avifauna d. Rheinlandes **11**: 102-103.

KLOFT, W., 1978: Ökologie der Tiere. – Ulmer, Stuttgart, 304 S.

KLOSE, A. & VIDAL, A., 1979: Wichtigste Lebensräume und das Artenspektrum der Vogelwelt im Gebiet der Stadt Regensburg. – Jahresber. Orn. AG Ostbayern **6**: 1-41.

KLOSS, K., 1969: Salzvegetation an der Boddenküste Westmecklenburgs (Wismar-Bucht). – Natur und Naturschutz in Mecklenburg VII: 77-114.

KLÖTZLI, F., 1978: Wertung, Sicherung, Erhaltung von Naturschutzgebieten. Einige rechtliche und technische Probleme. – Ber. d. Schwyzerischen Naturf. Ges. **7**: 23-32.

KNAPP, H.D. & REICHHOFF, L., 1973: Vorschläge für Pflegemaßnahmen von Halbtrockenrasen in NSG. – Naturschutz und naturkundl. Heimatforschung in den Bezirken Halle und Magdeburg 10, 2: 47-54.

KNEITZ, G., 1980: Möglichkeiten der Bioindikation in der Landschaftsplanung. – Waldhygiene **13**: 155-158.

KNOPP, H. & KOTHE, P., 1965: Die Bedeutung des biologischen Wasserbaus für Gewässerbiologie und Fischerei. – In: Bundesanstalt für Gewässerkunde (Hrsg.): Der biologische Wasserbau an den Bundeswasserstraßen: 268-285, Ulmer, Stuttgart.

KOCH, K., 1968: Käferfauna der Rheinprovinz. – Decheniana Beih. **13**: 1-382.

KOCH, K., CYMONEK, A.M., EVERS, A.M.J., GRÄF, H., KOLBE, W. & LÖSER, S., 1977: Rote Liste der im nördlichen Rheinland gefährdeten Käferarten (Coleoptera) mit einer Liste von Bioindikatoren. – Sonderheft d. Entomol. Blätter 73, 39 S.

KOCH, K. & NIEHUIS, M., 1980: „Rote Liste" der gefährdeten Käferarten von Rheinland-Pfalz, 2. Teil: Schnellkäfer (Elateridae), 1. Fassung. – Naturschutz und Ornithologie in Rheinland-Pfalz **1(4)**: 422-425.

KÖHN, J., 1991: Veränderungen in der Besiedlungsstruktur sandiger Böden infolge fortschreitender Eutrophierung (Mecklenburger Bucht, Westliche Ostsee). – In: Umweltbundesamt (Hrsg.): Erste Nationale Konferenz zum Schutz der Meeresumwelt der Ostsee, TEXTE 14/91 (Veröffentlichungen des Umweltbundesamtes): 141-156.

KÖSTLER, E. & KROGOLL, B., 1991: Auswirkungen von anthropogenen Nutzungen im Bergland – Zum Einfluß der Schafbeweidung (Literaturauswertung). – Beih. Ber. ANL **9**: 3-74.

KONOLD, W. & WOLF, R., 1987: Kulturhistorische und landschaftsökologische Untersuchungen als Grundlage für die Feuchtgebiets-Planung am Beispiel der Gemarkung Bad Wurzach-Seibranz (Krs. Ravensburg). – Natur und Landschaft **62(10)**: 424-429.

KORN, S. v., 1987: Im Einsatz in der Landschaftspflege. – DLG-Mitteilungen **18**: 974-977.

KORNECK, D., 1984: Anmerkungen und Anregungen zur Abfassung von vegetationskundlichen Veröffentlichungen. – Tuexenia **4**: 327-346.

KORNECK, D. & SUKOPP, H., 1988: Rote Liste der in der Bundesrepublik Deutschland ausgestorbenen, verschollenen und gefährdeten Farn- und Blütenpflanzen und ihre Auswertung für den Arten- und Biotopschutz. – Schr.R. für Vegetationskunde **19**, 210 S.

KORNMANN, P., 1986: *Porphyra yezoensis* bei Helgoland – eine entwicklungsgeschichtliche Studie. – Helgoländer Meeresunters. **40(2)**.

KORNMANN, P. & SAHLING, P.-H., 1977: Meeresalgen von Helgoland. Benthische Grün-, Braun- und Rotalgen. – Helgoländer wiss. Meeresunters. **29(1,2)**: 1-289.

KRAMER, J., 1983: Sturmfluten-Küsten zwischen Ems und Weser. – Norden, 172 S.

KRAUS, O., 1971: Wie lange noch Regulierung von Bächen. – AFZ Fischwald **6**: 257-258.

KRAUSE, A., 1979: Lößhohlwege – schutzwürdige Biotope im Bonner Stadtgebiet. – Natur und Landschaft **54**: 14-16.

KRAUSE, A., 1985: Ufergehölzpflanzungen an Gräben, Bächen und Flüssen im Flachland. – Schr.-R. f. Vegetationskunde **17**, 74 S.

KRAUSS, G., 1977: Über den Rückgang der Ruderalpflanzen dargestellt an *Chenopodium bonus-henricus* L. im alten Landkreis Göttingen. – Mitt. Flor. soz. Arbeitsgemeinschaft N.F. **19/20**: 67-72.

KREISSEL, E., 1981: Die in der Steiermark gefährdeten Käferarten (Coleoptera). – In: Gepp, J. (Hrsg.): Rote Listen gefährdeter Tiere der Steiermark: 63-78. – Sonderheft Nr. 3 des Steirischen Naturschutzbriefes.

KREMER, H., 1990: Zur Situation der Wale in der Nordsee – unter besonderer Berücksichtigung des Schweinswales *(Phocoena phocoena* L.). – In: Lozan et al. (Hrsg.): Warnsignale aus der Nordsee. Parey Verlag, Berlin – Hamburg: 330-342.

KREMER, H., 1991: Der Schweinswal in Nord- und Ostsee. – Umweltstiftung WWF Deutschland, Frankfurt, 92 S.

KRISCH, H., 1989: Die Brackwasser-Röhrichte des Greifswalder Boddens. – Meer und Museum **5**: 14-25.

KRISCH, H., 1990a: Ökologisch-soziologische Artengruppen und Pflanzengesellschaften im Geolitoral der Boddenküste (Ostsee). – Phytocoenologia **19(1)**: 1-28.

KRISCH, H., 1990b: Die Tangwall- und Spülsaumvegetation der Boddenküste. – Tuexenia **10**: 99-114.

KRISTAL, P.M., 1984: Problematik und Möglichkeiten des Schmetterlingschutzes, insbesondere im Rahmen von Biotoppflegemaßnahmen. – Vogel u. Umwelt **3**: 83-87.

KROKER, H., 1979: Die Käferfauna in Wallhecken. – Natur- und Landschaftskunde Westf. **15/1**: 15-22.

KÜBLER-THOMAS, M., 1989: Schutzprogramm für Ackerwildkräuter. – Arbeitsblätter Naturschutz, 2. Aufl. Landesamt f. Umweltschutz Bad.- Württ. **8**, 16 S.

KÜHNELT, W., 1943: Die Leitformmethode in der Ökologie der Landtiere. – Biol. Gen., **17**: 106-146.

KÜHNELT, W., 1955/56: Gesichtspunkte zur Beurteilung der Großstadtfauna (mit besonderer Berücksichtigung der Wiener Verhältnisse). – Österr. Zool. Z. **6**: 30-54.

KÜHNELT, W., 1977: Die Grünflächen der Städte und ihre Tierwelt (mit besonderer Berücksichtigung des Resslparks in Wien). – In: Gepp, J. (Hrsg.): Stadtökologie (Tagungsbericht) **142**: 69-77, Graz.

KUIPER, J., 1986: Monitoring of fate and effects of oil in the marine environment. – Environ. Monit. Assessment **7**: 221-232.

KUIPER, J., 1990: Effekte der Ölverschmutzung. – In: Lozan et al. (Hrsg.): Warnsignale aus der Nordsee. Parey Verlag, Berlin – Hamburg: 85-87.

KUNTZE, H. & EGGELSMANN, R., 1981: Zur Schutzfähigkeit nordwestdeutscher Moore. – Telma **11**: 197-212.

LANDESAMT FÜR DEN NATIONALPARK SCHLESWIG-HOLSTEINISCHES WATTEN-MEER (Hrsg.), 1988: Rettet die Nordsee. – Eine Dokumentation im Auftrage des Umweltbundesamtes. Tönning, 32 S.

LANDESAMT FÜR DEN NATIONALPARK SCHLESWIG-HOLSTEINISCHES WATTEN-MEER, 1989: Bewertung der Jagd im Nationalpark Schleswig-Holsteinisches Wattenmeer. – Tönning, 28 S.

LANDESAMT FÜR WASSERHAUSHALT UND KÜSTEN SCHLESWIG-HOLSTEIN (LAWAKÜ), 1982: Bornhöveder Seenkette (Kreis Plön u. Segeberg) Bericht über die Untersuchung des Zustandes und die Benutzung des Bornhöveder Sees, Schmalsees, Belauer Sees, Stolper Sees und Schierensees von 05.79 bis 06.80. – Seenbericht Bornhöveder Seenkette, Kiel.

LANGFORD, T.E., 1975: The emergence of insects from a British River, warmed by power station cooling-water, Part II. – Hydrobiologia **47**: 91-133.

LANKESTER, R., APELDOORN, R. van, MELLIS, E. & VERBOOM, J., 1991: Management perspectives for populations of Eurasien badger *(Meles meles)* in a fragmented landscape. – J. Appl. Ecology, **28**: 561-573.

LAU, U., 1982: Ein Zugrast- und Überwinterungsplatz für Wasservögel. – Meer und Museum **3**: 52-55.

LAUTENSACH, H., 1950: Feldheckenstudien in Westmecklenburg. – Petermanns Geogr. Mitt. **94**: 70-81.

LAUTERBACH, A.W., 1964: Verbreitungs- und aktivitätsbestimmende Faktoren bei Carabiden in sauerländischen Wäldern. – Abh. Landesmus. Naturkde Münster **26(4)**: 1-103.

LEIBUNDGUT, H., 1990: Waldbau als Naturschutz. – Haupt, Bern – Stuttgart, 123 S.

LEIPE, T., 1989: Der Greifswalder Bodden als international bedeutendes Rastgebiet für nordische Tauch- und Meeresenten. – Meer und Museum **5**: 63-68.

LEIPE, T. & KÖNIGSTEDT, D., 1988: Zum Vorkommen und Schutz der Neunaugen (Cyclostomata, Petromyzoniformes) im Mecklenburg. – Naturschutzarbeit in Mecklenburg **31(1)**: 12-21.

LELEK, A., 1979: Schutz der Biotope – eine unentbehrliche Notwendigkeit. – Allg. Fischerei-Zeitung **10**: 564-566.

LELEK, A., 1980: Einige Notizen zum Schutz der Süßwasserfische in der Bundesrepublik Deutschland. – Natur und Landschaft **55**: 295-298.

LENZ, W., 1990: Über die Effizienz der internationalen Übereinkommen zur Verhütung der Meeresverschmutzung. – In: Lozan et al. (Hrsg): Warnsignale aus der Nordsee. Parey Verlag, Berlin – Hamburg: 350-353.

LESER, H., 1976: Landschaftsökologie. – Ulmer, Stuttgart, 432 S.

LETSCHER, D., 1986: Untersuchungen zur Arthropoden- und Annelidenfauna von Weizen- und 7R-feldern in einem konventionell und einem biologisch-dynamischen Anbau. – Z. f. angewandte Zoologie **73**: 93ff.

LEVINS, R., 1970: Extinction. – In: Gerstenhaber, M. (ed.): Some mathematical questions in biology: 77-107. Providence, R.I., American Mathematical Society.

LINCK, O., 1965: Muß am Ende unserer historischen Weinberglandschaft eine reine „Rebensteppe" stehen? – Schwäb. Heimat **3**: 164-179.

LIPPERT, K., 1990: Zur Nutzung der Naturressource Schilf an den Boddengewässern der DDR. – Naturschutzarbeit in Mecklenburg-Vorpommern **33(1)**: 17-21.

LISS, B.M., 1988: Der Einfluß von Weidevieh und Wild auf die natürliche und künstliche Verjüngung im Bergmischwald der ostbayerischen Alpen. – Forstw. Centralbl. **107**: 14-25.

LISS, B.M., 1990: Beweidungseffekte im Bergwald. Ergebnisse aus fünfjährigen Untersuchungen zu Waldweide unter besonderer Berücksichtigung des Wildverbisses. – Forstw. Centralbl. **109**: 50-65.

LOHMEYER, W. & PRETSCHER, P., 1982: Kenntnis der Flora, Vegetation und Fauna eines schützenswerten Lößhohlweges am Hauptterrassenabhang in Bonn-Bad Godesberg. – Natur und Landschaft **57**: 195-204.

LÖHRL, H., 1961: Ansiedlung und Schutzmaßnahmen für die Schleiereule. – Veröff. Landesst. Natursch. Landschaftspfl. Bad.-Württ. und der württ. Bezirksstellen in Stuttgart und Tübingen **27/28**: 193-196.

LOSKE, K.-H., 1978a: Pflege, Erhaltung und Neuanlage von Kopfbäumen. – Natur und Landschaft **53**: 279-281.

LOSKE, K.-H., 1978b: Erhaltung, Pflege und Neuanlage von Kopfbäumen. – Merkblatt Nr. 2. AG zum Schutz bedrohter Eulen.

LOZAN, J.L., 1990a: Fische – Einleitung. – In: Lozan et al. (Hrsg.): Warnsignale aus der Nordsee. Parey Verlag, Berlin – Hamburg: 230-231.

LOZAN, J.L., 1990b: Zur Gefährdung der Fischfauna – Das Beispiel der diadromen Fischarten und Bemerkungen über andere Spezies. – In: Lozan et al. (Hrsg.): Warnsignale aus der Nordsee. Parey Verlag, Berlin – Hamburg: 231-249.

LOZAN, J.L., LENZ, W., RACHOR, E., WATERMANN, B. & WESTERNHAGEN, H.v. (Hrsg.), 1990: Warnsignale aus der Nordsee. – Parey Verlag, Berlin – Hamburg, 428 S.

LUCK, G., 1975: Der Einfluß der Schutzwerke der Ostfriesischen Inseln auf die morphologischen Vorgänge im Bereich der Seegraten und ihrer Einzugsgebiete. – Mitt. Leichtweiß Inst. f. Wasserbau, TU Braunschweig, Bd. 47, Sonderdruck, 122 S.

LUCKE, R., 1980: Landschaftsprägender Streuobstbau. – In: Festschr. 100jähr. Bestehen Landesverband Obstbau, Garten, Landschaft Bad.-Württ. 1880-1980.

LÜNING, K., 1970: Tauchuntersuchungen zur Vertikalverteilung der sublitoralen Helgoländer Algenvegetation. – Helgoländer wiss. Meeresunters. **21**: 271-291.

LÜNING, K. & ASMUS, R., 1990: Makroalgen und Seegräser. – In: Lozan et al. (Hrsg.): Warnsignale aus der Nordsee. Parey Verlag, Berlin – Hamburg: 154-158.

LUTHER, G. & Verein Ostseesanierung e.V., Geesthacht, 1991: Erhalt von Fauna und Flora in küstennahen Ostseegewässern durch Verlängern der Übergangszeit. – In: Umweltbundesamt (Hrsg.): Erste Nationale Konferenz zum Schutz der Meeresumwelt der Ostee, TEXTE 14/91 (Veröffentlichungen des Umweltbundesamtes): 162-170.

LUX, K., 1964: Die biologischen Grundlagen der Strandhaferpflanzung und Silbergrasansaat im Dünenbau. – Angew. Pflanzensoz., Bd. **20**: 5-53.

MacARTHUR, R.H. & WILSON, E.O., 1963: An equilibrium theory of insular zoogeography. – Evolution **17**: 373-387.

MacARTHUR, R.H. & WILSON, E.O., 1971: Biogeographie der Inseln. – Goldmann, München, 201 S.

MacCLINTOCK, L., WHITCOMB, R.F. & WHITCOMB, B.L., 1977: Evidence for the value of corridors and minimization of isolation in preservation fo biotic diversity. – American Birds **31**: 6-16.

MADER, H.J., 1979: Die Isolationswirkung von Verkehrsstraßen auf Tierpopulationen, untersucht am Beispiel von Arthropoden und Kleinsäugern der Waldbiozönose. – Schr.-R. Landschaftspfl. u. Natursch., H. **19**, 126 S.

MADER, H.J., 1980: Die Verinselung der Landschaft aus tierökologischer Sicht. – Natur und Landschaft **55(3)**: 91-96.

MADER, H.J., 1981: Untersuchungen zum Einfluß der Flächengröße von Inselbiotopen auf deren Funktion als Trittstein oder Refugium. – Natur und Landschaft **56(7/8)**: 235-242.

MADER, H.J., 1982: Die Tierwelt der Obstwiesen und intensiv bewirtschafteten Obstplantagen im quantitativen Vergleich. – Natur und Landschaft **57(11)**: 371-377.

MADER, H.J. & MÜHLENBERG, M., 1981: Artenzusammensetzung und Ressourcenangebot einer kleinflächigen Habitatinsel, untersucht am Beispiel der Carabidenfauna. – Pedobiologia, **21**: 46-59.

MAGER, F., 1930: Entwicklungsgeschichte der Kulturlandschaft des Herzogtums Schleswig in historischer Zeit, 1. Bd. – Fred. Hirt, Breslau.

MAGERL, C.H., 1981: Bestandsaufnahme und Untersuchungen zur Habitatsstruktur des Großen Brachvogels *Numenius arquata* im nordöstlichen Erdinger Moos. – Anz. Orn. Ges. Bayern **20**: 1-34.

MAJZLAN, O., REICH, M. & PALLASKE, M., 1983: Insektenpopulationen im Ökosystem „Obstgarten". – Verh. Dtsch. Zool. Ges., S. 219.

MALICKY, H., 1965: Die lepidopterologischen Verhältnisse des Hügellandes zwischen Bodensee und Alpstein (Nordschweiz). – Z. Arbeitsgem. Österr. Entomologen **17(1/2)**: 24-62.

MALICKY, H., 1979: Warum verschwinden Schmetterlinge?. – Umschau **79**: 420-421.

MALLE, K.-G., 1992: Die Wasserqualität der Ostsee. – Spektrum der Wissenschaft 2/1992: 95-102.

MANGHABATI, A. & AMMER, U., 1988: Auswirkungen des Tourismus auf den Bergwald. – Jb. Ver. Schutz Bergwelt **53**: 107-114.

MANN, H., 1971: Gewässerschutz und Fischerei. – Natur und Landschaft **46**: 212-214.

MARGULES, C., HIGGS, A.J. & RAFE, R.W., 1982: Modern biogeographic theory: Are there any lessons for Nature Reserve design?. – Biol. Conserv. **24**: 115-128.

MARKTANNER, T., 1978: Die Tagfalter des Moorgebietes Bodemer Moos, Riedmüller Moos, Dornweidmoos. – Mitt. der Arbeitgem. Naturschutz Wangen, Wangen i. Allgäu.

MARTENS, J., 1978: Weberknechte (Opiliones). – In: Die Tierwelt Deutschlands. 64. Teil. (Begründet von F. Dahl, herausgegeben von K. Senglaub, H.J. Hannemann & H. Schumann), 464 S.

MARTIN, K. & ROWECK, H., 1988: Zur anthropogenen Isolierung von Landschnecken-Populationen. – Landschaft + Stadt **20(4)**: 151-155.

MATTERN, H., 1985: Zwei Jahrzehnte Landespflege im Regierungsbezirk Stuttgart (Nordwürttemberg). – Veröff. Natursch. Landschaftspfl. Bad.-Württ. **56/60**: 7-56.

MATTERN, H., WOLF, R. & MAUK, J., 1979: Die Bedeutung von Wacholderheiden im Regierungsbezirk Stuttgart sowie Möglichkeiten zu ihrer Erhaltung. – Veröff. Natursch. Landschaftspfl. Bad.-Württ. **49/50**: 9-29.

MAUCH, E., 1963: Untersuchungen über das Benthos der Mosel unter besonderer Berücksichtigung der Wassergüte. – Mitt. Zool. Mus. Berlin **39(1)**: 1-172.

MAURER, R., 1974: Die Vielfalt der Käfer- und Spinnenfauna des Wiesenbodens im Einfluß von Verkehrsimmissionen. – Oecologia **14**: 327-351.

MAY, R. (Hrsg.), 1980: Theoretische Ökologie. – Verlag Chemie, Weinheim-Deerfield Beach, Florida – Basel, 284 S.

McCOY, E.D., 1983: The application of island-biogeographic theory to patches of habitat: How much land is enough?. – Biol. Conserv. **25**: 61-63.

MEILE, P., 1982: Wintersportanlagen in alpinen Lebensräumen des Birkwildes. – Alpin-biologische Studien XVII, Univ. Innsbruck, 101 S.

MEINEKE, J.-U., 1982: Einige Aspekte des Moor-Biotopschutzes für Schmetterlinge am Beispiel moorbewohnender Großschmetterlingsarten in Südwestdeutschland. – Telma, Bd. **12**: 85-98.

MEISEL, K., 1977: Auswirkungen landwirtschaftlicher Intensivierungsmaßnahmen auf die Acker- und Grünlandvegetation und die Bedeutung landwirtschaftlicher Problemgebiete für den Arten- und Biotopschutz. – Jb. Natursch. Landschaftspfl. **27**: 63-74.

MEISEL, K., 1977a: Die Grünlandvegetation nordwestdeutscher Flußtäler und die Eignung der von ihr besiedelten Standorte für einige wesentliche Nutzungsansprüche. – Schr.-R. f. Vegetationskunde **11**, 121 S.

MEISEL, K. & HÜBSCHMANN, A.v., 1975: Zum Rückgang von Naß- und Feuchtbiotopen im Emstal. – Natur und Landschaft **50(2)**: 33-38.

MEISEL, K. & HÜBSCHMANN, A.v., 1976: Veränderungen der Acker- und Grünlandvegetation im nordwestdeutschen Flachland in jüngerer Zeit. – Schr.-R. f. Vegetationskunde, H. **10**: 109-124.

MEISTER, G., 1987: Vegetation und Jagd als besonderes ökologisches Problem in Hochgebirgs-Schutzgebieten. – Jb. Naturschutz Landschaftspfl. **40**: 66-75.

MERKEL, E., 1980: Sandtrockenstandorte und ihre Bedeutung für zwei „Ödland"-Schrecken der Roten Liste *(Oedipoda coerulescens* und *Sphingonotus coerulans)*. Schr.-R. Naturschutz u. Landschaftspflege **12**: 63-69.

MEYER, K.O., 1976: Über die Einwirkung neuer Küstenschutzbauten auf die Gastropodenfauna der Vordeichswiesen am südwestlichen Jadebusen. – Drosera **(1)**: 10-12.

MILBRADT, J., 1979/1981: Ist die Erhaltung einer traditionellen, nicht flurbereinigten Kulturlandschaft noch zeitgemäß?. – Ber. Naturwiss. Ges. Bayreuth Bd. **XVII**: 77-102.

MILLER, G.R. & MILES, J., 1970: Regeneration of heather *(Calluna vulgaris* [L.] Hull) at different ages and seasons in northeast Scotland. – J. appl. Ecol. **7**, No. April: 51-60.

MINISTER FÜR ERNÄHRUNG, LANDWIRTSCHAFT UND FORSTEN DES LANDES NORDRHEIN-WESTFALEN (MELF), 1982: Vom Aussterben bedroht! Farn- und Blütenpflanzen. – (Broschüre), Düsseldorf.

MINISTERIUM FÜR UMWELT BADEN-WÜRTTEMBERG (Hrsg.), 1988: Biotopsystem nördliche Oberrheinniederung. – Materialien zum integrierten Rheinprogramm Bd. **2**, 137 S.

MIOTK, P., 1979a: Das Lößwandökosystem im Kaiserstuhl. – Veröff. Naturschutz Landschaftspflege Bad.-Württ. **49/50**: 159-198.

MIOTK, P., 1979b: Zur Biologie und Ökologie von *Odynerus spinipes* (L.) und *O. reniformis* (Gmel.) an den Lößwänden des Kaiserstuhls (Hymenoptera: Eumenidae). – Fortschr. Zool. Stuttgart **25**: 79-84.

MIOTK, P., 1980: Zur Problematik der Beurteilung von Gebieten im Hinblick auf ihre Schutzwürdigkeit. – Informationen zu Naturschutz und Landschaftspflege in Nordwestdeutschland Bd. **2**: 73-81.

MIOTK, P., 1982: Die „Wüste" lebt. Trockengebiete in Deutschland verdienen mehr Schutz. – Wir und die Vögel **14**: 4-9.

MIOTK, P., 1992: Die Bedeutung qualitativer Biotopveränderungen und -gefährdungen einschließlich ihrer Bilanzierung für das Kriteriensystem einer „Roten Liste Biotope". – Schr.-R. f. Landschaftspflege u. Naturschutz Nr. 37 (im Druck).

MOLTHAN, J. & RUPPERT, V., 1988: Zur Bedeutung blühender Wildkräuter in Feldrainen und Äckern für blütenbesuchende Nutzinsekten. – Mitt. Biol. Bundesanst. f. Land- und Forstwirtschaft **247**: 85-99.

MUGGLETON, J. & BENHAM, B.R., 1975: Isolation and the decline of the large blue butterfly *(Maculinea arion)* in Great Britain. – Biol. Conserv. **7**: 119-128.

MUHLE, O., 1974: Zur Ökologie und Erhaltung von Heidegesellschaften. – Allg. Forst- und Jagdztg. **145(12)**: 232-239.

MÜHLENBERG, M., 1982: Artenverlust – trotz ökologischer Planung? – Natur und Landschaft **57**: 295-296.

MÜHLENBERG, M. & WERRES, W., 1983: Lebensraumverkleinerung und ihre Folgen für einzelne Tiergemeinschaften – Experimentelle Untersuchungen auf einer Wiesenfläche. – Natur und Landschaft **58(2)**: 43-50.

MÜLLER, G., 1989: Wallhecken – Entstehung – Pflege – Neuanlage am Beispie der Gemeinde Ganderkesee. – BSH Verlag, Wardenburg, 256 S.

MÜLLER, H., 1954/1955: Faunistisch-ökologische Untersuchungen auf den Bienitzwiesen bei Leipzig unter besonderer Berücksichtigung der Heuschrecken. – Wiss. Z. Univ. Leipzig, Math.-nat. Reihe **1/2**: 73-80.

MÜLLER, H.U., MARTIN, C. & DIETHELM, P., 1976: Vorkommen, Umweltverhältnisse und Erhaltung des Fischotters in der Schweiz. – Ethologie u. Wildforschung, Universität Zürich (vervielf. Mskr.).

MÜLLER, N., 1990: Die Entwicklung eines verpflanzten Kalkmagerrasens. – Erste Ergebnisse von einer Dauerbeobachtung in einer Lechfeldhaide. – Natur und Landschaft **65(1)**: 21-27.

MÜLLER, P., 1976b: Voraussetzung für die Integration faunistischer Daten in die Landesplanung der Bundesrepublik Deutschland. – Schr.-R. Vegetationskunde, H. **10**: 27-47.

MÜLLER, P., 1980: Anpassung und Informationsgehalt von Tierpopulationen in Städten. – Verh. Dtsch. Zool. Ges. 1980: 57-77.

MÜLLER, S., 1970: Wasservogelverluste an der Ostseeküste (Westmecklenburg und Rügen) in den letzten Jahren. – Naturschutzarbeit in Mecklenburg **13(3)**: 22-26.

MÜLLER-MOTZFELD, G., 1991: Ein Beitrag zur Käferfauna des NSG „Bock und Hohe Düne von Pramort". – Naturschutzarbeit in Mecklenburg-Vorpommern **34(1)**: 51-56.

MULSOW, R., 1976: Untersuchungen zur Siedlungsdichte der Hamburger Vogelwelt. – Abh. und Verh. d. Naturw. Ver. in Hamburg N.F. Bd. **XII**: 123-128.

NATIONAL FOREST AND NATURE AGENCY, THE MINISTRY OF THE ENVIRONMENT, DENMARK AND THE COMMON WADDEN SEA SECRETARIAT, 1991: The wadden sea. Status and developments in an international perspective. – Report to the 6th Trilateral Governmental Conference on the protection of the Wadden Sea, Esbjerg, November, 13, 1991, 200 S.

NATIONALPARKVERWALTUNG NIEDERSÄCHSISCHES WATTENMEER, 1990 (Hrsg.): Nationalpark Niedersächsisches Wattenmeer. – Nationalparkverwaltung „Niedersächsisches Wattenmeer", Wilhelmshaven.

NATURE CONSERVANCY COUNCIL (Hrsg.), 1977: Nature conservation and agriculture. – London, 40 S.

NAUSCH, G. & SCHLUNGBAUM, G., 1991: Entwicklung und Prognose der Beschaffenheit innerer Küstengewässer und Möglichkeiten der Sanierung. – In: Umweltbundesamt (Hrsg.): Erste Nationale Konferenz zum Schutz der Meeresumwelt der Ostsee, TEXTE 14/91 (Veröffentlichungen des Umweltbundesamtes): 59-69.

NEHRING, D., 1992: Die Nährstoffbelastung der Ostsee. – Spektrum der Wissenschaft 2/1992: 110-118.

NEHRING, D., MATTHÄUS, W., SCHULZ, S. & BRÜGMANN, L., 1991: Aktuelle Trends hydrographischer, chemischer und biologischer Größen sowie Schadstoffbelastung der Ostsee. – In: Umweltbundesamt (Hrsg.): Erste Nationale Konferenz zum Schutz der Meeresumwelt der Ostsee, TEXTE 14/91 (Veröffentlichungen des Umweltbundesamtes): 3-20.

NEUDECKER, T., 1990: Genutzte Muscheln und Schnecken. – In: Lozan et al. (Hrsg.): Warnsignale aus der Nordsee. Parey Verlag, Berlin – Hamburg: 165-176.

NEZADAL, W., 1989: Artenschutzprobleme bei kurzlebigen Pflanzengesellschaften. – Schr.-R. Bayer. Landesamt für Umweltschutz Beiträge zum Artenschutz **8(92)**: 51-60.

NIEBUHR, O., 1948: Die Vogelwelt des feuchten Eichen-Hainbuchenwaldes. – Ornith. Abhandl. Göttingen, H. **1**, 28 S.

NIEDERSÄCHSISCHES MINISTERIUM FÜR ERNÄHRUNG, LANDWIRTSCHAFT UND FORSTEN, 1988: Technische Hinweise für die Herrichtung von Hochmoorflächen nach Torfabbau. – RdErl. d. ML v. 6.5. -409 – 22443/3-3 Anlage 2, Nds. MBl. Nr. 19/1988: 520-521.

NIEDRINGHAUS, R. & BRÖRING, U., 1986: Wanzen und Zikaden (Hemipteroidea – Heteroptera, Auchenorrhyncha) terrestrischer Habitate der ostfriesischen Insel Norderney. – Drosera **(1)**: 21-40.

NIERMANN, U. & BAUERFEIND, E., 1990: Ursachen und Auswirkungen von Sauerstoffmangel. – In: Lozan et al. (Hrsg.): Warnsignale aus der Nordsee. Parey Verlag, Berlin – Hamburg: 65-75.

NIETHAMMER, J. & KRAPP, F. (Hrsg.), 1978 u. 1982: Handbuch der Säugetiere Europas. Bd. I. Nagetiere I.; Bd. II/I. Nagetiere II. – Akad. Verlagsgesellschaft, Wiesbaden, 467 bzw. 649 S.

NILSSON, S.J. & GRENNFELT, P. (Hrsg.), 1988: Critical loads for sulphur and nitrogen. Report from a workshop held at Skloloster, Sweden 19-24 March 188. – Nordic Council of Ministers, Store Strandstaede 18, 1255 Kopenhagen/ Dänemark, Bd. **15**.

NITSCHE, G. & PLACHTER, H., 1987: Atlas der Brutvögel Bayerns 1979 – 1983. Bayer. Landesamt für Umweltschutz, München, 279 S.

OBERDORFER, E., 1957: Süddeutsche Pflanzengesellschaften – Pflanzensoziologie 10. – Gustav Fischer Verlag, Jena, 564 S.

ODZUCK, W., 1978: Anthropogene Veränderung eines Moorökosystems durch Erholungssuchende. – Natur und Landschaft 53: 192-194.

OESAU, A., 1987: Ackerrandstreifenprogramm des Landespflanzenschutzdienstes Rheinland-Pfalz – Ergebnisse 1984-1986. – In: Landespflanzenschutzdienst Rheinland-Pfalz (Hrsg.) Mainz.

OESAU, A. & FROEBE, H.A., 1972: Pflanzensoziologische Beobachtungen an hochwasserbeeinflußten Kulturflächen im nördlichen Oberrheintal. – Beitr. naturkundl. Forsch. Südw.Dtl. 31: 65-86.

OKRUSZKO, H., 1989: Wirkung der Bodennutzung auf die Niedermoorbodenentwicklung – Ergebnisse eines langjährigen Feldversuches. – Z. f. Kulturtechnik und Landentwicklung 30: 167-176.

OOMES, M.J.M. & MOOI, H., 1981: The effect of cutting and fertilizing on the floristic composition and production of an Arrhenatherion elatioris grassland. – Vegetatio 46/47: 233-239.

OPPERMANN, R., REICHHOLF, J. & PFADENHAUER, J., 1987: Beziehungen zwischen Vegetation und Fauna in Feuchtwiesen – untersucht am Beispiel von Schmetterlingen und Heuschrecken in zwei Feuchtgebieten Oberschwabens. – Veröffentl. f. Natursch. u. Landschaftspfl. Baden-Württemberg, Bd. 62: 347-379.

ORNITHOLOGISCHE ARBEITSGEMEINSCHAFT NORDBAYERN (OAG), 1973: Gutachten zu den wasserbaulichen Maßnahmen zwischen Ornbau und Gunzenhausen im Rahmen des Vorhabens Überleitung von Altmühl- und Donauwasser in das Regnitz-Main-Gebiet. – vervielf. Mskr.

ORNITHOLOGISCHE ARBEITSGEMEINSCHAFT OSTBAYERN, 1978: Lebensraum Donautal. – Schr.-R. Natursch. Landschaftspfl. 11 (München), 126 S.

OTTE, A., 1988: Möglichkeiten und Grenzen für die Erhaltung dörflicher Ruderalvegetation. – Bayer. Landw. Jahrb. 65 (SH 1): 279-286.

OTTE, A., ZWINGEL, W., NAAB, M. & PFANDENHAUER, J., 1988: Ergebnisse der Erfolgskontrollen zum Ackerrandstreifenprogramm aus den Regierungsbezirken Oberbayern und Schwaben in den Jahren 1986 und 1987. – Schr.-R. Bayer. Landesamt für Umweltschutz Beiträge zum Artenschutz 7(84): 161-205.

OTTOW, J.C.G., 1984: Auswirkungen von Schadstoffbelastungen (Pestiziden, Schwermetallen) auf Bodenleben und Bodenfruchtbarkeit. – Landschaft + Stadt 16(3): 163-172.

PABSCH, E., 1989: Planung und Ausführung von Baumaßnahmen für das „Renaturierungsprojekt Rotes Moor". – Telma Beiheft 2: 67-76.

PALIK, C., 1980: The protection and reintroduction in Poland of *Parnassius apollo* (Linnaeus). – Nota lepid. 2 (1979): 163-164.

PAUER, R., 1975: Zur Ausbreitung der Carabiden in der Agrarlandschaft unter besonderer Berücksichtigung der Grenzbereiche verschiedener Feldkulturen. – Z. angew. Zool. 62: 457-489.

PAULER, K., 1972: Künstliche Ansiedlung einer Uferschwalbenkolonie. – Egretta 2: 55-60.

PAULUS, H.F., 1980: Einige Vorschläge für Hilfsprogramme unserer gefährdeten Käfer. – Natur und Landschaft 55(1): 28-32.

PAURITSCH, G. & HARBODT, A., 1988: Ergebnisse und Auswirkungen der Streuobstwiesenkartierung in Hessen. – Natur und Landschaft 63(7/8): 340-341.

PEKKARINEN, A. et al., 1981: Distribution of bumblebees (Hymenoptera, Apidae: *Bombus* and *Psithyrus*) in eastern Fennoscandia. – Not. Entomol. 61: 71-89, Helsingfors.

PETERKEN, G., 1981: Woodland conservation and management. – London & New York: 1-328.

PETERSEN, M., 1984: Grundlagen eines Hilfsprogrammes für Schmetterlinge (Bombyces und Sphinges). – Dipl.-Arb. (unveröff.), Hannover.

PFADENHAUER, J., 1989: Renaturierung von Torfabbauflächen in Hochmooren des Alpenvorlands. – Telma Beiheft 2: 313-330.

PLACHTER, H., 1980: Tierbestände im Siedlungsbereich und ihre Erfassung im Rahmen von Biotopkartierungen. – Garten und Landschaft 7: 569-576.

PLACHTER, H., 1981a: Grundsätze und Praxis des Tierartenschutzes in Bayern. – Schr.-R. Natursch. Landschaftspfl. 12: 7-15, München.

PLACHTER, H., 1981b: Vorschläge zur Verwirklichung von Artenschutzprogrammen. – Ber. ANL **9**: 49-56.

PLACHTER, H., 1983a: Praxisbezogene Anforderungen an Artenschutzprogramme und Möglichkeiten ihrer Verwirklichung. – Jb. Natursch. Landschaftspfl. **34**: 36-72, Kilda-Verlag, Greven.

PLACHTER, H., 1983b: Die Lebensgemeinschaften aufgelassener Abbaustellen – Ökologie und Naturschutzperspektive von Trockenbaggerungen mit Feuchtbiotopen. – Schr.-R. Bayer. Landesamtes f. Umweltschutz H. **56**, 112 S.

PLACHTER, H., 1986: Die Fauna der Kies- und Schotterbänke dealpiner Flüsse und Empfehlungen für ihren Schutz. – Ber. Akad. Naturschutz Landschaftspfl. **10**: 119-147.

PLACHTER, H., 1987: Arten- und Biotopschutzprogramme als umfassende Zielkonzepte des Naturschutzes. – Jb. Naturschutz Landschaftspfl. ABN **39**: 106-126.

PLACHTER, H. & PLACHTER, J., 1988: Ökologische Studien zur terrestrischen Höhlenfauna Süddeutschlands. – Zoologica **47(139)**: 1-67.

PLANUNGSGRUPPE ÖKOLOGIE + UMWELT, 1979: Ökologische Studie Maudacher Bruch/Ludwigshafen am Rhein – Gesamträumlicher Zusammenhang und ökologische Folgewirkungen der Grundwasserabsenkungen. – (Studie i.A. der Stadt Ludwigshafen a.R.) Hannover.

PLATH, L., 1983: Zur Bestandsgröße der an den Kreideküsten der Insel Rügen brütenden Mehlschwalben *(Delichion urbica)* nebst Bemerkungen zum dortigen Vorkommen der Uferschwalbe *(Riparia riparia)*. – Archiv der Freunde der Naturgeschichte in Mecklenburg **23**: 5-8.

PLEYER, G., 1980: Veränderungen der Fischfauna, aufgezeigt an einem Fischbestand in der Aisch (Mittelfranken). – Schr.-R. Natursch. Landschaftspfl. **12**: 97-104, München.

PODLOUCKY, R., 1976: Nordkehdingen – Auswirkungen der Eindeichung eines international bedeutsamen Feuchtgebiets. – Natur und Landschaft **51**: 151-152.

POHL, D., 1979: Kartieranleitung zur Erfassung der für den Naturschutz wertvollen Bereiche in Niedersachsen. – Nieders. Landesverwaltungsamt: 1-55.

POHLE, A., 1978: Ökologische Bedeutung von Hecken und Wallhecken. – Mitt. LÖLF **3**: 249-262.

PREISING, E., VAHLE, H.-C., BRANDES, D., HOFMEISTER, H., TÜXEN, J. & WEBER, H.E., 1990: Die Pflanzengesellschaften Niedersachsens – Bestandsentwicklung, Gefährdung und Schutzprobleme. Salzpflanzengesellschaften der Meeresküsten und des Binnenlandes. – Natursch. u. Landschaftspfl. Niedersachsen H. **20/7**: 1-44.

PRETSCHER, P., 1977a: Rote Liste der in der Bundesrepublik Deutschland gefährdeten Tierarten, Teil II: Wirbellose. 1. Libellen, Odonata (Insekten). 1. Fassung. – Natur und Landschaft **52**: 10-12.

PRETSCHER, P., 1977b: Rote Liste der in der Bundesrepublik Deutschland gefährdeten Tierarten, Teil II: Wirbellose. 4. Großschmetterlinge, Macrolepidoptera s. 1. (Insekten) 1. Fassung. – Natur und Landschaft **52**: 164-168.

PREUSS, G., 1980: Voraussetzungen und Möglichkeiten für Hilfsmaßnahmen zur Erhaltung und Förderung von Stechimmen in der Bundesrepublik Deutschland. – Natur und Landschaft **55(1)**: 20-26.

PREUSS, G., 1981: Artenschutz: Eine Konsequenz aus der Umweltsituation und ein Auftrag für den Naturschutz. – In: Geiger, M., Preuss, G., Rothenberger, K.H.: Pfälz. Landeskunde Bd. **2**: 395-420, Landau.

PRIES, E., 1984: Verlauf, Umfang und Ursachen des Röhrichtrückganges an uckermärkischen Seen und seine Auswirkungen auf Rohrsängerbestände. – Naturschutzarbeit in Mecklenburg **27(1)**: 3-19.

PROKOSCH, P., 1988: Das Schleswig-Holsteinische Wattenmeer als Frühjahrs-Aufenthaltsgebiet arktischer Watvogelpopulationen am Beispiel von Kiebitzregenpfeifer *(Pluvialis squatarola,* L. 1758), Knutt *(Calidris canutus,* L. – 1758) und Pfuhlschnepfe *(Limosa lapponica,* L. 1758). – CORAX, **12(4)**: 273-442.

PUCHSTEIN, K., 1980: Zur Vogelwelt der schleswig-holsteinischen Knicklandschaft mit einer ornithoökologischen Bewertung der Knickstrukturen. – CORAX **8**: 62-106.

RAABE, E.-W., 1979: Über die Entwicklung der Kleingewässer, dargestellt am Beispiel der Gemeinde Heikendorf. – Die Heimat **86(4)**: 53-56.

RABELER, W., 1947: Die Tiergesellschaft der trockenen Callunaheiden in Nordwestdeutschland. – 94.-98. Jahresber. Naturhist. Ges. zu Hannover: 357-375.

RABELER, W., 1957: Die Tiergesellschaften eines Eichen-Birkenwaldes im nordwestdeutschen Altmoränengebiet. – Mitt. Flor.-soz. Arbeitsgem. NF **6/7**: 297-319, Stolzenau/Weser.

RABELER, W., 1967: Über die Tierwelt der Hochmoore. – Natur und Landschaft **42**: 210-211.

RACHOR, E., 1977: Faunenverarmung in einem Schlickgebiet in der Nähe Helgolands. – Helgoländer wiss. Meeresunters. **30**: 633-651.

RACHOR, E., 1982: Indikatorarten für Umweltbelastungen im Meer. – Decheniana Beih. **26**: 128-137.

RACHOR, E., 1989: Changes in sublitoral zoobenthos of the German Bight with regard to eutrophication. – Neth. J. Sea Res. (im Druck).

RACHOR, E., 1990a: Benthos – Einleitung. – In: Lozan et al. (Hrsg.): Warnsignale aus der Nordsee. Parey Verlag, Berlin – Hamburg: 153-154.

RACHOR, E., 1990b: Veränderungen der Bodenfauna. – In: Lozan et al. (Hrsg.): Warnsignale aus der Nordsee. Parey Verlag, Berlin – Hamburg: 158-165.

RACHOR, E. & RÜHL, N.-P., 1990: Schadstoffeinträge. – In: Lozan et al. (Hrsg.): Warnsignale aus der Nordsee. Parey Verlag, Berlin – Hamburg: 28-30.

RADACH, G., SCHÖNFELD, W. & LEHNARDT, H., 1990: Nährstoffe in der Nordsee – Eutrophierung, Hypertrophierung und deren Auswirkungen. – In: Lozan et al. (Hrsg.): Warnsignale aus der Nordsee. Parey Verlag, Berlin – Hamburg: 48-65.

RANFTL, H., 1979: Berücksichtigung des Arten- und Biotopschutzes in der Flurbereinigung. – Jb. Natursch. Landschaftspfl. **29**: 37-50, München.

RANFTL, H., 1982: Noch Hoffnung für Wiesenbrüter? (Gespräch mit L. Sothmann). – Vogelschutz **1**: 7-12.

RANFTL, H., BANDORF, H. & HARTH, J., 1976: Der Graureiher *Ardea cinerea* in Bayern. – Anz. Orn. Ges. Bayern **15**: 161-184.

RAT VON SACHVERSTÄNDIGEN FÜR UMWELTFRAGEN, 1980: Umweltprobleme der Nordsee. Sondergutachten. – Kohlhammer, Stuttgart u. Mainz, 503 S.

RAT VON SACHVERSTÄNDIGEN FÜR UMWELTFRAGEN, 1985: Umweltprobleme der Landwirtschaft – Sondergutachten. – Verl. W. Kohlhammer, Stuttgart u. Mainz, 423 S.

RATTAY-PRADE, R., 1988: Die Vegetation auf Straßenbegleitstreifen in verschiedenen Naturräumen Südbadens – ihre Bewertung für den Naturschutz und ihre Bedeutung für ein Biotopverbundsystem. – Dissertationes Botanicae Bd. **114**, 228 S.

RAUSCHERT, S., BENKERT, D., HEMPEL, W. & JESCHKE, L., 1978: Liste der in der DDR erloschenen und gefährdeten Farn- und Blütenpflanzen. – Kulturbund der DDR, ZFA Botanik: 1-56.

RECHLIN, O., 1991: Umweltabhängige Veränderungen der Ostseefischbestände, erläutert am Beispiel des Herings. – In: Umweltbundesamt (Hrsg.): Erste Nationale Konferenz zum Schutz der Meeresumwelt der Ostsee, TEXTE 14/91 (Veröffentlichungen des Umweltbundesamtes): 35-40.

RECK, H., 1992: Spezieller Artenschutz und Biotopschutz: Zielarten als Naturschutzstrategie und ihre Bedeutung als Indikatoren bei der Beurteilung der Gefährdung von Biotopen. – Schr.-R. f. Landschaftspfl. u. Naturschutz Nr. 36 (im Druck).

REICH, M., 1988: Streuobstwiesen und ihre Bedeutung für den Artenschutz. – Schr.-R. d. Bay. Landesamtes f. Umweltschutz, H. **84**: 89-99.

REICH, M. & KUHN, K., 1988: Vorschlag für eine Neufassung der Roten Liste der in Bayern gefährdeten Libellen (Odonata). – Schriftenr. Bayer. Landesamt Umweltschutz **79**: 7-12.

REICHENBACH-KLINKE, H., 1962: Wachstumsuntersuchungen an Donaufischen. – Arch. Hydrobiol. (Suppl. Donauforschung) **27**.

REICHHOLF, J., 1973a: Begründung einer ökologischen Strategie der Jagd auf Enten (Anatidae). – Anz. Orn. Ges. Bayern **12**: 237-247.

REICHHOLF, J., 1973b: Der Einfluß der Flurbereinigung auf den Bestand an Rebhühnern *(Perdix perdix)*. – Anz. orn. Ges. Bayern **12**: 100-105.

REICHHOLF, J., 1975: Der Einfluß von Erholungsbetrieb, Angelsport und Jagd auf das Wasservogelschutzgebiet am Unteren Inn und die Möglichkeiten und Chancen zur Steuerung der Entwicklung. – Schr.-R. f. Landschaftspfl. u. Naturschutz, H. **12**: 109-116.

REICHHOLF, J., 1976: Zur Wiedereinbürgerung des Bibers *(Castor fiber* L.). – Natur und Landschaft **51**: 41-44.

REICHHOLF, J., 1980: Die Arten-Arealkurve bei Vögeln in Mitteleuropa. – Anz. Orn. Ges. Bayern **19**: 13-26.

REICHHOLF, J., 1983: Tierwelt. – In: Engelhardt, W. (Hrsg.): Ökologie im Bau- und Planungswesen: 102-128. Wiss. Verlagsges., Stuttgart.

REICHHOLF, J., 1987: Indikatoren für Biotopqualitäten, notwendige Mindestflächengrößen und Vernetzungsdistanzen. – Forschungs- und Sitzungsberichte 165, ARL Hannover: 291-309.

REICHHOLF-RIEHM, H., 1981: Noch eine Chance für den Biber?. – Nationalpark **31**: 6-9.

REIF, A., SCHULZE, E.-D. & ZAHNER, K., 1982: Der Einfluß des geologischen Untergrundes, der Hangneigung, der Feldgröße und der Flurbereinigung auf die Heckendichte in Oberfranken. – Ber. ANL **6**: 231-253.

REIJNDERS, P.J.H., RIES, E.H. & TRAUT, I.M., 1990: Robbenbestände. – In: Lozan et al. (Hrsg.): Warnsignale aus der Nordsee. Parey Verlag, Berlin – Hamburg: 320-324.

REINICKE, R., 1989: Der Greifswalder Bodden – geographisch-geologischer Überblick, Morphogenese und Küstendynamik. – Meer und Museum **5**: 3-9.

REINIG, K., 1970: Ökologische Studien an mittel- und südosteuropäischen Hummeln *(Bombus* Latr. 1802) (Hym., Apoidea). – Mitt. Münchn. Entomol. Ges. **60**: 1-56.

REININGHAUS, D. & SCHMIDT, M., 1982: Versuche zur Regeneration und Erhaltung einer überalterten Zwergstrauchheide. – Landschaft + Stadt **14(4)**: 164-185.

REISE, K., 1981: Ökologische Experimente zur Dynamik und Vielfalt der Bodenfauna in den Nordseewatten. – Verh. dt. zool. Ges. 1981: 1-15.

REISIGL, H. & KELLER, R., 1989: Lebensraum Bergwald. – Gustav Fischer, Stuttgart, 144 S.

REMMERT, H., 1979: Grillen – oder wie groß müssen Naturschutzgebiete sein?. – Nationalpark **22**: 7-9.

REMMERT, H., 1989: Ökologie, 4. neubearb. u. erweit. Auflage. – Springer, Berlin – Heidelberg – New York, 374 S.

RENKEN, W., 1956: Untersuchungen über Winterlager der Insekten. – Z. Morph. Ökol. Tiere Bd. **45**: 34-106.

RETZLAFF, H., 1987: Heide- und Moorpflegemaßnahmen unter besonderer Berücksichtigung der Schmetterlingsfauna und ausgewählter Insekten. – Mitt. ostwestf.-lipp. Entomologen **4**.

REUTHER, C., 1980: Der Fischotter, Lutra lutra L. in Niedersachsen. Historische Entwicklung und derzeitige Situation der Verbreitung und des Bestandes, Rückgangsursachen und Schutzmöglichkeiten. – Naturschutz u. Landschaftspflege in Niedersachsen **11**: 182 S.

RIECKEN, U., 1992: Planungsbezogene Bioindikation durch Tierarten und Tiergruppen – Grundlagen und Anwendungen. – Schr.-R. f. Landschaftspfl. u. Naturschutz Nr. 36, 187 S.

RIECKEN, U. & BLAB, J., 1989: Biotope der Tiere in Mitteleuropa. Verzeichnis zoologisch bedeutsamer Biotoptypen und Habitatqualitäten in Mitteleuropa einschließlich typischer Tierarten als Grundlage für den Naturschutz. – (= Naturschutz aktuell 7), Kilda Verlag, Greven, 123 S.

RIECKEN, U., RIES, U. & SSYMANK, A., 1992: Standardbiotoptypenliste der BFANL für die Bundesrepublik Deutschland. – Schr.-R. f. Landschaftspflege u. Naturschutz Nr. 37 (im Druck).

RIEDER, N., 1979: Seltene Krebse in zeitweiligen Gewässern Baden-Württembergs aus der Gruppe der Branchiopoda (Kiemenfußkrebse) – zugleich Versuch einer „Roten Liste" (1. Fassung, Stand März). – Veröff. Natursch. Landschaftspfl. Bad.-Württ. **49/50**: 397-405.

RIEDER, N., 1984: Rote Liste ausgewählter Gruppen der Blattfuß-Krebse (Phyllopoda). – In: Blab et al. (Hrsg.): Rote Liste der gefährdeten Tiere und Pflanzen in der Bundesrepublik Deutschland, (= Naturschutz aktuell 1) 4. Aufl., Kilda-Verlag, Greven: 121-122.

RIEGER, W., 1988: Gutachten über die Ergebnisse von Beweidungsversuchen auf Halbtrockenrasen im NSG Weper (Landkreis Northeim) 1984-1987. – Bezirksregierung Braunschweig (unveröffentlicht).

RIESEN, W. & REISE, K., 1982: Macrobenthos of the subtidal Wadden Sea: revisited after 55 years. – Helgoländer Meeresunters. **35**: 409-423.

RIESS, W., 1973: Untersuchungen an Vogelpopulationen zweier Heckengebiete im Naturpark Hoher Vogelsberg. – Luscinia **42(1/2)**: 1-21.

RIESS, W., 1974: Untersuchungen an Vogelpopulationen zweier Heckengebiete im Naturpark Hoher Vogelsberg. II. Zur Struktur und Fortpflanzung der Populationen. – Luscinia **42(3/4)**: 109-133.

RINGLER, A., 1976: Verlustbilanz nasser Kleinstbiotope in Moränengebieten der Bundesrepublik Deutschland. – Natur und Landschaft **51**: 205-209.

RINGLER, A., 1980a: Arten- und Biotopschutz im Alpenvorland. – Jb. Vereins z. Schutze d. Bergwelt e.V. **45**: 77-123.

RINGLER, A., 1980b: Artenschutzstrategien aus Naturraumanalysen. – Ber. ANL **4**: 24-59.

RINGLER, A., 1981a: Schrumpfung und Dispersion von Biotopen. – Natur und Landschaft **56**: 39-45.

RINGLER, A., 1981b: Die Alpenmoore Bayerns – Landschaftsökologische Grundlagen, Gefährdung, Schutzkonzept. – Ber. ANL **5**: 4-98.

RINGLER, A., 1984: Beeinflussung von Lebensräumen und Lebensgemeinschaften durch die Almbewirtschaftung. – Laufener Seminarbeitr. **4/84**: 24-84.

RINGLER, A., 1987: Gefährdete Landschaften. Lebensräume auf der Roten Liste. Eine Dokumentation im Bildvergleich. – BLV Verlagsgesellschaft, München – Wien – Zürich, 195 S.

RINGLER, A., 1991: Die Vereinigung als Chance für den deutschen Naturschutz Teil 1 u. 2. – Naturschutz Landschaftsplanung **23(2/3)**: 50-62, 120-131.

RITSCHEL-KANDEL, G., 1988: Die Bedeutung der extensiven Ackernutzung für den Arten- und Biotopschutz in Unterfranken. – Schr.-R. Bayer. Landesamt für Umweltschutz Beiträge zum Artenschutz **7(84)**: 207-218.

RÖBEN, P., 1976: Veränderungen des Säugetierbestandes der Bundesrepublik Deutschland und deren Ursachen. – Schr.-R. Vegetationskunde **10**: 239-254.

RÖBER, H., 1951: Die Dermapteren und Orthopteren Westfalens in ökologischer Betrachtung. – Abh. Landesmus. Naturkde. Münster/Westf. **14**: 1-60.

ROCKENBAUCH, D., 1965: Schwarzmilan *(Milvus migrans)* brütet auf der Schwäbischen Alb. – Orn. Mitt. **17**: 245-247.

ROCKENBAUCH, D., 1975: Hat unser Wanderfalkenbestand noch Zukunft?. – Beih. Veröff. Natursch. Landschaftspfl. Bad.Württ. **7**: 42-53.

RÖDER, G., 1990: Biologie der Schwebfliegen Deutschlands (Diptera: Syrphidae). – Erna Bauer Verlag, Keltern-Weiler, 575 S.

ROFF, D.A., 1974: Satial heterogenity and the persistence of populations. The analysis of a population model demonstrating the importance of despersal in a heterogeneous environment. – Oecologia **15**: 245-258, 259-275.

ROTH, M., FUNKE, W., GÜNL, W. & STRAUB, S., 1983: Die Käfergesellschaften mitteleuropäischer Wälder. – Verh. d. Ges. f. Ökol. (Mainz 1981) **10**: 35-50.

ROTTER, M. & KNEITZ, G., 1977: Die Fauna der Hecken und Feldgehölze und ihre Beziehung zur umgebenden Agrarlandschaft. – Waldhygiene **12(1-3)**: 1-82.

RUGE, K., 1975: Kann man Spechten helfen?. – Beih. Veröff. Natursch. Landschaftspfl. Bad.-Württ. **7**: 83-87.

RUNGE, F., 1975/76: Sukzessionsstudien an einigen Pflanzengesellschaften Wangerooges. – Oldenburger Jahrb. **75/76**: 203-213.

RUTHSATZ, B., 1990: Vegetationskundlich-ökologische Nachweis- und Vorraussagemöglichkeiten für den Erfolg von Extensivierungsmaßnahmen in Feuchtgrünlandgebieten. – Angew. Botanik **64**: 69-98.

RUTTERT, E., 1986: Veränderungen im Nährstoffkreislauf einer Heidefläche durch Plegemaßnahmen am Beispiel der „Termenei"/Fuldatal. – Witzenhausen: GH Kassel, FB Landwirtschaft, AG Ökologische Umweltsicherung, 168 S. (= Mitt. a.d. Ergänz.stud. Ökol. Umwelts. 11/1986).

SÄNGER, K., 1977: Über die Beziehungen zwischen Heuschrecken und der Raumstruktur ihrer Habitate. – Zool. Jb. Syst. **104**: 433-488.

SCHAAB, E., 1991: Streuobstprogramme – wirkungsvolle Instrumente zur Erhaltung des ökologisch bedeutsamen Landschaftselements Streuobstwiese? – Natur und Landschaft **66(6)**: 331-334.

SCHÄFER, M., 1971: Ökologische Isolation und die Bedeutung des Konkurrenzfaktors am Beispiel des Verteilungsmusters der Lycosiden einer Küstenlandschaft. – Oecologia, **9**: 171-202.

SCHÄFER, M., 1973: Welche Faktoren beeinflussen die Existenzmöglichkeiten von Arthropden eines Stadtparks – untersucht am Beispiel der Spinnen (Araneida) und Weberknechte (Opilionida)? – Faun.-ökol. Mitt. **4**: 305-318.

SCHÄFER, M., 1980: Gedanken zum Schutz der Spinnen. – Natur und Landschaft **55**: 36-38.

SCHÄFER, M. & HAAS, L., 1979: Untersuchungen zum Einfluß der Mahd auf die Arthropodenfauna einer Bergwiese. – Drosera **79**: 17-40.

SCHÄFER, M. & KOCK, K., 1979: Zur Ökologie der Arthropoden einer Stadtlandschaft und ihrer Umgebung. I. Laufkäfer (Carabidae) und Spinnen (Araneida). – Anz. Schädlingskde. Pflanzensch. **52**: 85-90.

SCHÄFER, W., 1979: Schmetterlinge aus dem „Wildgutach-Gebiet" des Simonswäldertales. 2. Beitrag zur Macrolepidopteren-Fauna des südlichen Schwarzwaldes. – Veröffentl. f. Naturschutz u. Landespflege Bad.-Württ., Bd. **49/50**: 485-488. Karlsruhe: LfU Ba.-Württ., Inst. f. Ökol. u. Natursch.

SCHAUER, T., 1976: Einfluß des Schalenwildes auf den Gebirgswald und seine Bodenvegetation. – Jb. Ver. Schutz Bergwelt **41**: 145-158.

SCHAUER, W., 1974: Überprüfung der Abhängigkeit von Brutvogeldichte und Biotop in mesotrophen Buchenwäldern des NSG Serrahn mit standardisierten mathematisch-statistischen Verfahren. – Mitt. Sekt. Geobot. Phytotax. Biol. Ges. DDR: 165-191.

SCHAUERMANN, J., 1985: Zur Reaktion von Bodentieren nach Düngung von Hainsimsen-Buchenwäldern und Siebenstern-Fichtenforsten im Solling. – Allg. Forstzeitschr. **43**: 1159-1161.

SCHELLENBERG, A., 1937: Die höhere Krebsfauna im Süßwasser Deutschlands, ihre Zusammensetzung und ihr Artenzuwachs. – Arch. Hydrobiol. **31**: 229-241.

SCHERMER, E., 1934: Der Einfluß der Abwässer auf die Molluskenfauna der Trave. – Arch. Moll. **66**: 86-99.

SCHERZINGER, W., 1974: Trotz Nationalpark: Wenig Chancen für das Auerhuhn im Bayerischen Wald. – Nationalpark **2**: 6-10.

SCHERZINGER, W., 1976: Rauhfuß-Hühner. – Nationalpark Bayerischer Wald, H. **2**, 71 S.

SCHERZINGER, W., 1980: Waldstrukturen und Vogelwelt im Nationalpark. – Nationalpark **28(3)**: 13-18.

SCHERZINGER, W., 1981: Wachsende Sorge um Rauhfußhühner. – Nationalpark **32(3)**: 15-16.

SCHERZINGER, W., 1982: Die Spechte im Nationalpark Bayerischer Wald. – Schriftenr. BStMELF, Nationalpark Bayerischer Wald **2**: 1-71.

SCHERZINGER, W., 1991: Das Mosaik-Zyklus-Konzept aus der Sicht des zoologischen Artenschutzes. – Laufener Seminarbeiträge **5/91**: 30-42.

SCHIEFER, J., 1981: Vegetationsentwicklung und Pflegemaßnahmen auf Brachflächen in Baden-Württemberg. – Natur und Landschaft **56(7/8)**: 263-268.

SCHIEFER, J., 1982: Kontrolliertes Brennen als Landschaftspflegemaßnahme. – Natur und Landschaft **57**: 264-268.

SCHIEFER, J., 1983: Möglichkeiten der Aushagerung von nährstoffreichen Grünlandflächen. – Veröff. Natursch. Landschaftspfl. Bad.-Württ. **57/58**: 33-62.

SCHIESS, H., 1988: Wildtiere in der Kulturlandschaft Grindelwalds. Ansprüche an den Lebensraum und Antworten auf Nutzungsänderungen. – Schlußbericht zum schweizerischen MAB-Programm, Nr. 35, Bern, 112 S. + Kartenteil.

SCHINDLER, O., 1953: Unsere Süßwasserfische. – Kosmos Naturführer, Franckh'sche Verlagshandlung, Stuttgart, 222 S.

SCHMIDT, E., 1974: Ökosystem See. – Quelle & Meyer, Heidelberg.

SCHMIDT, E., 1975: *Aeshna viridis* Eversmann in Schleswig-Holstein, Bundesrepublik Deutschland (Anisoptera: Aeshnidae). – Odonatologica **4**: 81-88.

SCHMIDT, E., 1980: Zur Gefährdung von Moorlibellen in der Bundesrepublik Deutschland. – Natur und Landschaft **55**: 16-18.

SCHMIDT, E., 1989: Odonaten als Bioindikatoren für den praktischen Naturschutz. – Schr.-R. Landschaftspfl. u. Natursch. **29**: 281-289.

SCHMIDT, H., 1979: Die Wiese als Ökosystem. – Anlis-Verlag, Köln.

SCHMIDT, I., 1991: Beziehungen zwischen Algenentwicklung und Einflußfaktoren im südlichen Greifswalder Bodden. – In: Umweltbundesamt (Hrsg.): Erste Nationale Konferenz zum Schutz der Meeresumwelt der Ostsee, TEXTE 14/91 (Veröfflichungen des Umweltbundesamtes): 107-123.

SCHMIDTLER, J.F. & GRUBER, U., 1980: Die Lurchfauna Münchens: Eine Studie über die Verbreitung, die Ökologie und den Schutz der heimischen Amphibien. – Schr.-R. Natursch. Landschaftspfl. **12**: 105-139, München.

SCHNEEKLOTH, H., 1990: Verfügbare Torfreserven in Niedersachsen im Jahre 1989. – Telma, Bd. **20**: 181-186.

SCHNEIDER, CH. & SUKOPP, H., 1978: Zur Erhaltung von Flora und Fauna in Naturschutzgebieten. Forderungen an die Gesetze aus der Sicht der angewandten Ökologie. – Z. d. TU Berlin **2**: 20-26.

SCHÖNFELDER, P. & MEINEKE, J.-U., 1980: Trockenrasen – Gefährdung und Schutz. – DNR-Merkblatt, 13 S.

SCHOTT, E., 1966: Der Oberflächensalzgehalt in der Nordsee. – Dt. Hydr. Z. E.-h. Reihe A, 9.

SCHREINER, J., 1979: Städtische Grünstrukturen und ihre Bedeutung für die Tierwelt. – Ber. ANL **3**: 51-55.

SCHREMMER, F., 1960: Beobachtungen und Untersuchungen über die Insektenfauna der Lärche *(Larix decidua)* im östlichen Randgebiet ihrer natürlichen Verbreitung, mit besonderer Berücksichtigung einer Großstadtlärche. – Z. Angew. Entomol. **45**: 1-48, 113-153.

SCHRÖDER, P. & BURMEISTER, G., 1974: Der Schwarzstorch *(Ciconia nigra)*. – A. Ziemsen, Wittenberg-Lutherstadt (= Neue Brehmbücherei Bd. 468), 64 S.

SCHRÖDER, W., 1974: Über den Einfluß der Forstwirtschaft auf das Auerhuhn in den Bayerischen Alpen. – Allg. Forst-Z. **29**: 825-828.

SCHRÖDER, W., DIETZEN, W. & GLÄNZER, U., 1981: Das Birkhuhn in Bayern. – Schr.-R. Natursch. Landschaftspfl. **13** (München), 79 S.

SCHUBERT, R. (Hrsg.), 1984: Lehrbuch der Ökologie. – Gustav Fischer Verlag, Jena, 595 S.

SCHULZ, R. & STOCK, M., 1991: Kentish Plovers and Tourists – Conflicts in a highly sensitive but unprotected area in the Wadden Sea National Park of Schleswig-Holstein. – Ecosystem Research in the Wadden Sea, WSNL **(1)**: 20-24.

SCHULZE, G., 1971: Zur Verbreitung der Gammariden (Amphipoda, Crustacea) in den Chara-Wiesen des östlichen Teiles der Darßer Boddenkette. – Natur und Naturschutz in Mecklenburg **9**: 5-18.

SCHULZE, G., 1973: Die Walfunde aus dem Bereich der Ostseeküste der DDR. – Natur und Naturschutz in Mecklenburg **XI**: 97-112.

SCHUMACHER, W., 1981: Flächensicherung für den Wildpflanzenschutz. – Jb. Natursch. Landschaftspfl. **31**: 117-129.

SCHUSTER, J., 1984: Schaffung von Trockenbiotopen – Anlage, Bedingungen, Substrate. Schutz von Trockenbiotopen: Trockenstandorte aus zweiter Hand. – ANL **5**: 8-22.

SCHWAAR, J., 1972: Kulturlandschaften Nordwestdeutschlands und der Eifel in der Vergangenheit, Gegenwart und Zukunft. – Z. f. Kulturtechn. u. Flurber. **13**: 257-271.

SCHWAB, P., 1982: Schädigungen am Ökosystem Wald durch Weidevieh. – Laufener Seminarbeitr. **9/82**: 4-6.

SCHWABE, A., 1975: Dauerquadrat-Beobachtungen in den Salzwiesen der Nordseeinsel Trischen. – Mitt. Flor.-soz. Arbeitsgem. N.F. **18**: 111-128.

SCHWABE, A., 1987: Fluß- und bachbegleitende Pflanzengesellschaften und Vegetationskomplexe im Schwarzwald. – Dissertationes Botanicae **102**, 368 S.

SCHWABE, A. & KRATOCHWIL, A., 1984: Vegetationskundliche und blütenökologische Untersuchungen in Salzrasen der Nordseeinsel Borkum. – Tuexenia **4**: 125-152.

SCHWABE, A. & KRATOCHWIL, A., 1987: Weidbuchen im Schwarzwald und ihre Entstehung durch Verbiß des Wälderviehs. – Beih. Veröff. Naturschutz Landschaftspflege Bad.-Württ. **49**, 120 S.

SCHWARZ, U., 1980: Der Naturgarten. – Krüger-Verlag, Frankfurt a. M., 96 S.

SCHWEIZERISCHER BUND FÜR NATURSCHUTZ, 1987: Tagfalter und ihre Lebensräume. Arten – Gefährdung – Schutz. – Holliger, Egg/Zürich, 516 S.

SCHWEIZERISCHER BUND FÜR NATURSCHUTZ (SBN), (Hrsg.), 1989: Thesen für mehr Natur im Wald. – Beiträge zum Naturschutz in der Schweiz **11**, 74 S.

SCHWENKE, W., 1974: Die Forstschädlinge Europas. 2 Bände. – Berlin.

SELLIN, D., 1979: Zum Einfluß des Kühlwasserauslaufes des KKW „Bruno Leuschner" auf die Wasservogelbestände im Bereich des NSG „Peenemünder Haken, Struck und Ruden" im Winter 1978/1979. – Naturschutzarbeit in Mecklenburg **22(1)**: 23-25.

SELLIN, D., 1985: Zum Einfluß des Kühlwasserauslaufes des KKW „Bruno Leuschner" auf die Wasservogelbestände in Bereich des NSG „Peenemünder Haken, Strunk und Ruden" im Winter 1984/85. – Naturschutzarbeit in Mecklenburg **28(2)**: 107-109.

SELLIN, D., 1989: Auswirkungen der Kühlwasserableitung des Kernkraftwerkes „Bruno Leuschner" auf Wasservogelzug und -überwinterung. – Meer und Museum **5**: 85-90.

SERNOW, S.A., 1958: Allgemeine Hydrobiologie. – VEB Deutscher Verlag d. Wissenschaften, Berlin. 676 S.

SHAFFER, M.L., 1985: The metapopulation and species conservation: The special case of the northern spotted owl. – In: Gutierrez, R.J. & Carey, A.B. (eds.): Ecology and management of the spotted owl in the Pacific Northwest. Portland, O.R.: U.S.D.A.: 86-99.

SILBERNAGL, H., 1984: Almbewirtschaftung im Wandel – Entwicklungstendenzen aus almwirtschaftlicher Sicht. – Laufener Seminarbeitr. **4/84**: 15-17.

SIMONS, H., 1982: Waldweide und Naturschutz – Ziele und Möglichkeiten zur Konfliktbewältigung. – Laufener Seminarbeiträge **9/82**: 41-48.

SIOLI, E., 1992: Auswirkungen des Betritts auf die Fauna des Strandanwurfs. – Faun.-ökol. Mitt., Suppl. (im Druck).

SLADEZEK, V., 1973: System of water quality from the biological point of view. – Arch. Hydrobiol. Beih. 7, 218 S.

SMETTAN, H.W., 1986: Die Heuschrecken, Ohrwürmer und Schaben des Kaisergebirges/Tirol (Insecta: Saltatoria, Dermaptera, Blattaria). – Cour. Forsch. Inst. Senckenberg **79**: 1-93.

SMETTAN, H.W., 1991: Die Heuschreckensynusien in den Grünlandgesellschaften der nördlichen Kalkalpen unter Berücksichtigung des menschlichen Einflusses. – Jb. Ver. Schutz Bergwelt **56**: 165-182.

SMIT, C.J. & WOLFF, W.J. (Hrsg.), 1980: Birds of the Wadden Sea. – Leiden, 308 S. (= Report 6 of the Wadden Sea Working Group).

SÖHNGEN, H.-H., 1975: Die Bewertung von Landschaftsbestandteilen für die Landschaftspflegerische Begleitplanung in der Flurbereinigung. – Natur und Landschaft **50**: 274-275.

SONNABEND, H. & POLZ, W., 1978: 30jährige Bestandsaufnahme von Raubwürger *Lanius excubitor* und Rotkopfwürger *Lanius senator* am nordwestlichen Bodensee. – Anz. Orn. Ges. Bayern **17**: 133-139.

SOUTHWOOD, T.R.E., 1962: Migration of terrestrial arthropods in relation to habitat. Biol Rev., **37**: 171-214.

SPÄTH, V., 1988: Zur Hochwassertoleranz von Auenwaldbäumen. – Natur und Landschaft **63(7/8)**: 312-315.

SPEIDEL, B., 1966: Änderung des Pflanzenbestandes von Dauerwiesen bei langjähriger Düngung. – Bayer. Landw. Jb. **43(2)**: 214-222.

SPITZER, H., 1987: Landwirtschaftliche Flächennutzung unter dem Aspekt der Flächenhaushaltspolitik. – Veröff. d. Akademie für Raumforschung u. Landesplanung. Forschungs- und Sitzungsberichte **173**: 119-147.

SPREIER, B., 1982: Bedeutung von Hecken in Flurbereinigungsgebieten als Reservoir für tierische Organismen, untersucht am Beispiel der Carabidae und Isopoda. – Diss., Univ. Heidelberg, 188 S.

SSYMANK, A., 1991: Die funktionale Bedeutung des Vegetationsmosaiks eines Waldgebietes der Schwarzwaldvorbergzone für blütenbesuchende Insekten – untersucht am Beispiel der Schwebfliegen (Diptera, Syrphidae). – Phytocoenologia **19(3)**: 307-390.

SSYMANK, A., RIECKEN, U. & RIES, U., 1992: Das Problem des Bezugsystems für eine Rote Liste Biotope. – Schr.-R. f. Landschaftspflege und Naturschutz Nr. 37 (im Druck).

STATISTISCHES BUNDESAMT, 1971-1981: Statistische Jahrbücher für die Bundesrepublik Deutschland. – Kohlhammer-Verlag, Stuttgart.

STEFFNY, H., KRATOCHWIL, A. & WOLF, A., 1984: Zur Bedeutung verschiedener Rasengesellschaften für Schmetterlinge (Rhopalocera, Hesperiidae, Zygaenidae) und Hummeln (Apidae, *Bombus*) im Naturschutzgebiet Taubergießen (Oberrheinebene). – Natur und Landschaft **59(11)**: 432-443.

STEIN, J., 1978: Altholzinseln – ein neuartiges Biotopschutzprogramm im hessischen Wald. – Naturschutz in Nordhessen, H. **2**: 15-30.

STEIN, J., 1981: Biotopschutzprogramm Altholzinseln im hessischen Wald. – Beih. Veröff. Natursch. Landschaftspfl. Bad.-Württ. **20**: 91-110.

STEINBORN, H.-A. & HEYDEMANN, B., 1990: Indikatoren und Kriterien zur Beurteilung der ökologischen Qualität von Agrarflächen am Beispiel der Familie der Carabidae (Laufkäfer). – Schr.-R. f. Landschaftspfl. u. Natursch., H. **32**: 165-174.

STERN, H., BIEBELRIETHER, H., BURSCHEL, P., PLOCHMANN, R., SCHRÖDER, W. & SCHULZ, H., 1979: Rettet den Wald. – Kindler, München, 393 S.

STIGGE, H.-J., 1989: Der Wasserkörper Bodden und seine Hydrodynamik. – Meer und Museum **5**: 10-14.

STOCK, M., 1985: Salzwiesen als Lebensraum für Käfer – zur Biologie und Ökologie ausgewählter Arten. – Seevögel, Zeitschrift Verein Jordsand, Hamburg **6(1)**: 11-14.

STÖCKLI, P., 1972: Begrünung seichter und schlammiger Flachuferpartien an fließenden Gewässern. – Z. Der Gartenbau **93** Nr. 23, Solothurn.

STREICHER, S., 1982: 20 Jahre Küstenvogelschutz auf den Inseln Oie und Kirr. – Meer und Museum **3**: 2-11.

STRÜBING, H., 1958: Schneeinsekten. – A. Ziemsen, Wittenberg-Lutherstadt, 47 S.

SUBKLEW, H.-J., 1982: Verarmung der Fischfauna des Greifswalder Boddens (Feuchtgebiet von nationaler Bedeutung) seit 1853. – Naturschutzarbeit in Mecklenburg **25(1)**: 17-19.

SUBKLEW, H.-J., 1991: Eintrag von Organismen aus dem Kühlsystem des KKW Lubmin in den Greifswalder Bodden. – Naturschutzarbeit in Mecklenburg-Vorpommern **34(1)**: 43-45.

SUCCOW, M., 1988: Landschaftsökologische Moorkunde. – Verlag Gebr. Borntraeger, Berlin – Stuttgart, 340 S.

SUCCOW, M. & JESCHKE, L., 1990: Moore in der Landschaft. – Urania-Verlag, Leipzig – Jena, 2. Aufl., 268 S.

SUKOPP, H., 1980: Naturschutz in der Großstadt. – Naturschutz u. Landschaftspfl. in Berlin (West) H. 2.

SUKOPP, H., 1981: Die ökologische Bedeutung innerstädtischer Biotope. – Ber. ANL **1**: 5-11, Laufen.

SUKOPP, H., 1983: Ökologische Charakteristik von Großstädten. – In: Akademie für Raumforschung und Landesplanung Hannover: Grundriß der Stadtplanung: 51-82.

SUKOPP, H., MARKSTEIN, B. & TREPL, L., 1975: Röhrichte unter intensivem Großstadteinfluß. – Beitr. naturkdl. Forsch. Südwestdeutschland **24**: 371-385.

SUKOPP, H. & SCHNEIDER, CH., 1978: Zur Methodik der Naturschutzplanung. – Vervielf. Mskr.

SUKOPP, H., TRAUTMANN, W. & KORNECK, D., 1978: Auswertung der Roten Liste gefährdeter Farn- und Blütenpflanzen in der Bundesrepublik Deutschland für den Arten- und Biotopschutz. – Schr.-R. Vegetationskunde **12**, Bonn-Bad Godesberg, 138 S.

TAMM, J. & WEISS, J., 1979: Die ökologische Bedeutung großflächiger Waldlandschaften und ihre Wertminderung durch zerschneidende Autobahntrassen. – Naturschutz in Nordhessen **3**: 25-50.

TERÄS, J., 1976: Flower visits of bumblebees, *Bombus* Latr. (Hymenoptera, Apidae), during one summer. – Ann. zool. Fennici **13**: 200-232.

THALER, K., DE ZORDO, I., MEYER, E., SCHATZ, H. & TROGER, H., 1978: Arthropoden auf Almflächen im Raum von Badgastein (Zentralalpen: Salzburg, Österreich). – Veröffentl. Österr. MAB-Hochgebirgsprogramm Hohe Tauern **2**: 195-233.

THIEL, M., 1990: Untersuchungen zum Jahresrhythmus und Bestand der Seehunde (*Phoca vitulina* L.) auf den Sandbänken im schleswig-holsteinischen Wattenmeer. – In: Inst. Haustierkunde Univ. Kiel, Forschungsstelle – Wildbiologie: Ökosystemforschung Schleswig-Holsteinisches Wattenmeer Teil A Untersuchungen zur Biologie von Robben, Ber. 1989.

THIELCKE, G., 1975: Hilfe für Wasservögel. – Vogelkdl. Bibl. **2**: 1-68, Kilda-Verlag, Greven.

THIELCKE, G., 1978: Leitlinien eines Artenschutzprogrammes. – Veröff. Natursch. Landschaftspfl. Bad.-Württ. **11**: 467-477.

THIELE, H.-U., 1960: Gibt es Beziehungen zwischen der Tierwelt von Hecken und angrenzenden Kulturfeldern?. – Z. angw. Entomol. **47**: 122-127.

THIELE, H.-U., 1963: Ökologische Untersuchungen an bodenbewohnenden Coleopteren einer Heckenlandschaft. – Z. Morph. Ökol. Tiere **53**: 537-586.

THIELE, H.-U., 1969: Zusammenhänge zwischen Tagesrhythmik, Jahresrhythmik und Habitatbindung bei Carabiden. – Oecologia **3**: 227-229.

THIELE, H.-U., 1977: Carabid Beetles in Their Environment. – Springer, Zoophysiology and Ecology 10, Berlin – Heidelberg – New York, 369 S.

THIELE, H.-U. & KOLBE, W., 1962: Beziehungen zwischen bodenbewohnenden Käfern und Pflanzengesellschaften in Wäldern. – Pedobiologia **1(3)**: 157-173.

THIENEMANN, A., 1924: Hydrobiologische Untersuchungen an Quellen. – Arch. Hydrobiol. **14**: 151-190.

THIENEMANN, A., 1925: Die Binnengewässer Mitteleuropas. – Die Binnengewässer 1. Verl. Schweizerbart, Stuttgart, 255 S.

THIES, M., 1990: Schlickkrebs *(Corophium volutator).* – In: IPTS & NPA (Hrsg.): Tiere im Wattenmeer. Schmidt & Klaunig, Kiel: 148-152.

TIETZE, F., 1973a: Zur Ökologie, Soziologie und Phänologie der Laufkäfer (Coleoptera – Carabidae) des Grünlandes im Süden der DDR. III. Teil: Die diagnostisch wichtigen Artengruppen des untersuchten Grünlandes. – Hercynia NF **10**: 243-263.

TIETZE, F., 1973b: Zur Ökologie, Soziologie und Phänologie der Laufkäfer (Coleoptera – Carabidae) des Grünlandes im Süden der DDR. IV. Teil: Ökofaunistische und autökologische Aspekte der Besiedlung des Grünlandes durch Carabiden. – Hercynia NF **10(4)**: 337-365.

TIETZE, F., 1974: Zur Kongruenz von zootaxozönotischen Einheiten (Carabidae) und Grünlandgesellschaften. – Mitt. Sekt. Geobot. Phytotax. Biol. Ges. DDR: 152-163.

TIEWS, K., 1983: Über die Veränderung im Auftreten von Fischen und Krebsen im Beifang der deutschen Garnelenfischerei während der Jahre 1954 – 1981. – Ein Beitrag zur Ökologie des deutschen Wattenmeeres und zum biologischen Monitoring von Ökosystemen im Meer. – Arch. FischWiss. 34, Beih. **1**: 1-154.

TIMMERMANN, A., 1975: Gänsemanagement in den Niederlanden. – Schr.-R. Landschaftspfl. Natursch. **12**: 127-133. Bonn-Bad Godesberg.

TISCHLER, T., 1980: Experimentelle Untersuchungen zur Ökologie und Biologie phytophager Käfer im Litoral der Nordseeküste. – Diss. Kiel, 234 S.

TISCHLER, T., 1985: Freiland-Experimentelle Untersuchungen zur Ökologie und Biologie phytophager Käfer (Coleoptera: Chrysomelidae, Curculionidae) im Litoral der Nordseeküste. – Suppl. 6 Faun. ökol. Mitt., Kiel, 180 S.

TISCHLER, W., 1948: Zum Geltungsbereich der biozönotischen Grundeinheiten. – Forschung und Fortschritte, **19/20**: 235-238.

TISCHLER, W., 1952: Biozönotische Untersuchungen an Ruderalstellen. – Zool. Jb. Syst. **81**: 122-174.

TISCHLER, W., 1955: Synökologie der Landtiere. Fischer, Stuttgart.

TISCHLER, W., 1958: Synökologische Untersuchungen an der Fauna der Felder und Feldgehölze. – Z. Morph. Ökol. Tiere **47**: 54-114.

TISCHLER, W., 1965: Agrarökologie. – Fischer, Jena, 499 S.

TISCHLER, W., 1973: Pflanzenstengel als Überwinterungsstellen für Tiere der Agrarlandschaft. – Faun.-ökol. Mitt. **4**: 73-77.

TISCHLER, W., 1979: Einführung in die Ökologie, 2. Aufl. – Gustav Fischer, Stuttgart – New York, 306 S.

TISCHLER, W., 1980: Biologie der Kulturlandschaft. – Fischer, Stuttgart, 253 S.

TISCHLER, W., 1984: Einführung in die Ökologie. 3. stark veränderte u. erw. Aufl. – Fischer, Stuttgart, 437 S.

TODT, P., 1985: Die Mauser der Brandgans *(Tadorna tadorna)* im Bereich der Insel Trischen. – Beiträge zur Naturkunde Niedersachsen **38(2)**: 134-139.

TOPP, W., 1971: Zur Ökologie der Müllhalden. – Ann. zool. Fennici **8**: 194-222.

TOPP, W., 1972: Die Besiedlung eines Stadtparks durch Käfer. – Pedobiologia **12**: 336-346.

TOPP, W., 1977: Einfluß des Strukturmosaiks eines Agrarlandschaft auf die Ausbreitung der Staphyliniden (Col.). – Pedobiologia **17**: 43-50.

TOPP, W., 1984: Untersuchungen über den Einfluß menschlicher Nutzungen auf die Bodenfauna. Forschungsber. MAB-6, 51 S.

TORP, E., 1984: De dansk svirreflue (Diptera: Syrphidae). Kendetegn, levevis og udbredelse. – Danmarks Dyreliv, Bind 1, Kopenhagen, 300 S.

TRAUTMANN, W., 1978: Wälder und Forste. – In: Olschowy, G. (Hrsg.): Natur- und Umweltschutz in der Bundesrepublik Deutschland: 260-266. Hamburg & Berlin (Parey).

TÜXEN, R., 1955: Das System der nordwestdeutschen Pflanzengesellschaften. – Mitt. der flor. soz. Arbeitsgem. N.F. **5**: 155-176.

TÜXEN, R., 1966: Die Lüneburger Heide, Werden und Vergehen einer Landschaft. – Ber. Int. Symp. Veg.-Kunde, Stolzenau 1961: 379-395.

ULRICH, B., 1975: Bestandsgefährdung von Vogelarten im Ökosystem „Streuobstwiese" unter besonderer Berücksichtigung von Steinkauz *Athene noctua* und den einheimischen Würgerarten der Gattung *Lanius*. – Beih. Veröff. Natursch. Landschaftspfl. Bad.-Württ. 7: 90-110.

ULRICH, B., 1981: Die Destabilisierung von Waldökosystemen durch Biomassenutzung. – Forstarchiv **52(6)**: 199.

ULRICH, R., 1982: Vergleich von bewirtschafteten Wiesen und Brachen hinsichtlich ihres Wertes für unsere Tagfalter. – Natur und Landschaft **57(11)**: 378-382.

UMWELTBUNDESAMT (Hrsg.), 1989: Daten zur Umwelt 1988/89. – Erich Schmidt Verlag, Berlin.

UNGER, H.-J., 1981: Verpflanzung von Hecken und Feldrainen im Rahmen der Flurbereinigung. – Natur und Landschaft **56**: 295-300.

UTSCHIK, H., 1980: Erfahrungen bei der Suche und Betreuung von Kolonien des Graureihers *(Ardea cinerea)*. – Garmischer Vogelkdl. Ber. **7**: 47-53.

VAHLE, H.-Ch., 1990: Grundlagen zum Schutz der Vegetation oligotropher Stillgewässer in Nordwestdeutschland. – Niedersächsisches Landesverwaltungsamt, Fachbehörde f. Naturschutz (=Natursch. u. Landschaftspfl. in Niedersachsen H. 22) 159 S.

VANDEL, A., 1964: Biospeologie. – Gauthier-Villars, Paris.

VAUK, G., 1985: Naturdenkmal Lummenfels Helgoland. – Niederelbe-Verlag, Otterndorf – Helgoland, 104 S.

VAUK-HENTZELT, E., SCHREY, E. & VAUK, G., 1986: Bestandsentwicklung der Trottellumme *(Uria aalge)* auf Helgoland 1956-1984. – Seevögel Bd. 7, H. **3**: 40-45.

VERBOOM, J., SCHOTMAN, A., OPDAM, P. & METZ, J.A.J., 1991: European nuthatch metapopulations in a fragmented agricultural landscape. – Oikos, **61**: 149-156.

VITÉ, J.P., 1952: Die holzzerstörenden Insekten Mitteleuropas. – Göttingen, 155 S.

VOGEL, M., 1981: Ökologische Untersuchungen in einem Phragmites-Bestand. – Diss. Philipps-Universität Marburg/Lahn.

VOITH, J., 1985: Insekten auf Almweiden, untersucht am Beispiel der Hummeln, Tagfalter und Heuschrecken im Alpenpark Berchtesgaden. – Diplomarbeit TU München, 73 S. + Anhang.

VOITH, J., 1986a: MAB-Projekt 6 Ökosystemforschung Berchtesgaden: Hummeln, Tagfalter und Heuschrecken in offenlandbestimmten Lebensräumen über 1000m über NN im Testgebiet Jenner. – München (unveröffentl. Manuskript), 37 S. + Anhang.

VOITH, J., 1986b: MAB-Projekt 6 Ökosystemforschung Berchtesgaden: Hummeln, Tagfalter und Heuschrecken in Grünlandbereichen (600–900m über NN) des Alpenparks Berchtesgaden. – München (unveröffentl. Manuskript), 23 S. + Anhang.

VOITH, J., 1987: Anmerkungen zum Arten- und Biotopschutz für Tagfalter im Alpenpark Berchtesgaden. – Schriftenr. Bayer. Landesamt Umweltschutz 77 (= Beiträge zum Artenschutz 3): 177-183.

VOLK, H., 1983: Wintersport und Biotopschutz: Hat das Auerhuhn in Skilanglaufgebieten eine Chance? – Natur u. Landschaft **58**: 454-459.

WAGNER, R., 1984: Rote Liste der Schmetterlingsmücken (Psychodidae). – In: Blab, J. et al. (Hrsg.): Rote Liste der gefährdeten Tiere und Pflanzen in der Bundesrepublik Deutschland (=Naturschutz aktuell 1), 4. Aufl., Kilda-Verlag, Greven.

WAHL, P., 1985: Arten- und Biotopschutz in der Rheinaue. – Wasserbau-Mitteilungen der TH Darmstadt **24**: 93-102.

WALDSCHMIDT, M., 1975: Der Münchner Eisvogel-Nistblock. – Orn. Mitt. **27(3)**: 49-53.

WALTER, H. & WALTER, E., 1953: Einige allgemeine Ergebnisse unserer Forschungsreise nach Südwestafrika 1952/53: Das Gesetz der relativen Standortkonstanz; das Wesen der Pflanzengemeinschaften. – Ber. Dt. Bot. Ges. **66**: 228-236.

WARMING, E., 1907: Dansk plantevaekst. – 1. Strandvegetation, Kopenhagen, 325 S.

458

WASNER, U., 1982: Artenhilfsprogramm Weberbock *(Lamia textor)* und Moschusbock *(Aromia moschata)* – Naturschutz Praktisch. – Merkblätter zum Biotop- und Artenschutz. Recklinghausen (LÖLF), 4 S.

WEBER, W., EHRICH, S. & DAHM, E., 1990: Beeinflussung des Ökosystems Nordsee durch die Fischerei. – In: Lozan et al. (Hrsg.): Warnsignale aus der Nordsee. Parey Verlag, Berlin – Hamburg: 252-267.

WEGENER, U. (Hrsg.), 1991: Schutz und Pflege von Lebensräumen – Naturschutzmanagement. – Gustav Fischer Verlag, Jena – Stuttgart, 313 S.

WEGENER, U. & KEMPF, H., 1982: Das Flämmen als Pflegemethode landwirtschaftlich nicht genutzter Rasengesellschaften. – Landschaftspflege u. Naturschutz in Thüringen **19**: 57-63.

WEIDEMANN, H.-J., 1980: Notizen zur Ökologie bedrohter Schmetterlingsarten des Frankenjura. – Ber. Naturf. Ges. Bamberg: 260-276.

WEIDEMANN, H.-J., 1985: Ökologisch orientierte Lepidopterologie als Grundlage für Konzeption und Durchführung von Lepidopterenschutzprogrammen. – Ent. Z. **95**: 33-44, 49-62, 65-70.

WEIDEMANN, H.-J., 1986: Tagfalter, Bd. I. Entwicklung, Lebensweise. – Neumann-Neudamm, Melsungen, 282 S.

WEIDEMANN, H.-J., 1990: Anmerkungen zur aktuellen Situation von Hochmoor-Gelbling *(Colias palaeno* L. 1758) und „Regensburger Gelbling" *(Colias myrmidone* Esper 1781) in Bayern mit Hinweisen für Biotop-Pflegemaßnahmen. – Schr.-R. Bayer. Landesamt f. Umweltsch. (= Beiträge zum Artenschutz 9), H. **95**: 103-116.

WEIGELT, M., 1987: Auswirkungen von Sauerstoffmangel auf die Bodenfauna der Kieler Bucht. – Umweltbundesamt – Forschungsbericht 1987, 299 S.

WEISH, P., 1983: Grundsatzerklärung zur Erneuerung (Revitalisierung) von Lebensräumen in Österreich aus der Sicht des Naturschutzes. – Naturschutz in der Steiermark **23(118)**: 26-27.

WEIß, D., 1991: Zustand und Trend bei der Belastung der Ostsee mit Radionukliden. – In: Umweltbundesamt (Hrsg.): Erste Nationale Konferenz zum Schutz der Meeresumwelt der Ostsee, TEXTE 14/91 (Veröffentlichungen des Umweltbundesamtes): 21-34.

WEISSBRODT, A., 1982: Das Heißluftverfahren – eine fledermausfreundliche Methode zur Bekämpfung tierischer Holzzerstörer in Dachböden. – Myotis **20**: 61-71.

WELLENSTEIN, G., 1990: Kritische Stellungnahme zur Waldkalkung aus der Sicht des Forstzoologen. – Allg. Forstzeitschr. **30-31**: 794.

WELLING, M., PÖTZL, A. & JÜRGENS, D., 1988: Untersuchungen in Hessen über Auswirkung und Bedeutung von Ackerschonstreifen. 3., Epigäische Raubarthropoden. – Mitt. Biol. Bundesanst. f. Land- und Forstwirtschaft **247**: 55-63.

WENDELBERGER, G., 1975: Die Auenwälder der Donau im Hinblick auf die Staustufen. – Verh. Ges. Ökol., Bd. Wien: 235-240.

WERNER, W. & KNEITZ, G., 1978: Die Fauna der mitteleuropäischen Weinbaugebiete und Hinweise auf die Veränderungen durch Flurbereinigungsmaßnahmen und technisierte Bewirtschaftungsweisen – Ein Literaturbericht. – Bayer. Landw. Jb., **55(5)**: 582-633.

WESTFÄLISCHE ORNITHOLOGEN-GESELLSCHAFT e.V. (WOG), o.J.: Artenschutzprogramm I. (1975 oder 1976). – vervielfältigtes Manuskript.

WESTHOFF, V. & OOSTEN, M.F. van, 1991: De Plantergroei van de Waddeneilanden. – Naturhistorische Bibliothek van de KNW 53, Den Haag, 417 S.

WESTRICH, P., 1989: Die Wildbienen Baden-Württembergs. – 2 Bde., Eugen Ulmer, Stuttgart, 859 S.

WILDERMUTH, H., 1978: Natur als Aufgabe. – Leitfaden für die Naturschutzpraxis in der Gemeinde. – Basel.

WILDERMUTH, H. & SCHIESS, H., 1983: Die Bedeutung praktischer Naturschutzmaßnahmen für die Erhaltung der Libellenfauna in Mitteleuropa. – Odonatologica **12(4)**: 345-366.

WILKE, E., 1984: Schafe aktuell in der Landwirtschaft und Landschaftspflege. – Vereinigung Deutscher Landesschafzuchtverbände e.V., 49 S., Wiesetal-Sondershausen.

WILKENS, H., 1979: Die Amphibien des mittleren Elbetals: Verbreitung und Ökologie der Rotbauchunke. – Natur und Landschaft **54**: 46-50.

WILLMANN, R., 1989: Muscheln und Schnecken der Nord- und Ostsee. – Neumann-Neudamm, Melsungen, 310 S.

WILMANNS, O., 1989: Ökologische Pflanzensoziologie. – Quelle & Meyer, Heidelberg, 4. Auflage, 382 S.

WILMANNS, O., BOGENRIEDER, A. & MÜLLER, W., 1986: Der Nachweis spontaner, teils autogener, teils immissionsbedingter Änderungen von Eichen-Hainbuchenwälder – eine Fallstudie im Kaiserstuhl/Baden. – Natur und Landschaft **61(11)**: 415-422.

WILMANNS, O. & GRAFFA, B., 1979: Zur Bedeutung von Saum- und Mantelgesellschaften für Schlupfwespen. – In: Wilmanns, O. & Tüxen, R. (Hrsg.): Epharmonie. – Berichte über die Internationalen Symposien der Intern. Ver. Vegetationskde. Rinteln: 329-351. Vaduz.

WILMANNS, O., KRATOCHWIL, A. & KÄMMER, F., 1978: Biotopkartierung in Baden-Württemberg. – Beih. Veröff. Natursch. Landschaftspfl. Bad.-Württ. **11**: 191-205.

WILMS, B., 1961: Untersuchungen zur Bodenkäferfauna in drei pflanzensoziologisch unterschiedlichen Wäldern der Umgebung Münsters. – Abh. Landesmus. Naturkde. Münster **23(1)**: 1-15.

WILSON, E.O. & BOSSERT, W.H., 1973: Einführung in die Populationsbiologie. – Berlin – Heidelberg – New York, 168 S.

WILSON, E.O. & WILLIS, E.O., 1975: Applied biogeography. – In: Cody, M.L. & Diamond, J.M. (Hrsg.): Ecology and evolution of communities: 522-534.

WINKLER, H.M., 1989: Fische und Fangerträge im Greifswalder Bodden. – Meer und Museum **5**: 52-58.

WINTER, K., 1982: Tiergemeinschaften der Waldtypen, insbesondere des Flachlandes, und Möglichkeiten ihrer Förderung. – Forst- u. Holzwirt **37**: 165-169.

WINTER, K., 1990a: Auswirkungen der Waldkalkung auf oberirdisch lebende Insekten. – Forst u. Holz **6**: 148-151.

WINTER, K., 1990b: Wie wirkt sich die Waldkalkung auf Tiere oberhalb des Bodens aus?. – Allg. Forstzeitschr. **30-31**: 795-796.

WIRTH, V., 1976: Veränderungen der Flechtenflora und Flechtenvegetation in der Bundesrepublik Deutschland. – Schr.R. Vegetationskunde **10**: 177-202.

WITTE, J.Y. & ZIJLSTRA, J.J., 1978: The species of fish occurring in the Wadden Sea. – In: Dankers et al. (Hrsg.): Fishes and fisheries of the Wadden Sea. Leiden: 10 – 19. (= Report 5 of the Wadden Sea Working Group).

WITTIG, R., 1979: Die Vernichtung der nordwestdeutschen Wallheckenlandschaft dargestellt an Beispielen aus der Westfälischen Bucht. – Landeskundliche Karten und Hefte der Geographischen Kommission für Westfalen **12**: 57-61.

WITTIG, R., 1980: Die geschützten Moore und oligotrophen Gewässer der Westfälischen Bucht. – Schr.-R. Landesanstalt f. Ökologie, Landschaftsentwicklung u. Forstplanung NW **5**: 1-228.

WITTIG, R., 1989: Die aktuelle Vergesellschaftung von Chenopodium bonus-henricus in Westfalen – eine Betrachtung aus der Sicht des Artenschutzes. – Natur und Landschaft **64(11)**: 515-517.

WOHLFAHRT, T.A., 1968: Beobachtungen über das Revierverhalten des Segelfalters *Iphiclides podalirius*. – Ent. Z. Frankfurt a.M. **78**: 284-287.

WOIKE, M., 1983: Bedeutung von feuchten Wiesen und Weiden für den Artenschutz. Artenreiche Tier- und Pflanzenwelt in Gefahr. – Mitt. d. Landesanst. f. Ökol., Landschaftsentw. u. Forstplan. NRW **8(3)**: 5-15.

WOIKE, M., 1984: Biotoppflege und -gestaltung. Aufzeigen der Möglichkeiten und Grenzen. – Thesenpapier für die Stellungnahme des Deutschen Rates für Landespflege „Warum Artenschutz" 4 S. (unveröff.).

WOIKE, M., 1987: Möglichkeiten der Biotopgestaltung in der Kernzone von Feuchtwiesen-Schutzgebieten. – Seminarber. NZ NRW **1(3)**: 32-36.

WOIKE, M. & SCHMATZLER, E., 1980: Moore: Bedeutung – Schutz – Regeneration. – DNR-Merkblatt: 1-21.

WOIKE, M. & ZIMMERMANN, P., 1988: Biotoppflege mit Schafen. – AID **1197**, Bonn, 32 S.

WOLF, G., 1979: Veränderung der Vegetation und Abbau der organischen Substanz in aufgegebenen Wiesen des Westerwaldes. – Schr.-R. Vegetationskunde **13**, 118 S.

WOLFF, W.J., 1981: Adaptions of the invertebrate species to the Wadden Sea environment. – In: Dankers et al. (Hrsg.): Invertebrates of the Wadden Sea. Leiden: 61-68. (= Report 4 of the Wadden Sea Working Group).

WOLFF, W.J. & DANKERS, N., 1981: Preliminary checklist of the zoobenthos and nekton species of the Wadden Sea. – In: Dankers et al. (Hrsg.): Invertebrates of the Wadden Sea. Leiden: 24-60. (= Report 4 of the Wadden Sea Working Group).

WOLFF, W.J., SANDEE, A.J.J. & de WOLF, L., 1977: The development of a benthic ecosystem. – Hydrobiologia **52**: 107-115.

WOLFF-STRAUB, R., 1984: Saumbiotope – Charakteristik, Bedeutung, Gefährdung, Schutz. – LÖLF-Mitt. **9(1)**.

WOLOSZYN, B.W., 1976: Bemerkungen zur Populationsentwicklung der Kleinen Hufeisennase, *Rhinolophus hipposideros* (Bechstein, 1800) in Polen. – Myotis **XIV**: 37-52.

ZANDE, A.N. van der, KEURS, W.J. ter & WEIJDEN, W.J. van der, 1980: The impact of roads on the densities of four bird species in an open field habitat – evidence of a long-distance effect. – Biol. Conserv. **18**: 299-321.

ZEEVALKING, H.J. & FRESCO, L.F.M., 1977: Rabbit grazing and species diversity in a dune area. – Vegetatio **35(3)**: 193-196.

ZENKER, W., 1982: Beziehungen zwischen dem Vogelbestand und der Struktur der Kulturlandschaft. – Beitr. z. Avifauna des Rheinlandes **15**: 1-249.

ZIELONKOWSKI, W., 1981: Zur Bedeutung von Trockenrasen im Naturhaushalt. – Ber. ANL **10**: 122-134, Laufen.

ZIJLSTRA, J.J., 1978: The function of the Wadden Sea for the members of its fish-fauna. – In: Dankers et al. (Hrsg.): Fishes and fisheries of the Wadden Sea. Leiden: 20 – 25. (= Report 5 of the Wadden Sea Working Group).

ZIMMERLI, E., 1979: Vogelreichtum waadtländischer Hecken. – Vögel der Heimat **49**: 181.

ZUCCHI, H., 1988: Wiese. Plädoyer für einen bedrohten Lebensraum. – Ravensburger Buch-Verlag Otto Maier, Ravensburg, 127 S.

ZUCCHI, H. & GOLL, A., 1981: Untersuchungen zum Einfluß wasserbaulicher Maßnahmen auf Süßwasserfische an Abschnitten der oberen Hase (Krs. Osnabrück). – Natur und Landschaft **56**: 430-436.

ZWÖLFER, H., BAUER, G. & HEUSINGER, G., 1981: Ökologische Funktionsanalyse von Feldhecken – Tierökologische Untersuchungen über Struktur und Funktion biozönotischer Komplexe. – Schlußbericht, Bayreuth, 422 S.

XLVIII. Register der Tiernamen, systematischen und ökologischen Gruppen

462

463

Blaukopf
s. *Diloba caeruleocephala*
Blaumeise 326, 327, 336, 391
Blauschillernder Feuerfalter
s. *Lycaena helle*
Blauschwarzer Eisvogel
s. *Limenitis reducta*
Bledius 107
Bledius furcatus 260
Bledius spectabilis 107, 260
Bledius tricornis 260
Bleßralle s. Bläßhuhn
Blick 157
Blindschleiche 224, 316, 325
Bluthänfling 213, 317, 327, 335, 391
Bockkäfer s. *Cerambycidae*
Bogidiella 121
Boloria aquilonaris 194, 202
Bombus 263, 264, 414
Bombus gerstäckeri 414, 415
Bombus hortorum 414
Bombus humilis 414
Bombus hypnorum 414
Bombus jonellus 414
Bombus lapidarius 414
Bombus lapponicus 414
Bombus lucorum 414
Bombus mastrucatus 414
Bombus mendax 414
Bombus mucidus 414
Bombus muscorum 106
Bombus pascuorum 414
Bombus pratorum 414
Bombus pyrenaicus 414
Bombus soroeensis 414
Bombus terrestris 106
Boros schneideri 285
Botryllus schlosseri 73
Brachpieper 263, 308
Brachwiesen-Kleinspanner
s. *Sterrha macilentaria*
Brachycera 323, 349
Brandgans 67-69, 94
Brandseeschwalbe 68
Brasse 130, 157
Braune Knopfschnecke
s. *Discus ruderatus*
Braunes Fleckenfalschwidderchen
s. *Dysauxes ancilla*
Braunes Langohr 32, 382, 384
Braungelbe Kapseleule

s. *Hadena luteago*
Braunkehlchen 223, 226, 228, 234, 257, 327
Bräunlicher Felsflur-Kleinspanner
s. *Sterrha eburnata*
Breitflügelfledermaus 32, 382, 384, 391
Breitflügelige Bandeule
s. *Noctua interposita*
Breitflügelige Erdeule
s. *Scotia crassa*
Bremsen-Glasflügler
s. *Paranthrene tabaniformis*
Brenthis ino 224, 226
Bruchwasserläufer 193
Brumus oblongus 195
Brundinia meridionalis 260
Bryodema tuberculata 184, 187, 264
Buchfink 317, 326, 327, 335, 358, 389, 391
Buddenbrocks Seidenglanzeule
s. *Platyperigea aspersa*
Bulgarica cana 36
Bunte Erzschwebfliege
s. *Cheilosia illustrata*
Bunter Kugelhalsbock
s. *Acmaeops collaris*
Buntspecht 287, 326, 327
Buprestidae 275
Buprestis octoguttata 195
Buschschrecke
s. *Pholidoptera griseoaptera*
Bussard 213, 316, 322, 325-327, 358
Butterfisch 74, 85, 86
Bythinella dunkeri 124
Bythiospeum 380
Bythiospeum aciculum 121
Bythiospeum quenstedti 121
Bythotrepes longimanus 158
Calamia tridens 244
Callierges ramosa 328
Calliptamus italicus 246
Callopus serraticornis 195
Calopteryx splendens 133, 232
Calopteryx virgo 133, 232
Calyptratae 323
Camponotus fallax 347
Camponotus piceus 347
Camponotus truncatus 347
Cancer pagurus 73, 76
Candona 158

Capitella capitata 72
Carabus auratus 259, 325, 354, 359
Carabus cancellatus 259, 359
Carabus coriaceus 372
Carabus monilis 259
Carabus nitens 263
Carabus problematicus 45
Carabus schneideri 301
Carabus ullrichi 259
Carabus violaceus 45, 290
Carcharodus alceae 308
Carcinus maenas 73
Cardium fasciatum 51
Carterocephalus palaemon 224
Carychium minimum 36
Cassida vittata 105, 108
Cataclysme riguata 244
Cataclysta lemnata 170, 174
Catinella arenaria 107
Cauthorhynchidius thalhammeri 108
Cecilioides acicula 36
Celama subchlamydula 243
Cepaea hortensis 36
Cepaea nemoralis 36
Cephaleia alpina 404
Cerambycidae 275
Cerambyx cerdo 289, 291, 293, 297
Cerastoderma edule 71, 72, 76
Cerceris 354
Ceriagrion tenellum 232
Cerocoma schaefferi 369
Ceruchus chrysomelinus 291, 404
Cetonia aurata 291
Chaetococcus phragmitidis 174
Chaetogammarus 73
Chamaesphecia leucopsiformis 244
Chamaesphecia masariformis 245
Chamaesphecia muscaeformis 245
Chariclea delphinii 244
Charpentiers Grashüpfer
s. *Chorthippus montanus*
Cheilosia fasciata 318

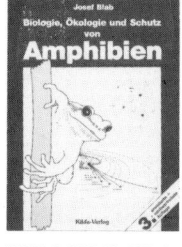